汽车维修资料速查丛书

新款汽车电脑端子功能速查图册

欧美车系

薛金梅　主　编

机 械 工 业 出 版 社

《新款汽车电脑端子功能速查图册　欧美车系》汇集了上海通用别克系列、雪佛兰系列、凯迪拉克系列、一汽大众奥迪系列、上海大众系列、一汽大众系列、上海大众斯柯达系列、奔驰系列、宝马系列、标致系列、欧宝系列、绅宝系列、雷诺系列、沃尔沃系列和雪铁龙系列等主流品牌轿车发动机、车身及底盘的电脑端子功能和部分检测数据，主要介绍的电控系统包括发动机控制系统、变速器系统、防抱死制动系统、安全气囊系统、空调系统、中央门锁与防盗系统、灯光控制系统和车窗控制系统。所有车型都以真实的电脑板插头为标准画出示意图，并直接在示意图上标注端子功能；有些用表格形式标注了重要端子的检测参考值。既直观易懂，又方便查找。

本书可作为汽车维修资料，是汽车维修人员的必备工具书，很适于汽车维修人员在工作中参考。

图书在版编目（CIP）数据

新款汽车电脑端子功能速查图册．欧美车系／薛金梅主编．—北京：机械工业出版社，2016.8
（汽车维修资料速查丛书）
ISBN 978-7-111-54559-0

Ⅰ．①新…　Ⅱ．①薛…　Ⅲ．①汽车－计算机控制系统－接线端子－图集　Ⅳ．①U463.6-64

中国版本图书馆 CIP 数据核字（2016）第 191992 号

机械工业出版社（北京市百万庄大街 22 号　邮政编码 100037）
策划编辑：齐福江　责任编辑：齐福江
责任校对：张　征　封面设计：鞠　杨
责任印制：李　昂
三河市国英印务有限公司印刷
2017 年 5 月第 1 版第 1 次印刷
260mm × 184mm · 30.5 印张 · 864 千字
标准书号：ISBN 978-7-111-54559-0
定价：128.00元

凡购本书，如有缺页、倒页、脱页，由本社发行部调换
电话服务　网络服务
服务咨询热线：010-88361066　机 工 官 网：www.cmpbook.com
读者购书热线：010-68326294　机 工 官 博：weibo.com/cmp1952
010-88379203　金 书 网：www.golden-book.com
封面无防伪标均为盗版　教育服务网：www.cmpedu.com

前　　言

随着科学技术的发展，电子技术、计算机技术和机电一体化技术在汽车上广泛应用，使汽车的性能和结构更加优化。但电气设备和电控系统的应用，也使汽车故障越来越多。据统计，目前汽车故障的60%~70%来自电气设备。显然，掌握汽车电脑端子功能和检测数据对维修人员来讲是特别重要的。为满足广大维修人员对电气设备和电控系统维修资料的需求，我们特编写本书，希望它能成为汽车维修人员的一本速查快修的技术宝典，给汽车维修工作带来便捷。

1.本书内容

本书汇集了上海通用别克系列、上海通用雪佛兰系列、上海通用凯迪拉克系列、一汽大众奥迪系列、上海大众系列、一汽大众系列、上海大众斯柯达系列、奔驰系列、宝马系列、标致系列、欧宝系列、绅宝系列、雷诺系列、沃尔沃系列和雪铁龙系列等主流品牌轿车发动机、车身及底盘的电脑端子功能和检测数据。主要介绍的电控系统包括发动机控制系统、变速器系统、防抱死制动系统、安全气囊系统、空调系统、中央门锁与防盗系统、灯光控制系统和车窗控制系统。

2.本书特点

（1）车型新颖。书中所介绍的都是近年来的新款车型。

（2）车系齐全。书中介绍的车型几乎覆盖了目前国内汽车市场上常见的和主流车型。

（3）查阅方便。本书以图表形式介绍各种电脑端子的功能与检测数据，一目了然，便于查阅。

（4）实用性强。根据真实的电脑板画出示意图，并直接在示意图上标注端子功能，同时在图的下方用表格形式把常用端子的检测参考值标出，直观易懂，方便查找。

本书既是汽车维修人员必备的工具书，又可供大、中专院校和职业技术学校汽车维修专业的师生学习参考，还可供汽车维修培训机构选用。

本书由薛金梅主编，参加本书编写的还有张娜、郭会霞、钱祎、王岩、付春友、李小芳、孔军、宋勇、孙志红、张猛、陈玉彬、李俊、李亮、高春其、刘力侨、任旭印、白春东、庞云峰、郭荣立、刘海龙、程玉华、张丽、宋睿、朱琳、刘冰、袁大权、曹清云、李青丽、梁志鹏、盖光辉、张彩霞、李东亮、安思慧、王彬、李勤、邵方星、周文彩、薛大迪、张军瑞、高文华、周国强、张明星、尹建华、刘红军、霍胜杰、张云丹、庞云峰、吕会琴、李俊华、张倩、潘利杰、林博、任旭阳、王志玲、李自雄、刘力侨、陈海龙、李飞、李丽丽、黄杰、陈义强、王云、翟红波等。

由于编者水平有限，书中可能存在不足之处，诚请专家和读者提出宝贵意见。

编　者

目　录

第 1 章

上海通用别克车系电脑板端子功能

BUICK

第1节 别克君威车系电脑板端子功能（2009～2011款）

一、动力控制系统（PCM）2.5L（LB8）和3.0L（LW9）电脑板端子

1.动力控制系统模块（PCM）连接器C1电脑板80针

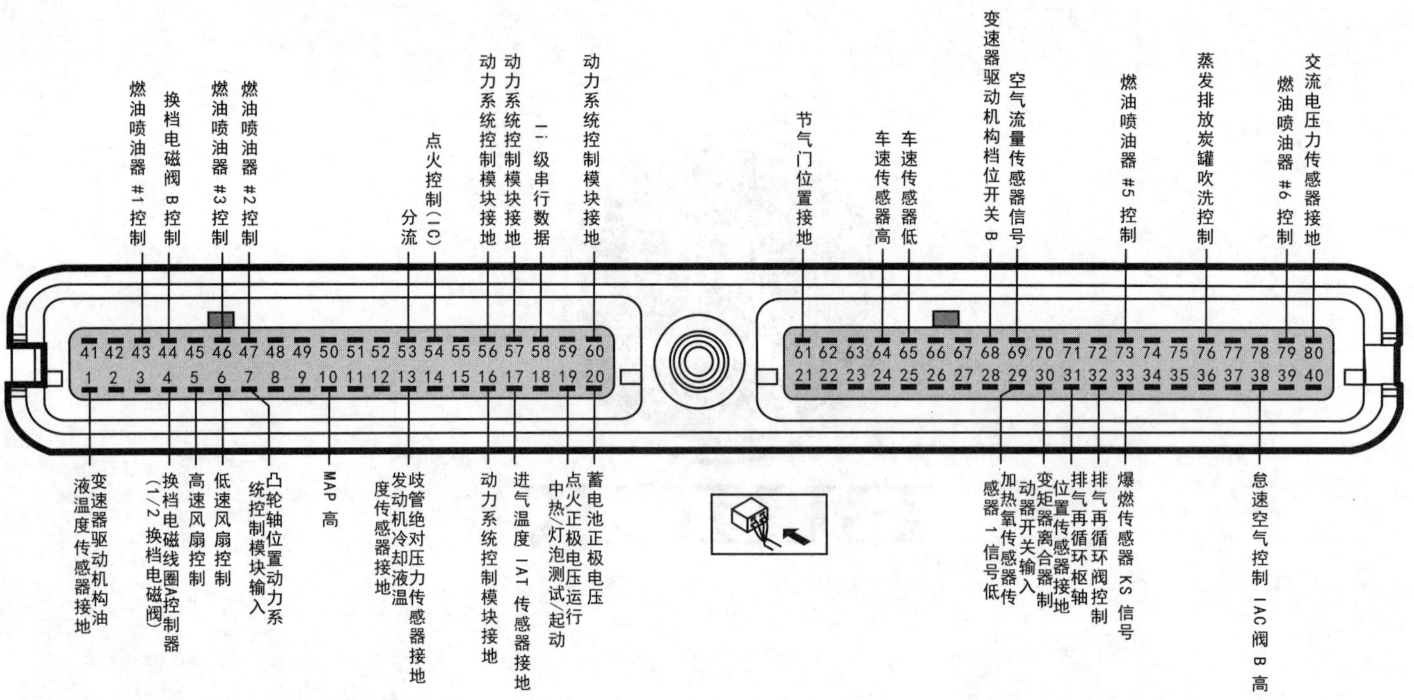

2. 动力控制系统模块（PCM）连接器C2电脑板80针

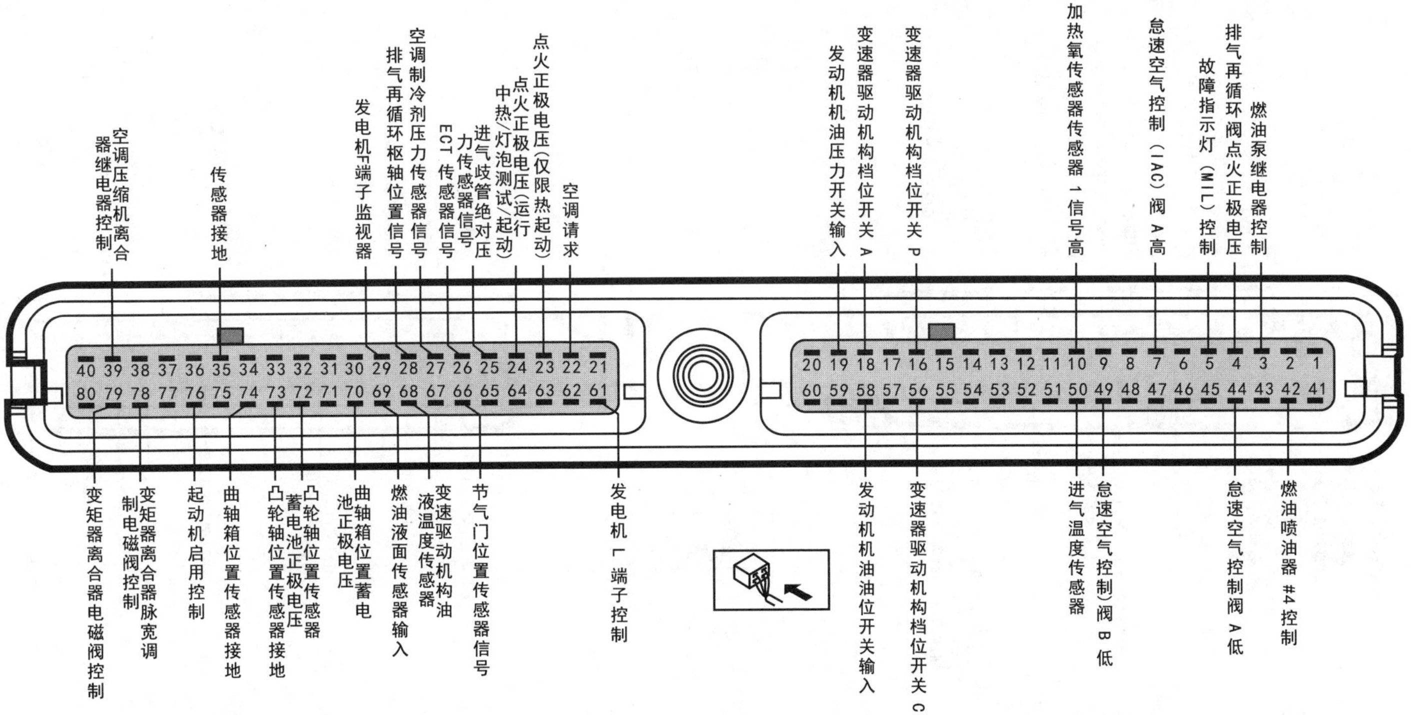

二、发动机控制系统2.0L（L34）电脑板

1.发动机系统控制模块（ECM）连接器J1电脑板32针

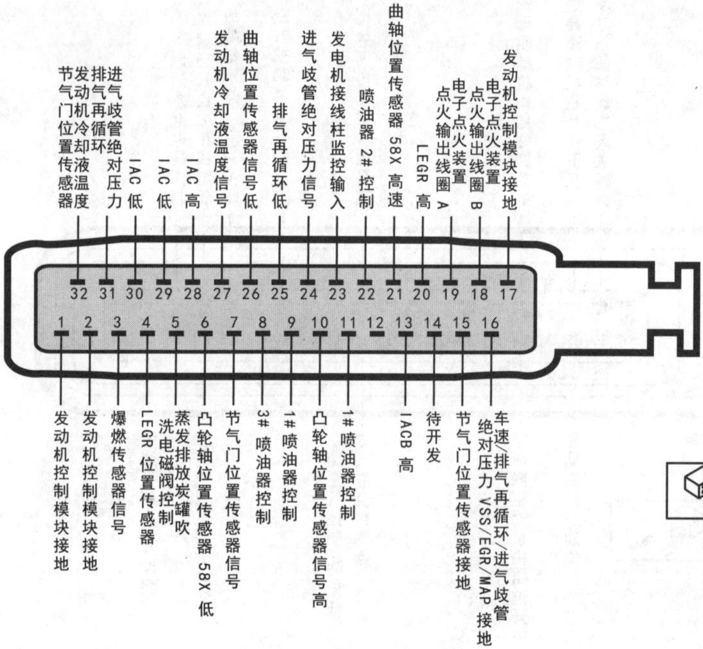

2.发动机系统控制模块（ECM）连接器J2电脑板32针

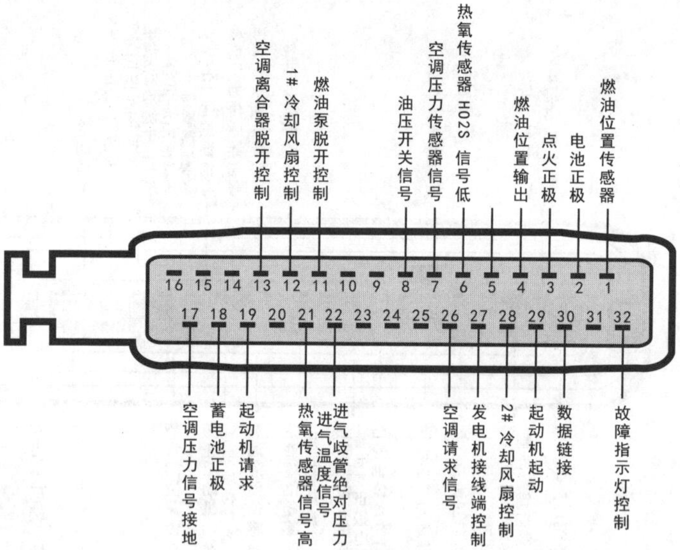

三、自动变速器控制系统（4T65-E）电脑板20针

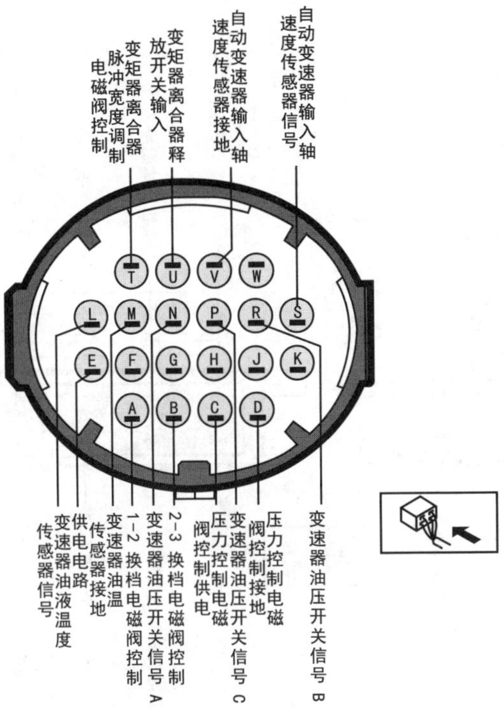

四、空调系统电脑板16+16针

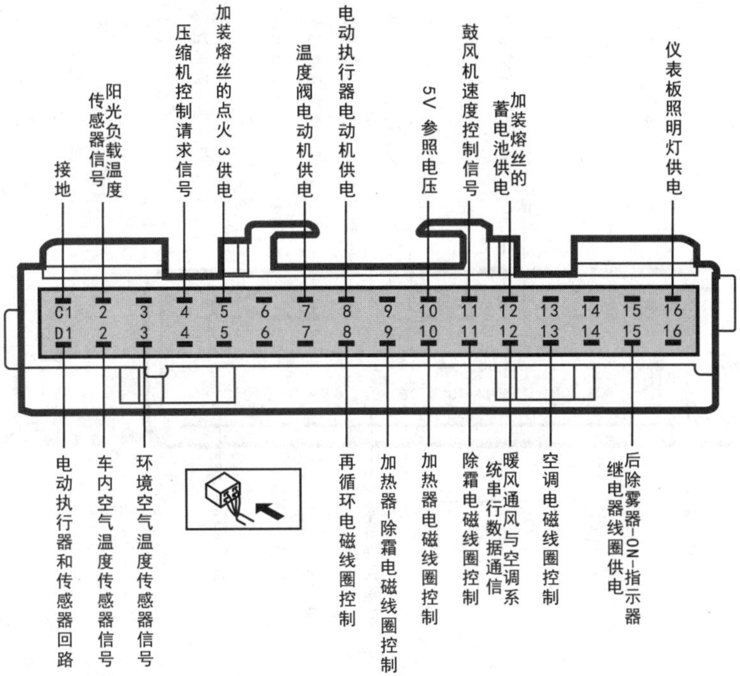

五、防抱死制动系统电脑板37针

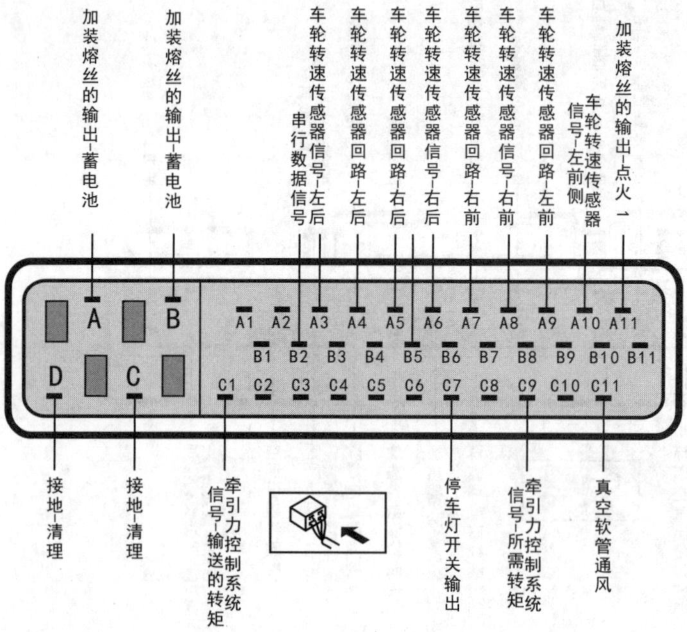

六、照明系统电脑板8+8针

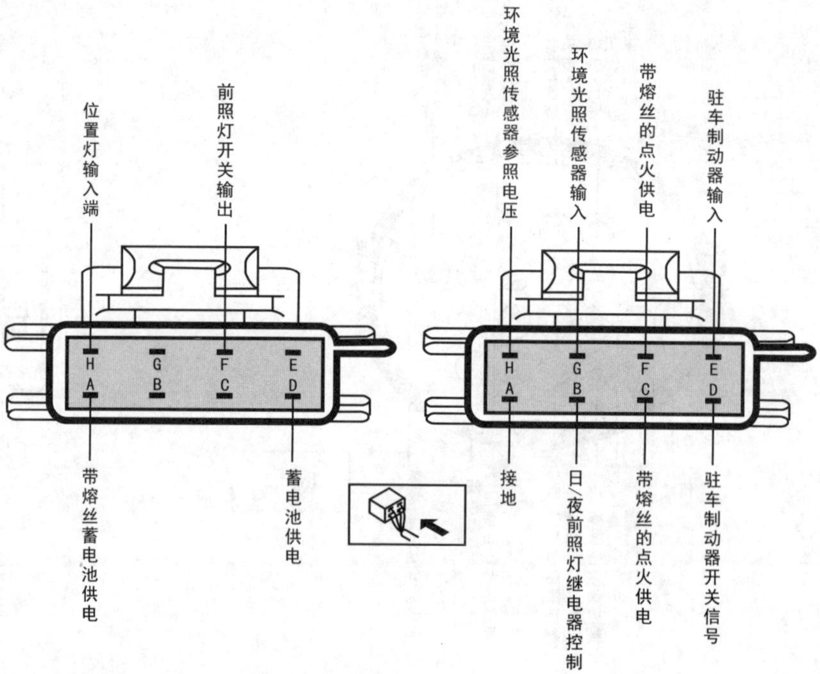

七、车身控制系统电脑板32+24+10针

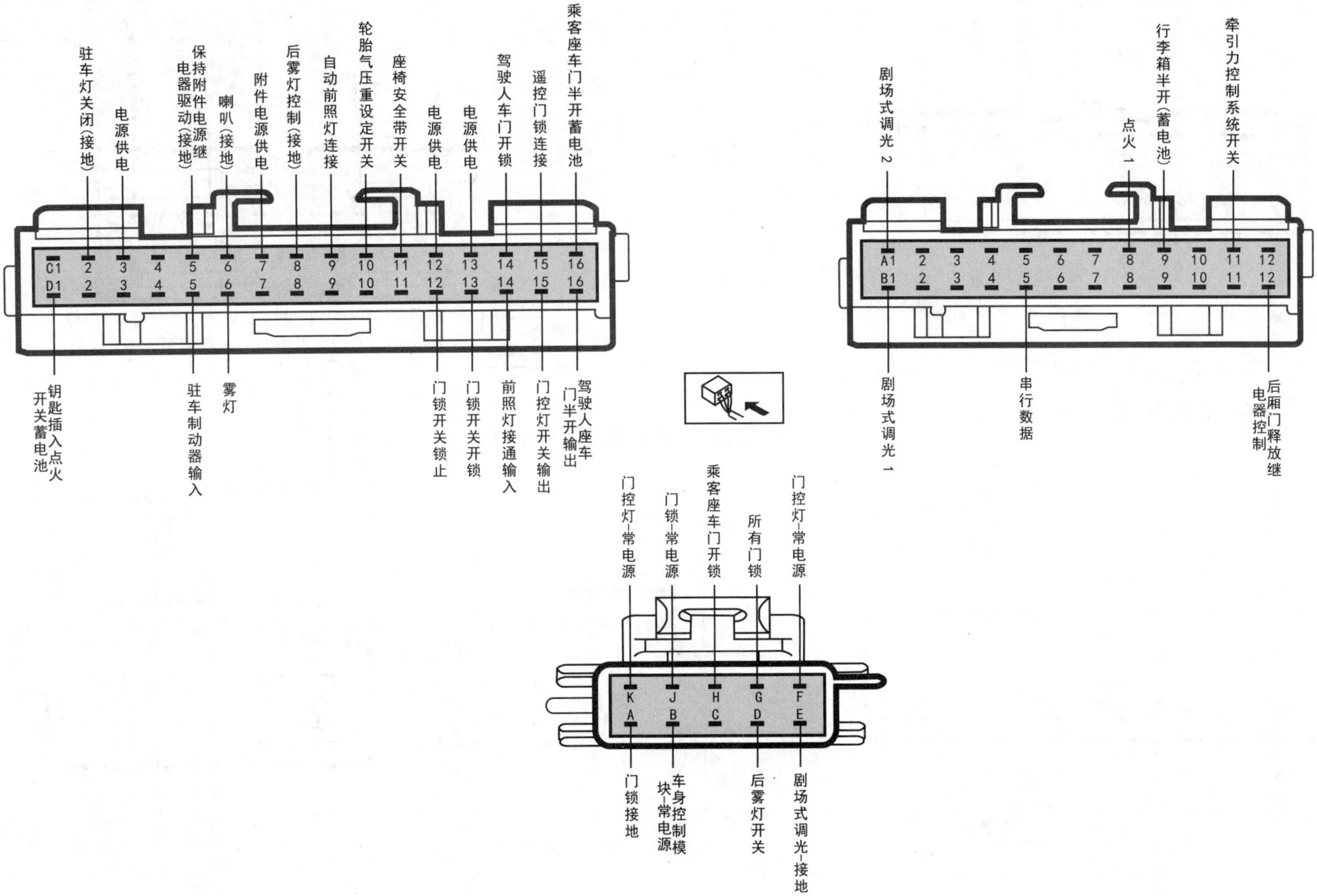

八、平视显示系统电脑板8+8针

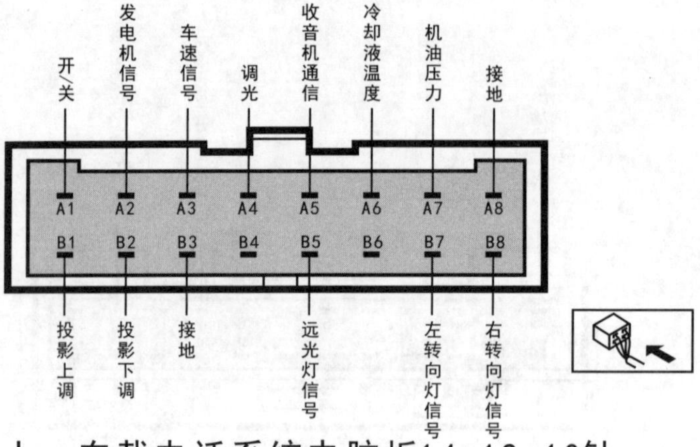

九、倒车辅助系统电脑板24针

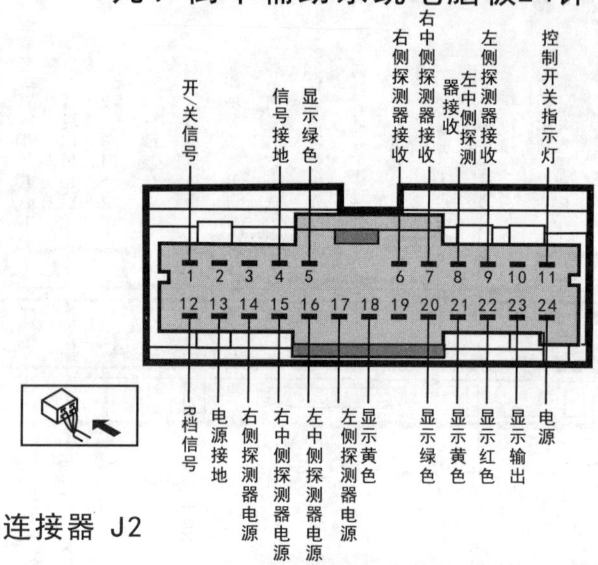

十、车载电话系统电脑板14+12+10针

1. 车载电话模块连接器 J1

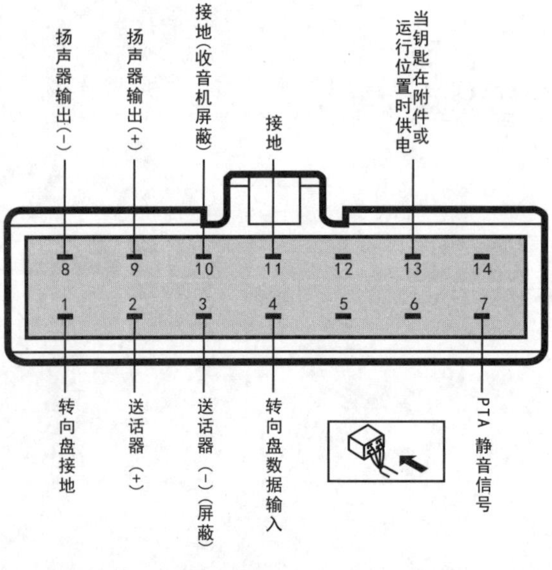

2. 车载电话模块连接器 J2

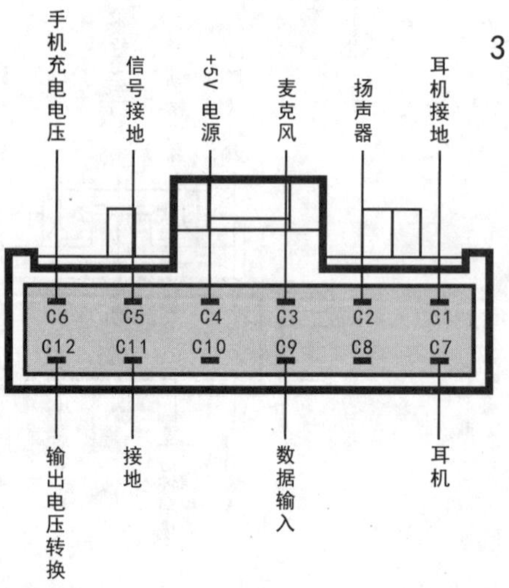

3. 车载电话模块连接器 J3

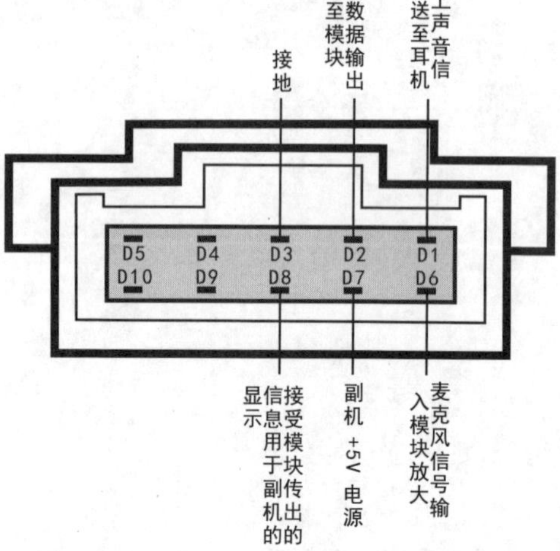

第2节 别克陆尊车系电脑板端子功能（2006～2011款）

一、动力系统控制模块（PCM）电脑板

1.动力系统控制模块（PCM）连接器C1电脑板80针

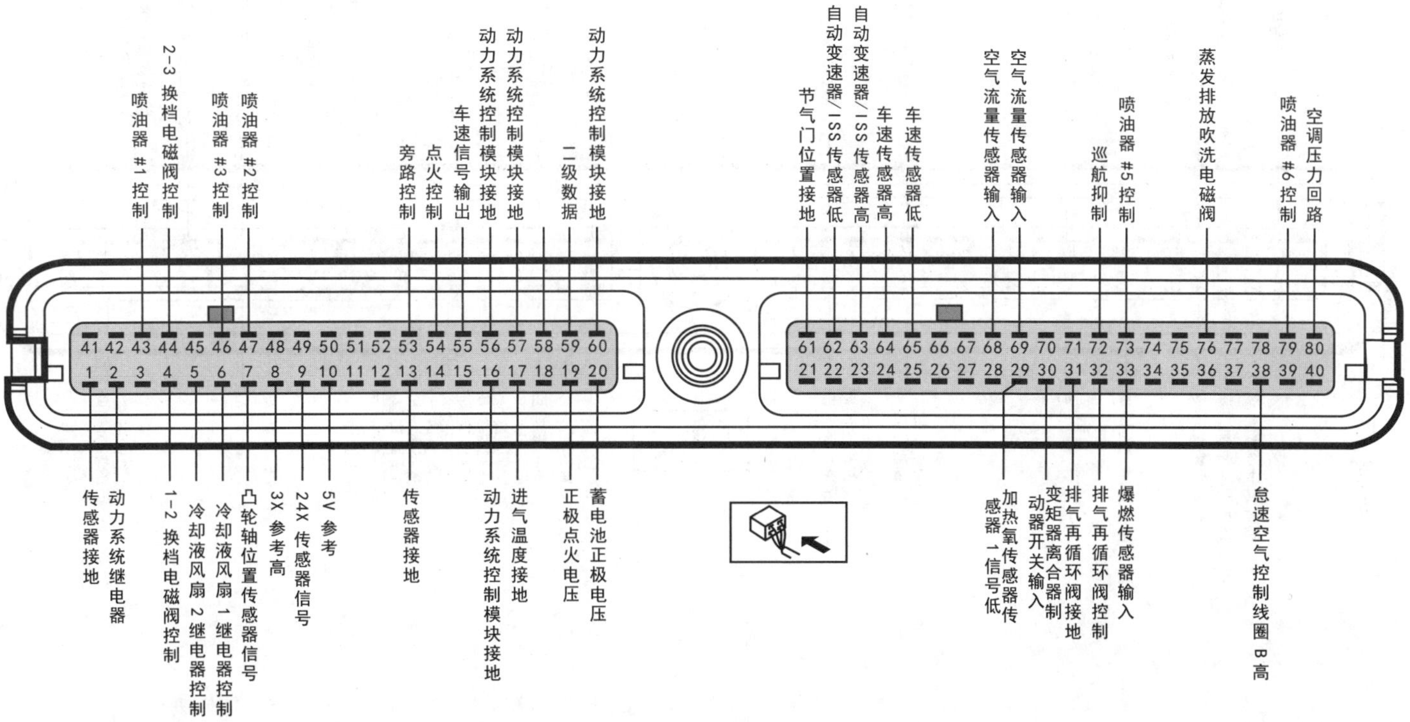

2.动力系统控制模块（PCM）连接器C2电脑板80针

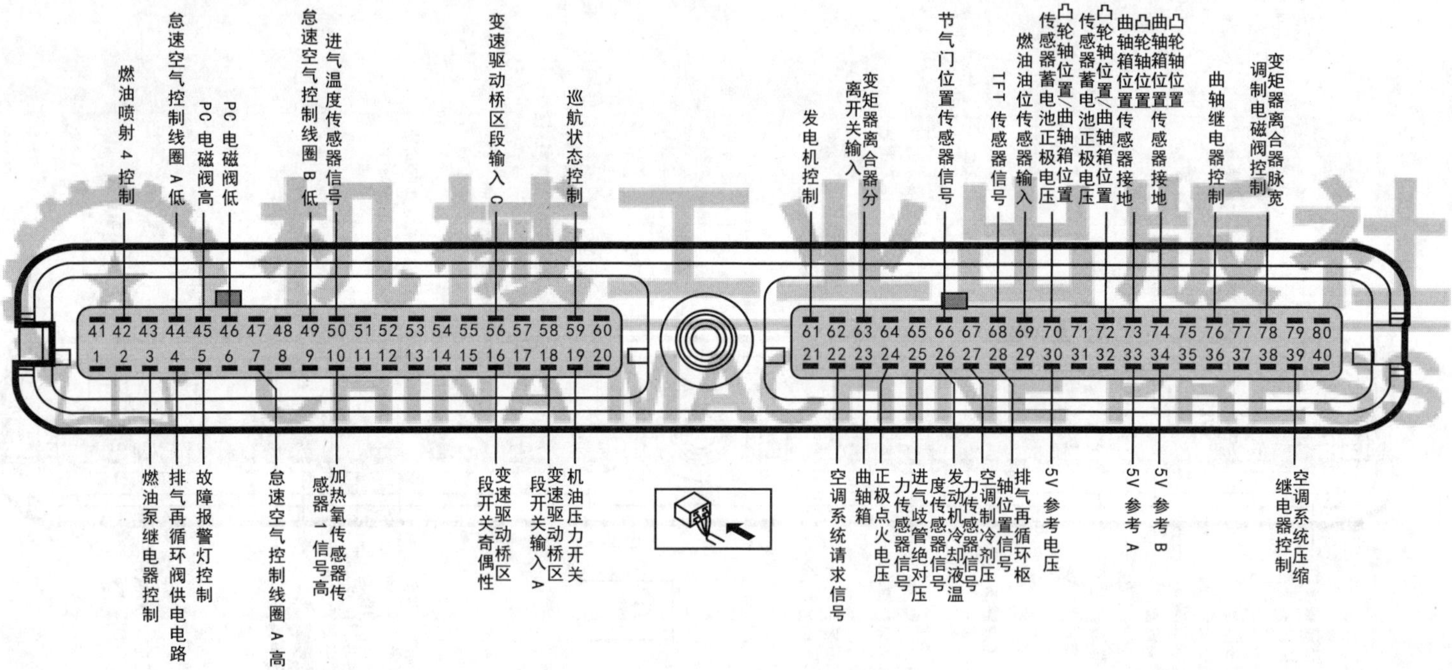

二、自动变速器系统(TCM)(4T65-E)电脑板20+20针

1.自动变速器直列线束20路连接器(发动机侧)

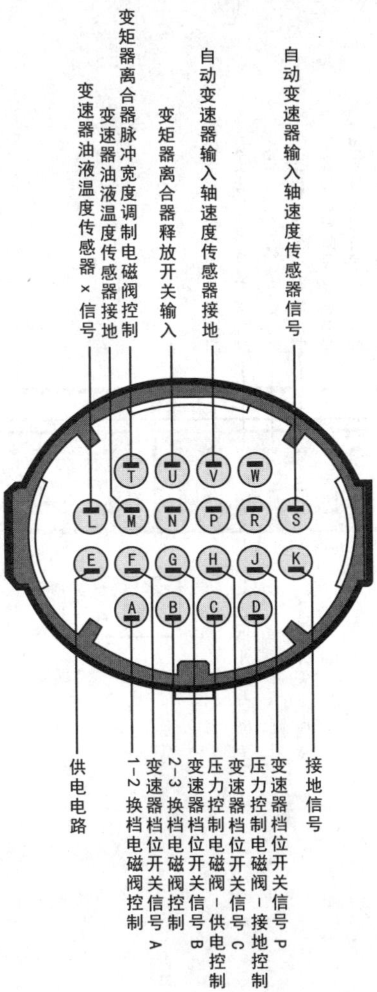

2.自动变速器直列线束20路连接器(变速器侧)

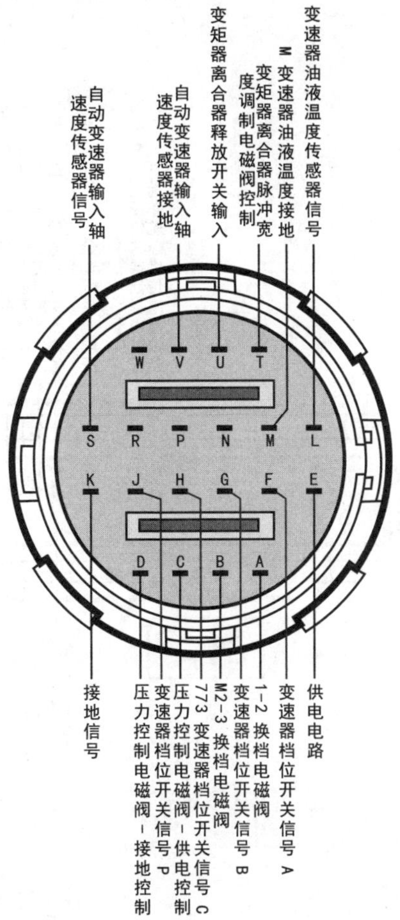

三、防抱死制动系统(ABS)电脑板46针

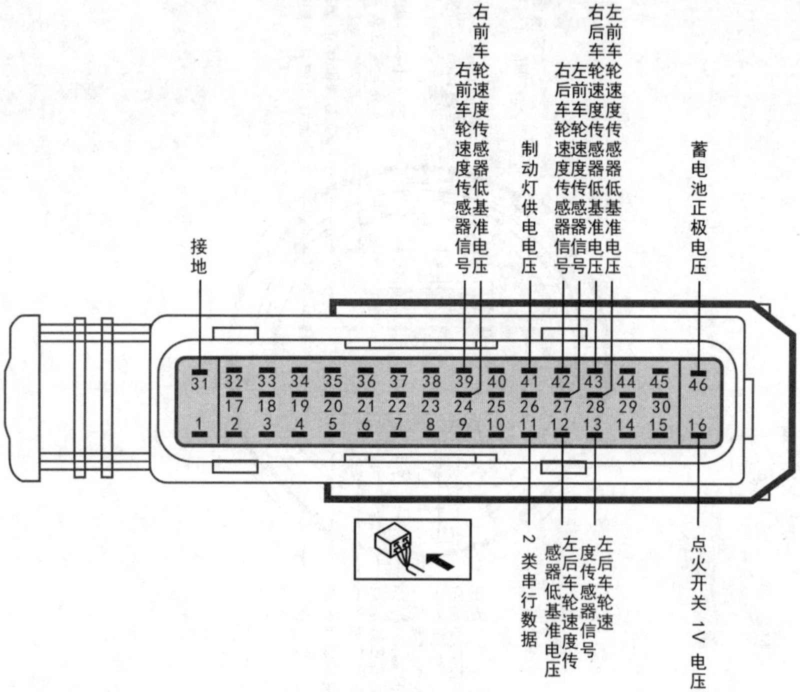

四、安全气囊系统电脑板34针

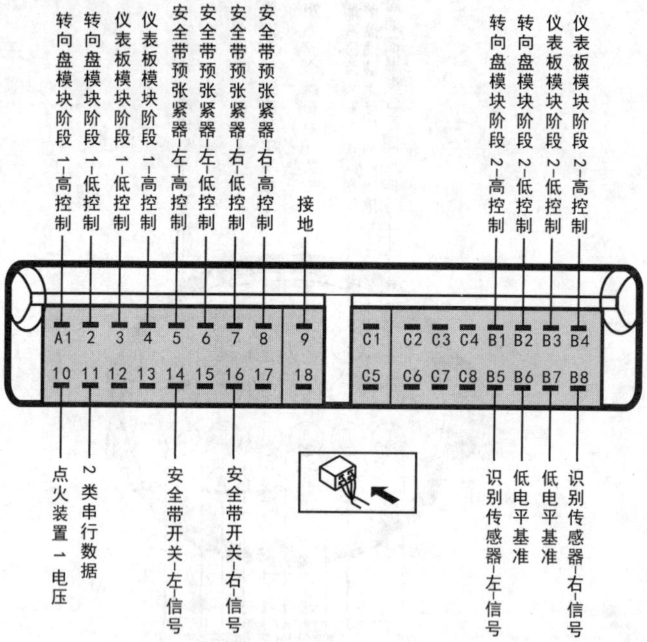

五、自动暖风、通风和空调系统电脑板24+24+6针

1. C68空调控制头(前)连接器J1

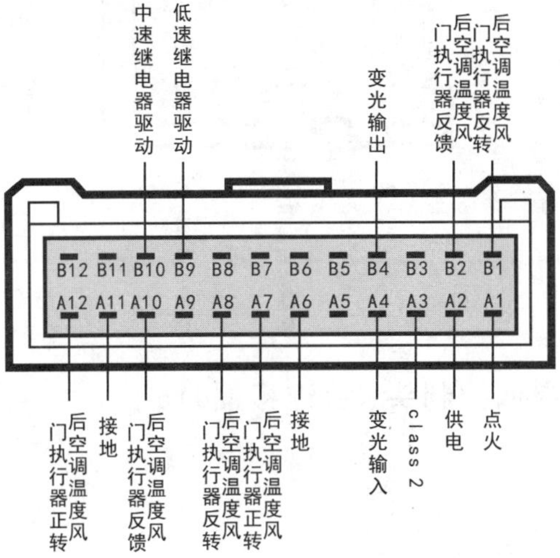

2. C68空调控制头(前)连接器J2

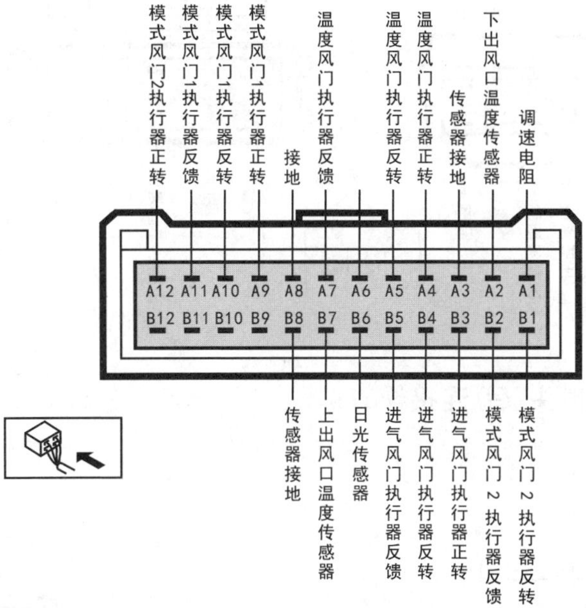

3. C69U空调控制头(后)连接器J3

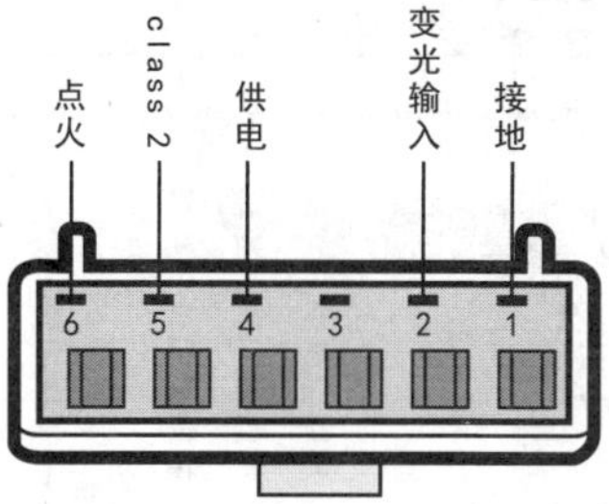

六、手动暖风、通风和空调系统电脑板32+10+6针

1. C67空调控制头(前)连接器J1

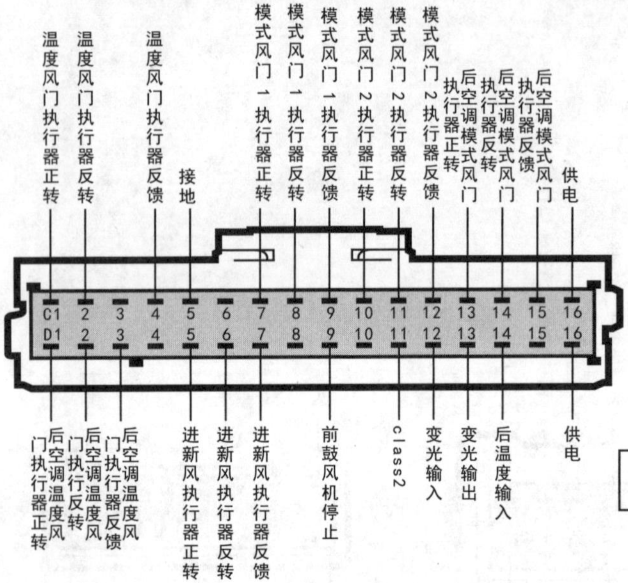

2. C67空调控制头(前)连接器J2

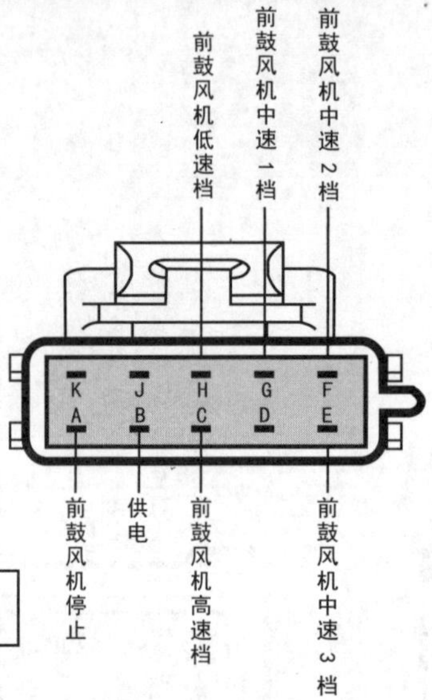

3. C67空调控制头(前)连接器J3

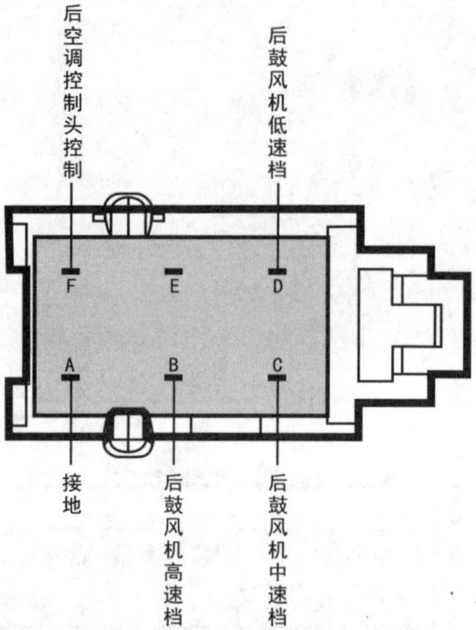

4. C69b空调控制头(后)连接器J14

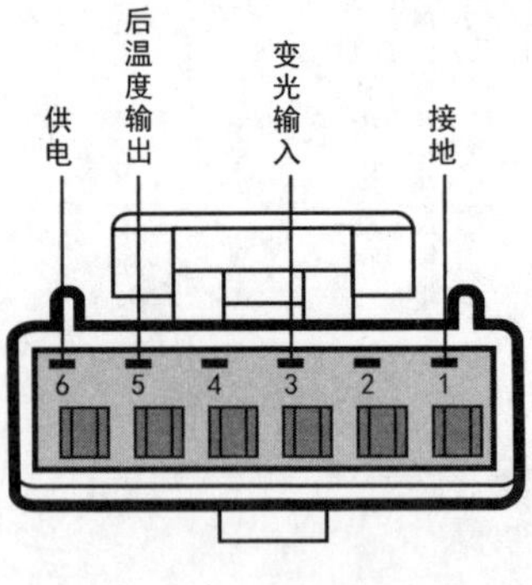

5. C69b空调控制头(后)连接器J15

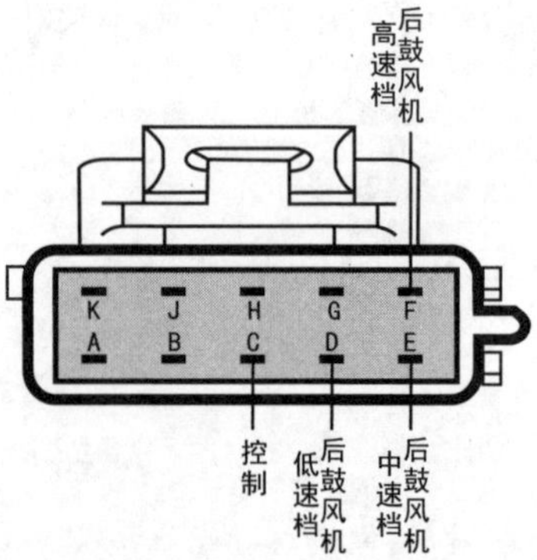

七、车身控制系统电脑板52+18针

1. 车身控制系统电控单元连接器J1

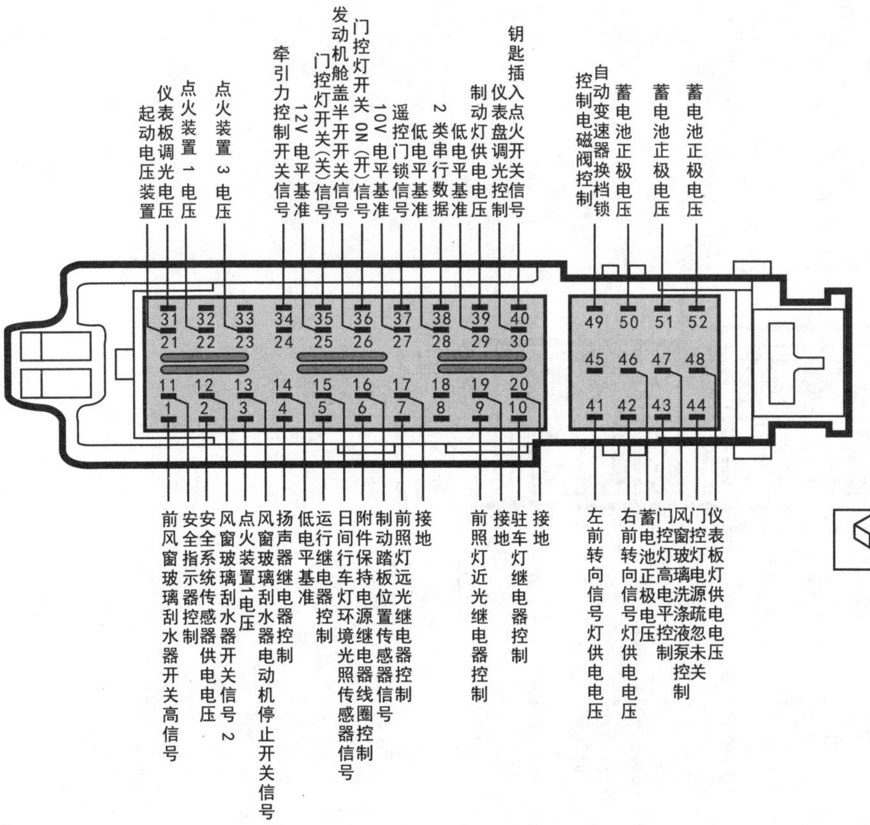

2. 车身控制系统电控单元连接器J3

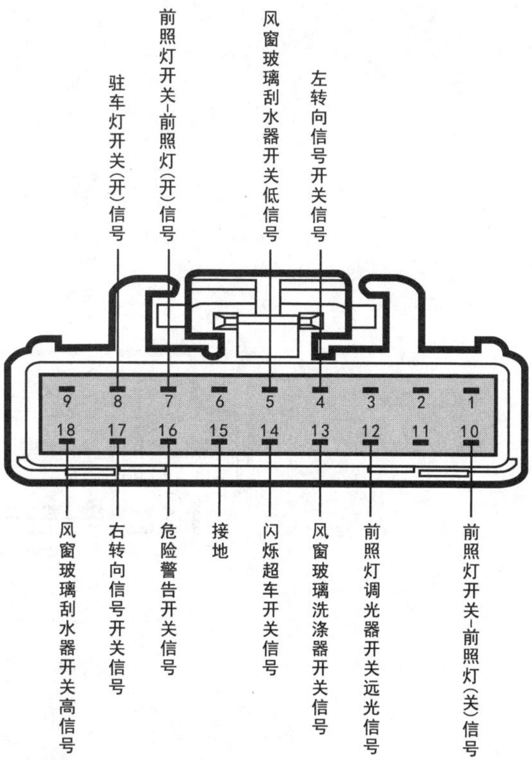

3.车身控制系统电控单元连接器J2

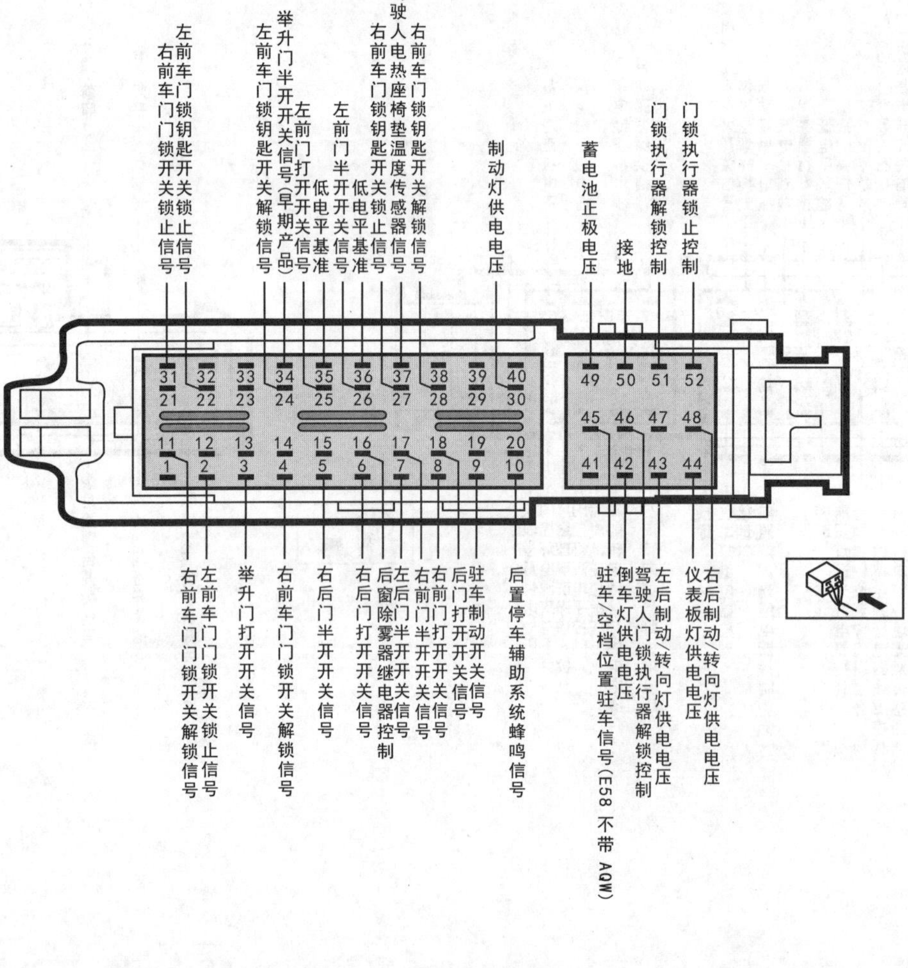

第3节 别克凯越车系电脑板端子功能（2008～2010款）

一、发动机控制系统电控单元1.6L（L91）电脑板81针

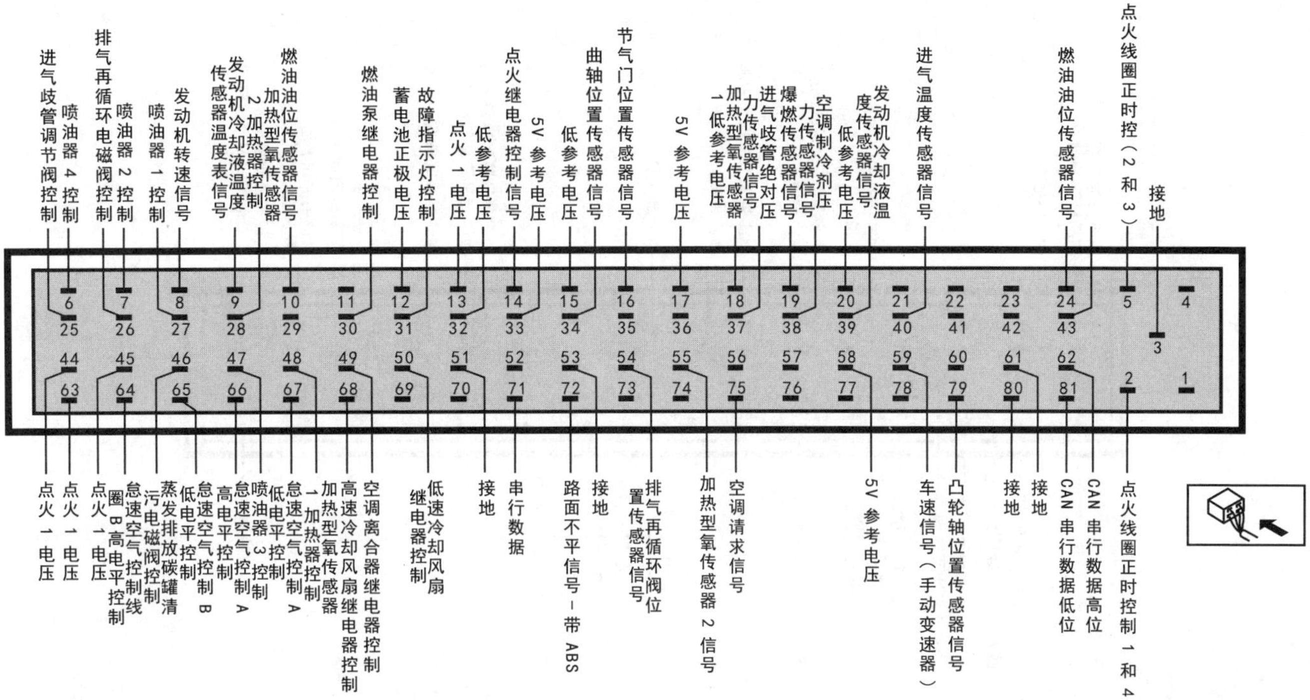

二、发动机控制系统电控单元1.8L（L79）电脑板64+64+73+73针

1.发动机控制模块连接器K(MR140)

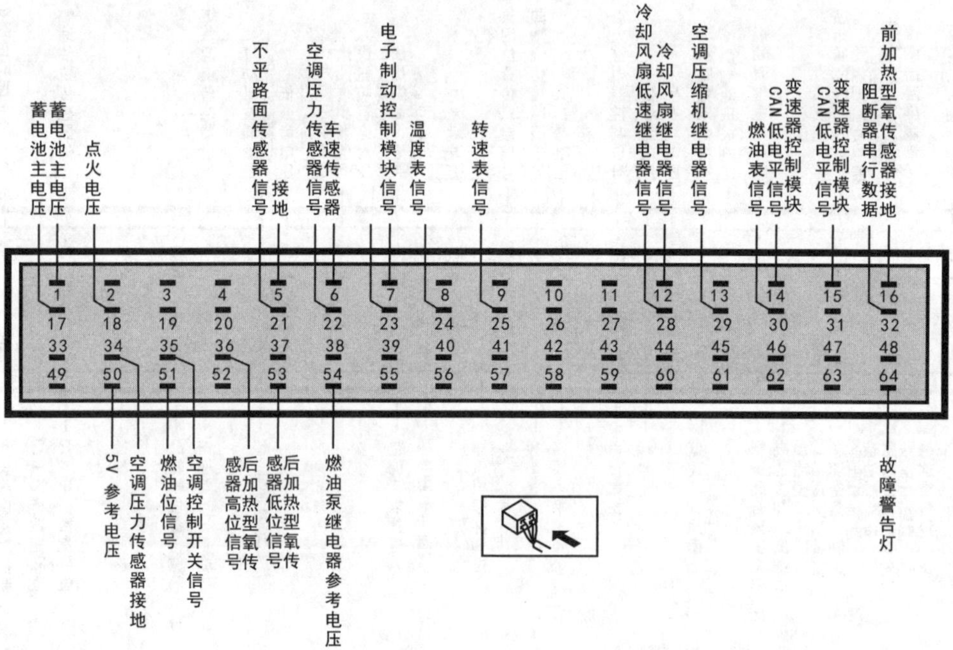

2. 发动机控制模块连接器 M（MR140）

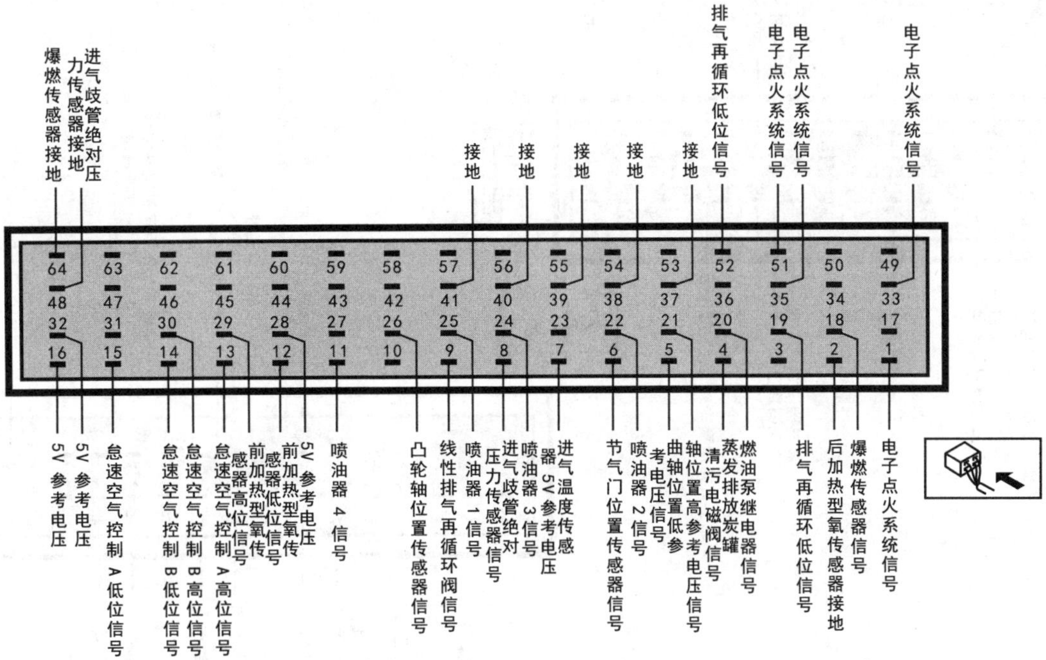

3. 发动机控制模块连接器C（MT80）

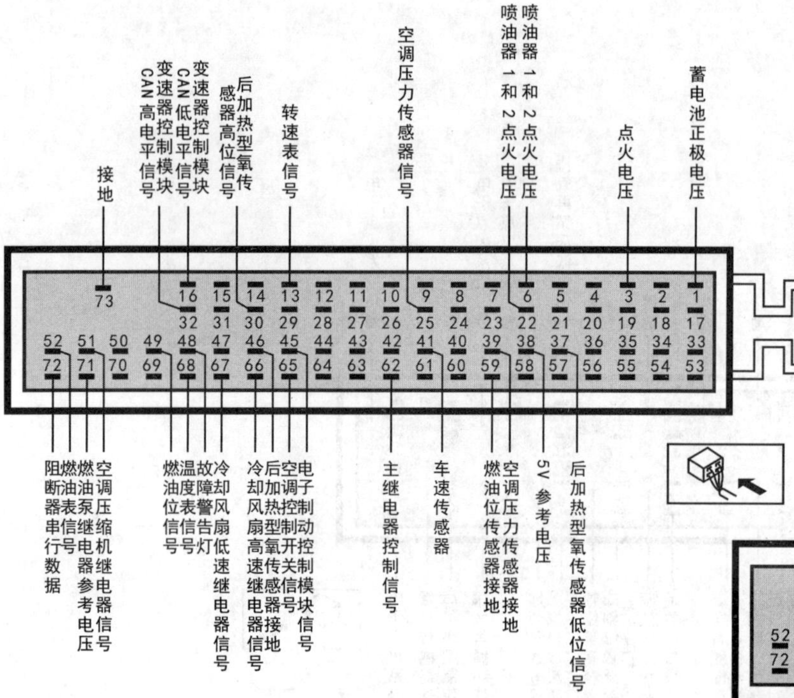

4. 发动机控制模块连接器E（MT80）

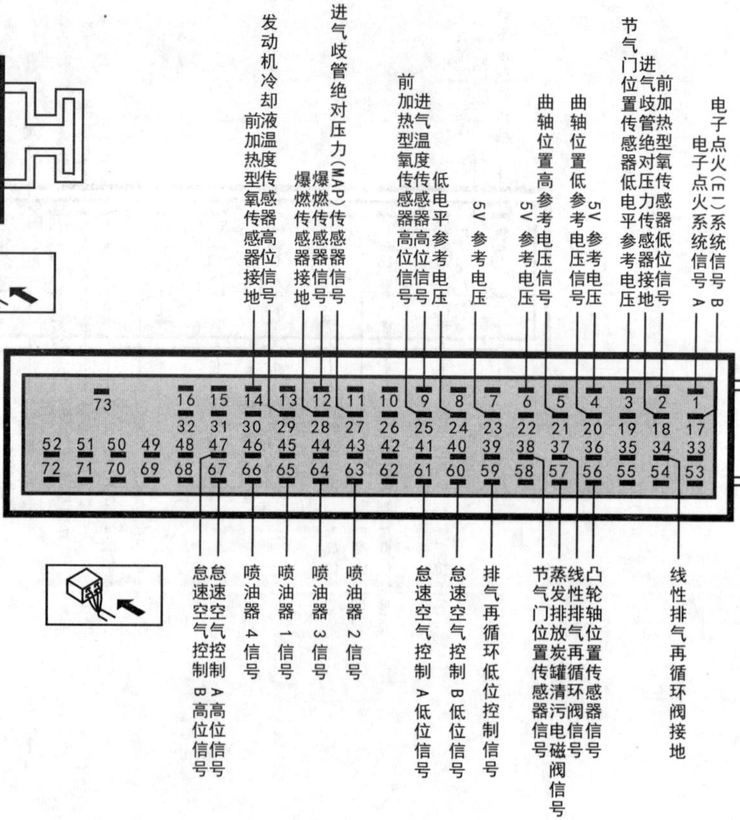

三、自动变速器系统电控单元（Asin81-40LE）电脑板24+24针

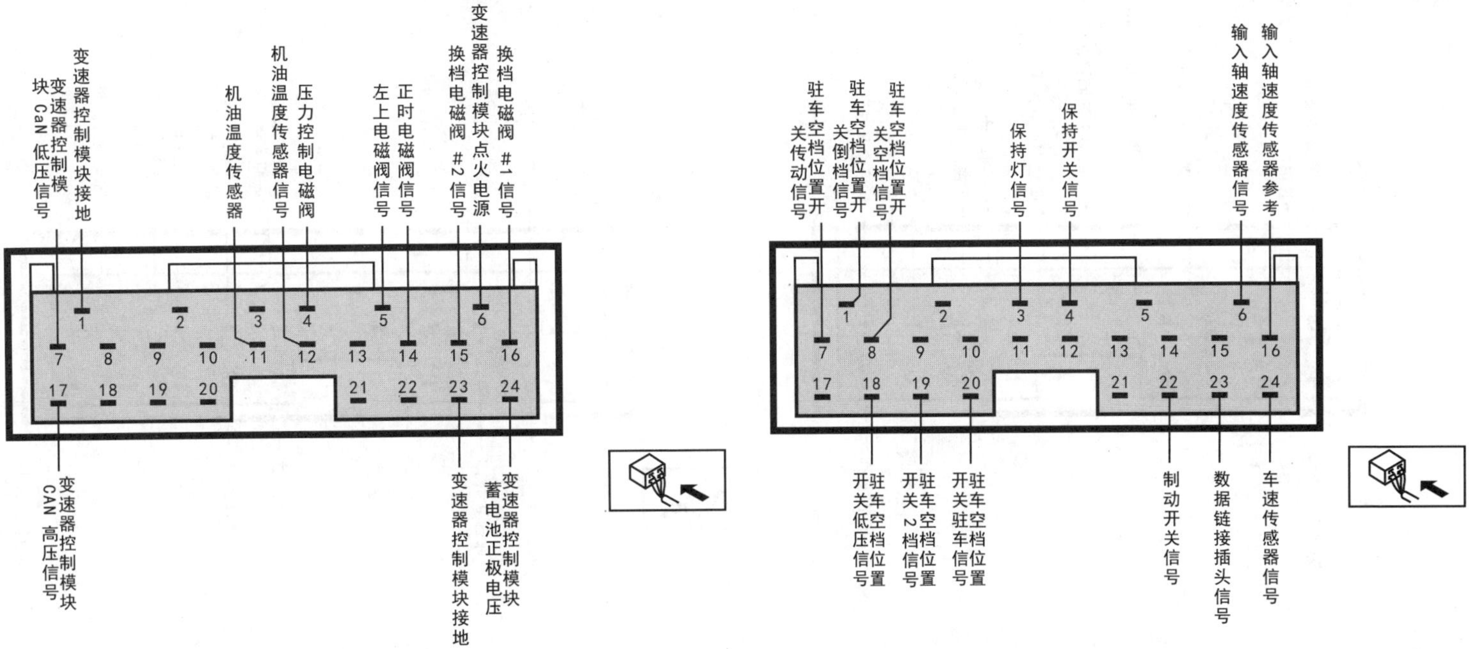

四、自动变速器系统电控单元(Asin50-40LN)电脑板24+26针

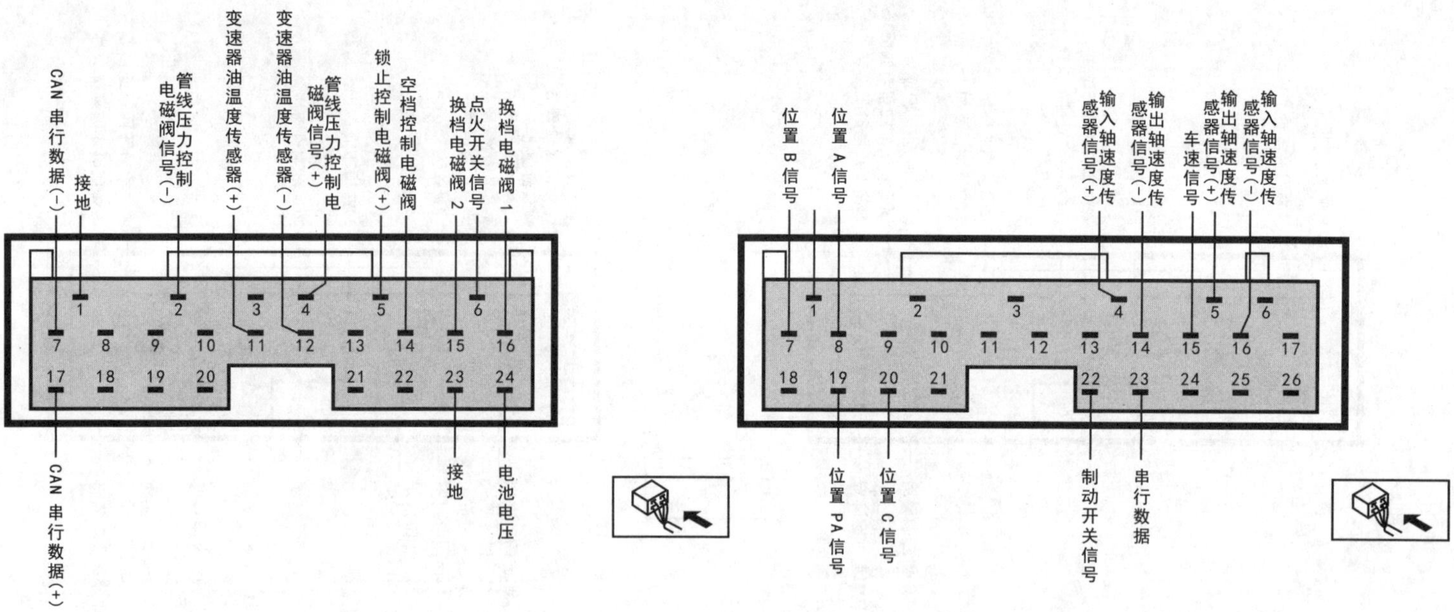

五、防抱死制动系统（ABS）电脑板46针

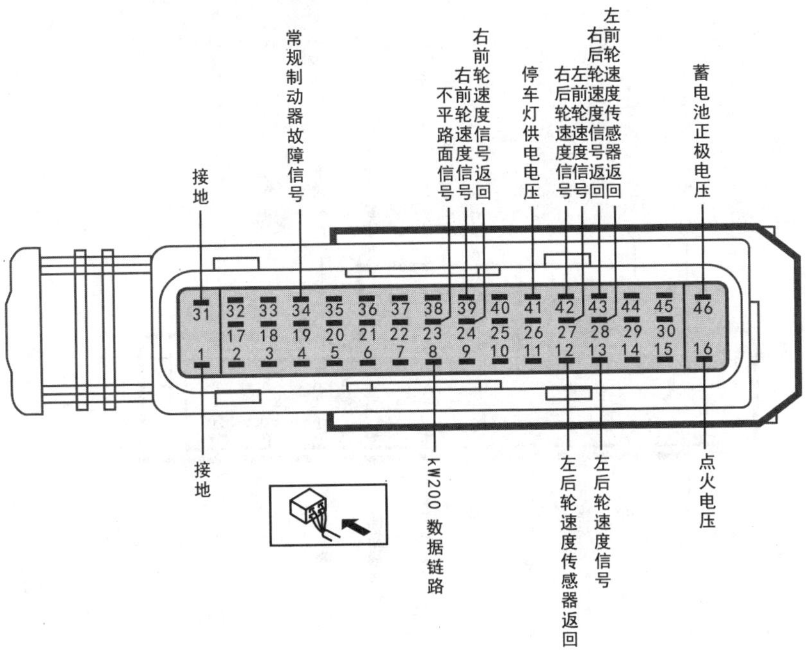

六、安全气囊系统电脑板50针

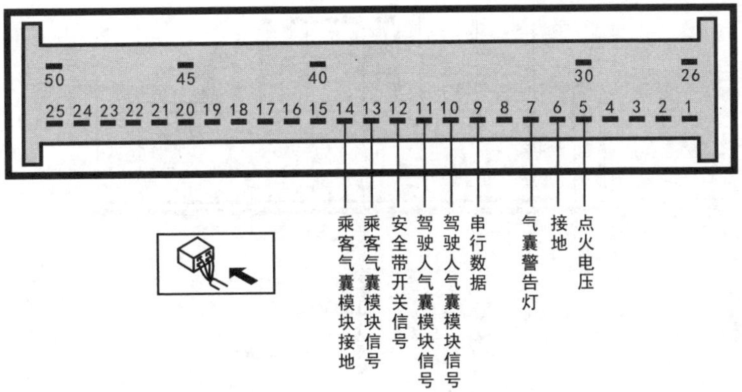

七、自动暖风和空调系统电脑板16+20针

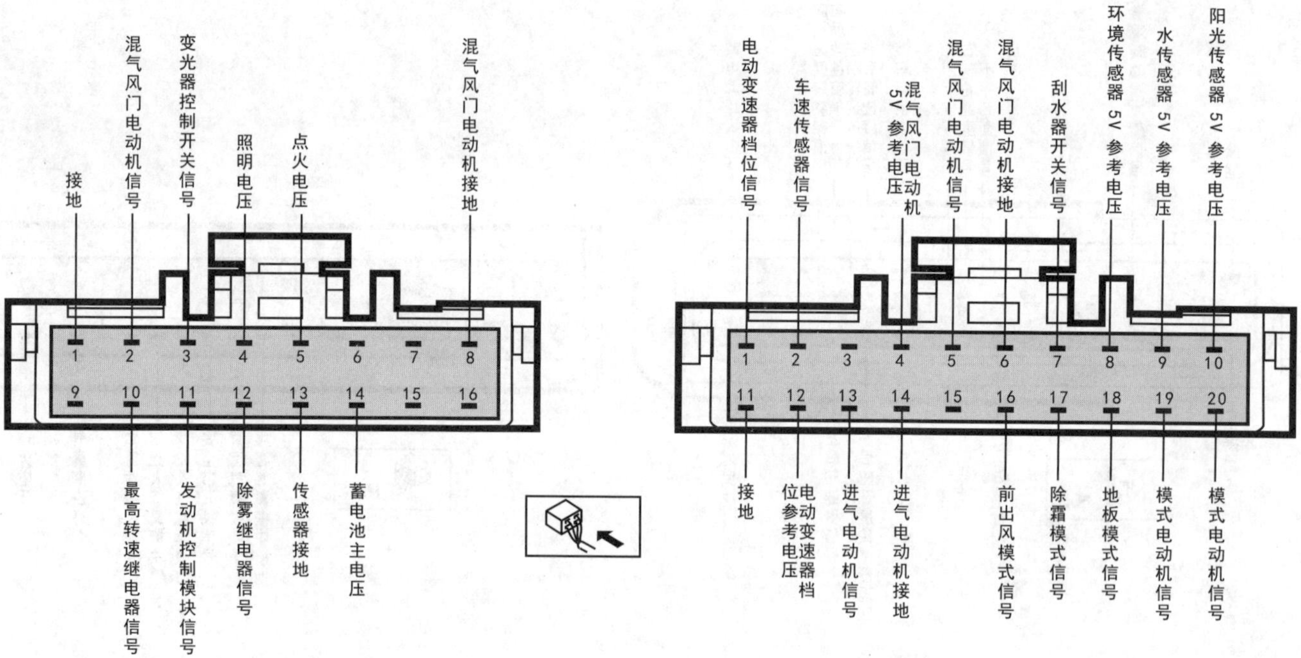

八、防盗系统电脑板7针

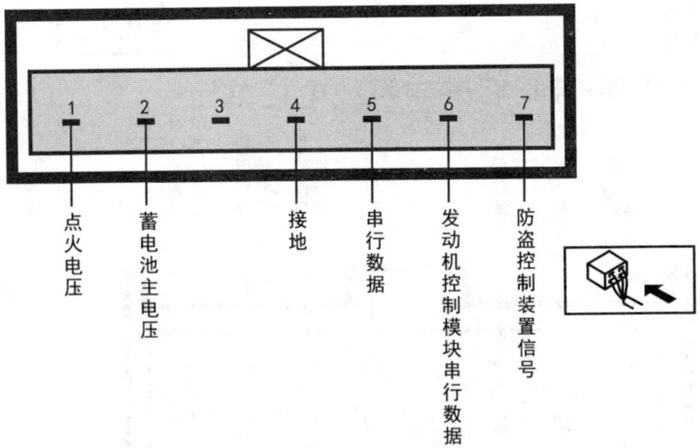

九、遥控门锁接收器电脑板26针

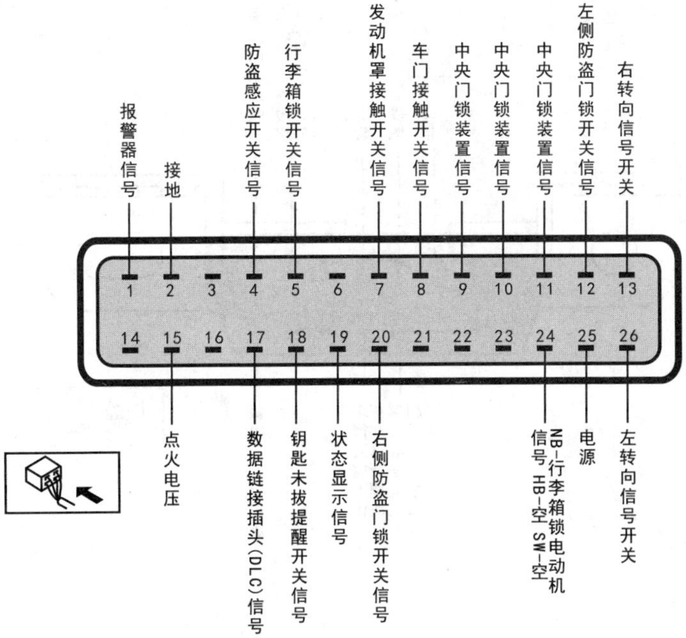

十、数据链接通信系统电脑板16针

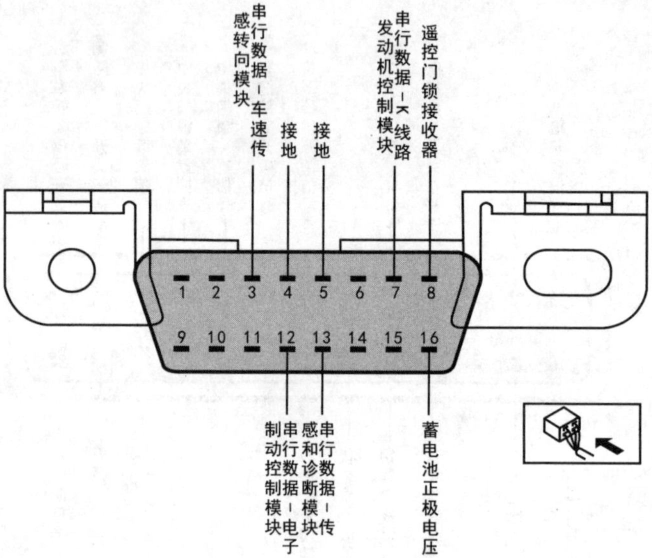

十一、仪表板、计量仪表和控制台电脑板8+16针

1. 蜂鸣器模块电控单元

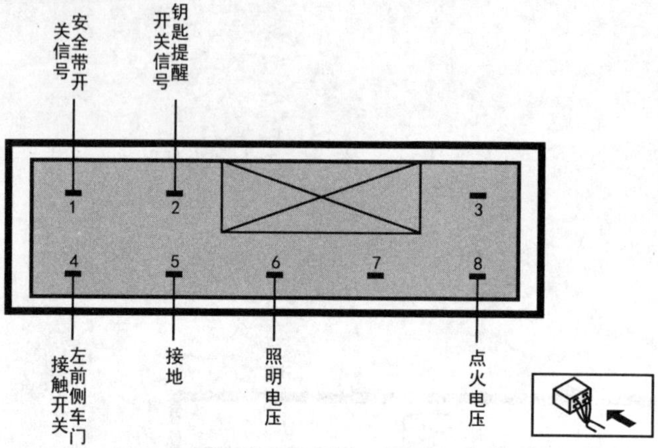

2. 蜂鸣器模块-带乘客感知系统电控单元

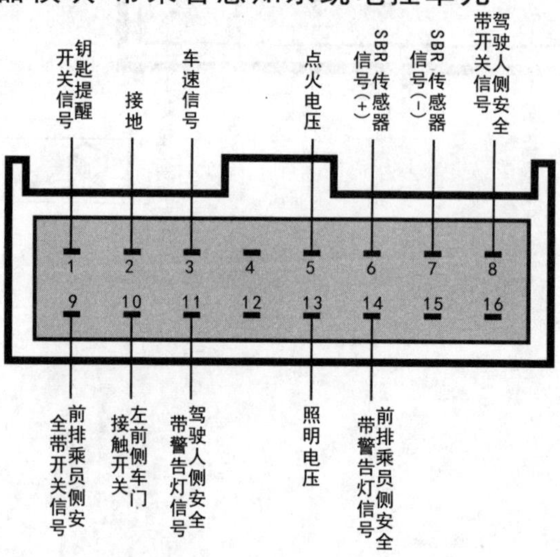

十二、照明系统电脑板端子

1.中央高位停车灯（CHMSL）电脑板2针

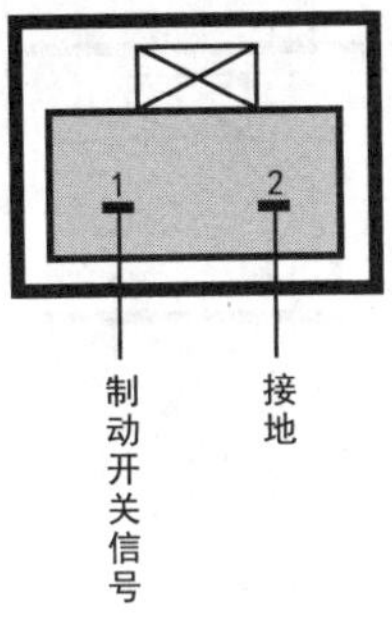

2.变光器电控单元电脑板3针

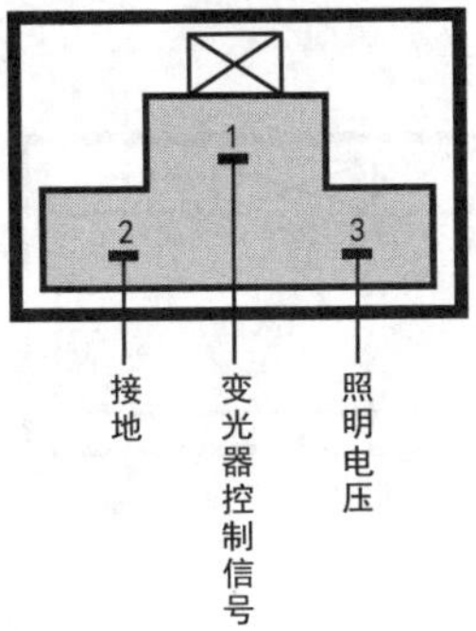

3.前雾灯电控单元电脑板2针

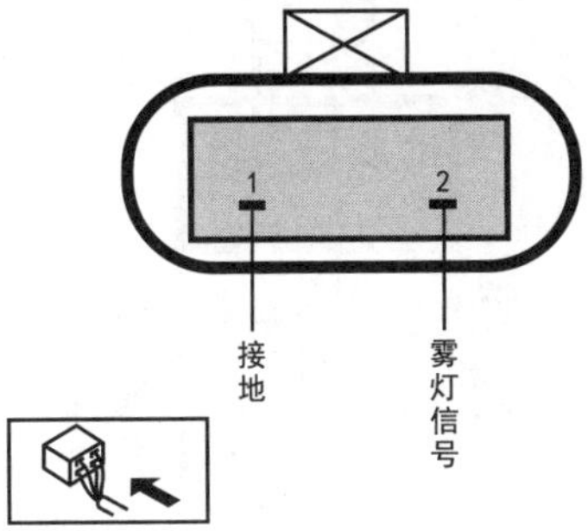

4.左侧前照灯(NB/SW)电脑板6针

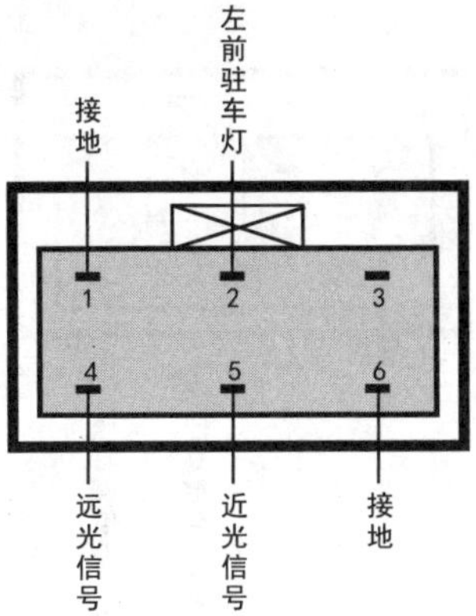

5.右侧前照灯(NB/SW)电脑板6针

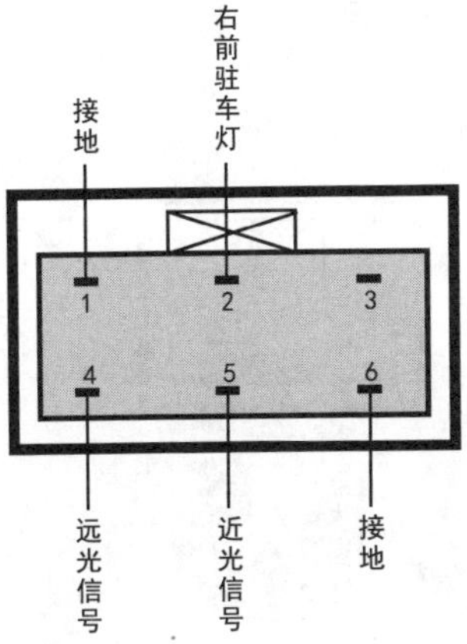

6.危险警告灯开关电脑板10针

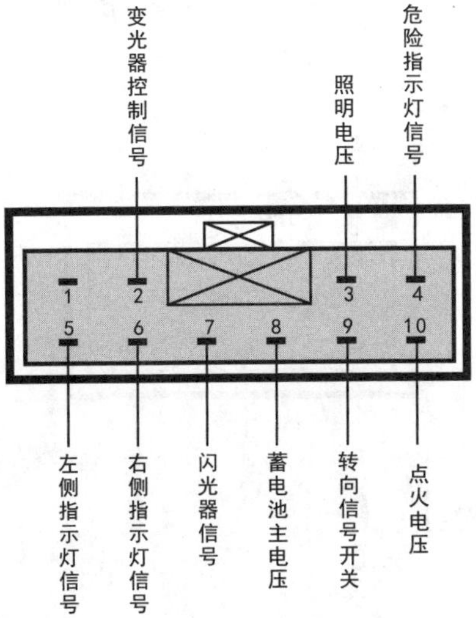

7.左侧转向信号灯(仅HB)电脑板2针

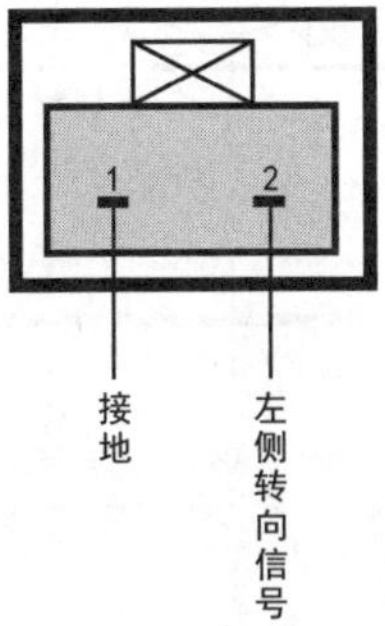

8.右侧转向信号灯(仅HB)电脑板2针

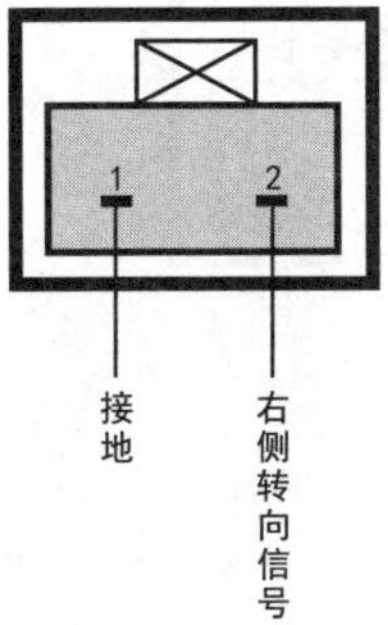

9. 前照灯开关电控单元电脑板7针

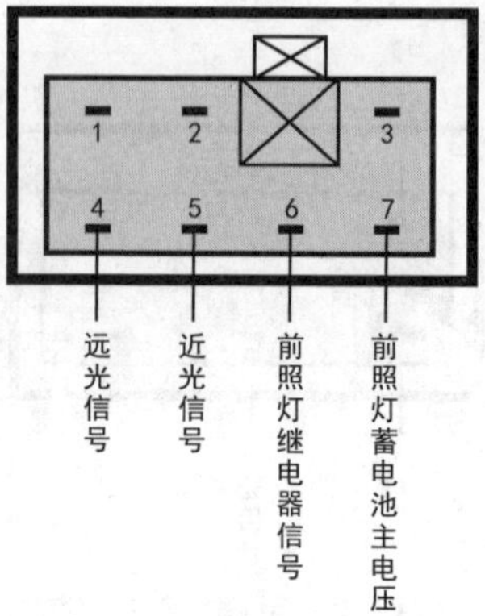

10. 牌照灯电控单元电脑板2针

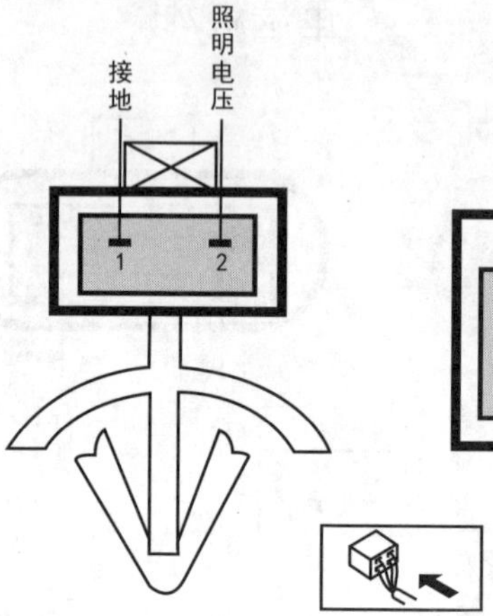

11. 灯开关电控单元电脑板6针

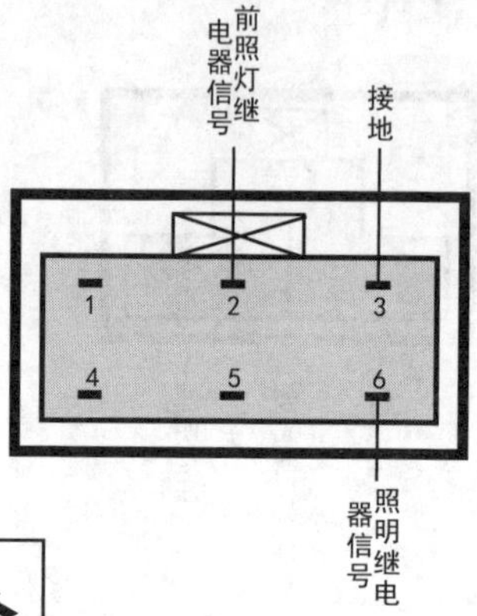

12. 阅读灯(不带天窗、带延时)电脑板2针

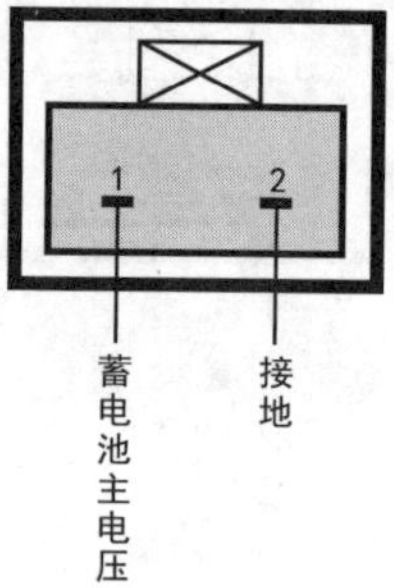

13. PRNDL照明电脑板2针

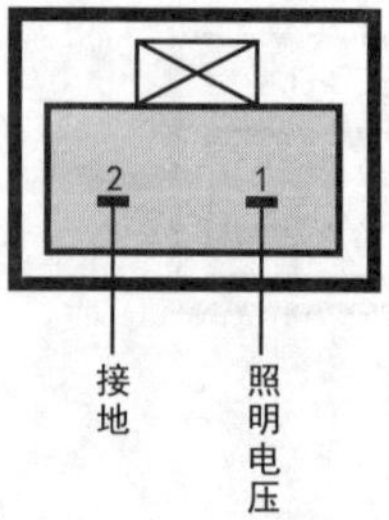

14. 左后组合灯（NB/HB）电脑板6针

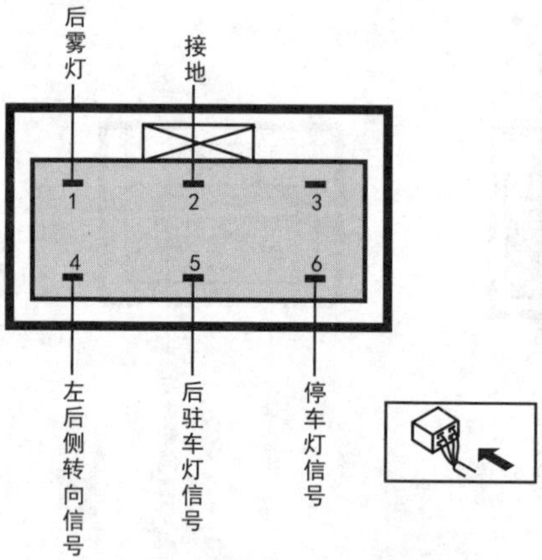

15. 右后组合灯（NB/HB）电脑板6针

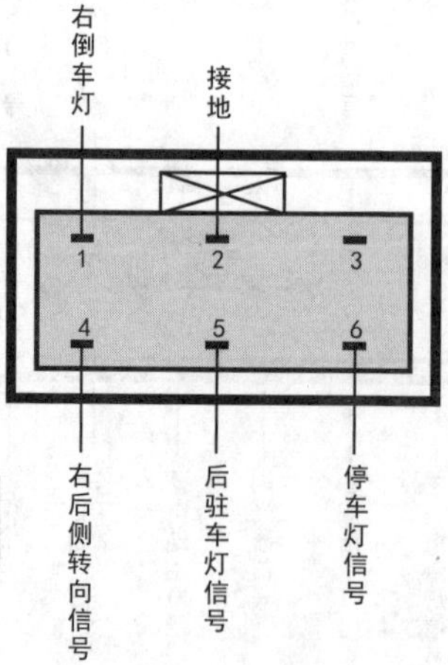

16. 倒车灯开关(手动变速器)电脑板2针

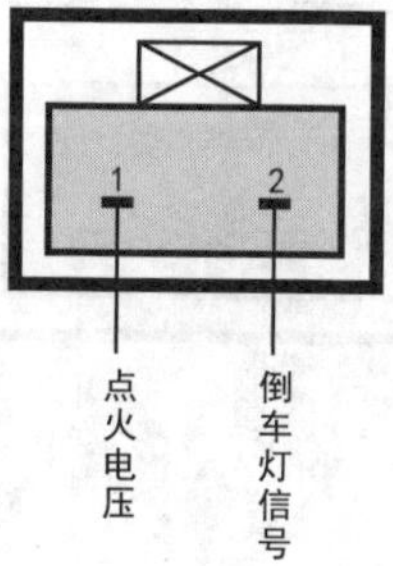

17. 带调光的车内照明灯电脑板6针

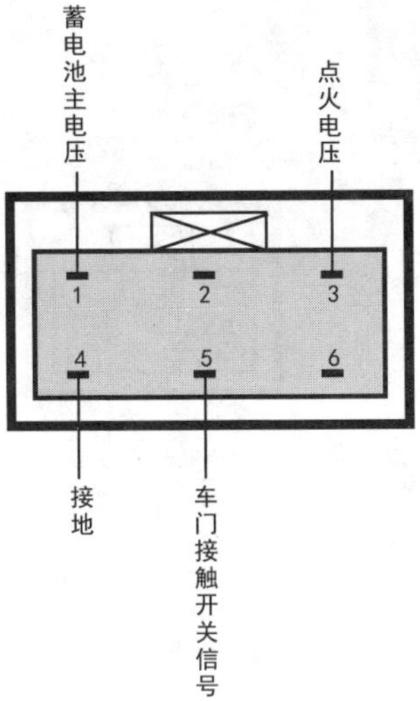

18. 不带调光的车内照明灯电脑板4针

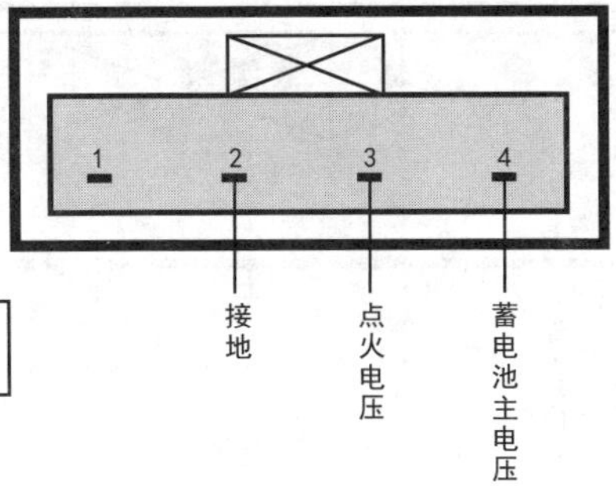

19. 车内照明/天窗开关电脑板8针

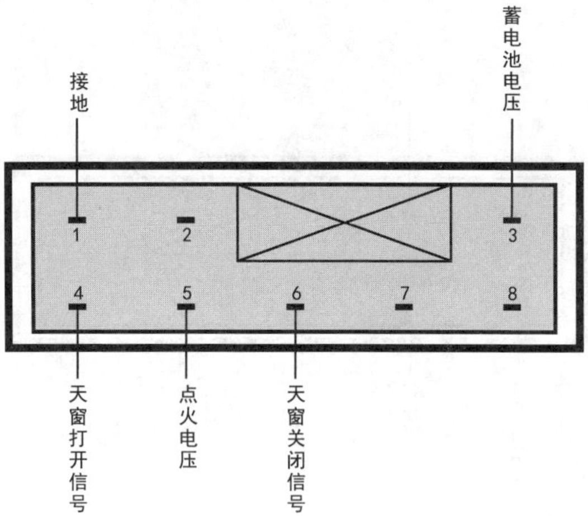

20. 左侧转向信号灯电脑板2针

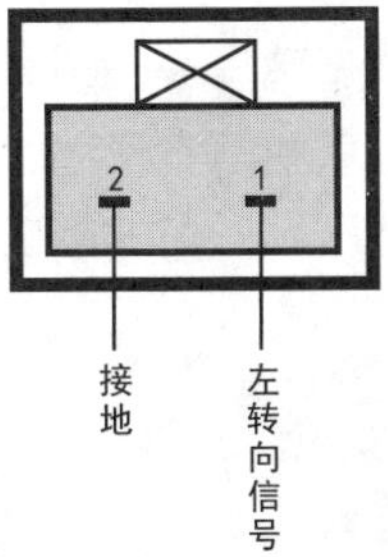

21. 右侧转向信号灯电脑板2针

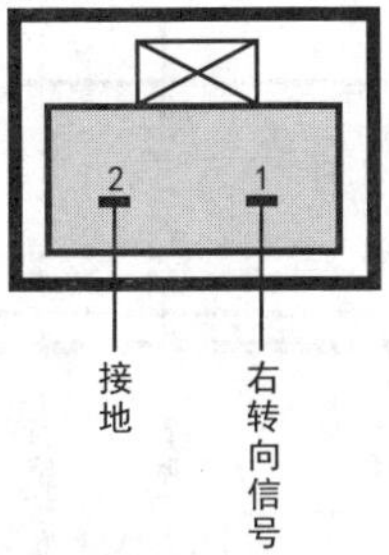

22. 行李箱照明灯（NB/HB）电脑板2针

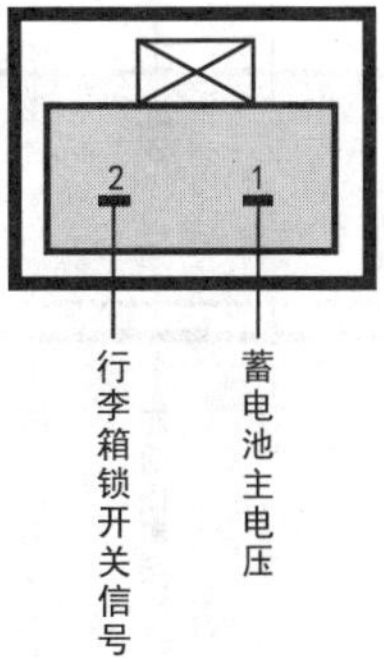

23. 尾门灯（SW）电脑板2针

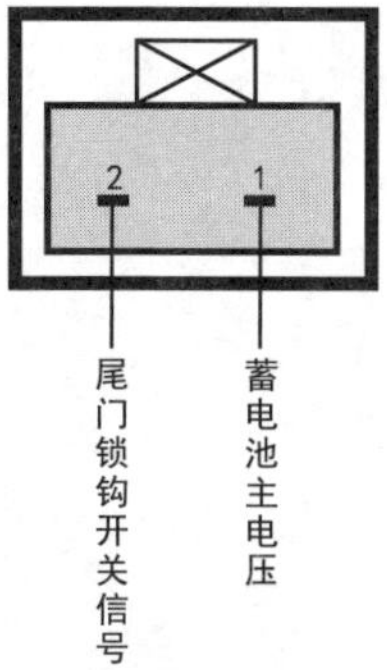

24.左后组合灯（SW）电脑板8针

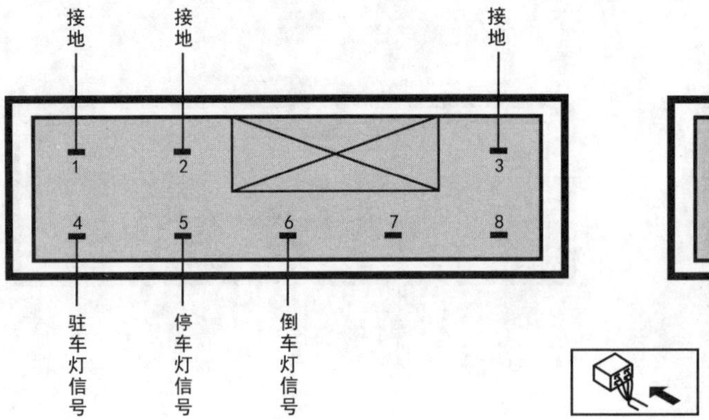

25.右后组合灯（SW）电脑板8针

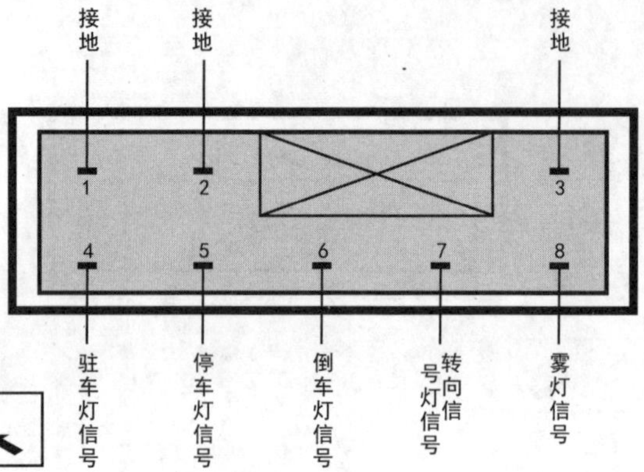

26.尾门开关（SW）电脑板2针

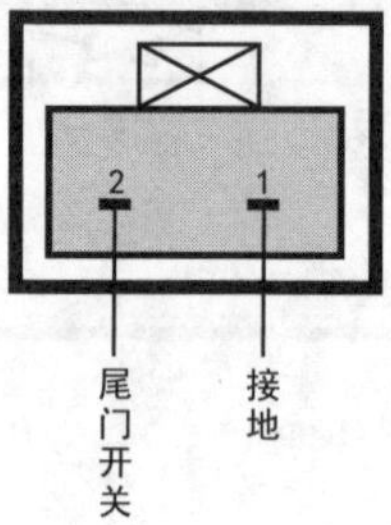

十三、音响娱乐系统电脑板20针

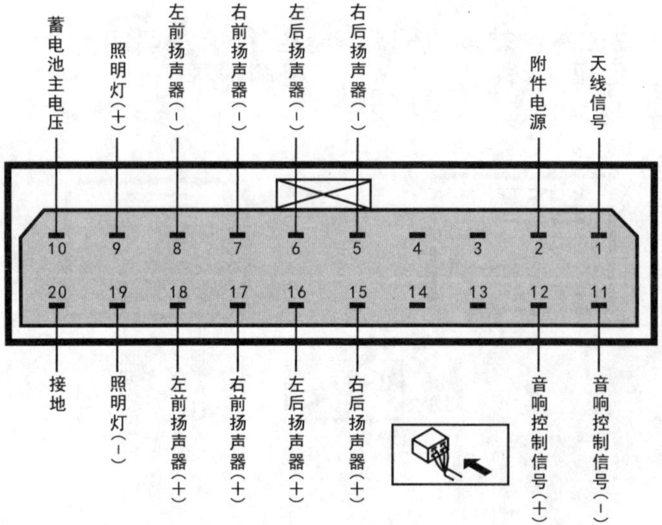

第4节　别克凯越车系电脑板端子功能（2012～2015款）

一、发动机控制系统1.6L（L91）电脑板81针

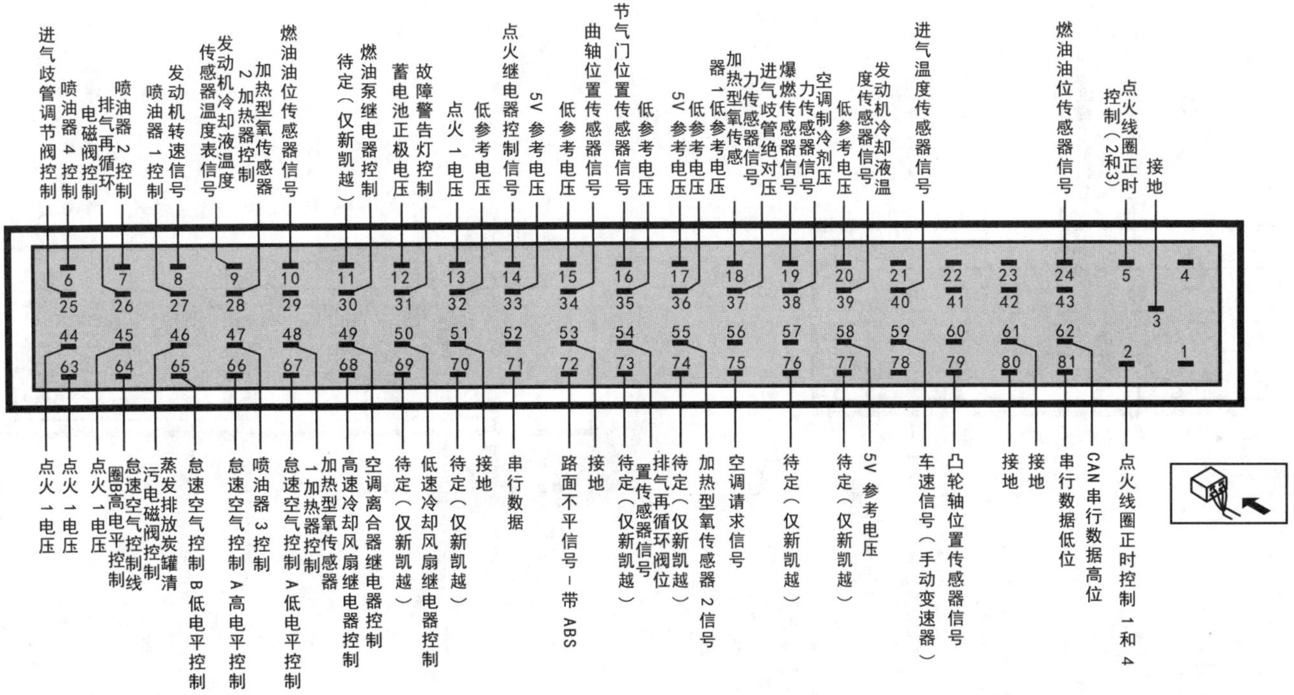

二、自动变速器控制系统Aisin(81-40LE)电脑板24+26+10针

1.自动变速器控制模块(TCM)连接器 A

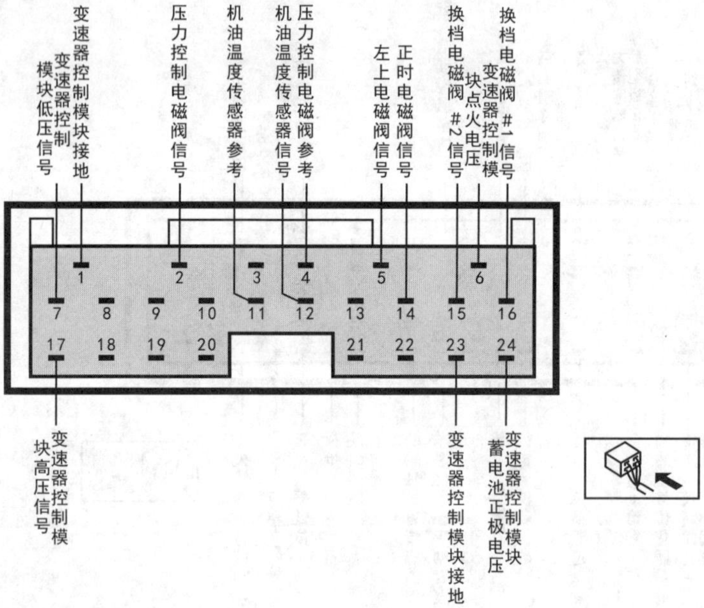

2.自动变速器控制模块(TCM)连接器 B

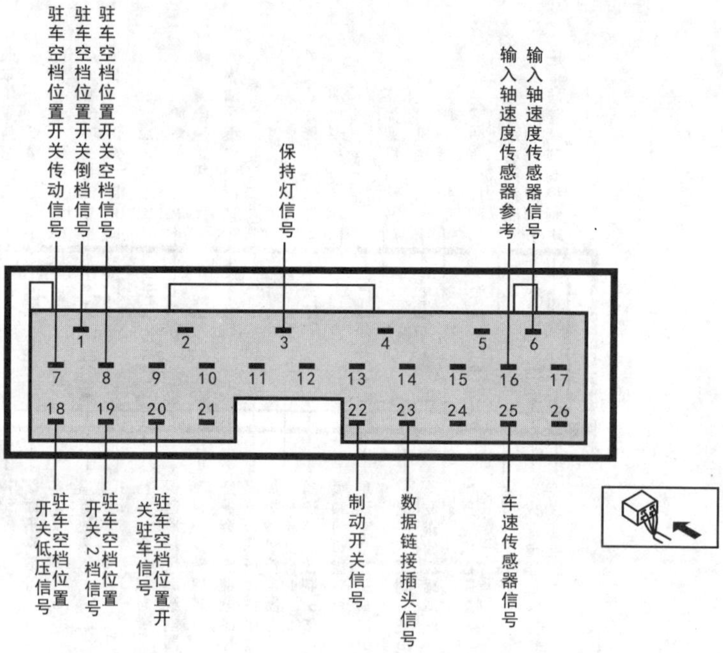

3.变速驱动桥系统

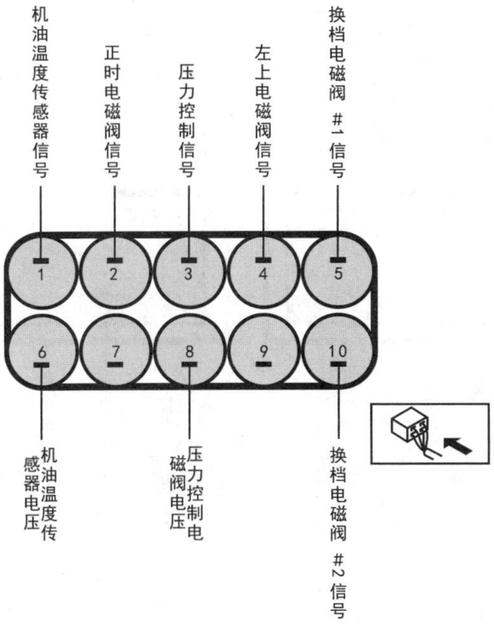

三、防抱死制动系统(带CBS)电脑板38针

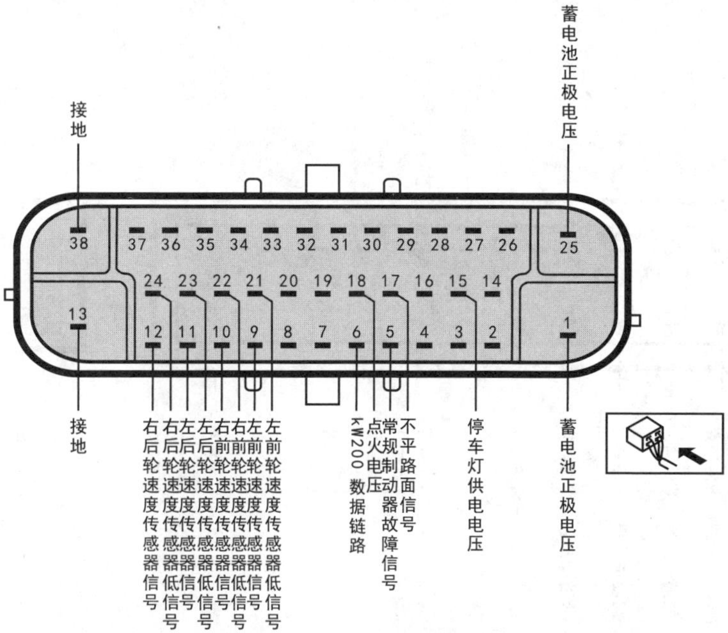

四、安全气囊系统传感和诊断模块(SDM)电脑板24针

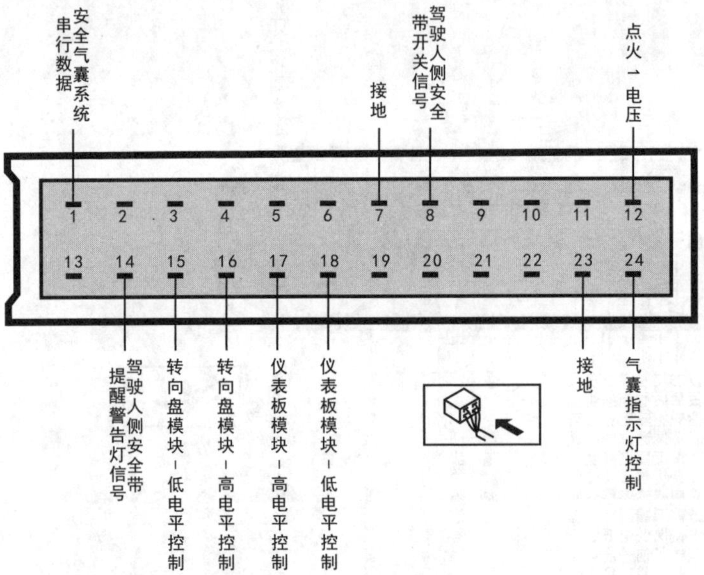

五、天窗系统电脑板10+8针

1. 天窗模块

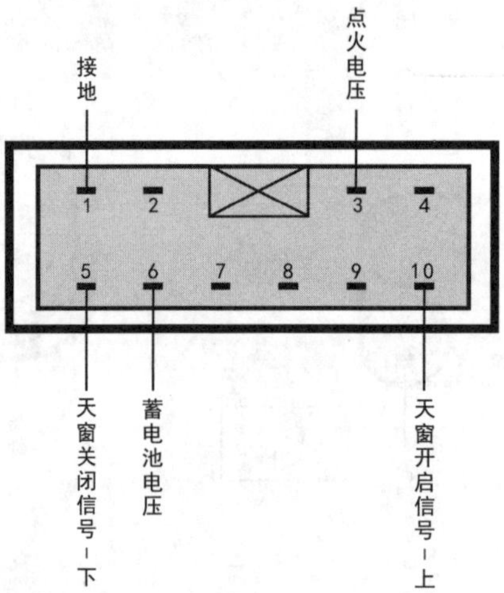

2. 车内灯/天窗开关

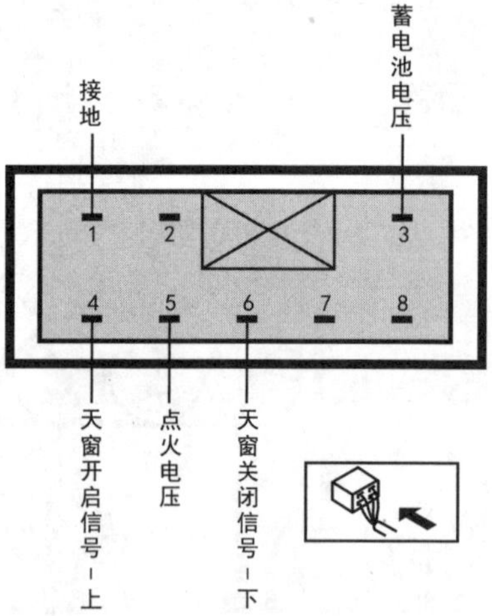

六、自动空调控制系统电脑板16+20+8针

1. 自动空调控制系统 A

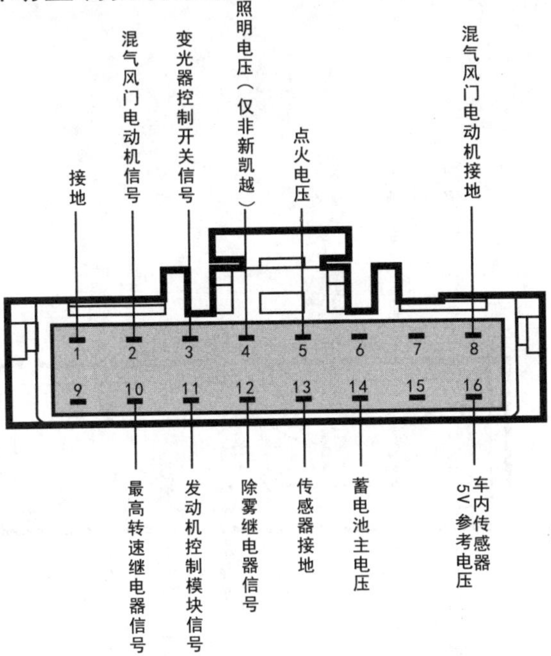

2. 自动空调控制系统 B

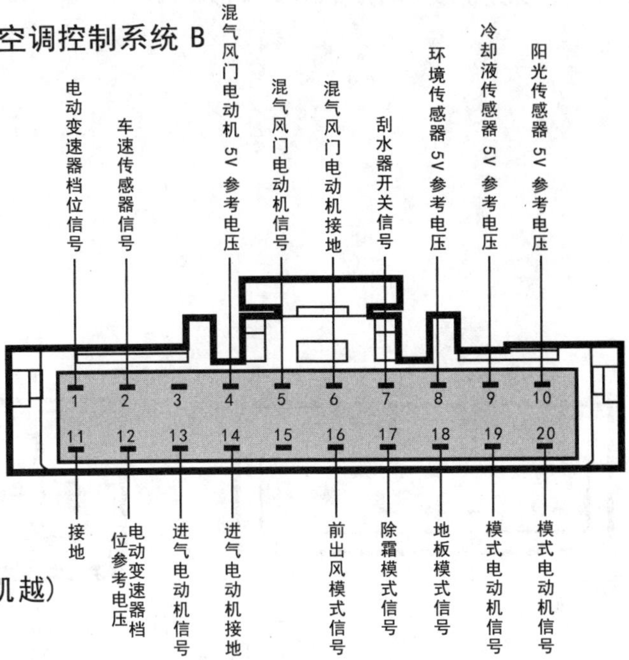

3. 空调控制面板(仅新凯越)

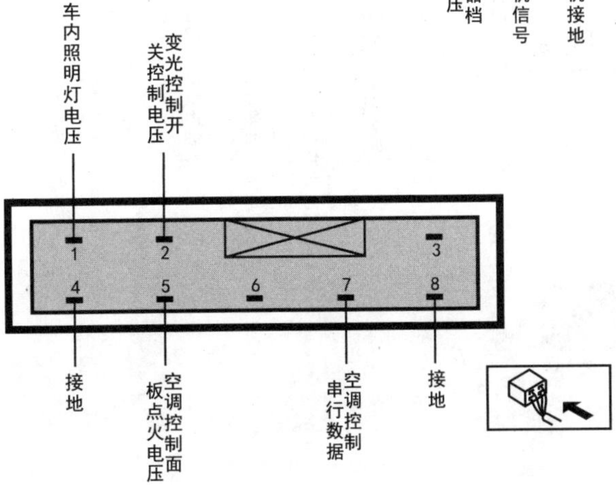

七、中央门锁和防盗电脑板4+8+14针

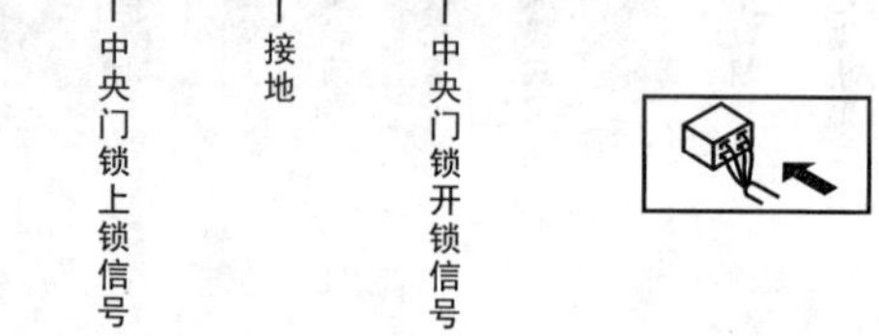

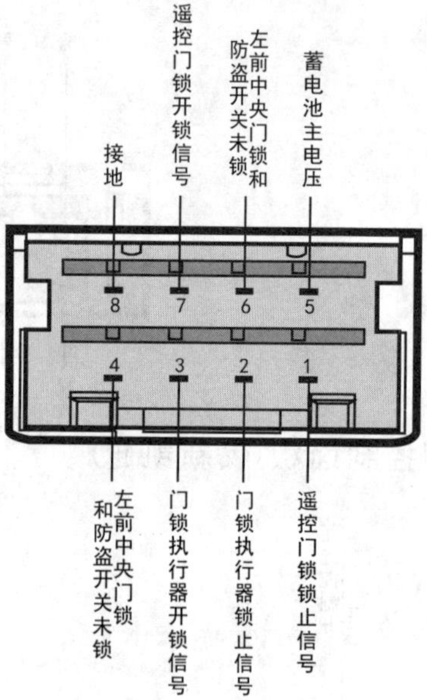

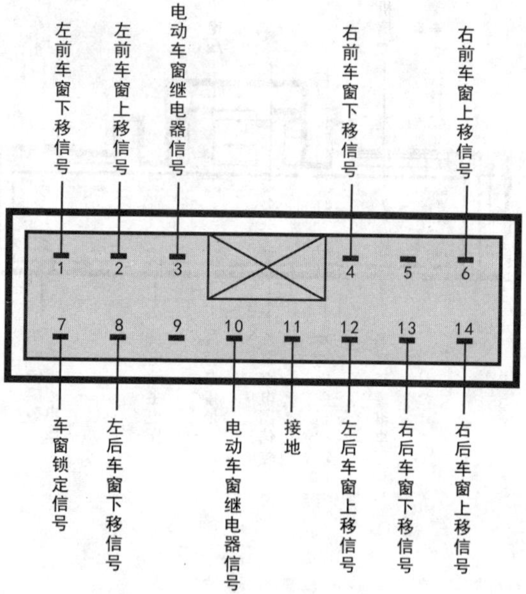

八、巡航控制模块电脑板10针

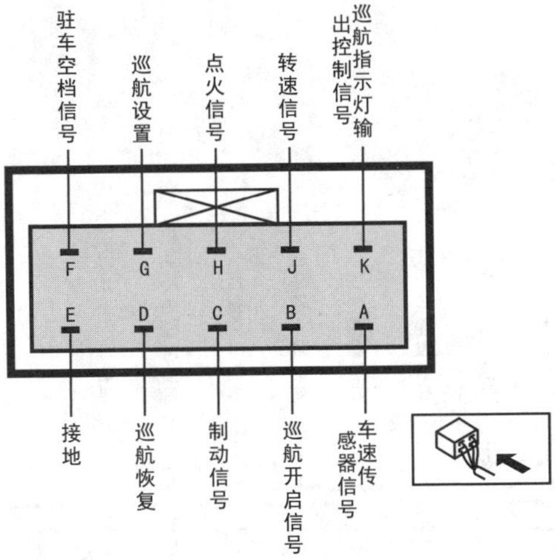

九、驻车辅助系统RPA模块电脑板24针

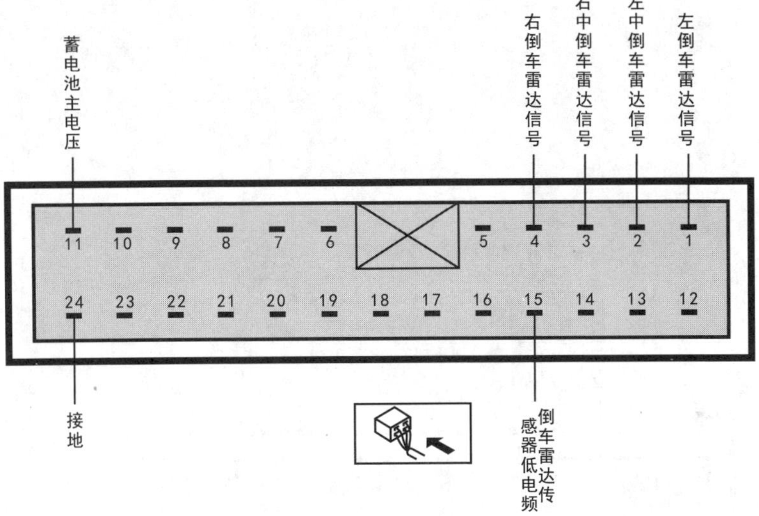

十、蜂鸣器系统电脑板8+16针

1.蜂鸣器模块

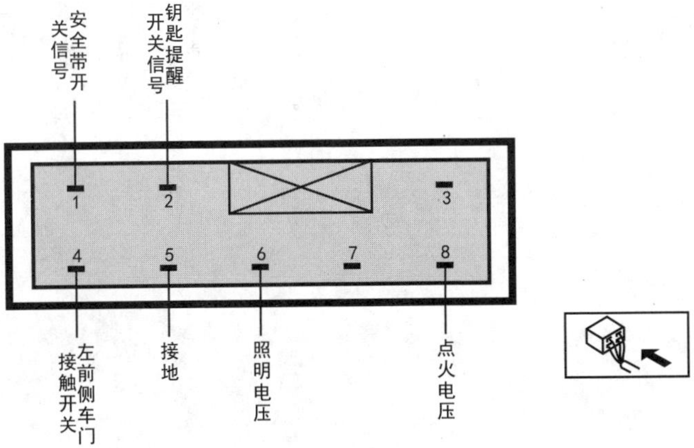

2.蜂鸣器模块-带乘客感知系统

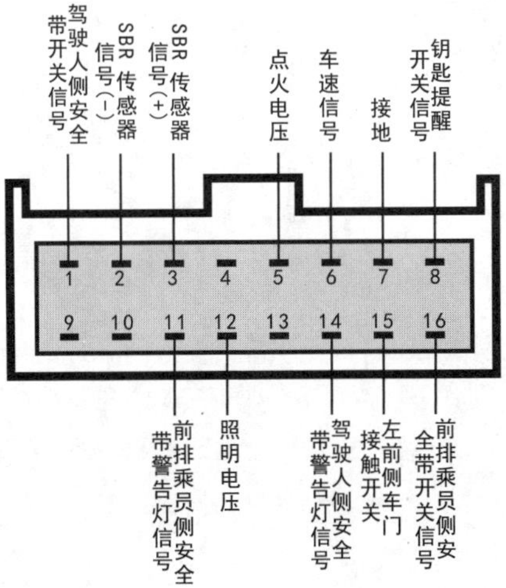

十一、仪表系统电脑板23+20针

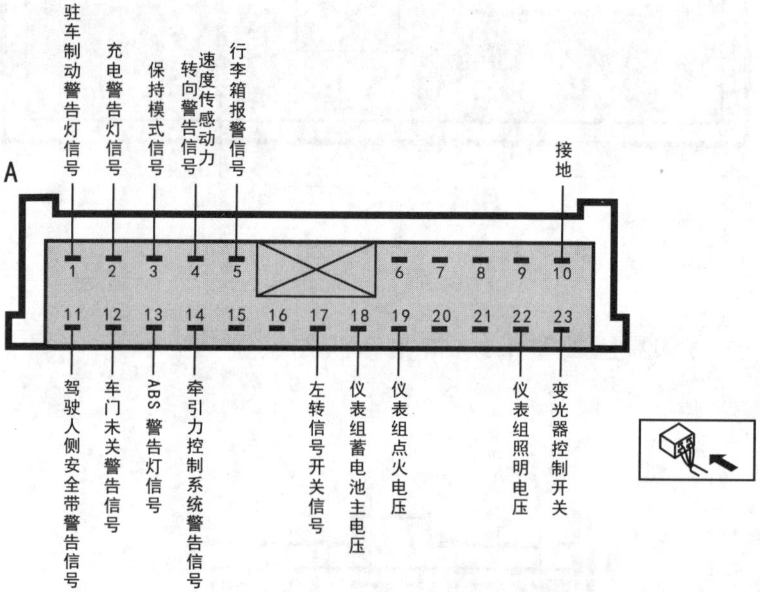

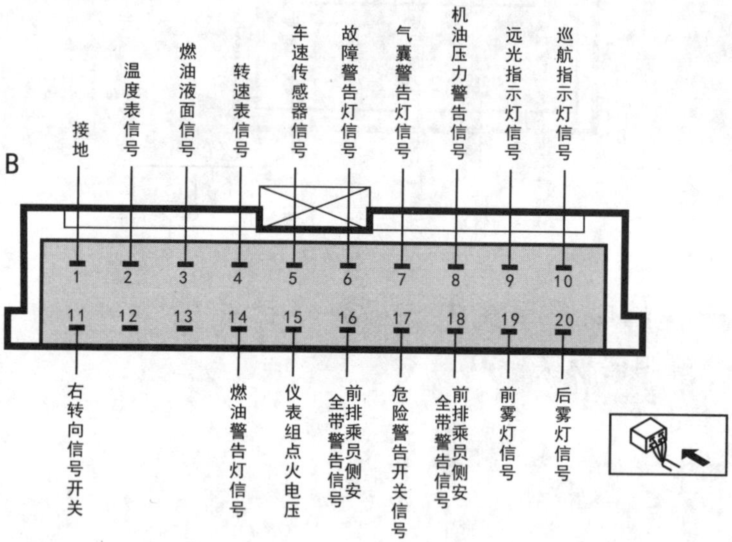

第5节 别克林荫大道车系电脑板端子功能（2012～2016款）

一、发动机控制系统和燃油系统3.0 L(LF1)电脑板73针

1.发动机控制系统(ECM) X1

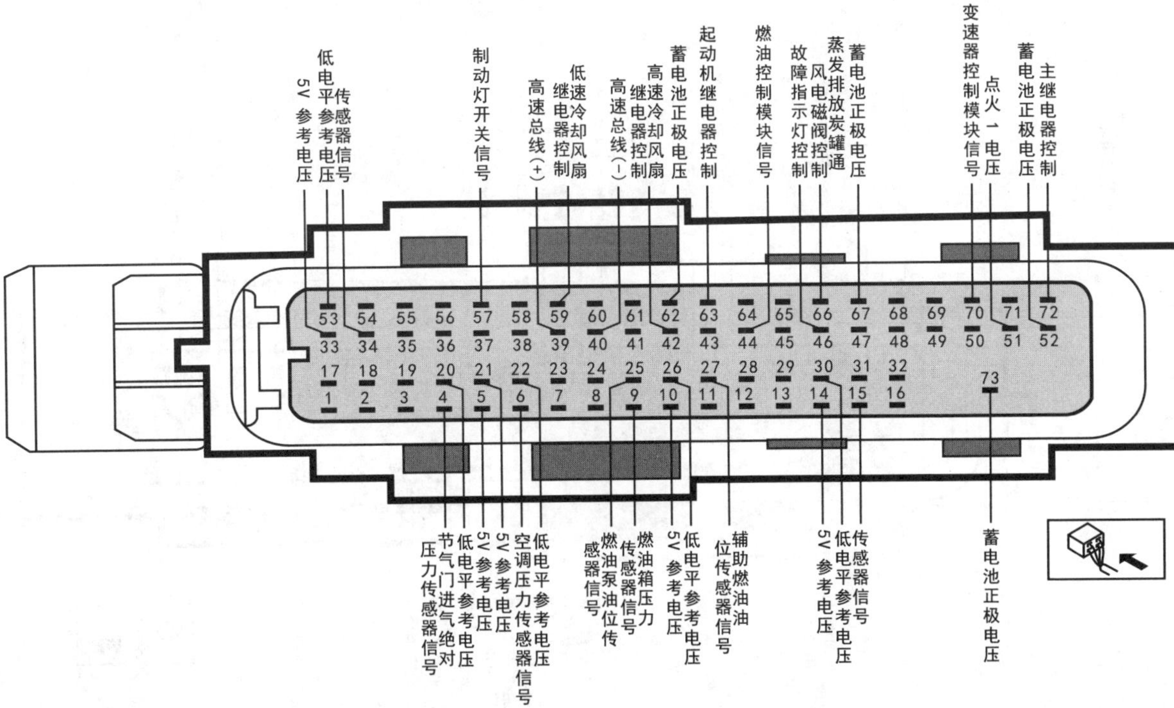

2.发动机控制系统(ECM) X2

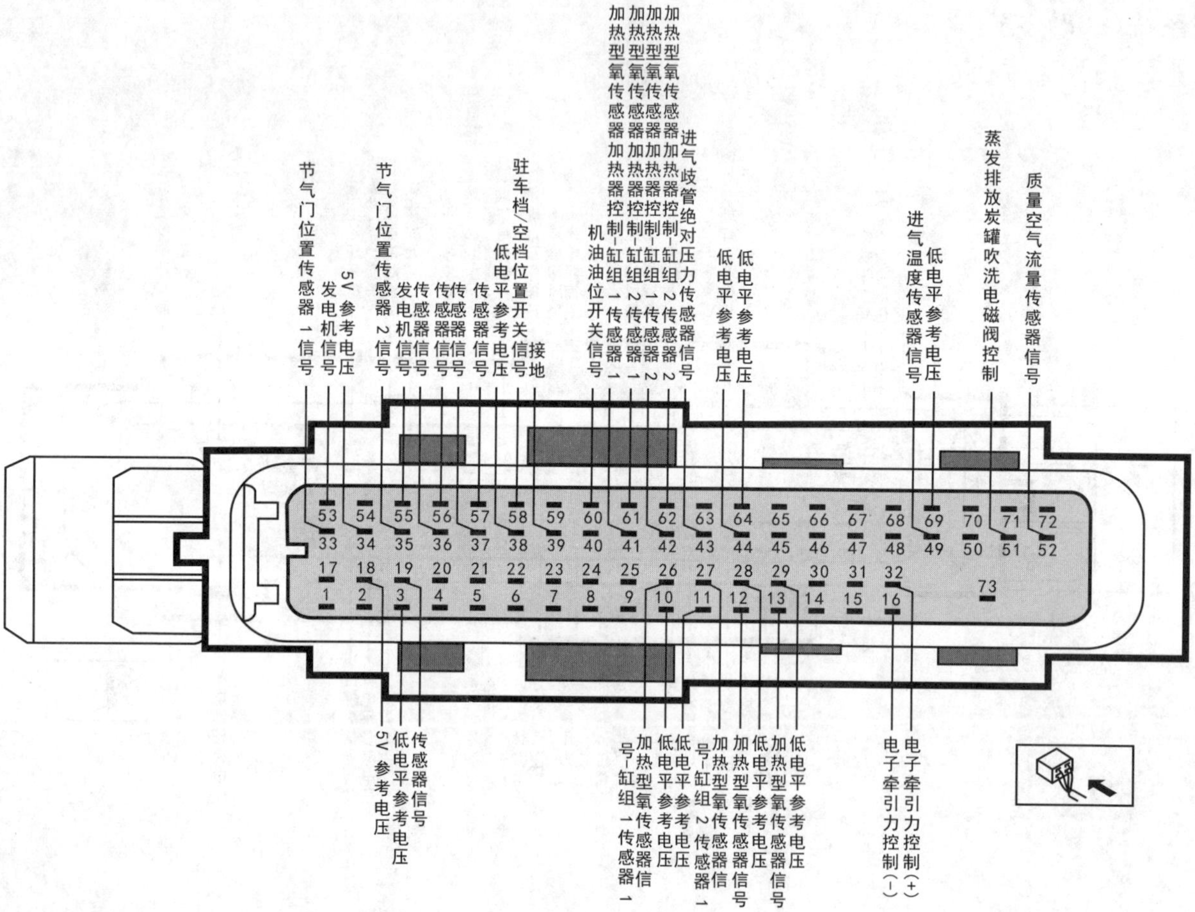

3.发动机控制系统(ECM)X3

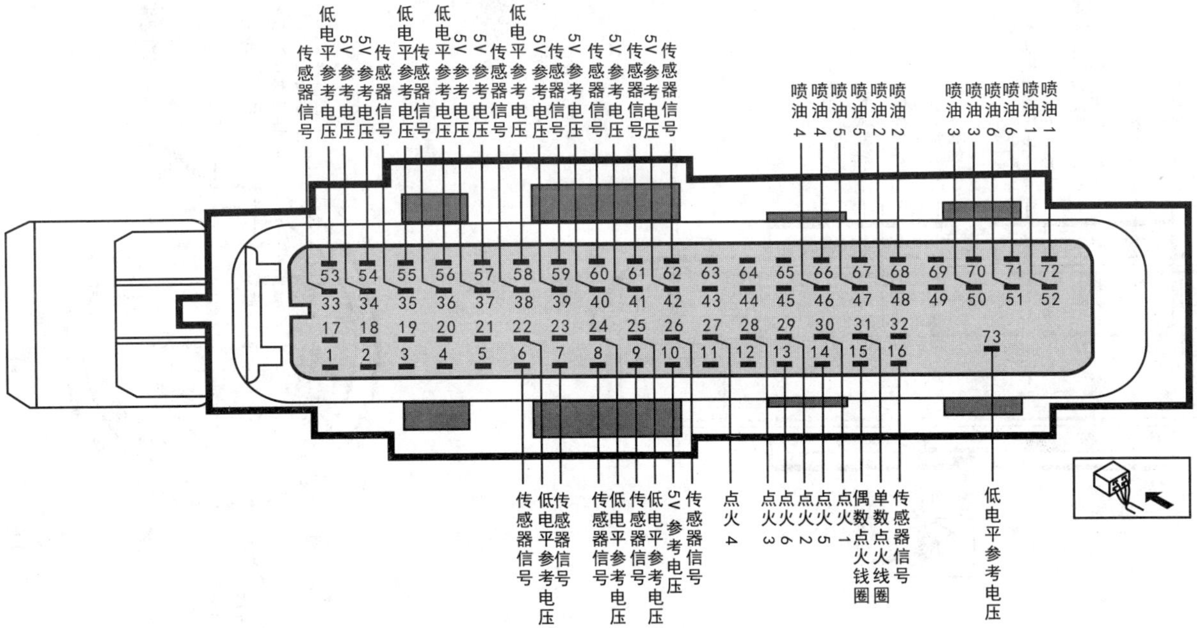

二、燃油控制系统电脑板38针

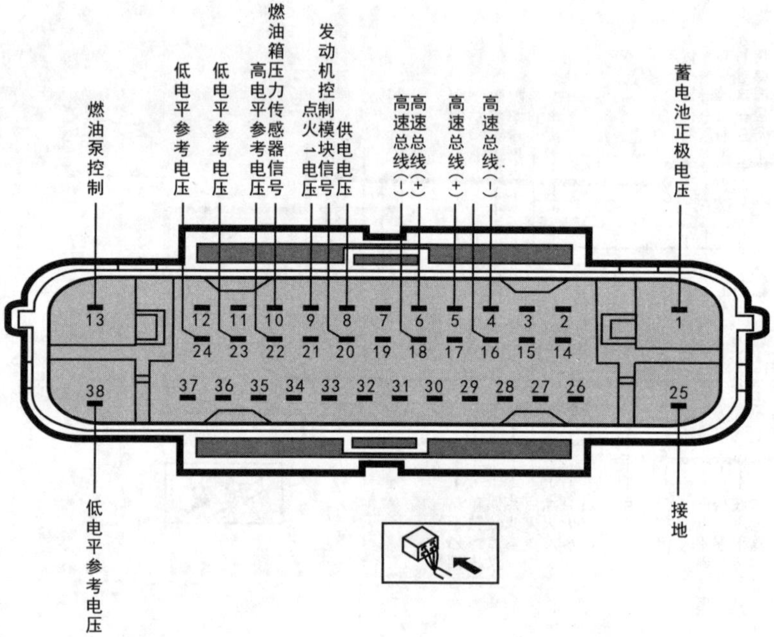

三、自动变速器TCM控制系统-6L50-E电脑板16针

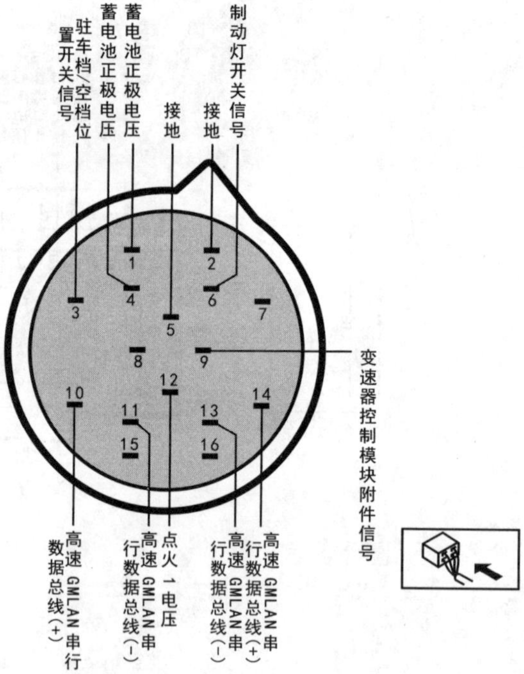

四、防抱死制动系统电脑板38针

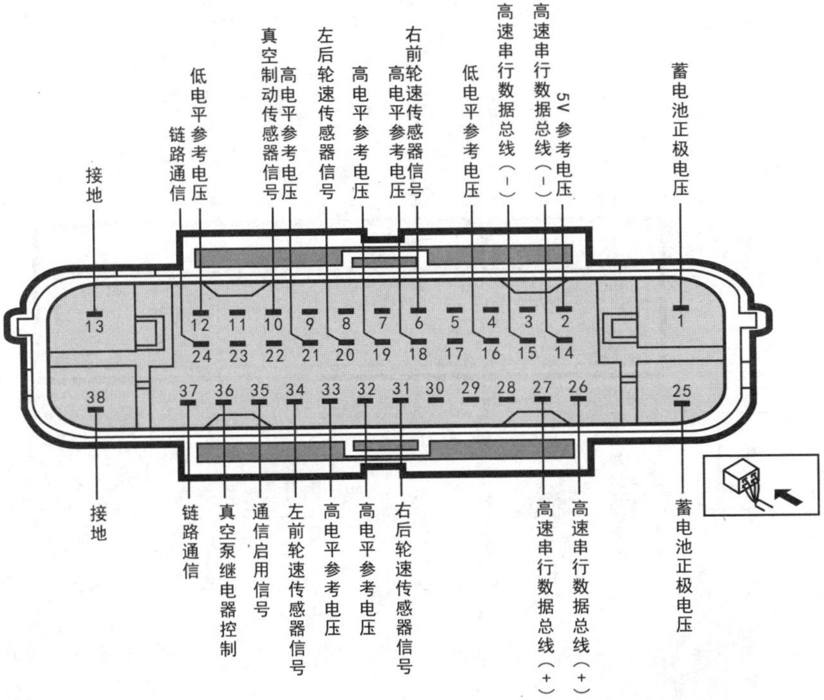

五、暖风、通风与空调系统控制模块(HVAC)电脑板18+18+18针

1.暖风、通风与空调系统控制模块(HVAC)-X1

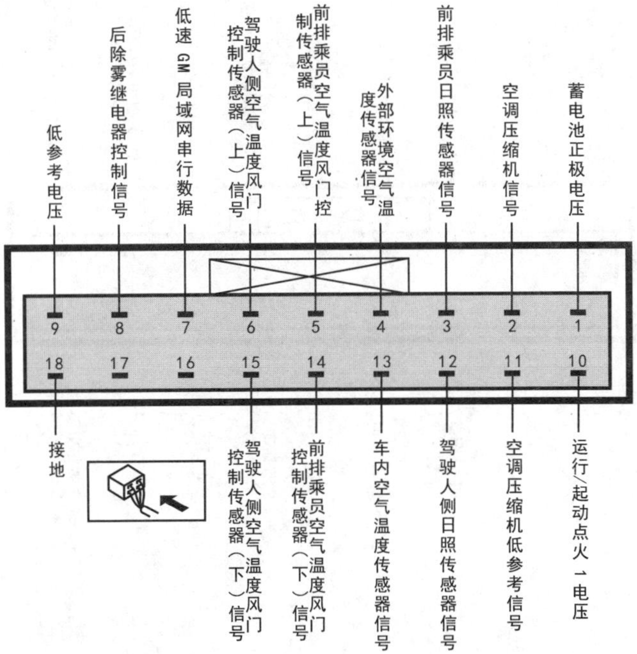

2.暖风、通风与空调系统控制模块(HVAC)-X3

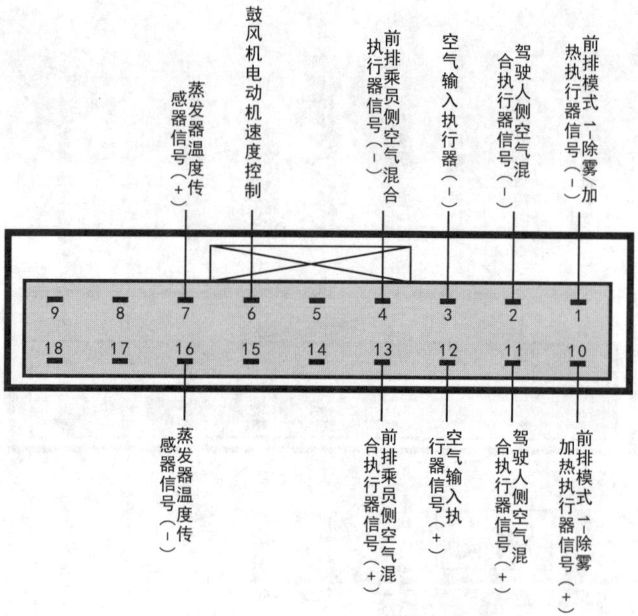

3.暖风、通风与空调系统控制模块(HVAC)-X4

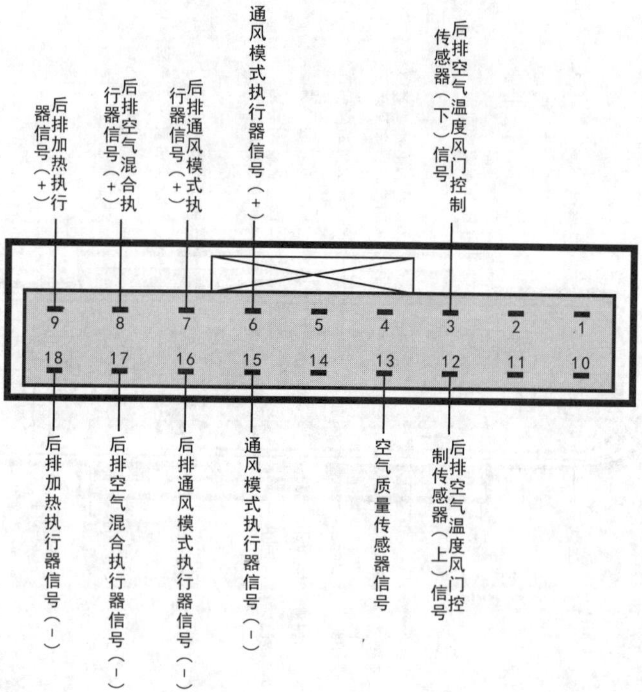

六、安全气囊系统传感和诊断模块电脑板24+40针

1. 安全气囊系统传感和诊断模块-X1

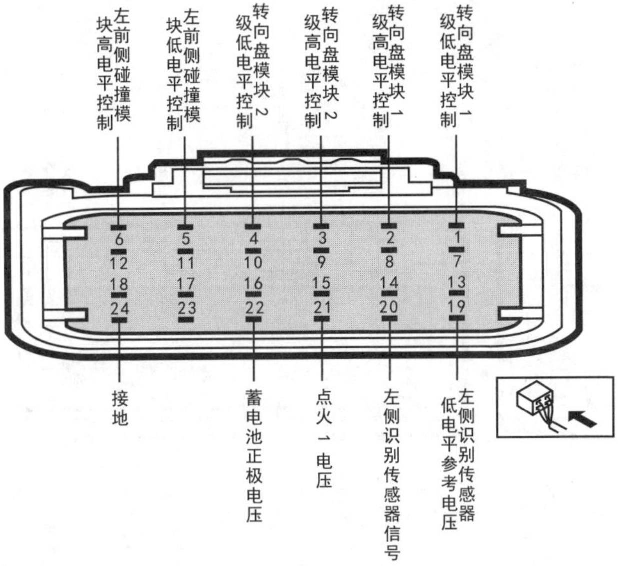

2. 安全气囊系统传感和诊断模块-X2

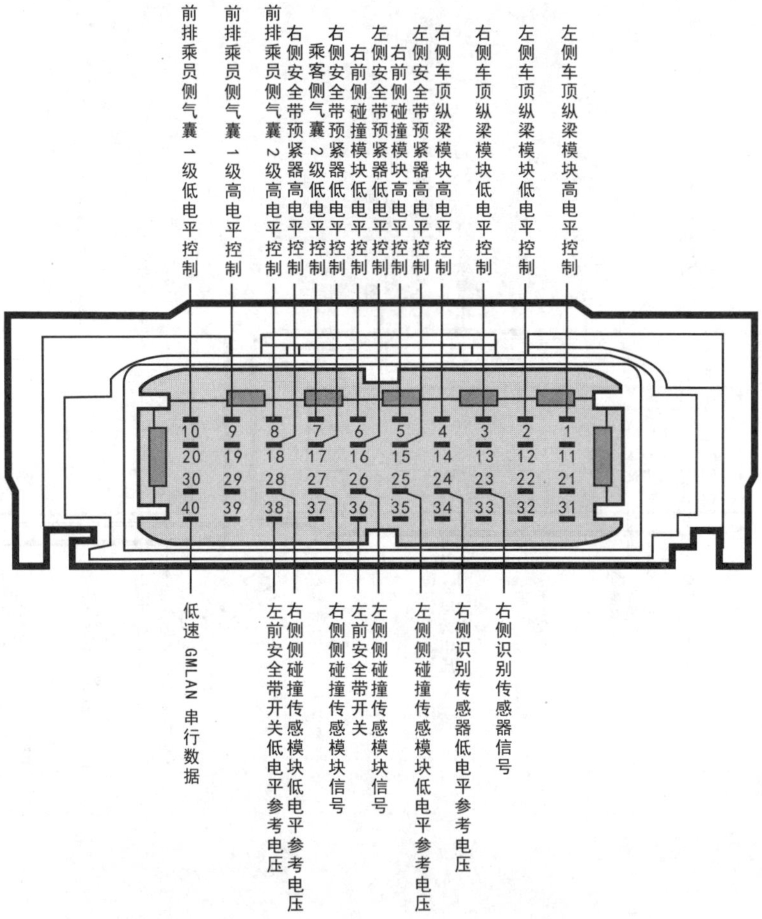

七、车身控制模块(BCM)电脑板端子

1.车身控制模块(BCM)-X1电脑板27针

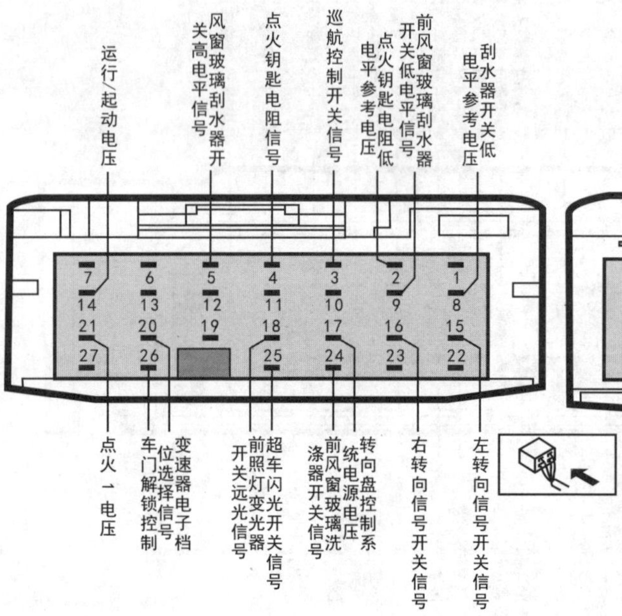

2.车身控制模块(BCM)-X2电脑板25针

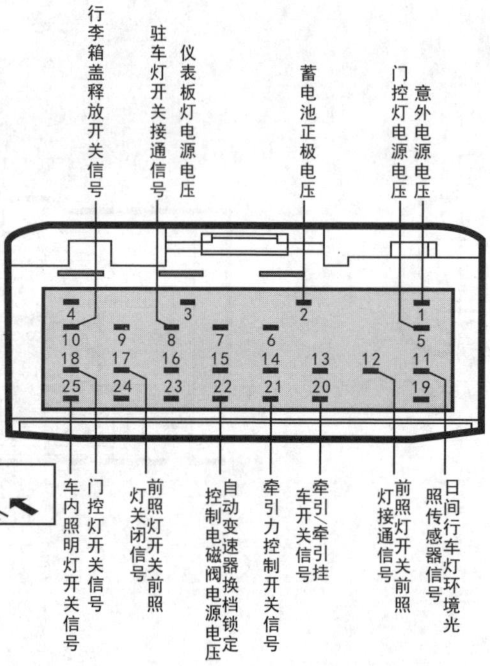

3.车身控制模块 (BCM)-X3电脑板25针

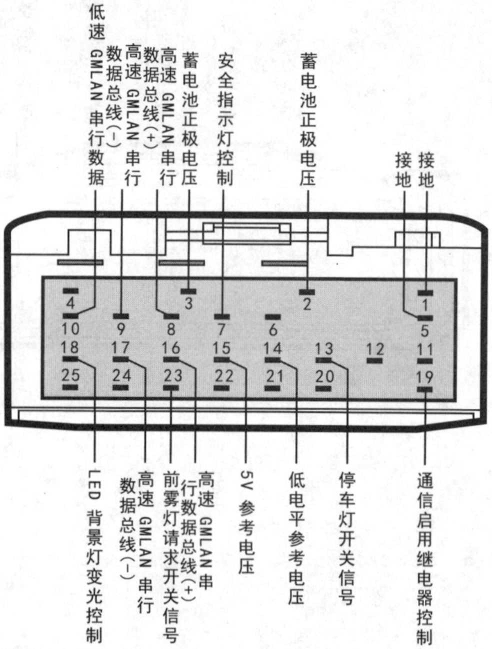

4. 车身控制模块(BCM)-X4电脑板25针

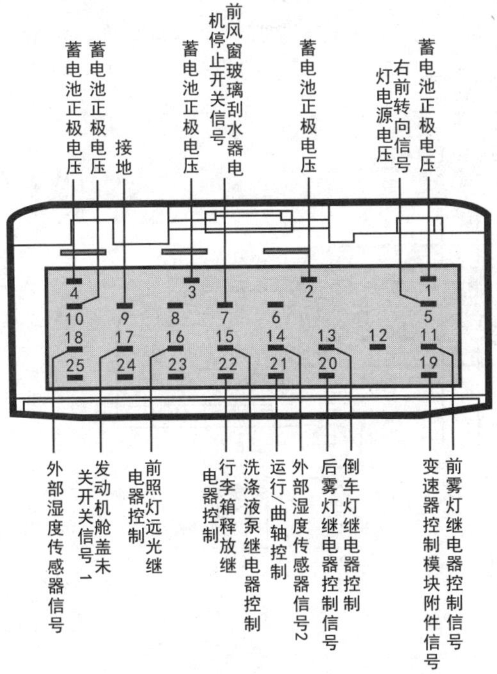

5. 车身控制模块(BCM)-X5电脑板25针

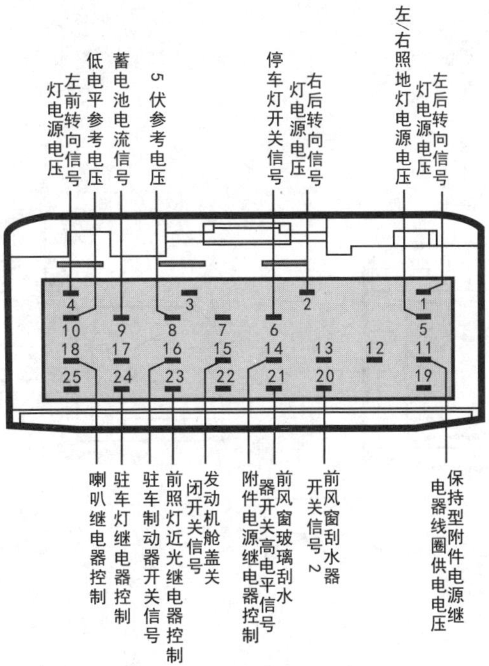

6. 车身控制模块(BCM)-X6电脑板25针

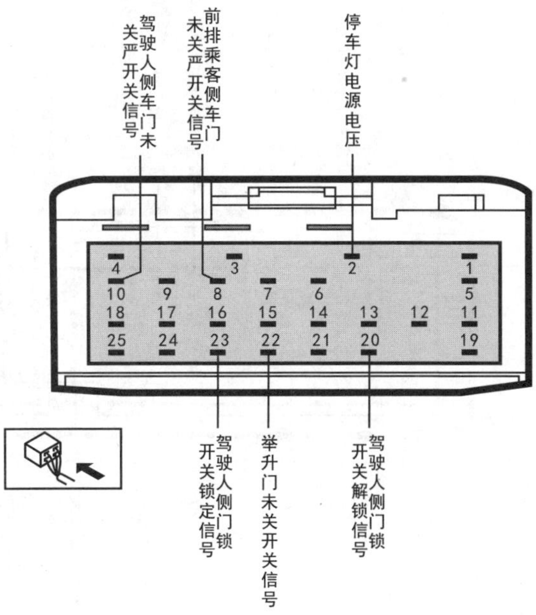

八、数据链路连接器（DLC）电脑板16端子

7.车身控制模块（BCM）-X7电脑板28针

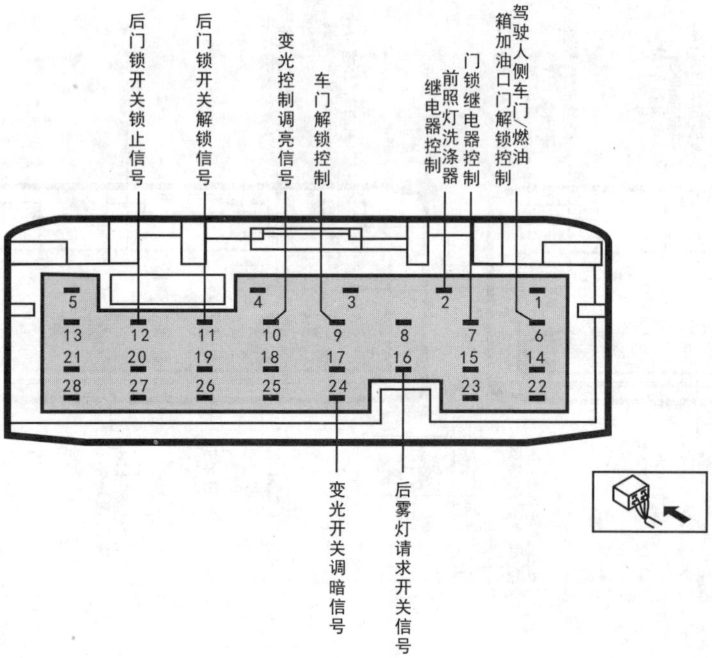

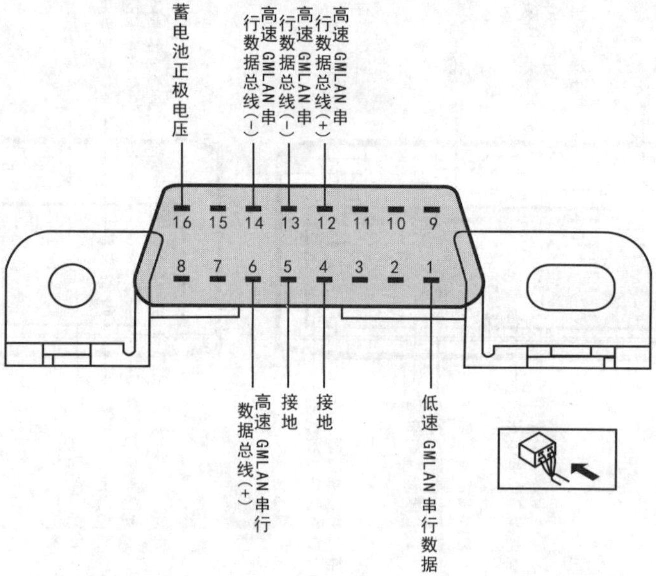

九、驾驶人座椅位置记忆模块电脑板64针

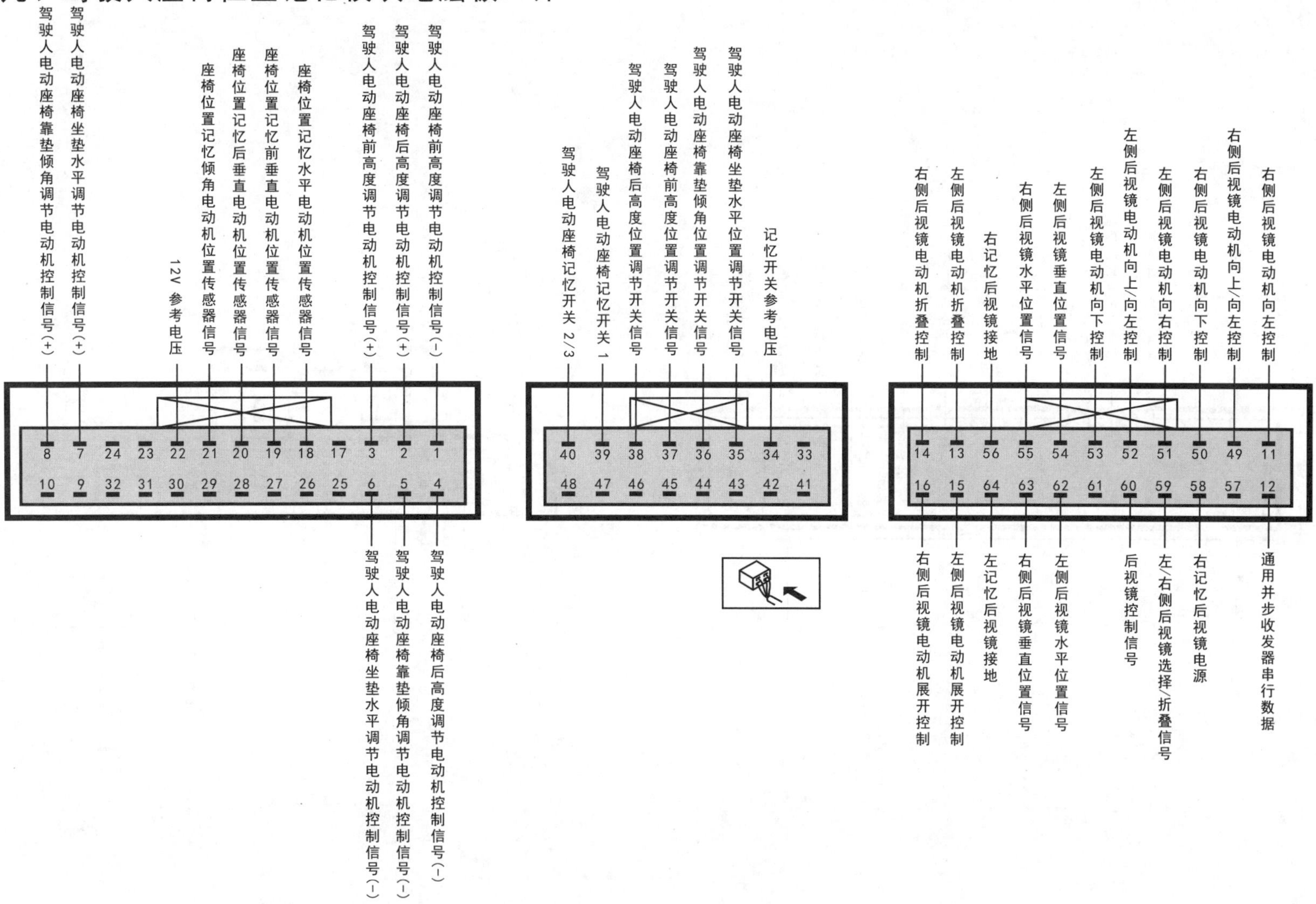

十、物体侦测控制模块电脑板26针

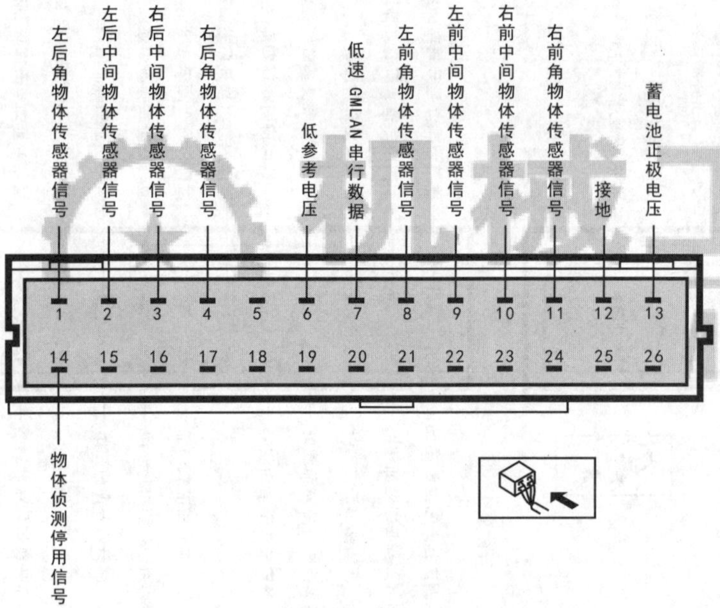

十一、防盗系统控制模块电脑板5针

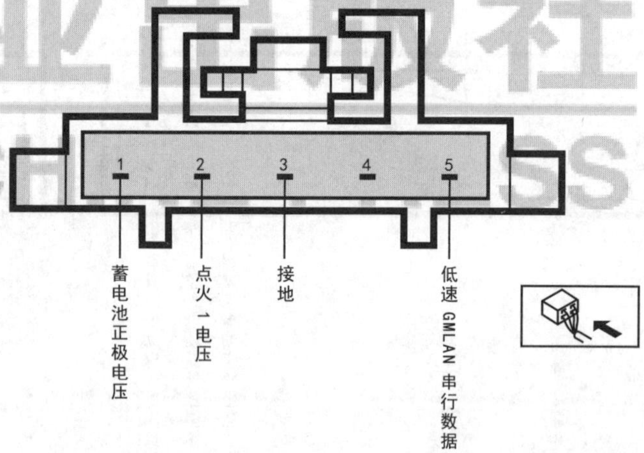

十二、音频放大器（高配）模块电脑板22+26针

1.音频放大器-X1（高配）

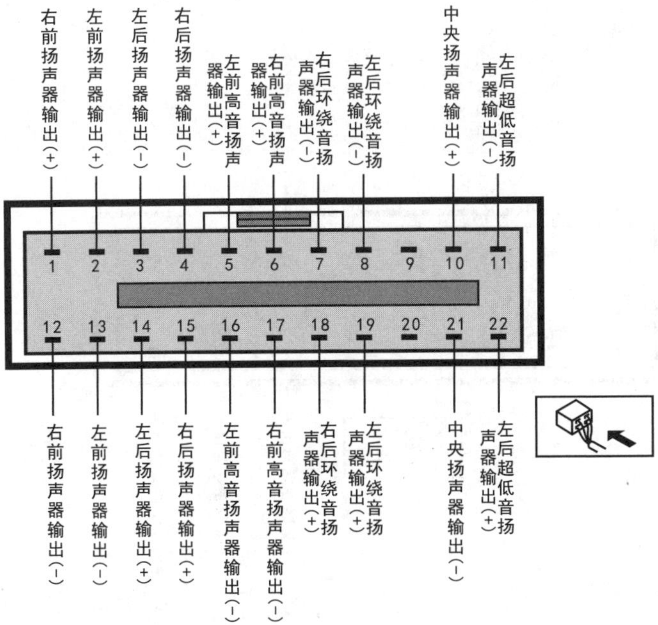

2.音频放大器-X2（高配）

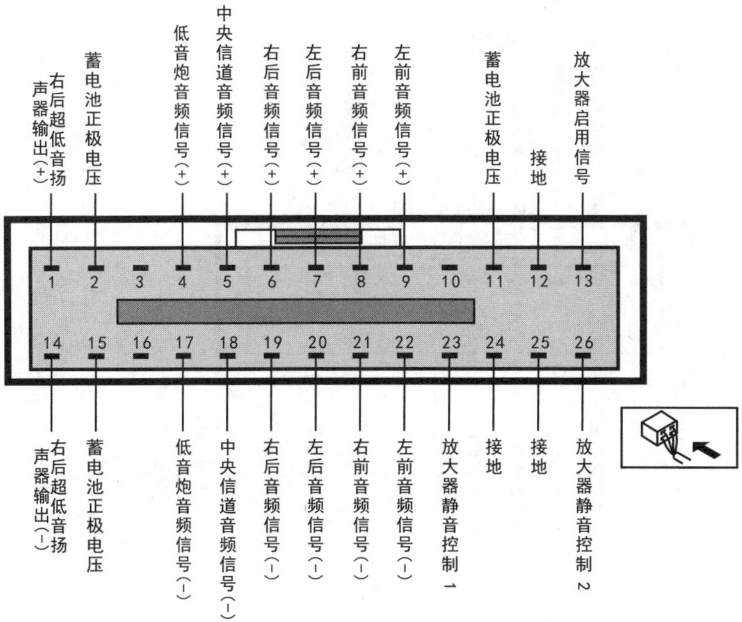

十三、音频放大器（中配&低配）电脑板20+16针

1.音频放大器—X1（中配&低配）

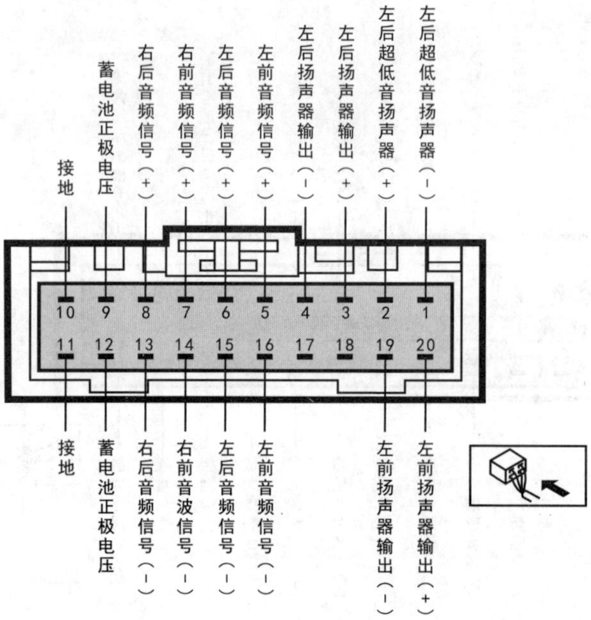

2.音频放大器—X2（中配&低配）

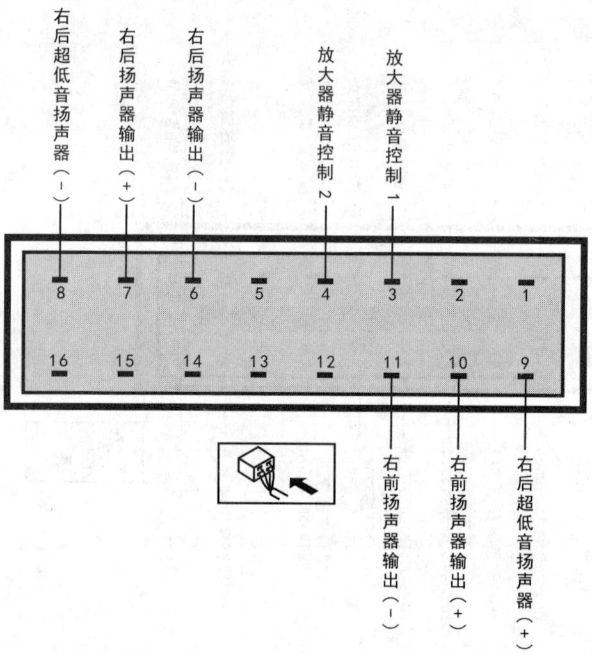

第6节　别克君越混合动力车系电脑板端子功能（2008～2013款）

一、发动机控制系统2.4L(LAT、LE5)电脑板56+73+73针

1.发动机控制模块(ECM) 连接器J1

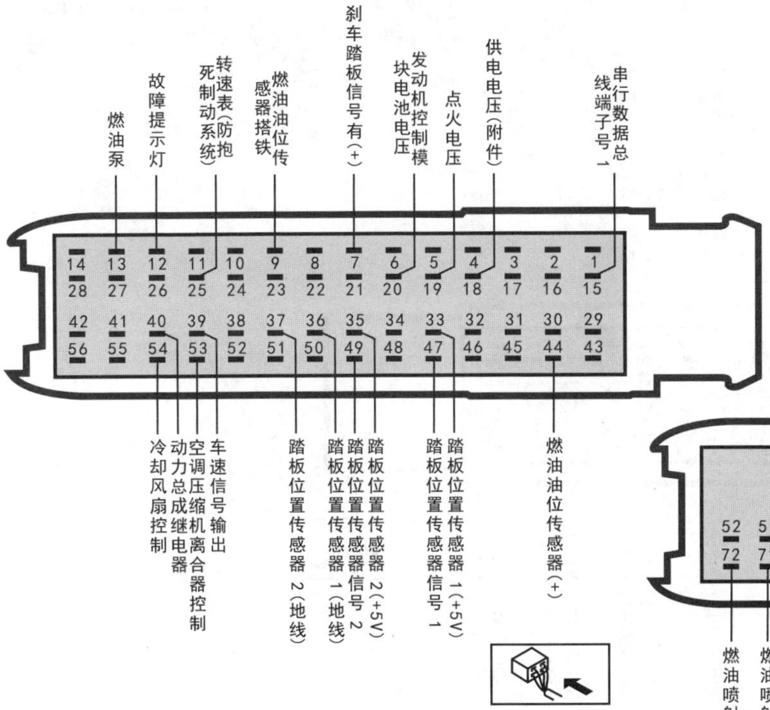

2.发动机控制模块(ECM) 连接器J2

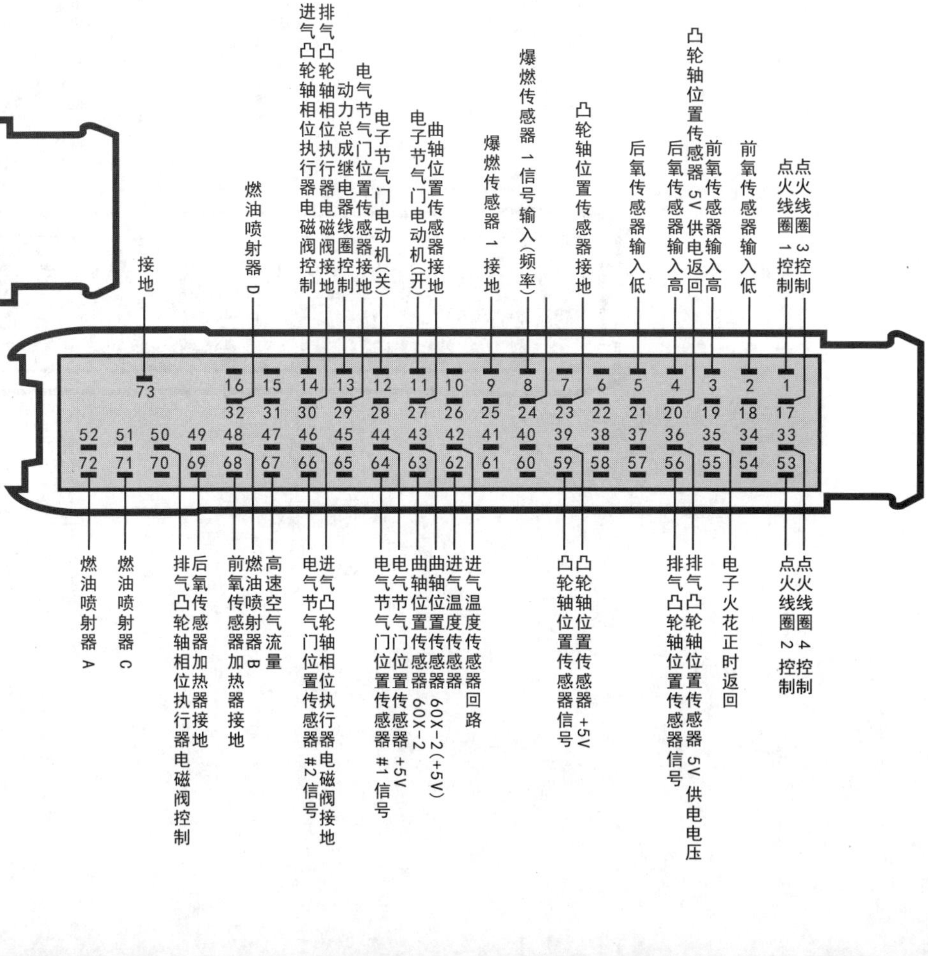

3.发动机控制模块(ECM) 连接器J3

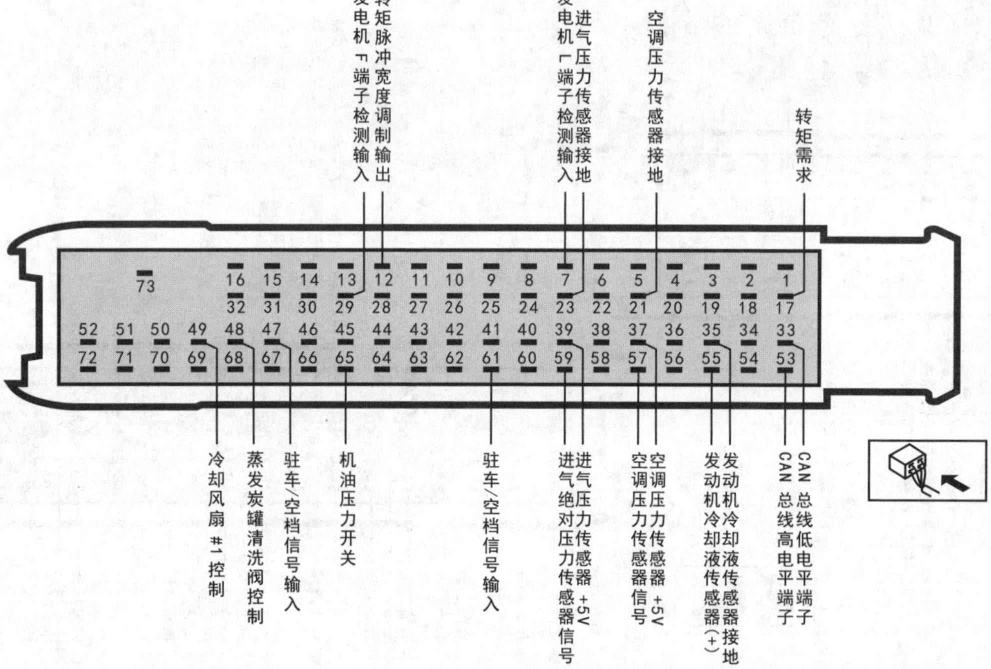

二、发动机控制系统3.0L(LZD)电脑板56+73+73针

1.发动机控制模块(ECM) 连接器J1

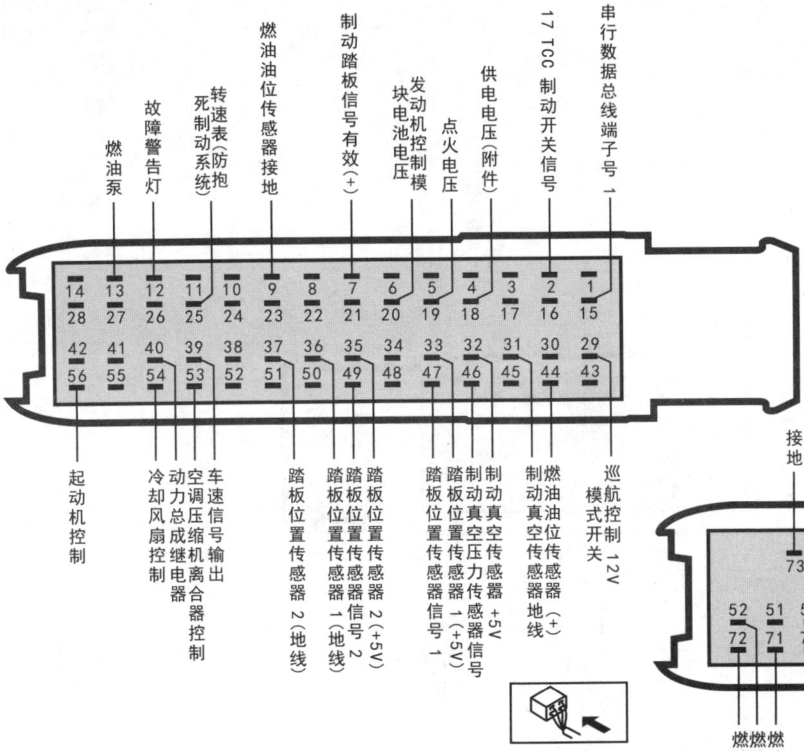

2.发动机控制模块(ECM) 连接器J2

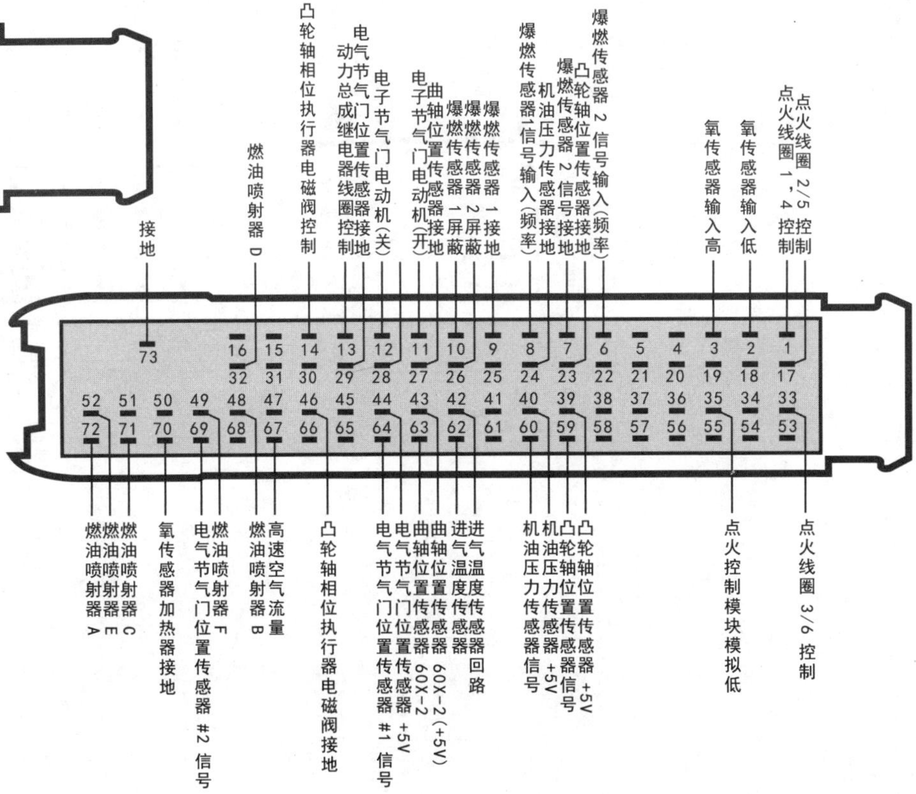

3.发动机控制模块(ECM) 连接器J3

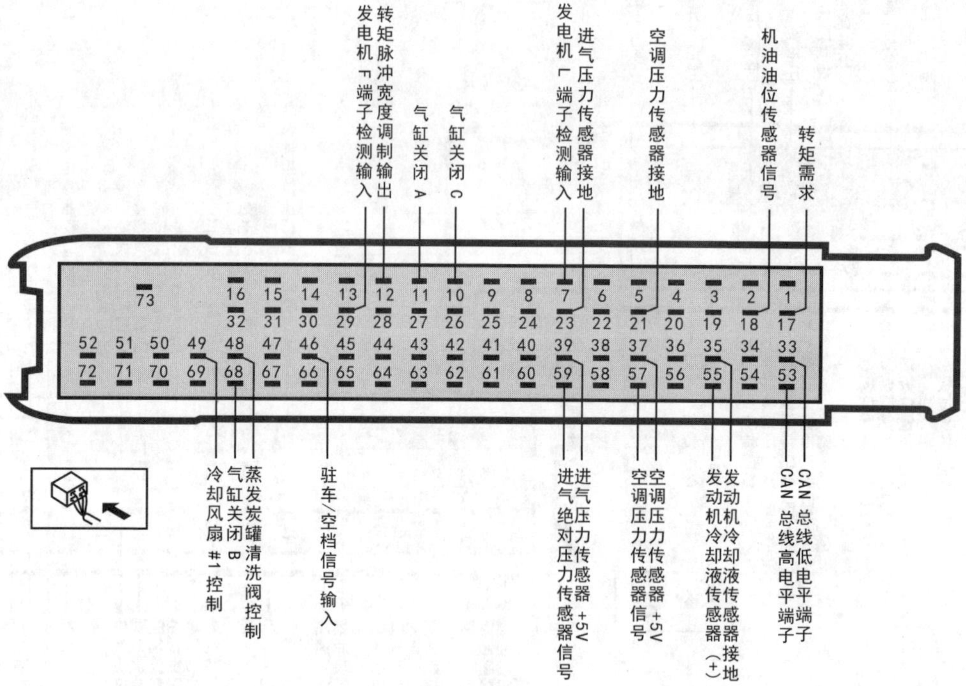

三、自动变速器系统（4T45-E)电脑板20+20+49针

1. 自动变速器直列式20 路连接器F

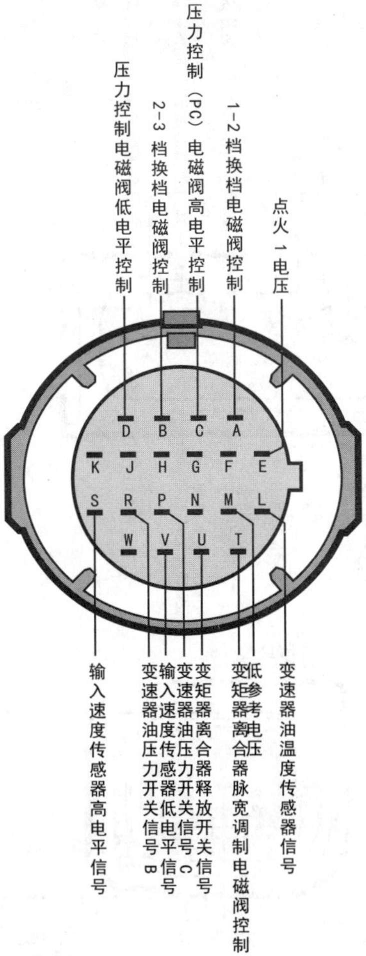

2. 自动变速器控制模块

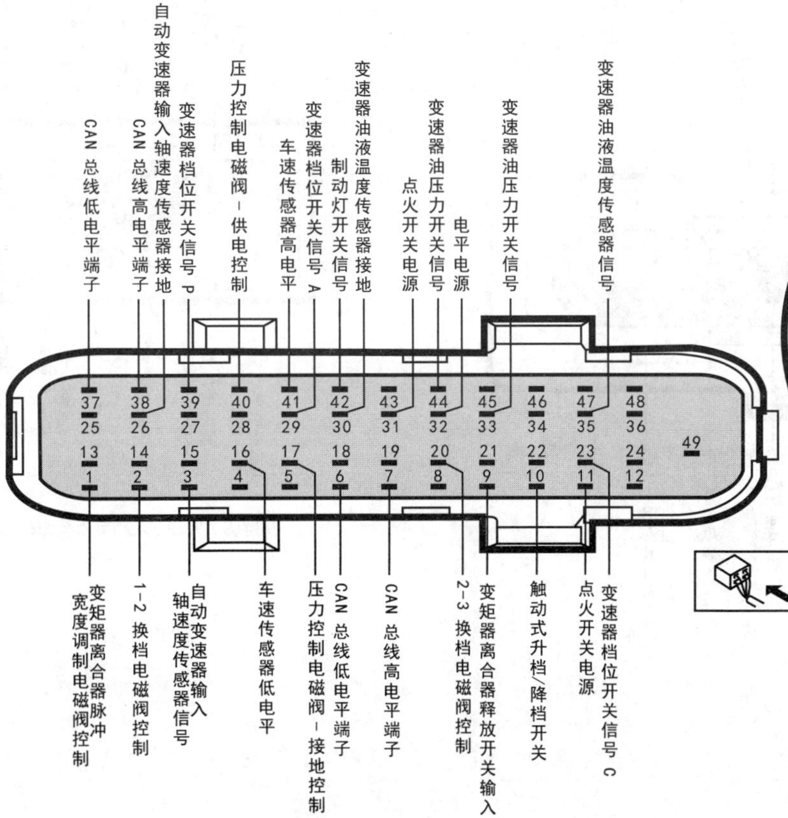

3. 自动变速器直列式20 路连接器(M)

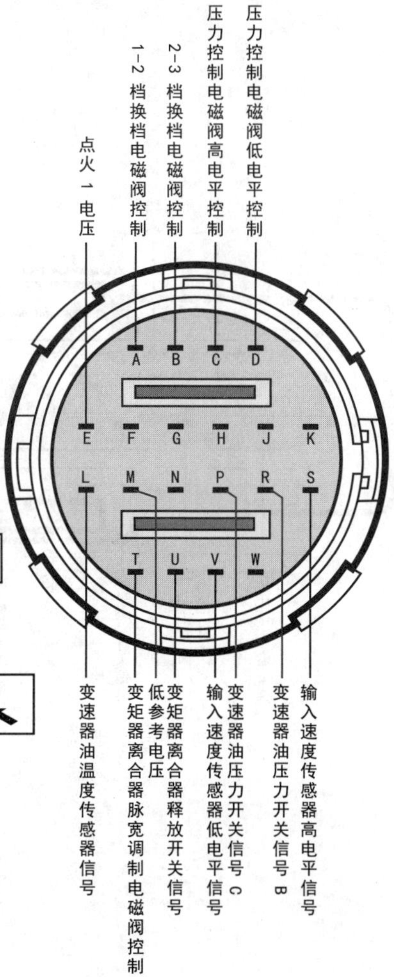

四、自动变速器系统（6T40-E)电脑板14针

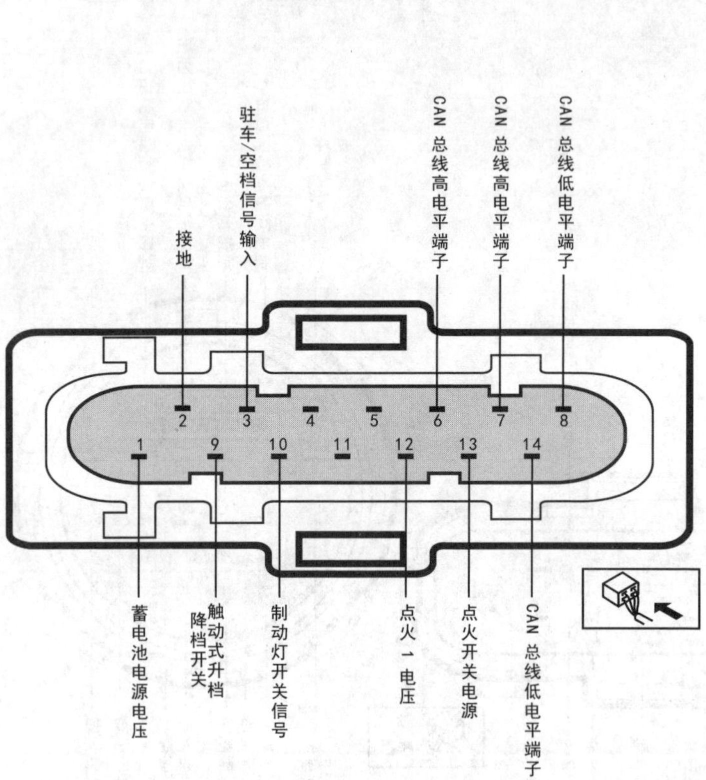

五、防抱死制动系统传感器电脑板30+3针

1. 电子制动系统电控制单元(EBCM)

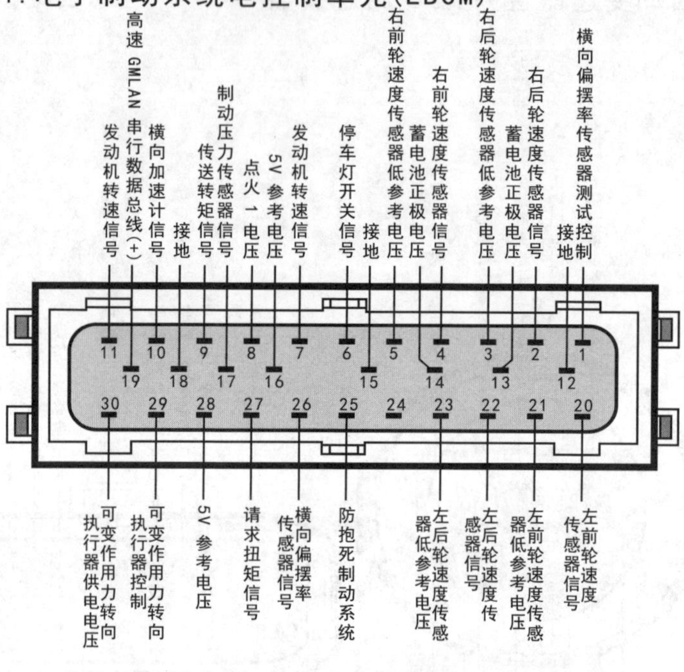

2. 制动液压力传感器(3.0旗舰)

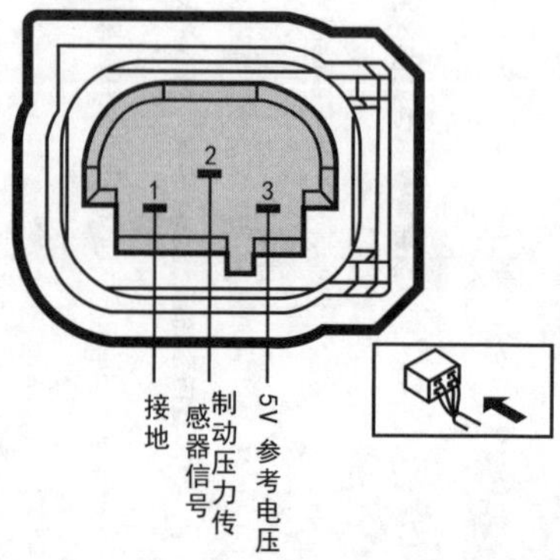

六、自动变速器（4T65-E)电脑板20+49针

1.自动变速直列线束20路接头(自动变速侧)

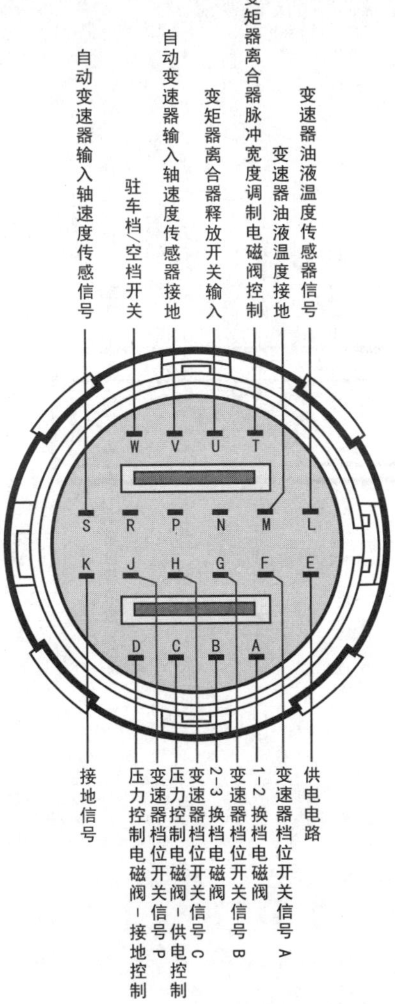

2.自动变速器控制模块(发动机侧)

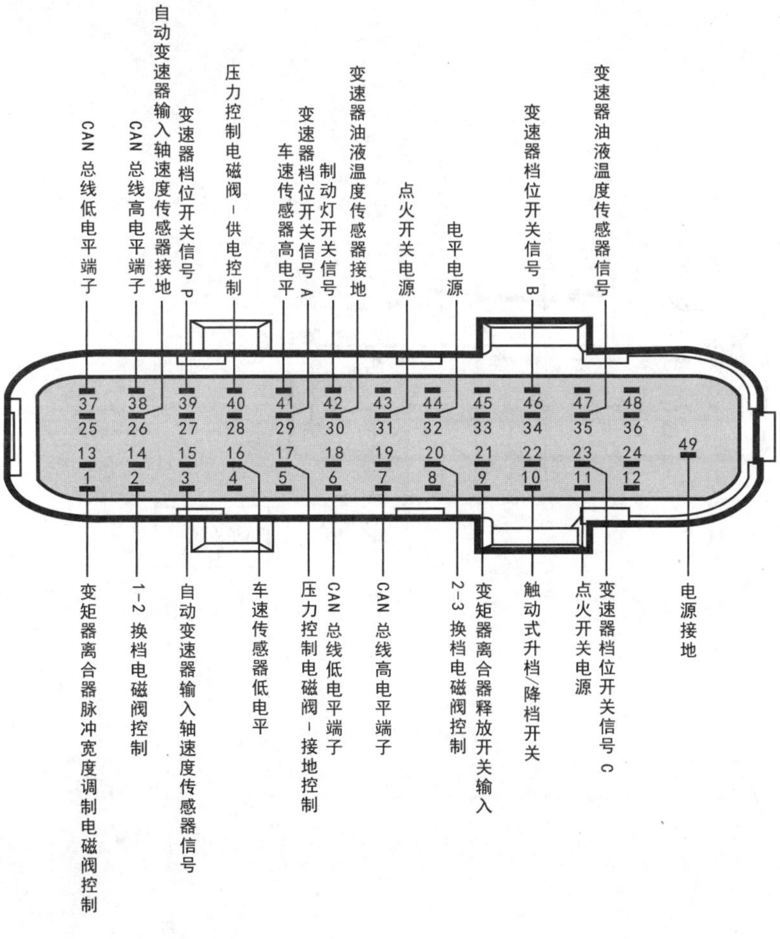

七、手动空调系统电脑板24针

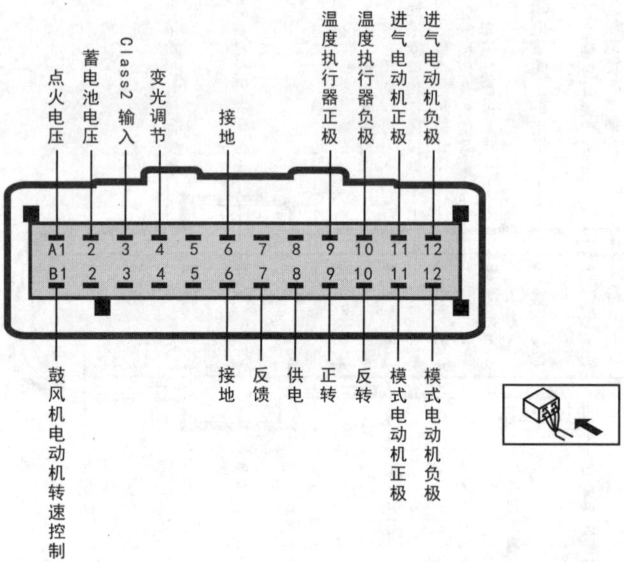

八、天窗系统电脑板10针

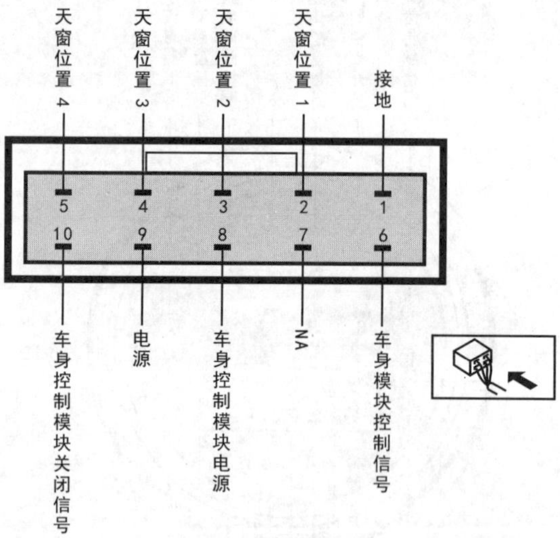

九、暖风、通风与空调系统(自动)电脑板6+24+24针

1.后自动空调系统电控单元

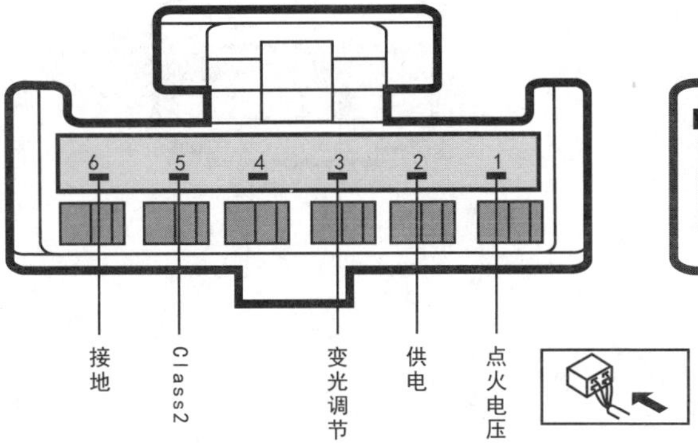

2.自动空调系统电控单元连接器J1

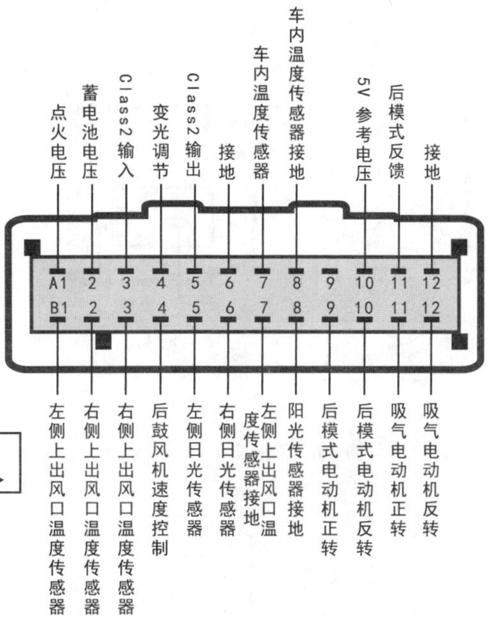

3.自动空调系统电控单元连接器J2

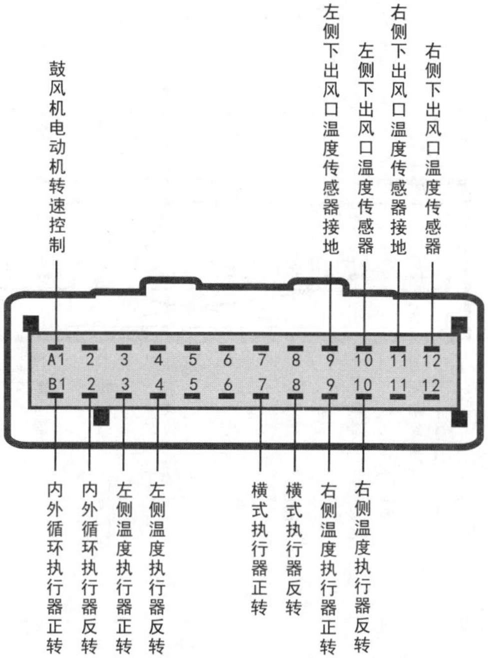

十、倒车自动调节电脑板16+2+2针

1. 倒车自动调节模块

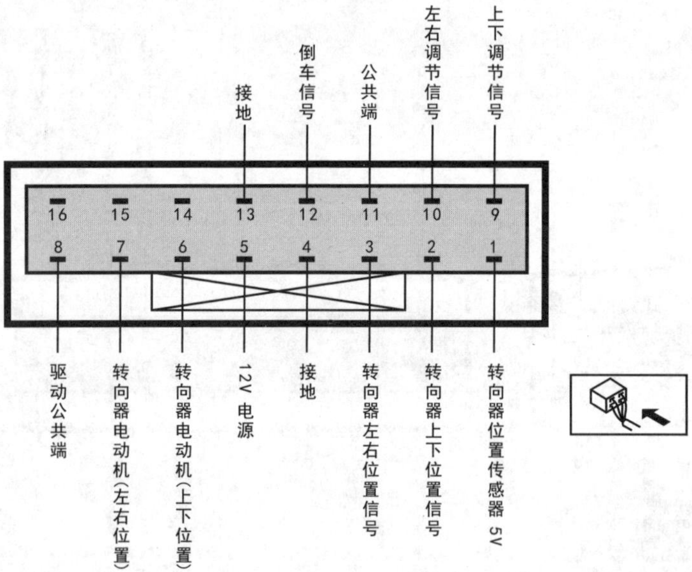

2. 左前车窗电动机(2.4普通版和高级版)

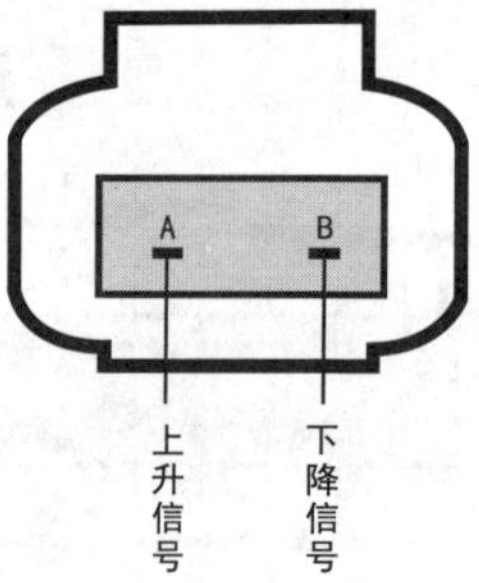

3. 右前车窗电动机(2.4普通版和高级版)

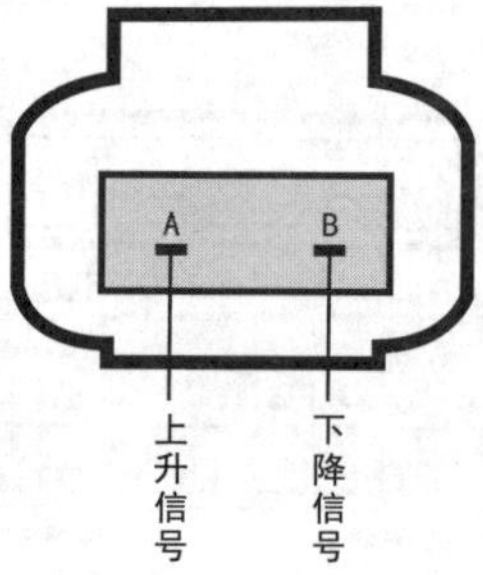

十一、倒车自动调节电脑板24针

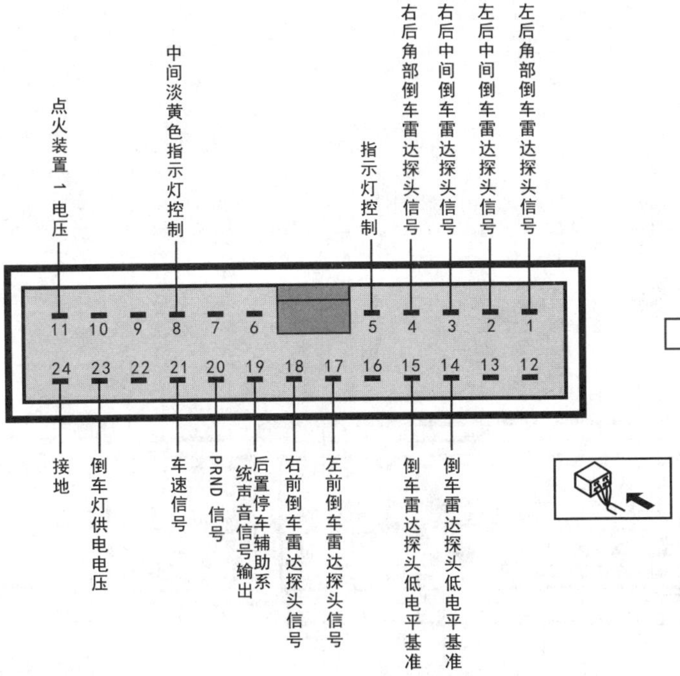

十二、安全气囊系统（SRS）电脑板34针

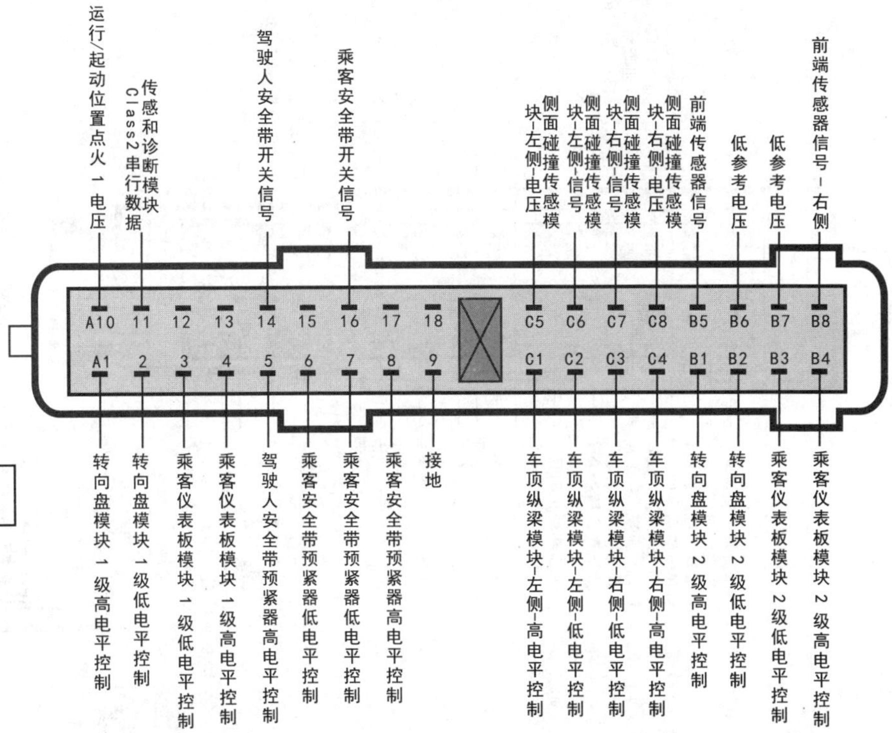

十三、计算机/集成系统电脑板52+52+18+16+12针

1. 车身系统模块(BCM) 连接器J1

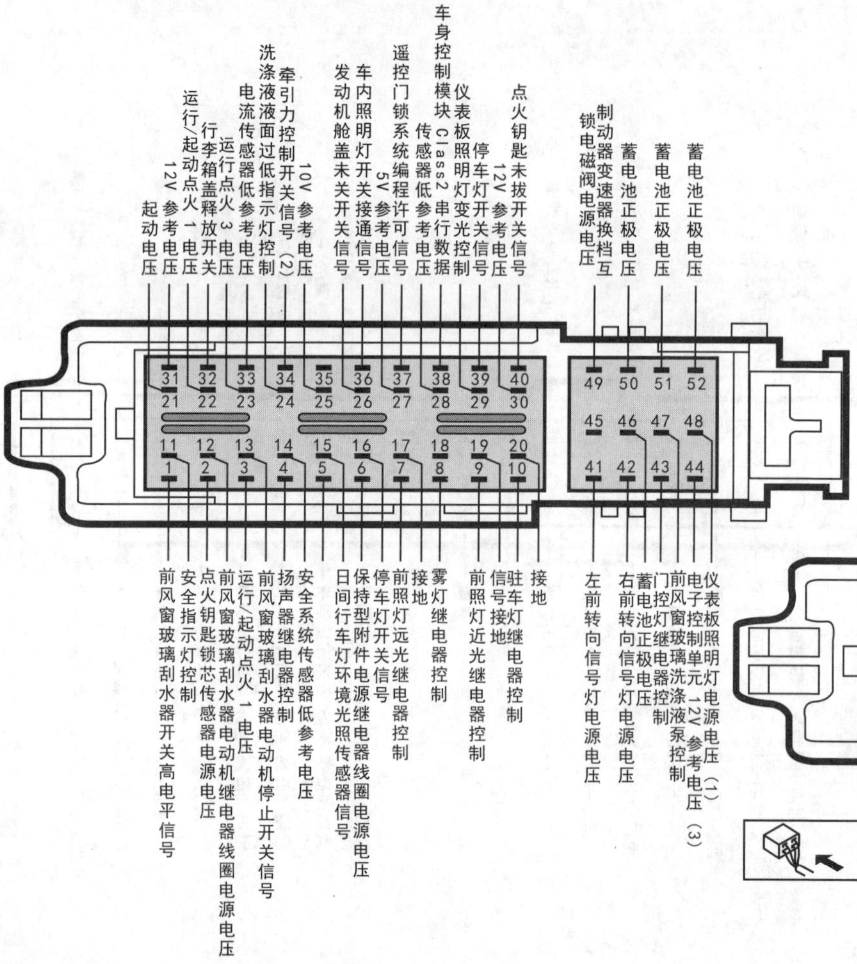

2. 车身系统模块(BCM) 连接器J2

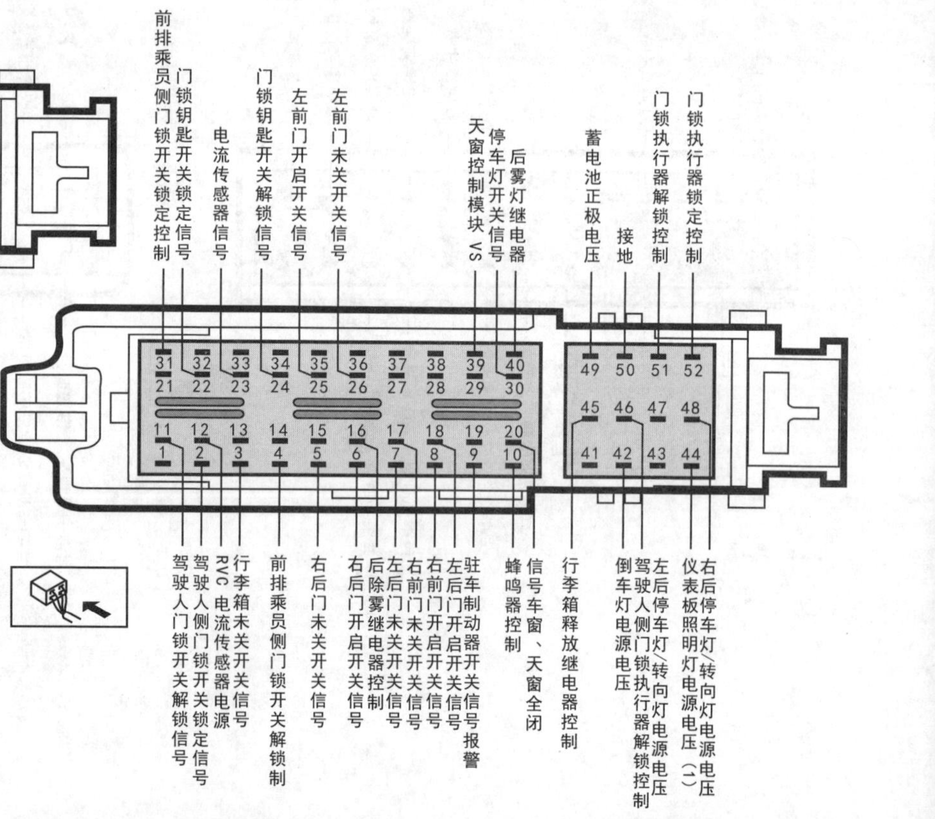

3. 车身系统模块(BCM) 连接器J3

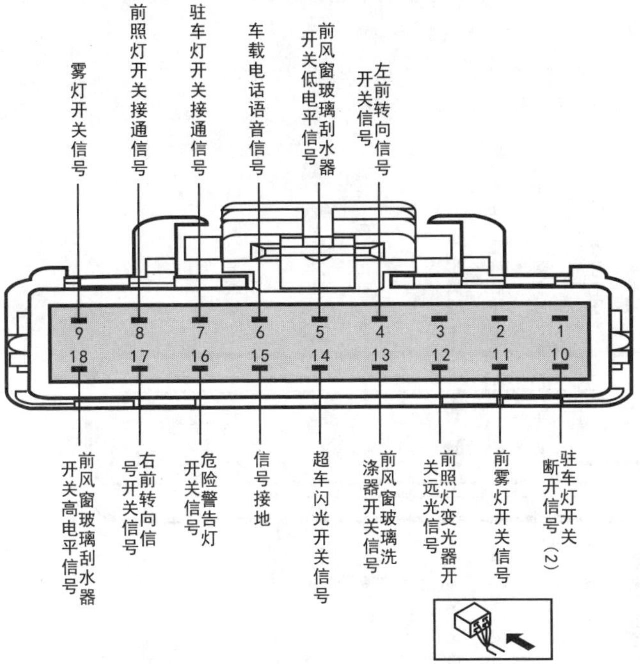

4. 数据链路连接器(DLC)

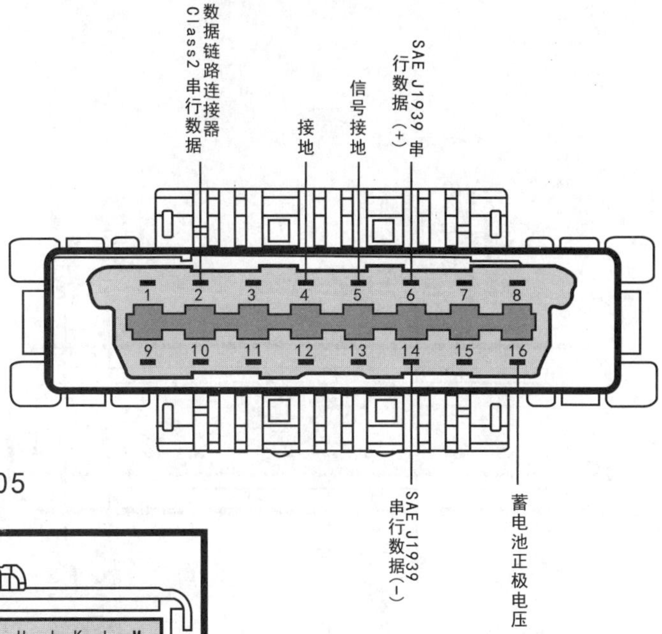

5. 星形连接器SP205

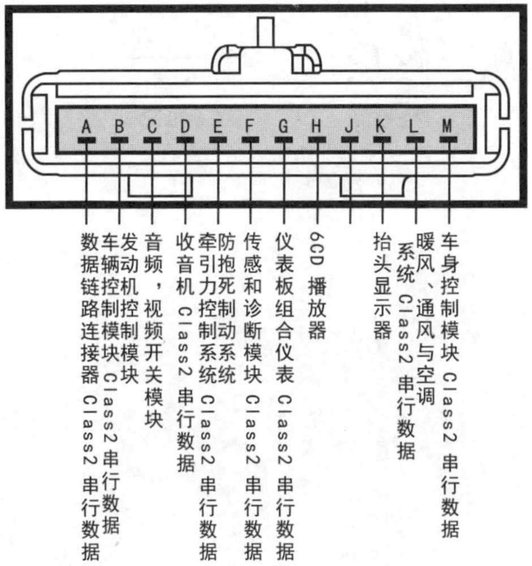

十四、混合动力控制系统电脑板24+24针

1. PEB/SGCM控制模块连接器J1

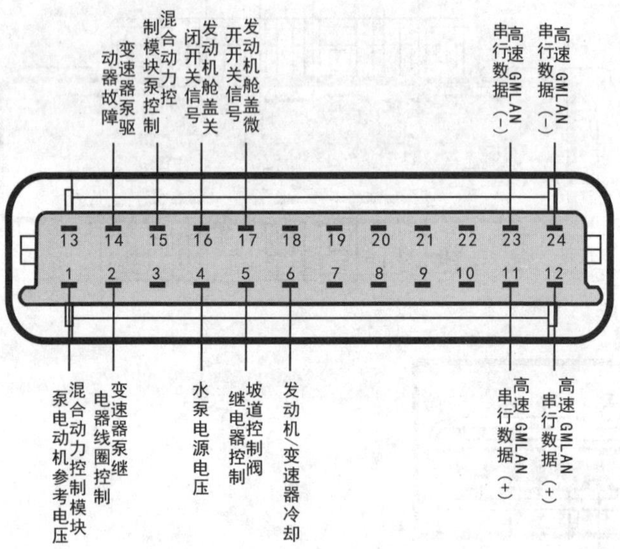

2. PEB/SGCM控制模块连接器J2

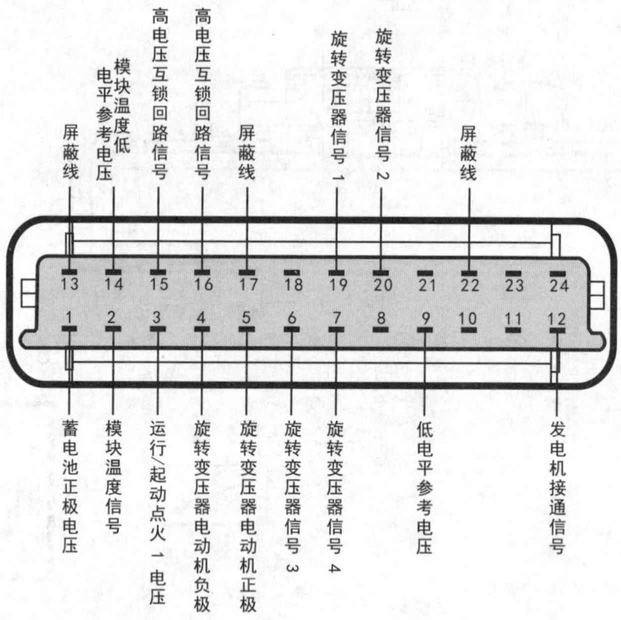

第 2 章

上海通用雪佛兰车系电脑板端子功能

CHEVROLET

第1节 雪佛兰景程V250车系电脑板端子功能（2007～2010款）

一、发动机系统(2.0L)电脑板81针

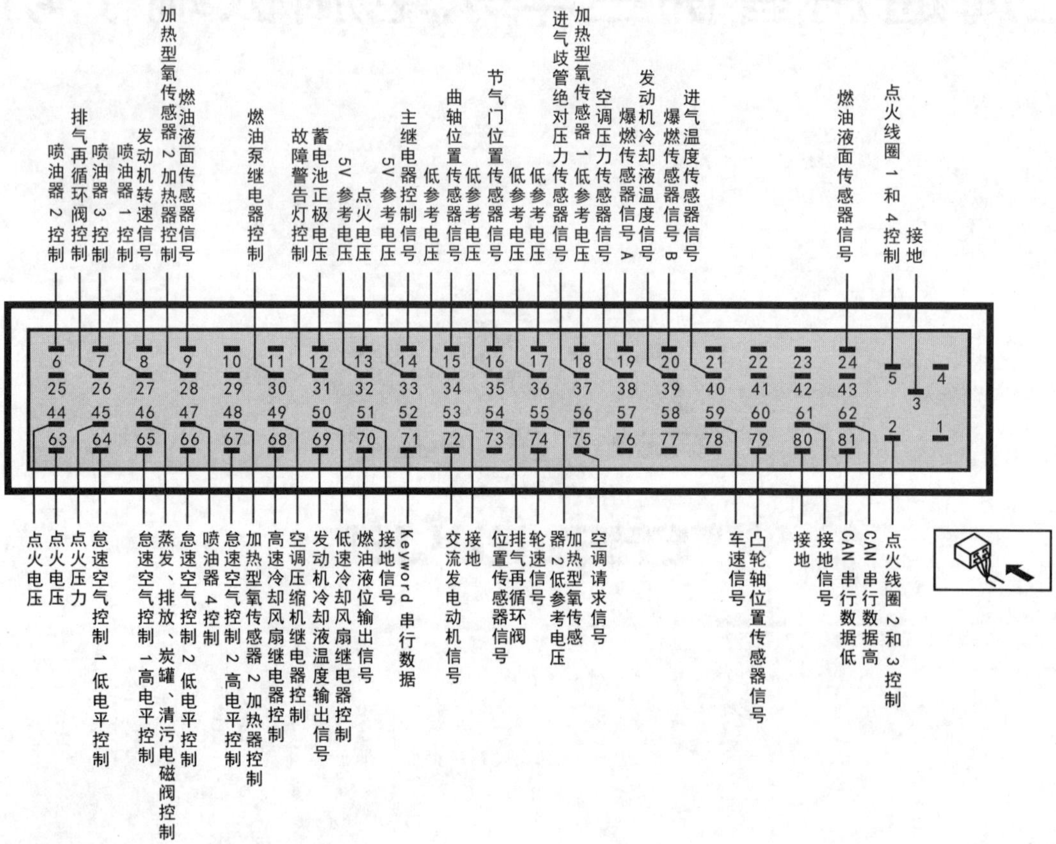

二、自动变速器Aisin(50-40LN)电脑板16+16+16针

1.自动变速器连接器

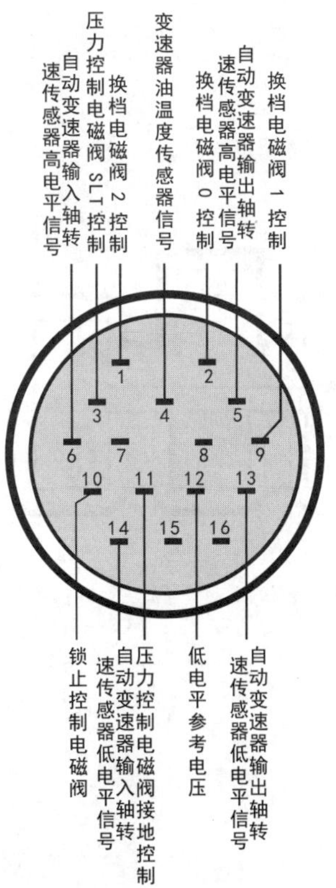

2.自动变速器控制模块(TCM)连接器A

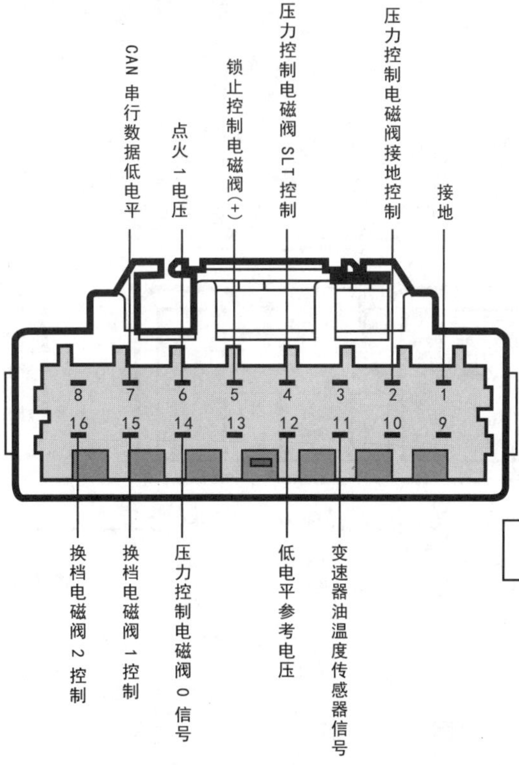

3.自动变速器控制模块(TCM)连接器B

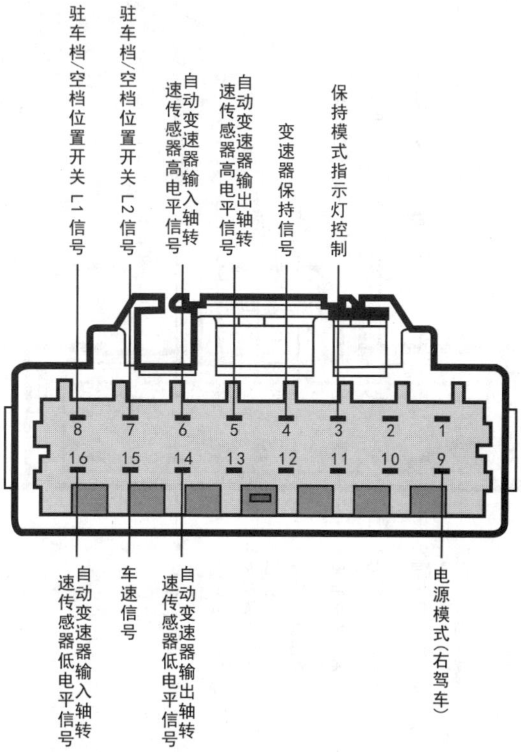

三、暖风、通风与手动空调系统电脑板20+7+7针

1.暖风、通风与手动空调系统

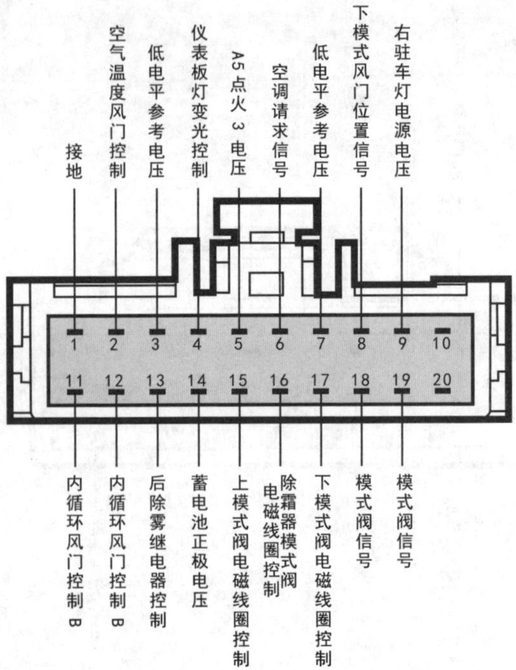

2.模式执行器

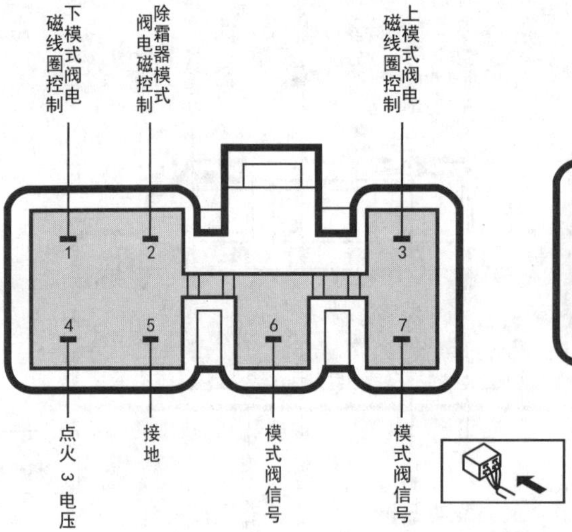

3.内循环执行器

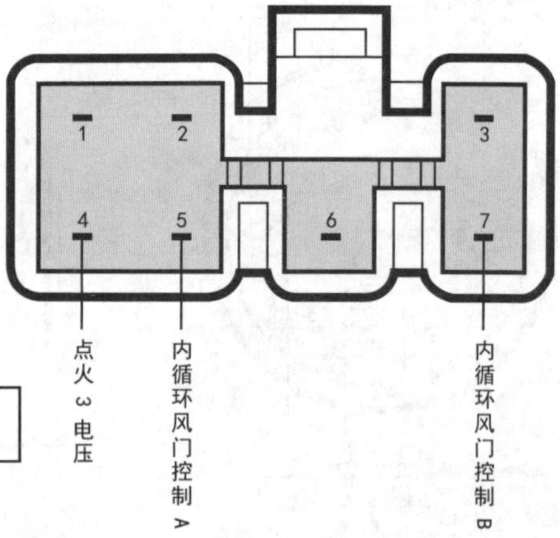

四、暖风、通风与自动空调系统电脑板6+16+20针

1. 鼓风机电机控制模块 2. 暖风、通风与自动空调控制模块连接器 A 3. 暖风、通风与自动空调控制模块连接器 B

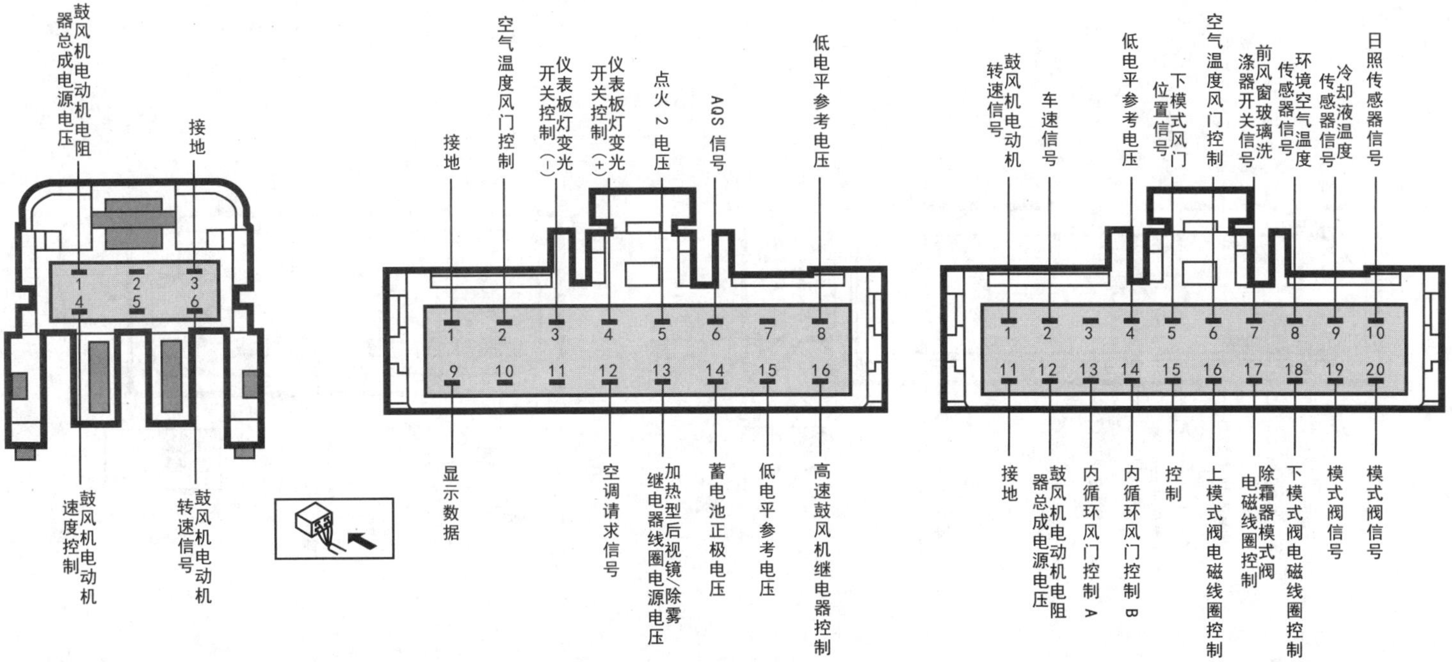

五、电子制动控制模块(EBCM)电脑板25针

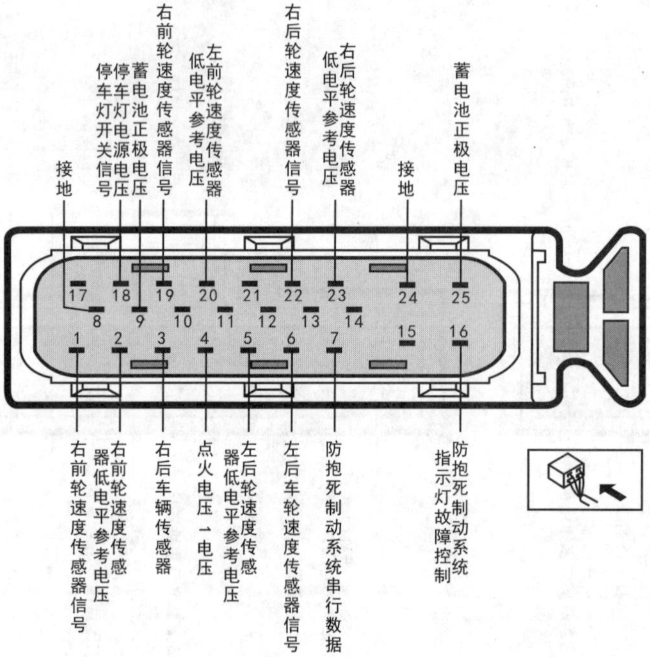

六、防盗系统电脑板6针

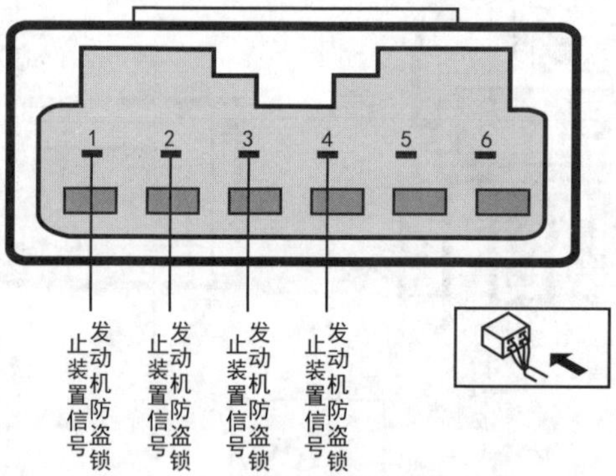

七、车身控制系统（BCM）电脑板15+30+12+8+1针

1. 车身控制模块连接器 A(PE4)

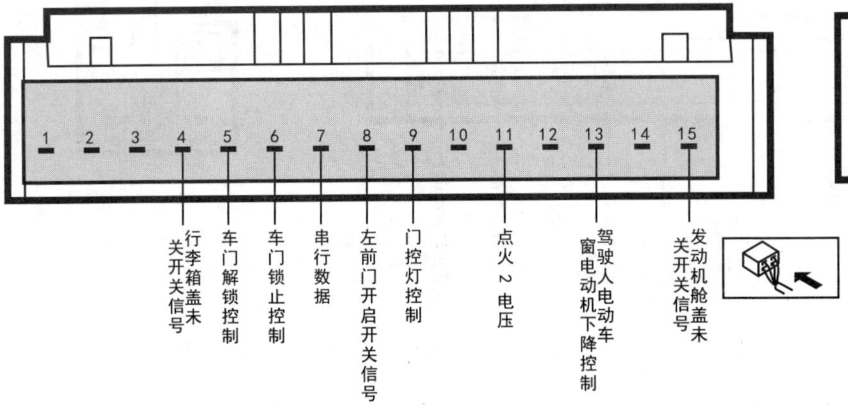

2. 车身控制模块连接器 B(PE3)

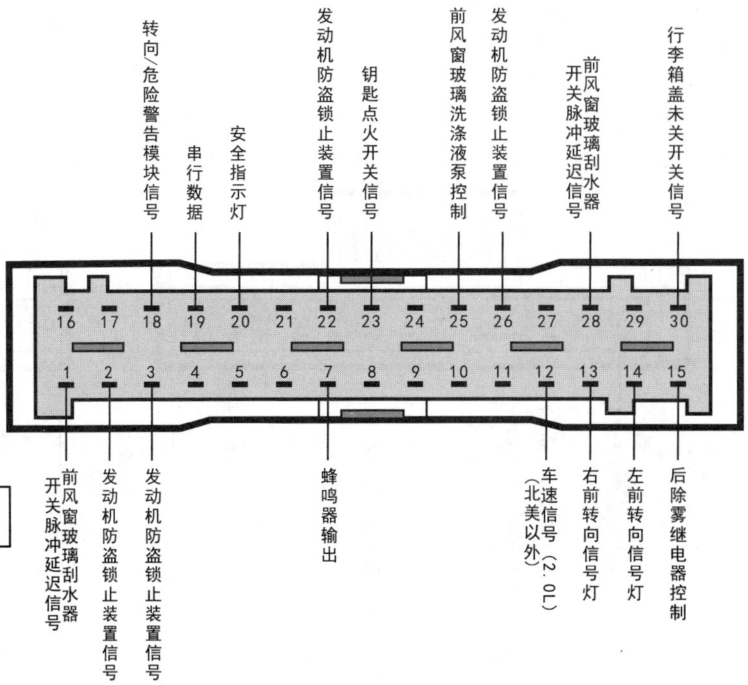

3. 车身控制模块连接器 C(PP2)

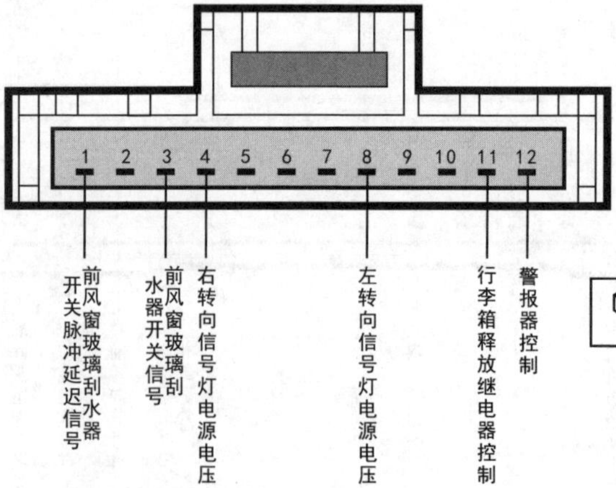

4. 车身控制模块连接器 D(PP1)

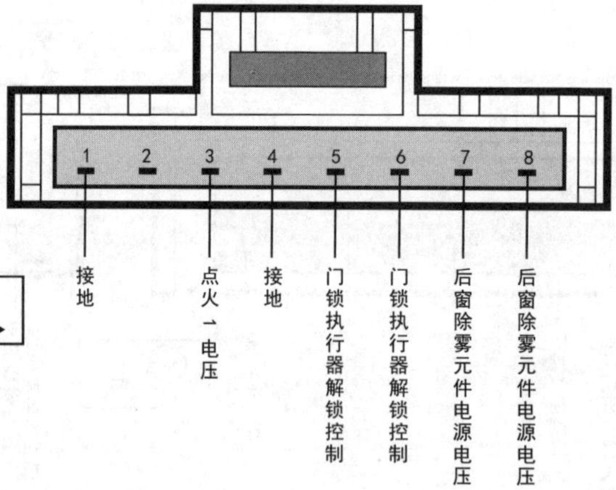

5. 车身控制模块连接器 E(PP5)

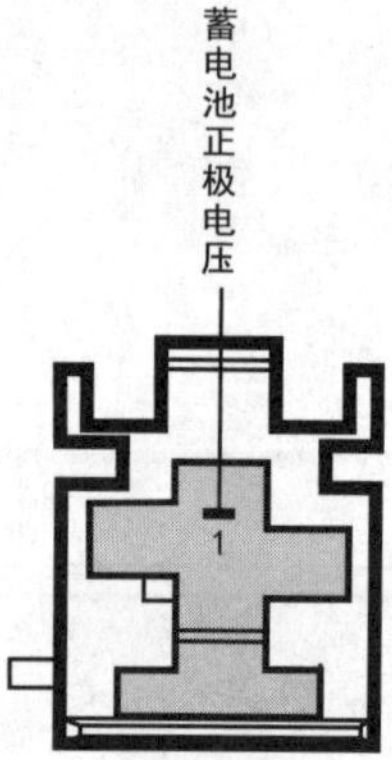

八、安全气囊系统电脑板30+2针

1.安全气囊系统传感器和诊断模块(SDM)

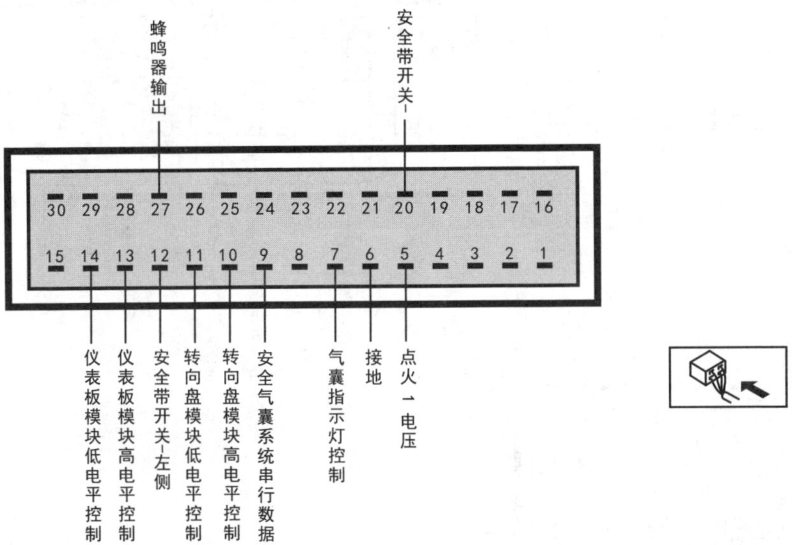

2.驾驶人侧安全气囊系统转向盘模块

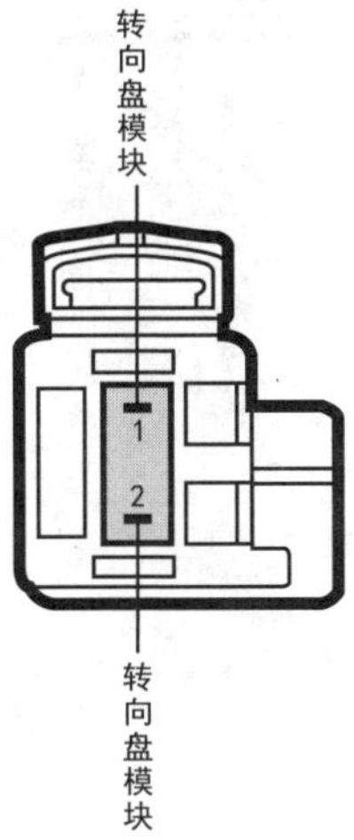

九、组合仪表电脑板16+16+16针

1.组合仪表连接器 A

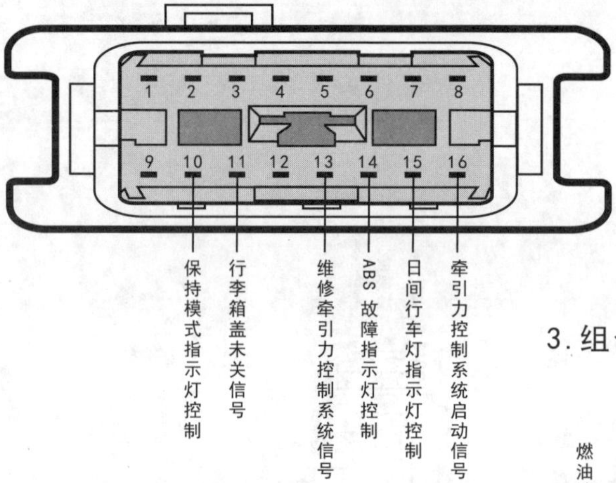

2.组合仪表连接器 B

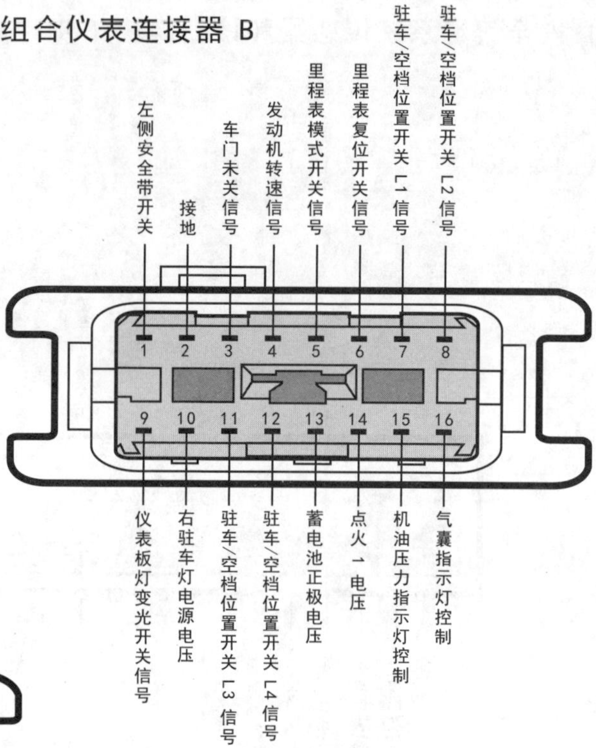

3.组合仪表连接器 C

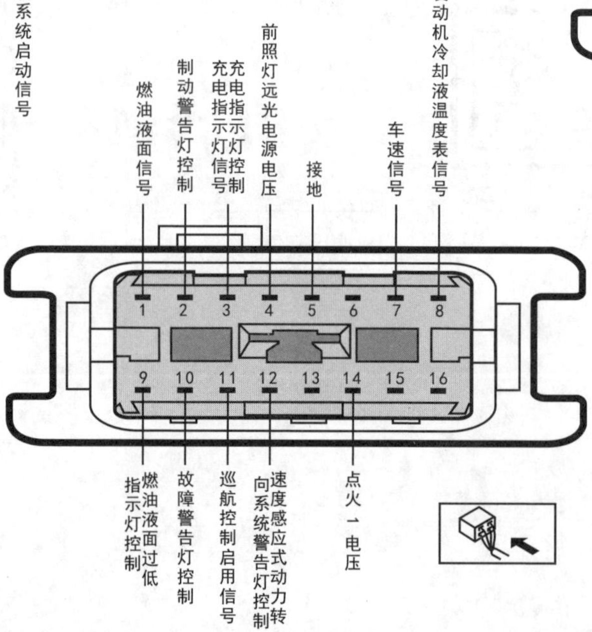

第2节 雪佛兰景程V-car车系电脑板端子功能（2008～2013款）

一、发动机控制系统 2.0L(L34GMDAT)电脑板64+64针

1.发动机系统控制模块(MR-140连接器K)

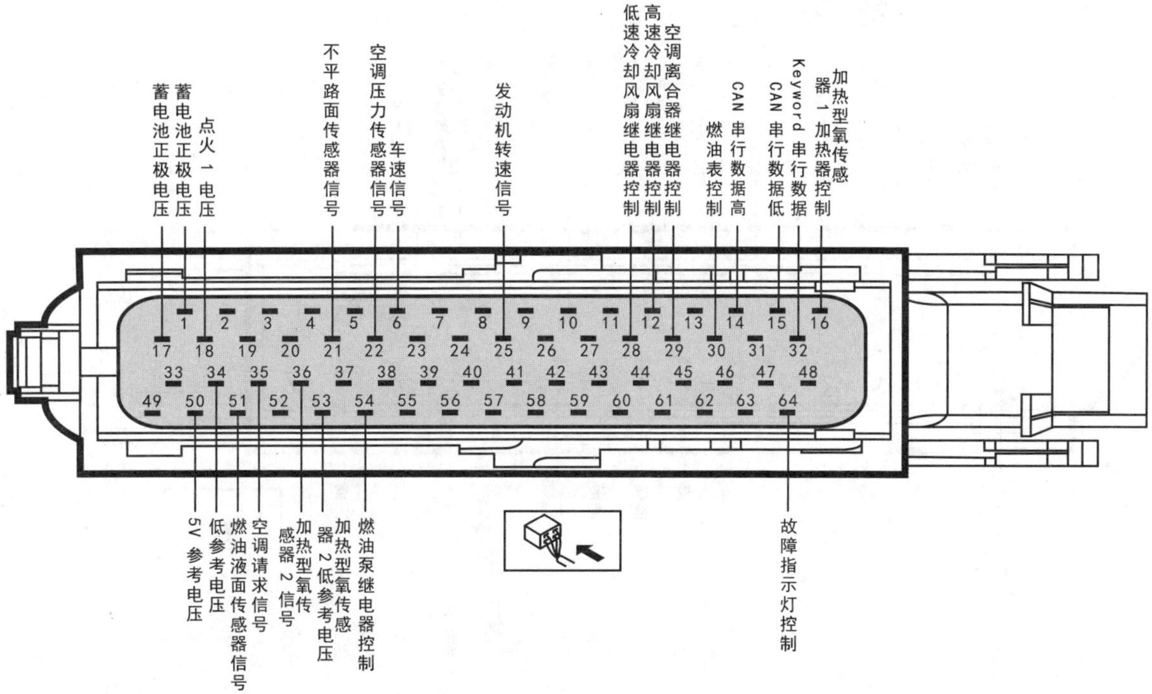

2.发动机系统控制模块(MR-140连接器M)

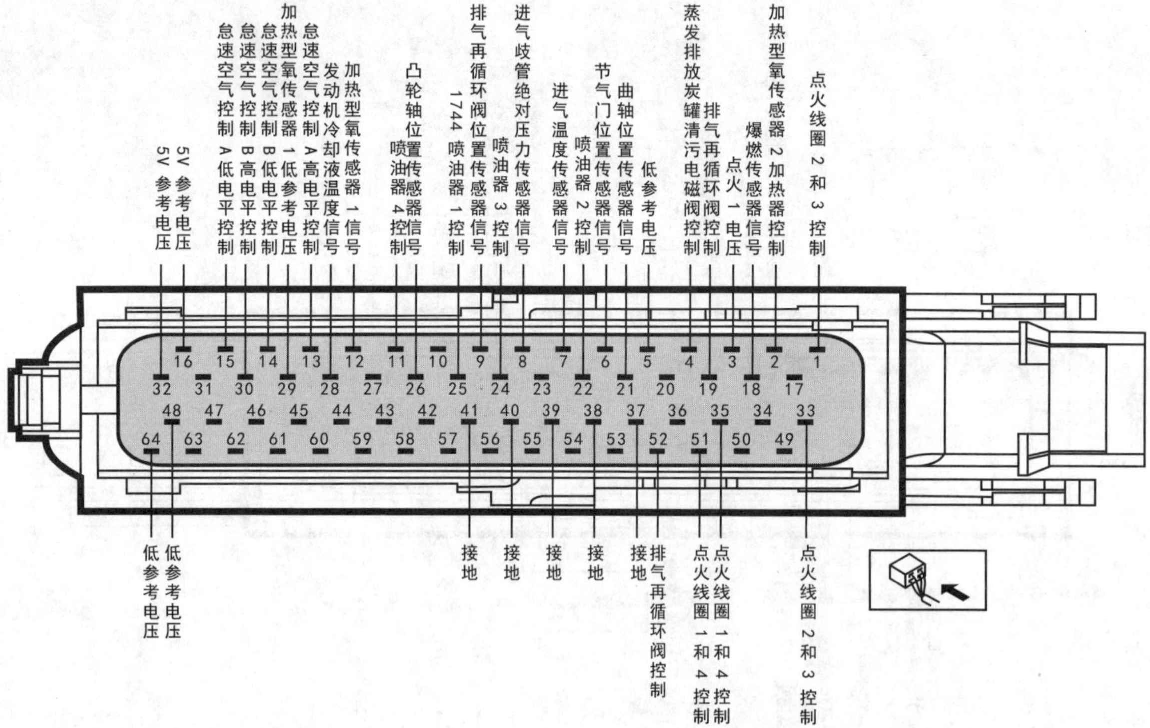

二、自动变速器系统(ZF4HP16)电脑板16+16+16+16针

1. 自动变速器系统连接器　2. 自动变速器系统控制模块(TCM)连接器A　3. 自动变速器系统控制模块(TCM)连接器B

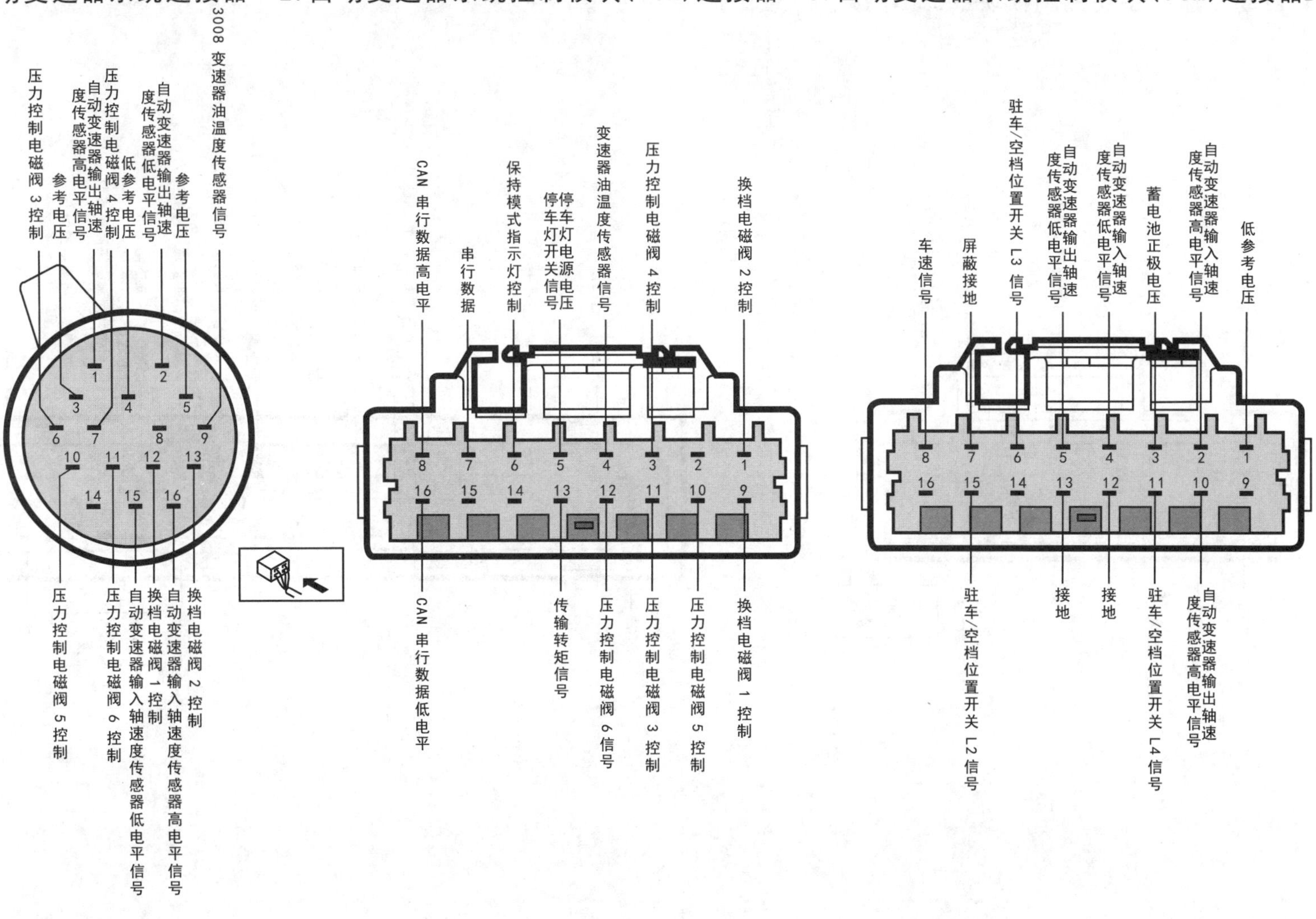

4.自动变速器系统控制模块(TCM)连接器C

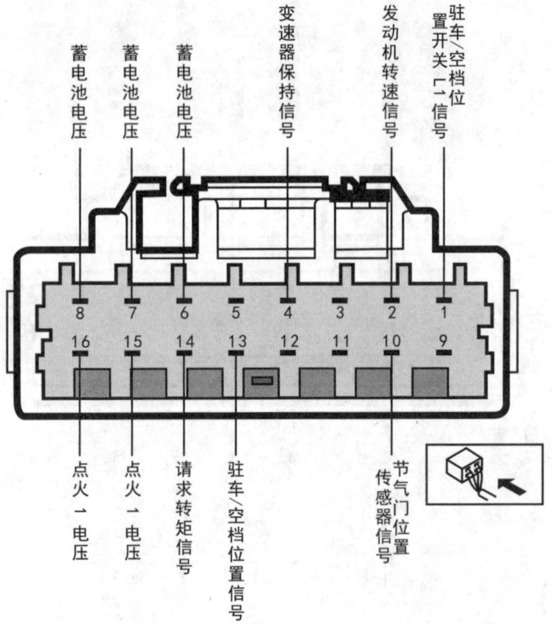

三、电子制动系统(EBCM)电脑板37针

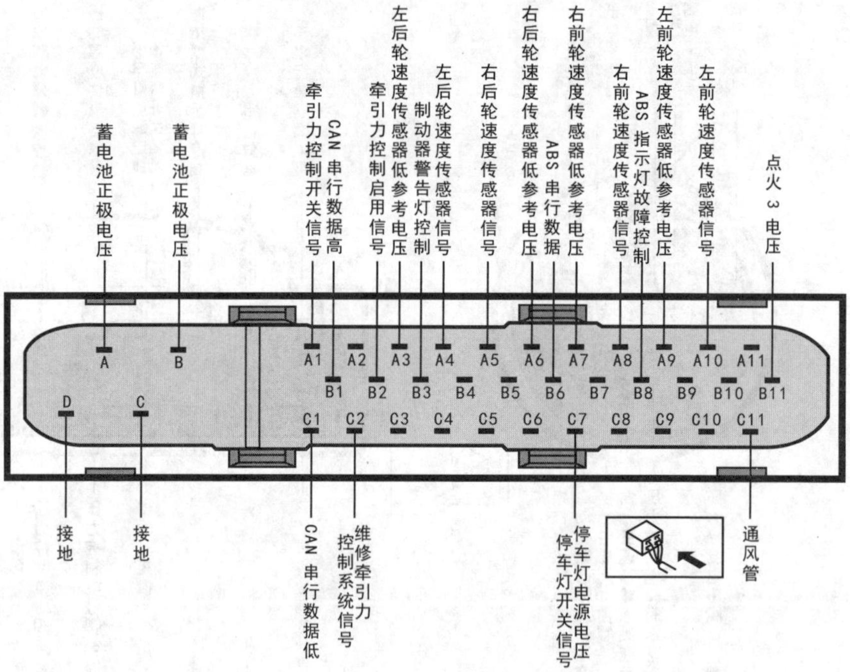

四、暖风、通风与手动空调系统电脑板20+7+7针

1. 暖风、通风与手动空调系统

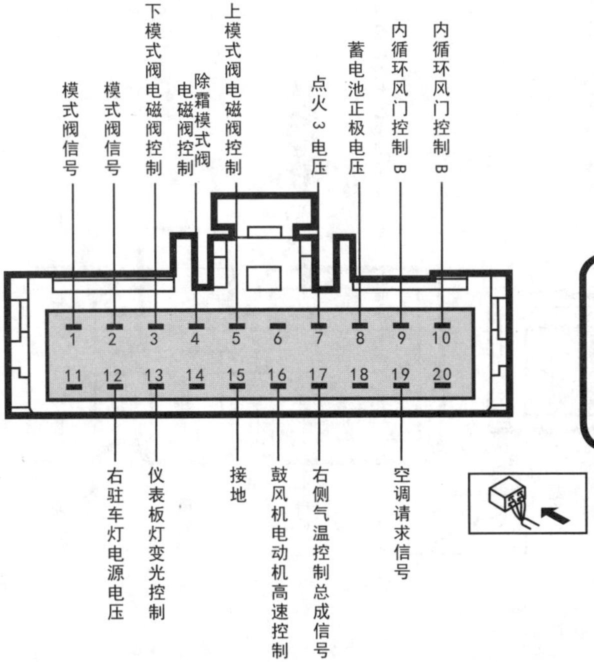

2. 模式执行器

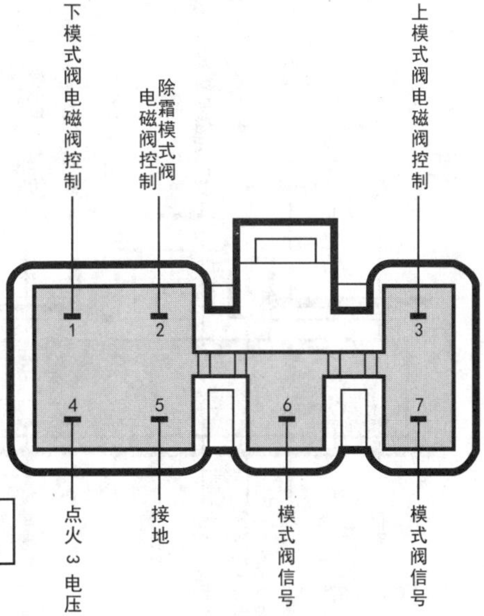

3. 内循环执行器

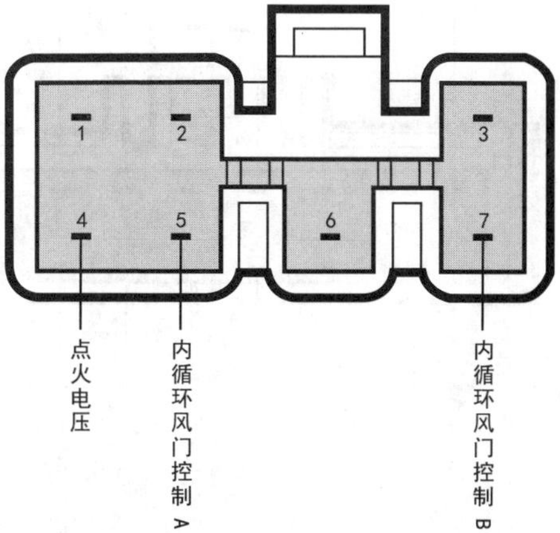

五、暖风、通风与自动空调系统电脑板16+20+7+7+4针

1. 暖风、通风与自动空调连接器A

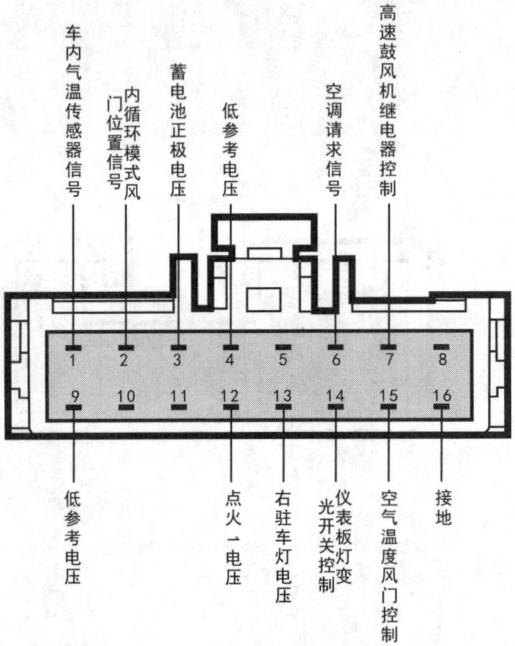

2. 暖风、通风与自动空调连接器B

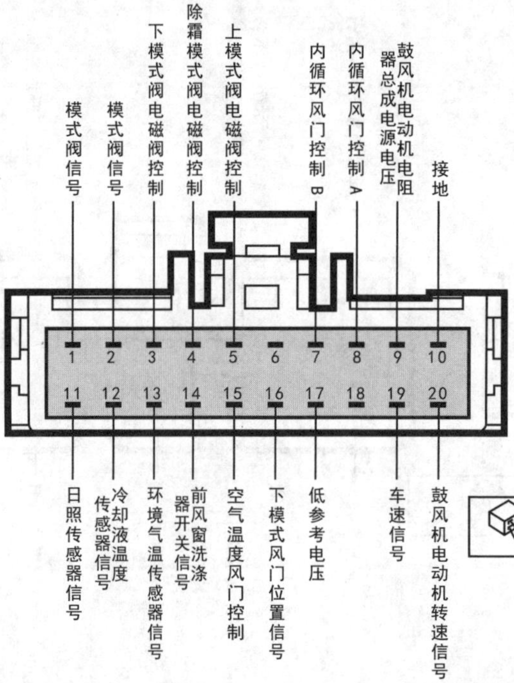

3. 模式执行器

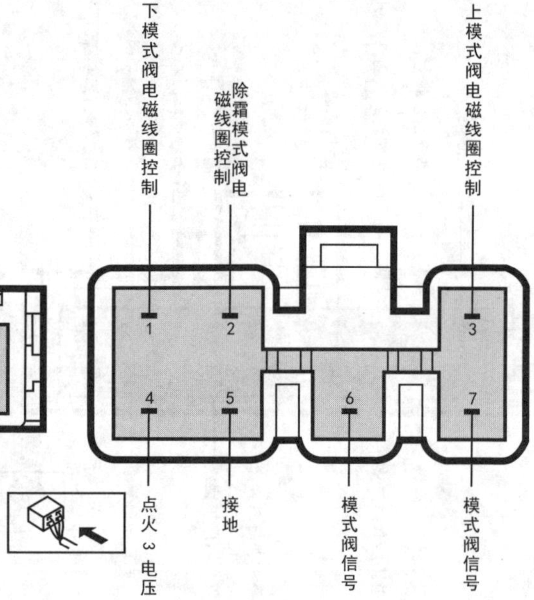

六、动力转向电控系统电脑板8针

4. 内循环执行器

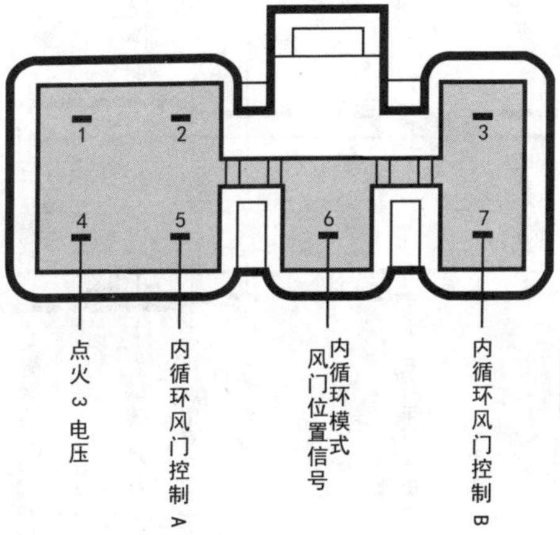

5. 日照传感器和安全指示灯

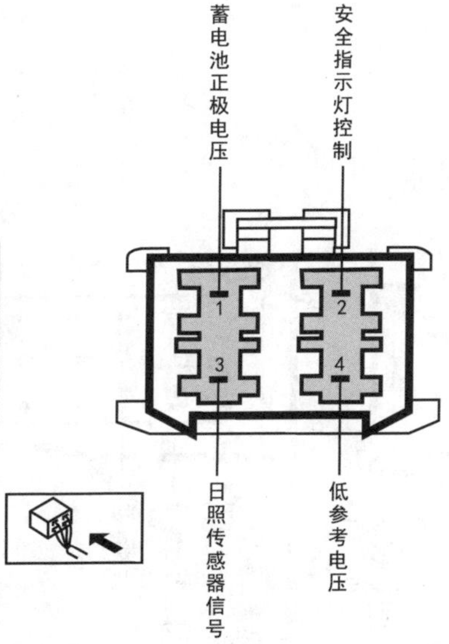

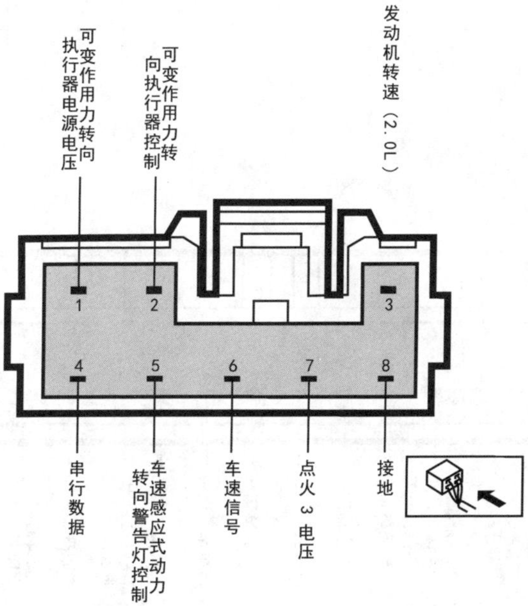

七、车身系统电脑板15+30+12+8+1针

1. 车身系统控制模块连接器A（PE4）

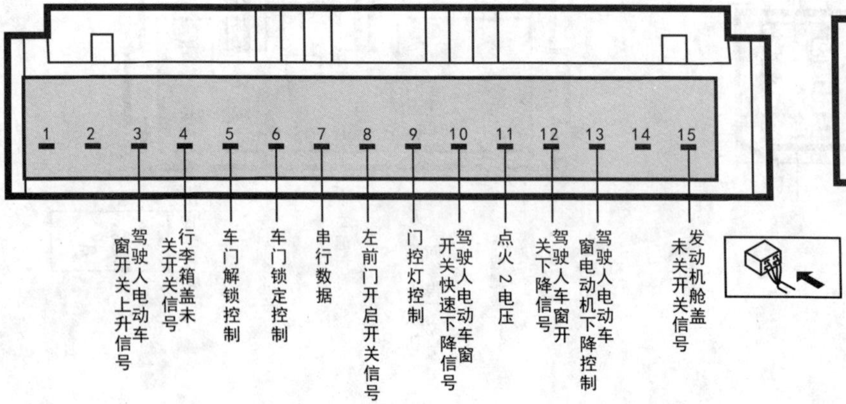

2. 车身系统控制模块连接器B（PE3）

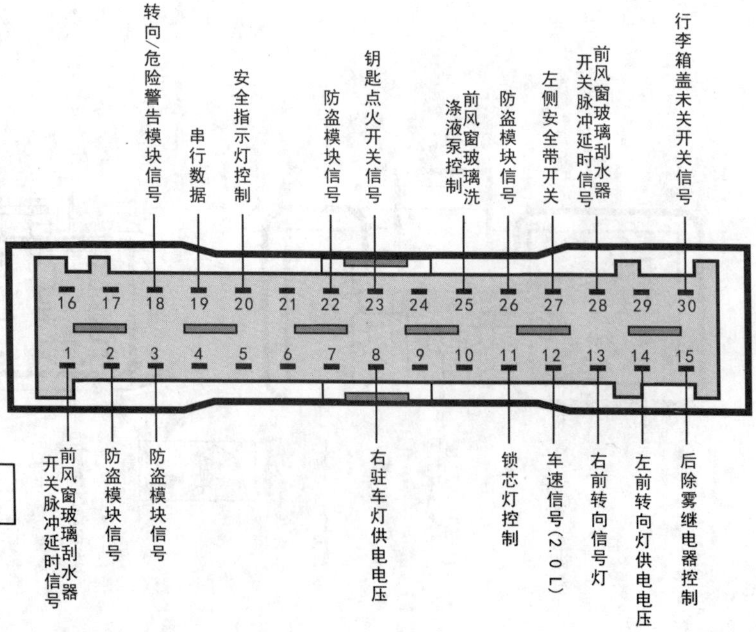

3. 车身系统控制模块连接器C（PP2）

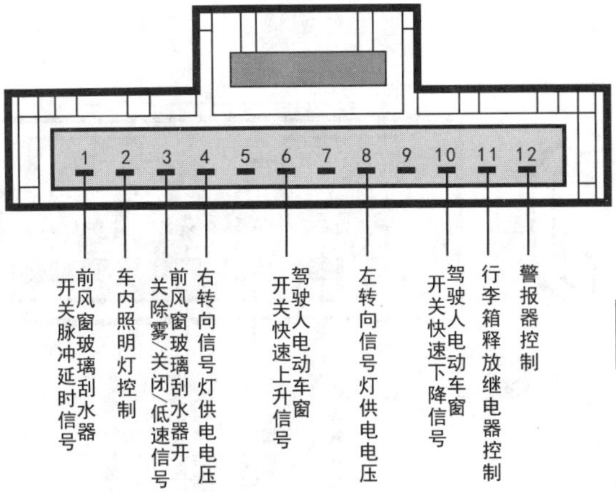

4. 车身系统控制模块连接器D（PP1）

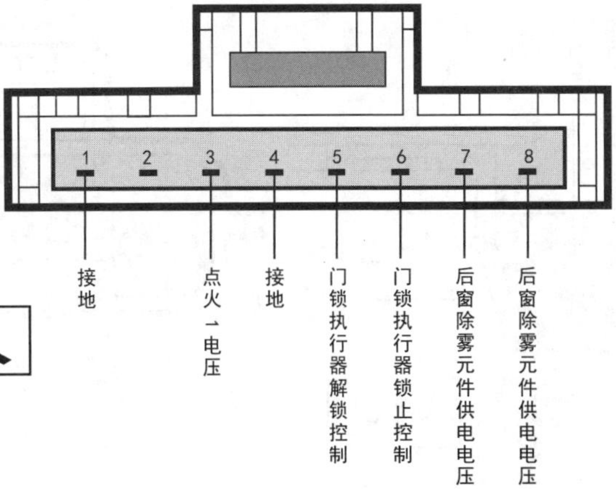

5. 车身系统控制模块连接器E（PP5）

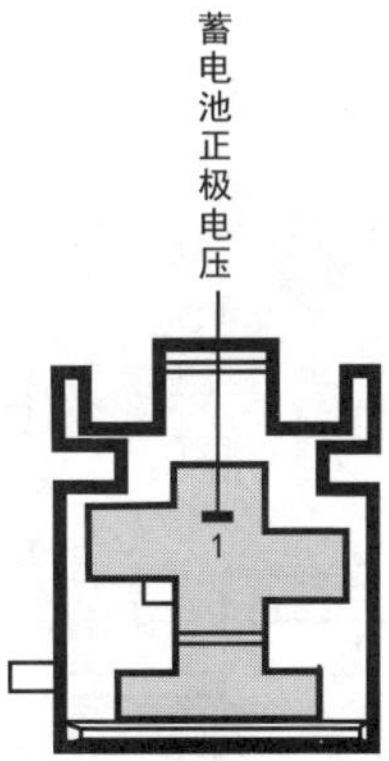

八、数据链路通信系统电脑板16针

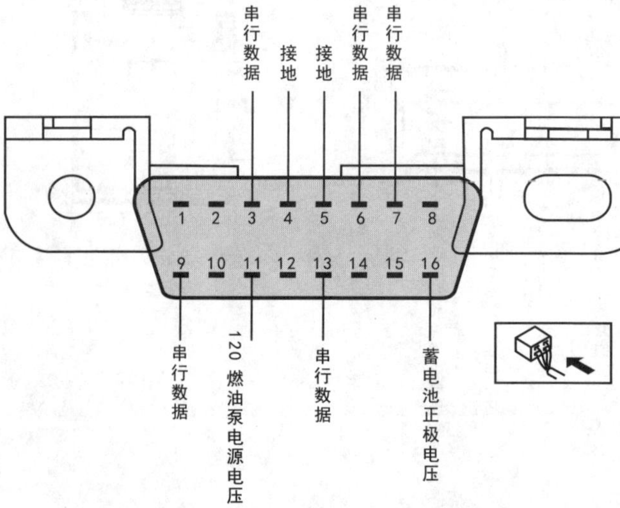

九、巡航管制系统电脑板10针

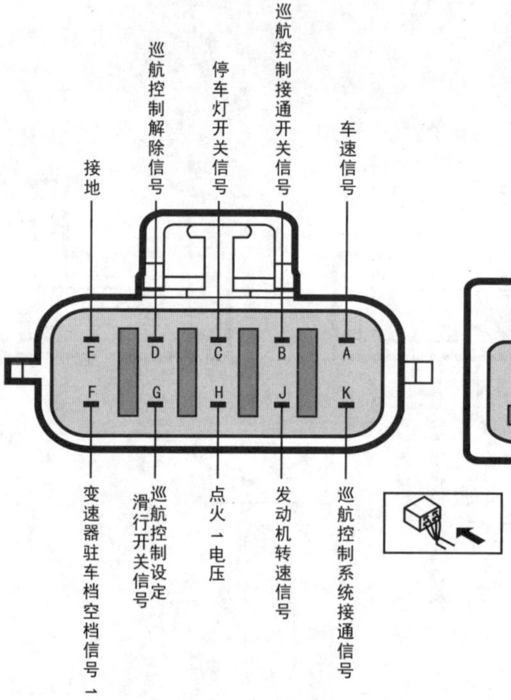

十、防盗控制系统电脑板6针

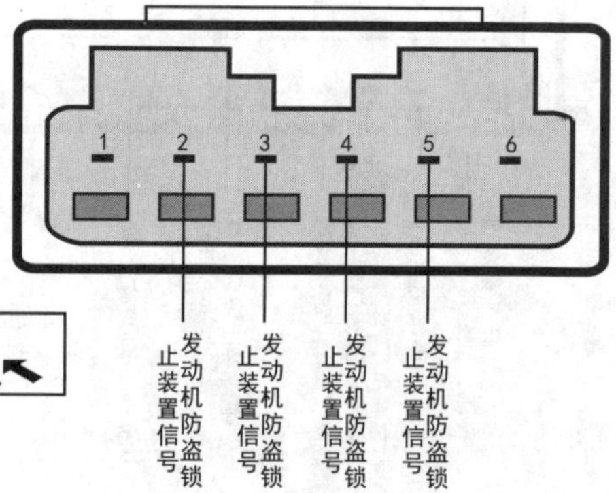

十一、安全气囊系统传感器和诊断模块(SDM)电脑板50针

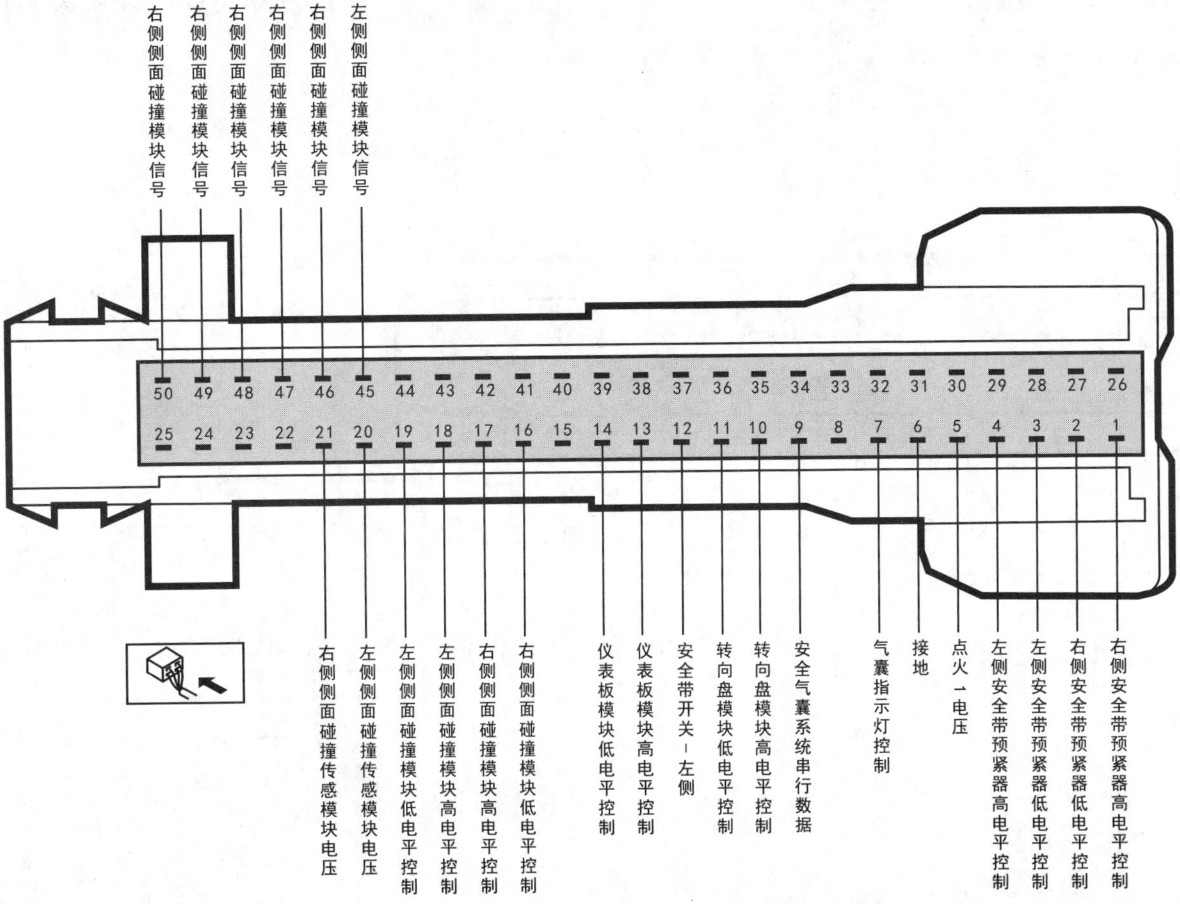

第3节　雪佛兰科帕奇车系电脑板端子功能（2009～2016款）

一、发动机和燃油系统（2.4L）电脑板121针

1. 发动机和燃油系统连接器X1

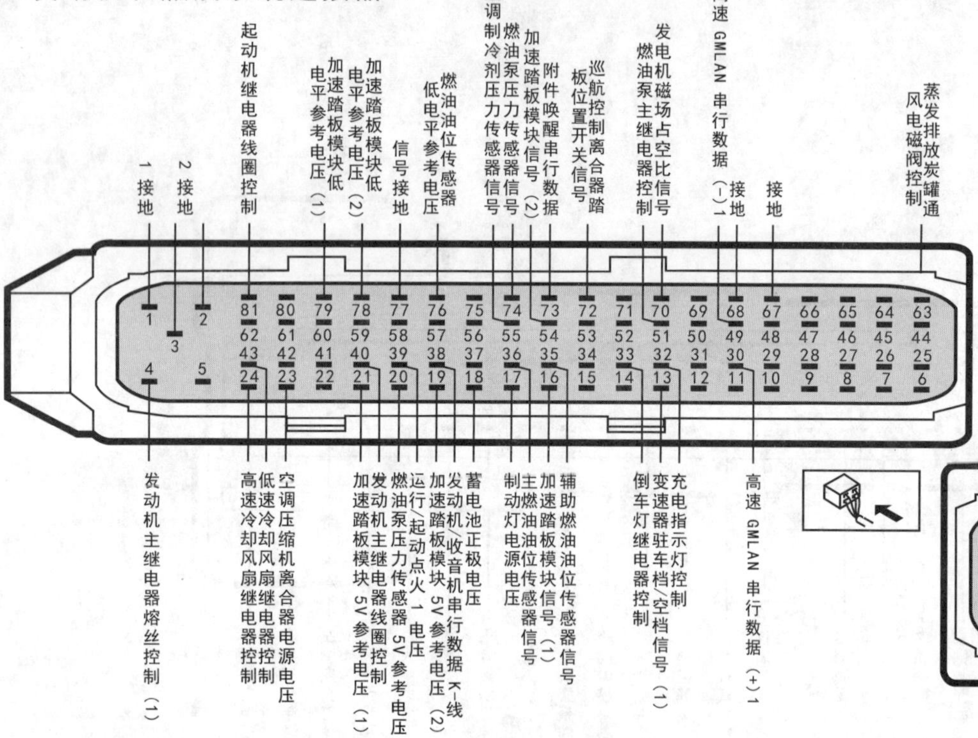

2. 发动机和燃油系统连接器X2

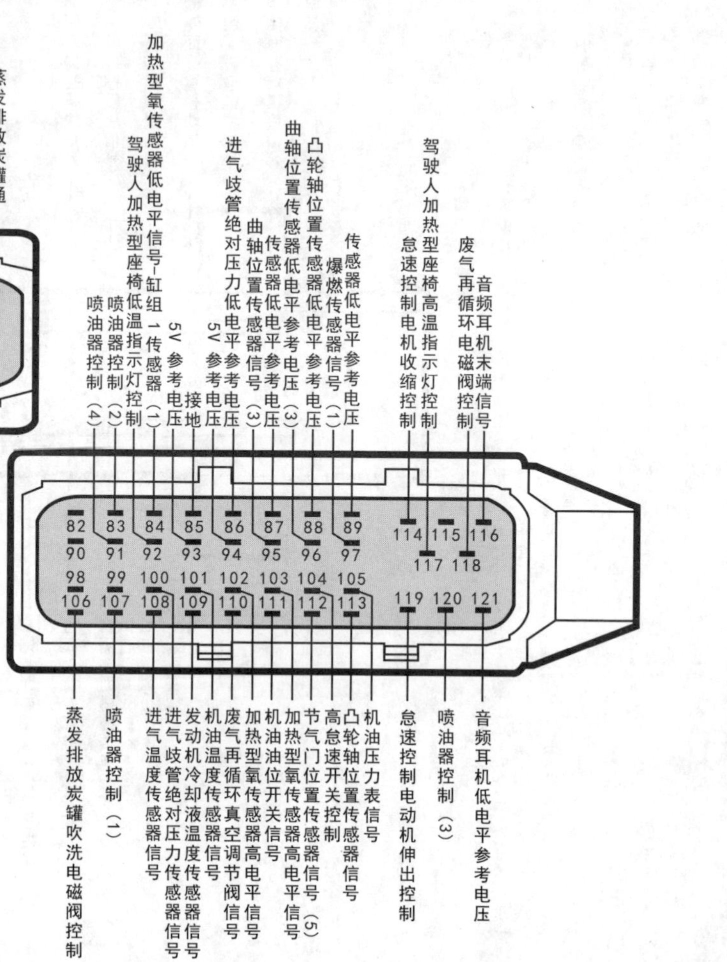

二、自动变速器系统（Aisin55-51LE）电脑板14+24+26+4针

1.自动变速器驱动桥连接器

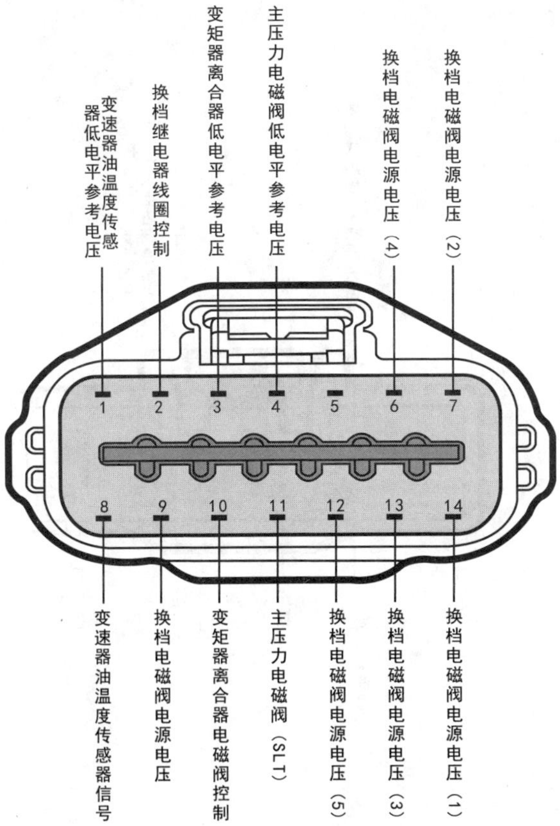

2.自动变速器系统（TCM）X1

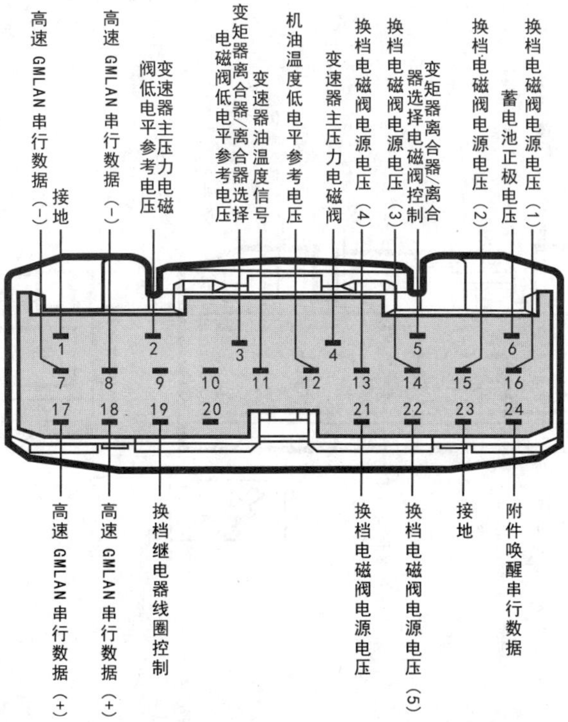

3.自动变速器系统（TCM）X2

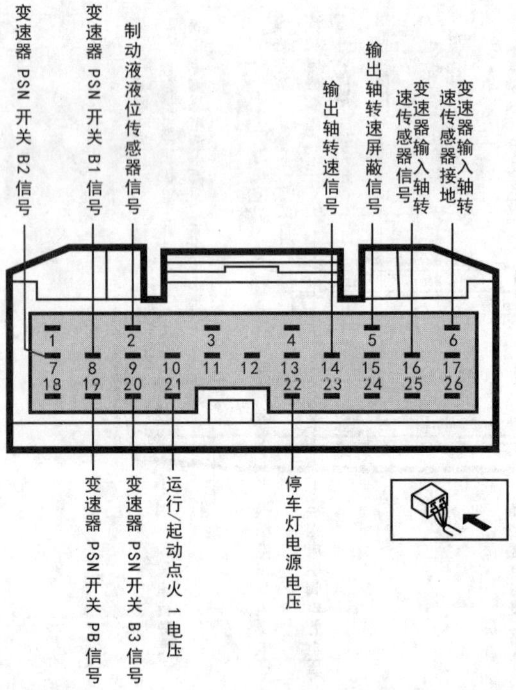

4.冬季模式开关

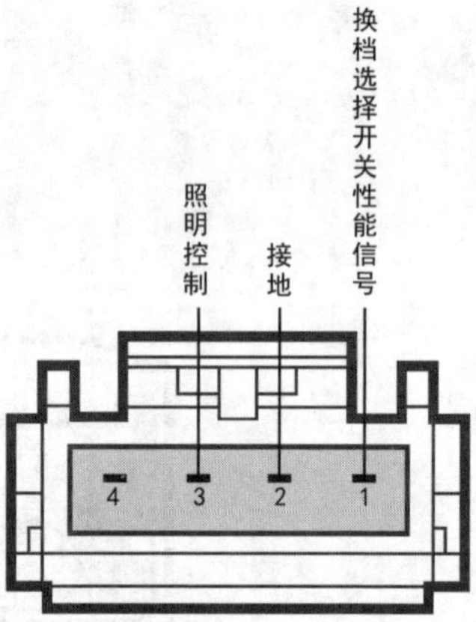

三、自动变速器换档锁定系统电脑板10针

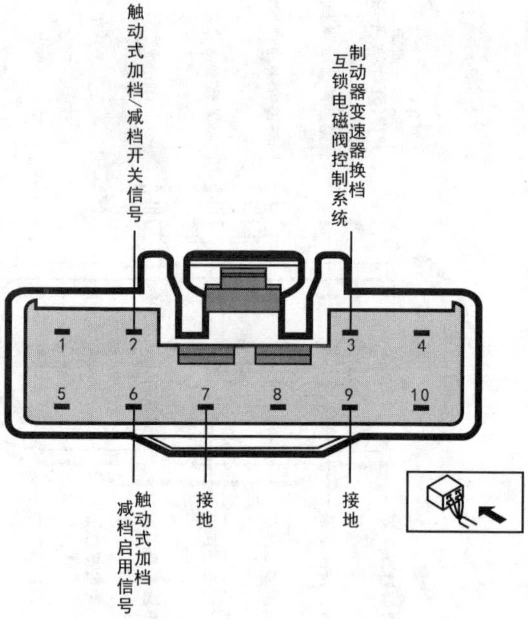

四、分动箱系统（Getrag760）电脑板10针

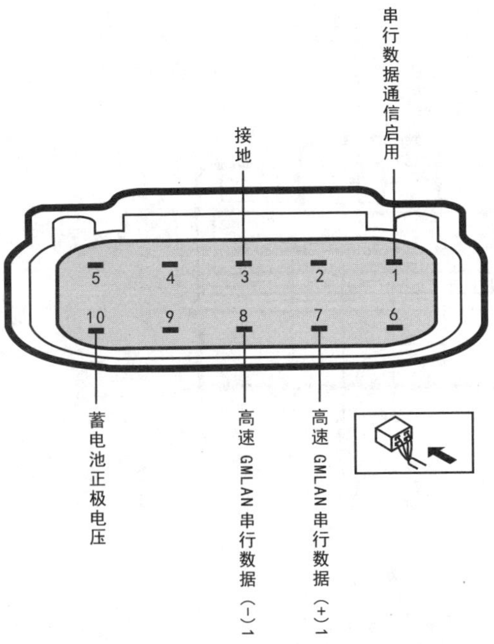

五、防抱死制动系统电脑板47针

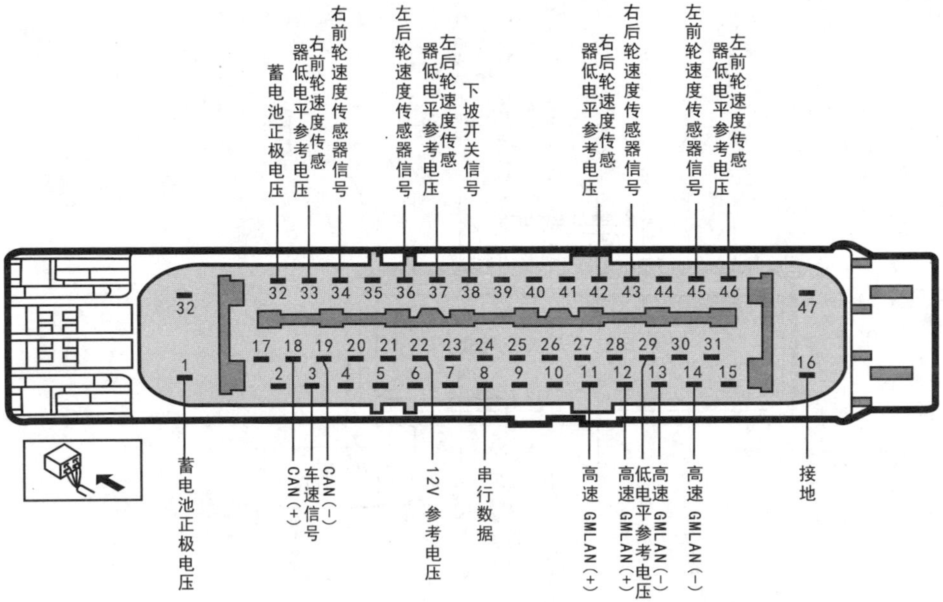

六、暖风、通风自动空调系统电脑板16针

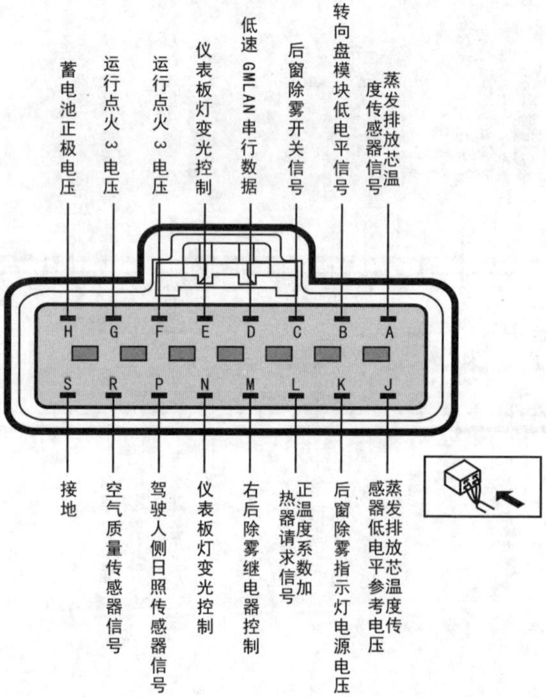

七、防盗系统电脑板6针

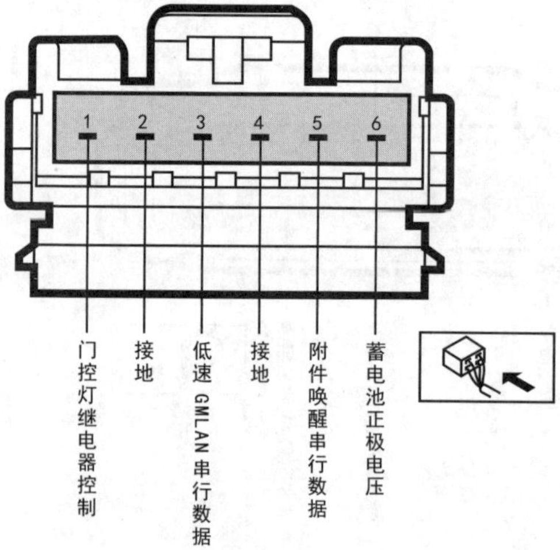

八、安全气囊系统电脑板60针

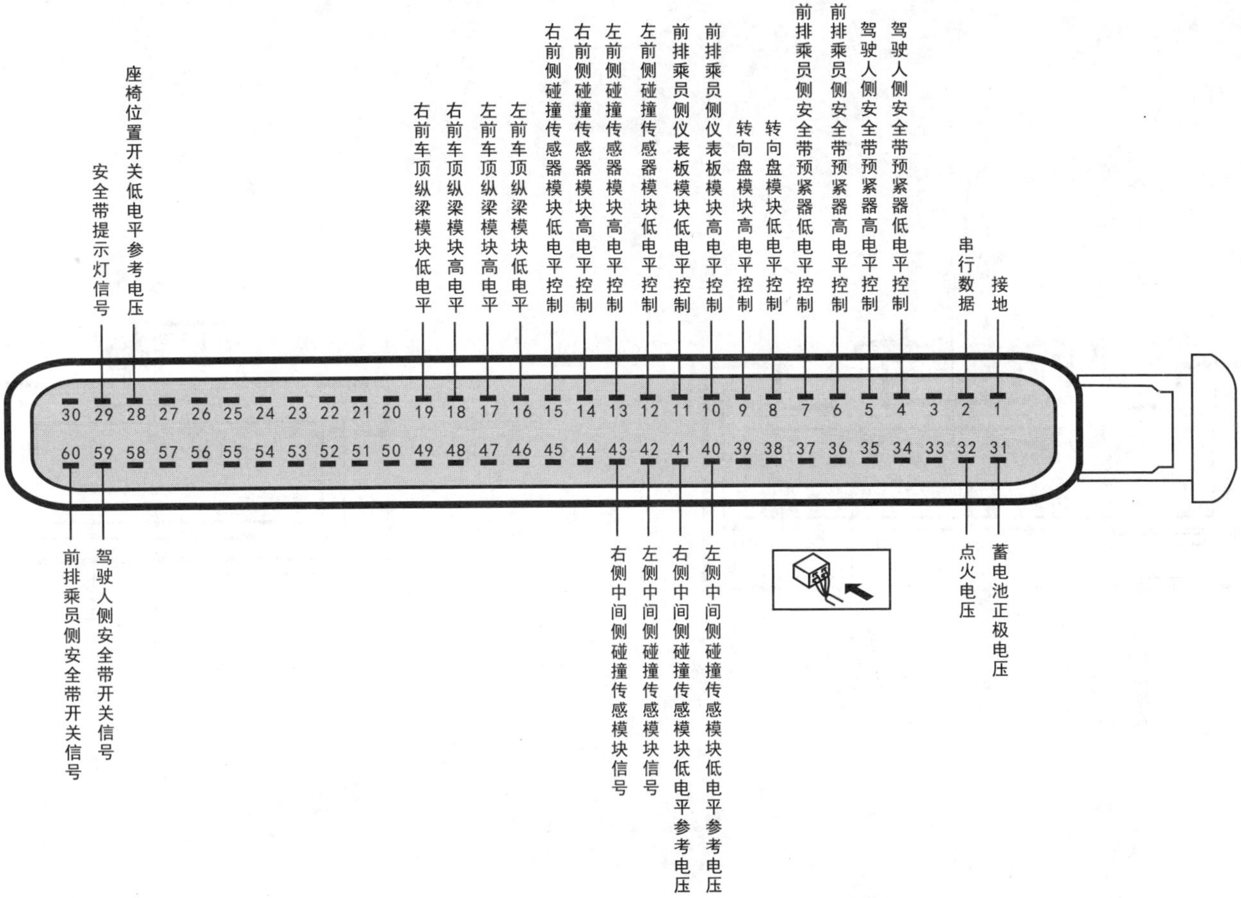

九、车辆出入系统电脑板24+8针

1.出口车身系统X1

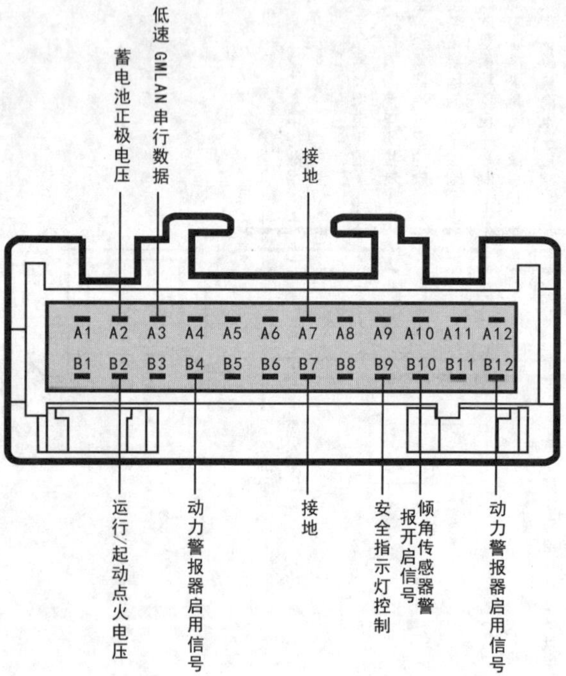

2.出口车身系统X2

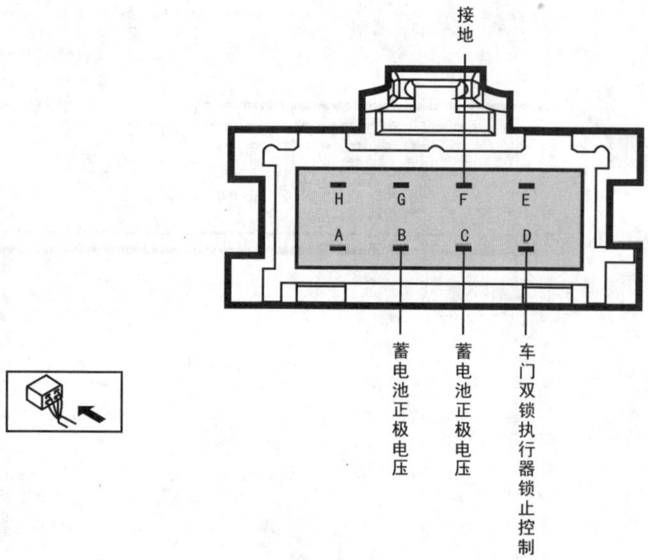

十、车身系统电脑板25+25+25+27+28+25+25针

1.车身系统连接器X1

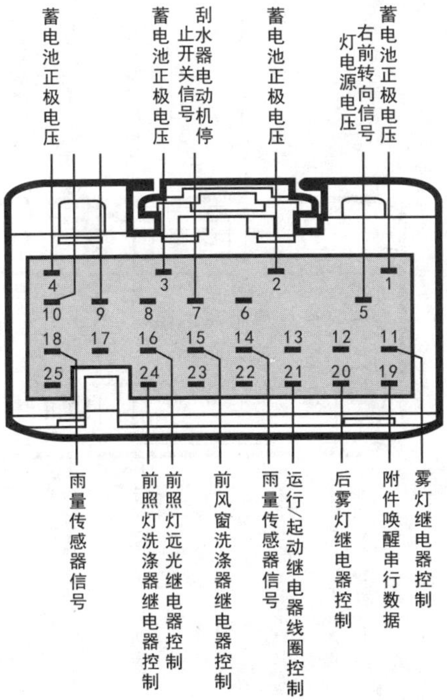

2.车身系统连接器X2

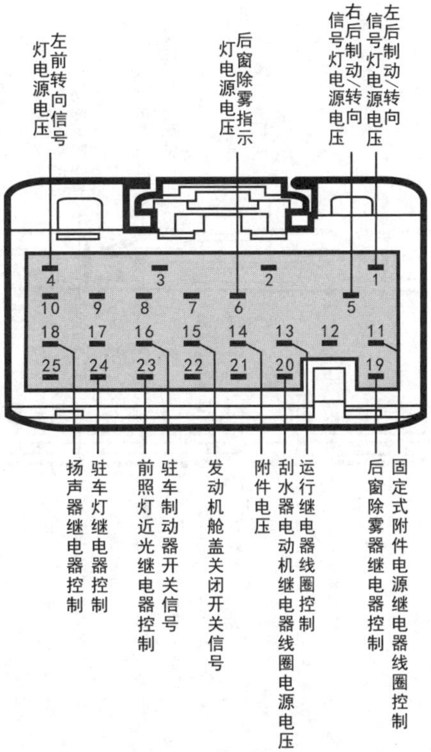

3.车身系统连接器X3

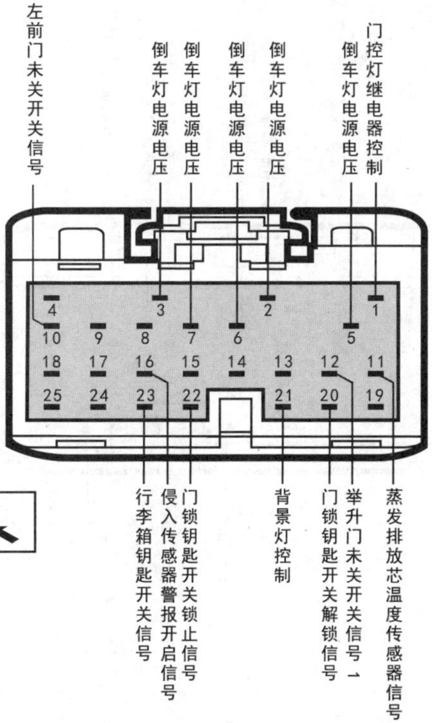

4. 车身系统连接器X4

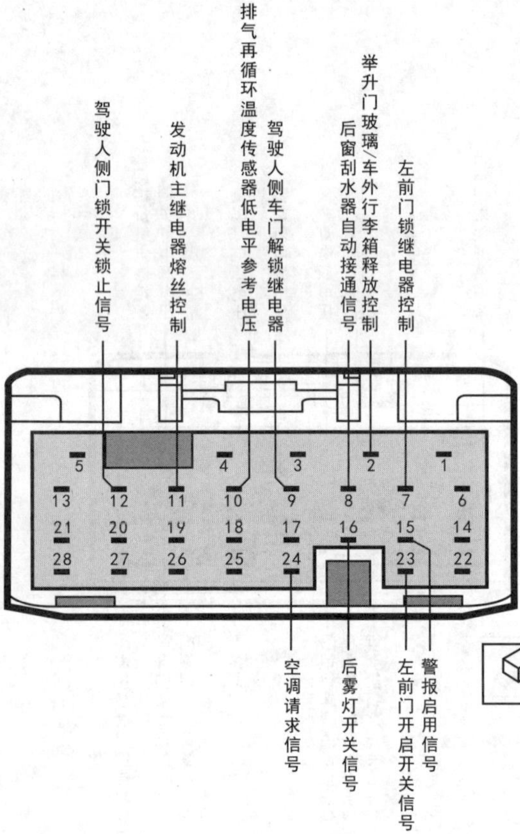

5. 车身系统连接器X5

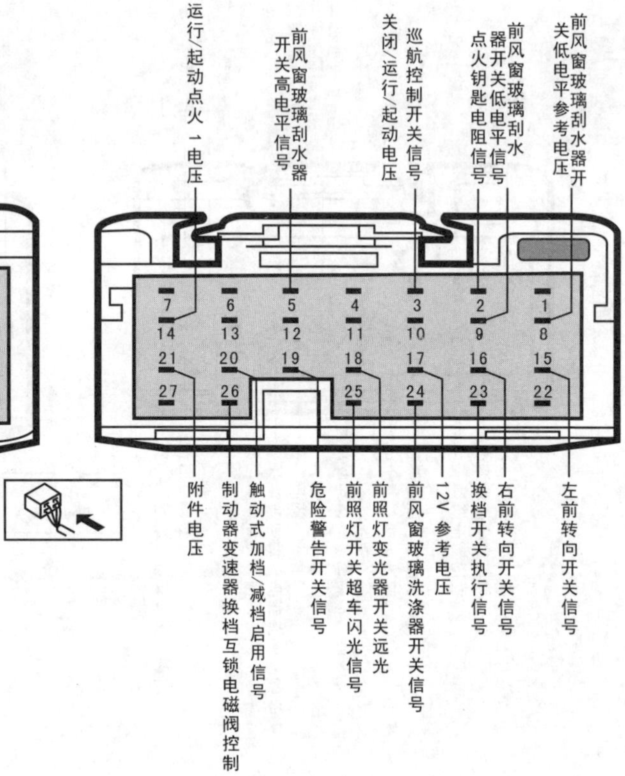

6. 车身系统连接器X6

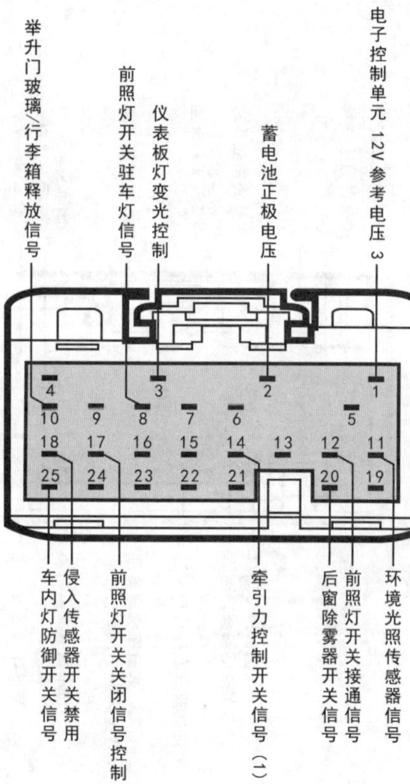

7.车身系统连接器X7

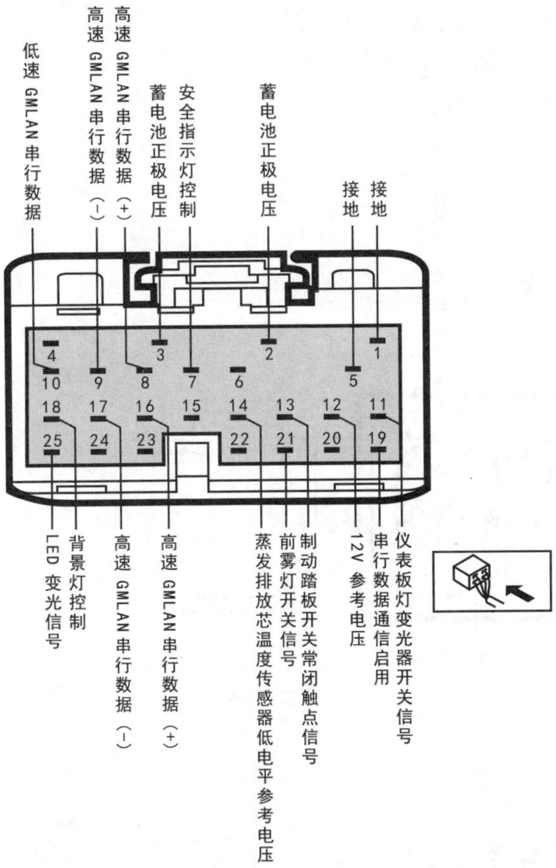

十一、物体检测系统电脑板16针

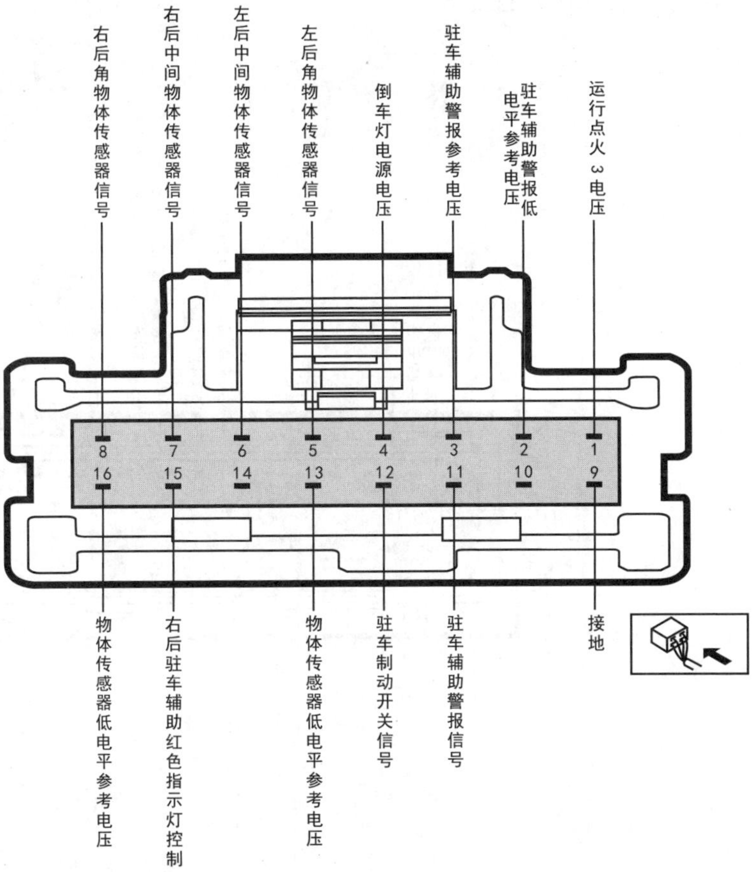

第4节 雪佛兰乐聘车系电脑板端子功能（2008～2012款）

一、发动机控制系统 1.4L（L95）电脑板64+64针

1.发动机控制系统连接器K

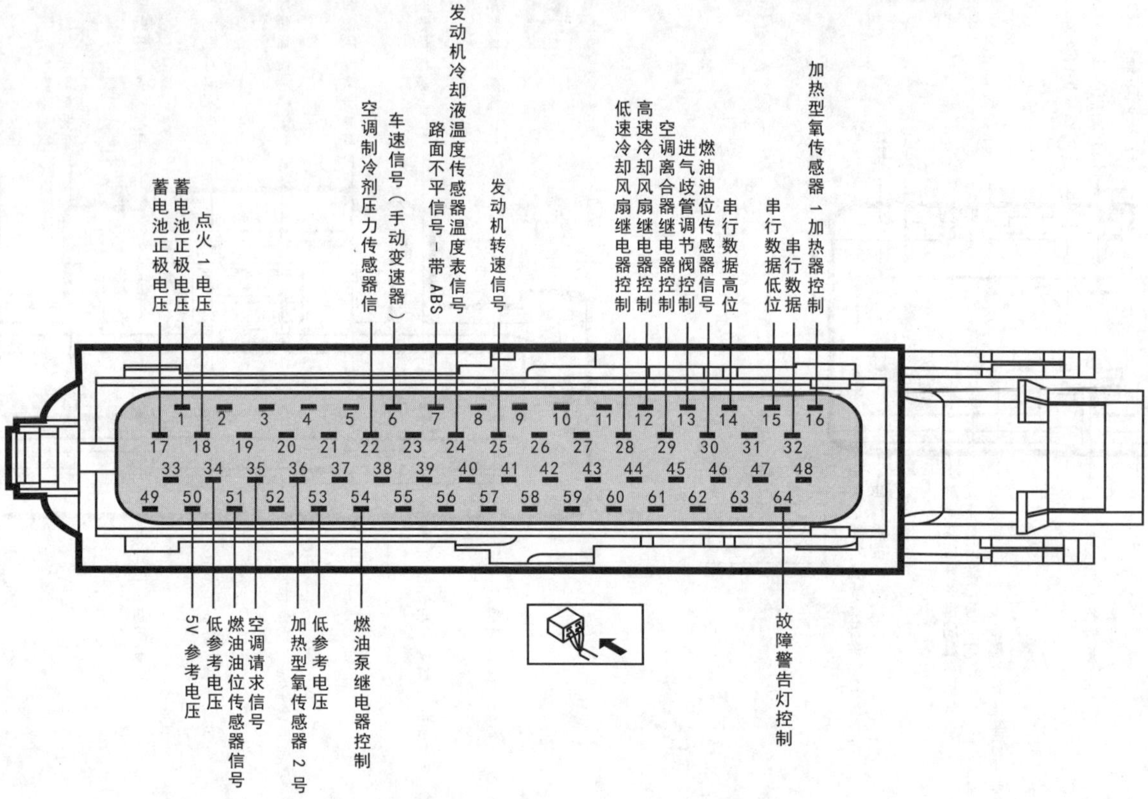

2.发动机控制系统连接器M

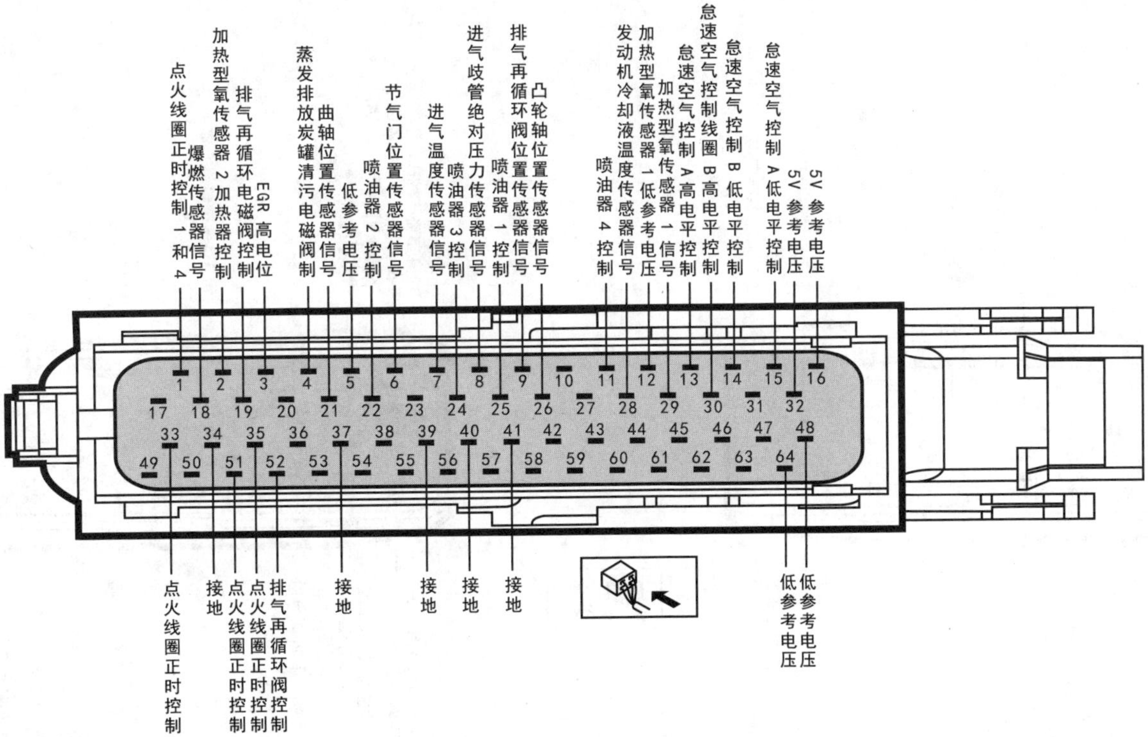

二、自动变速器系统Aisin（81-40LE）电脑板24+26针

1.自动变速器系统连接器A

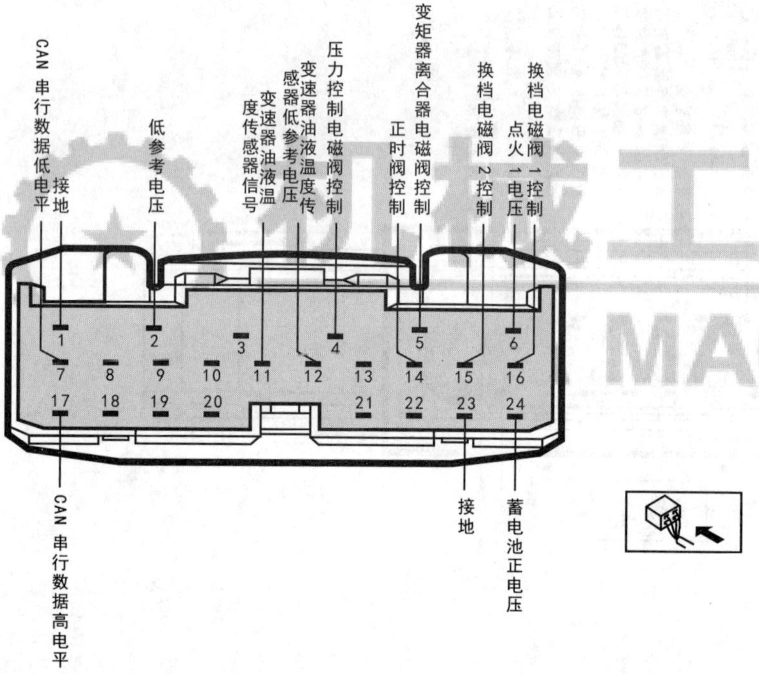

2.自动变速器系统连接器B

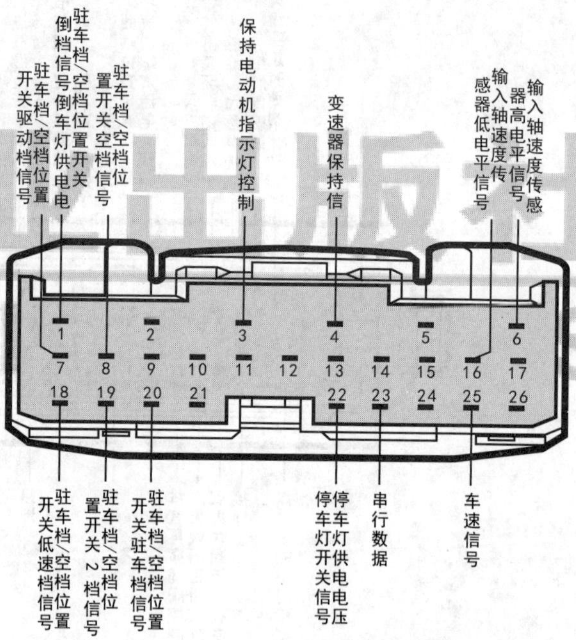

三、防抱死制动系统（EBCM）电脑板46针

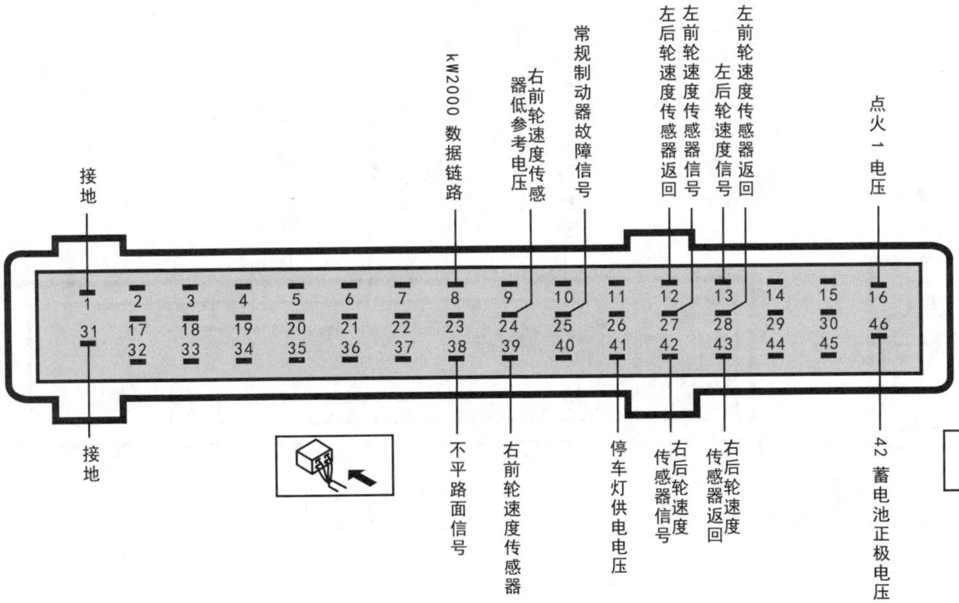

四、暖风通风与手动空调系统电脑板10针

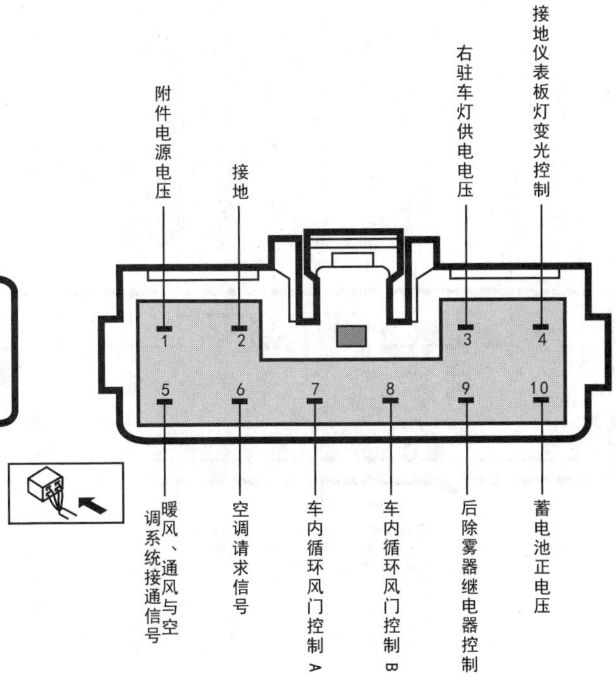

五、组合仪表系统电脑板26针

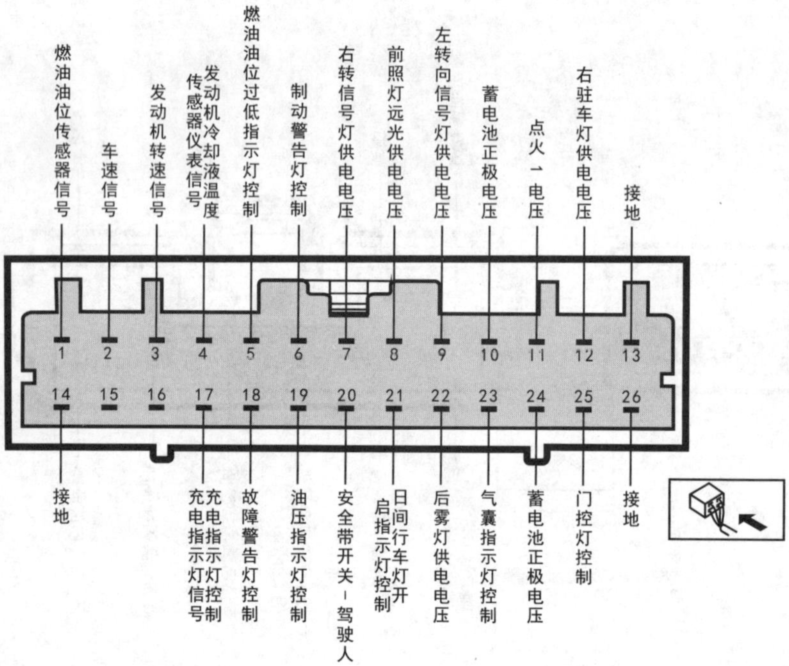

六、安全气囊系统电脑板29针

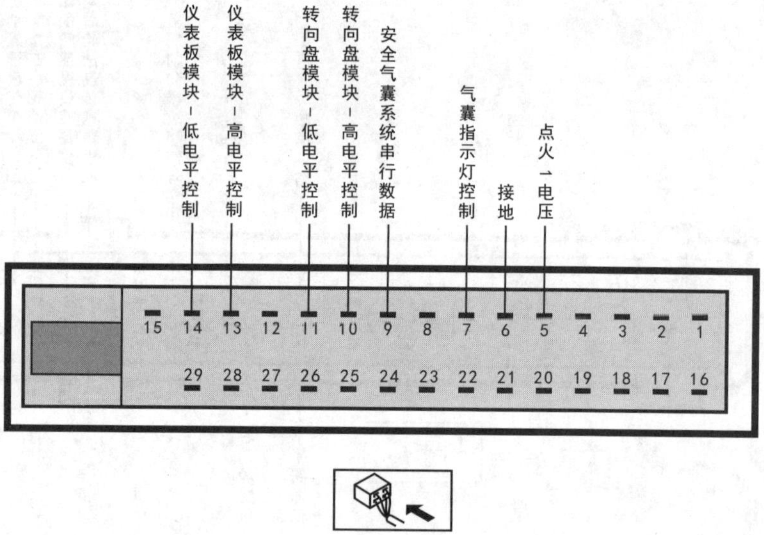

七、防盗系统电脑板2+2+26+7针

1.发动机舱盖未关开关

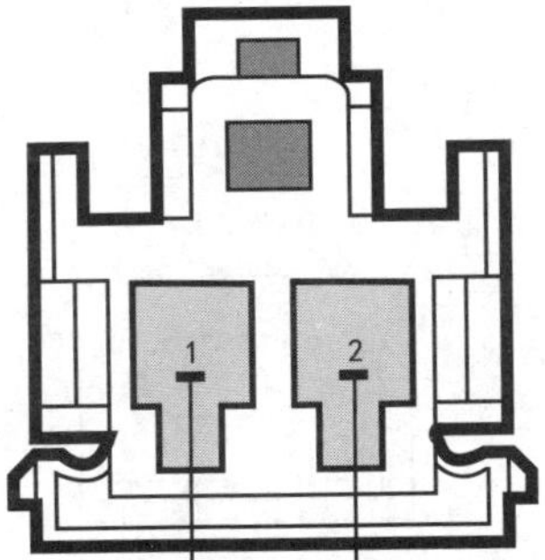

2.行李箱盖锁芯开关

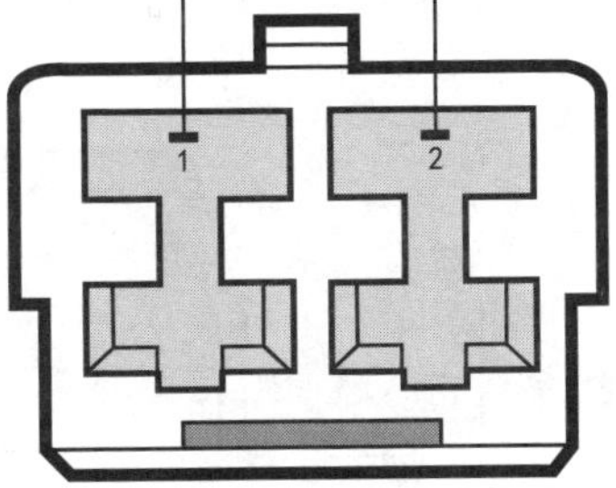

3.遥控门所解锁接收器（RCNLR）

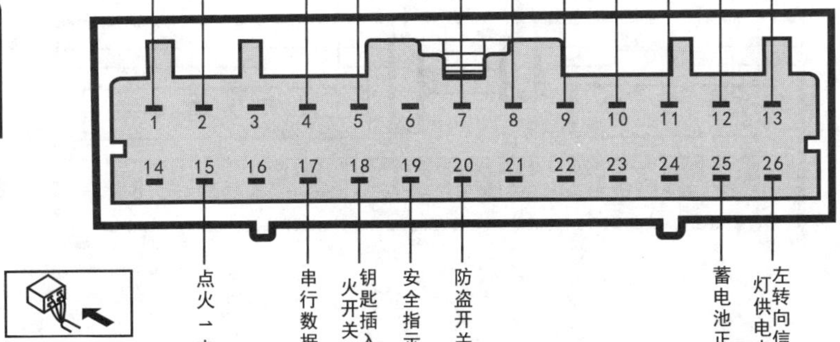

4. 防盗控制系统电控单元

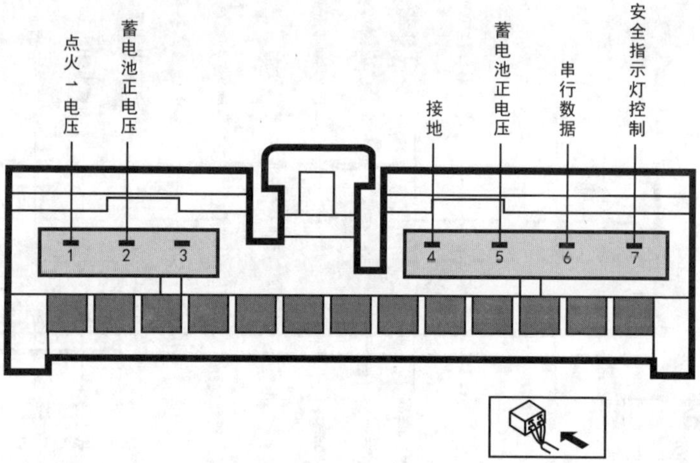

八、数据链接通信系统电脑板16针

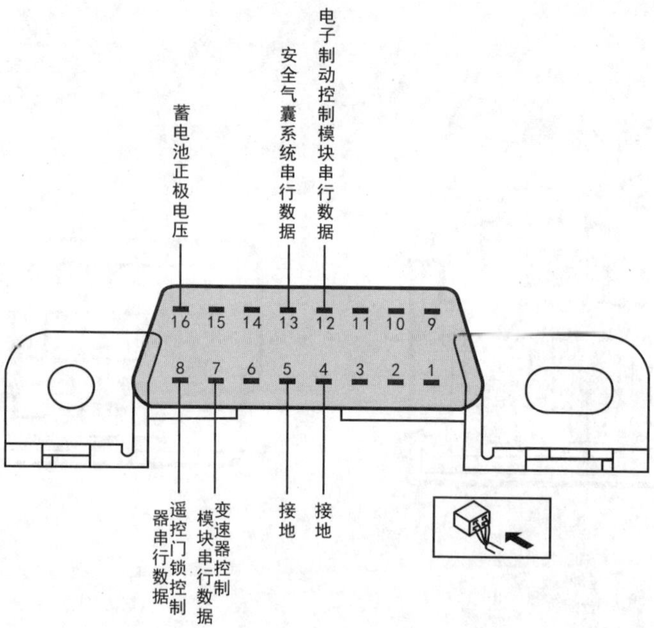

第5节 雪佛兰赛欧车系电脑板端子功能（2009～2014款）

一、发动机控制系统电脑板81针

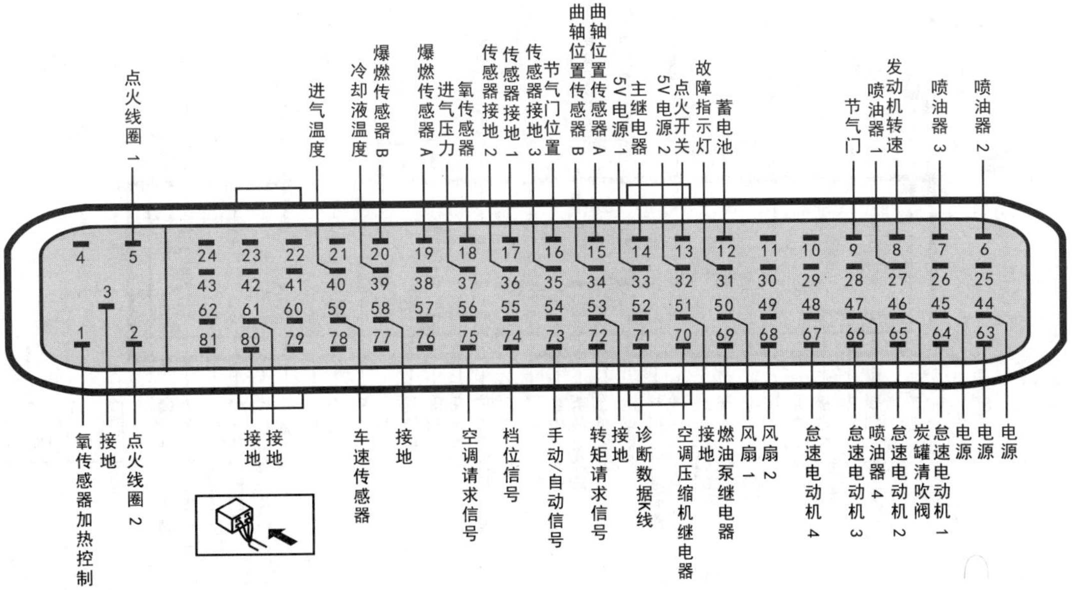

二、自动变速器控制系统电脑板45针

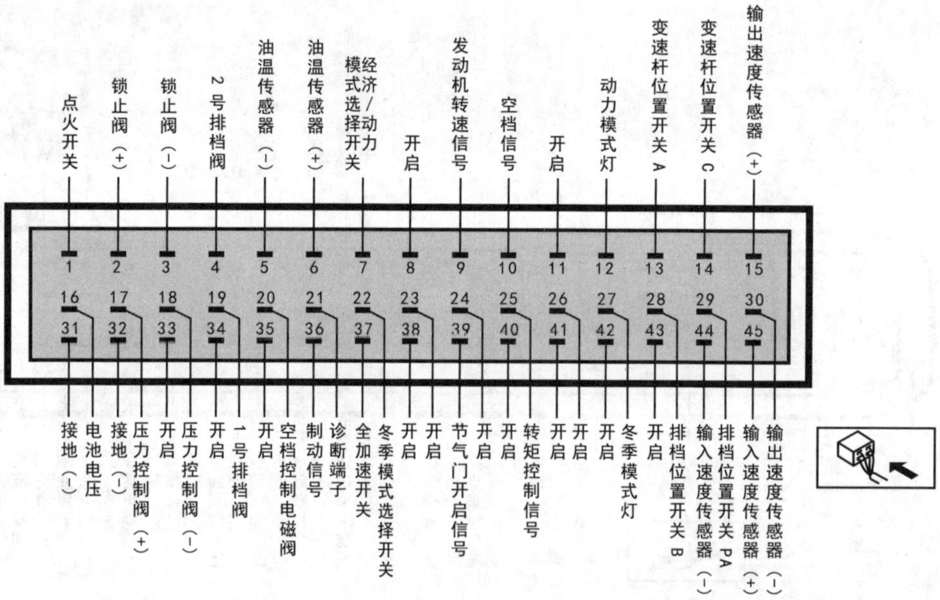

三、暖风、通风和空调系统电脑板2+6+4针

1. 空调压缩机离合器线圈

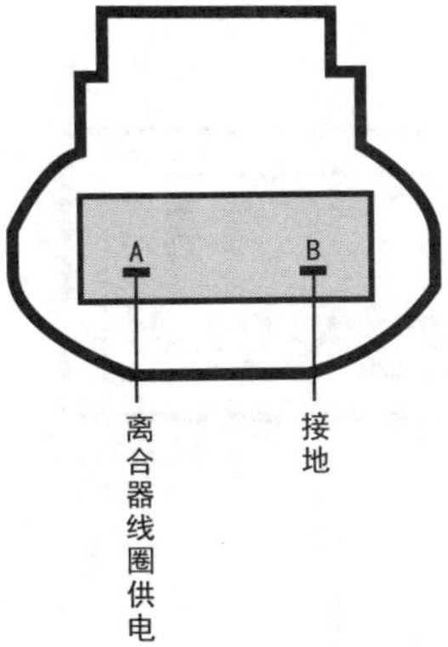

2. 鼓风机电动机电阻片

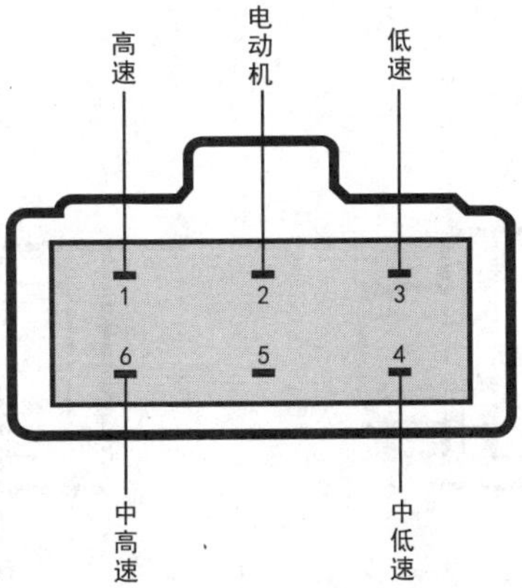

3. 压力开关

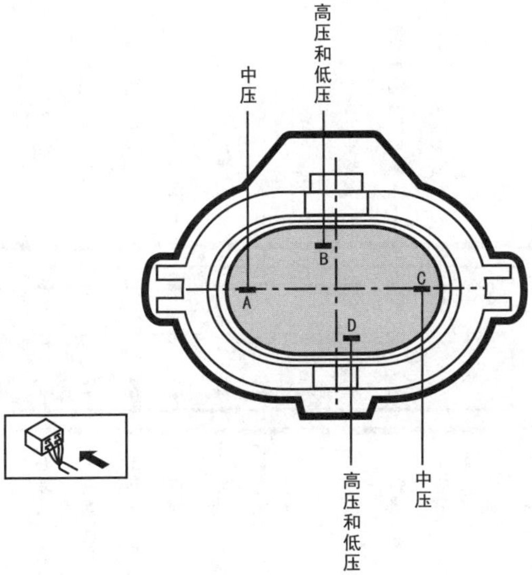

四、仪表板、组合仪表和副仪表板电脑板26+10针

1.组合仪表

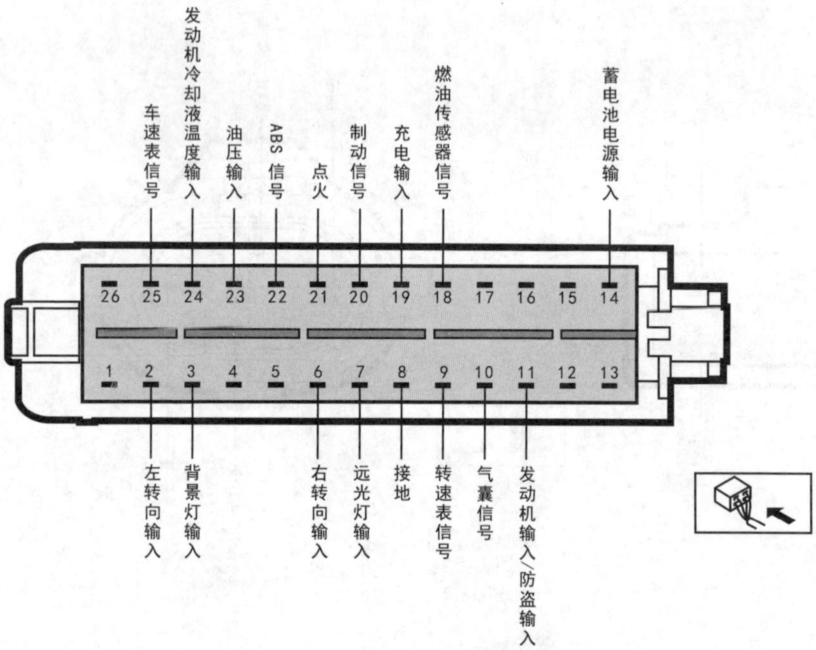

2.时钟温度模块

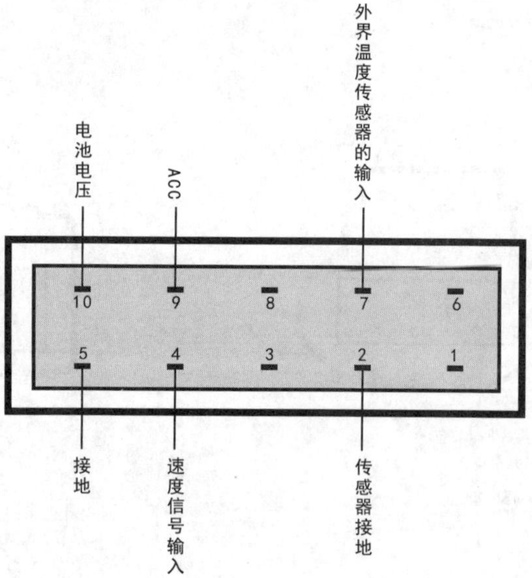

第3章

上海通用凯迪拉克车系电脑板端子功能

Cadillac

第1节 凯迪拉克CTS车系电脑板端子功能（2008～2013款）

一、发动机系统(LLT)电脑板端子

1.发动机控制模块(ECM)连接器X1电脑板96针

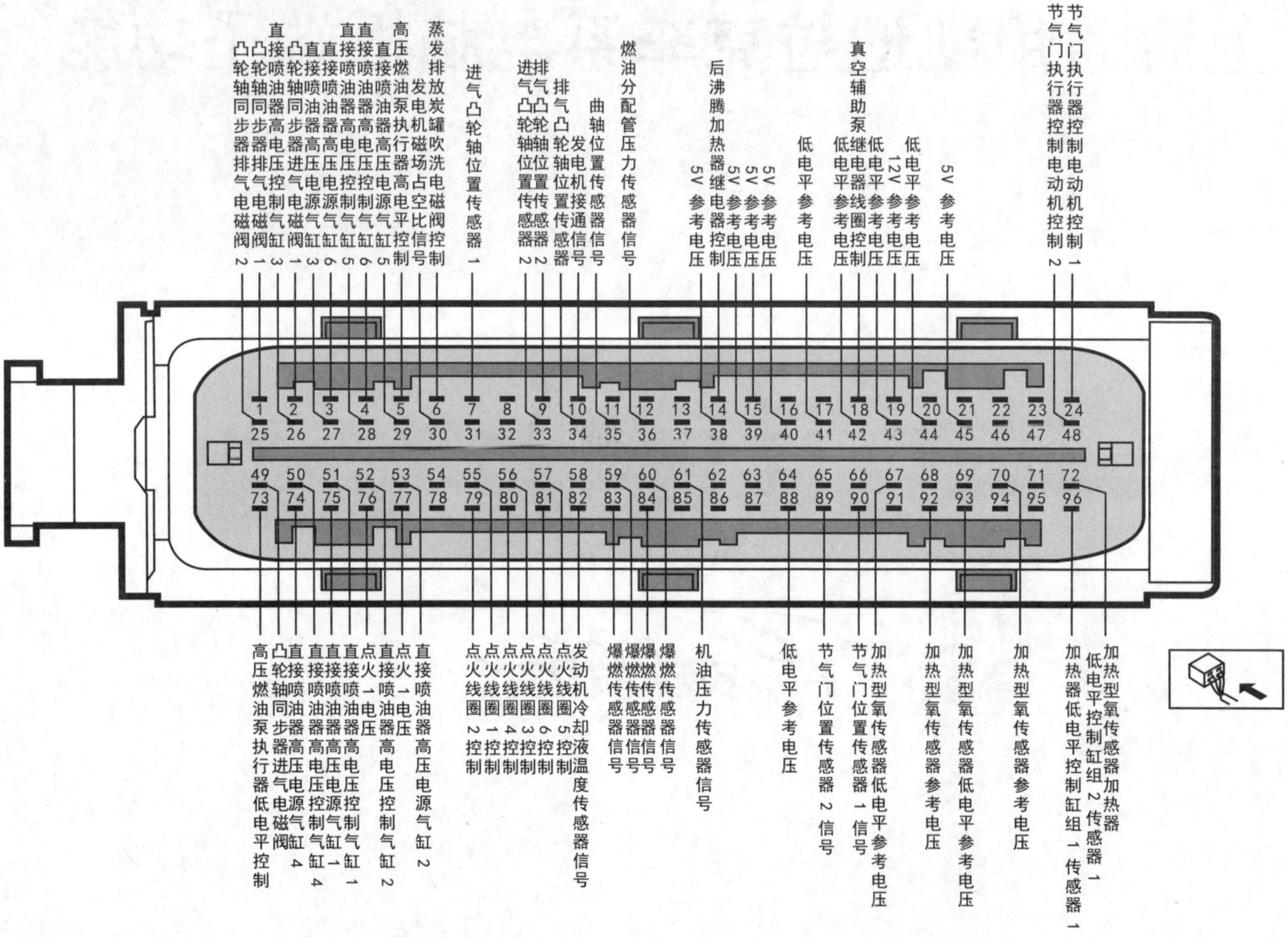

2. 发动机控制模块(ECM)连接器X2电脑板58针

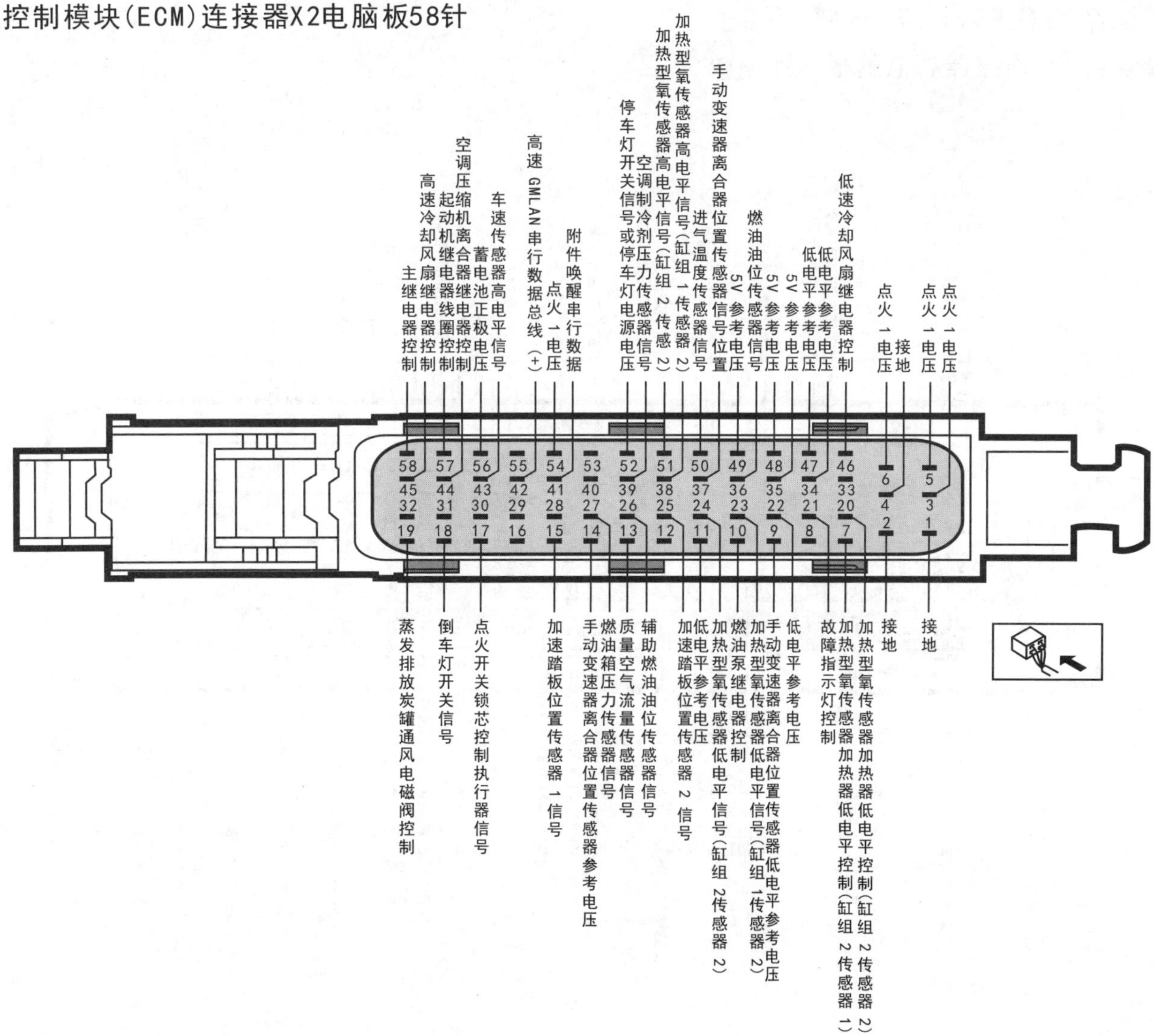

二、发动机控制系统(LP1/LY7)电脑板端子

1.发动机控制模块(ECM)连接器X1电脑板96针

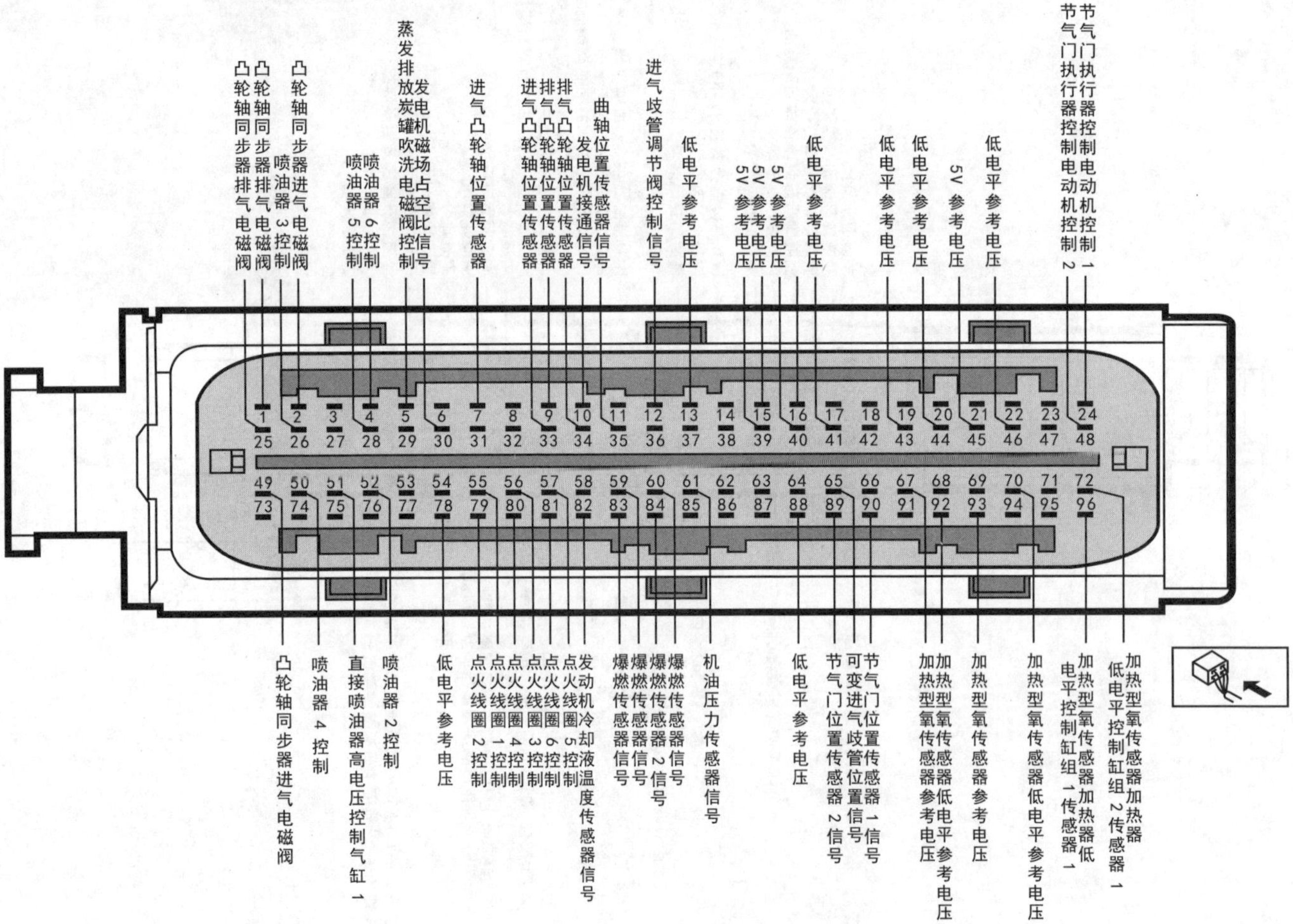

2.发动机控制模块(ECM)连接器X2电脑板58针

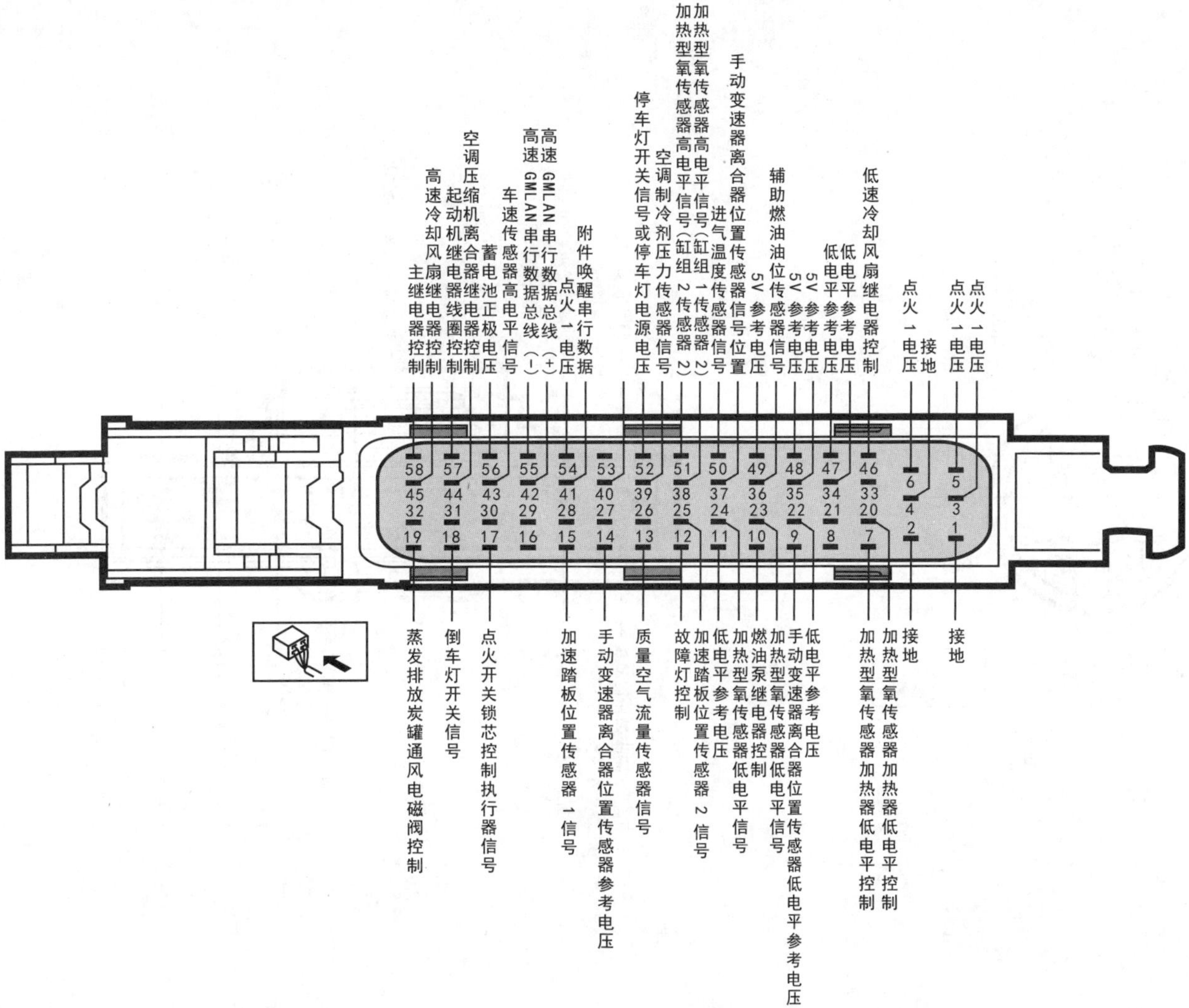

三、自动变速器系统(MYB)电脑板16针

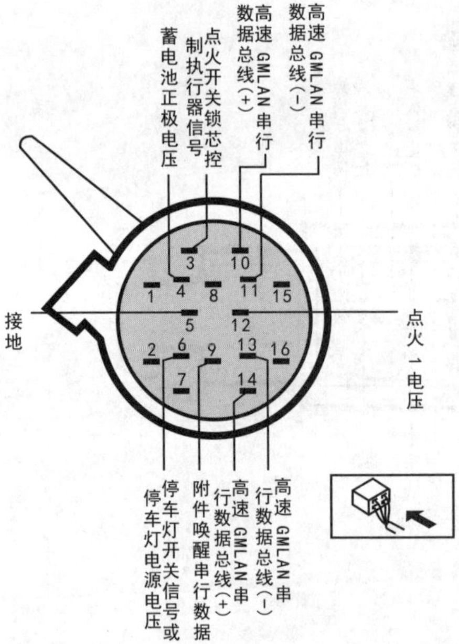

四、暖风、通风与空调系统电脑板18针

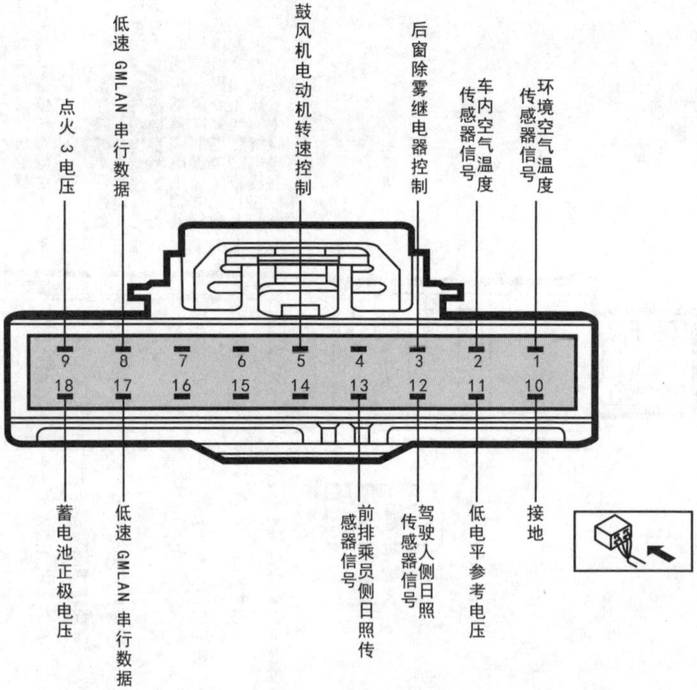

五、车身控制系统(BCM)电脑板端子

1.车身控制模块(BCM)连接器X1电脑板27针

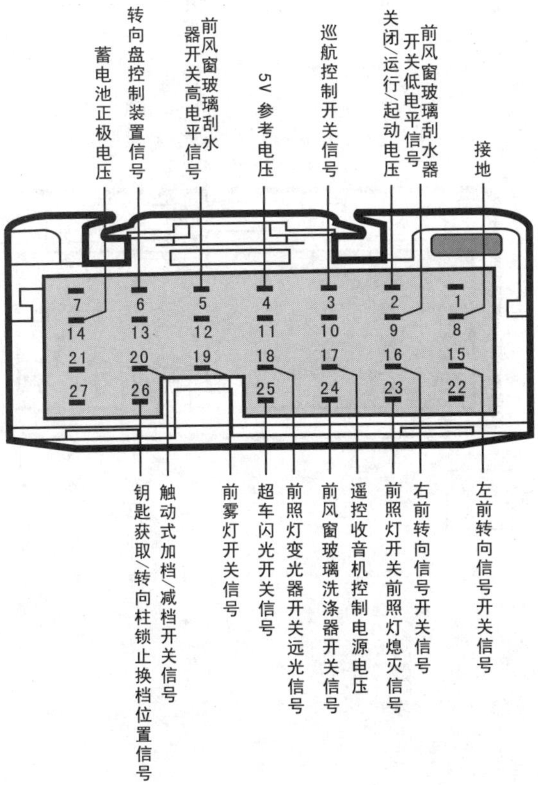

2.车身控制模块(BCM)连接器X2电脑板25针

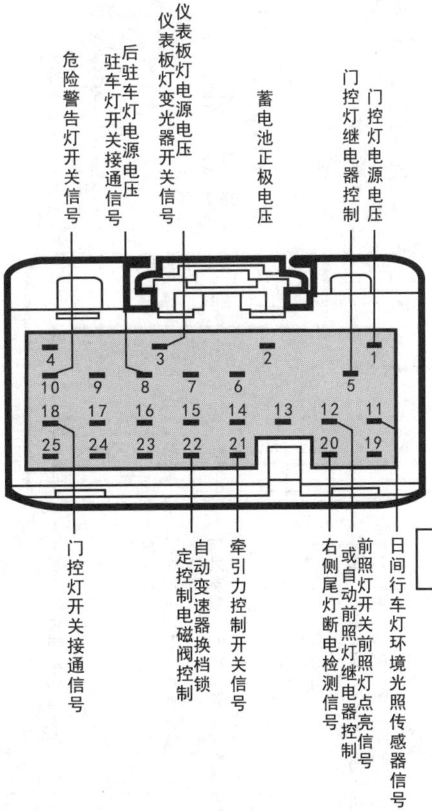

3.车身控制模块(BCM)连接器X3电脑板25针

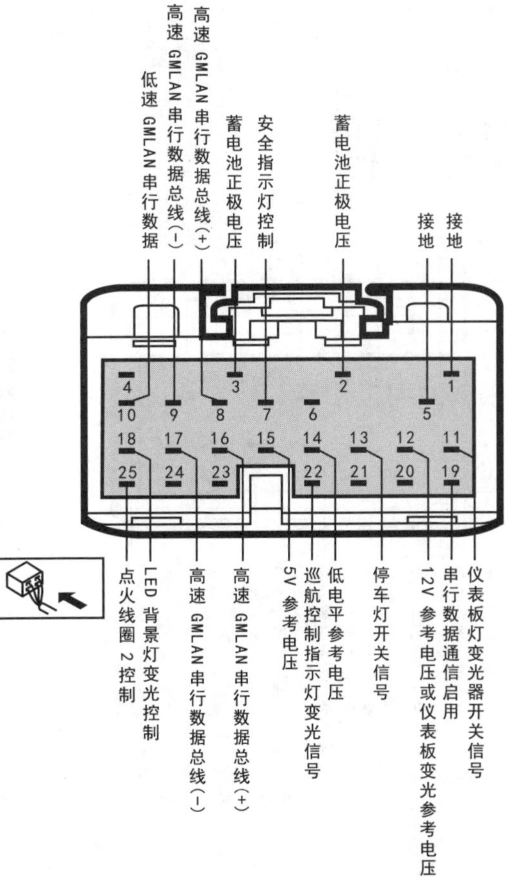

4.车身控制模块(BCM)连接器X4 电脑板25针

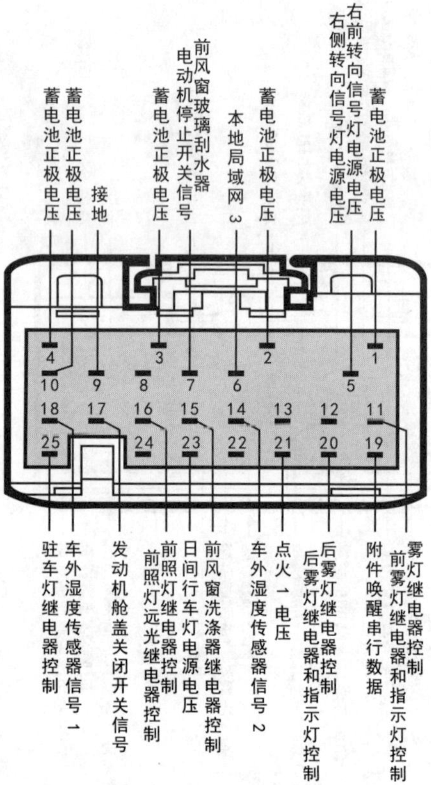

5.车身控制模块(BCM)连接器X5 电脑板25针

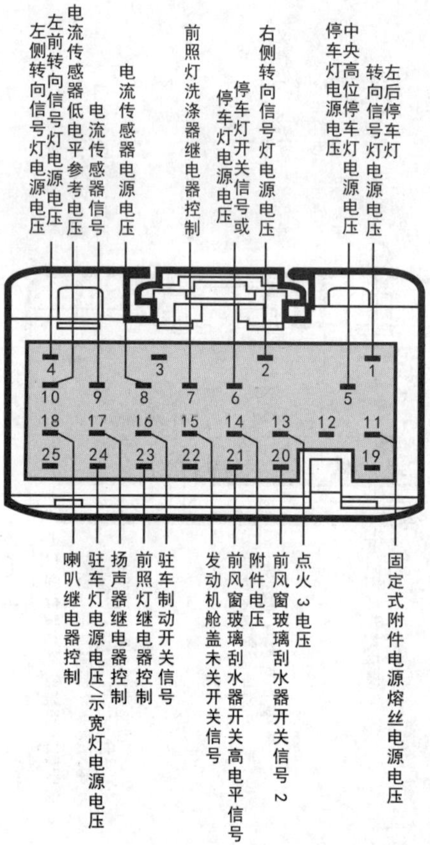

6.车身控制模块(BCM)连接器X6 电脑板28针

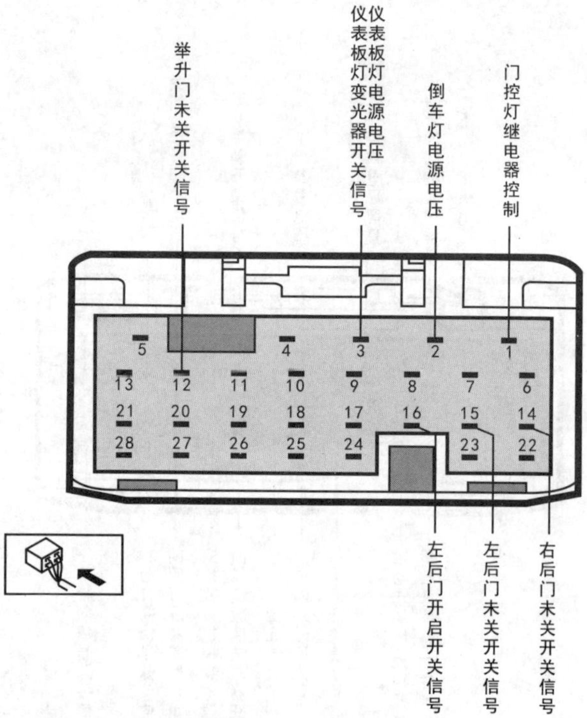

7. 车身控制模块(BCM)连接器X7电脑板28针

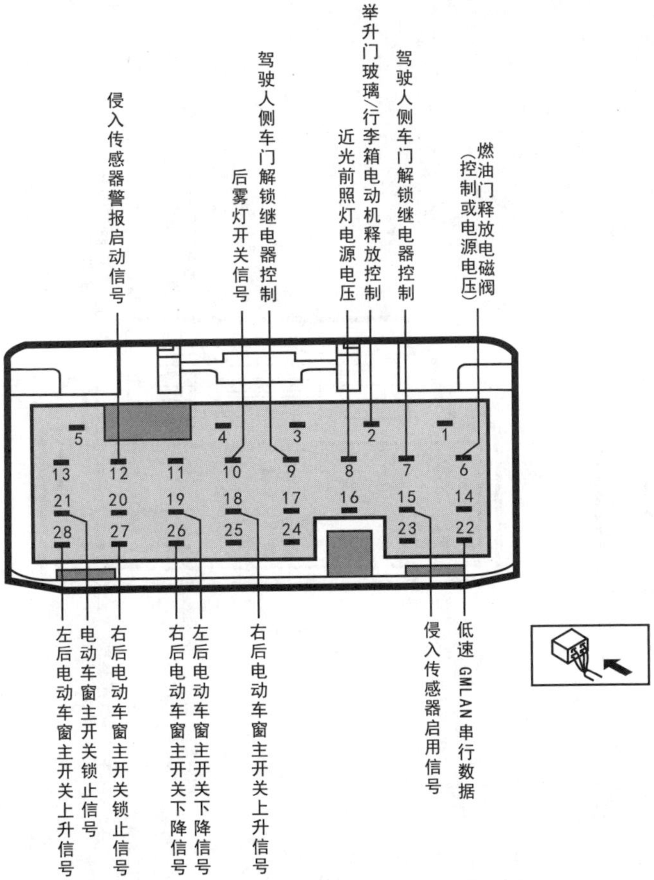

六、防抱死制动系统电脑板38针

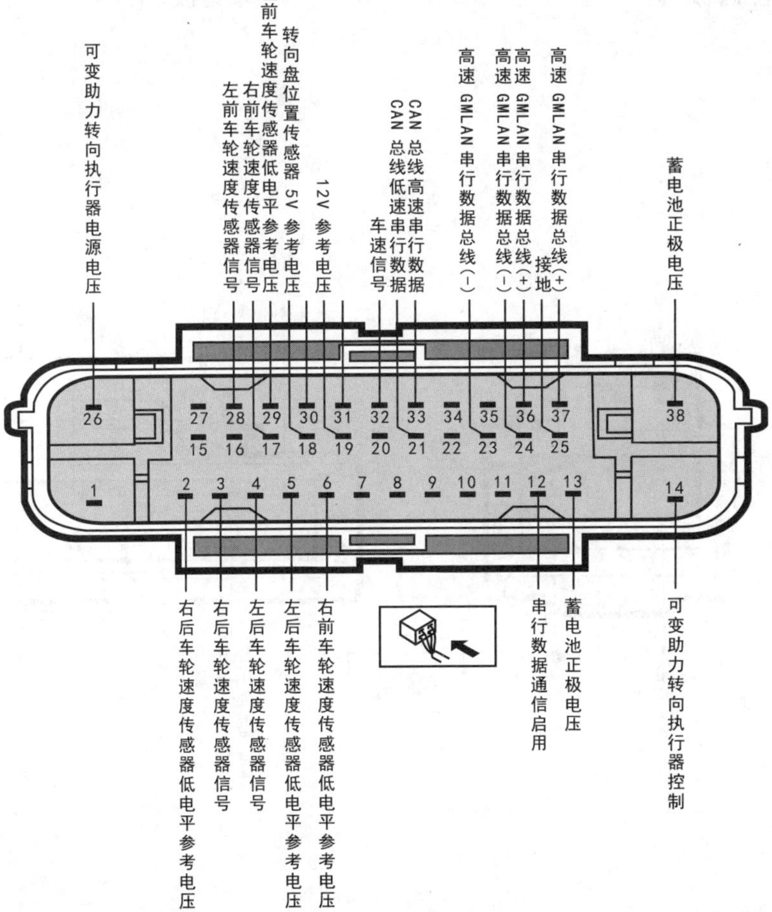

七、驾驶人侧车门系统电脑板端子

1. 驾驶人侧车门(DDM)连接器X1 电脑板6针

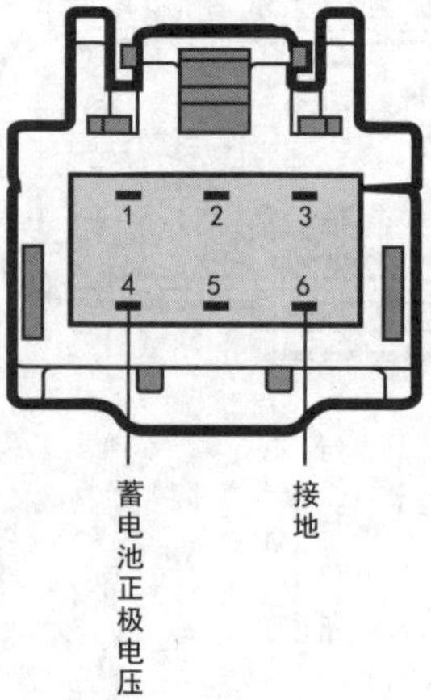

2. 驾驶人侧车门(DDM)连接器X2 电脑板16针

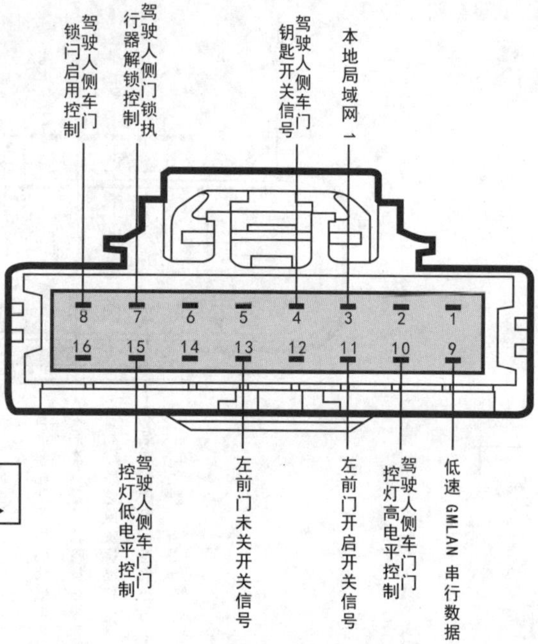

3. 驾驶人侧车门(DDM)连接器X3 电脑板10针

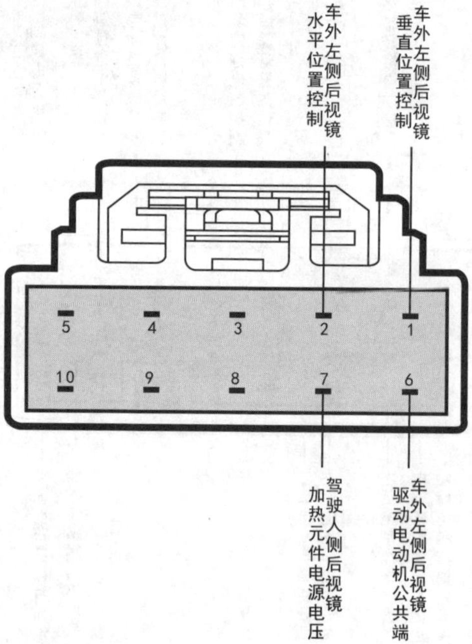

4.驾驶人侧车门(DDM) 连接器X5 电脑板10针

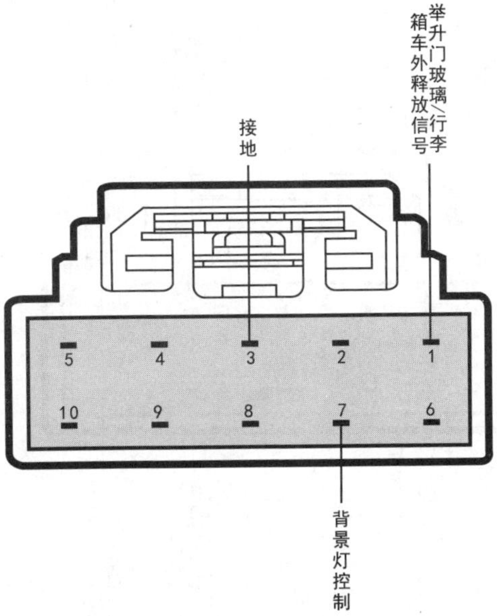

5.驾驶人侧车门(DDM) 连接器X6 电脑板14针

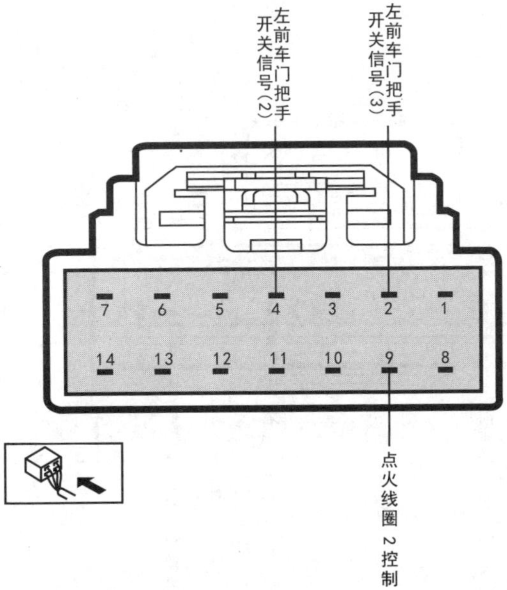

6.驾驶人侧车门(DDM) 连接器X7 电脑板10针

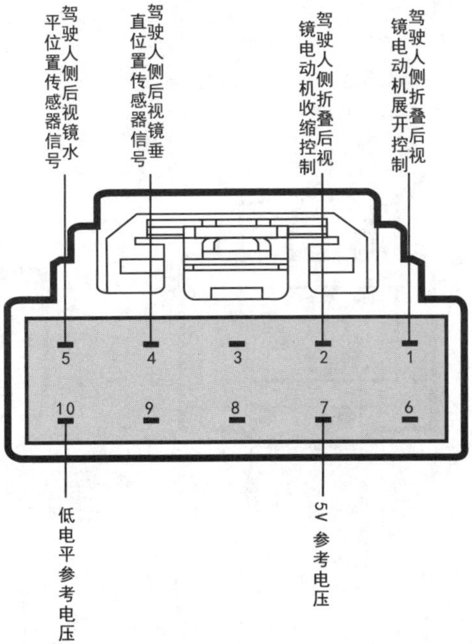

八、前排乘员侧车门系统电脑板端子

1. 前排乘员侧车门(FPDM)连接器X1电脑板6针

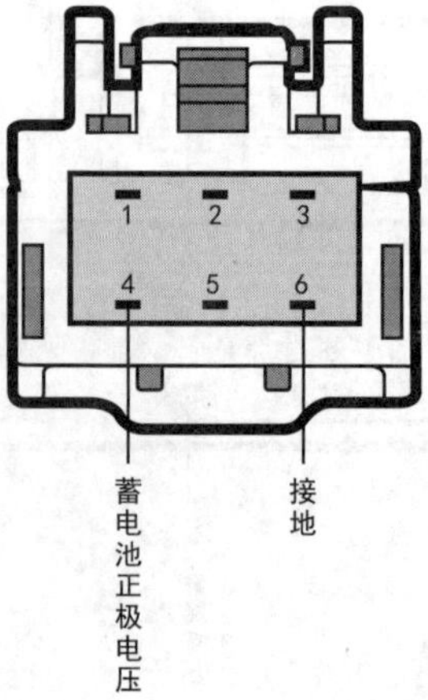

2. 前排乘员侧车门(FPDM)连接器X2电脑板16针

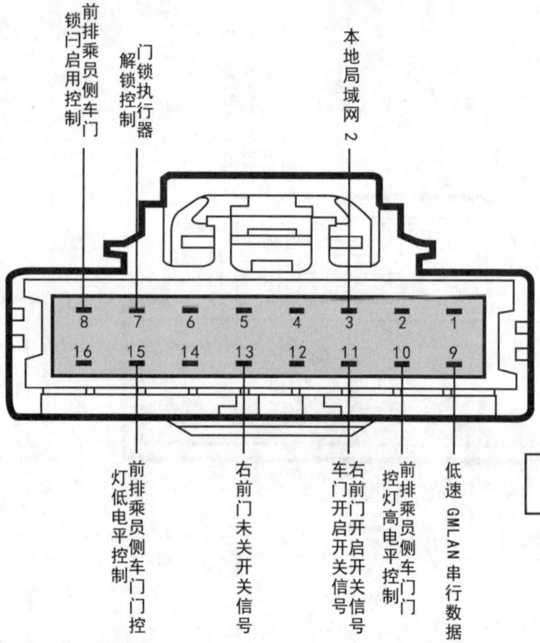

3. 前排乘员侧车门(FPDM)连接器X3电脑板10针

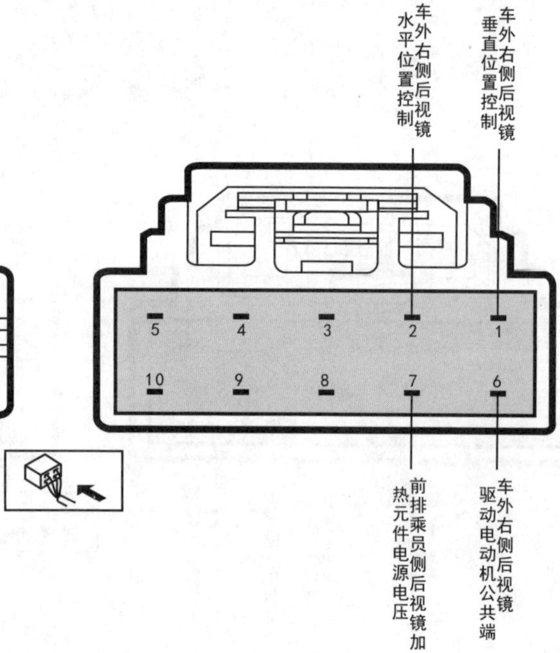

4.前排乘员侧车门(FPDM)连接器X6电脑板14针

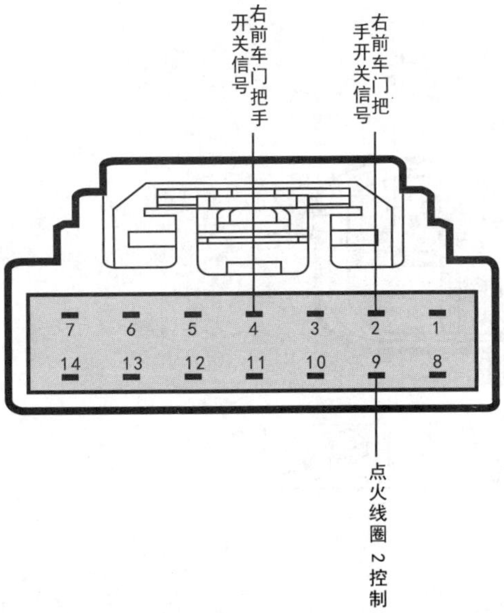

5.前排乘员侧车门(FPDM)连接器X7电脑板10针

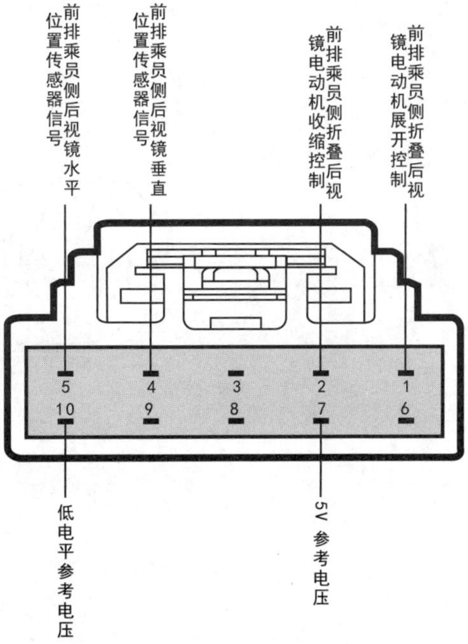

九、前照灯控制系统电脑板38针

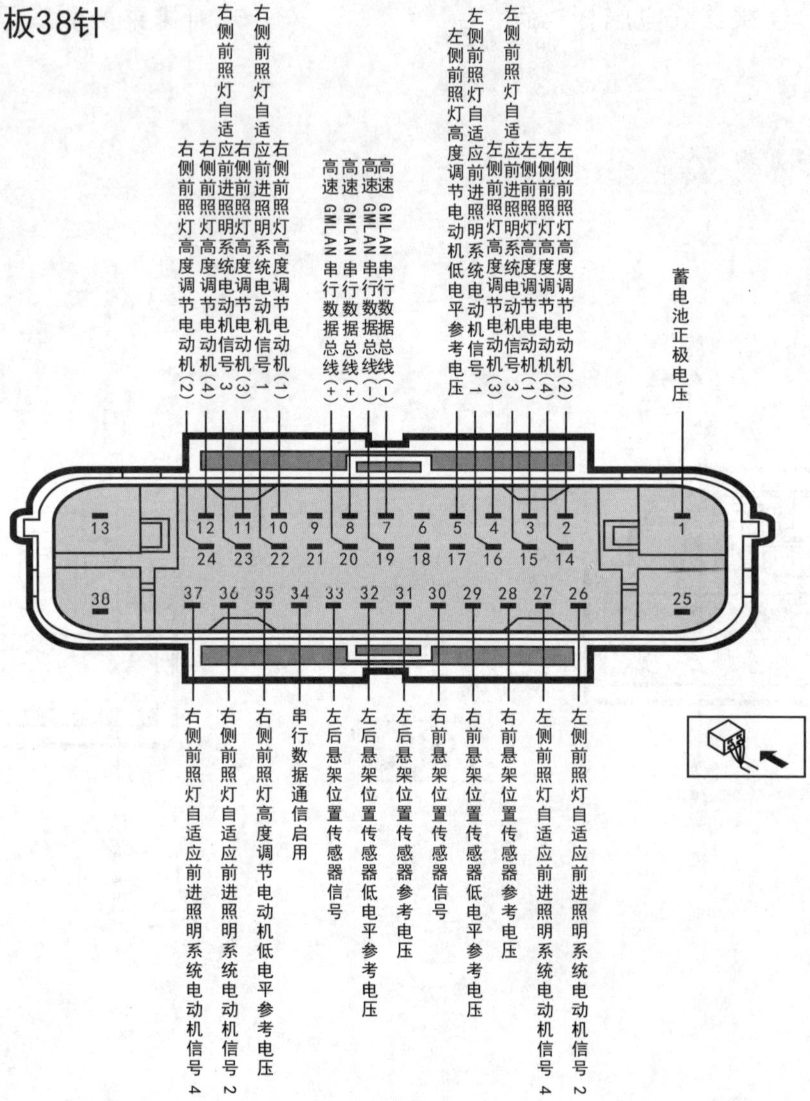

十、安全气囊系统(SDM)电脑板端子

1.安全气囊系统传感和诊断控制模块(SDM)电脑板60针

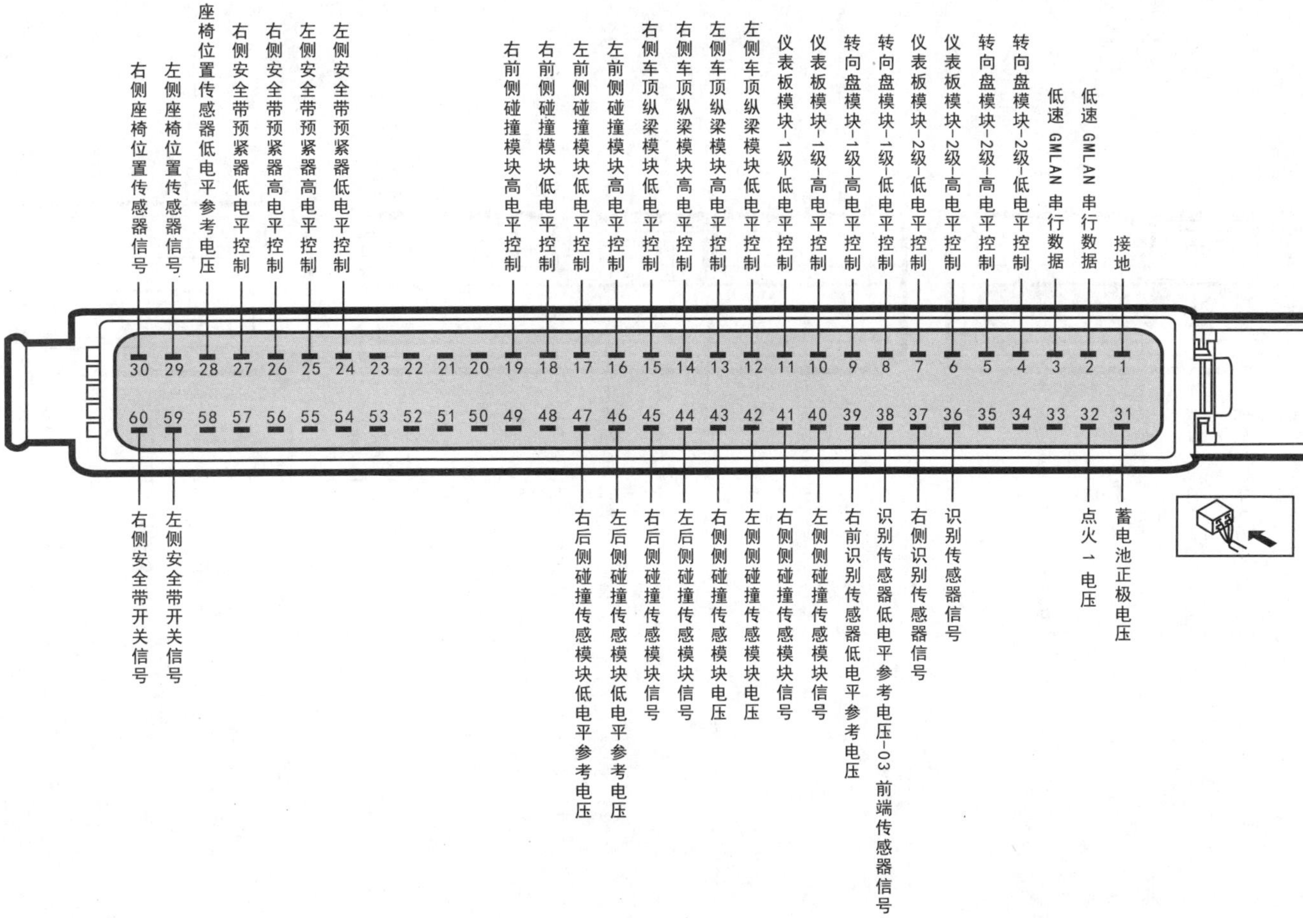

2. 安全气囊系统转向盘圈连接器X1电脑板10针

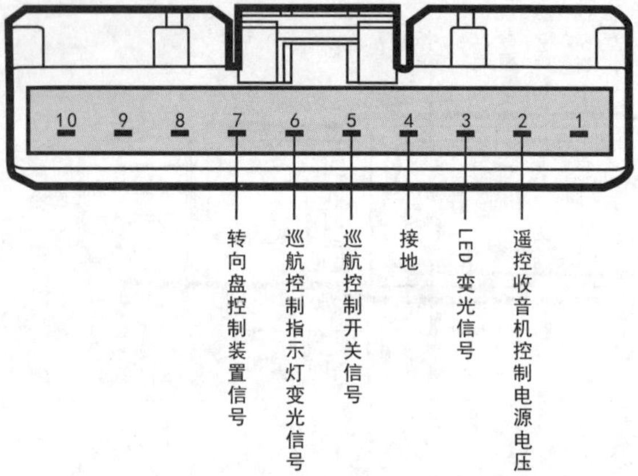

3. 安全气囊系统转向盘圈连接器X2电脑板10针

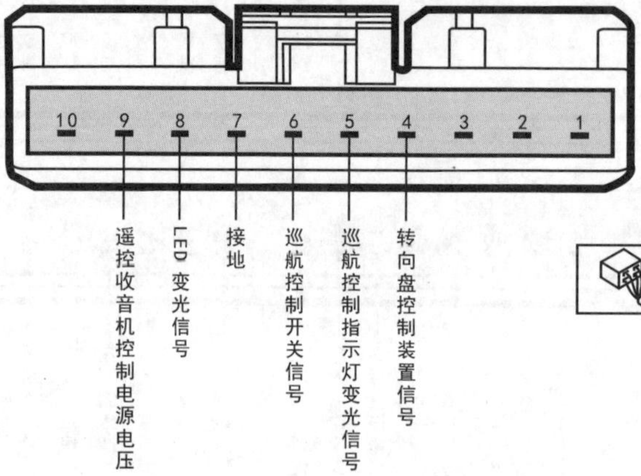

4. 安全气囊系统转向盘圈连接器X3电脑板4针

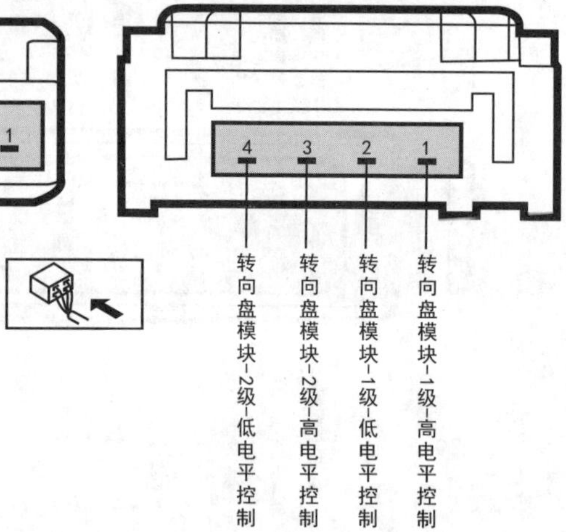

十一、座椅位置记忆系统电脑板端子

1.座椅位置记忆(MSM)(A45)连接器X1电脑板16针

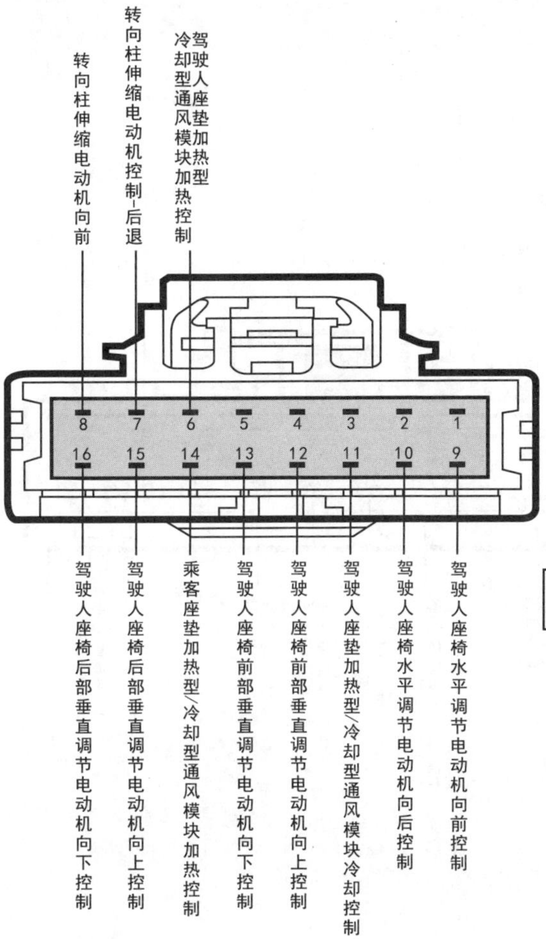

2.座椅位置记忆(MSM)(A45)连接器X2电脑板6针

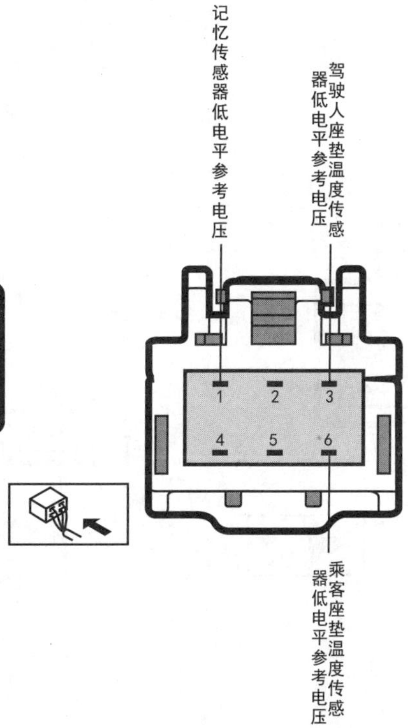

3.座椅位置记忆(MSM)(A45)连接器X3电脑板6针

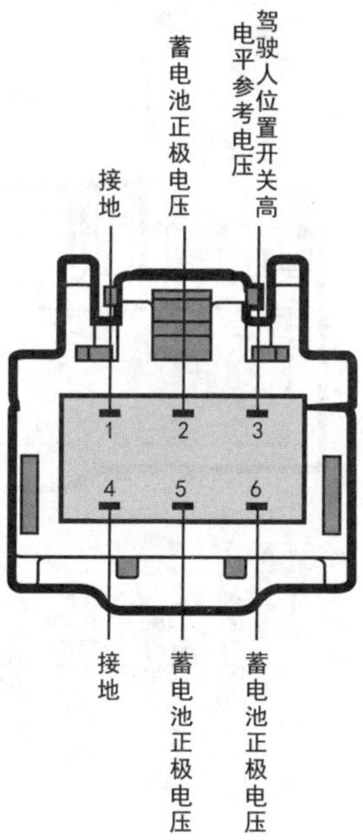

4.座椅位置记忆控制模块(MSM)(A45)连接器X4电脑板16针

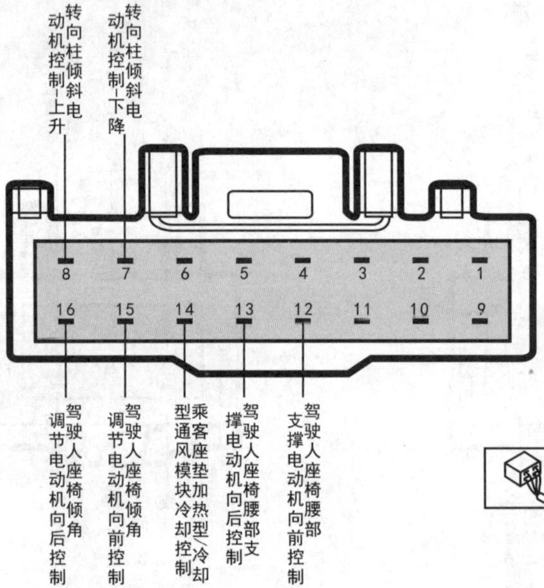

5.座椅位置记忆控制模块(MSM)(A45)连接器X5电脑板20针

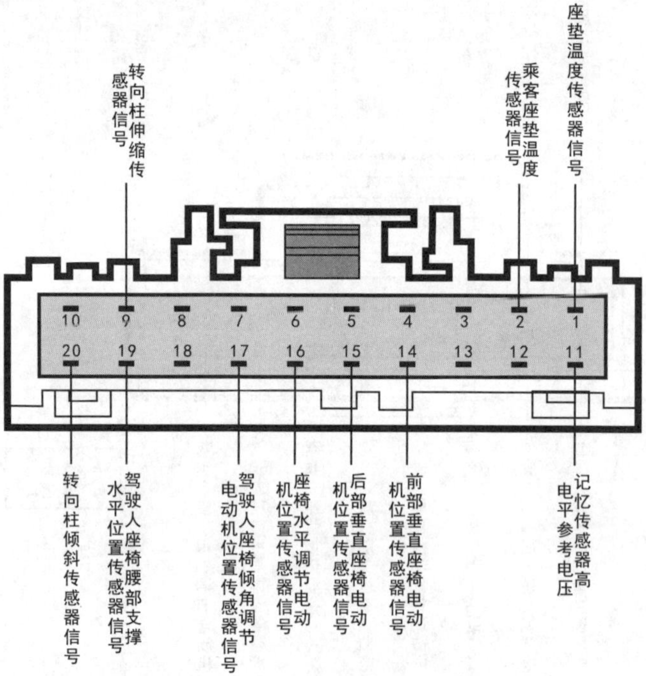

6. 座椅位置记忆(MSM)(A45) 连接器X6电脑板20针

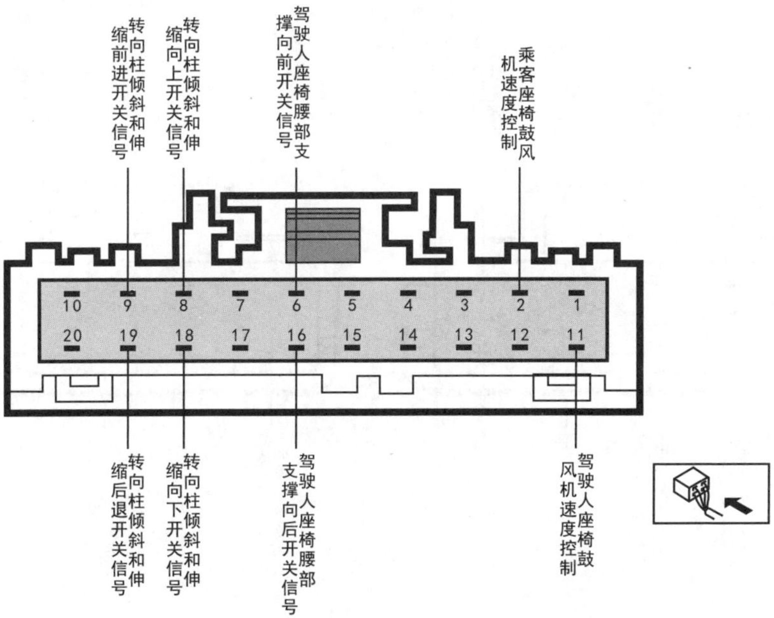

7. 座椅位置记忆(MSM)(A45) 连接器X7电脑板20针

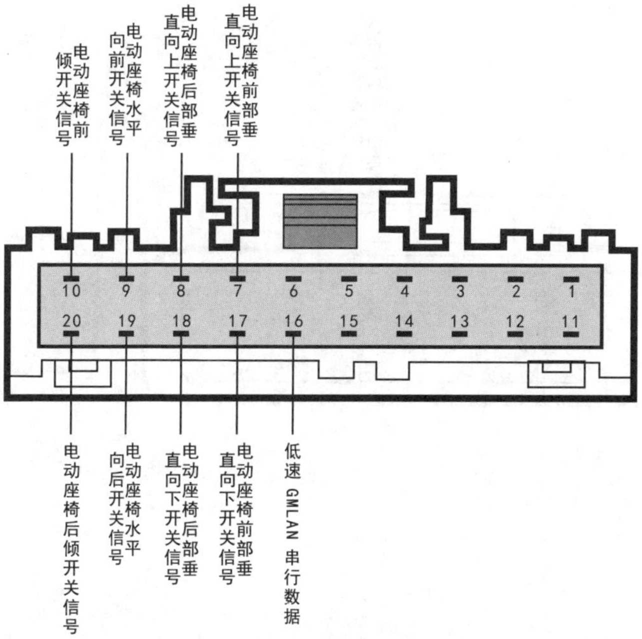

十二、遥控门锁接收器(RCDLR)电脑板端子

1.门锁接收器连接器C1(UHA/UHF)电脑板16针

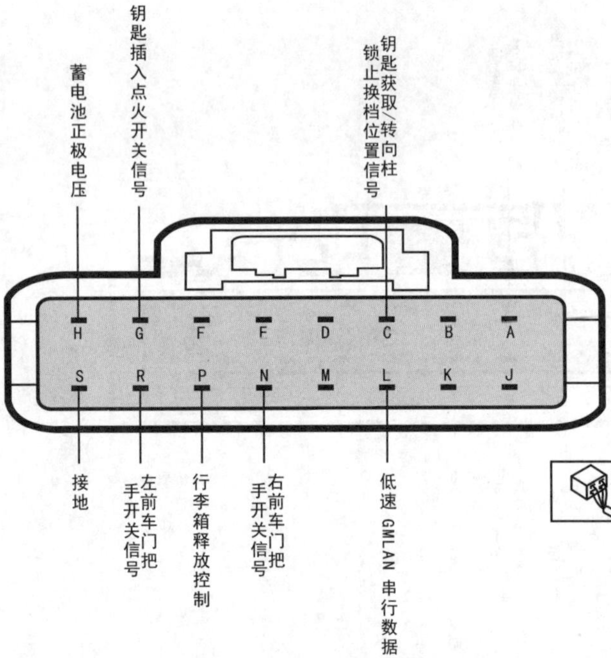

2.门锁接收器连接器C2(UHA/UHF)电脑板10针

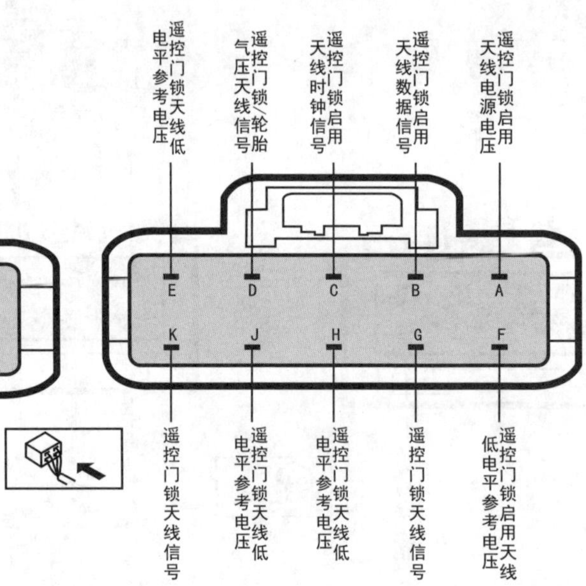

3.门锁接收器连接器C3(UHA/UHF)电脑板8针

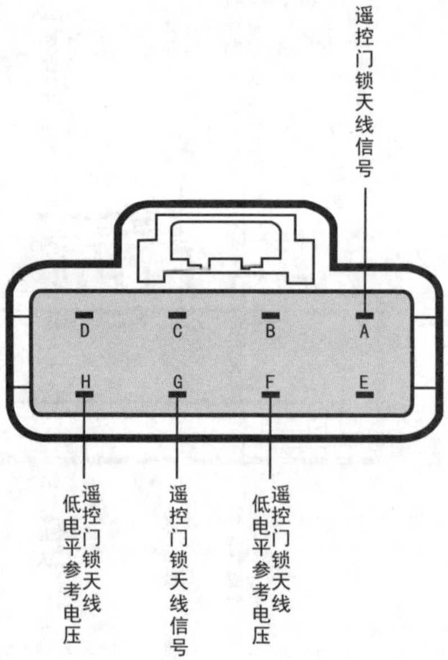

十三、车辆通信接口电脑板端子

1.车辆通信接口(VCIM)连接器X1(UE1)电脑板16针

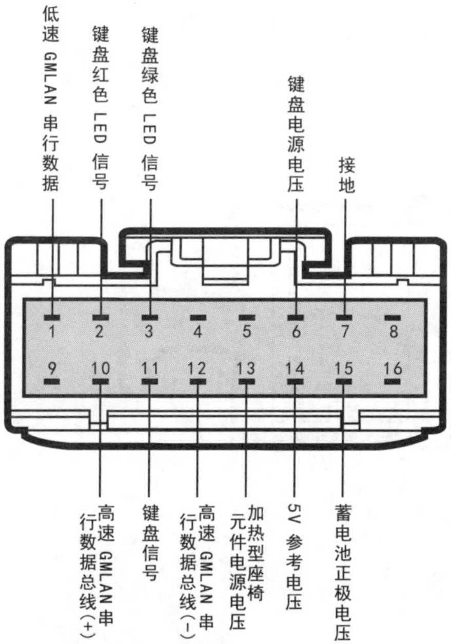

2.车辆通信接口(VCIM)连接器X2(UE1)电脑板12针

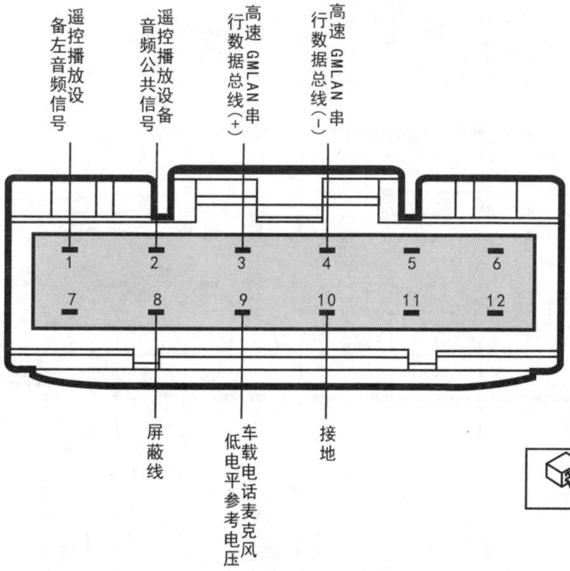

3.车辆通信接口(VCIM)连接器X3(UE1)电脑板16针

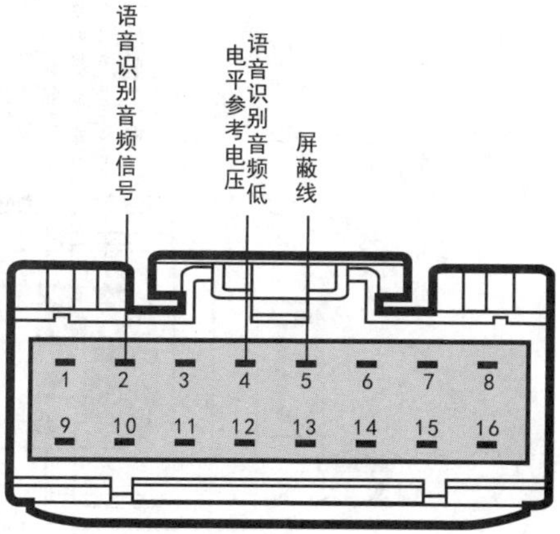

第2节　凯迪拉克SGM80（赛威）车系电脑板端子功能（2009～2014款）

一、发动机控制系统2.8 L(LP1)电脑板端子

1.发动机控制系统（ECM）连接器C1电脑板64针

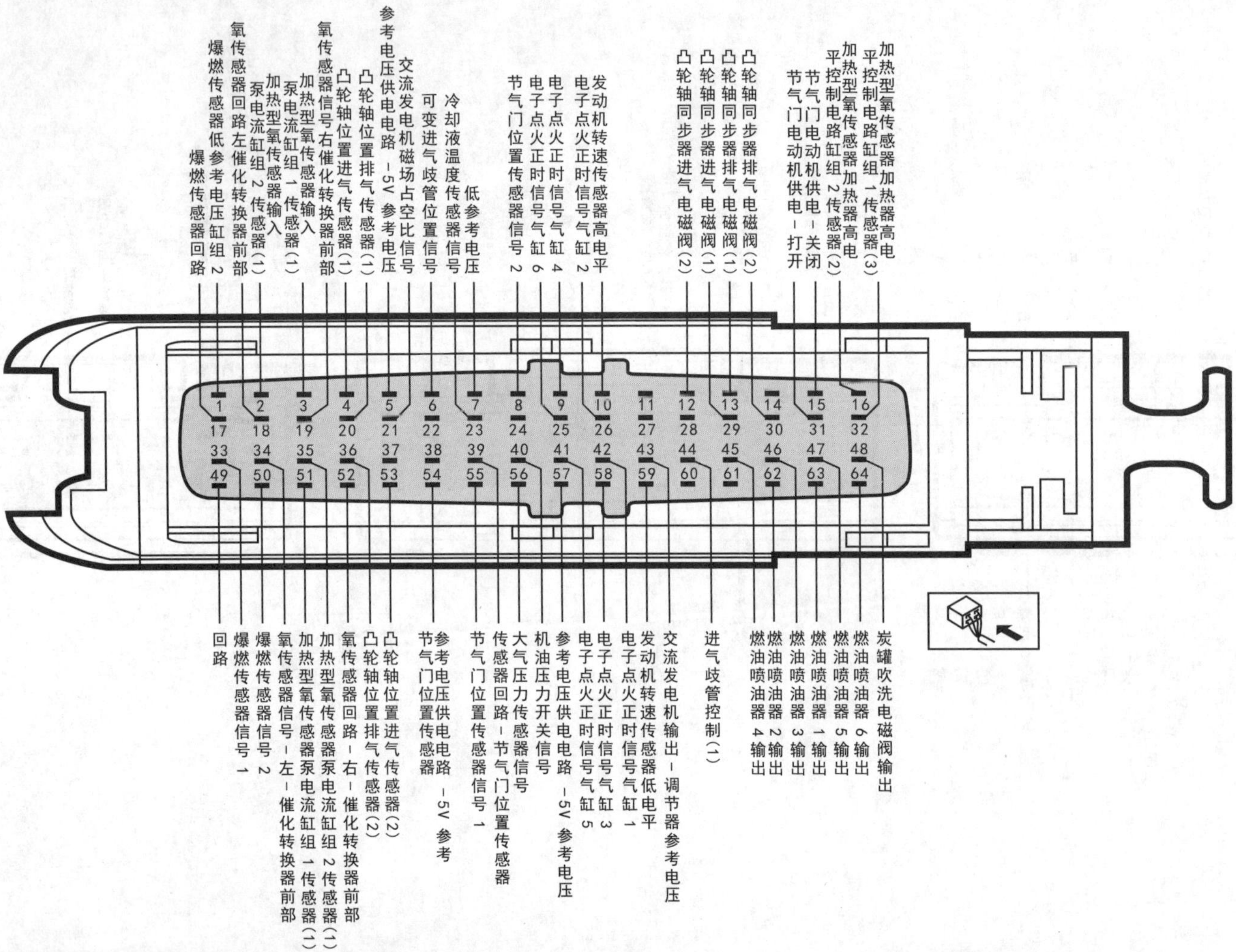

2. 发动机控制系统（ECM）连接器C2电脑板64针

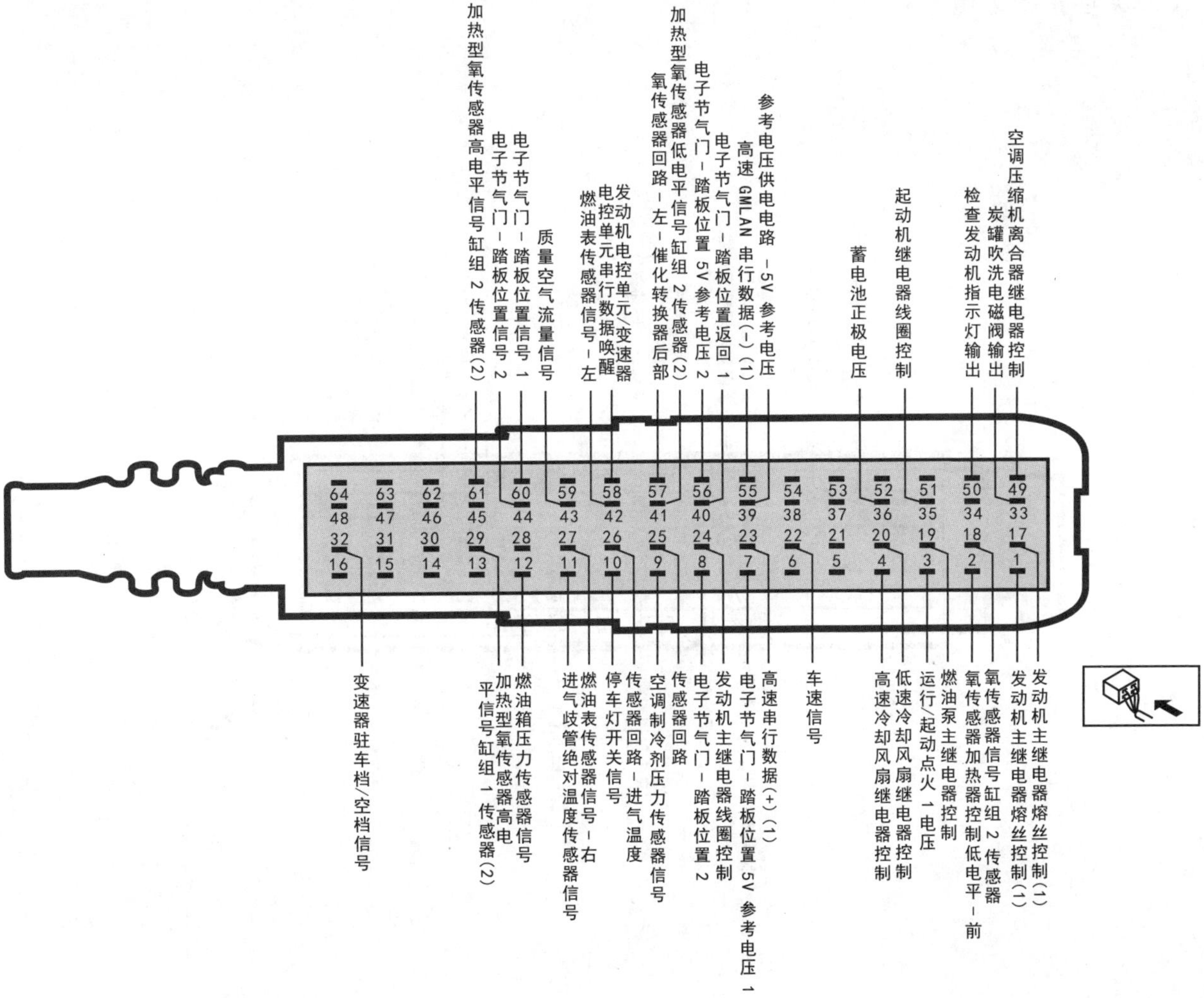

二、发动机控制系统-4.6L(LH2)电脑板端子

1.发动机系统（ECM）连接器C1电脑板56针

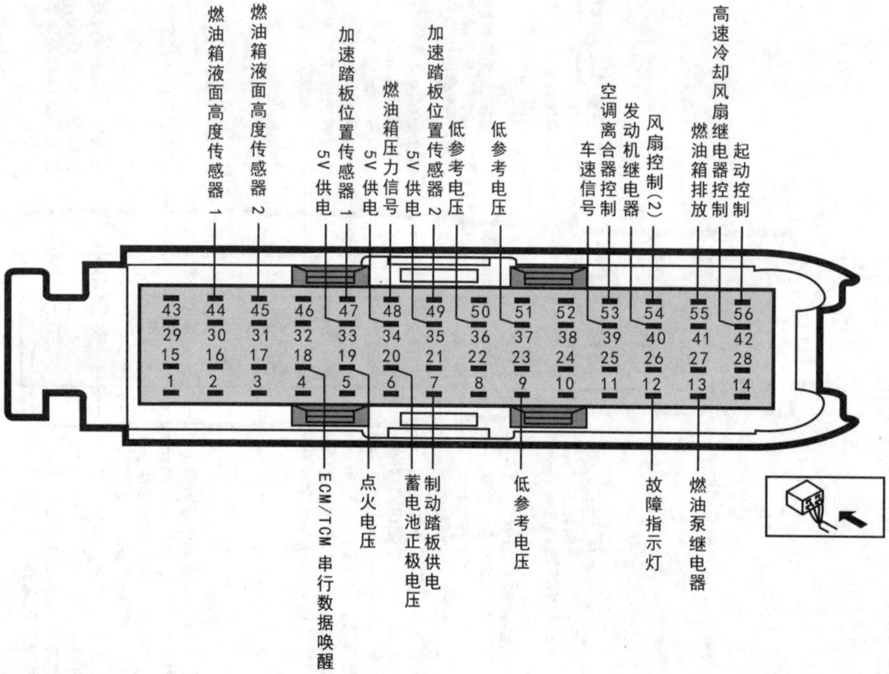

2.发动机系统（ECM）连接器C2电脑板73针

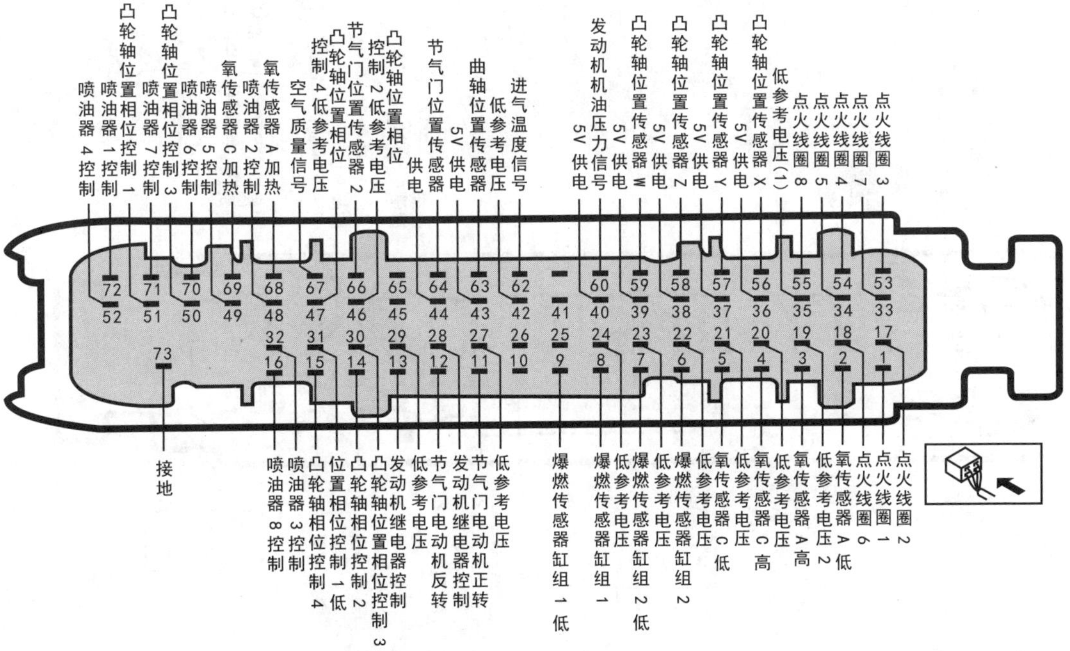

3.发动机系统（ECM）连接器C3电脑板73针

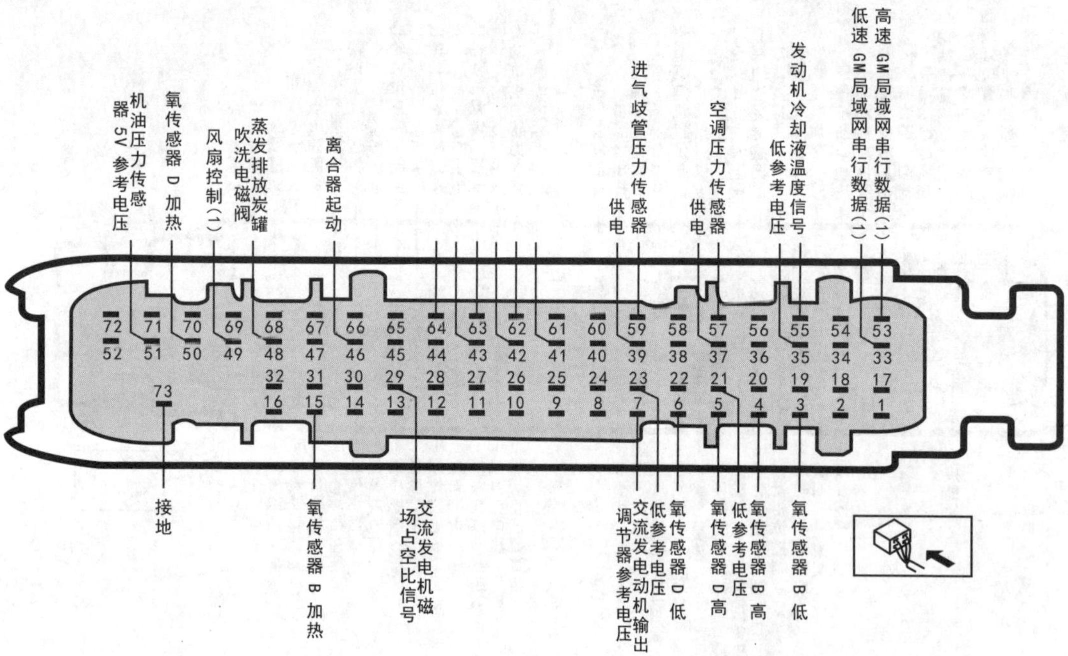

三、自动变速器控制系统（5L40-E）电脑板42针

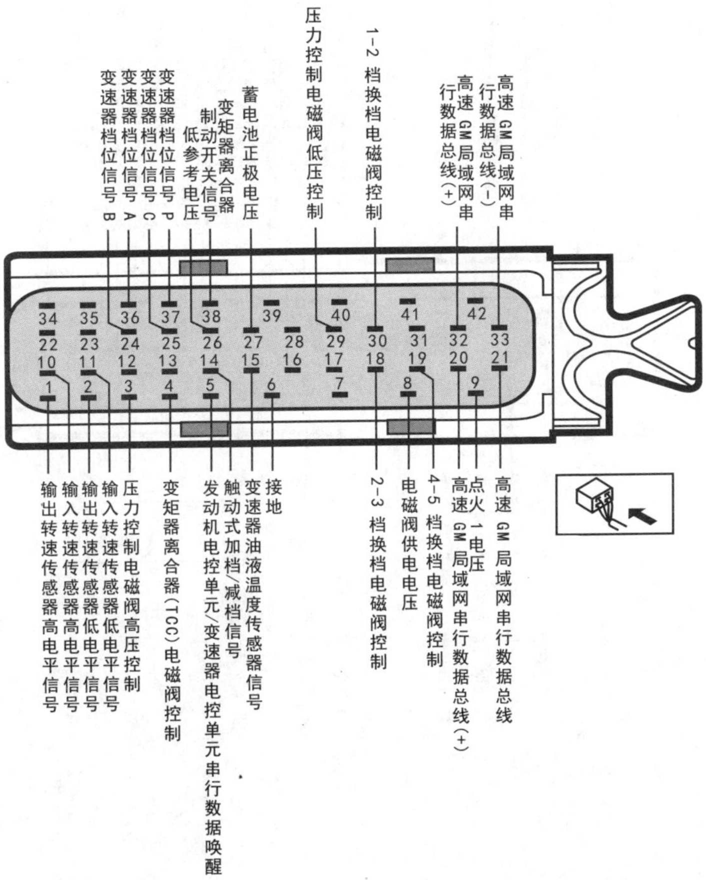

四、自动变速器控制系统（6L50-E）电脑板16针

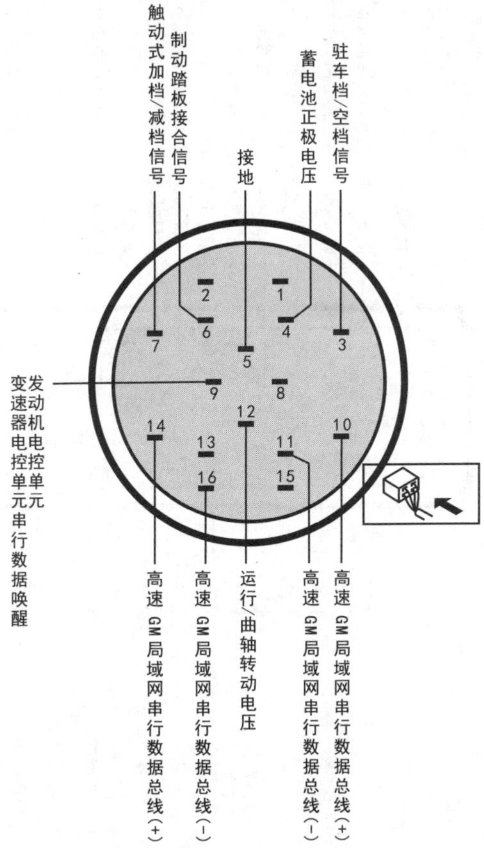

五、防抱死制动系统ABS电脑板31针

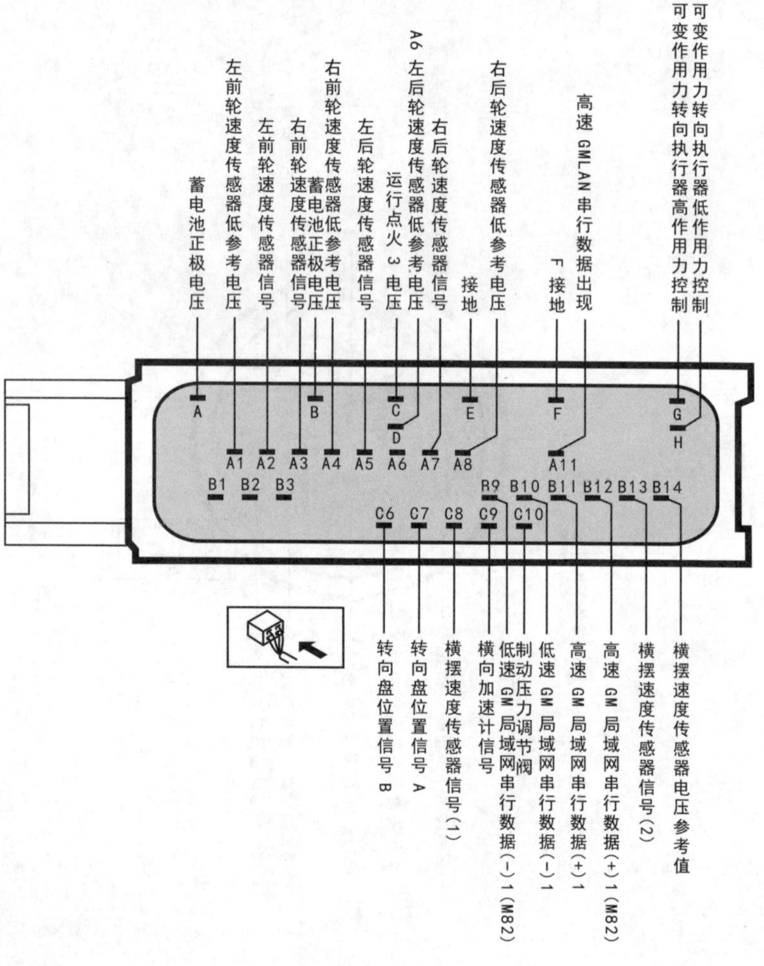

六、电子悬架控制系统(ESC)电脑板47针

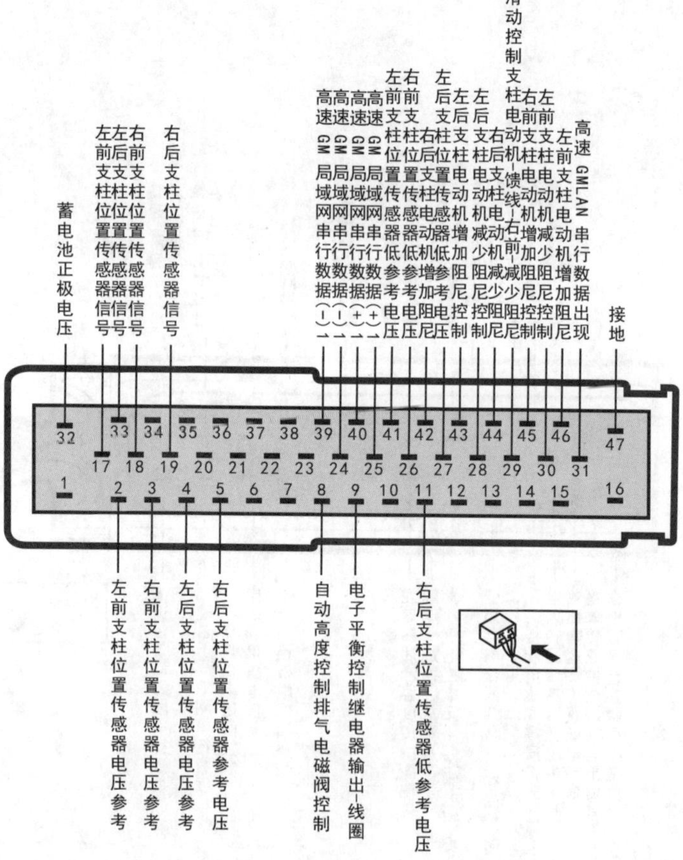

七、暖风、通风与自动空调系统电脑板18+16+18针

1.暖风、通风与自动空调系统（CCP）连接器C1

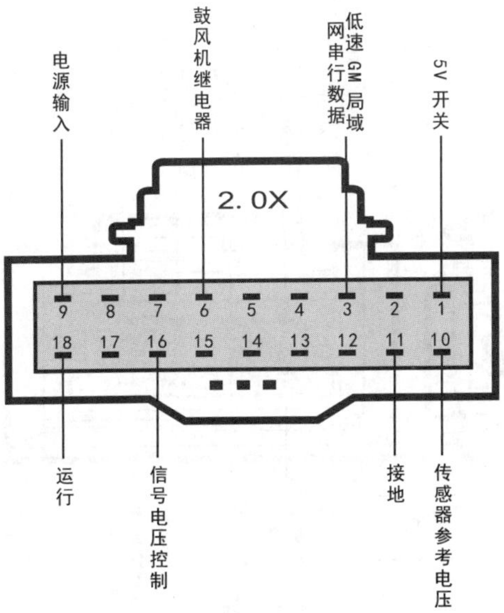

2.暖风、通风与自动空调系统（CCP）连接器C2

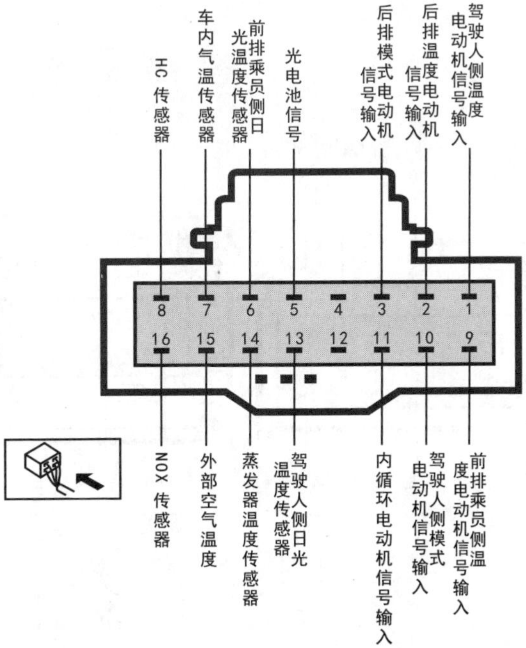

3.暖风、通风与自动空调系统（CCP）连接器C3

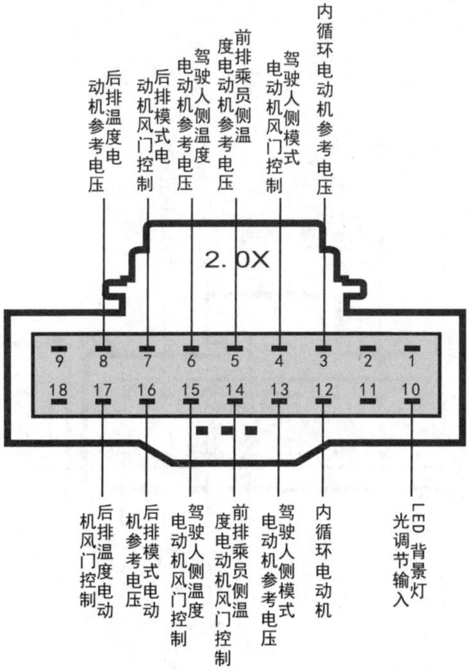

八、驾驶人侧车门电脑板16+20+8+8针

1.驾驶人侧车门（DDM）连接器C1

2.驾驶人侧车门（DDM）连接器C2

3.驾驶人侧车门（DDM）连接器C3

4.驾驶人侧车门（DDM）连接器C4

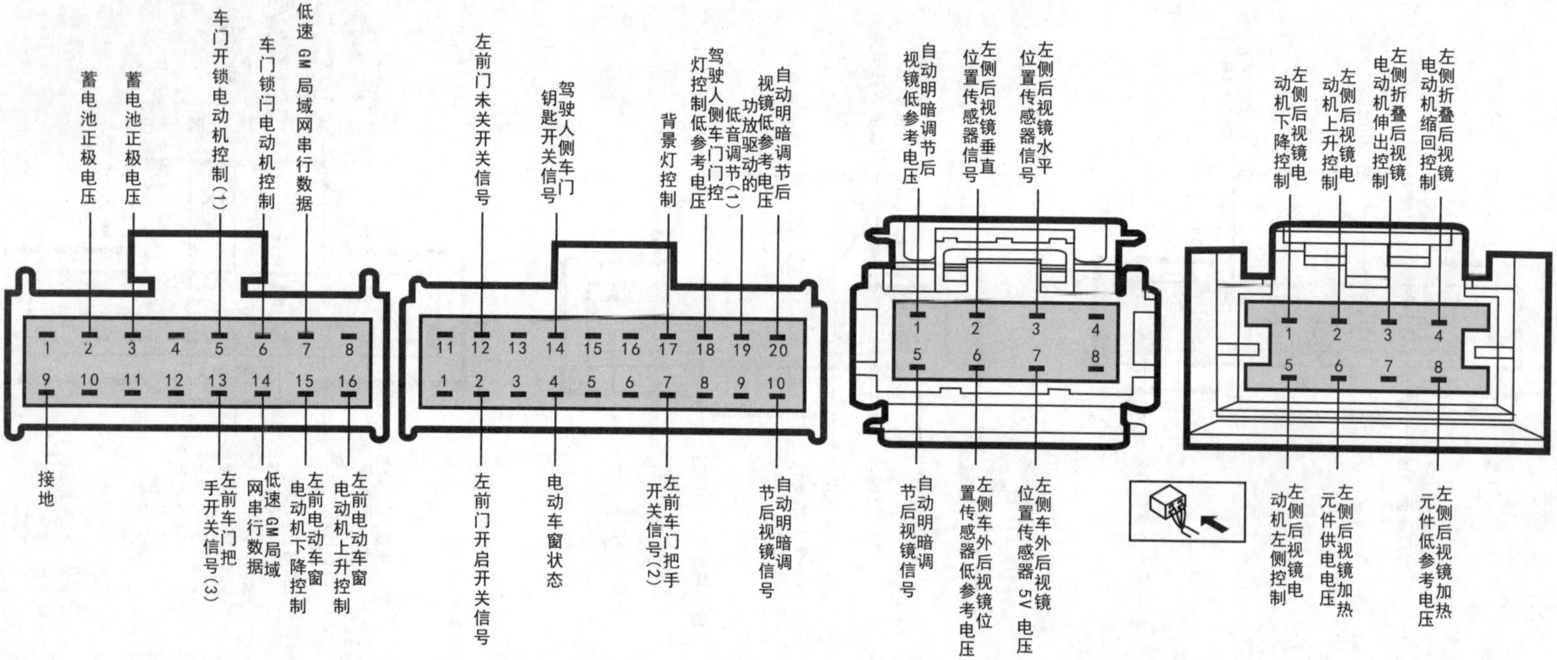

九、前排乘员侧车门电脑板16+20+8+8针

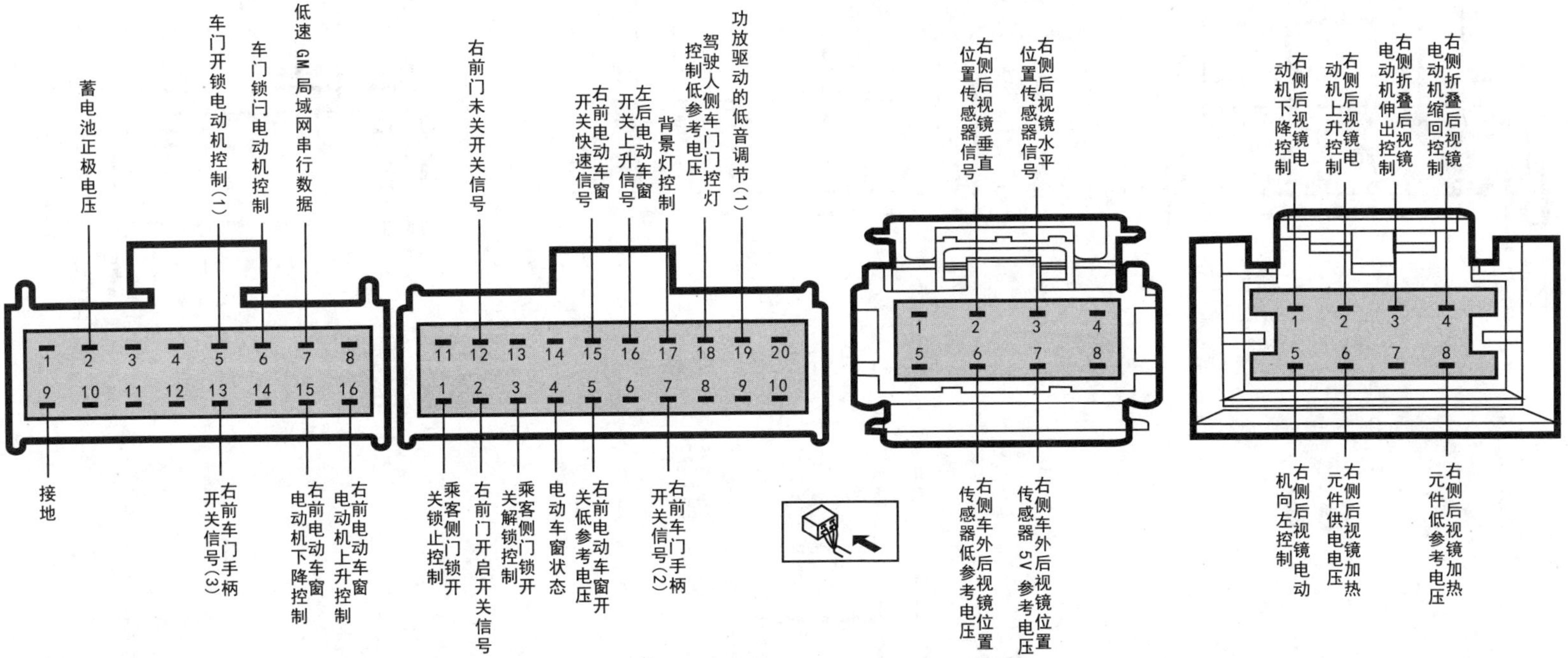

十、左后和右后车门电脑板16+20+16+20针

1. 前排乘员侧车门（FPDM）连接器C1

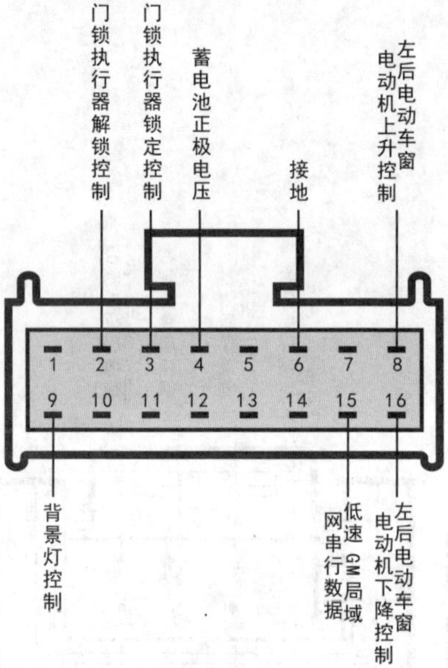

2. 左后车门(LRDM) 连接器C2

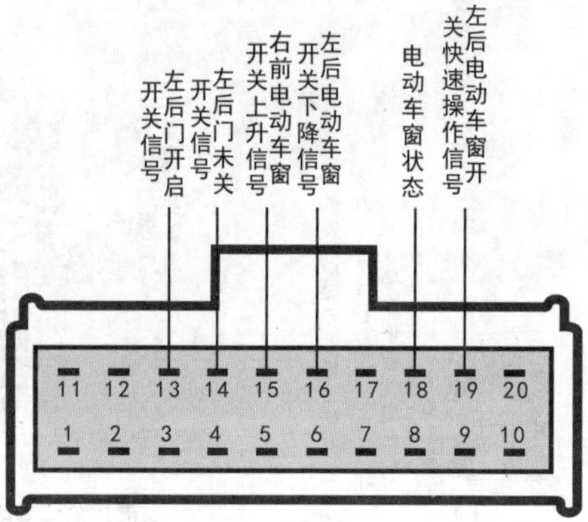

3. 右后车门（RRDM）连接器C1

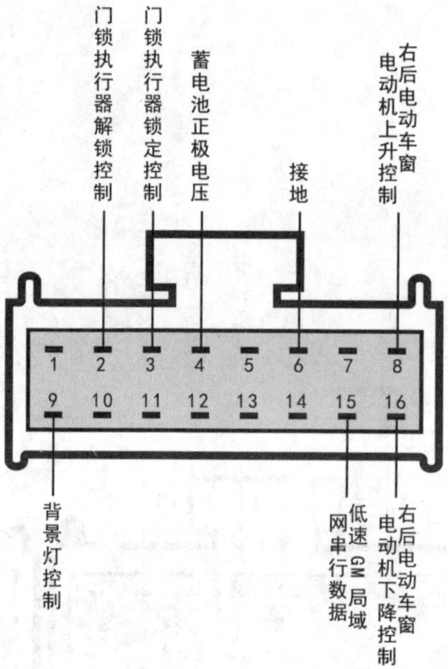

4. 右后车门（RRDM）连接器 C2

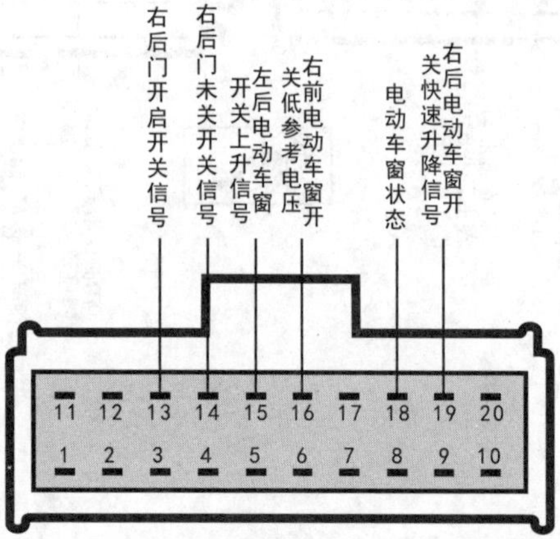

十一、安全气囊控制系统电脑板60针

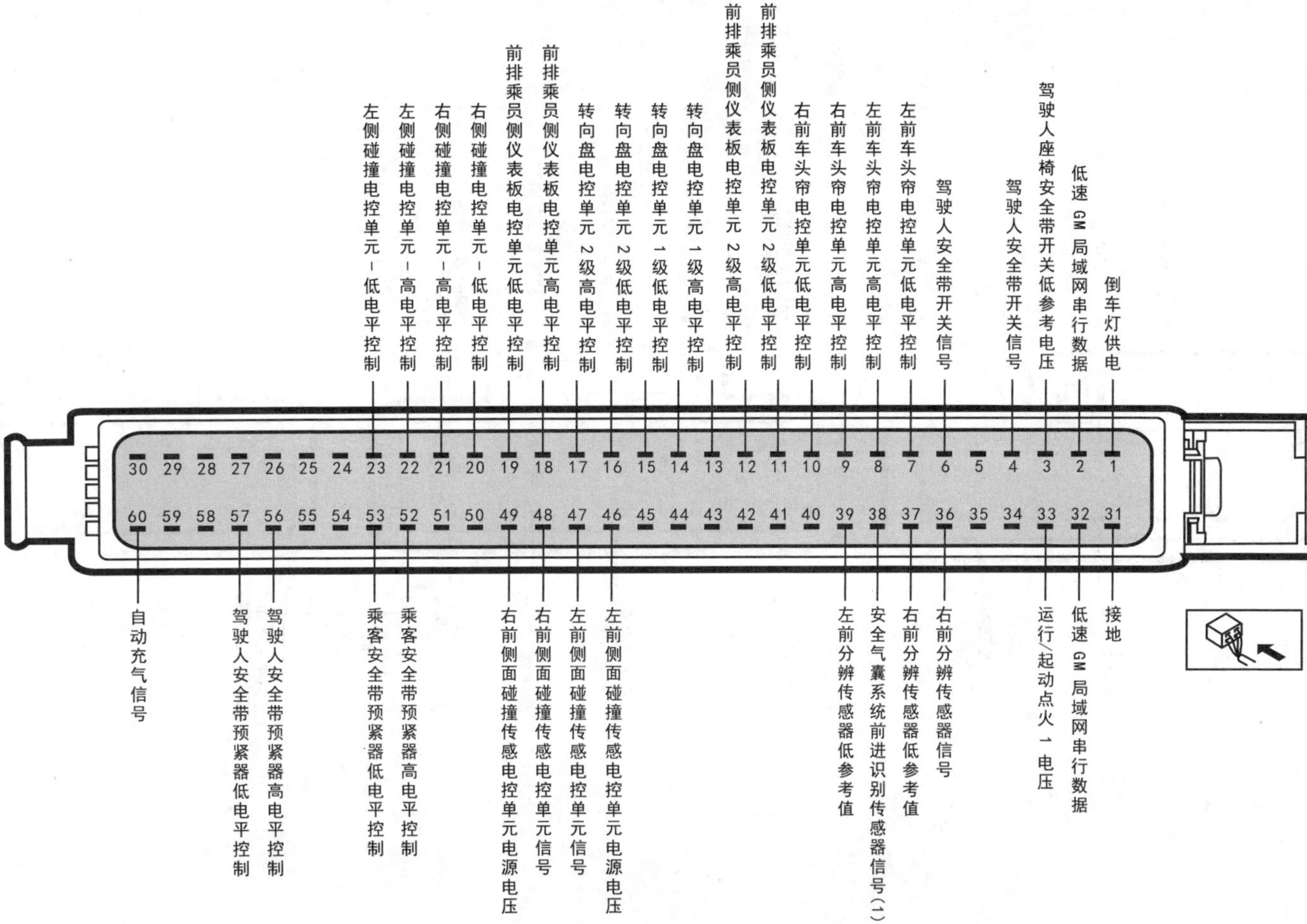

十二、防盗系统电脑板16+10+8针

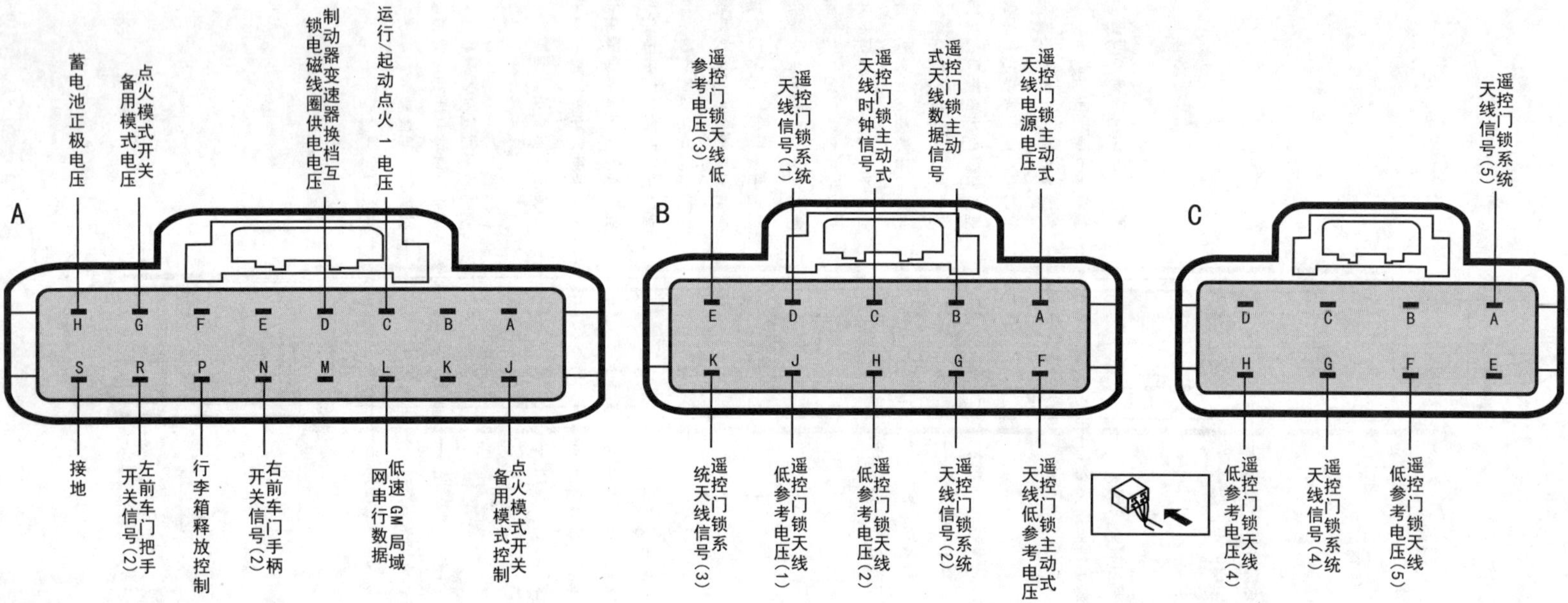

十三、仪表板系统电脑板26+24+30针

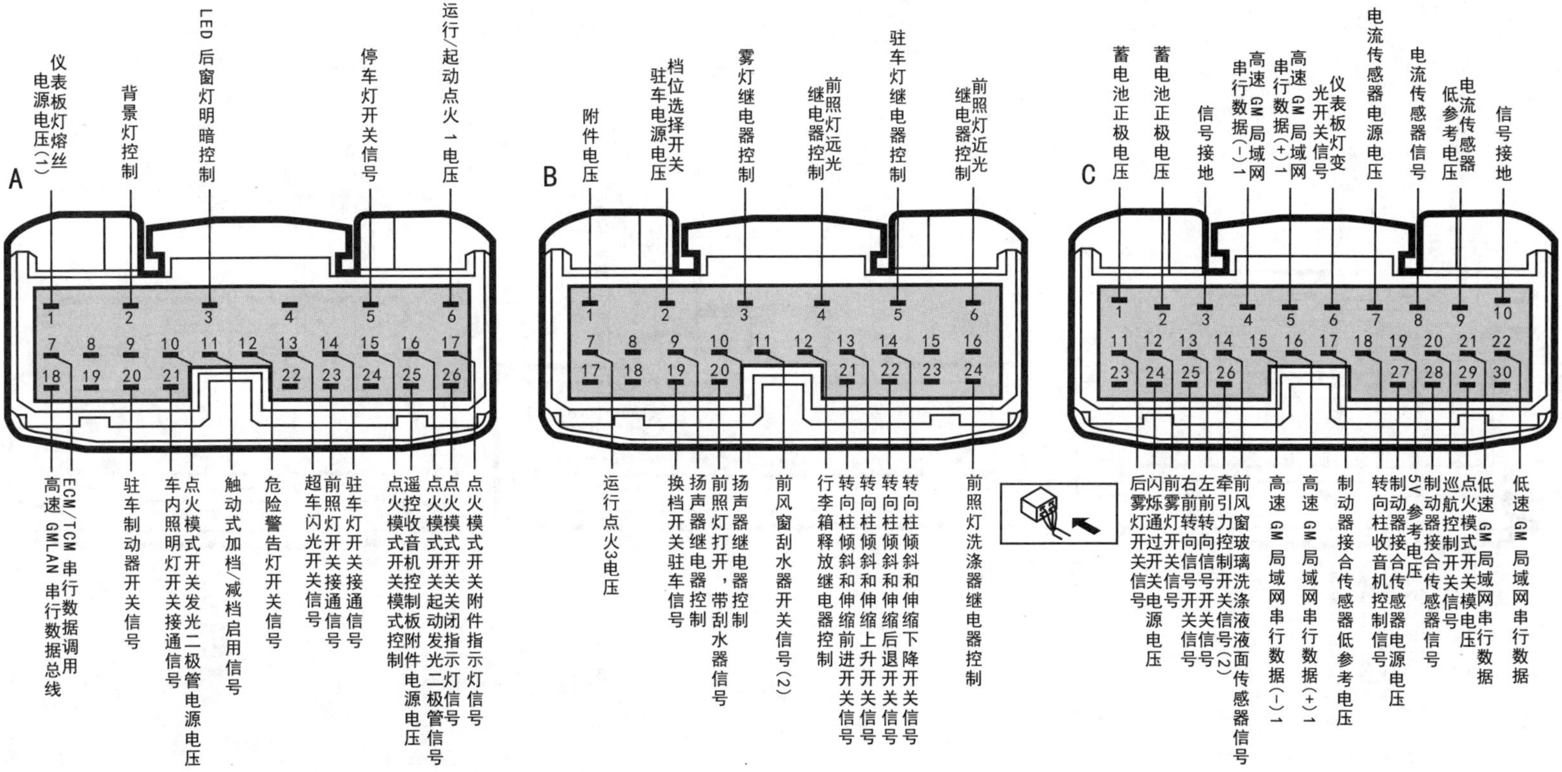

十四、后集成电脑板16+20+12+8针

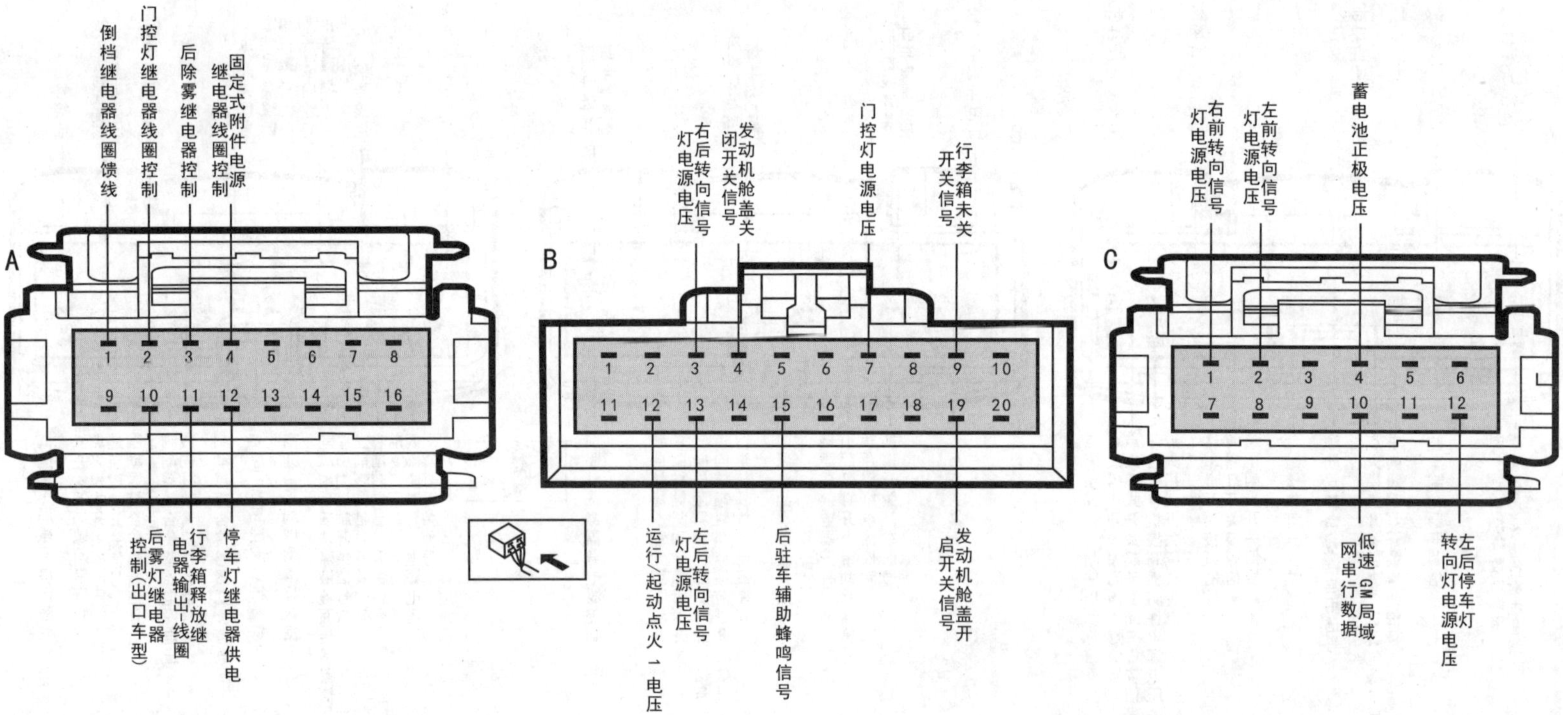

十四、后集成电脑板16+20+12+8针(续)

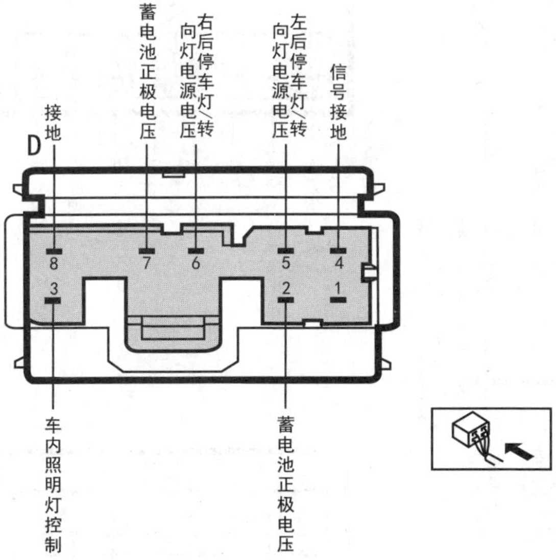

十五、导航系统连接器电脑板54针

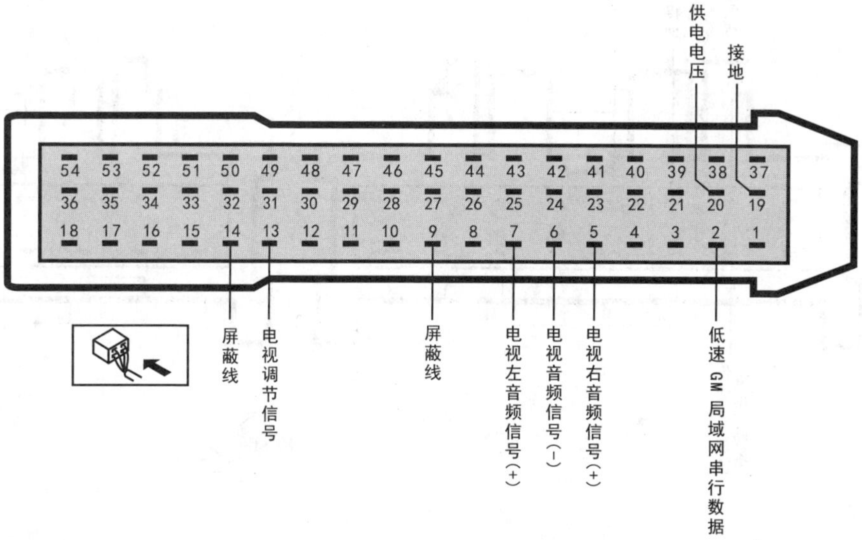

十六、后座娱乐控制系统电脑板16+16+8+8针

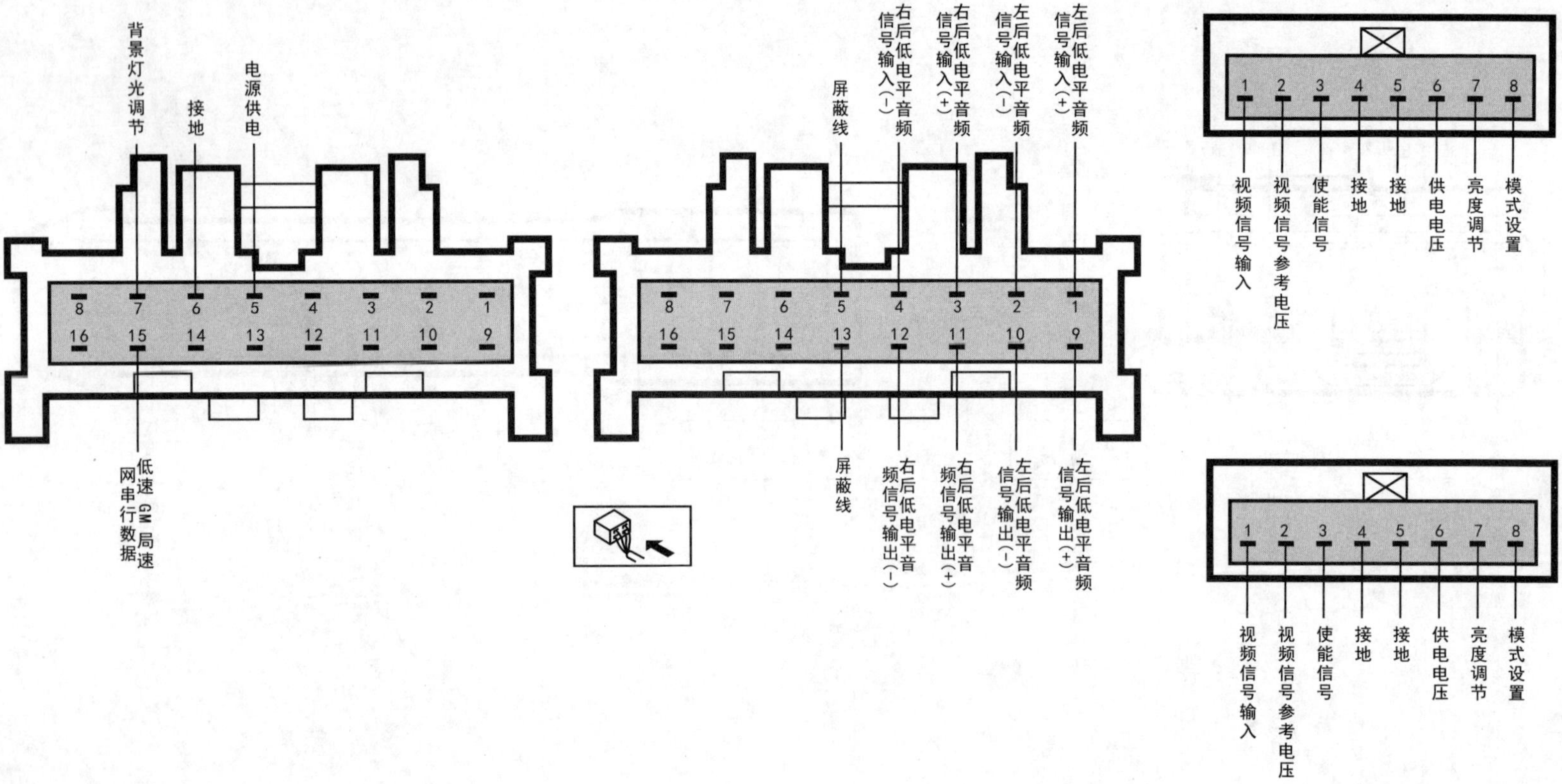

十七、遥控门锁控制电脑板16+10针

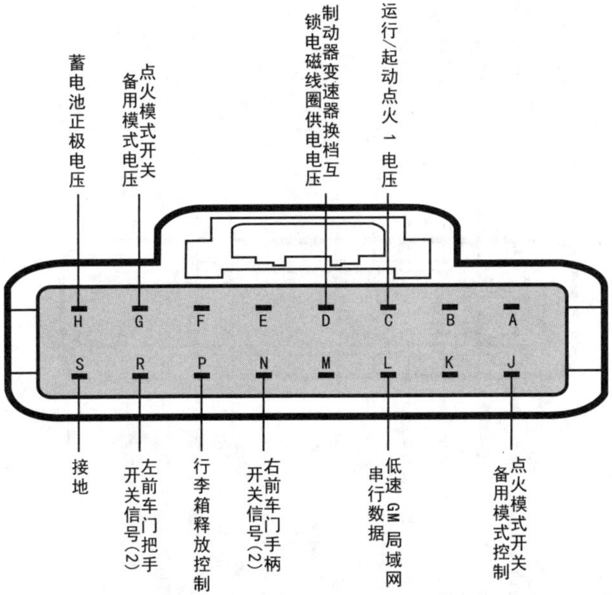

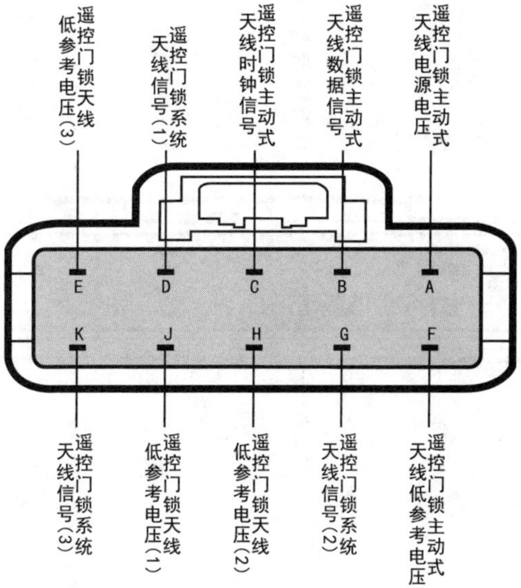

十八、倒车辅助系统电脑板26针

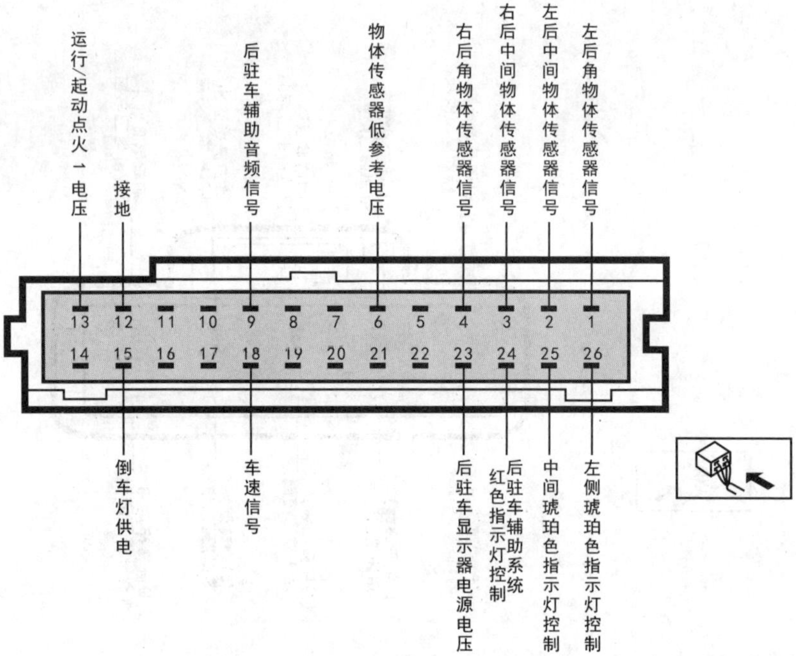

十九、前照灯高度调节控制系统电脑板24针

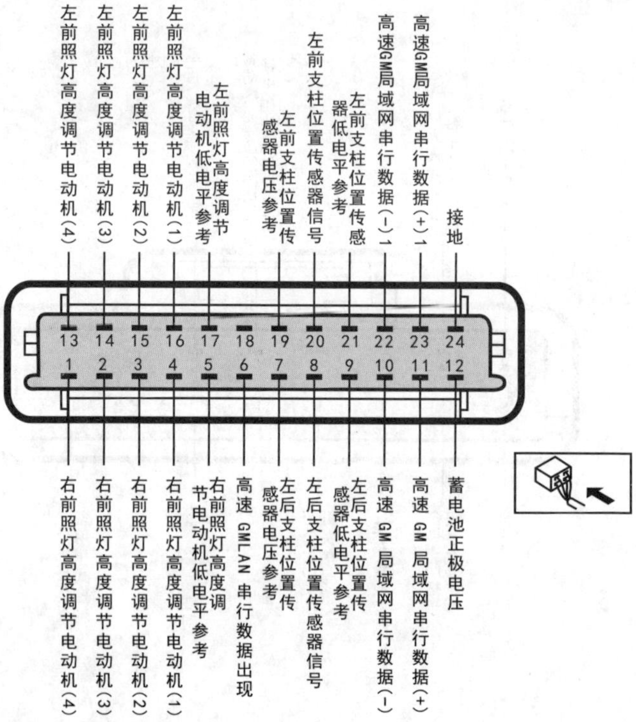

二十、天窗控制系统电脑板14针

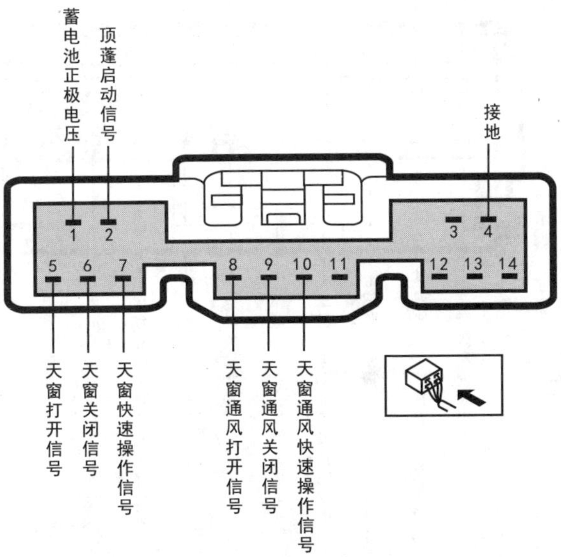

二十一、电动座椅温度控制系统电脑板4+12针

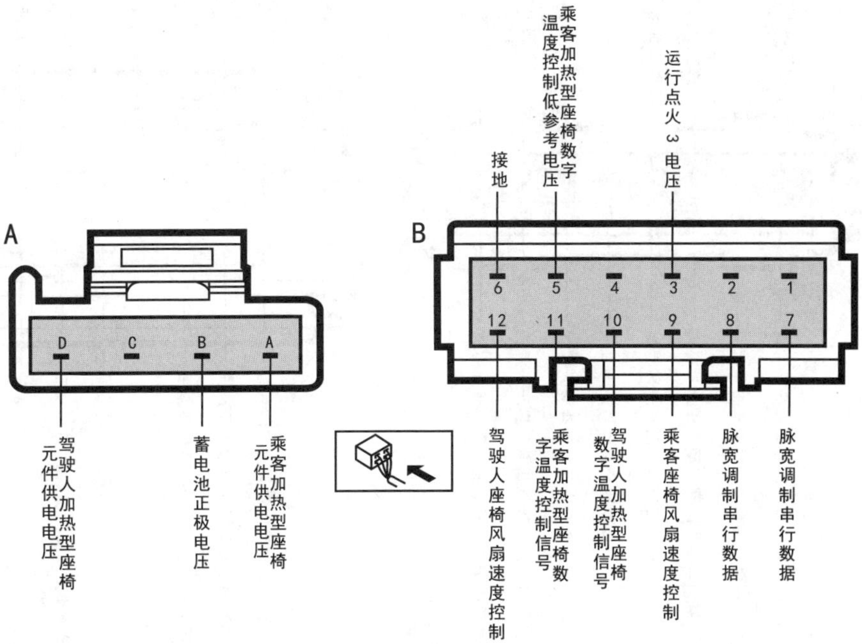

二十二、 记忆座椅电脑板16+16+20针

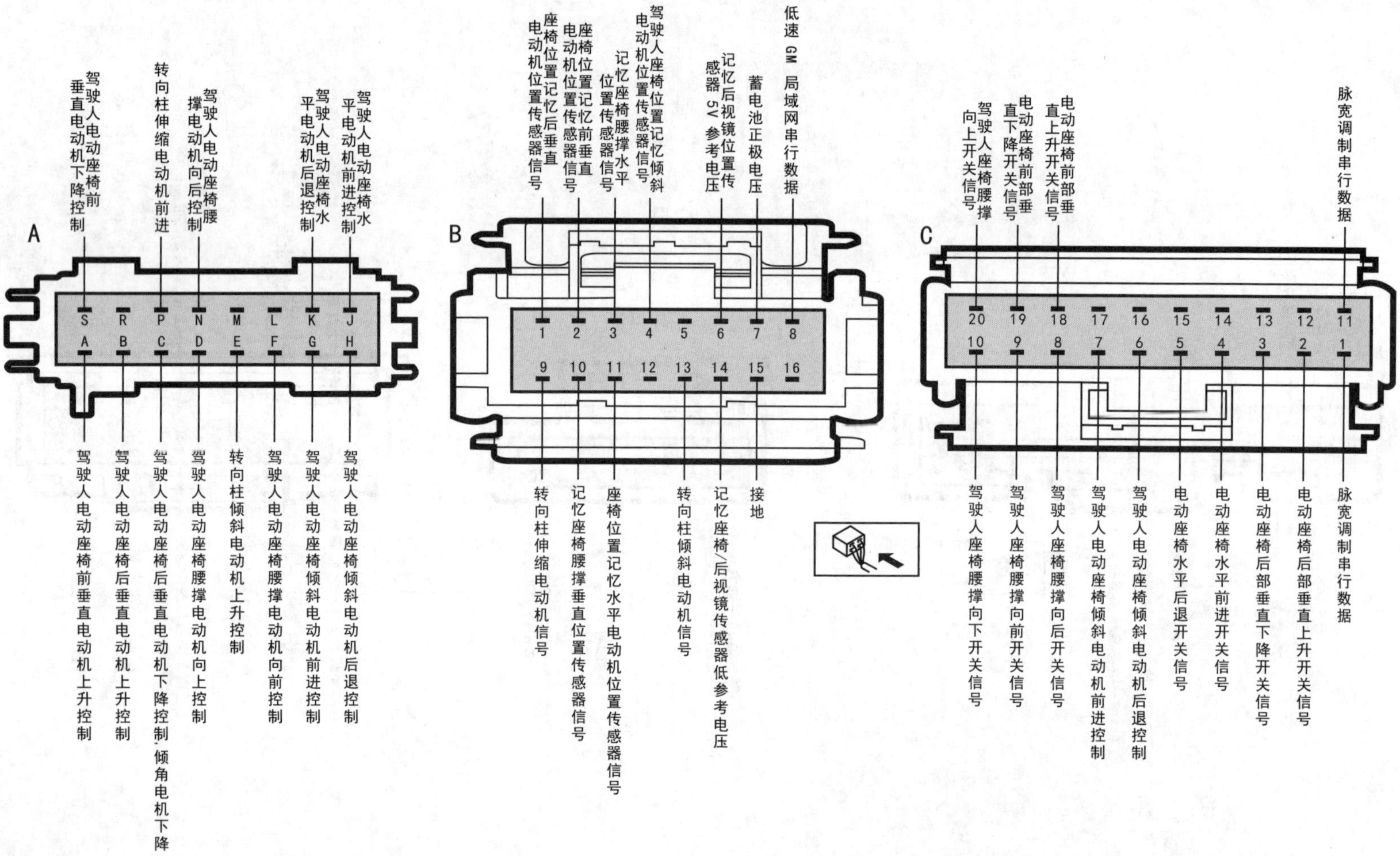

第3节 凯迪拉克凯雷德车系电脑板端子功能（2007～2010款）

一、发动机控制系统（4.8 L、5.3 L、6.0 L和6.2 L）电脑板73+80针

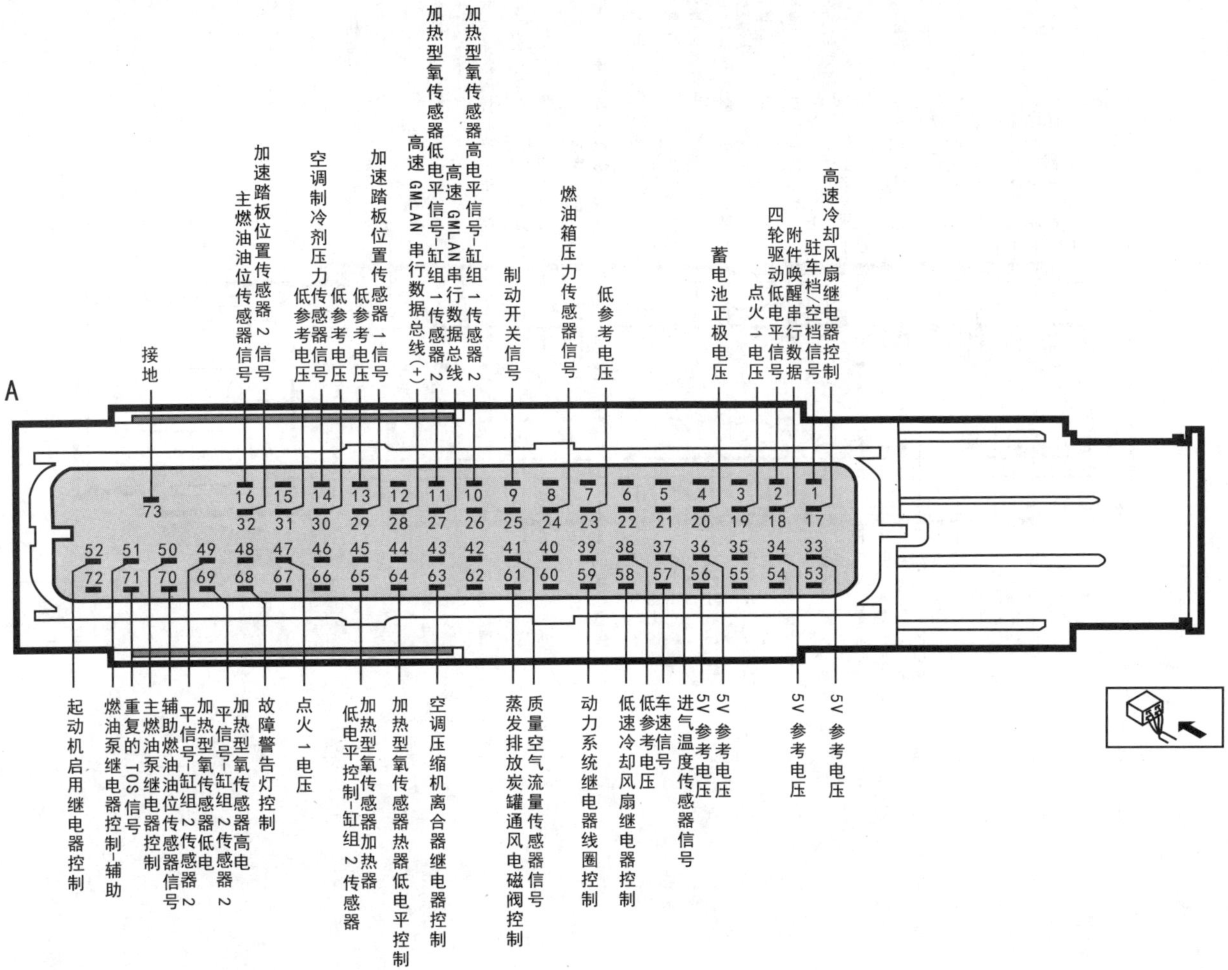

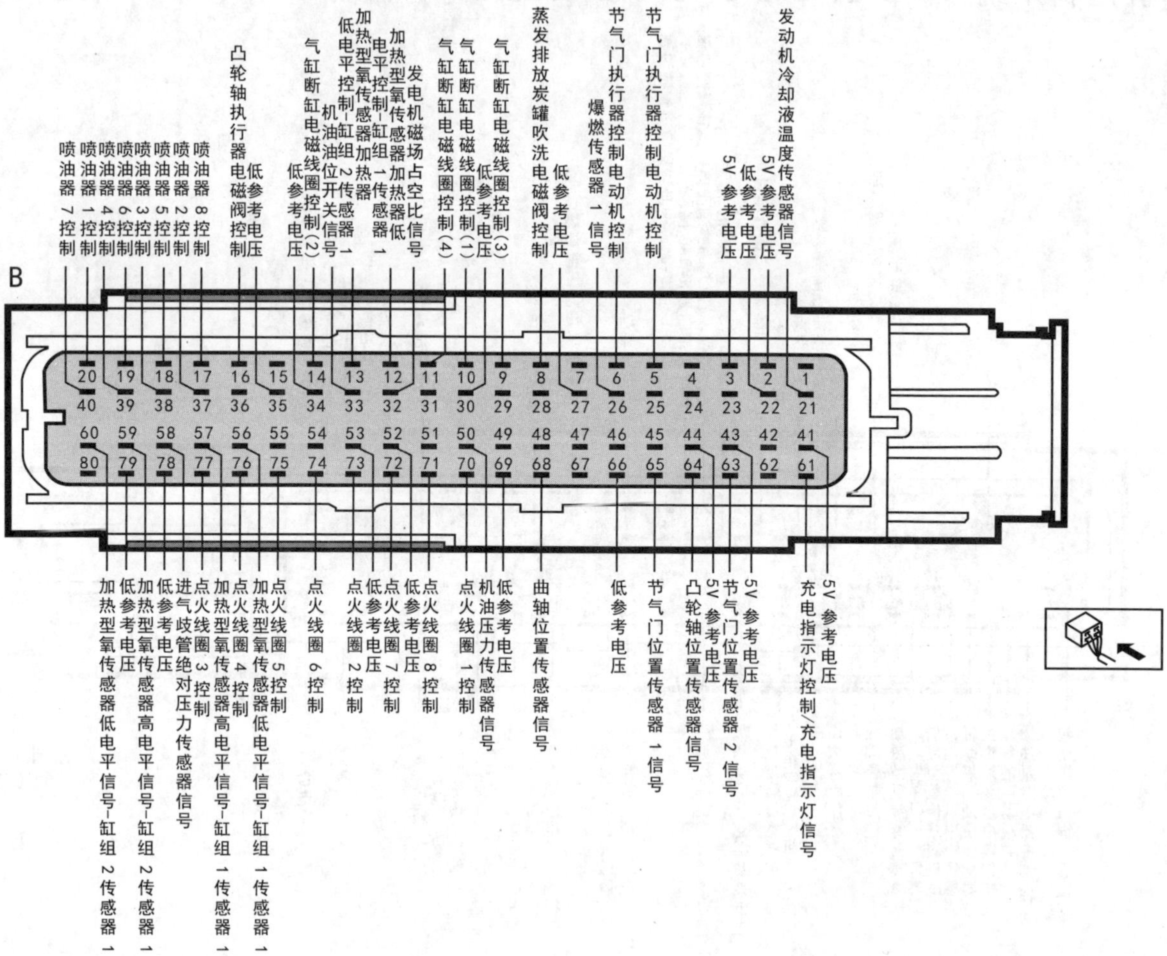
B
喷油器7控制
喷油器1控制
喷油器6控制
喷油器4控制
喷油器3控制
喷油器5控制
喷油器2控制
喷油器8控制
凸轮轴执行器电磁阀控制
低参考电压
气缸断缸电磁线圈控制(2)
低参考电压
机油油位开关信号
加热型氧传感器加热器低电平控制-缸组2传感器1
加热型氧传感器加热器低电平控制-缸组1传感器1
发电机磁场占空比信号
气缸断缸电磁线圈控制(4)
气缸断缸电磁线圈控制(1)
低参考电压
气缸断缸电磁线圈控制(3)
蒸发排放炭罐吹洗电磁阀控制
低参考电压
节气门执行器控制电动机控制
爆燃传感器1信号
节气门执行器控制电动机控制
5V参考电压
低参考电压
5V参考电压
发动机冷却液温度传感器信号
加热型氧传感器低电平信号-缸组2传感器1
低参考电压
加热型氧传感器高电平信号-缸组2传感器1
低参考电压
进气歧管绝对压力传感器信号
点火线圈3控制
点火线圈4控制
加热型氧传感器高电平信号-缸组1传感器1
点火线圈5控制
加热型氧传感器低电平信号-缸组1传感器1
点火线圈6控制
点火线圈2控制
低参考电压
点火线圈7控制
低参考电压
点火线圈8控制
点火线圈1控制
机油压力传感器信号
低参考电压
曲轴位置传感器信号
低参考电压
节气门位置传感器1信号
凸轮轴位置传感器信号
5V参考电压
节气门位置传感器2信号
5V参考电压
充电指示灯控制/充电指示灯信号
5V参考电压

二、防抱死制动系统（ABS）电脑板38+28针

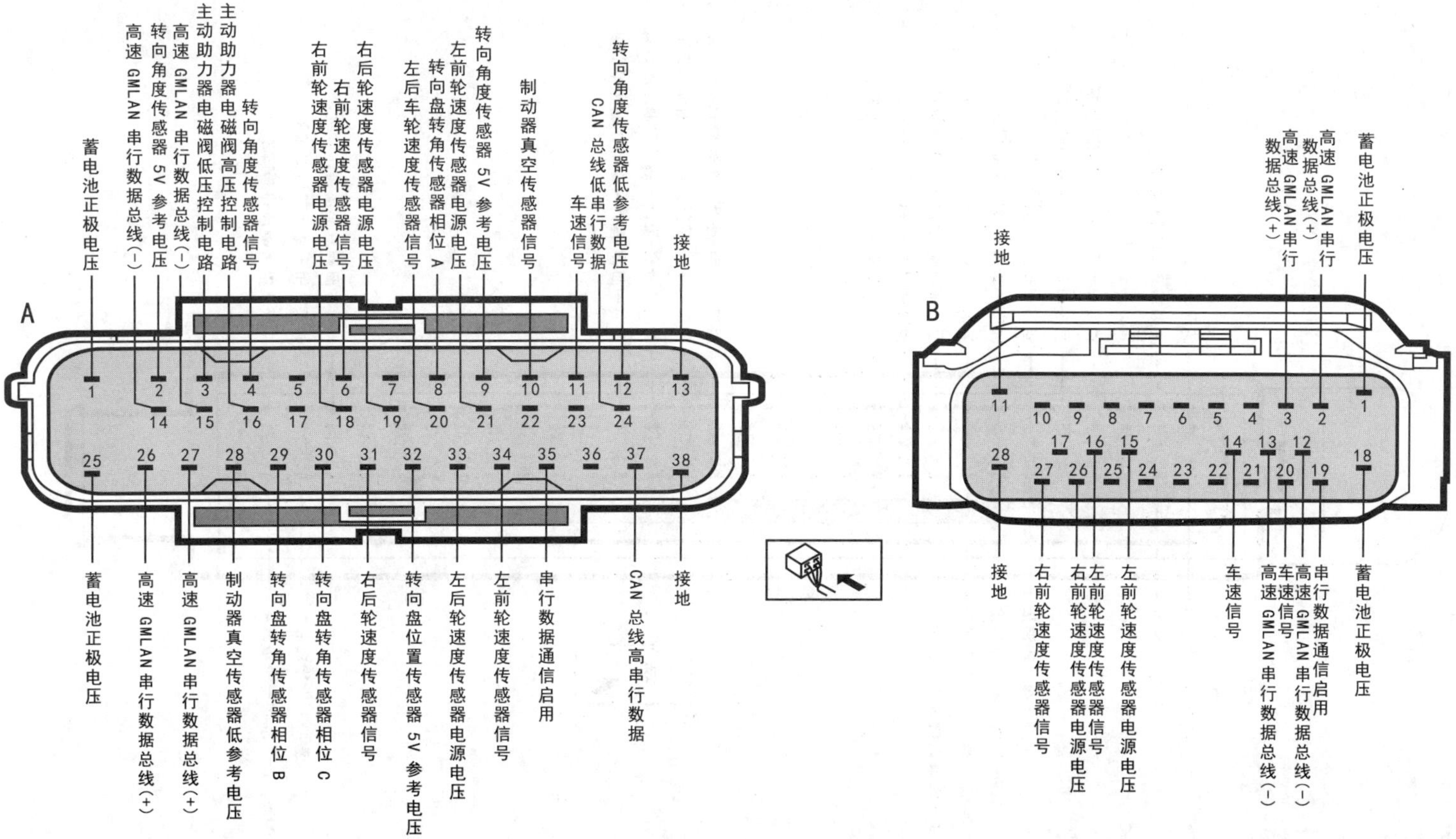

三、安全气囊系统电脑板60+60针

1.安全气囊系统（SDM）（ASF除外）

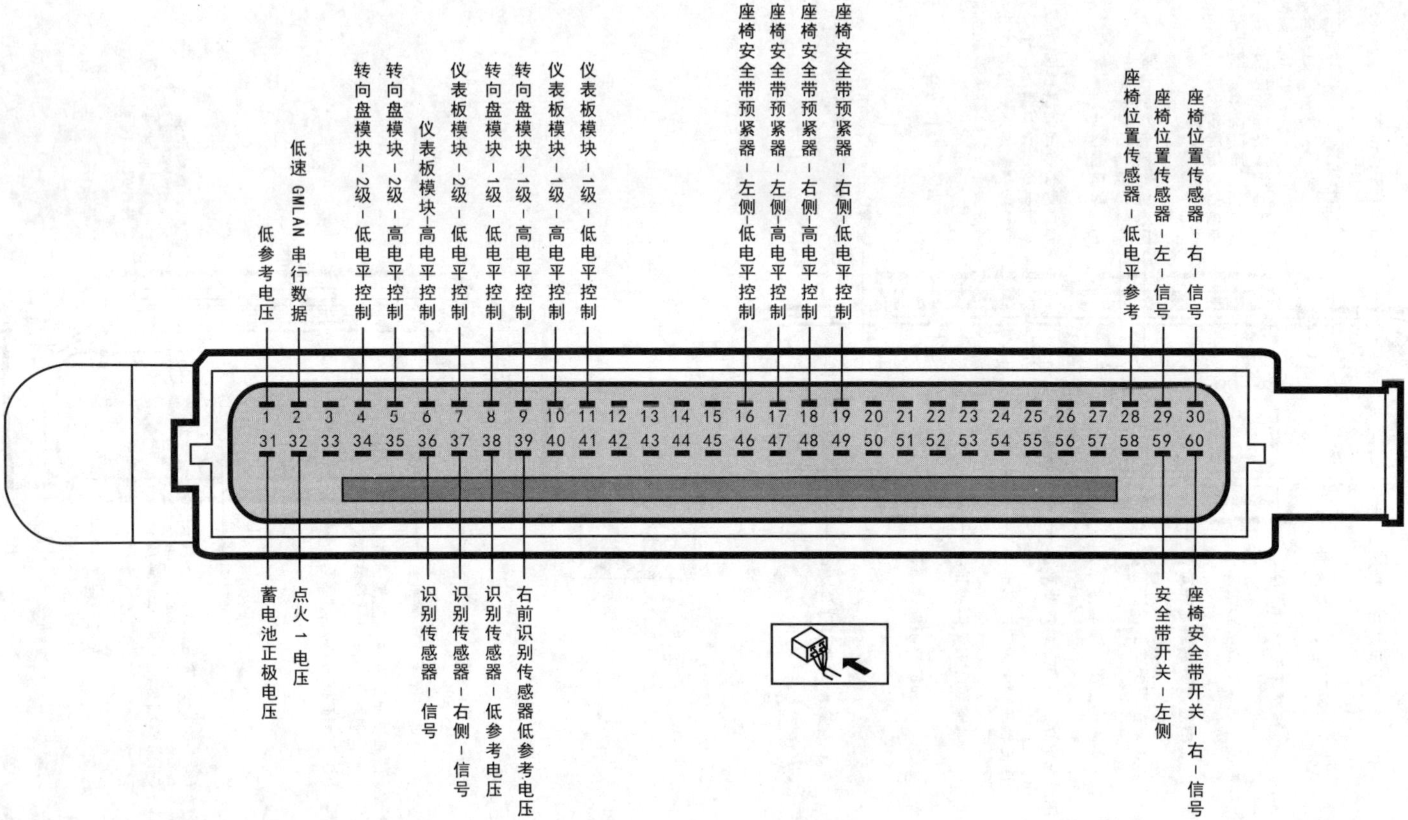

2.安全气囊系统（SDM）（ASF）

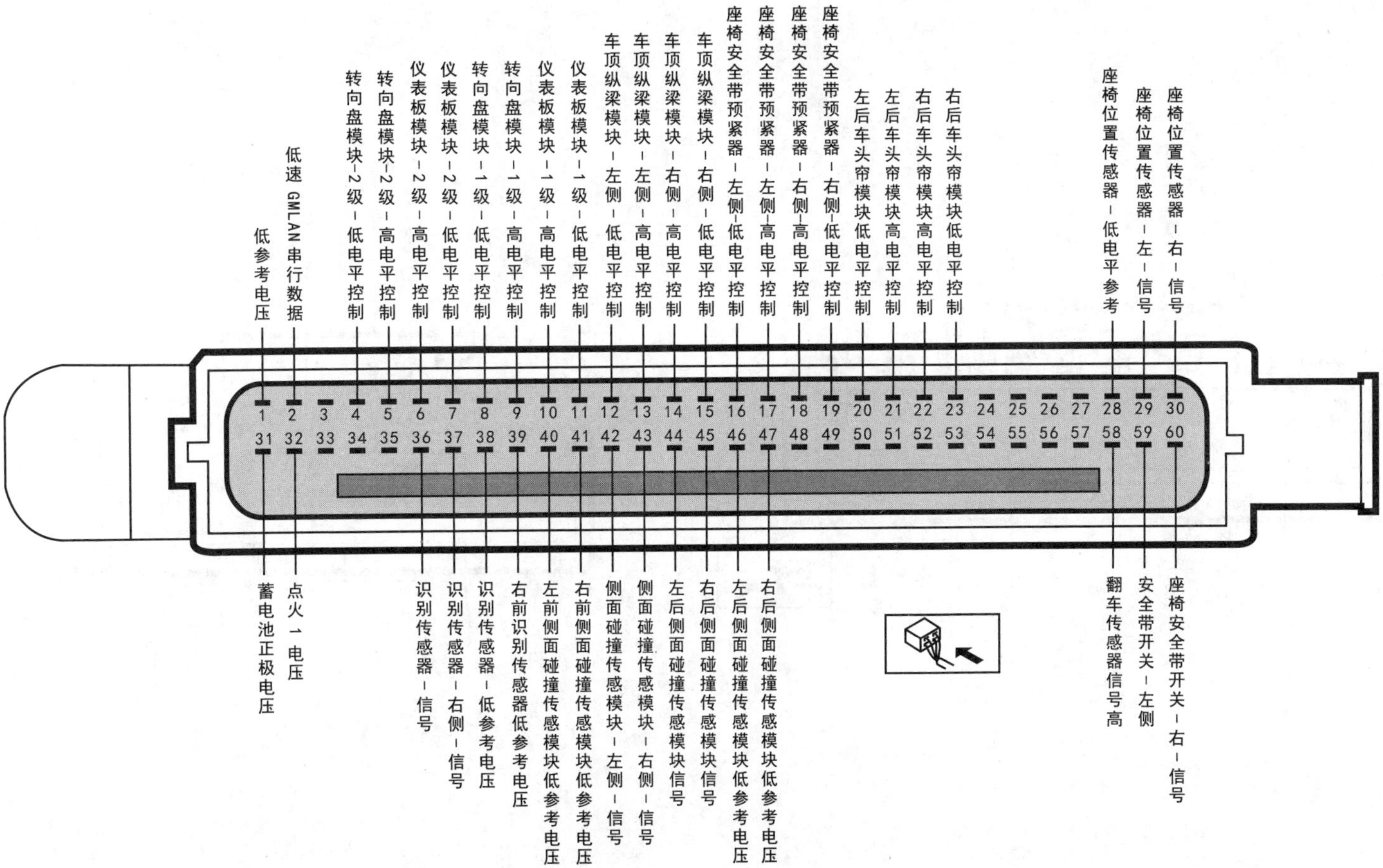

四、暖风通风与自动空调系统电脑板20+16+20+16针

1.暖风通风与自动空调系统C1

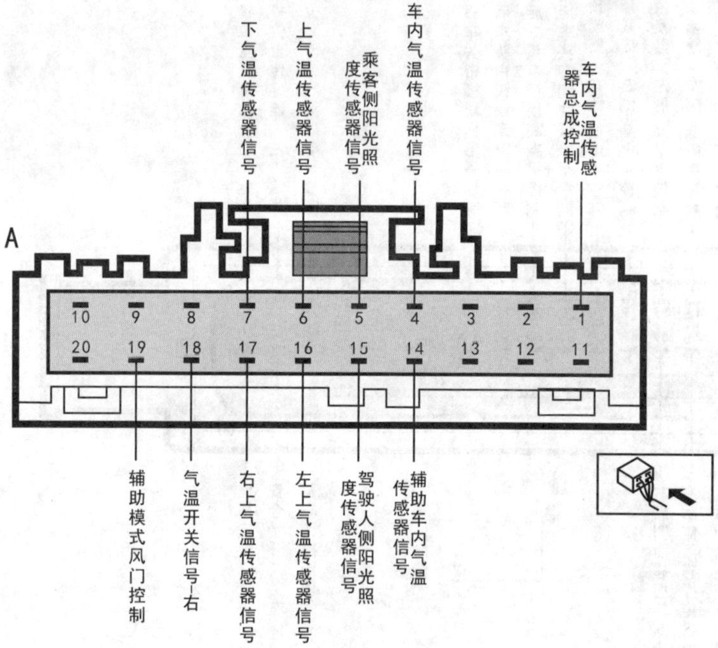

2.暖风通风与自动空调系统C2

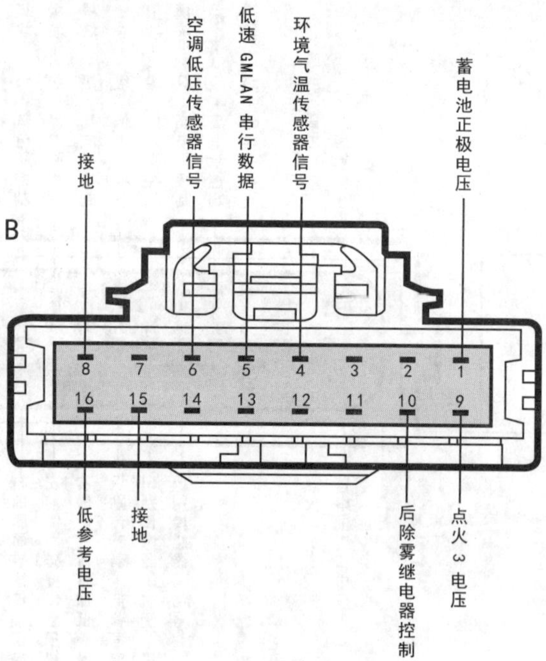

3. 暖风通风与自动空调系统C3

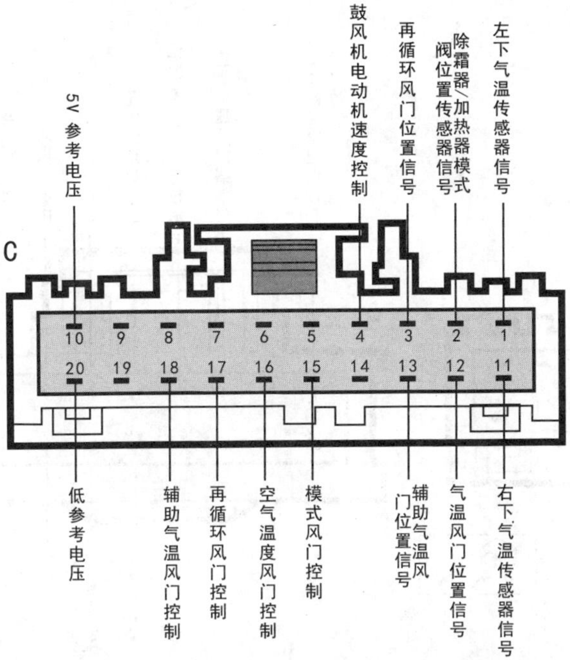

4. 暖风通风与自动空调系统C4

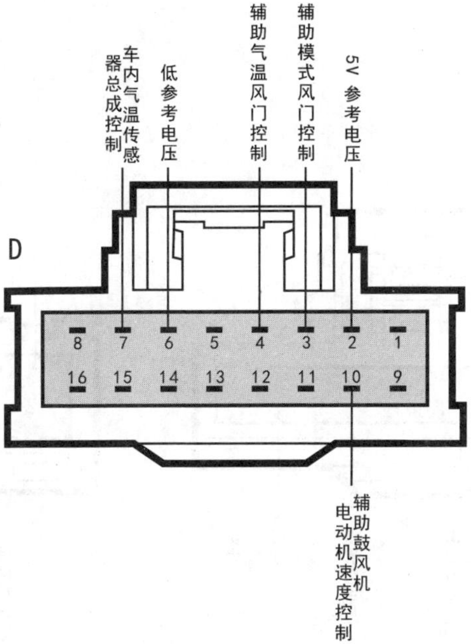

五、暖风、通风与空调系统电脑板10+20+16+20+16针

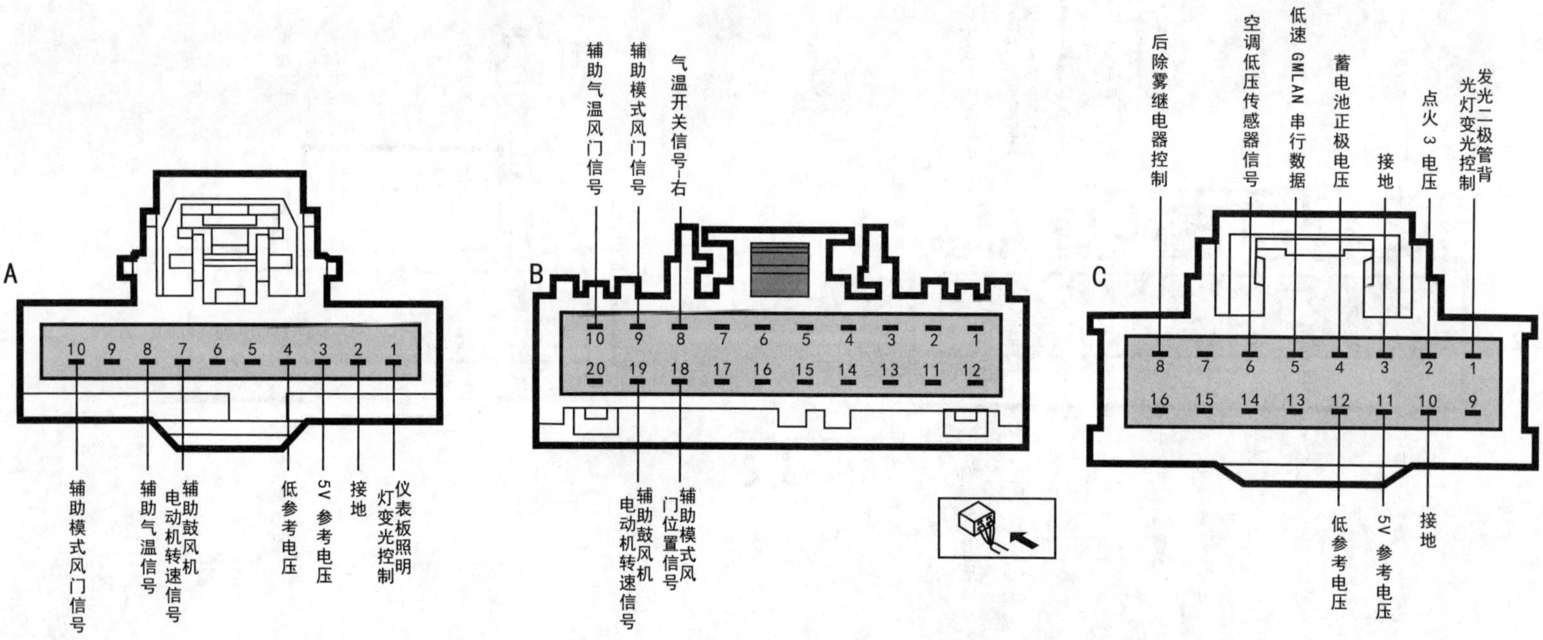

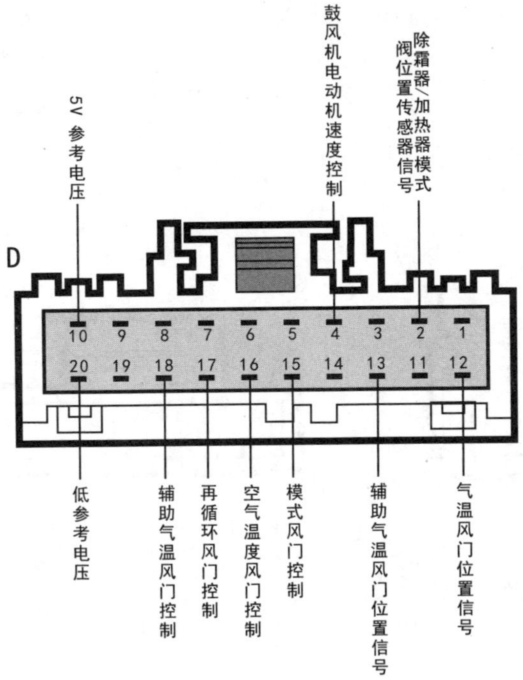

D
5V参考电压
鼓风机电动机速度控制
除霜器/加热器模式阀位置传感器信号
10 9 8 7 6 5 4 3 2 1
20 19 18 17 16 15 14 13 11 12
低参考电压
辅助气温风门控制
再循环风门控制
空气温度风门控制
模式风门控制
辅助气温风门位置信号
气温风门位置信号

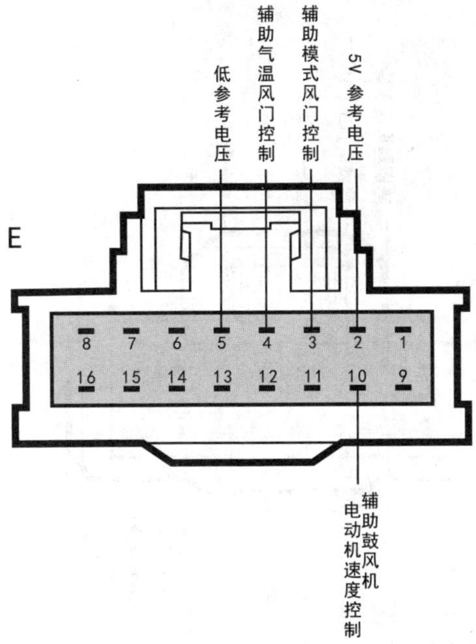

E
低参考电压
辅助气温风门控制
辅助模式风门控制
5V参考电压
8 7 6 5 4 3 2 1
16 15 14 13 12 11 10 9
辅助鼓风机电动机速度控制

六、分动箱（NVG246-NP8）电脑板16+16+4针

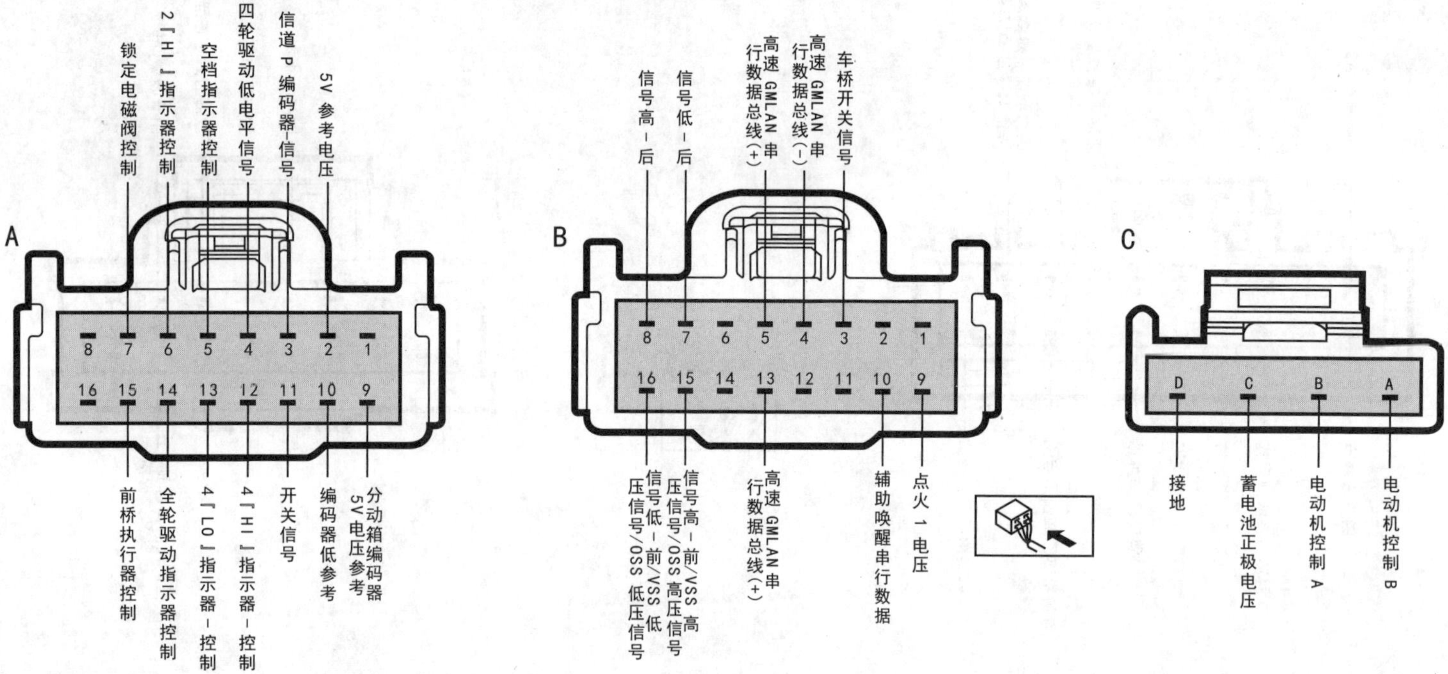

七、车身系统（BCM）电脑板端子

1. 车身系统（BCM）连接器 C1电脑板27针

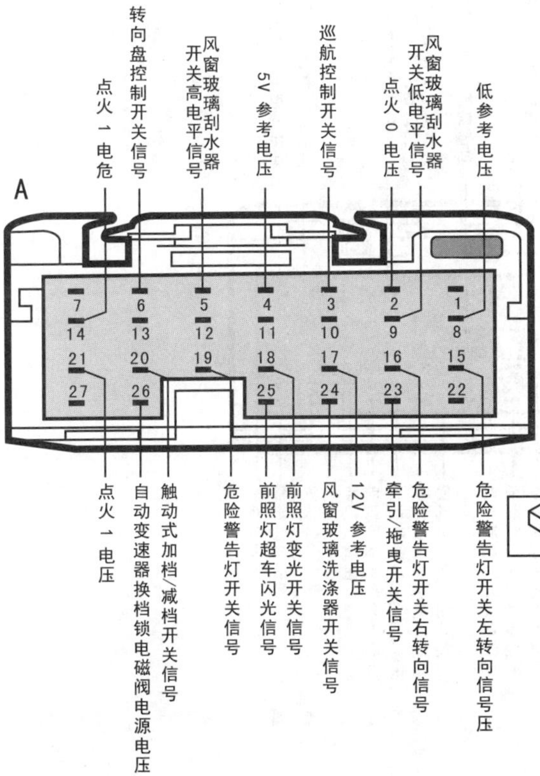

2. 车身系统（BCM）连接器 C2电脑板25针

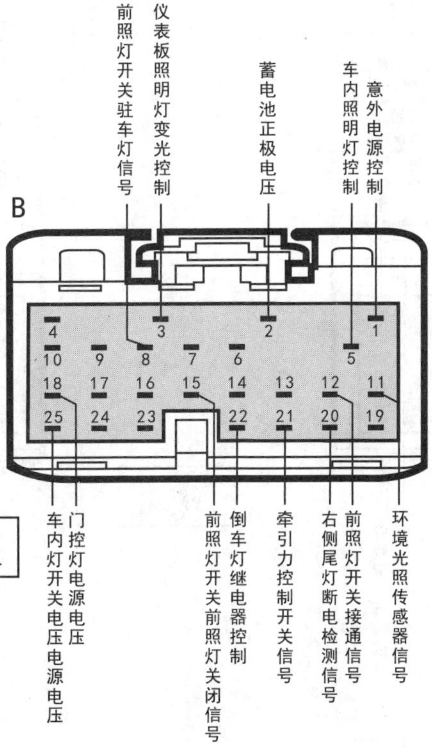

3. 车身系统（BCM）连接器 C3电脑板25针

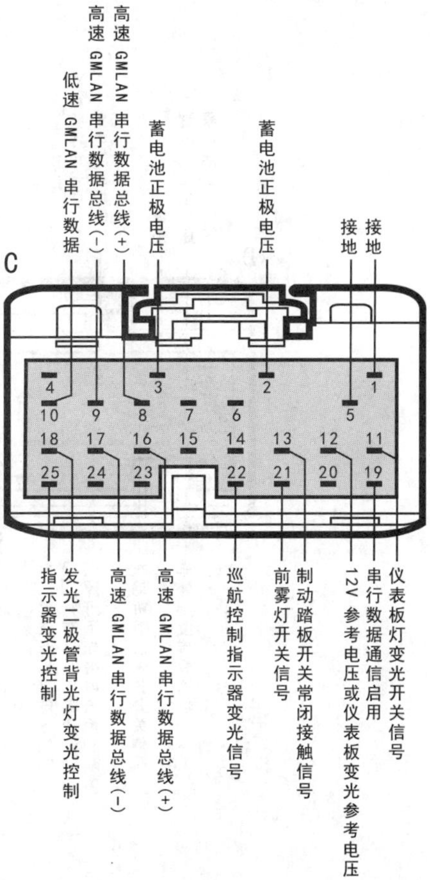

4. 车身系统（BCM）连接器C4电脑板25针

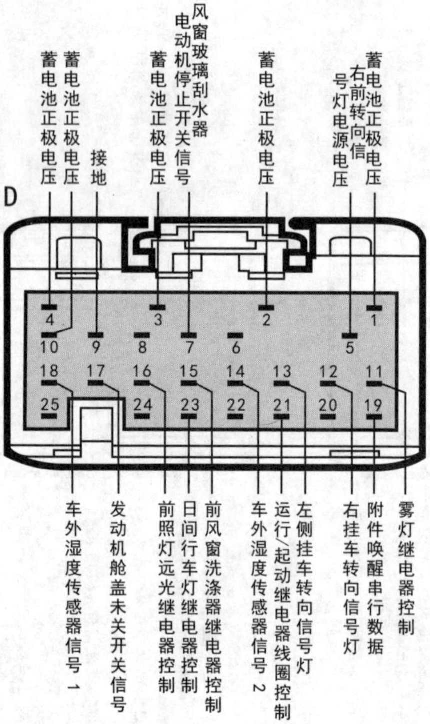

5. 车身系统（BCM）连接器C5电脑板25针

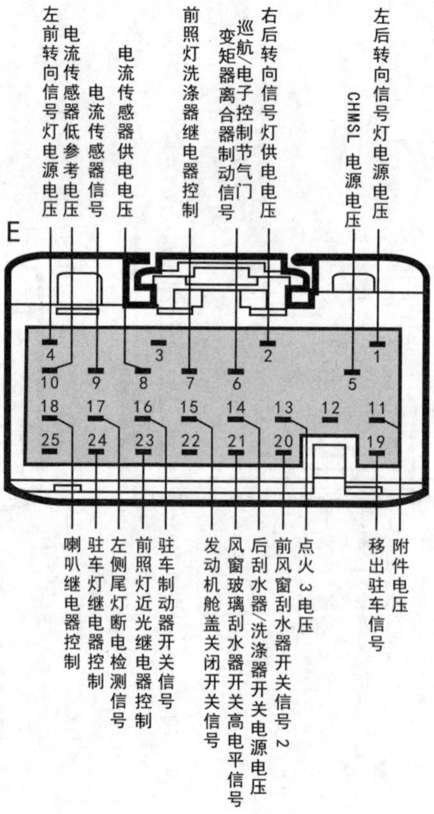

6.车身系统（BCM）连接器C6电脑板25针

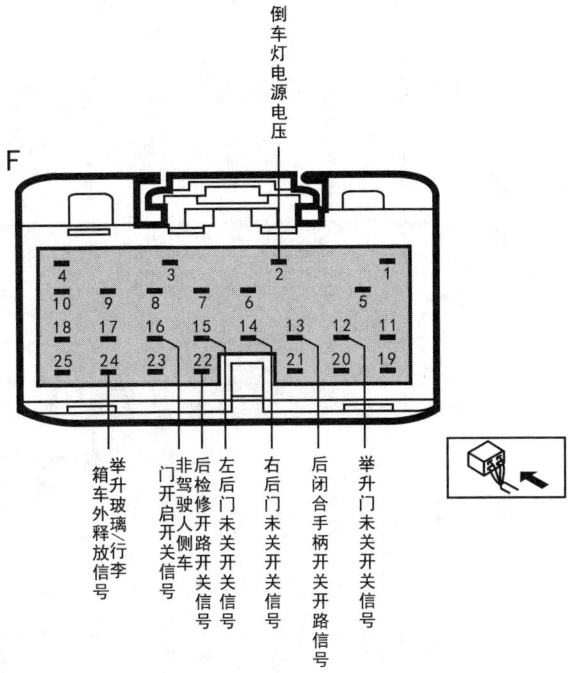

7.车身系统（BCM）连接器C7电脑板28针

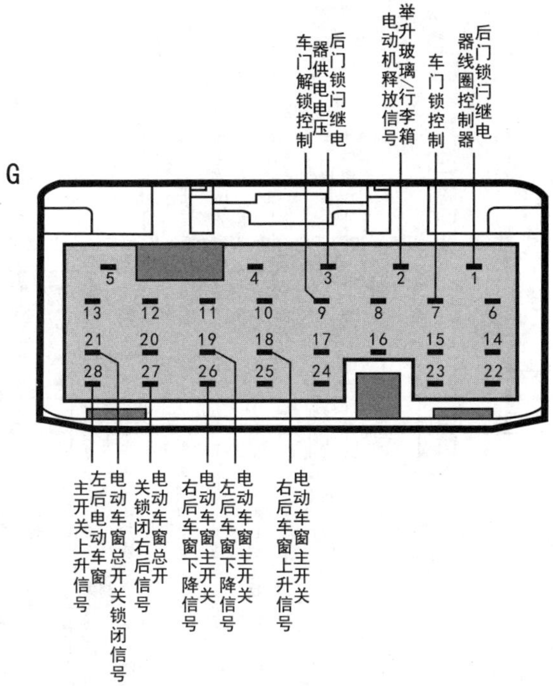

第4节 凯迪拉克XLR车系电脑板端子功能（2008~2013款）

一、发动机控制系统4.6 L(LH2)电脑板56+56+73针

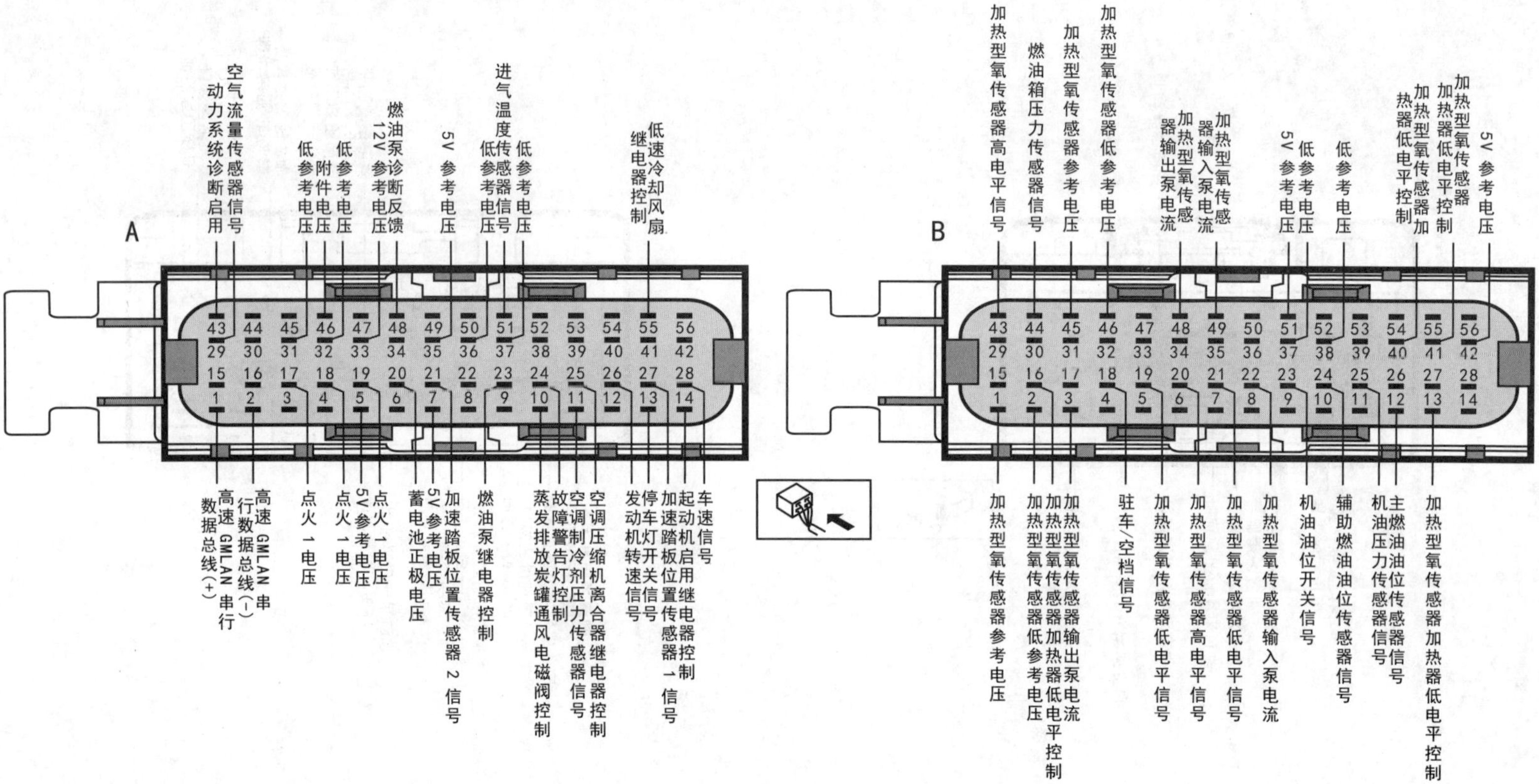

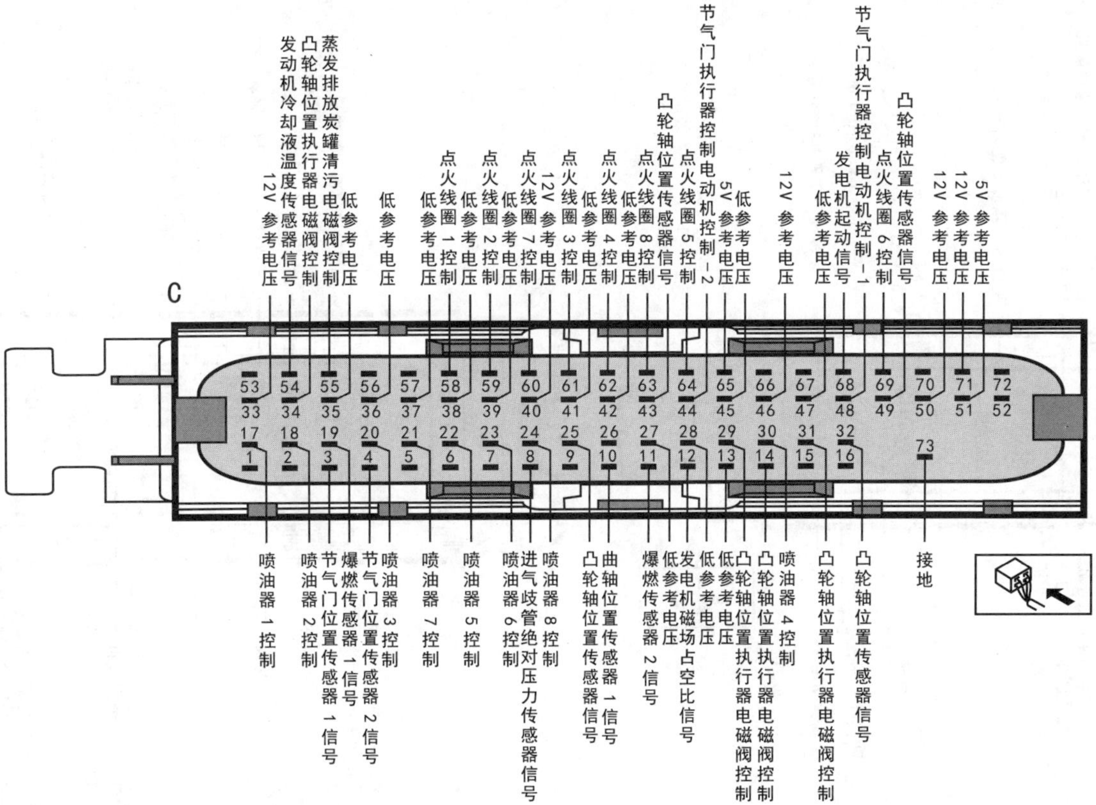
C
12V参考电压
发动机冷却液温度传感器信号
凸轮轴位置执行器电磁阀控制
蒸发排放炭罐清污电磁阀控制
低参考电压
低参考电压
低参考电压
点火线圈1控制
低参考电压
点火线圈2控制
低参考电压
点火线圈7控制
12V参考电压
点火线圈3控制
低参考电压
点火线圈4控制
低参考电压
点火线圈8控制
凸轮轴位置传感器信号
点火线圈5控制
节气门执行器控制电动机控制-2
5V参考电压
低参考电压
12V参考电压
低参考电压
发电机起动信号
节气门执行器控制电动机控制-1
点火线圈6控制
凸轮轴位置传感器信号
12V参考电压
12V参考电压
5V参考电压
喷油器1控制
喷油器2控制
节气门位置传感器1信号
爆燃传感器1信号
节气门位置传感器2信号
喷油器3控制
喷油器7控制
喷油器5控制
喷油器6控制
进气歧管绝对压力传感器信号
喷油器8控制
凸轮轴位置传感器信号
曲轴位置传感器1信号
爆燃传感器2信号
低参考电压
发电机磁场占空比信号
低参考电压
低参考电压
凸轮轴位置执行器电磁阀控制
凸轮轴位置执行器电磁阀控制
喷油器4控制
凸轮轴位置执行器电磁阀控制
凸轮轴位置传感器信号
接地

二、自动变速器控制系统（5L40-E/5L50-E）电脑板42针

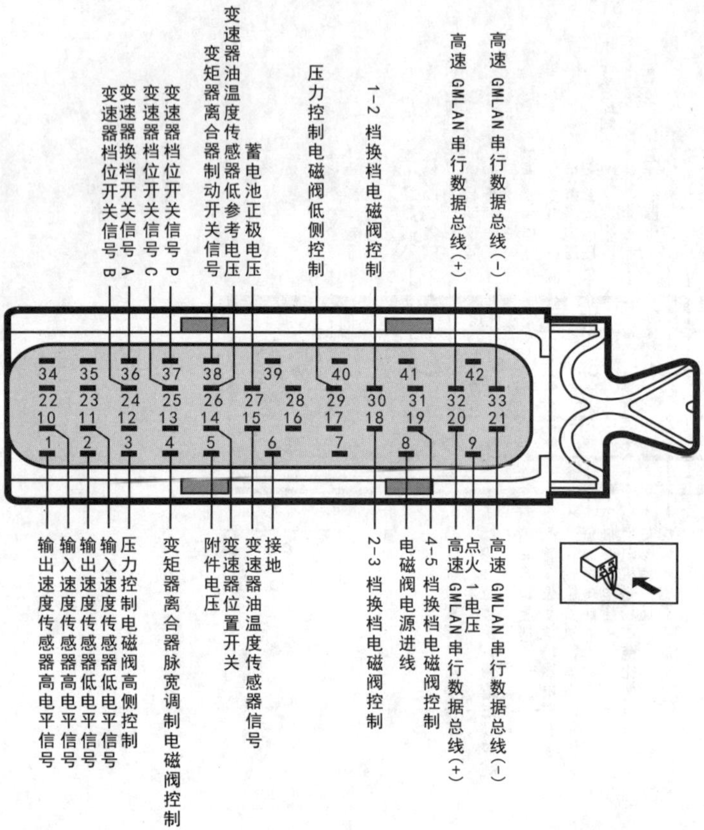

三、防抱死制动系统（ABS)电脑板50针

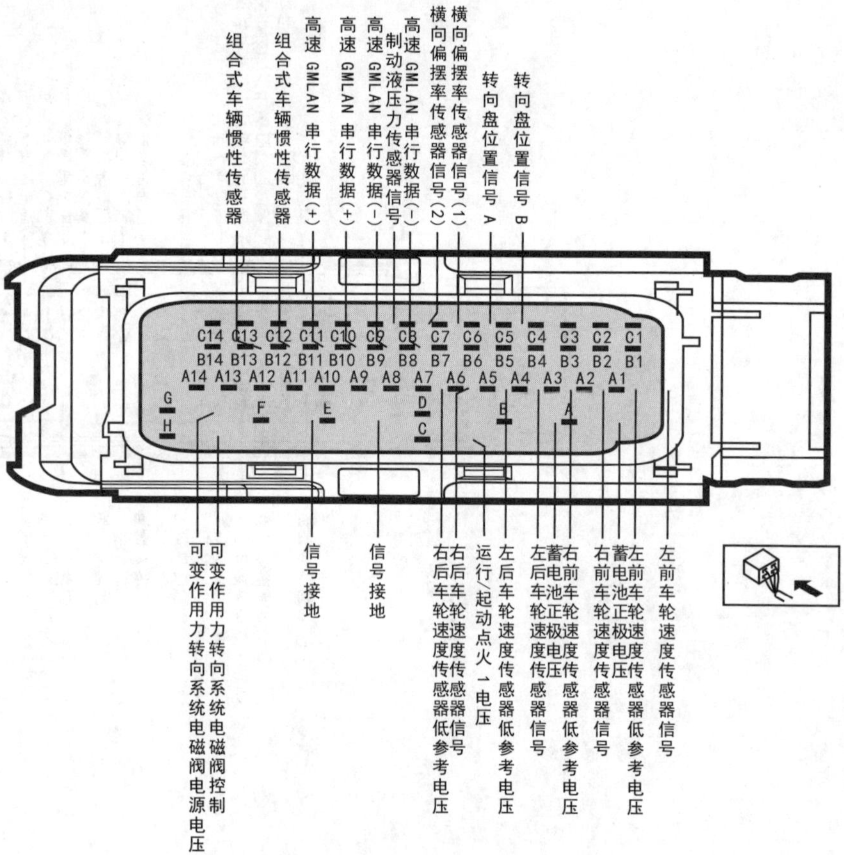

四、电子悬架系统(ESC)电脑板32+24+5针

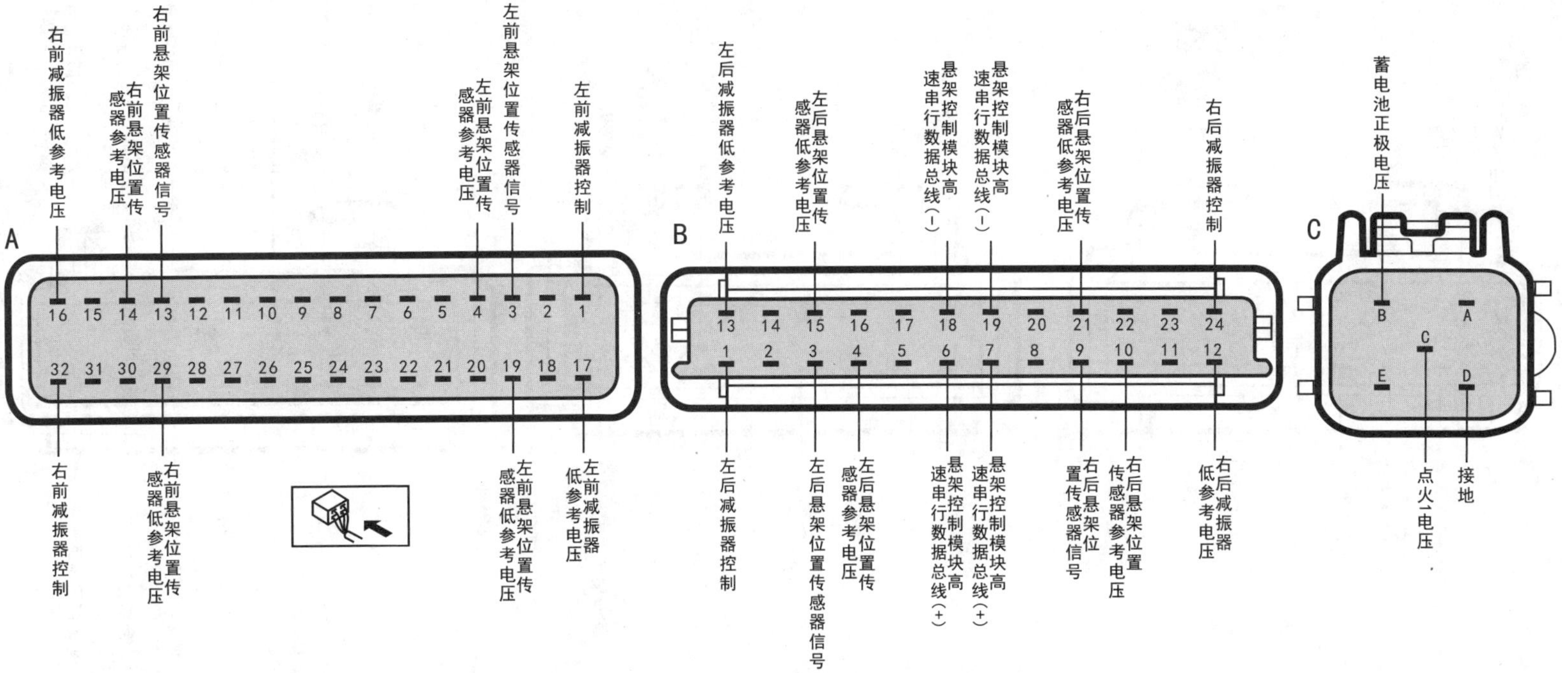

五、暖风、通风与自动空调系统电脑板16+16+16针

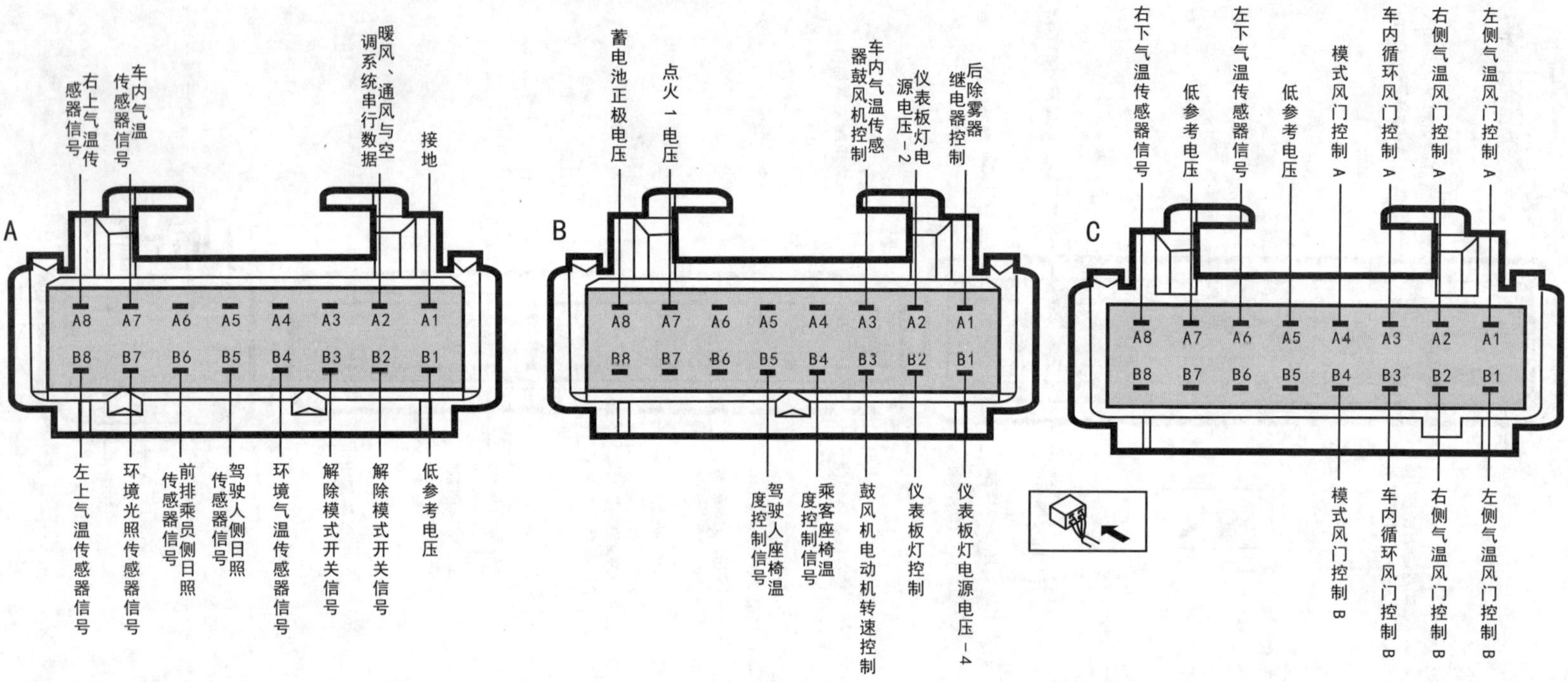

六、安全气囊系统电脑板42针

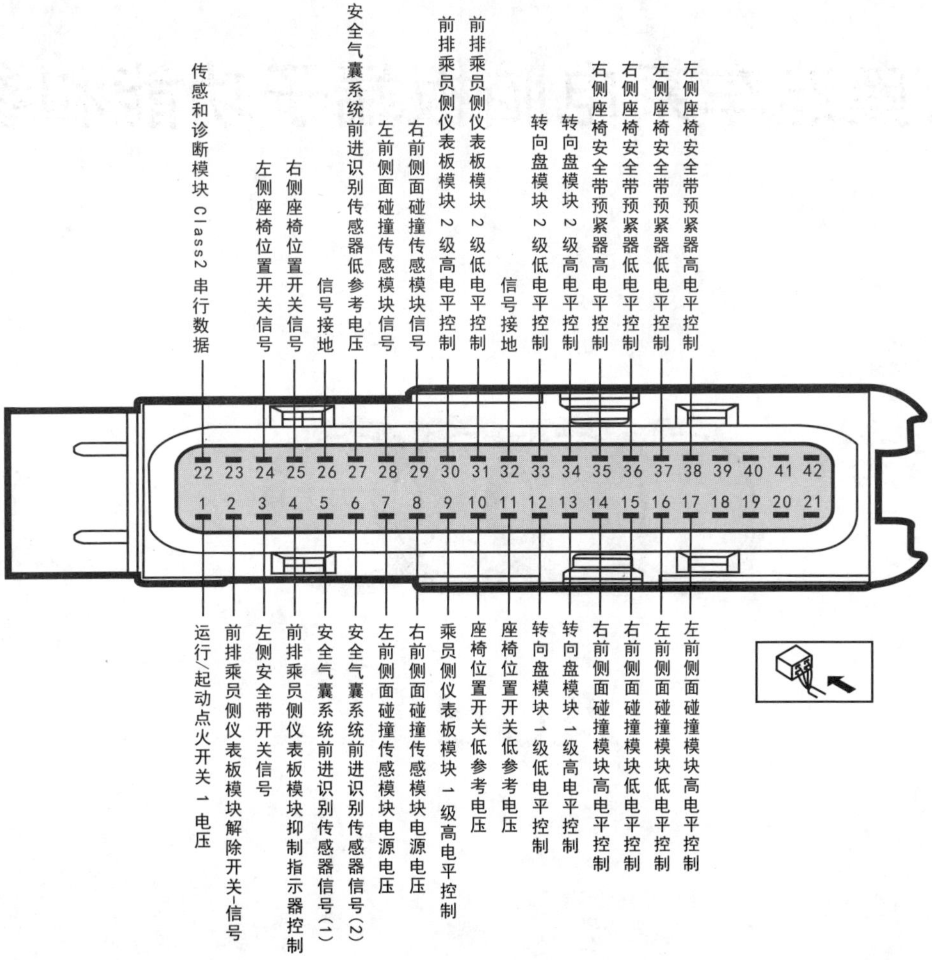

第 4 章

一汽大众奥迪车系电脑板端子功能和参考值

Audi

第1节　奥迪A4车系电脑板端子功能

一、3.0L发动机控制系统电脑板121针

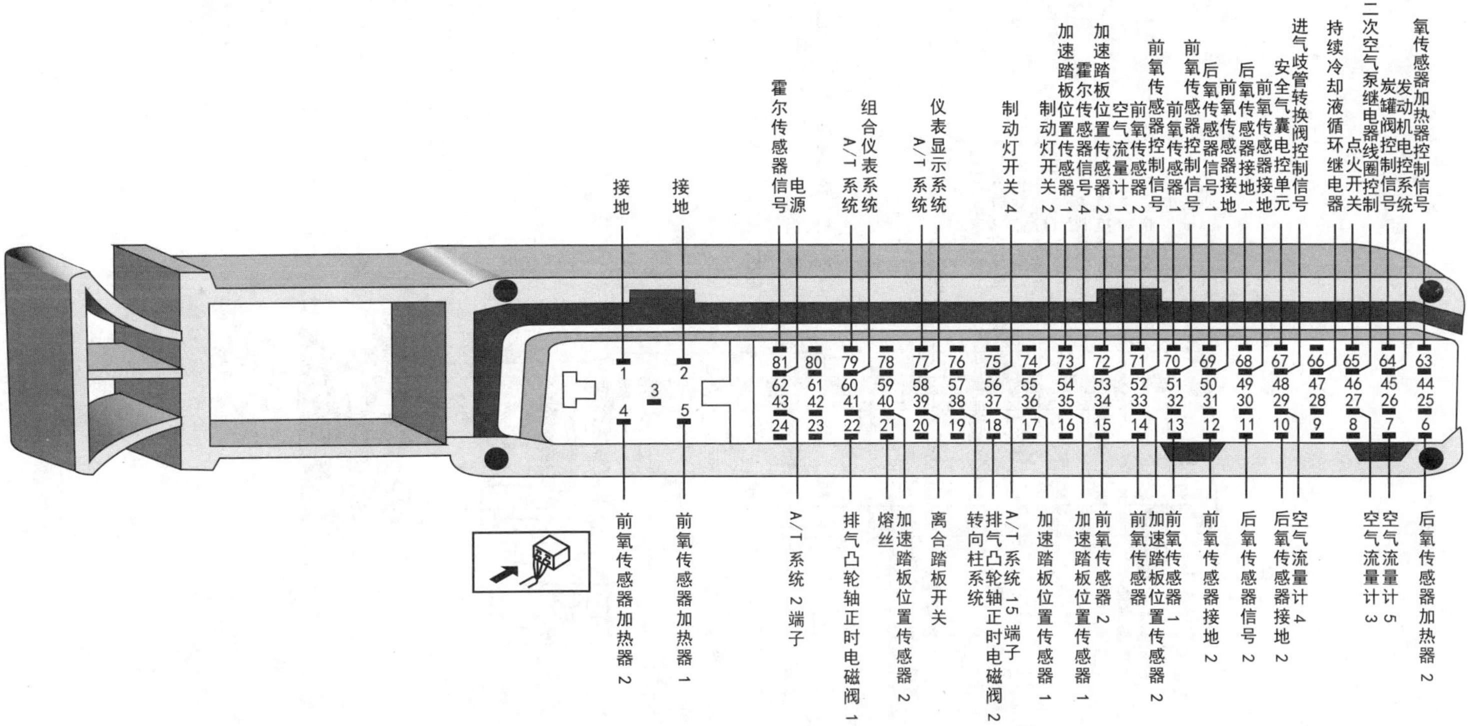

一、3.0L发动机控制系统电脑板121针(续)

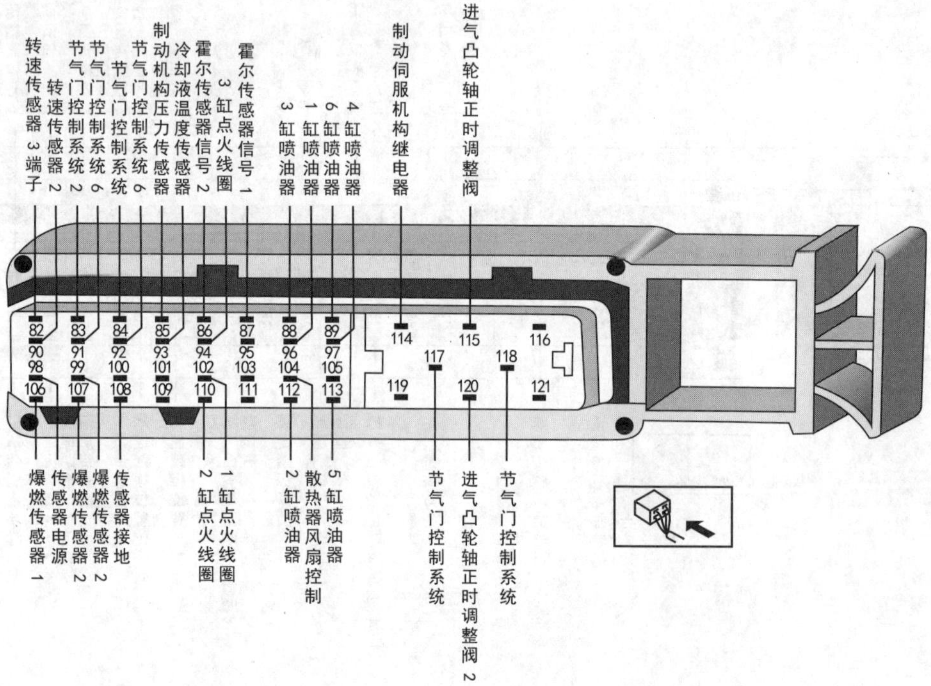

二、组合仪表电脑板32针

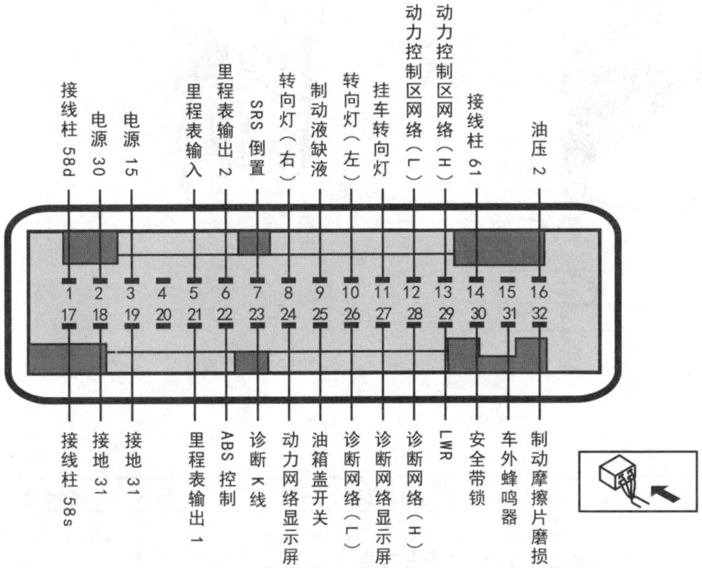

三、组合仪表电脑板32针

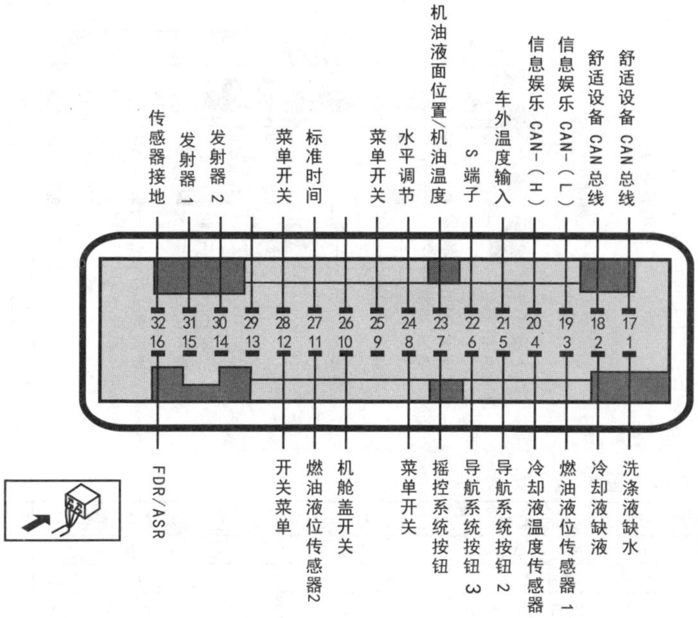

第2节 奥迪A6车系电脑板端子功能和参考值

一、ANQ(4缸)发动机控制系统电脑板80针

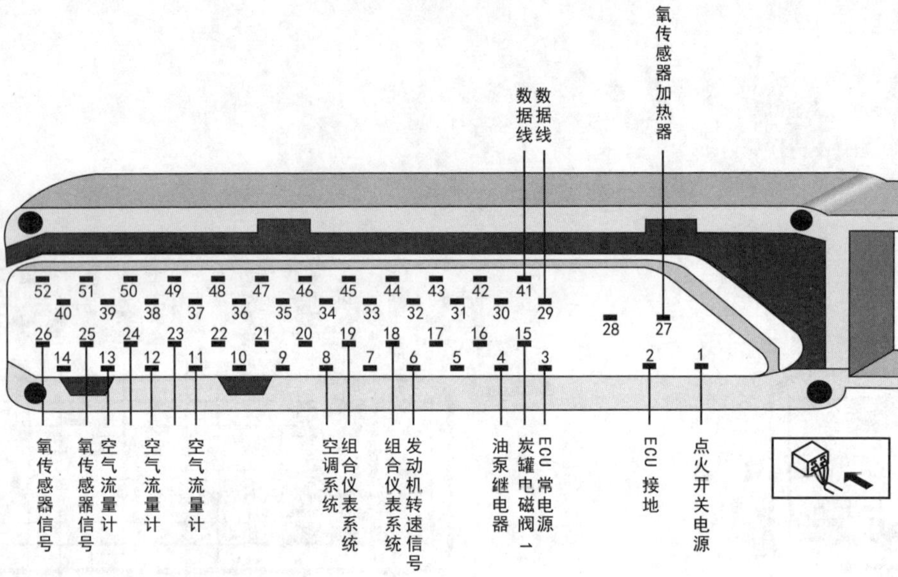

电脑板重要端子参考值

端子号	测试条件	参考值
1-2	点火开关ON	蓄电池电压
3-2	任何条件	蓄电池电压
4-2	发动机转和点火开关ON	蓄电池电压
	点火开关ON2s	0~1V
6-2	发动机转	0.3~0.5(方波)
11-12	点火开关ON	5V
12-2	点火开关ON	0V
13-12	怠速	0.6V
62-2	点火开关ON	5V

端子号	测试条件	参考值
25-26	发动机热机后转动	0.2~0.9V(变化)
27-2	冷车,加热器工作	0V
	热车,加热器未工作	蓄电池电压
53-67	点火开关ON,拔下插头	5V
	点火开关ON,插上插头	0.5~4.5V
54-67	点火开关ON,拔下插头	0.5V
	点火开关ON,插上插头	0.7~2.8V
55-2	电磁阀不工作	蓄电池电压

端子号	测试条件	参考值
55-2	电磁阀工作	接近0V
58-2 65-2	点火开关ON	蓄电池电压
	发动机转	脉冲接地
	转速 3000r/min	1.6V
73-28 0-2	点火开关ON	蓄电池电压
	发动机转	脉冲接地
	转速3 000r/min	1.6V
59-66	点火开关ON,发动机不转	接近0V
	发动机怠速	0~12V(频率方波)

端子号	测试条件	参考值
60-67	发动机转	0.3~1.4V
	点火开关OFF	∞
76-67	点火开关ON	0或5V
	发动机转	0~5V(方波)
63-56	发动机转	0.3~5V(方波)
	点火开关OFF	450~1000Ω
64-2	电磁阀不工作	蓄电池电压
	电磁阀工作	接近0V
62-67	点火开关ON	5V

一、ANQ（4缸）发动机控制系统电脑板80针（续）

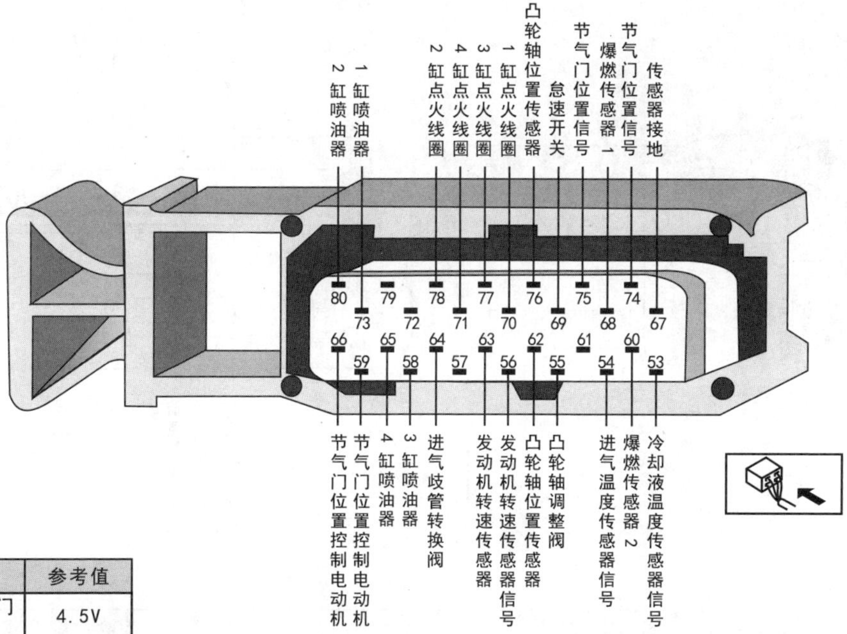

电脑板重要端子参考值

端子号	测试条件	参考值
67-67	点火开关ON	0V
67-2	点火开关ON	0V
68-67	发动机转	0.3～1.4V
69-67	点火开关ON，节气门关	0V
	点火开关ON，节气门打开	蓄电池电压
70 71	发动机转	0～12V（频率方波）
77 78-2	发动机转	0～12V（频率方波）
	点火开关OFF	∞

端子号	测试条件	参考值
74-67	点火开关ON，节气门关	4.5V
	点火开关ON，节气门打开	4.5～0.5V
75-67	点火开关ON，节气门关	0.5V
	点火开关ON，节气门打开	0.5～4.5V

二、2.4L(6缸)发动机控制系统电脑板121针

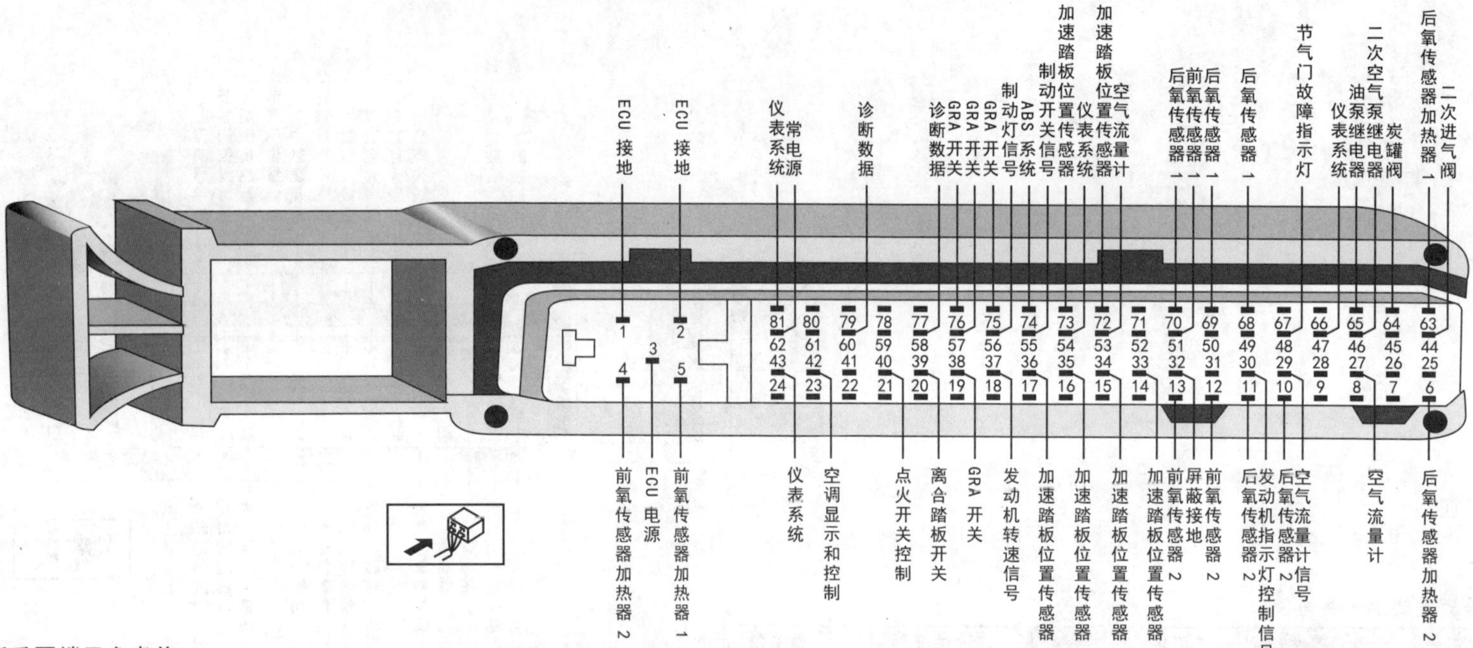

电脑板重要端子参考值

端子号	测试条件	参考值
5-1	冷车加热器未工作	0V
	热车加热器未工作	蓄电池电压
3-1 40-1	点火开关ON	蓄电池电压
	点火开关OFF	0V
6-1	冷车加热器工作	0V
	热车加热器未工作	蓄电池电压
10-11	发动机转，热机转动	0.2~0.9V(变化)
12-13	发动机转，热机转动	0.2~0.9V(变化)
14-1	冷车加热器未工作	0V
27-53	点火开关ON	5V
29-53	怠速	0.6V
	转速3000r/min	1.6V
30-1	点火开关ON 指示灯亮	0V
	点火开关ON 指示灯熄	蓄电池电压
33-1	点火开关ON	0V
34-33	点火开关ON 踩下加速踏板	0.5V
	点火开关ON 松开加速踏板	0.5～4.5V
35-36	点火开关ON，踩下加速踏板	0.5V
	点火开关ON，松开加速踏板	0.5～4.5V
36-1	点火开关ON	0V
37-1	发动机转	0.3~5V（方波）
44-1	电磁阀未工作	蓄电池电压
	电磁阀工作	0V
46-1	电磁阀未工作	蓄电池电压
	电磁阀工作	接近0V
48-1	点火开关ON，指示灯亮	0V
	点火开关ON，指示灯熄	蓄电池电压
51-70	发动机转，热机转动	0.2~0.9V（变化）
	热车加热器未工作	蓄电池电压
53-1	点火开关ON	0V
56-1	踩下制动踏板	蓄电池电压
	松开制动踏板	0V
62-1	任何条件	蓄电池电压

二、2.4L（6缸）发动机控制系统电脑板121针（续）

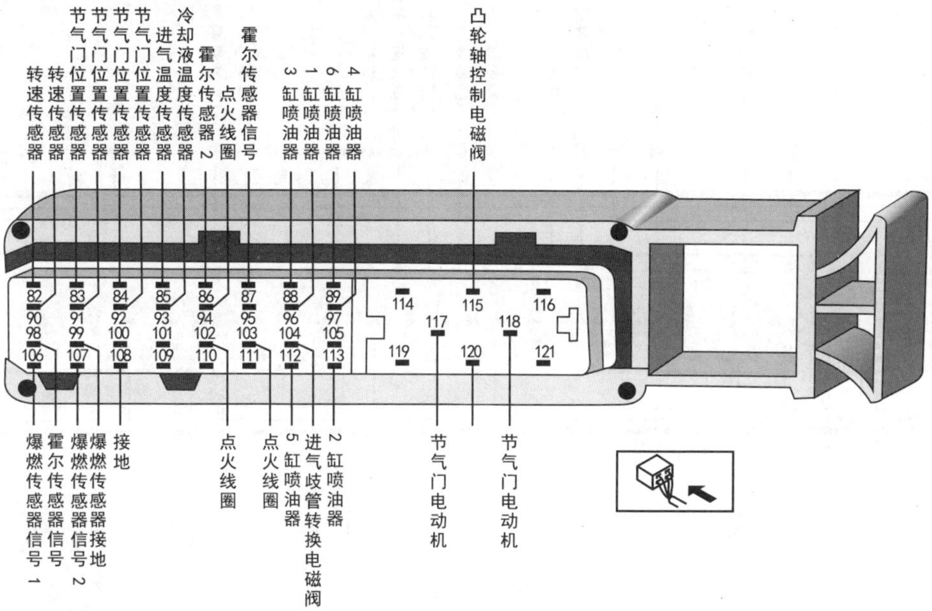

电脑板重要端子参考值

端子号	测试条件	参考值
63-1	冷车加热器工作	0V
	热车,加热器未工作	蓄电池电压
64-1	电磁阀未工作	蓄电池电压
	电磁阀工作	接近0V
65-1	发动机转和点火开关ON 2s内	蓄电池电压
	点火开关ON 2s后	0V
68-69	发动机转,热机转动	0.2～0.9V（变化）
72-33	点火开关ON	5V

端子号	测试条件	参考值
73-36	点火开关ON	5V
82-90	发动机运转	0.3～5V（方波）
	点火开关OFF	450～1000Ω
83-91	点火开关ON	5V
84-91	点火开关ON,节气门关	0.5V
	点火开关ON,节气门打开	0.5～4.5V
85-108	点火开关ON,拔下插头	5V

端子号	测试条件	参考值
85-108	点火开关ON,插上插头	0.7～2.8V
86-108	点火开关ON	0或5V
	发动机转	0～5V（方波
87-108	点火开关ON	0或5V
88-1 89-1 96-1	点火开关ON	蓄电池电压
	发动机转	脉冲接地
97-1 112-1 113-1	点火开关ON	蓄电池电压
	发动机转	脉冲接地

端子号	测试条件	参考值
91-1	点火开关ON	0V
92-91	点火开关ON,节气门关	4.5V
	点火开关ON,节气门打开	4.5～0.5V
93-108	点火开关ON,拔下插头	5V
	点火开关ON,插上插头	0.5～4.5V
94-1	发动机转	0～12V（频率方波）
98-108	点火开关ON	5V

三、自动变速器系统电脑板88针

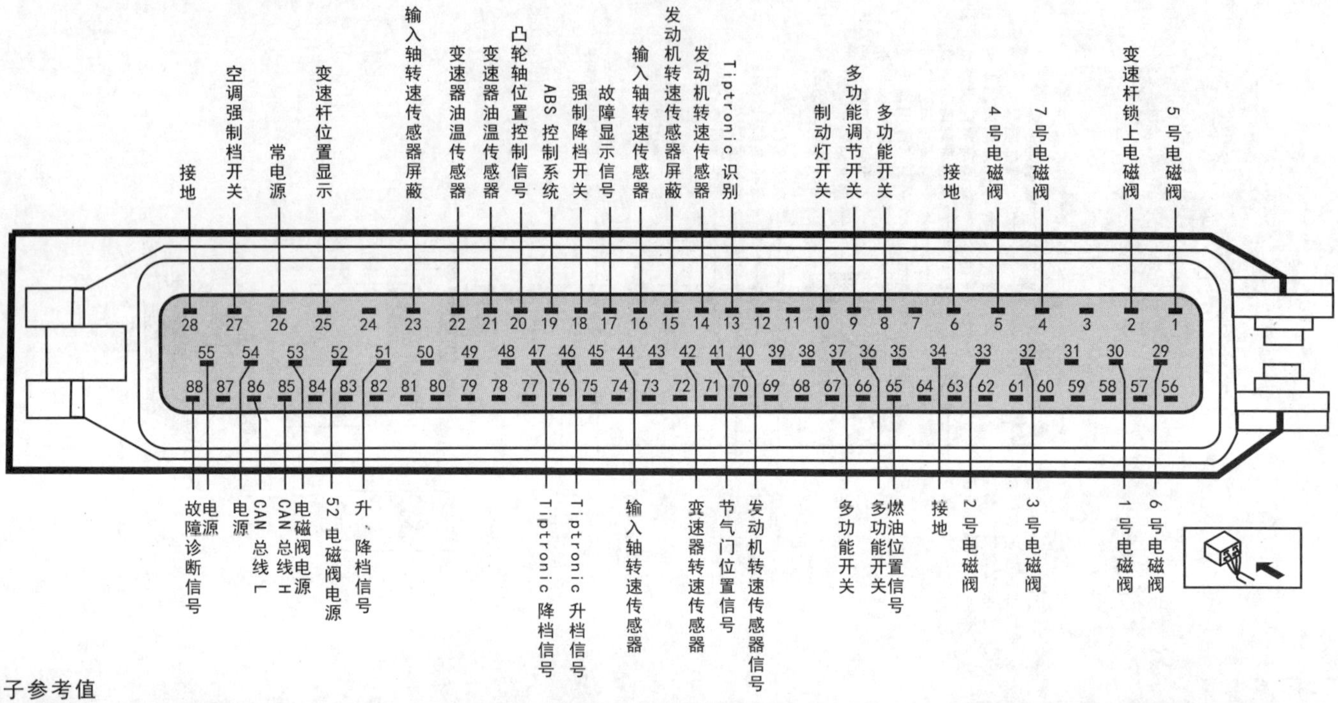

电脑板重要端子参考值

端子号	测试条件	参考值
2-6	点火开关ON	蓄电池电压
8-28	变速杆P、D、3、2位	1V以下
	变速杆R、N、4位	蓄电池电压
8-34	变速杆P、D、3、2位	1V以下
	变速杆R、N、4位	蓄电池电压
8-6	变速杆P、R、N、2位	1V以下
	变速杆D、4、3位	蓄电池电压
8-6	变速杆P、D、3、2位	1V以下
	变速杆R、N、4位	蓄电池电压

端子号	测试条件	参考值
9-34	变速杆P、R、N、2位	1V以下
	变速杆D、4、3位	蓄电池电压
9-28	变速杆P、R、N、2位	1V以下
	变速杆D、4、3位	蓄电池电压
10-6	踩下制动踏板	蓄电池电压
10-28	放开制动踏板	1V以下
10-6	变速杆D、4、3位	蓄电池电压
10-28	变速杆P、R、N、2位	5V以下
13-34	变速杆Tiptronic位	20V

端子号	测试条件	参考值
13-6	变速杆D位	10V
18-54	加速踏板踩至强制降档位	蓄电池电压
26-6	点火开关OFF	0V
26-34	点火开关OFF	蓄电池电压
36-34	变速杆R、4、3位	1V以下
	变速杆R、N、D位	蓄电池电压
36-6	变速杆R、4、3位	1V以下
	变速杆R、N、D位	蓄电池电压

端子号	测试条件	参考值
36-28	变速杆R、4、3位	1V以下
	变速杆R、N、D位	蓄电池电压
37-34	变速杆P、R、3位	1V以下
	变速杆N、D、4、2位	蓄电池电压
37-6	变速杆P、R、3位	1V以下
	变速杆N、D、4、2位	蓄电池电压
37-28	变速杆P、R、3位	1V以下
	变速杆N、D、4、2位	蓄电池电压
45-55	变速杆Tiptronic位按下升档开关	1.5V以下

（续）

端子号	测试条件	参考值
45-55	变速杆Tiptronic位按下降档开关	蓄电池电压
46-54	变速杆Tiptronic位按下降档开关	1.5V以下
46-55	变速杆Tiptronic位按下升档开关	蓄电池电压
	变速杆Tiptronic位按下降档开关	1.5V以下
46-34	变速杆Tiptronic位按下升档开关	蓄电池电压
	变速杆Tiptronic位按下降档开关	1.5V以下
46-6	变速杆Tiptronic位按下降档开关	蓄电池电压
	变速杆Tiptronic位按下升档开关	1.5V以下
46-54	变速杆Tiptronic位按下升档开关	蓄电池电压
47-34	变速杆Tiptronic位按下降档开关	1.5V以下
	变速杆Tiptronic位按下升档开关	蓄电池电压
47-6	变速杆Tiptronic位按下降档开关	1.5V以下
	变速杆Tiptronic位按下升档开关	蓄电池电压
47-54	变速杆Tiptronic位按下降档开关	蓄电池电压
	变速杆Tiptronic位按下升档开关	1.5V以下
54-38	点火开关ON	蓄电池电压
54-55	点火开关ON	蓄电池电压
55-34	点火开关ON	蓄电池电压
55-6	点火开关ON	蓄电池电压

端子号	测试条件	参考值
1-34	点火开关OFF	∞
2-36	点火开关OFF，变速杆P位	14～28Ω
4-34	点火开关OFF	∞
5-34	点火开关OFF	∞
6-34	点火开关OFF	1Ω以下
14-42	点火开关OFF，最小值	0.23kΩ
	点火开关OFF，最大值	0.30kΩ
14-34	点火开关OFF	∞
14-54	点火开关OFF	∞
15-34	点火开关OFF	∞
16-44	点火开关OFF，最大值	0.30kΩ
16-54	点火开关OFF	∞
18-34	点火开关OFF，踩下加速踏板	15Ω以下
18-34	点火开关OFF，松开加速踏板	∞
20-28	点火开关OFF，发动机系统断开	∞
20-34	点火开关OFF，发动机系统断开	∞
20-55	点火开关OFF，发动机系统断开	∞
21-22	点火开关OFF，油温为80℃	1.88kΩ
21-34	点火开关OFF	∞
21-54	点火开关OFF	∞

端子号	测试条件	参考值
21-22	点火开关OFF，油温为20℃	0.83kΩ
	点火开关OFF，油温为60℃	1.28kΩ
22-28	点火开关OFF	∞
22-34	点火开关OFF	∞
22-54	点火开关OFF	∞
28-34	点火开关OFF	1Ω以下
30-34	点火开关OFF	∞
32-34	点火开关OFF	∞
33-34	点火开关OFF	∞
35-28	点火开关OFF，发动机系统断开	40 kΩ以上
35-34	点火开关OFF，发动机系统断开	40 kΩ以上
35-55	点火开关OFF，发动机系统断开	40 kΩ以上
35-26	点火开关OFF，发动机系统断开	40 kΩ以上
36-8	变速杆N位	25Ω以下
37	点火开关OFF	1Ω以下
37-9	变速杆P、R、D、4、3、2位	∞
37-36	变速杆P、R、D、4、3、2位	∞
37-36	变速杆N、D位	26Ω以下

端子号	测试条件	参考值
37-36	变速杆P、R、D、3、2位	∞
	变速杆D、4位	26Ω以下
40-28	点火开关OFF，发动机系统断开	15～80kΩ
40-34	点火开关OFF，发动机系统断开	15～80kΩ
41-26	点火开关OFF，发动机系统断开	∞
41-28	点火开关OFF，发动机系统断开	∞
41-34	点火开关OFF，发动机系统断开	∞
41-55	点火开关OFF，发动机系统断开	∞
42-54	点火开关OFF	∞
42-34	点火开关OFF	∞
44-54	点火开关OFF	∞
52-1	点火开关OFF	25～35Ω
52-4	点火开关OFF	25～35Ω
52-29	点火开关OFF	25～35Ω
52-53	点火开关OFF	25～35Ω
52-53	点火开关OFF	1Ω以下
52-5	点火开关OFF	25～35Ω
52-33	点火开关OFF	25～35Ω
53-30	点火开关OFF	25～35Ω

四、ABS/EDS控制系统电脑板32针

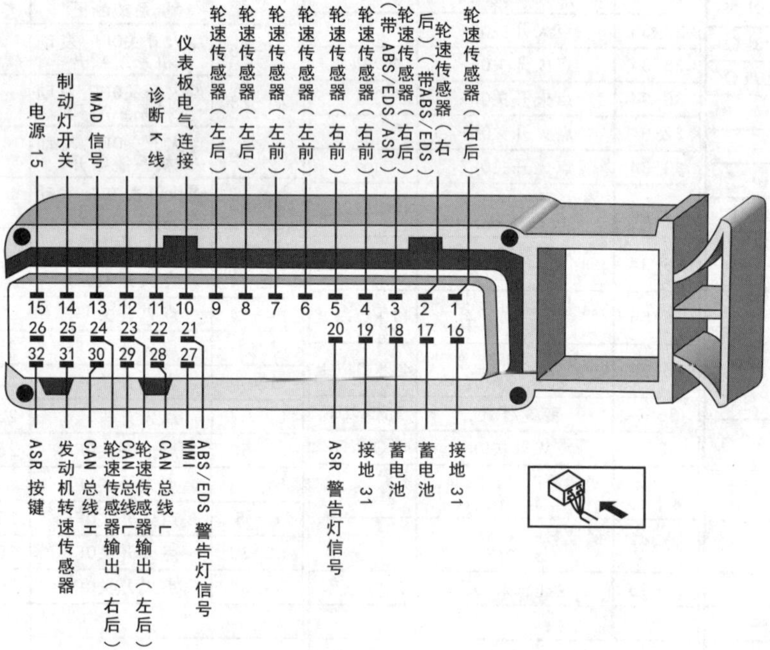

电脑板重要端子参考值

端子号	测试条件	参考值
1-3 1-5	点火开关OFF	400～2 300Ω
4-5 3-5	点火开关OFF	400～2 300Ω
6-7	点火开关OFF	400～2 300Ω
8-9	点火开关OFF	400～2 300Ω
16-17 16-18	点火开关ON	10.0～14.5V
19-14	点火开关ON，松开制动踏板	0.0～0.5V
19-14	点火开关ON，踩下制动踏板	0.1～14.5V
19-15	点火开关ON	10.0～14.5V

第3节 奥迪A6L车系电脑板端子功能和参考值

一、BPJ（2.0L）发动机控制系统电脑板60+94针

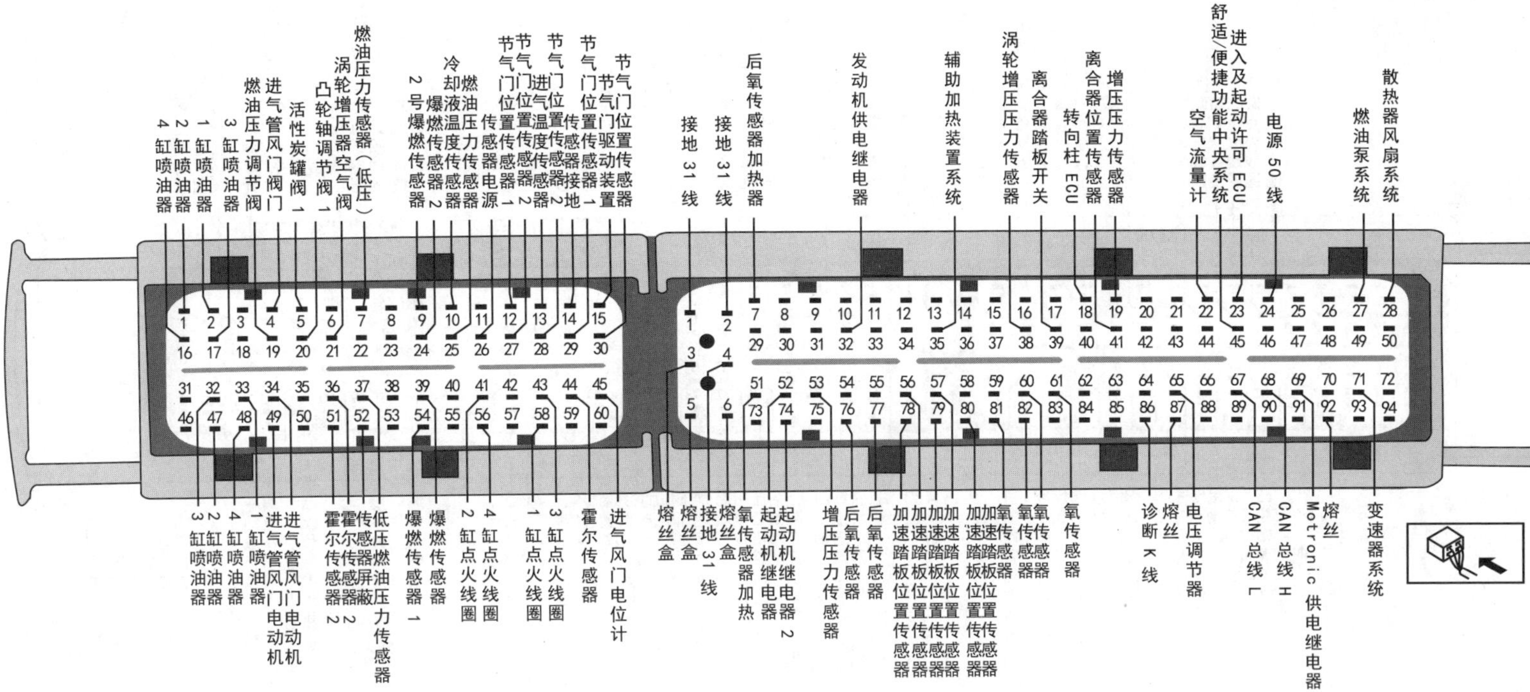

二、BDW（2.4L）发动机控制系统电脑板60+94针

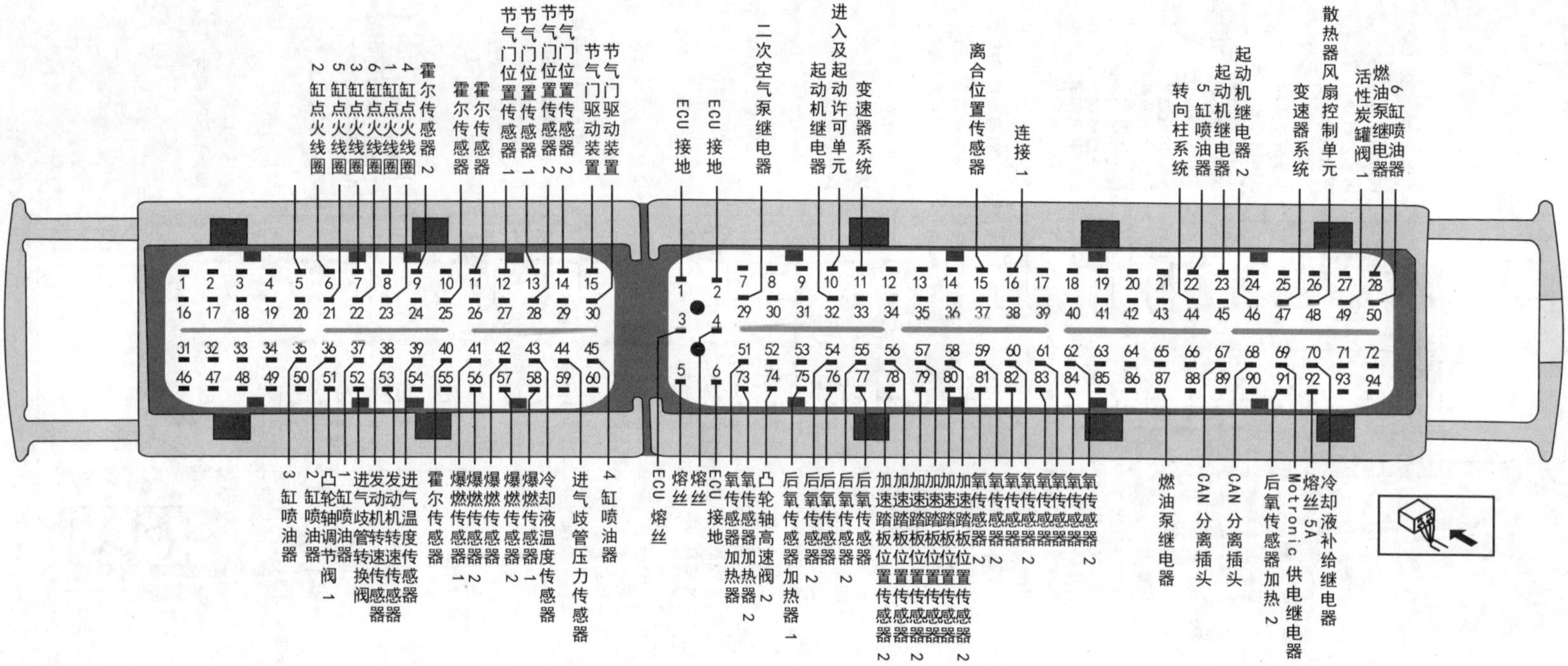

三、BAT(4.2L)发动机控制系统电脑板121针

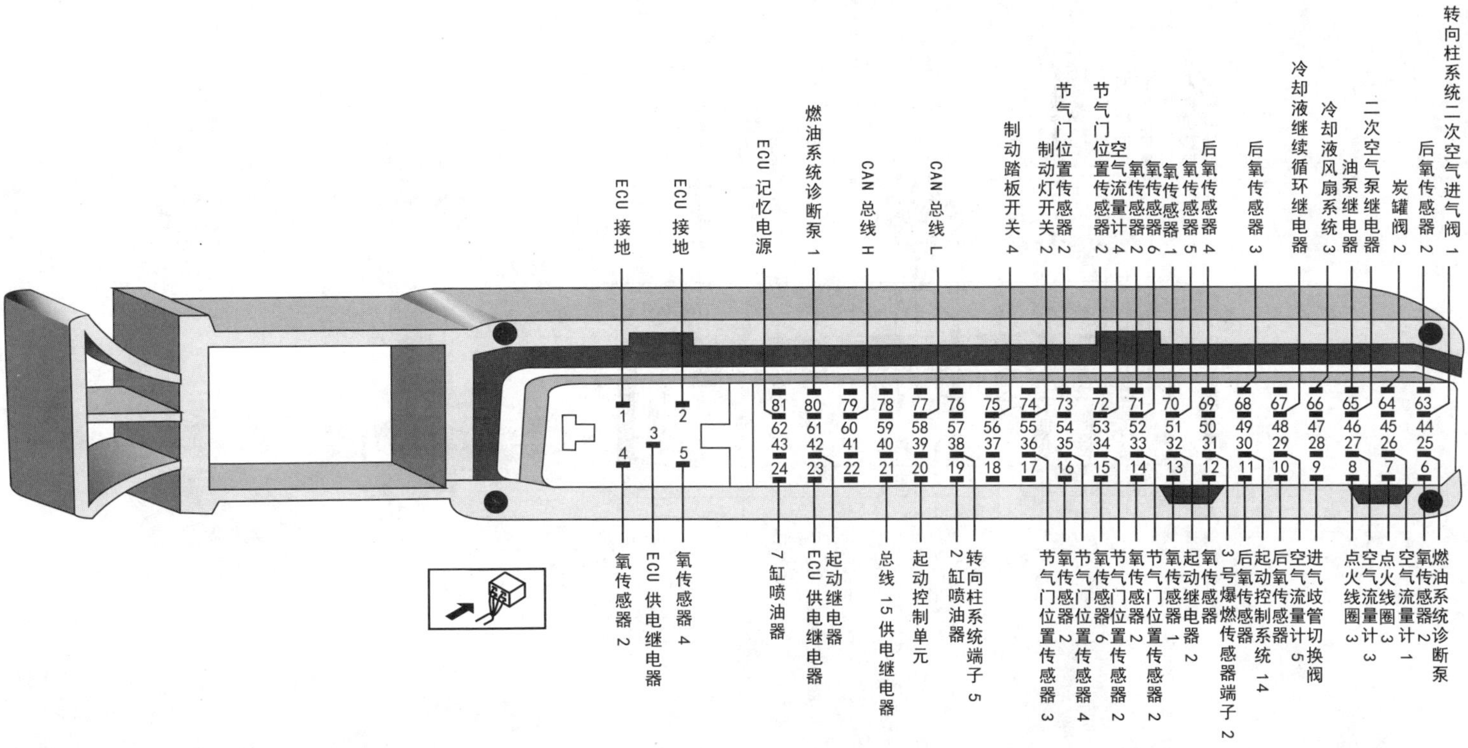

三、BAT（4.2L）发动机控制系统电脑板121针（续）

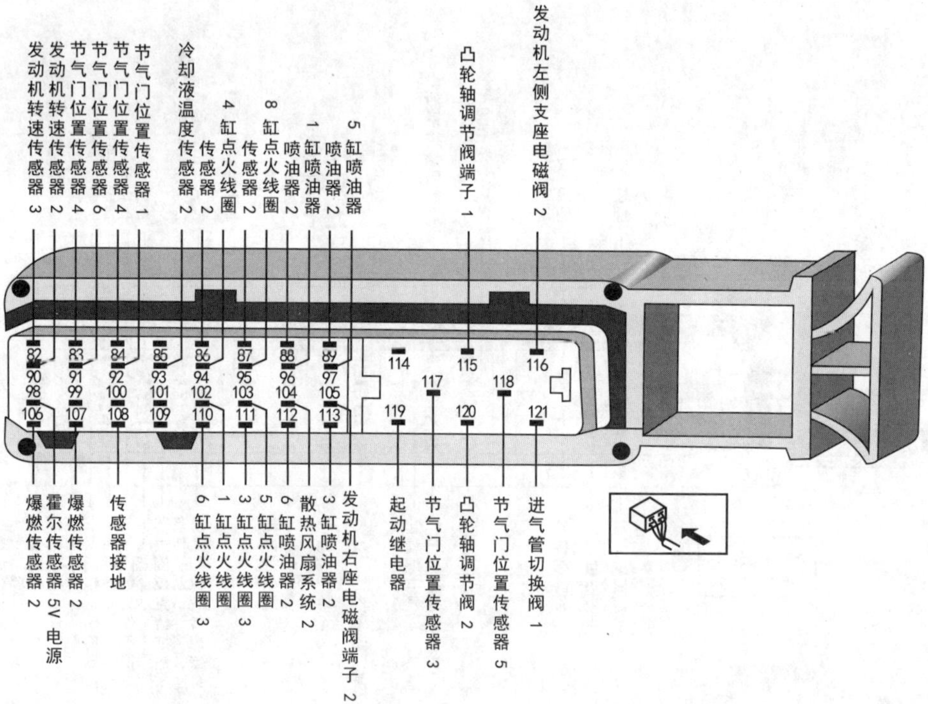

四、自动变速器(01J)电脑板20针

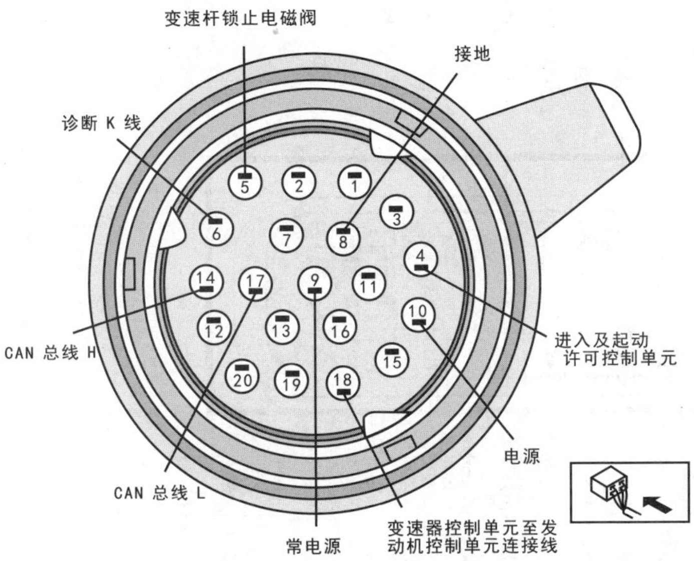

五、防抱死制动系统（ABS）电脑板38针

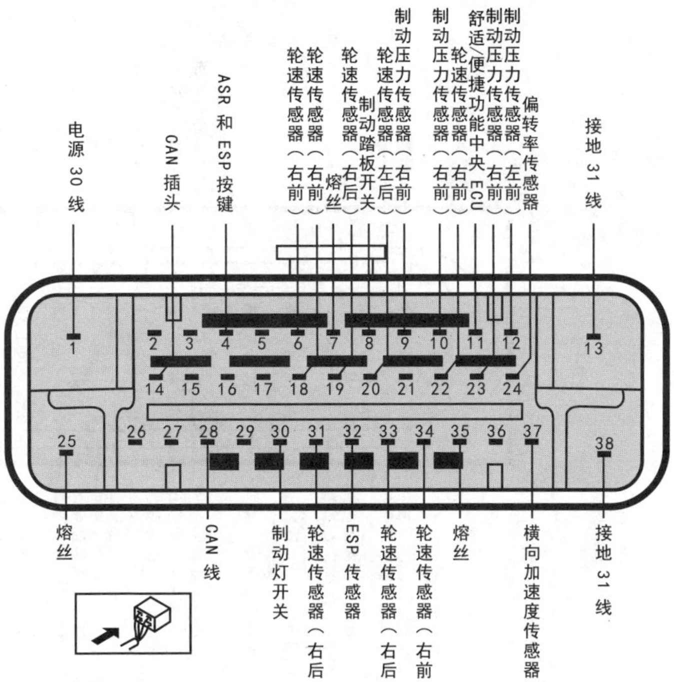

六、安全气囊系统电脑板75针

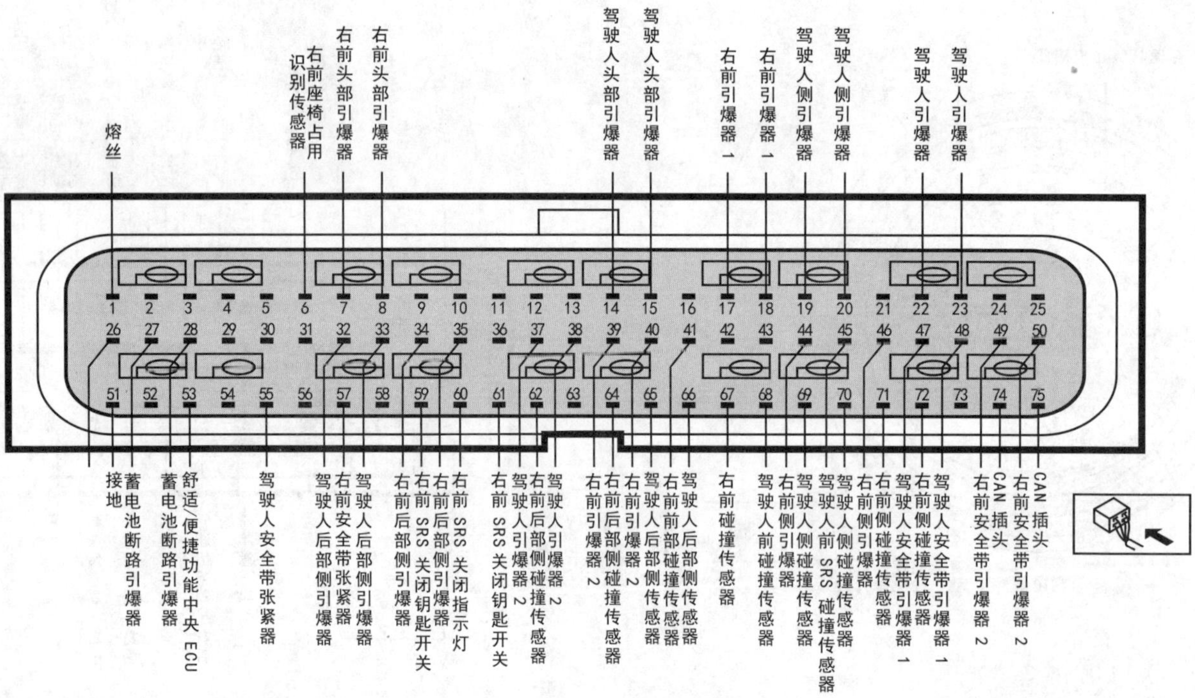

七、自动空调系统电脑板16+12+20+16针

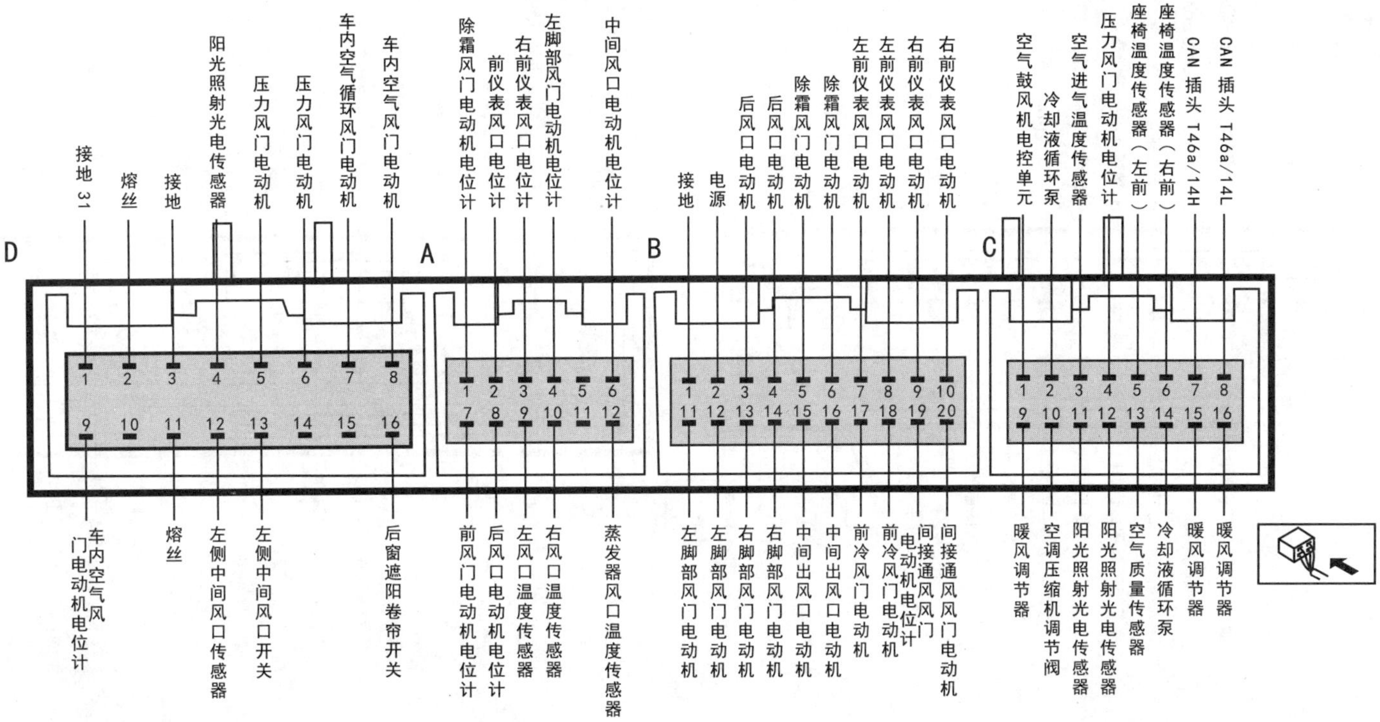

八、轮胎压力监控系统电脑板32针

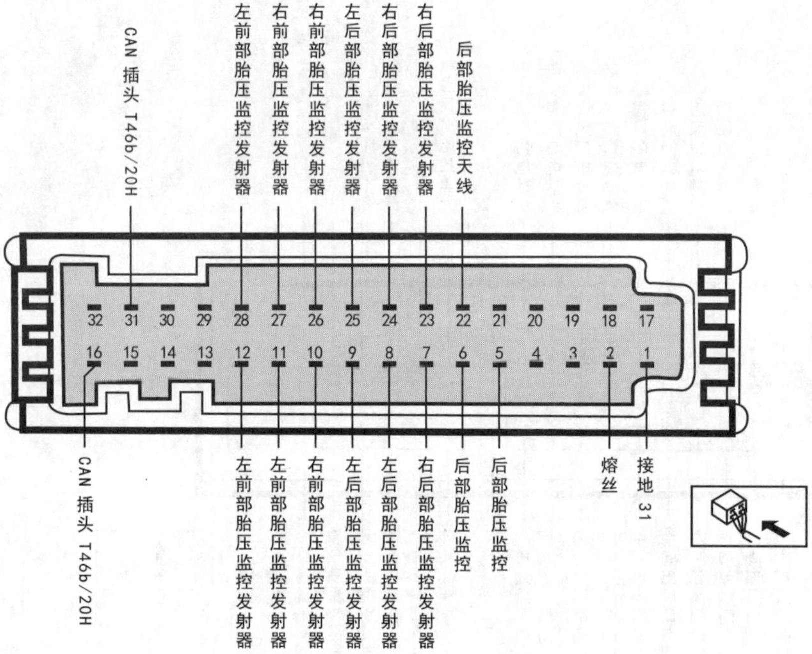

九、前照灯照明距离调节控制系统电脑板26针

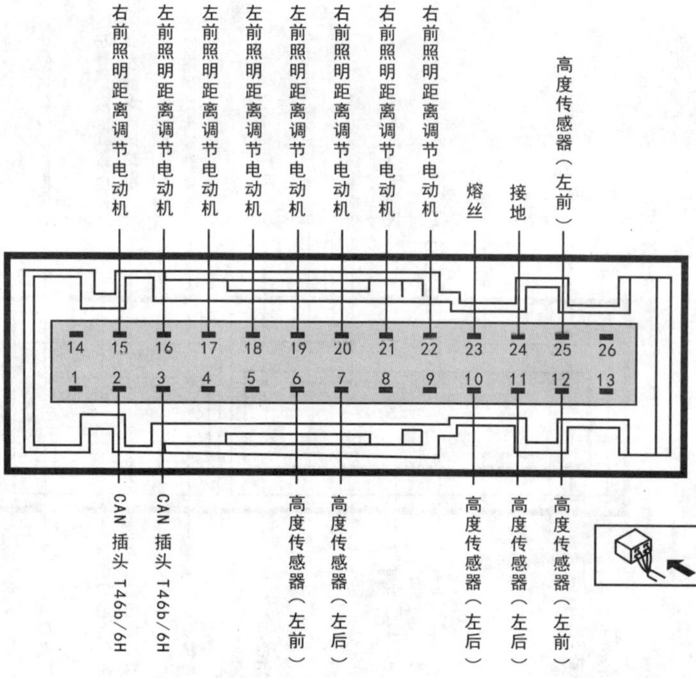

十、组合仪表电脑板32针

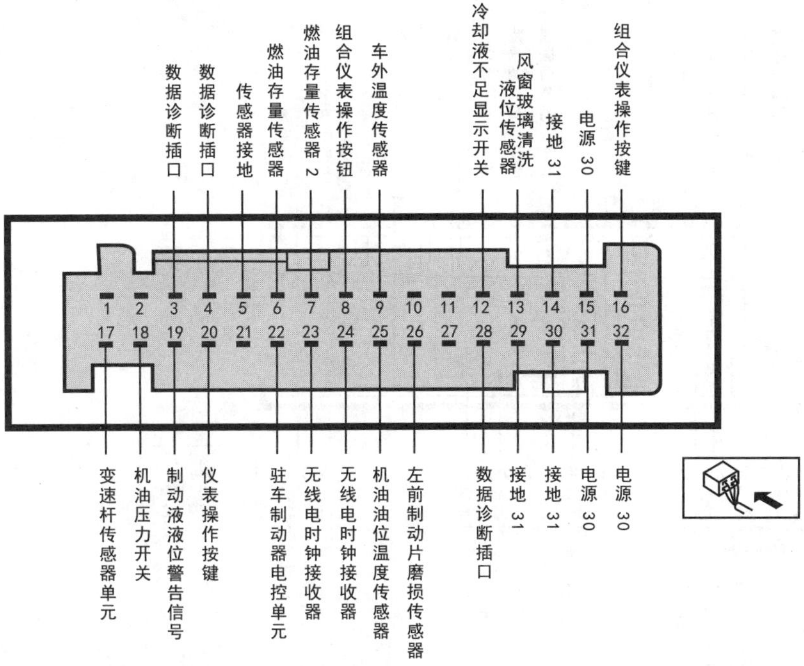

十一、无钥匙进入许可系统电脑板20针

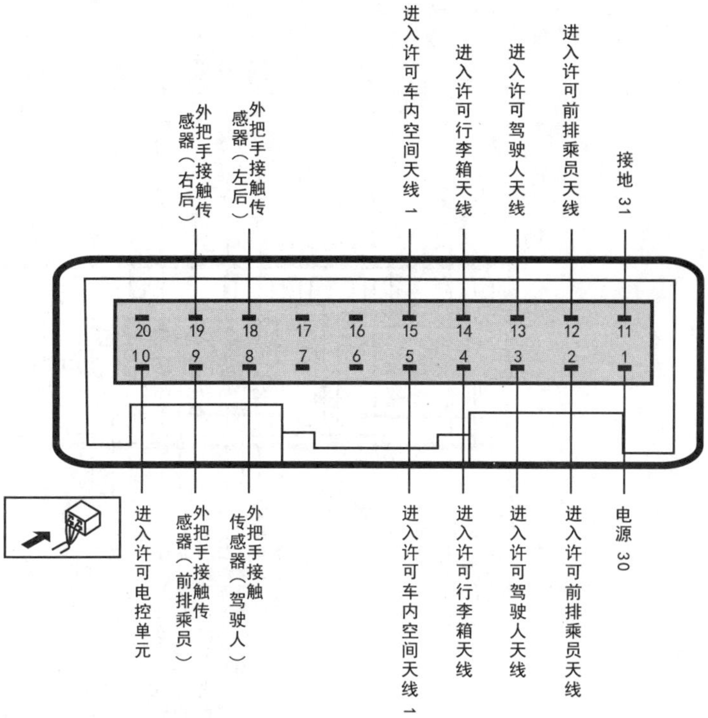

十二、水平高度调整系统电脑板9+18+15+12+6针

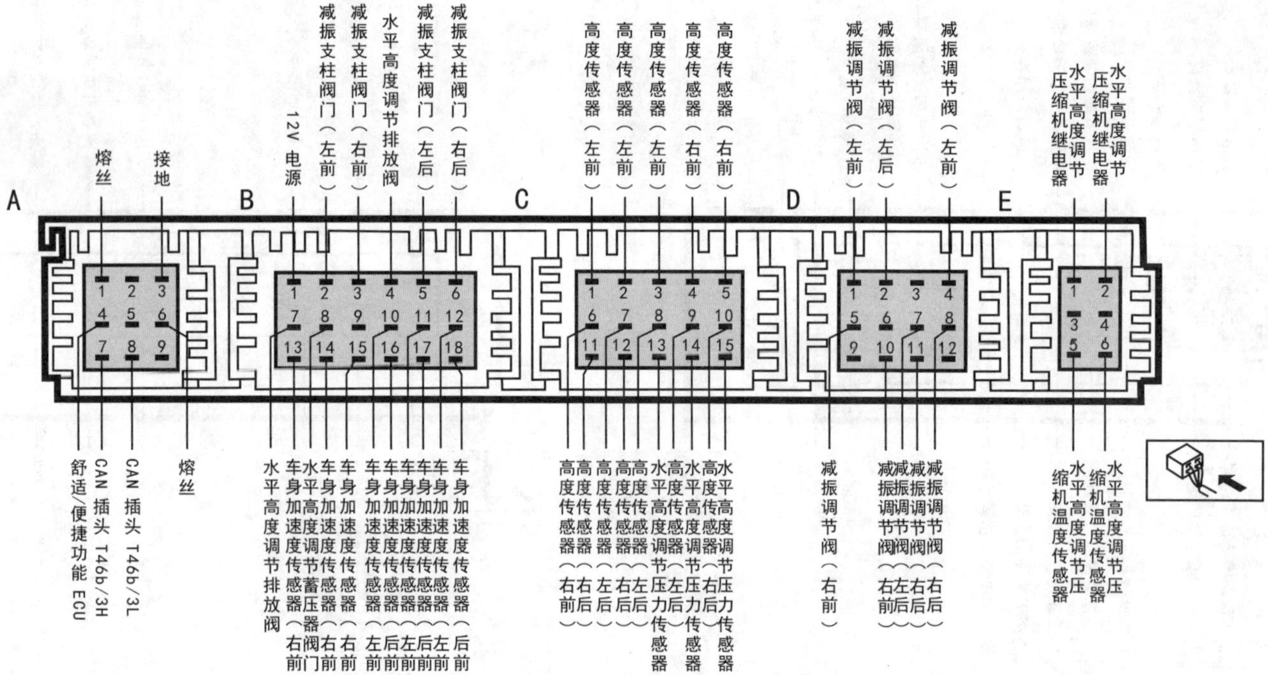

十三、驻车辅助系统电脑板16+12+12针

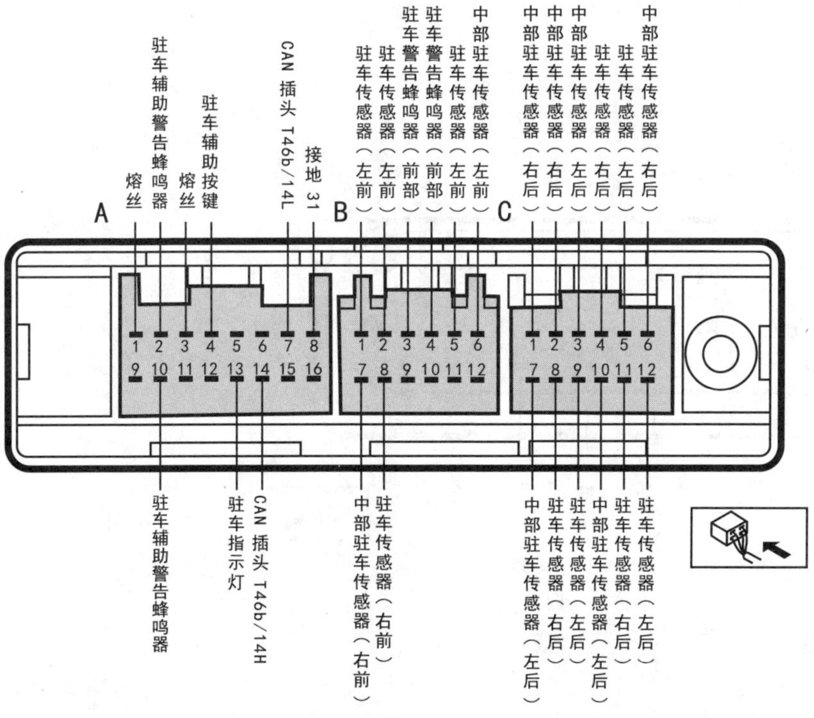

十四、数据诊断接口电脑板16针

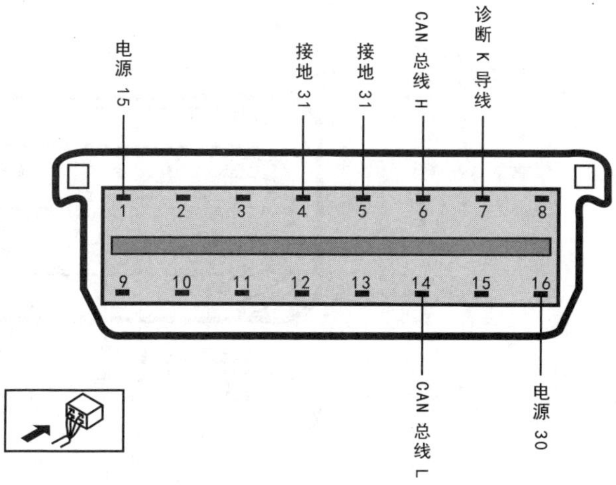

十五、电动车和手动驻车制动系统电脑板30针

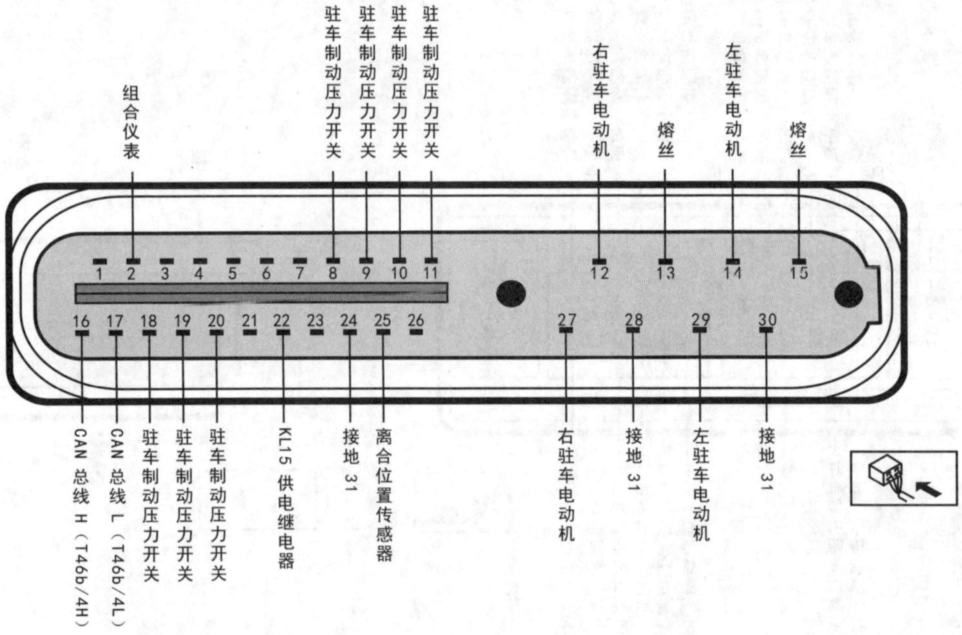

十六、带记忆功能的座椅调整和转向柱调节系统电脑板32+32+12+12针

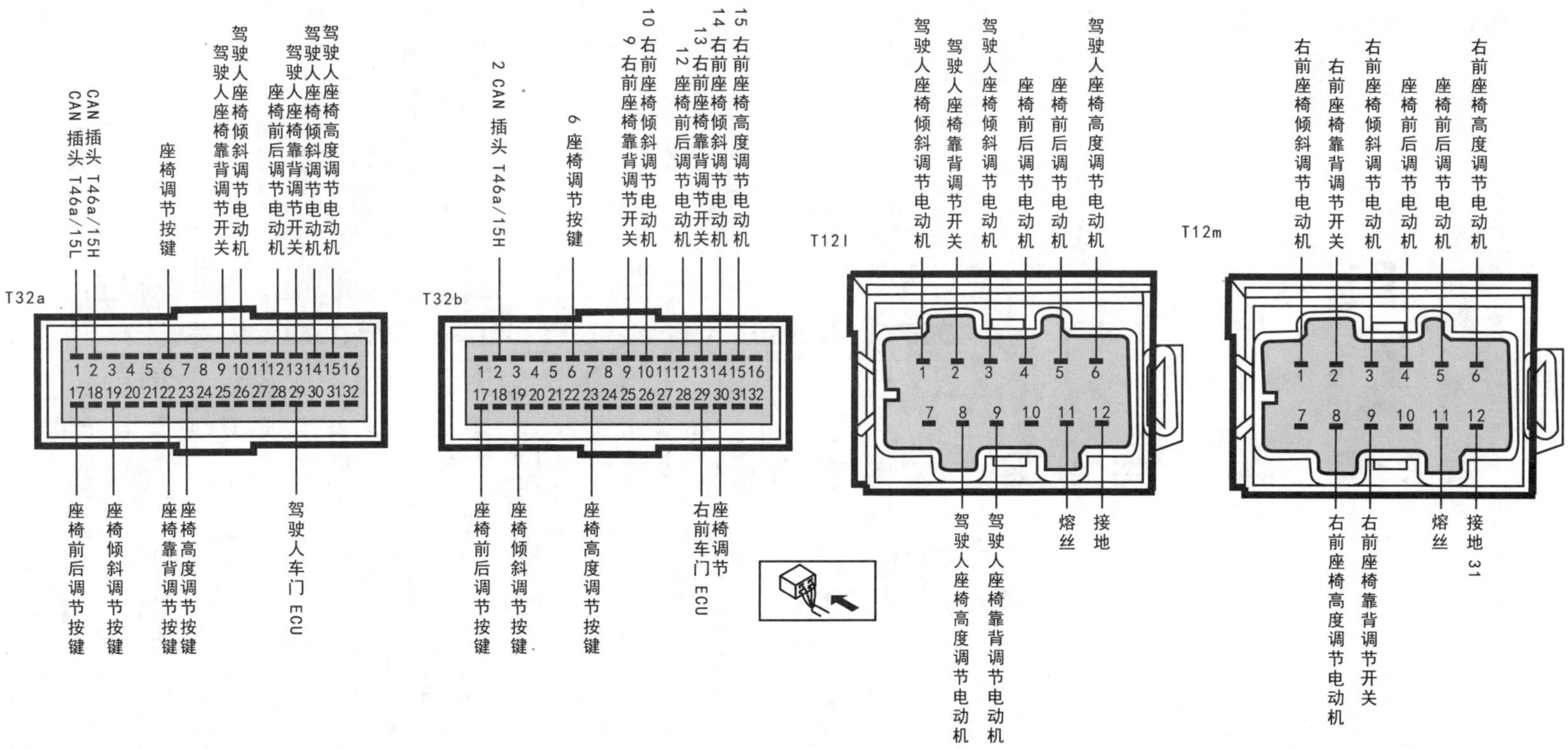

第4节 奥迪A8车系电脑板端子功能和参考值

一、BFM（3.7L、4.2L）发动机控制系统电脑板121针

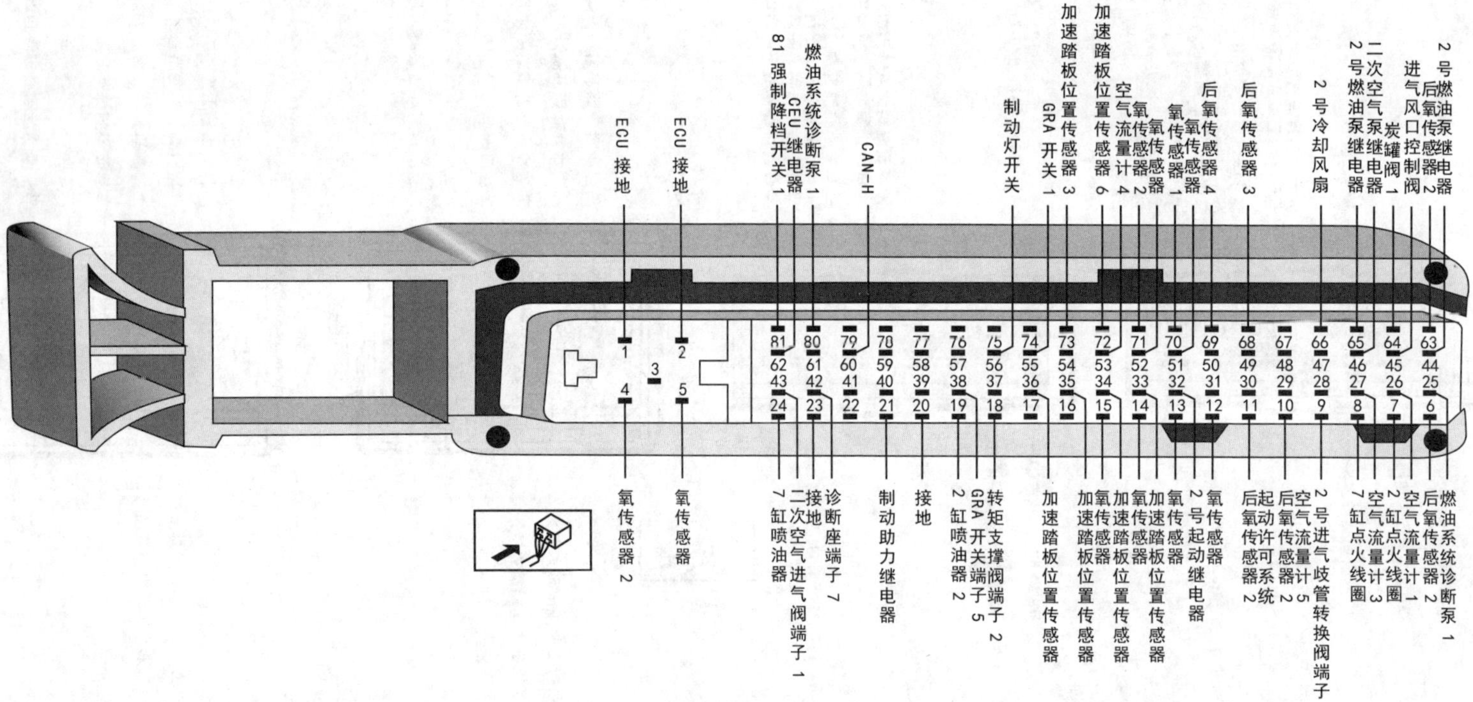

一、BFM(3.7L、4.2L)发动机控制系统电脑板121针(续)

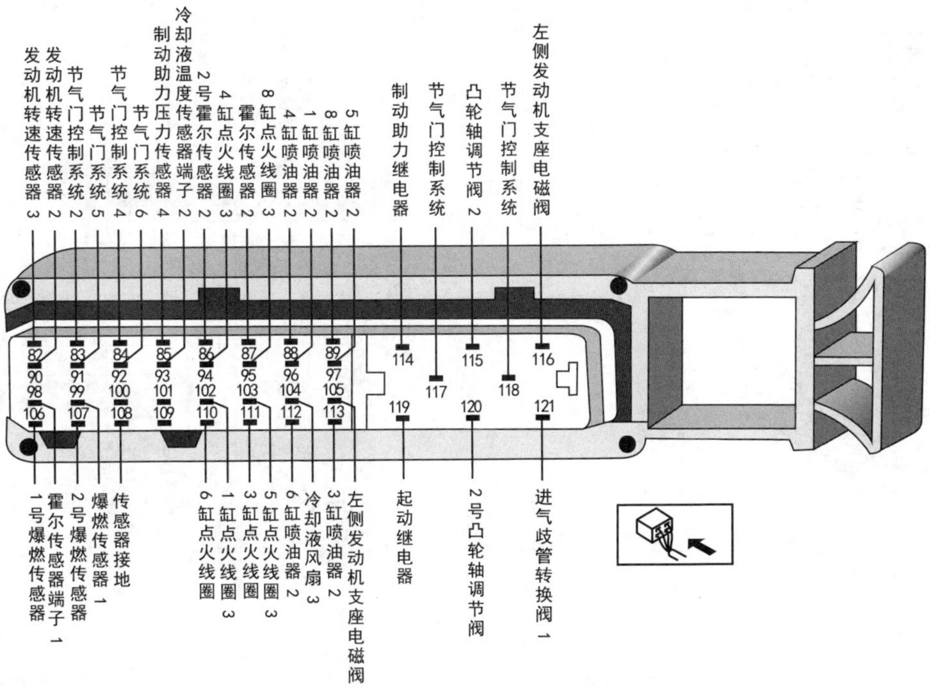

二、无极变速器系统电脑板20针

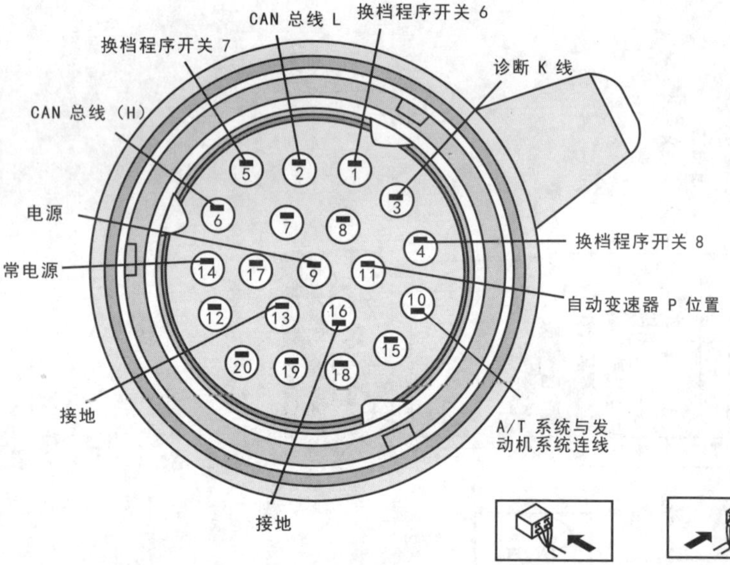

三、防抱死制动系统ABS电脑板42针

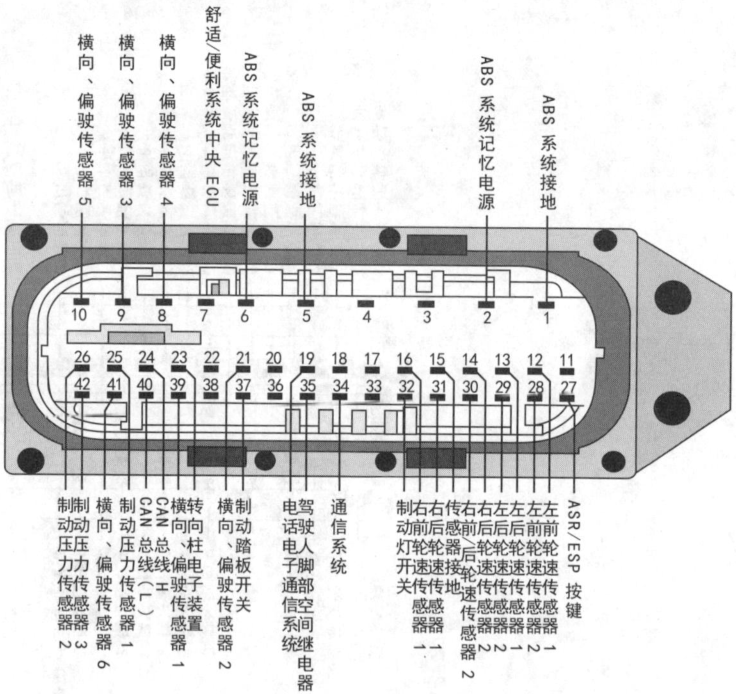

第 5 章

上海大众车系电脑板端子功能

上海大众

第1节 波罗车系电脑板端子功能

一、BBC发动机控制系统电脑板121针

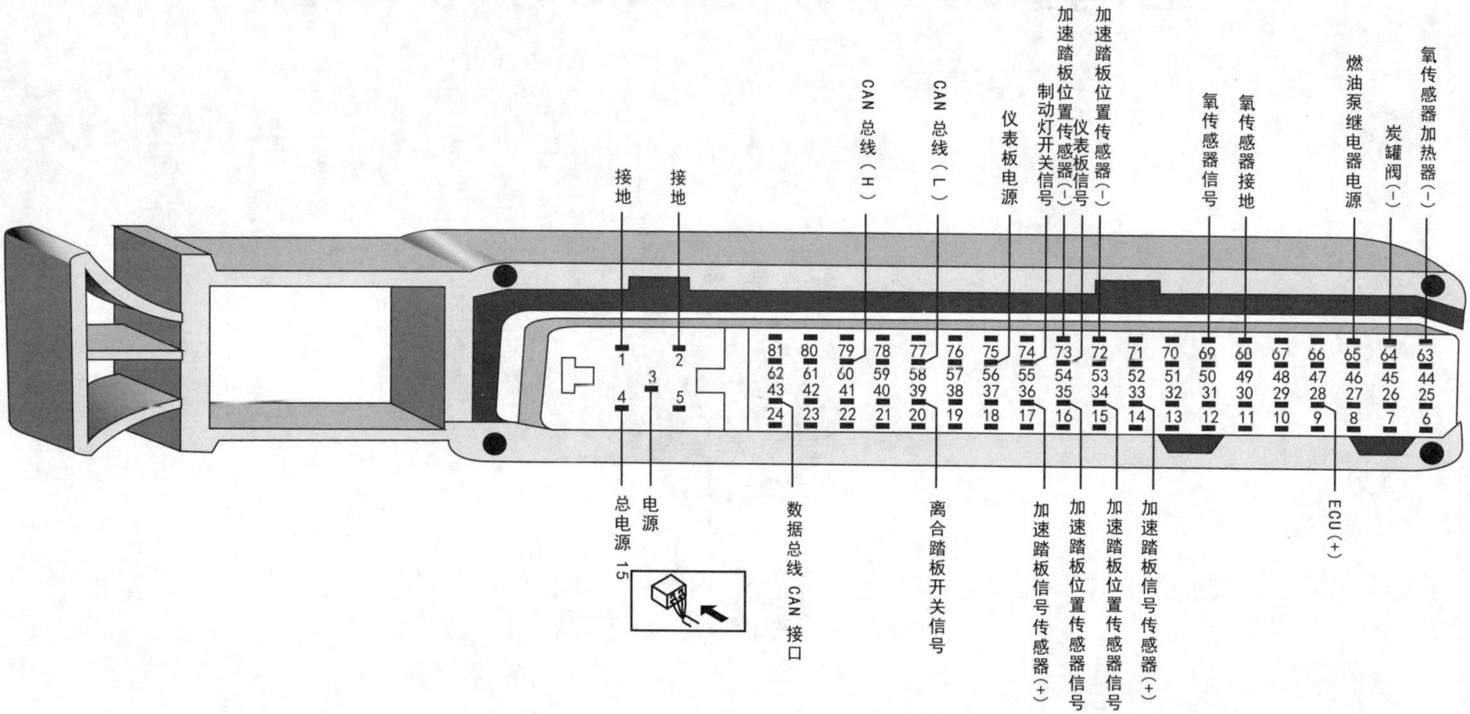

一、BBC发动机控制系统电脑板121针(续)

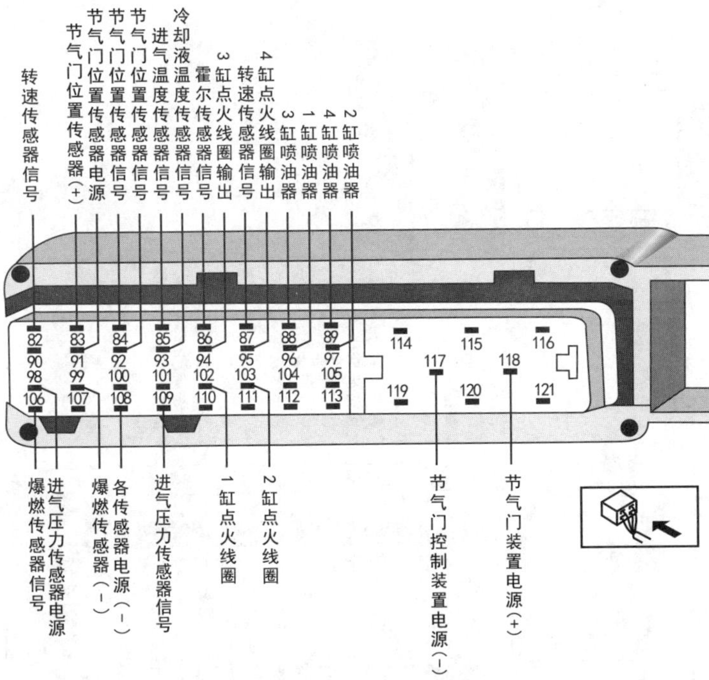

二、防抱死制动系统(ABS)(2006款)电脑板38针

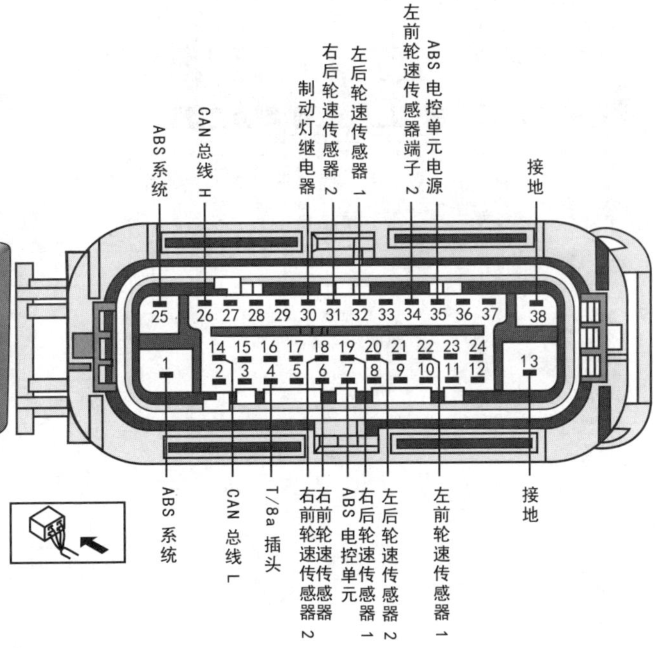

三、BMG/BMH(1.4L/1.6L)发动机控制系统电脑板80针

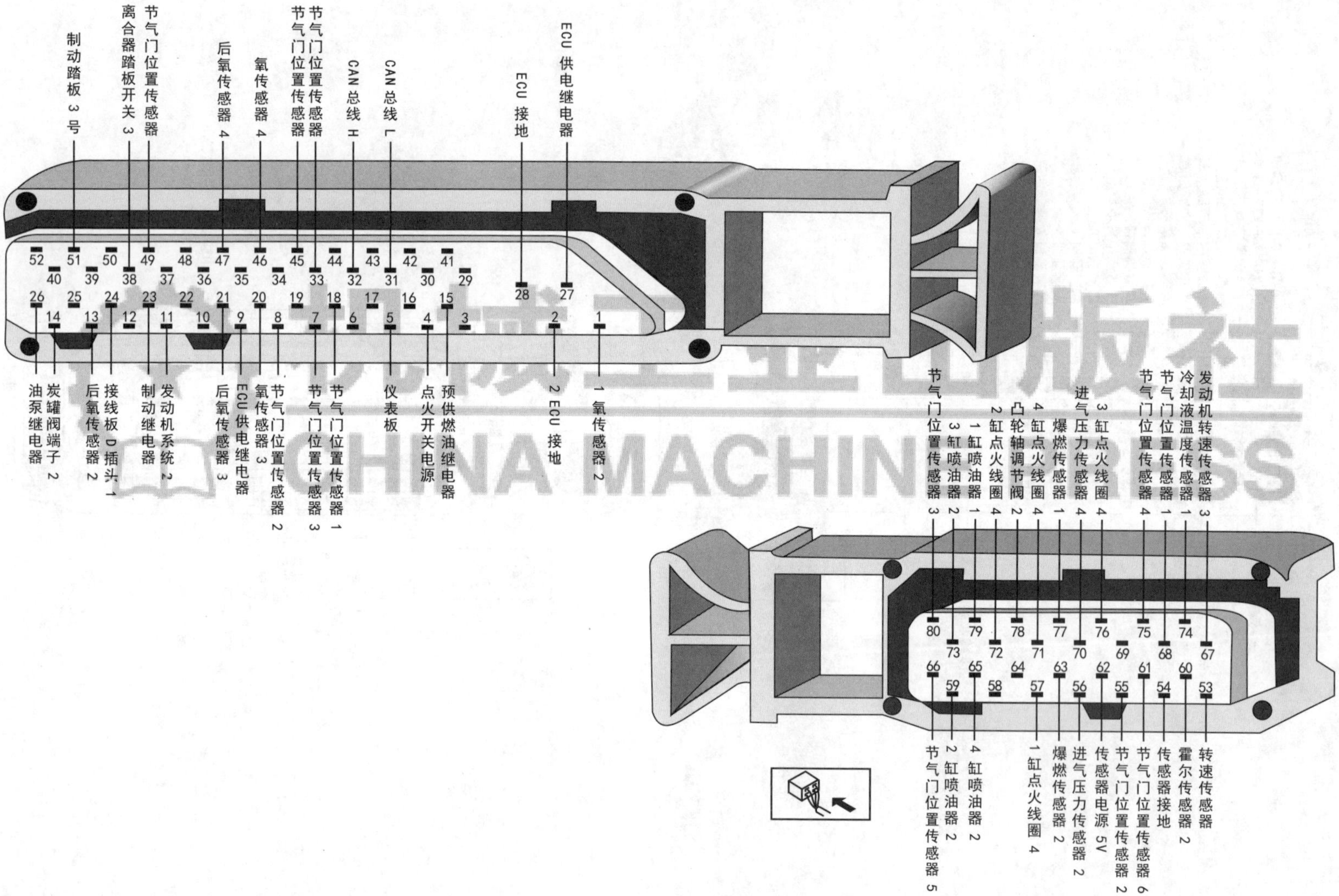

四、01N自动变速器系统电脑板52针(2006款)

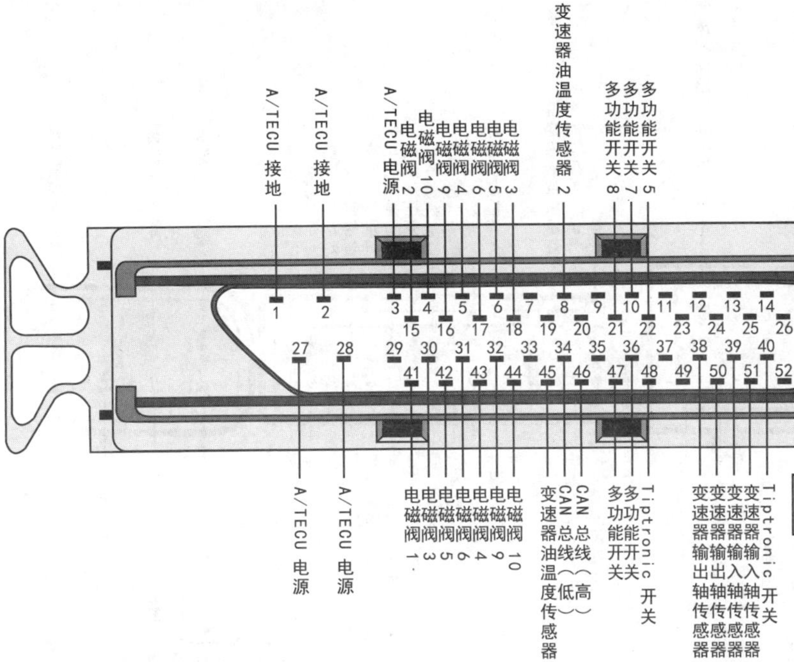

五、防抱死制动系统(ABS)电脑板47针(2004款)

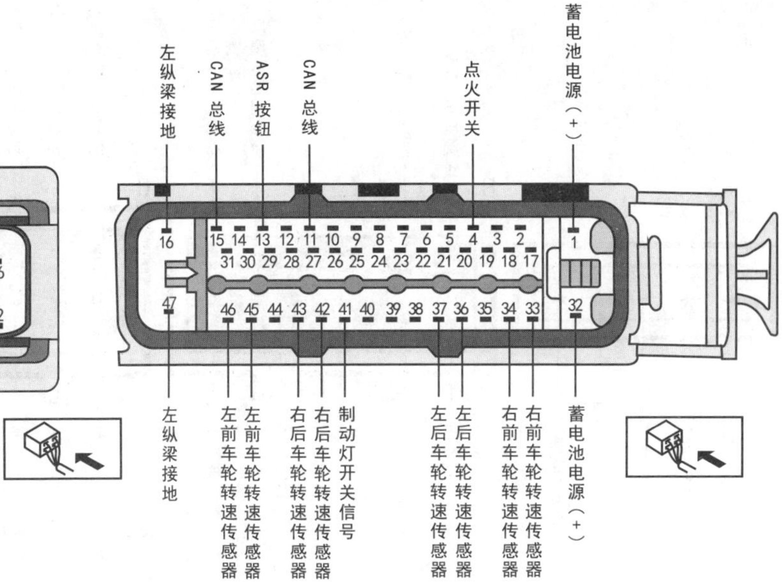

电脑板重要端子参考值

端子号	测试条件	参考值
1-47	点火开关OFF	10.0～14.5V
4-47	点火开关ON	10.0～14.5V
37-36	点火开关OFF	1.0～1.3Ω
33-34	点火开关OFF	1.0～1.3Ω
47-41	点火开关未踩下踏板	0～0.5
	踩下踏板	电源电压
32-16	点火开关OFF	10.0～14.5V
45-46	点火开关OFF	1.0～1.3Ω
42-43	点火开关OFF	1.0～1.3Ω

端子号	测试条件	参考值
33-34	点火开关OFF, 1r/s转车轮	>65mV(交变电压)
42-43	点火开关OFF, 1r/s转车轮	>190mV(交变电压)
37-36	点火开关OFF, 1r/s转轮	>190mV(交变电压)
11或15	点火开关OFF, 拔下CAN连接插头	最大1.5Ω
	检查CAN是否短路	无穷大
45-46	点火开关OFF, 1r/s转车轮	>65mV(交变电压)

六、空调系统电脑板5+16+18针

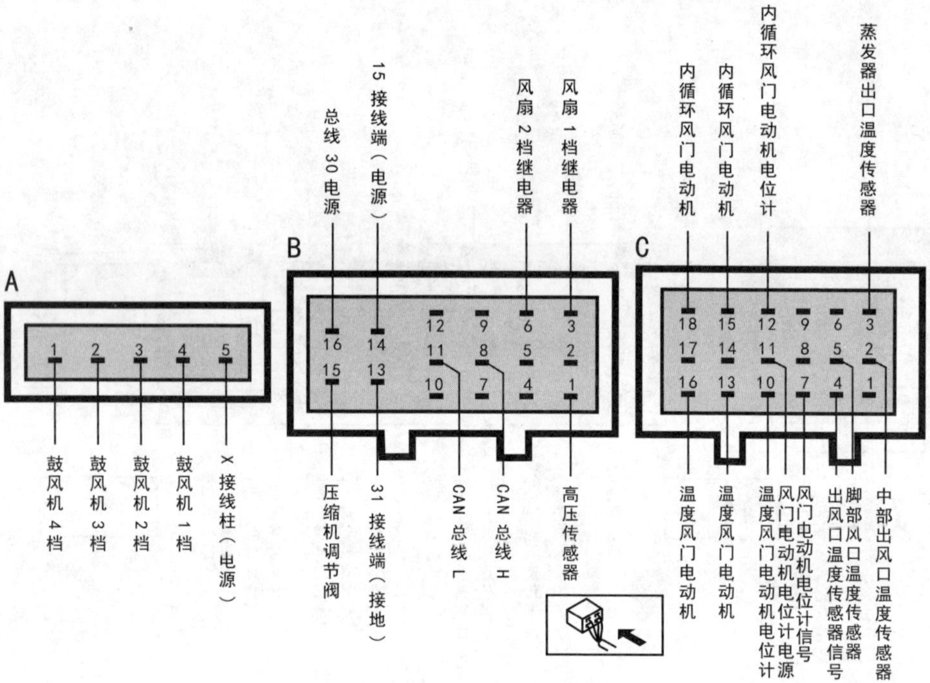

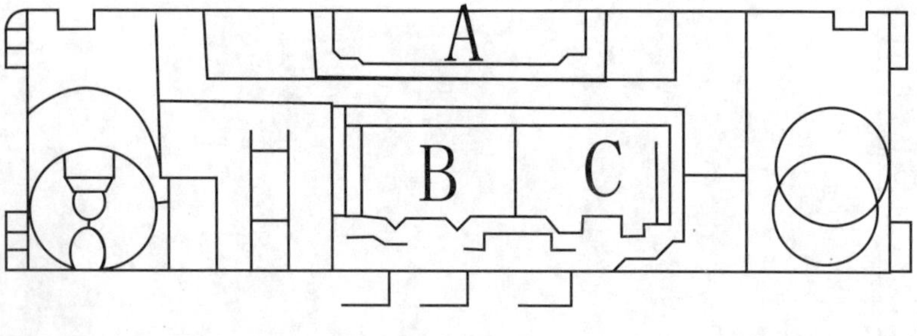

七、组合仪表电脑板32+8针

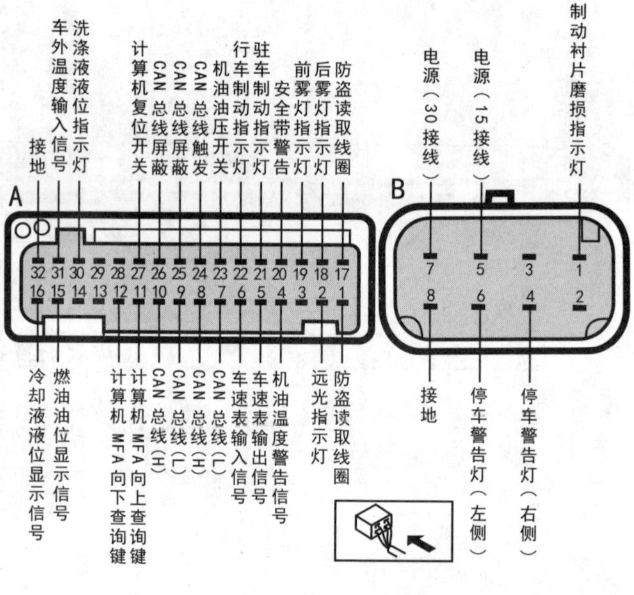

第2节 波罗劲情车系电脑板端子功能

一、1.4LBMG和1.6LBMH发动机控制系统电脑板80针

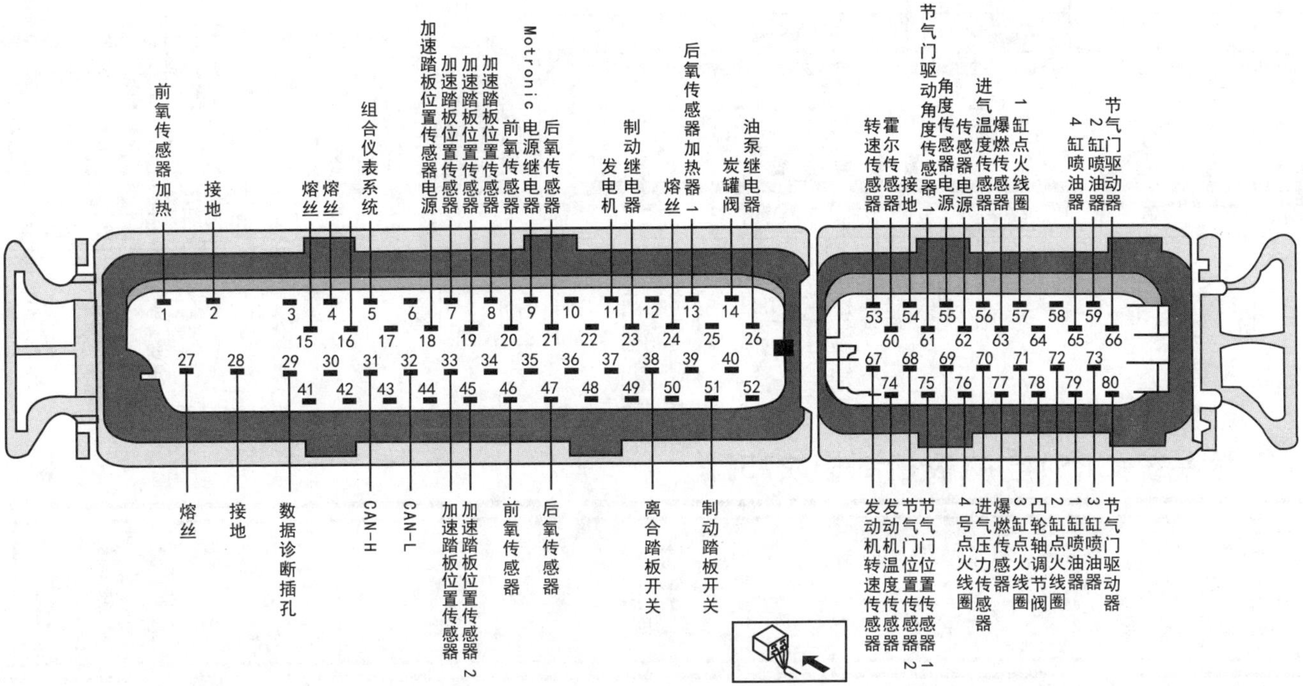

二、自动变速器系统电脑板52针

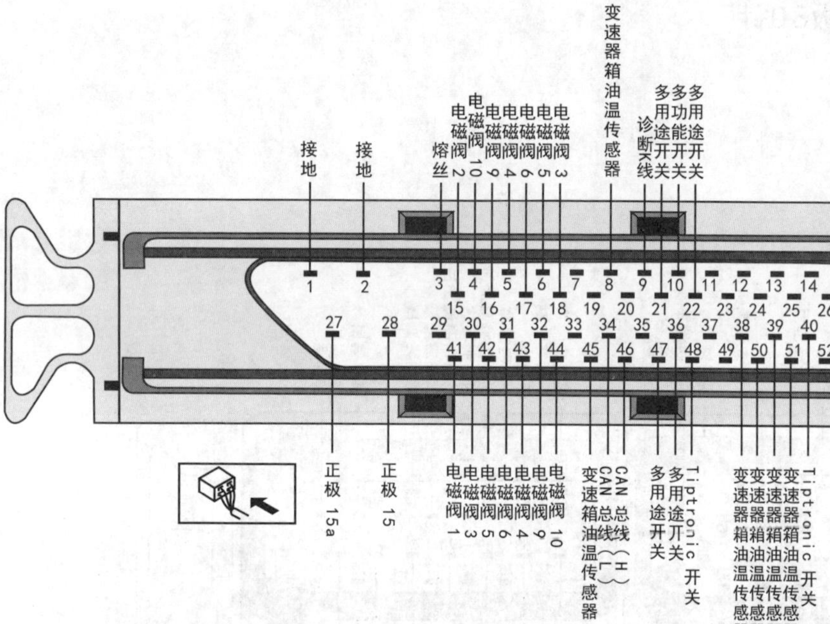

三、防抱死制动控制系统(ABS)电脑板控制模块38针

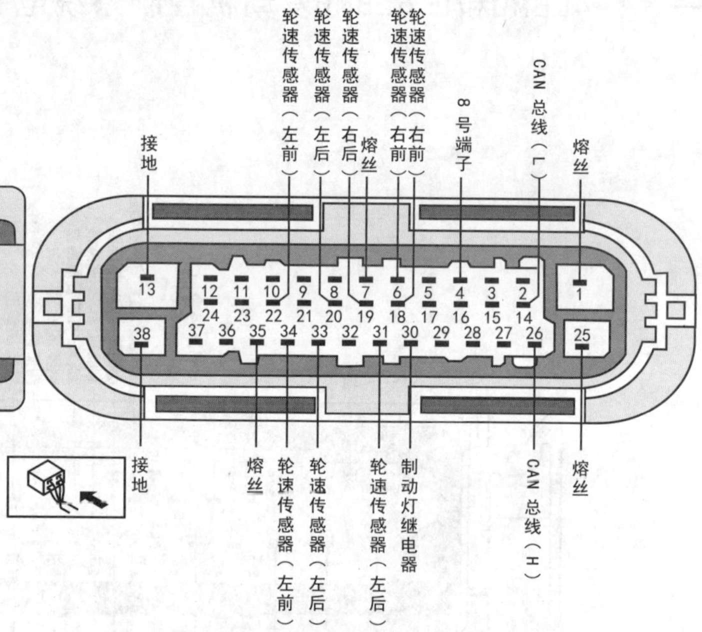

四、安全气囊系统(SRS)电脑板控制模块75针

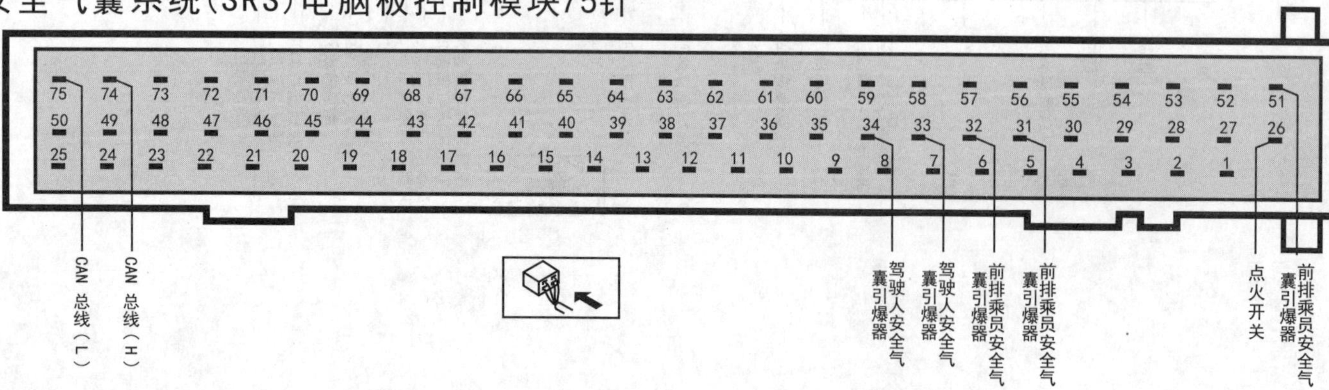

五、自动空调系统电脑板5+18+16针

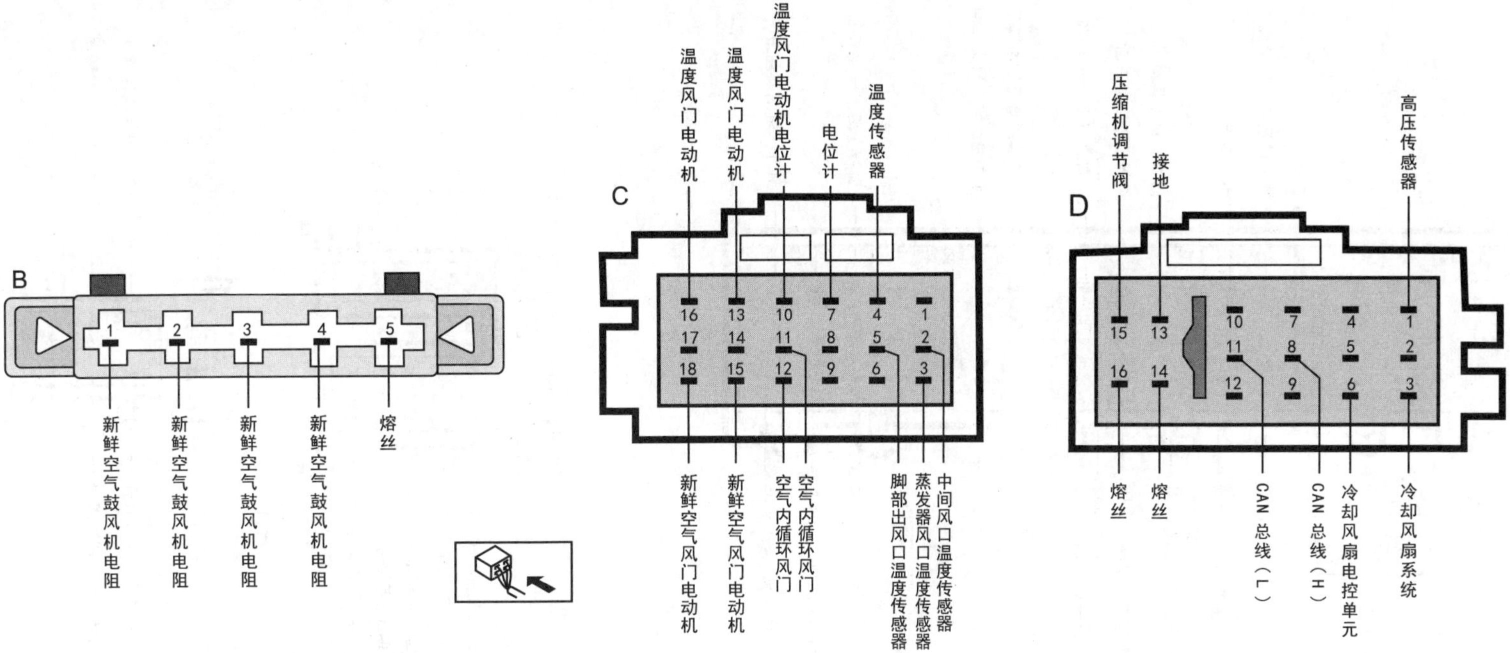

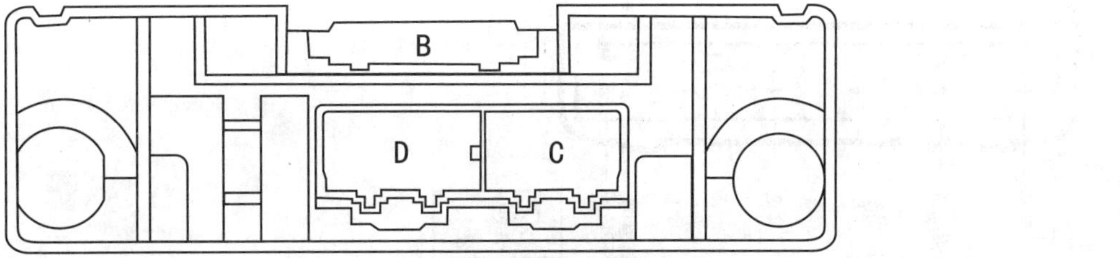

六、舒适中央控制系统电脑板12+23+12针

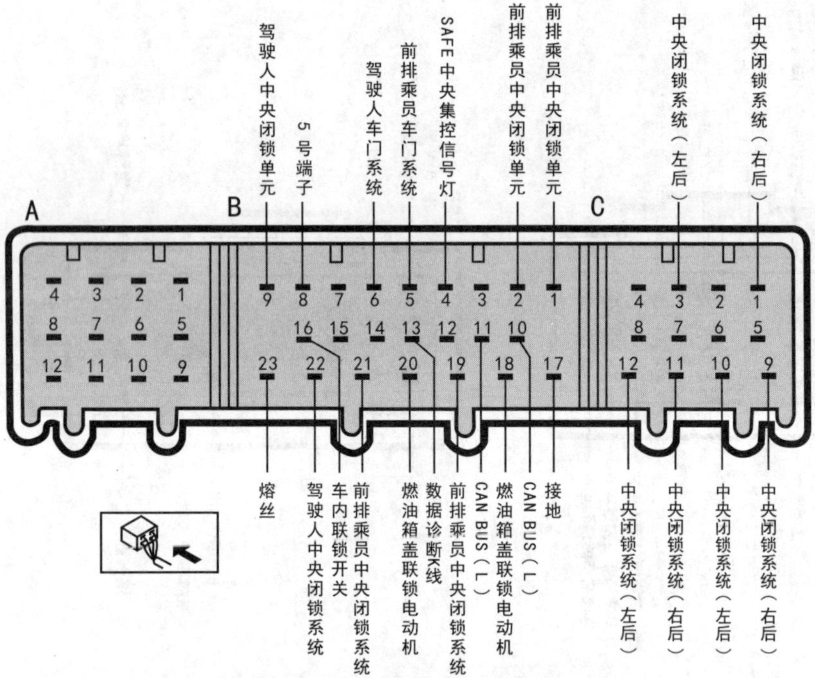

七、左前车门控制系统电脑板8+6针

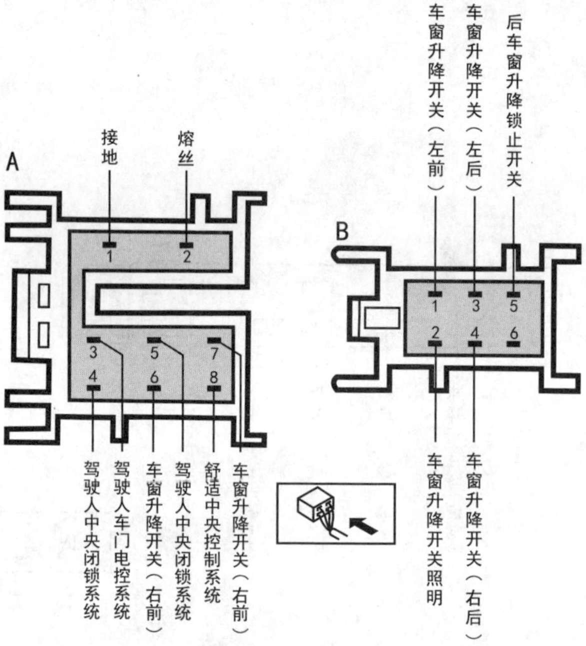

八、天窗控制系统电脑板控制模块6针

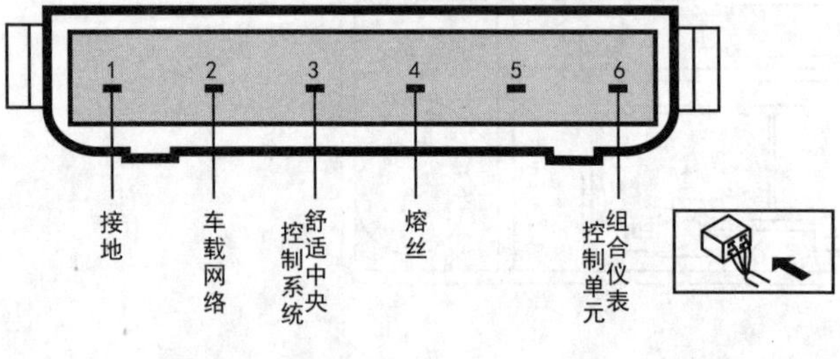

九、驻车辅助系统电脑板16+12+12针

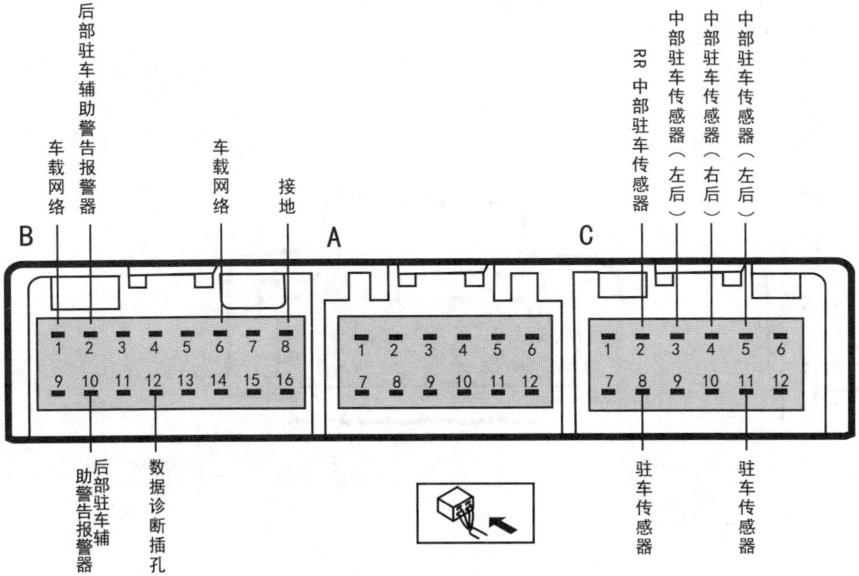

十、右前车门控制系统电脑板8针

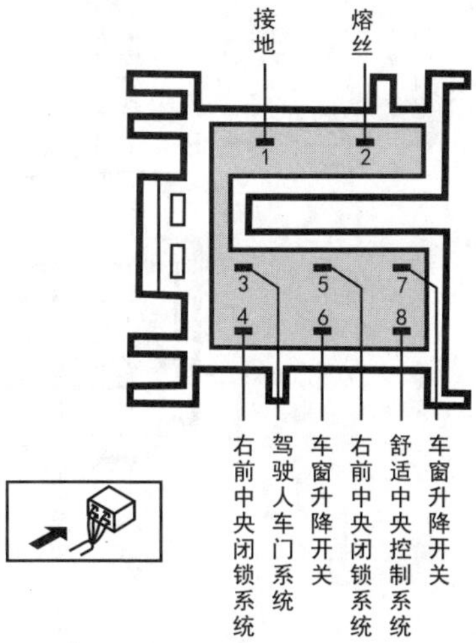

十一、组合仪表电脑板32+8针

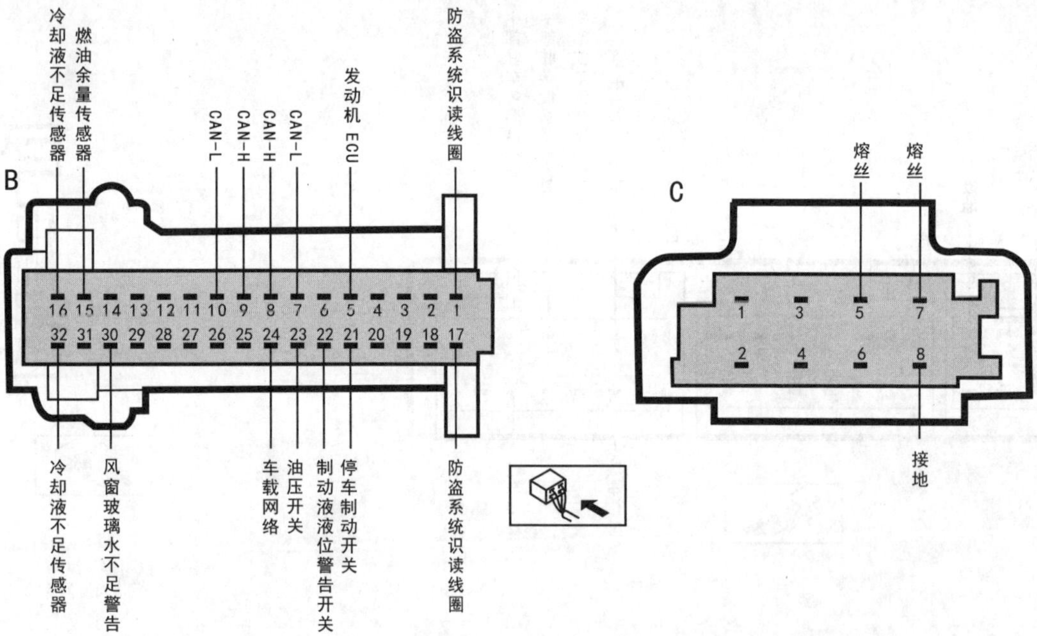

第3节 桑塔纳2000车系电脑板端子功能和参考值

一、AJR发动机（Motronic 3.8.2）控制系统电脑板80针

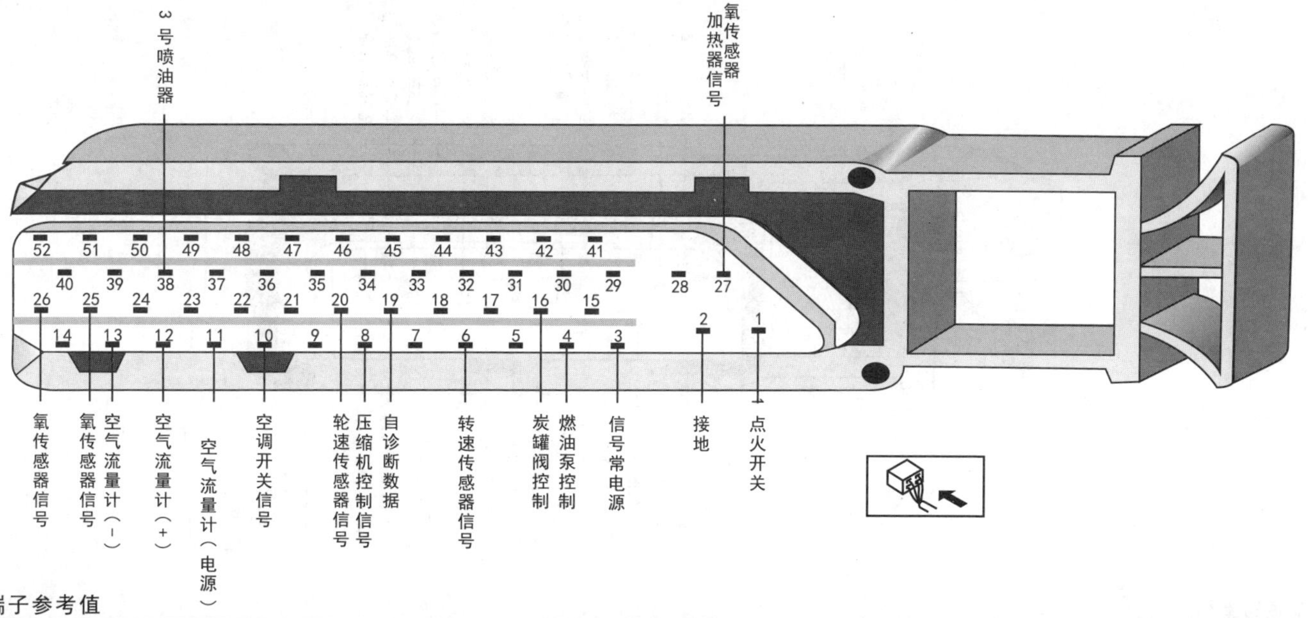

电脑板重要端子参考值

端子号	测试条件	参考值
2	爆燃传感器	<0.5Ω
6	发动机转速传感器	<1Ω
8	空调压缩机	<0.5Ω
10	空调压缩机	<0.5Ω
11	空气流量计	<0.5Ω
12	空气流量计	<0.5Ω
13	空气流量计	<0.5Ω
15	活性炭罐	<0.5Ω
20	车速传感器	<0.5Ω

端子号	测试条件	参考值
25	氧传感器	<1Ω
26	氧传感器	<1Ω
27	氧传感器	<20Ω
53	冷却液温度传感器	<0.5Ω
54	进气温度传感器	<0.5Ω
56	发动机转速传感器	<1Ω
58	至3缸喷油器N32	<1Ω
59	节气门定位器	<1Ω
60	爆燃传感器	<0.5Ω

端子号	测试条件	参考值
62	霍尔传感器	<0.5Ω
63	发动机转速传感器	<1Ω
65	至4缸喷油器N33	<1Ω
66	节气门定位器	<1Ω
67	冷却液温度传感器	<1Ω
67与69	怠速开关OFF	<1Ω
68	爆燃传感器	<0.5Ω
69	怠速开关	<0.5Ω
71	点火线圈	<0.5Ω

端子号	测试条件	参考值
72	至1缸喷油器N30	<1Ω
74	节气门定位电位计	<0.5Ω
75	节气门电位计	<0.5Ω
76	霍尔传感器	<0.5Ω
78	点火线圈	<0.5Ω
80	至2缸喷油器N31	<1Ω

一、AJR发动机（Motronic 3.8.2）控制系统电脑板80针（续）

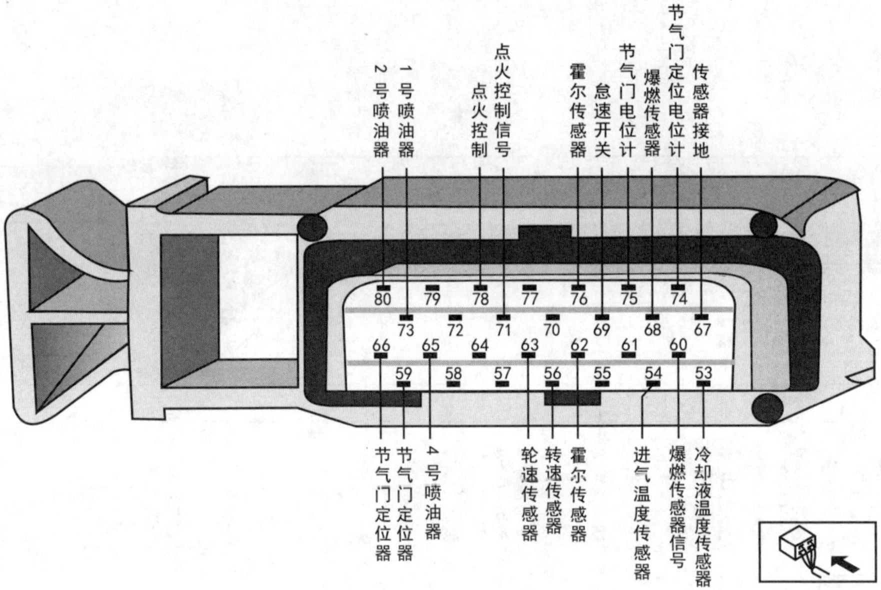

电脑板重要端子参考值

端子号	测试条件	参考值
1-2	点火开关ON	蓄电池电压
3-2	点火开关OFF或ON	蓄电池电压
4-2	发动机转动	0V
	点火开关ON，2s以内	蓄电池电压
8-2	压缩机工作	0V
	压缩机未工作	蓄电池电压
10-2	空调打开	0V
	空调关闭	蓄电池电压
11-2	点火开关ON	5V

端子号	测试条件	参考值
12-2	发动机怠速	0.9V
13-2	点火开关ON	0V
15-2	点火开关ON，2s以内	蓄电池电压
	点火开关ON，2s以后	0V
	拔下插接器	22～30V
25-26	发动机动转	0.3～0.9V
27-2	点火开关ON	0V
54-2	点火开关ON	0.5～3V
56-63	发动机起动	脉冲电压

端子号	测试条件	参考值
59-2	点火开关ON	蓄电池电压
60-2	点火开关ON	蓄电池电压
(60、68)-67	测量电阻	1000Ω以上
	发动机转动	0.3～1.4V
62-2	发动机转动	5V
67-2	点火开关ON	0V
69-2	节气门关闭	0V
	节气门打开	蓄电池电压
74-2	点火开关ON	3.5V

端子号	测试条件	参考值
(71、78)-2	发动机转动	脉冲电压
	点火开关ON	蓄电池电压
	拔下各缸高压线	5kΩ
76-2	点火开关ON	蓄电池电压
75-2	点火开关ON，节气门关闭	4.4V
	点火开关ON，节气门打开	0.5V
(38，65，73，80)-2	点火开关ON，2s以内	蓄电池电压
	点火开关ON，2s以后	0V
	拔下喷器油器插接	13～18Ω

二、AFE发动机（Motronic1.5.4）控制系统电脑板55针

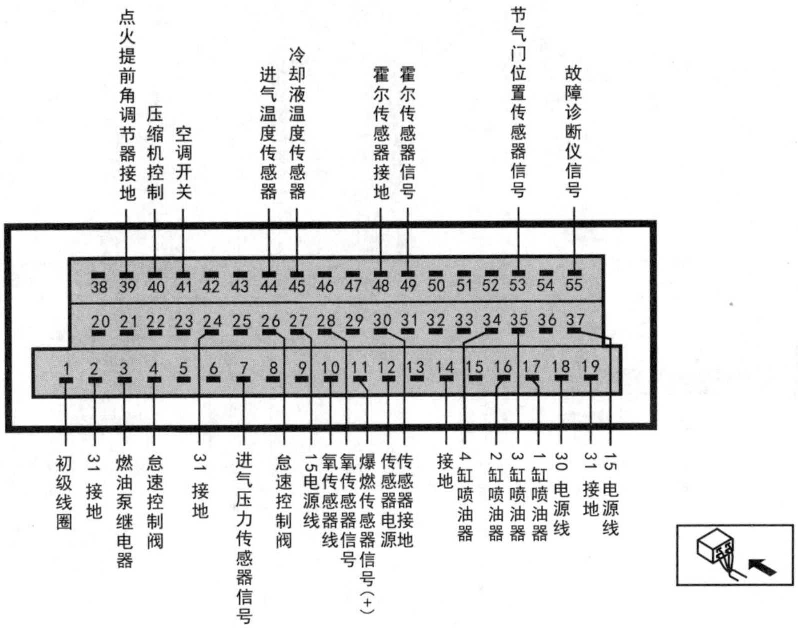

电脑板重要端子参考值

端子号	测试条件	参考值
1	点火开关ON	约12V
3	发动机转动	0V
	点火开关ON，2s以内	0V
	点火开关ON，2s以后	12V
4	测量怠速控制阀端子	小于0.5Ω
7	点火开关	3.8~4.2V
	发动机怠速	0.8~1.3V
	发动机转动，加大节气门	电压发生变化
12	打开点火开关	约为5V
16	打开点火开关	蓄电池电压
17	点火开关ON	蓄电池电压
18	任意条件	蓄电池电压
19	与地线间	电压0V
24	与车身接地	电压0V
26	拔下阀插头	小于0.5Ω
27	点火开关ON	蓄电池电压
28	怠速约为	12~14V
30	点火开关ON	0V
34	点火开关ON	12V
35	点火开关ON	12V
37	点火开关ON	蓄电池电压
39	点火开关ON	0V
40	怠速、关闭空调	约为12V
	怠速、打开空调	约为0V
41	怠速、关闭空调	约为12V
	怠速、接通空调	约为0V
44	打开点火开关	约为5V
45	打开点火开关	约为5V
48	打开点火开关	约为5V
53	打开点火开关	0.1~0.9V
	打开点火开关	3.0~4.8V
55	诊断插座	约为5V

三、自动变速器（01N）控制系统电脑板68针

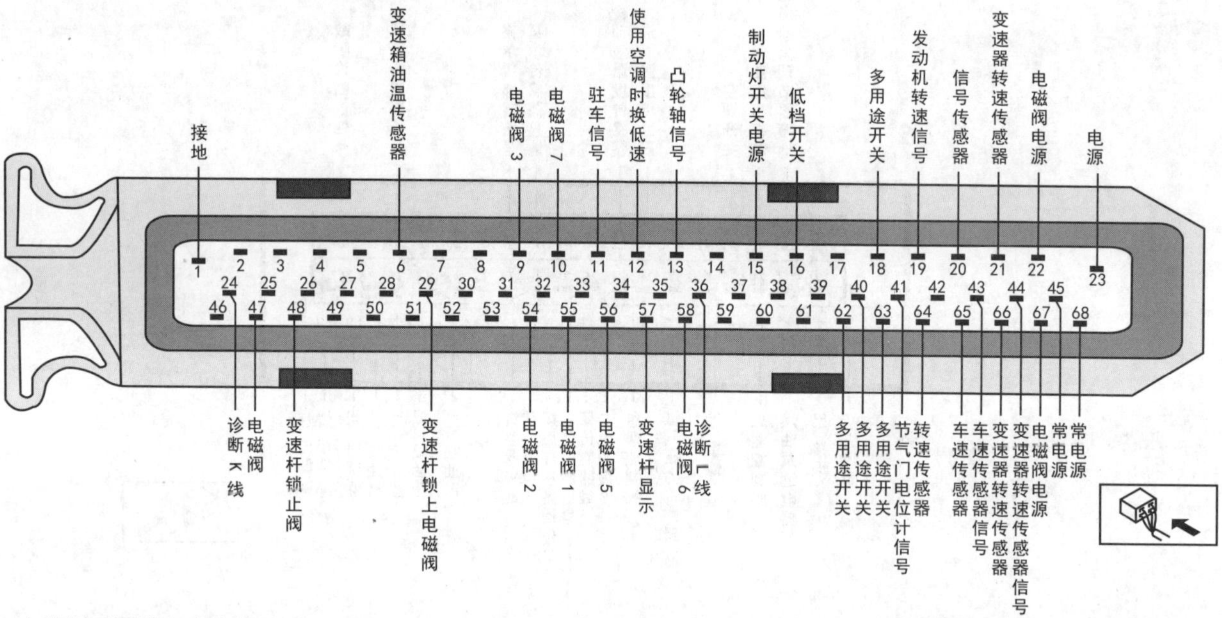

电脑板重要端子参考值

端子号	测试条件	参考值
23-1	点火开关ON	蓄电池电压
29-5	松开制动踏板	蓄电池电压
	踩下制动踏板	0.2V
15-1	松开制动踏板	0V
	踩下制动踏板	约为蓄电池电压
55-67	点火开关OFF	55～65Ω
55-1	点火开关OFF	∞
54-67	点火开关OFF	55～65Ω
54-1	点火开关OFF	∞

端子号	测试条件	参考值
9-67	点火开关OFF	55～65Ω
9-1	点火开关OFF	∞
47-67	点火开关OFF	55～65Ω
47-1	点火开关OFF	∞
56-67	点火开关OFF	55～65Ω
56-1	点火开关OFF	∞
58-22	点火开关OFF	55～65Ω
58-1	点火开关OFF	∞
22-1	点火开关OFF	∞

端子号	测试条件	参考值
10-67	点火开关OFF	55～65Ω
10-1	点火开关OFF	∞
23-29	点火开关OFF	14～25Ω
1-16	点火开关OFF，不踏加速踏板	∞
	踩下加速踏板OFF，强制降档开关	<1.5Ω

四、防抱死制动系统（ABS）电脑板80针

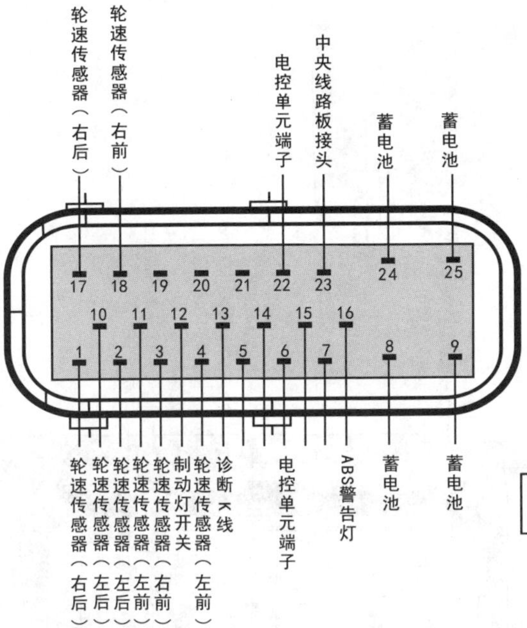

电脑板重要端子参考值

端子号	测试条件	参考值
3/18	点火开关OFF	1.0～1.3Ω
4/11	点火开关OFF	1.0～1.3Ω
1/17	点火开关OFF	1.0～1.3Ω
2/10	点火开关OFF	1.0～1.3Ω
6/22	点火开关OFF	<1.0Ω
1/17	点火开关关闭，以1r/s转右后	190～1140mV的交流电压
2/10	点火开关关闭，以1r/s转左后	190～1140mV的交流电压

端子号	测试条件	参考值
3/18	点火开关关闭，以1r/s转右前	≥65mV的交流电压
4/11	点火开关关闭，以1r/s转左前	≥65mV的交流电压
8/25	点火开关OFF	10.0～14.5V
9/24	点火开关OFF	10.0～14.5V
8/23	点火开关ON	10.0～14.5V
8/12	点火开关OFF，松开制动踏板	0.0～0.5V
	点火开关OFF，踩下制动踏板	10.0～14.5V

第4节 桑塔纳3000车系电脑板端子功能

一、AYJ（1.8L）发动机控制系统电脑板80针

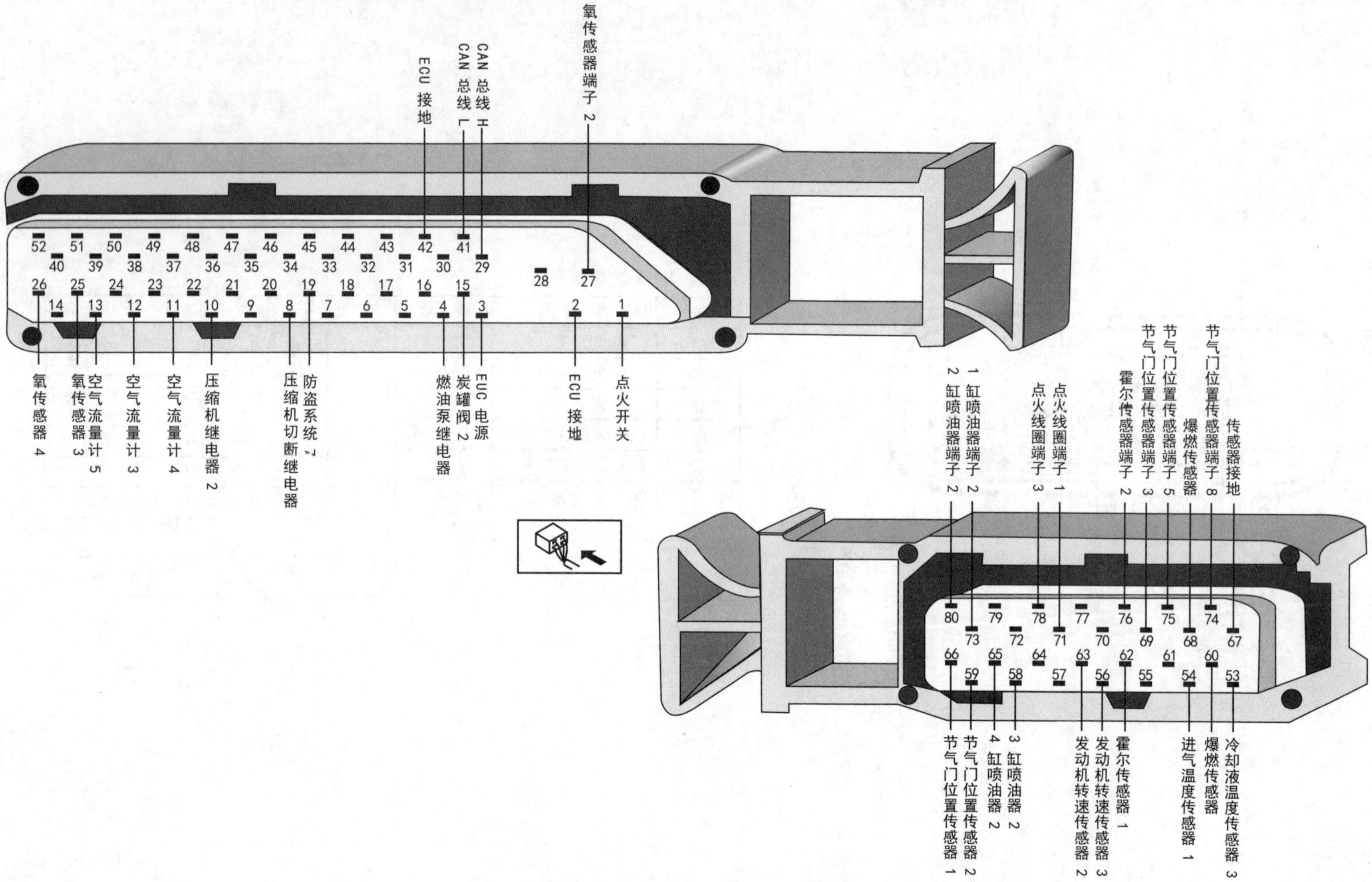

二、BKT发动机控制系统电脑板121针

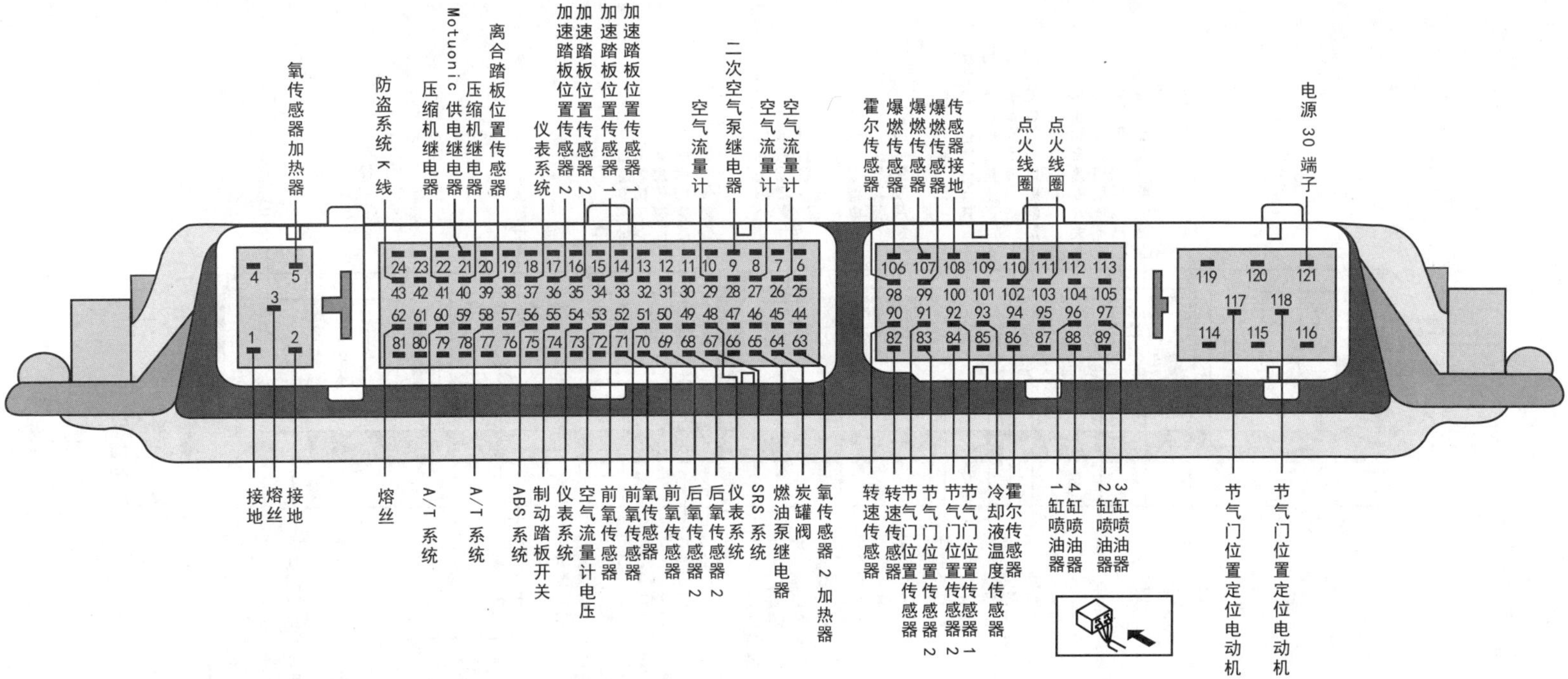

三、2.0L BTL发动机控制系统电脑板121针

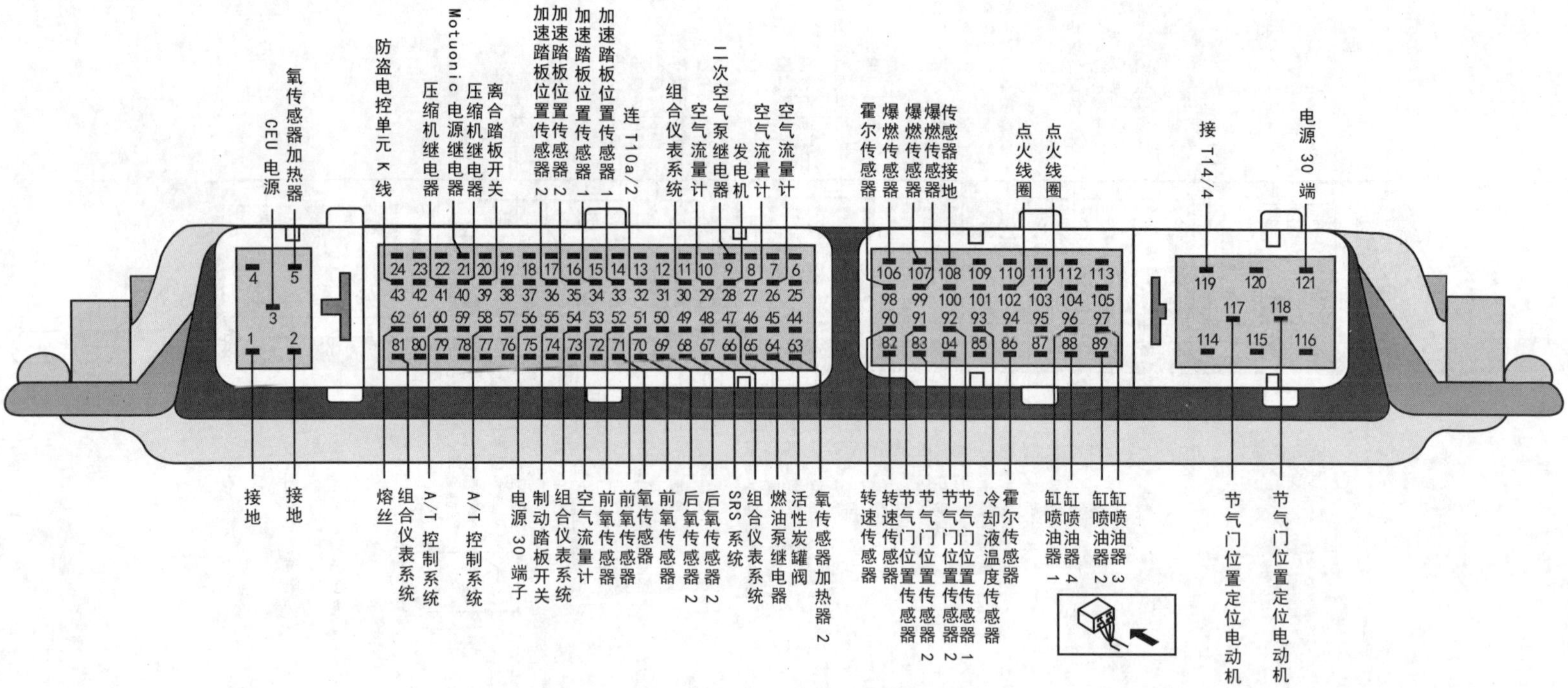

四、自动变速器（01N）系统电脑板68针

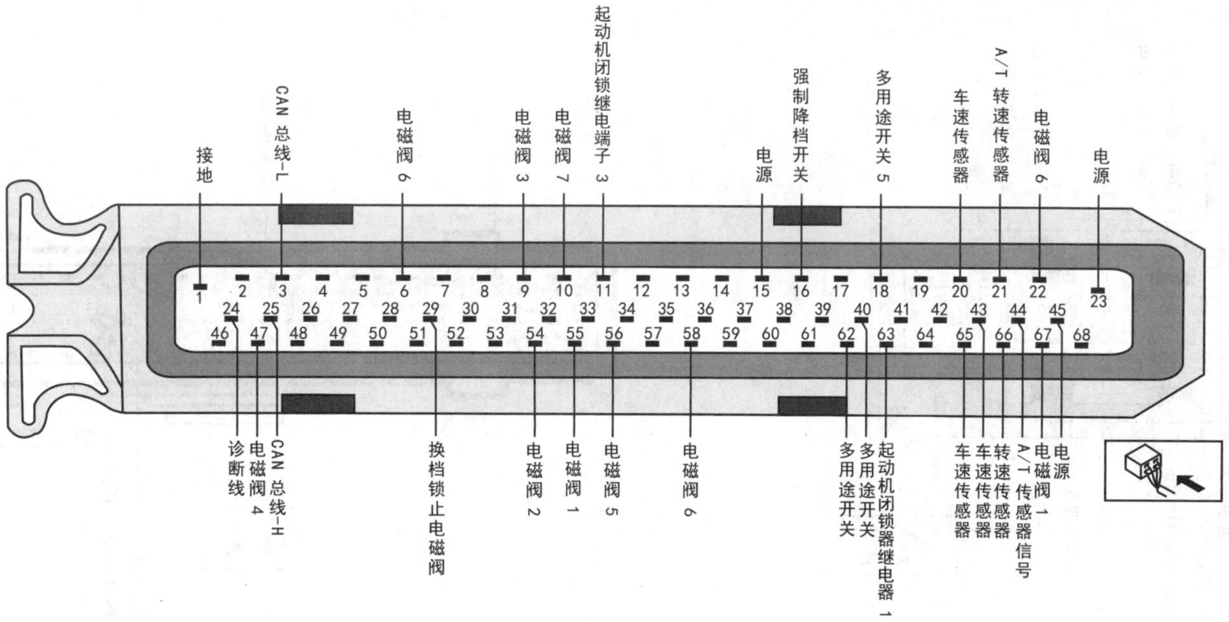

五、防抱死制动系统（ABS）电脑板25针

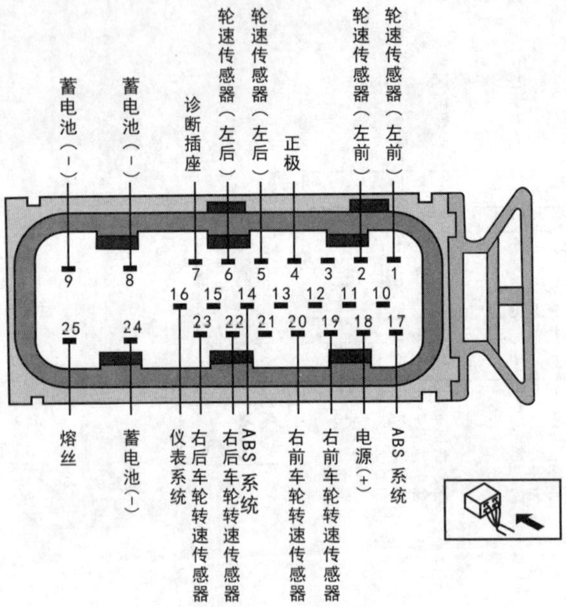

六、安全气囊系统电脑板75针

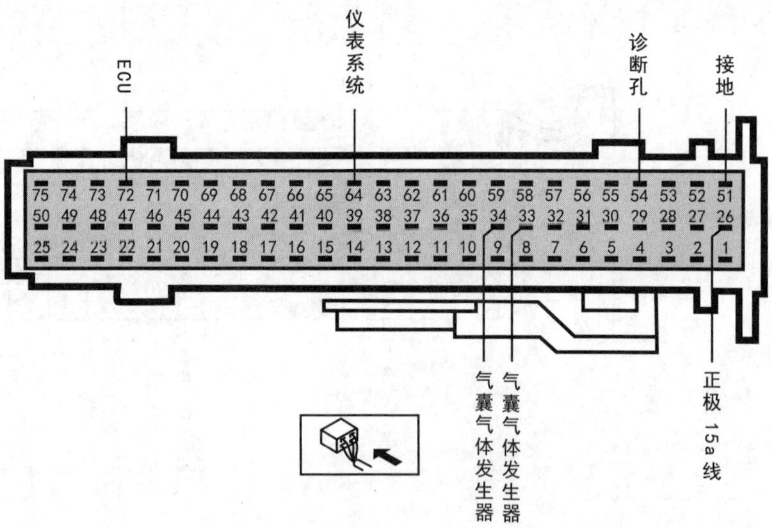

七、自动空调系统电脑板32针

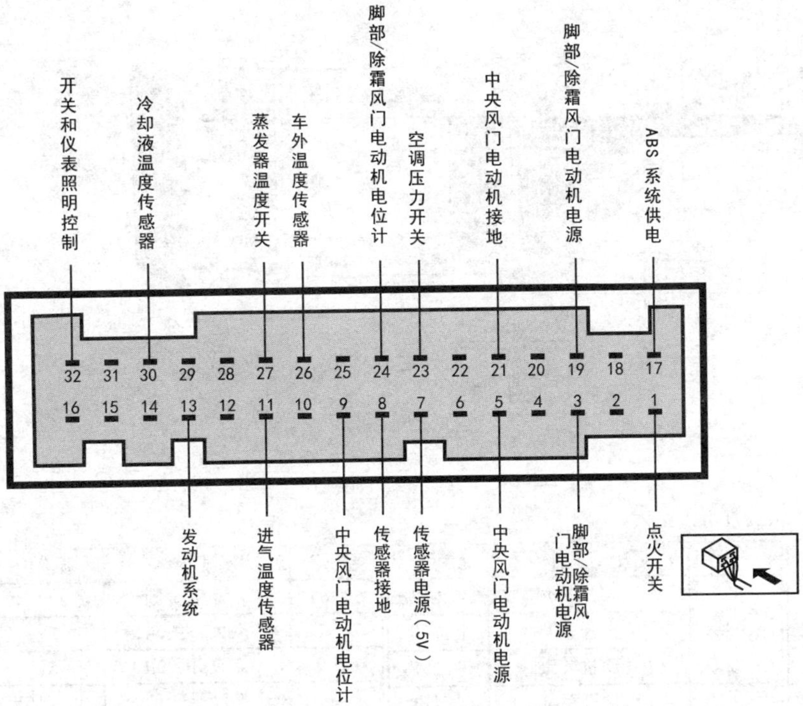

八、驻车辅助系统电脑板16+12针

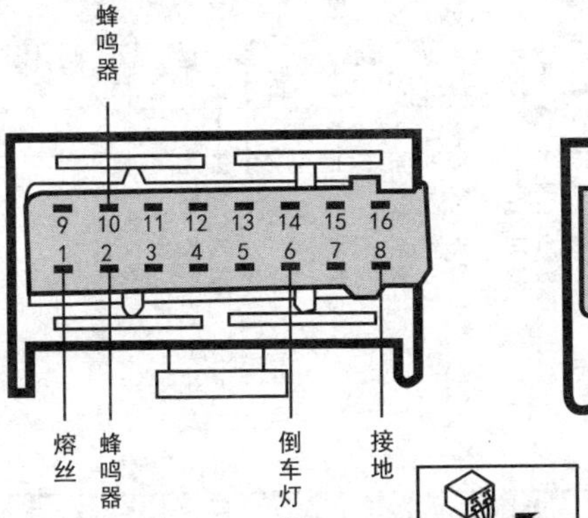

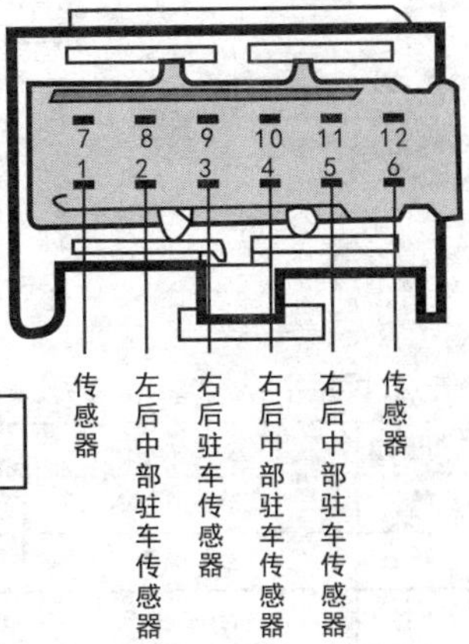

第5节　帕萨特B5车系电脑板端子功能和参考值

一、发动机ECU控制系统电脑板80针

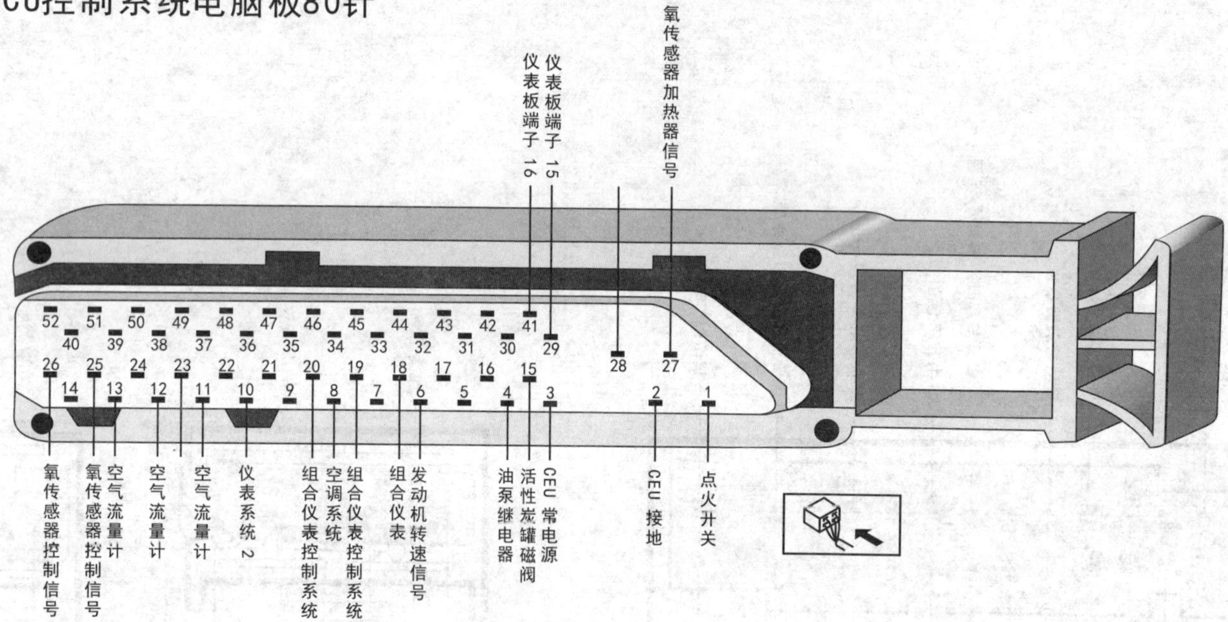

电脑板重要端子参考值

端子号	测试条件	参考值
1-2	点火开关ON	蓄电池电压
3-2	任何条件	蓄电池电压
4-2	发动机运转	蓄电池电压
6-2	发动机转动	0.3~5V（方波）
12-2	点火开关ON	0V
13-12	发动机怠速	0.6V
13-12	转速达3000r/min	1.6V
25-26	发动机热机转动	0.2~0.9V

端子号	测试条件	参考值
27-2	冷车，加热器工作	0V
	热车，加热器不工作	蓄电池电压
53-67	点火开关ON，拔下插头	5V
	点火开关ON，插上插头	0.5~4.5V
54-67	点火开关ON，拔下插头	5V
	点火开关ON，插上插头	0.7~2.8V
55-2	电磁阀未工作	蓄电池电压
	变速杆2位置，全速，电磁阀工作	接近0V

端子号	测试条件	参考值
58-2 65-2	点火开关ON	蓄电池电压
	点火开关ON	7~10V
	发动机转动	7~10V
73-2 80-2	点火开关ON	蓄电池电压
	点火开关ON	7~10V
	发动机转动	7~10V
59-66	点火开关ON，发动机转动	接近0V
	发动机怠速	0~12V（频率方波）

端子号	测试条件	参考值
60-67	发动机转动	0.3~1.4V
62-67	点火开关ON	5V
62-2	点火开关ON	5V
63-56	发动机转动	0.3~5V
	点火开关OFF	450~1000Ω
64-2	短进气管	蓄电池电压
	长进气管接近	0V
67-67	点火开关ON	0V
	热车，加热器不工作	蓄电池电压

一、发动机ECU控制系统电脑板80针(续)

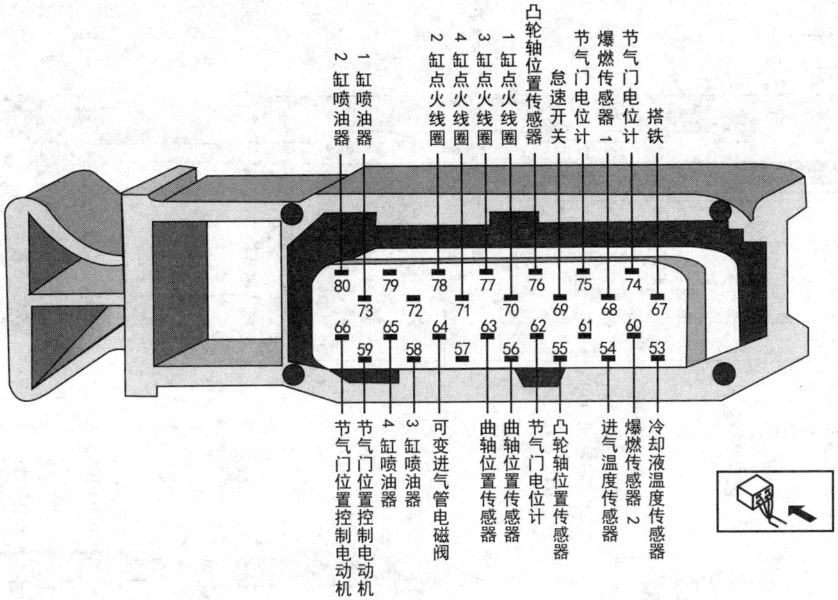

电脑板重要端子参考值

端子号	测试条件	参考值
67-2	点火开关ON	0V
68-67	发动机转动	0.3~1.4V
69-67	点火开关ON，节气门关	0V
	点火开关ON，节气门打开	蓄电池电压
70-2	发动机转动	0~12V
71-2	发动机转动	0~12V
77-2	发动机转动	0~12V
78-2	发动机转动	0~12V

端子号	测试条件	参考值
74-67	点火开关ON，节气门关	4.5V
	点火开关ON，节气门打开	4.5~0.5V
75-67	点火开关ON，节气门关	0.5V
	点火开关ON，节气门打开	0.5~4.5V
76-67	点火开关ON，发动机不转	0~5V
	发动机转动	0~5V（方波）

二、GSi/ANQ(1.8L)发动机控制系统电脑板80针

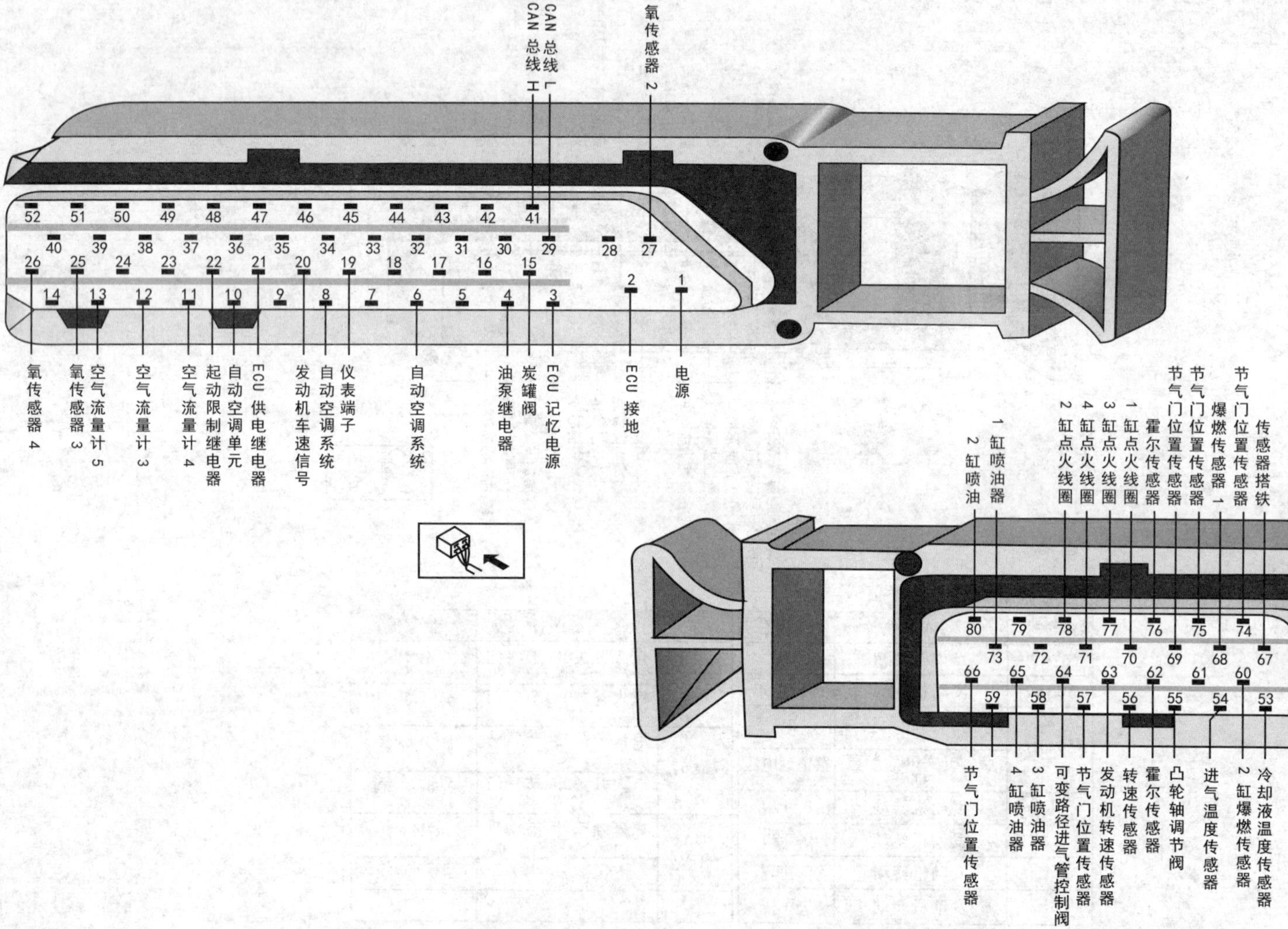

三、AWL(1.8L)发动机控制系统电脑板121针

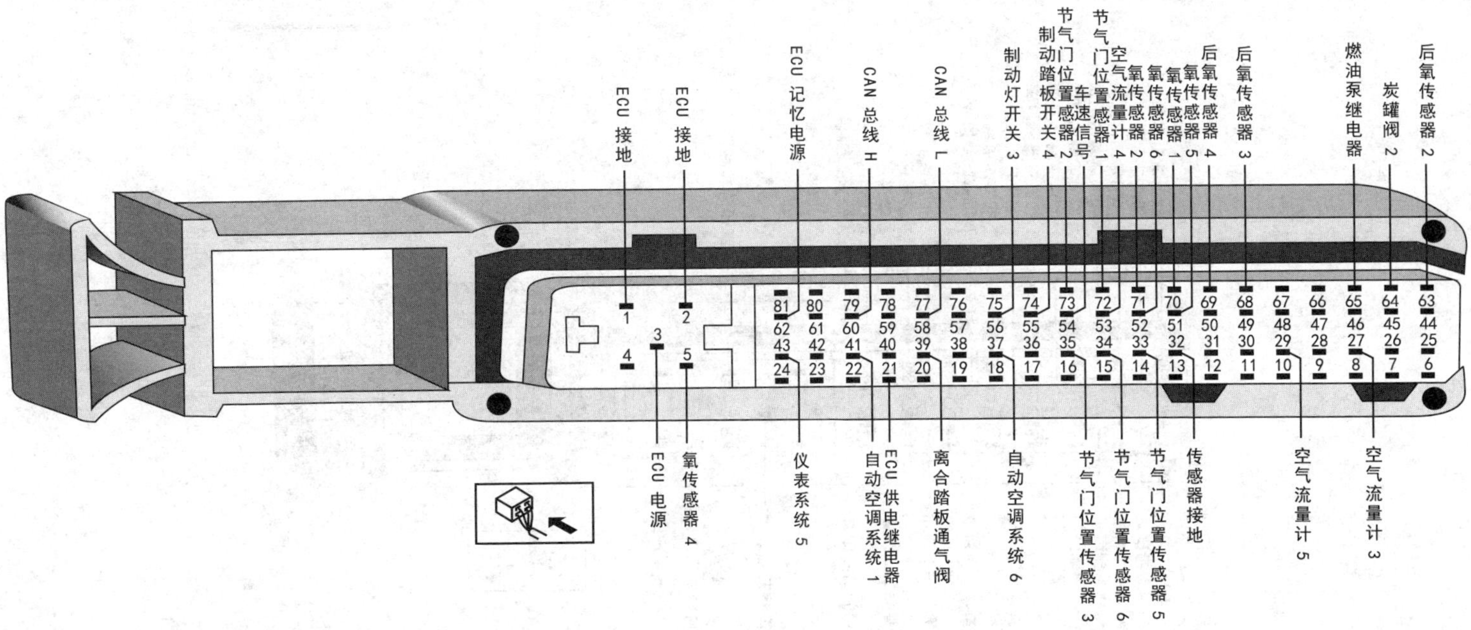

三、 AWL(1.8L)发动机控制系统电脑板121针(续)

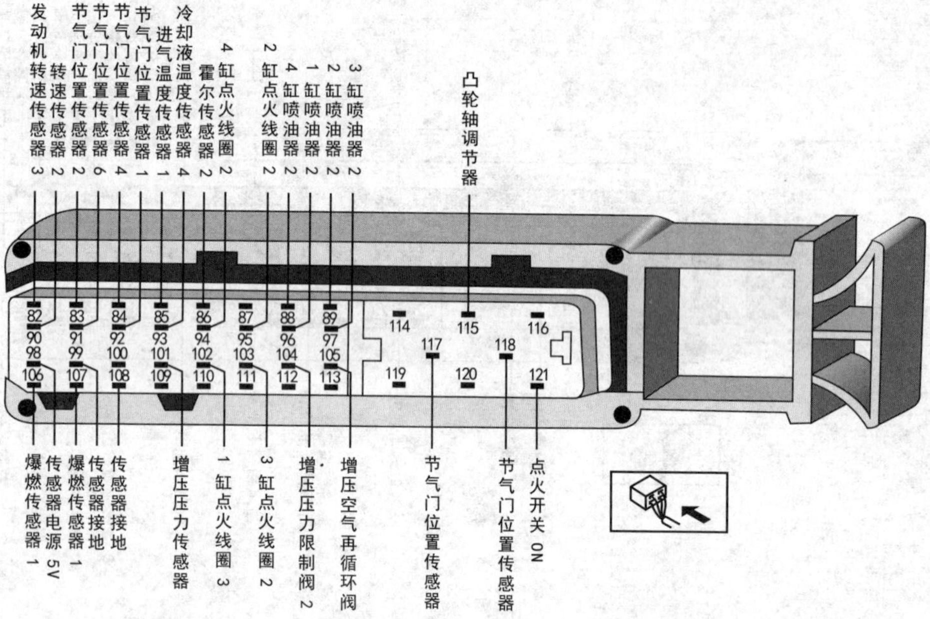

四、BBG(2.81L)发动机控制系统电脑板121针

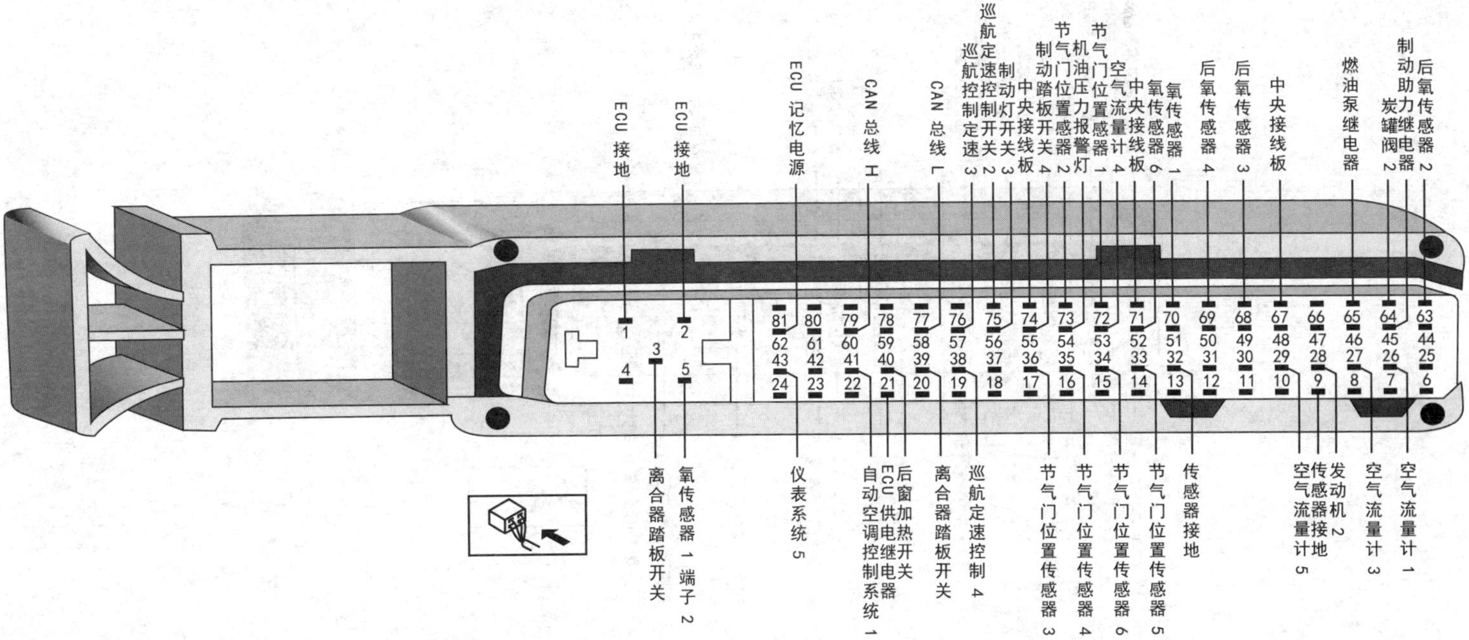

四、BBG(2.81L)发动机控制系统电脑板121针(续)

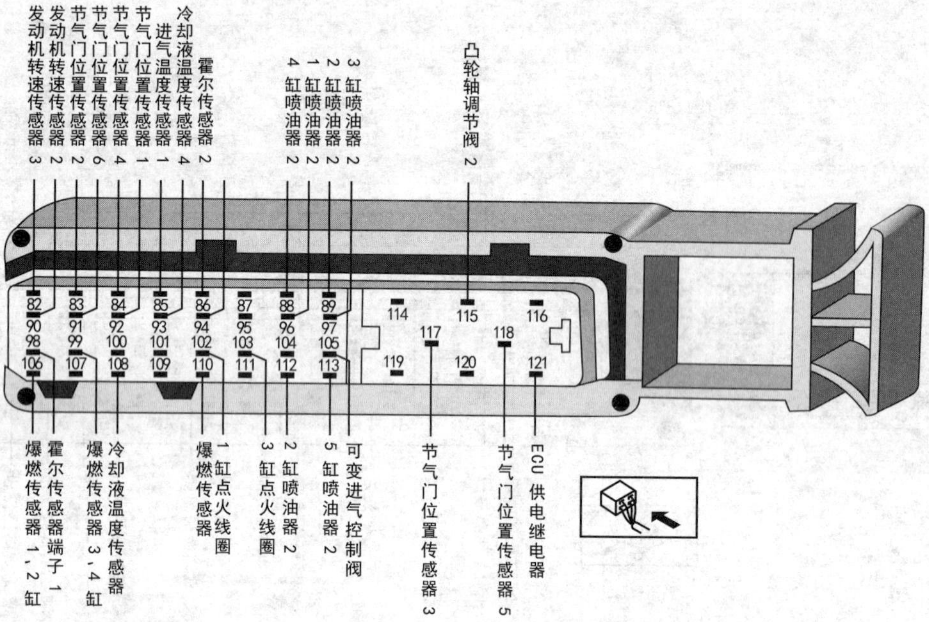

五、自动变速器系统（AG4）电脑板68针

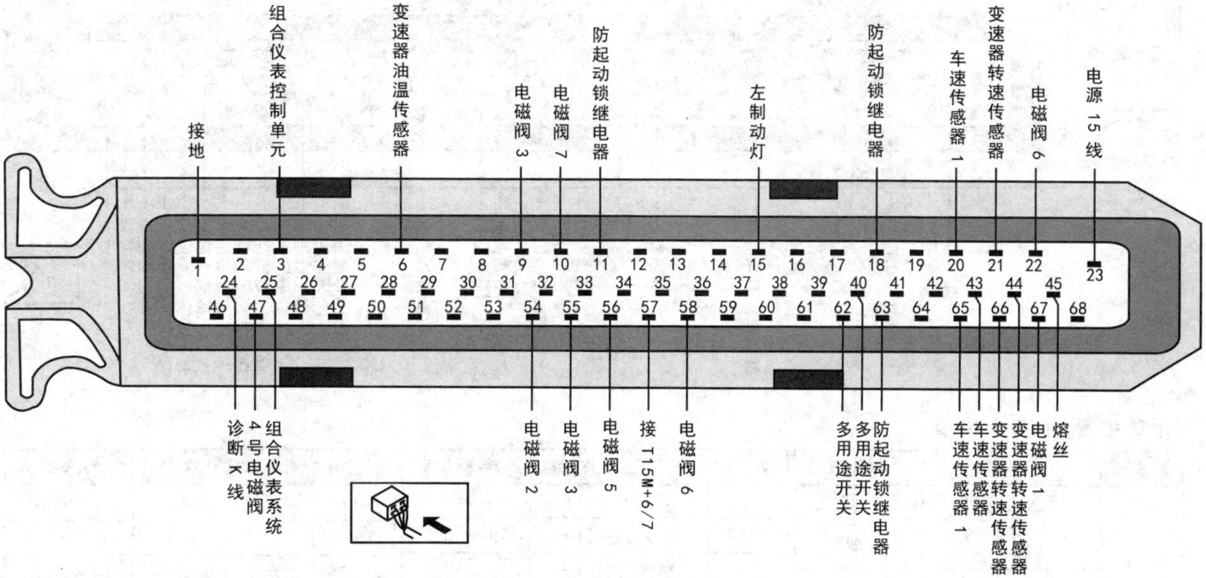

六、自动变速器系统（01N，2.0L）电脑板68针

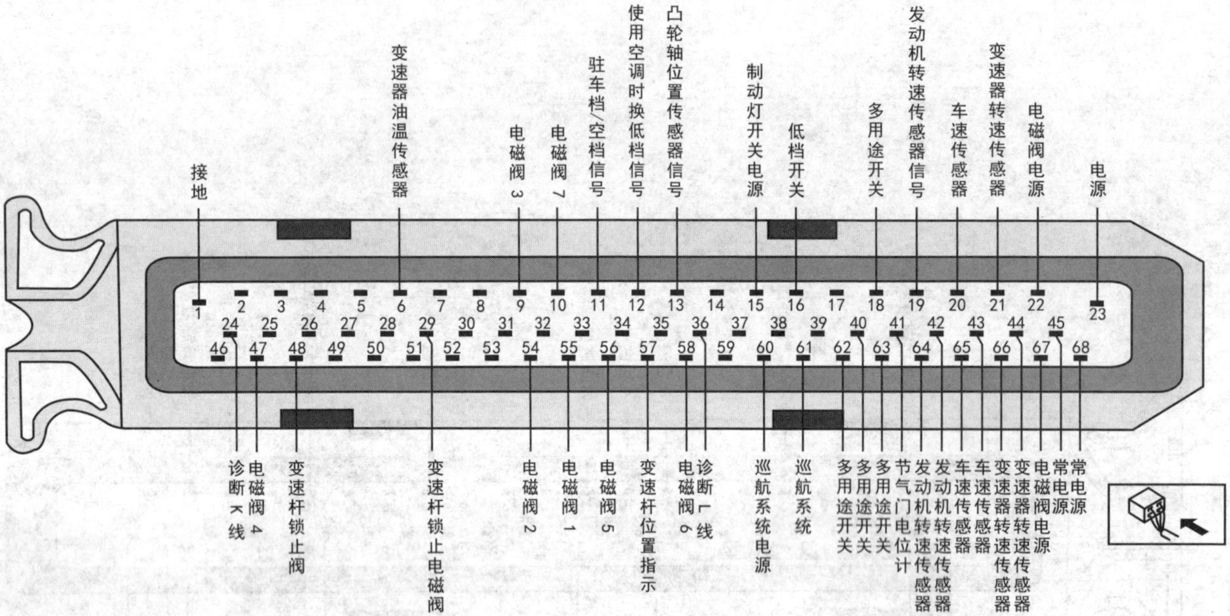

电脑板重要端子参考值

端子号	测试条件	参考值
23-1	点火开关ON	蓄电池电压
29-15	点火开关ON，松开制动踏板	蓄电池电压
	踩下制动踏板	0.2V
15-1	点火开关ON，松开制动踏板	0V
	踩下制动踏板	蓄电池电压
55-67	点火开关OFF	55～65Ω
55-1	点火开关OFF	∞
54-67	点火开关OFF	55～65Ω

端子号	测试条件	参考值
54-1	点火开关OFF	∞
9-67	点火开关OFF	55～65Ω
9-1	点火开关OFF	∞
47-67	点火开关OFF	F55～65Ω
47-1	点火开关OFF	∞
56-67	点火开关OFF	55～65Ω
56-1	点火开关OFF	∞
58-22	点火开关OFF	4.5～65Ω
58-1	点火开关OFF	∞

端子号	测试条件	参考值
10-67	点火开关OFF	5～65Ω
10-1	点火开关OFF	∞
23-29	点火开关OFF	14～25Ω
1-16	点火开关OFF，不踏下加速踏板	∞
1-16	将加速踏板踏到底，强制降档开关	<1.5Ω

七、自动变速器系统（01N，2.8L）电脑板88针

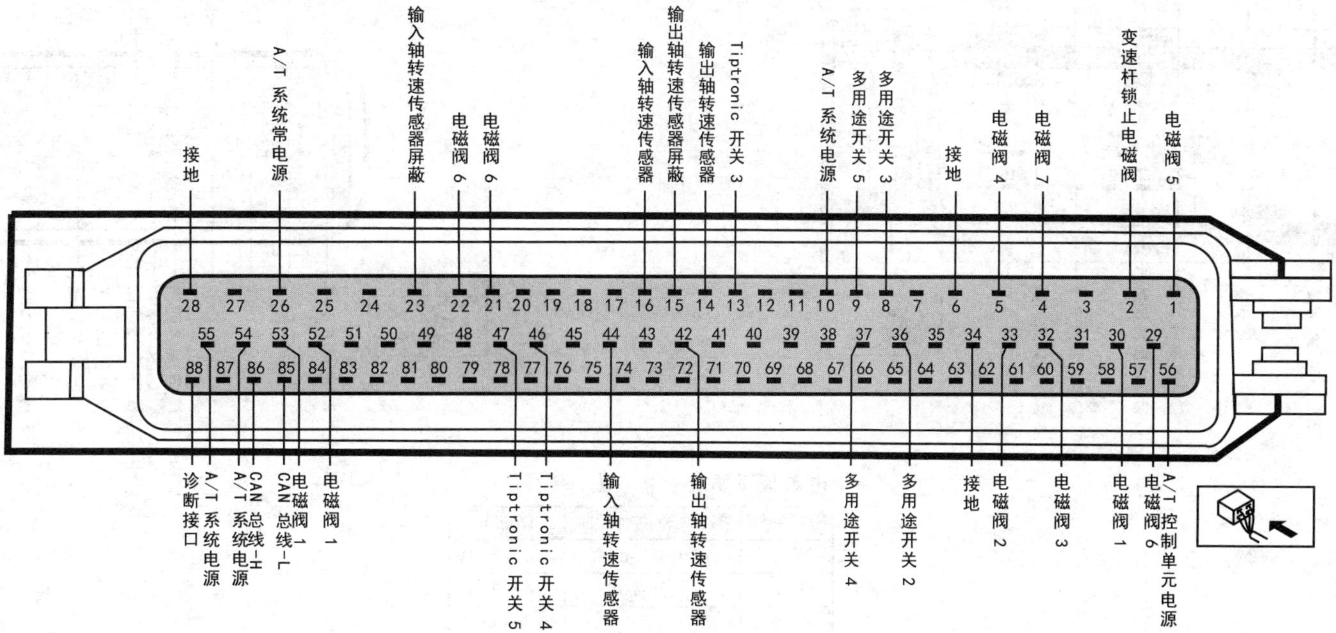

八、防抱死制动系统（1.8GLi车型）电脑板25针

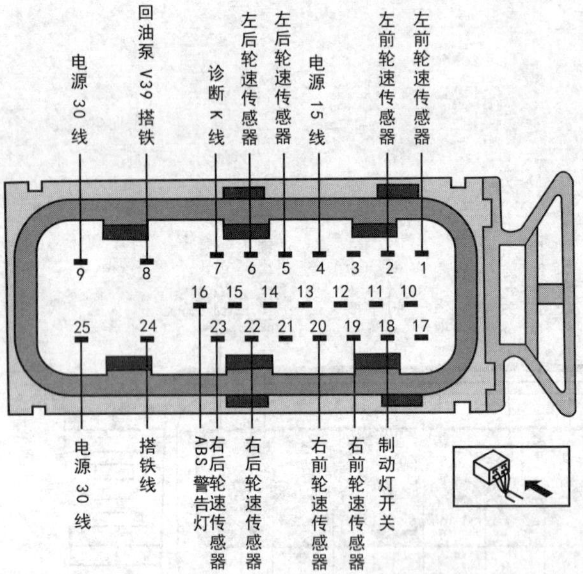

九、防抱死制动系统（2.8L）电脑板25针

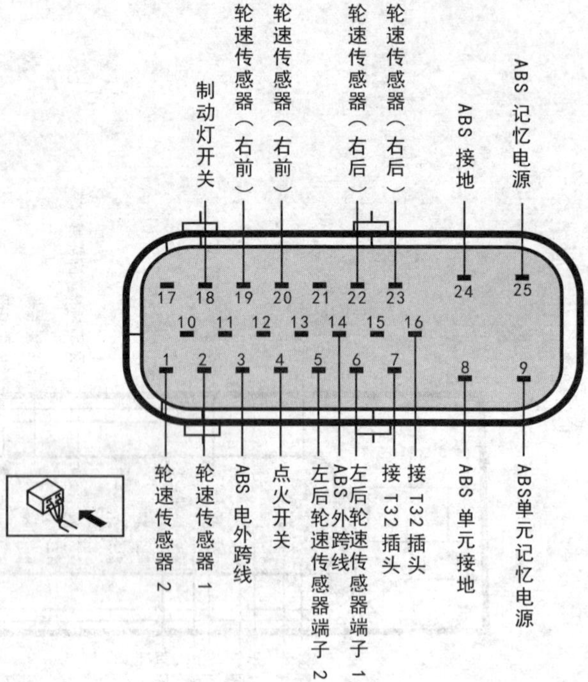

电脑板重要端子参考值

端子号	测试条件	参考值
1-2	点火开关OFF	0.4～2.3V
5-6	点火开关OFF	0.4～2.3V
8-9	点火开关ON	10.0～14.5V
8-25		10.0～14.5V
19-20	点火开关OFF	0.4～2.3V
22-23	点火开关OFF	0.4～2.3V
24-4	点火开关ON	10.0～14.5V
24-18	点火开关ON，松开制动踏板	10.0～14.5V
	踩下制动踏板	0V

十、ABS/EDL/ESP系统（2.8L）电脑板42针

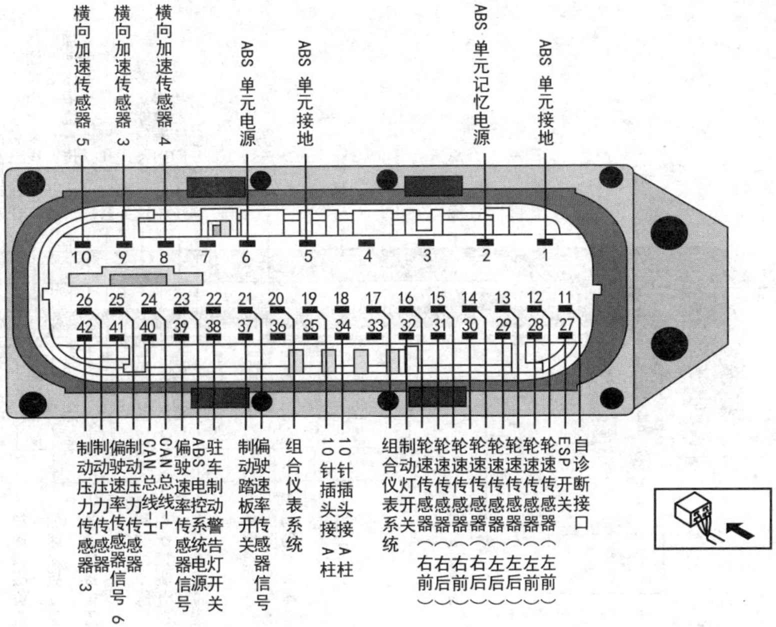

第6节 帕萨特领驭车系电脑板端子功能

一、发动机(1.8L BGC)控制系统电脑板121针

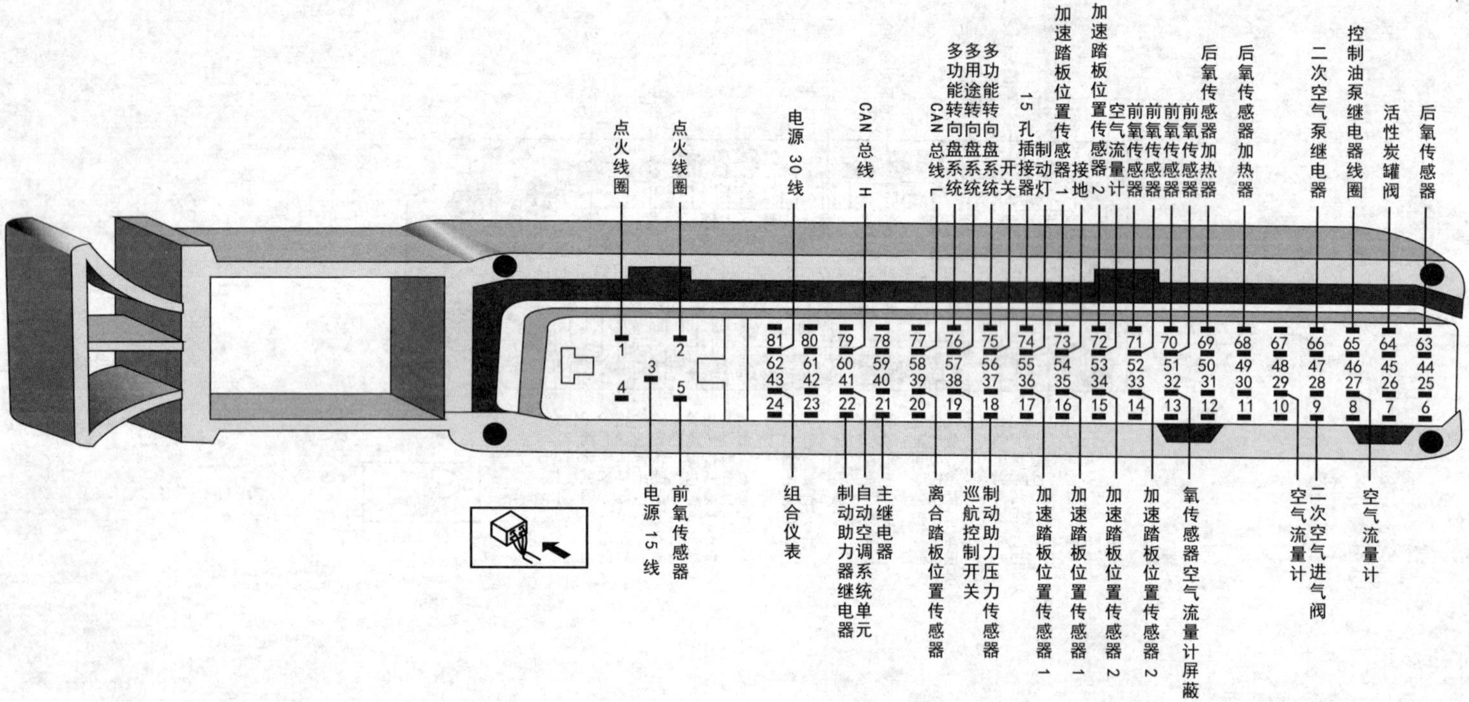

一、发动机(1.8L BGC)控制系统电脑板121针(续)

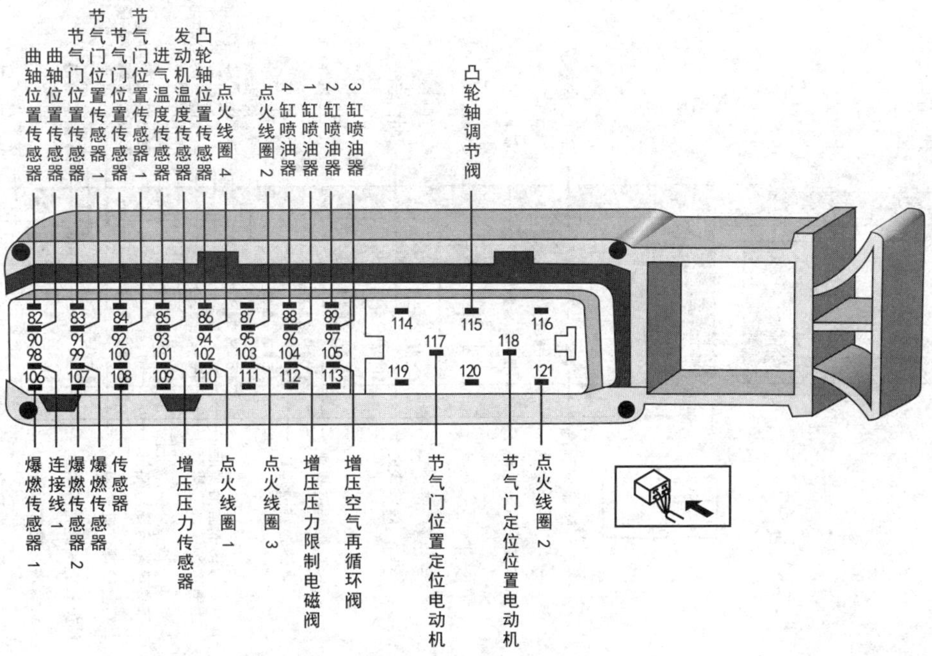

二、（BBG 2.8L ）发动机控制系统电脑板121针

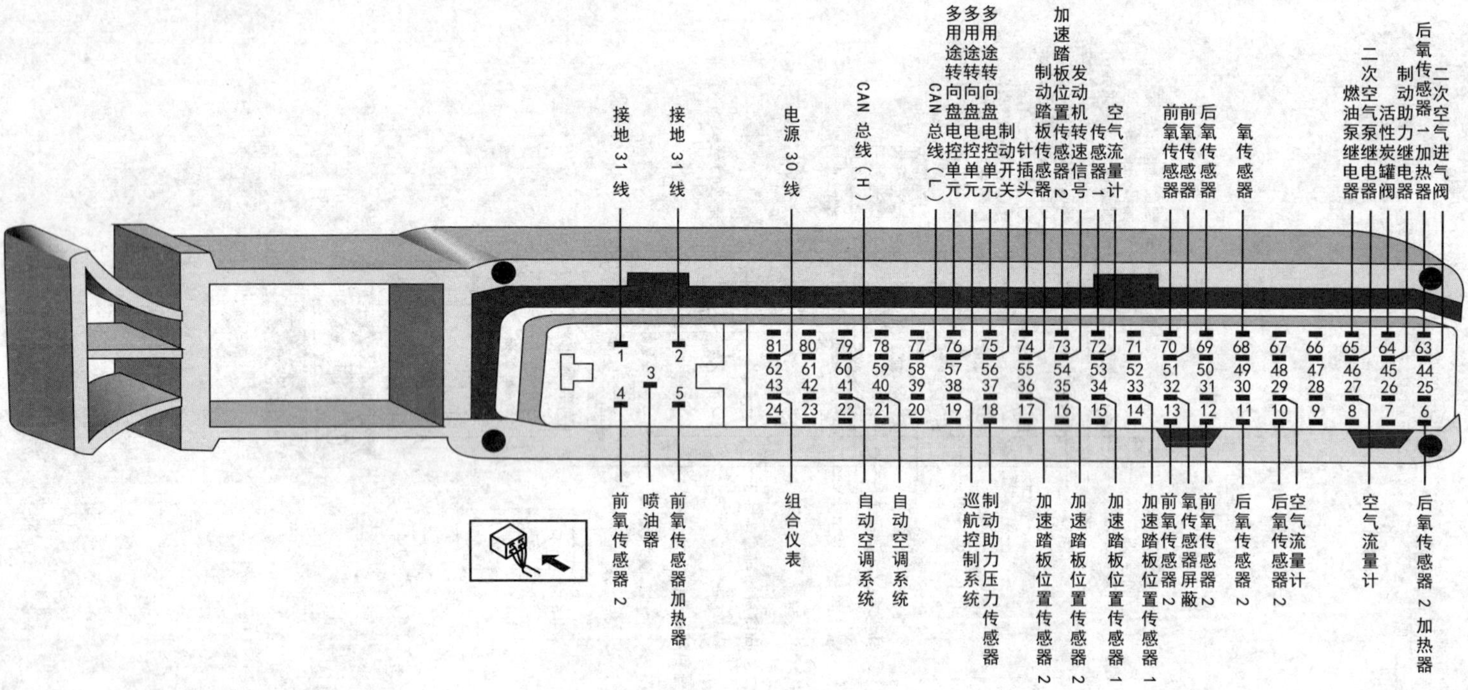

二、（BBG 2.8L）发动机控制系统电脑板121针（续）

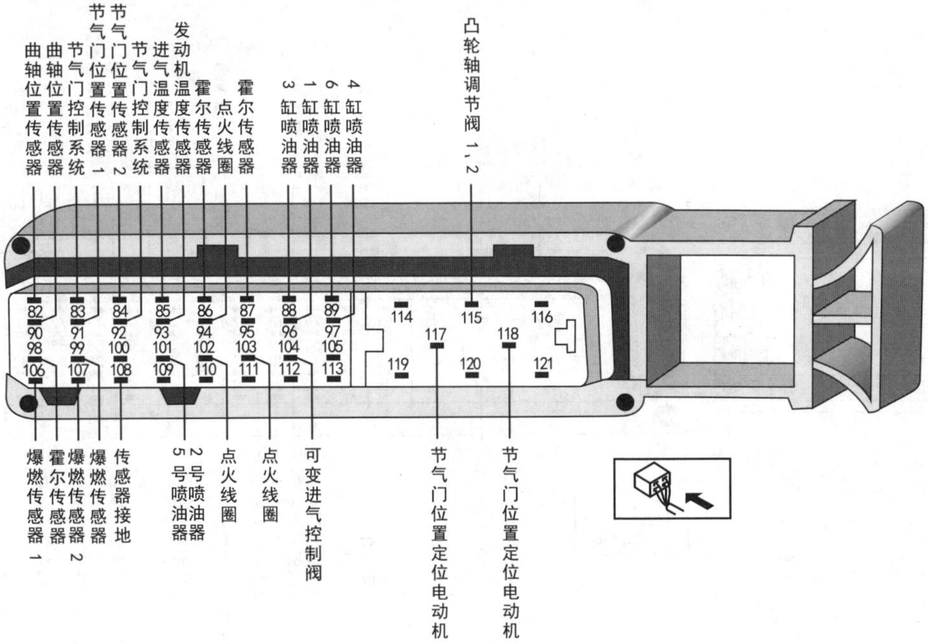

三、BNL(2.0L)发动机控制系统电脑板121针

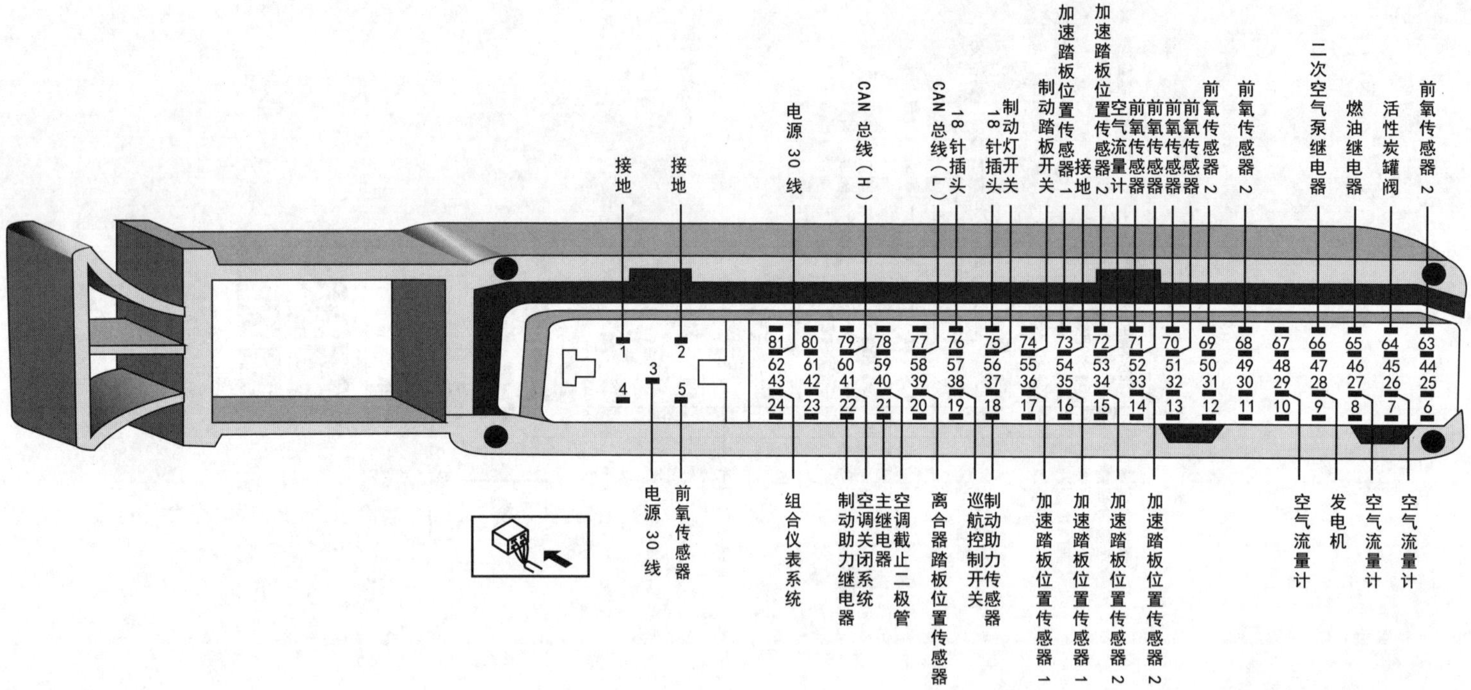

三、BNL(2.0L)发动机控制系统电脑板121针(续)

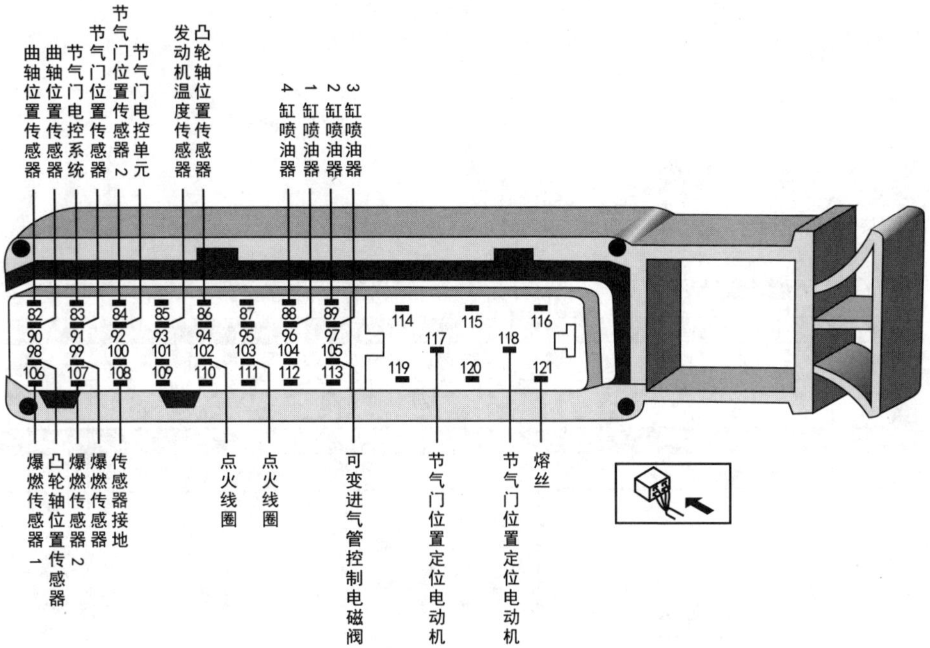

四、自动变速器（AG4）电脑板68针

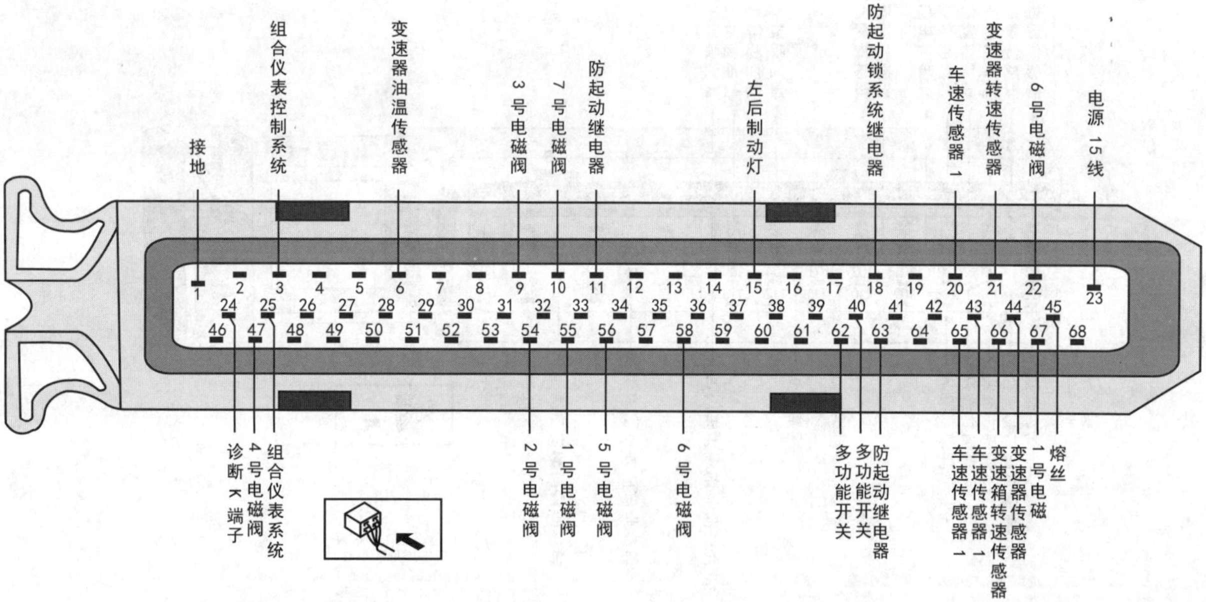

五、自动变速器系统（AG5）电脑板88针

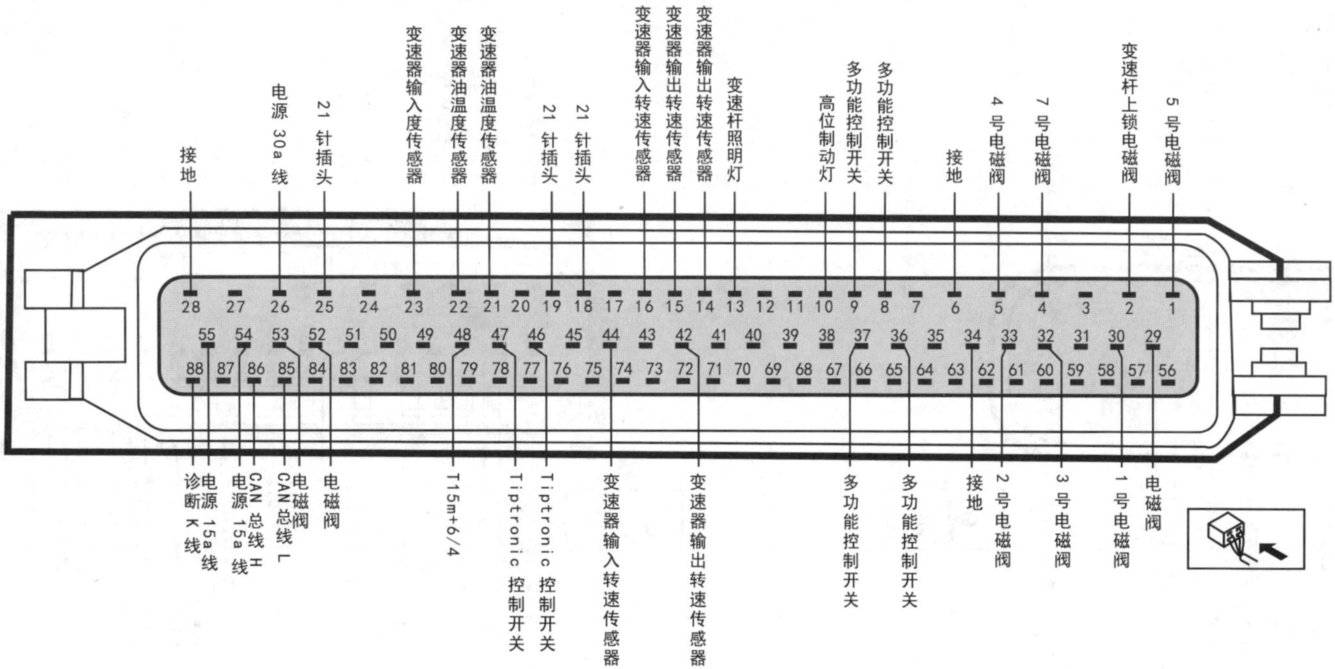

六、防抱死制动系统（ABS/电子差速器EDS）电脑板25针

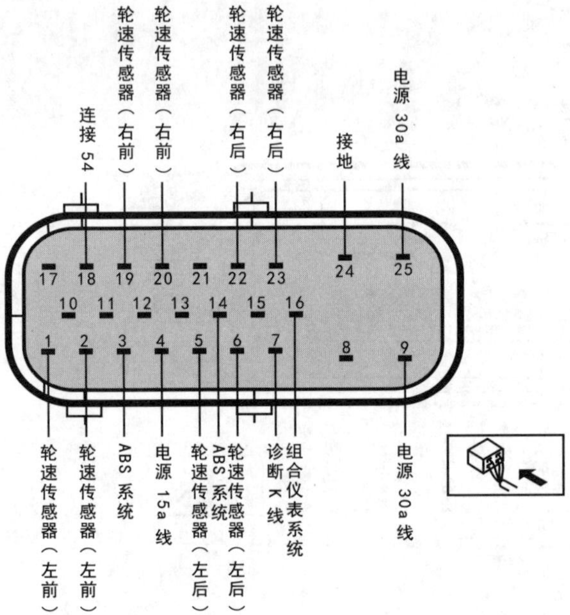

七、（ABS/电子差速锁EDS/电子稳定系统ESP）电脑板42针

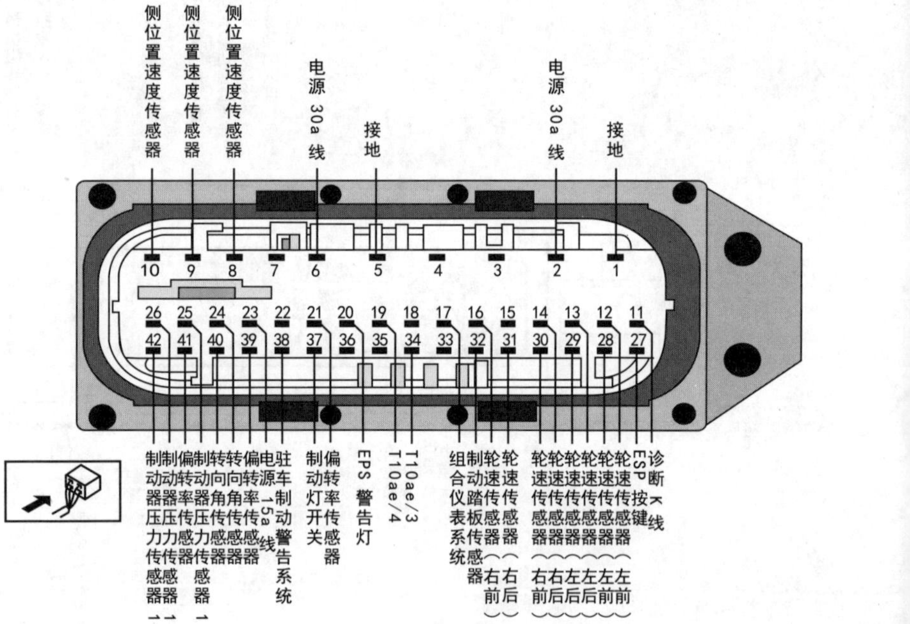

八、安全气囊系统(SRS)电脑板75针

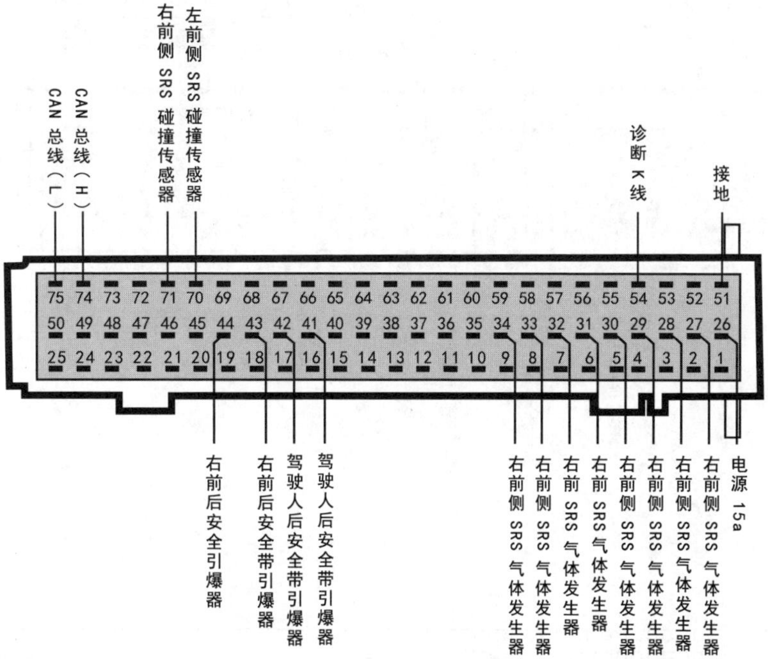

九、自动空调系统电脑板16+12+20+16针

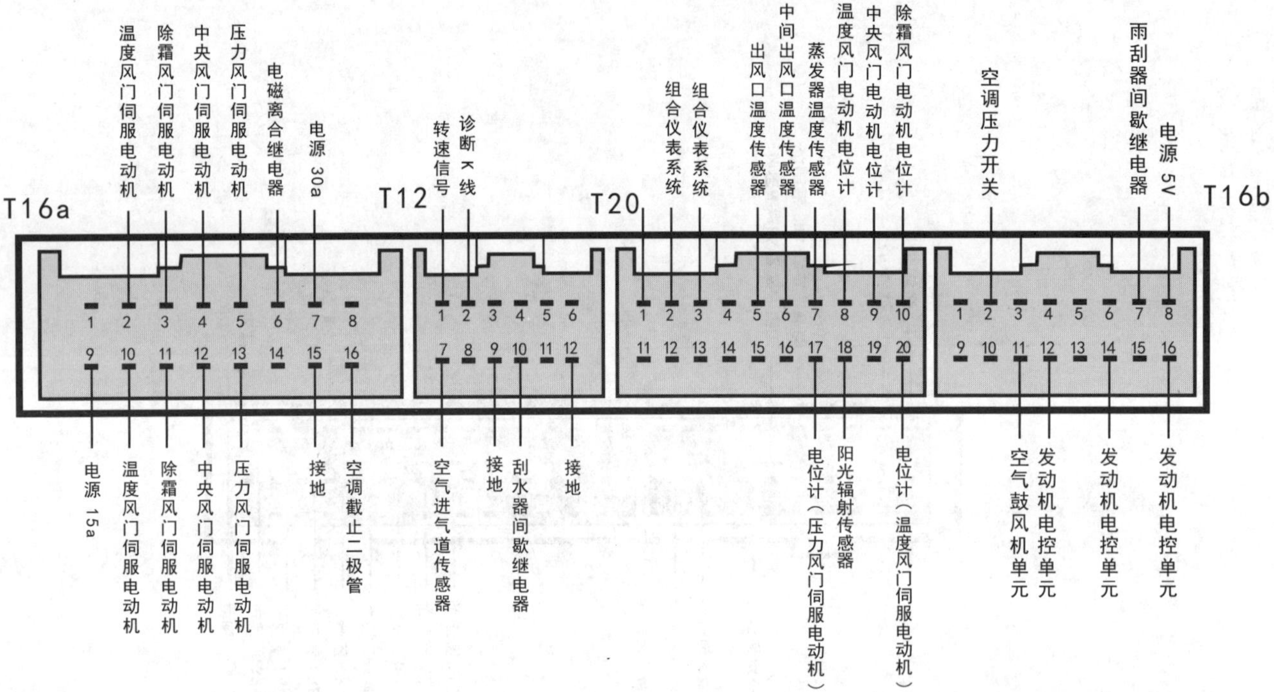

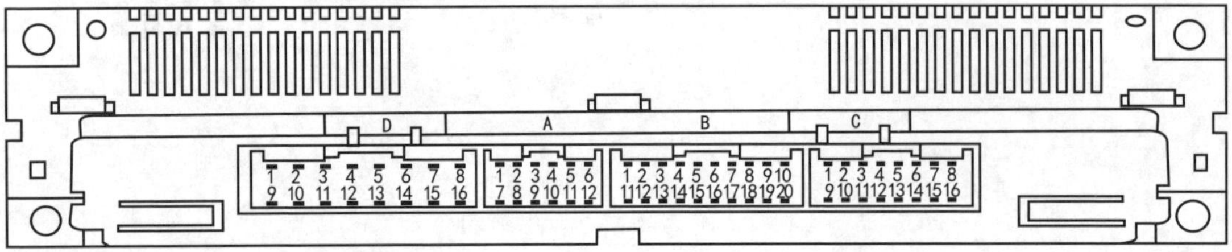

第7节 途安车系电脑板端子功能

一、BAG发动机（1.6L）控制系统电脑板60+94针(2004款)

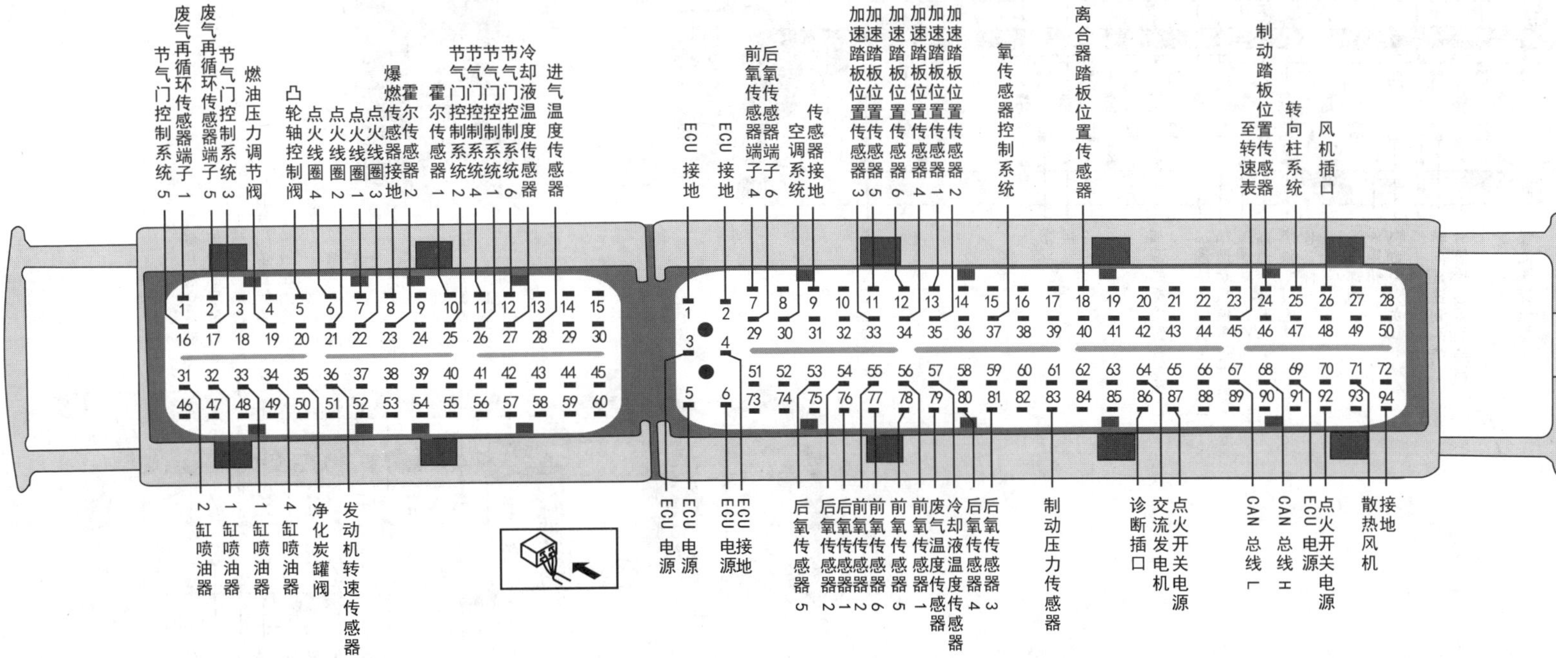

二、发动机BJZ(2.0)控制系统电脑板80针(2004款)

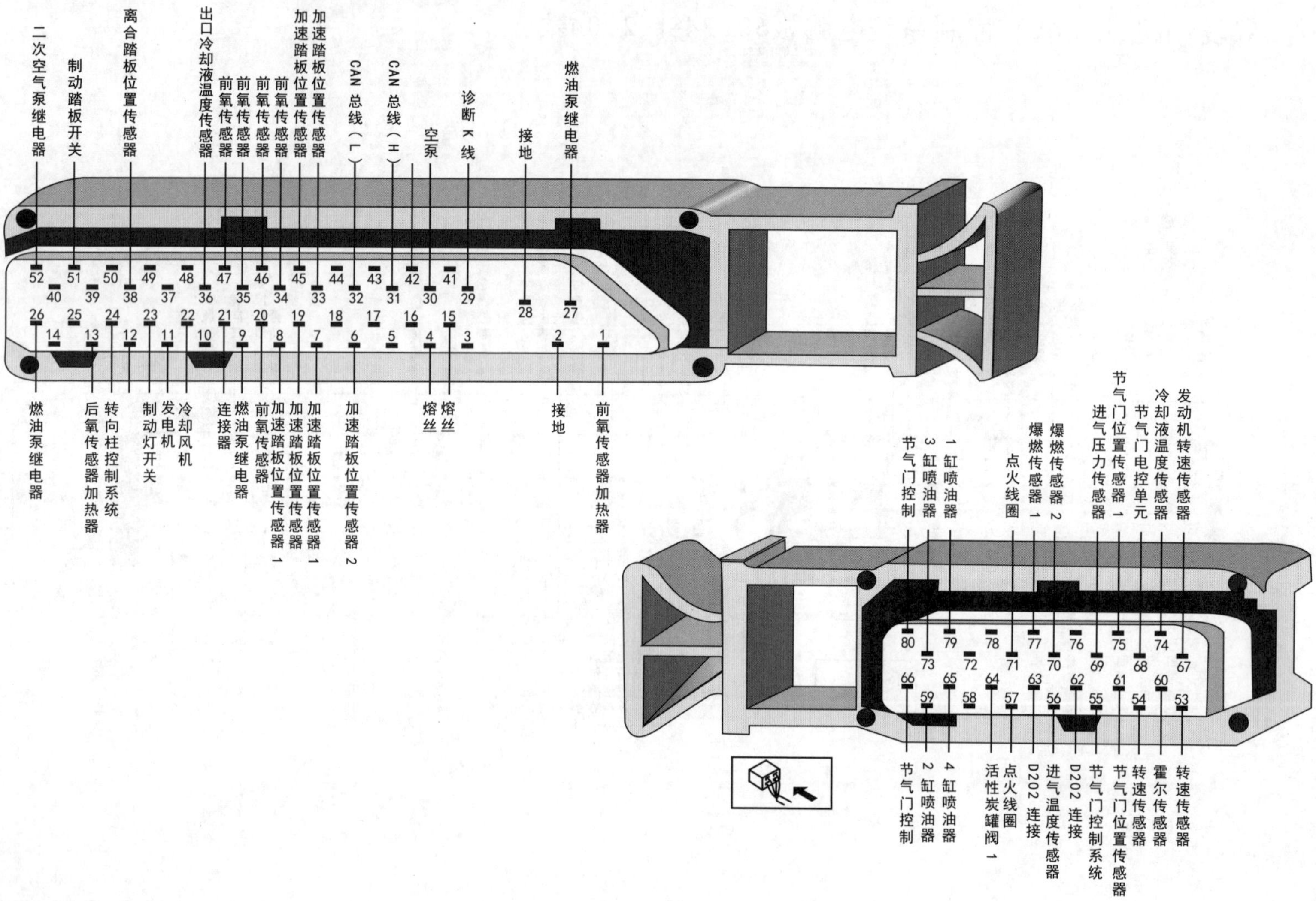

三、 发动机BPL(1.8T)控制系统电脑板121针(2005款)

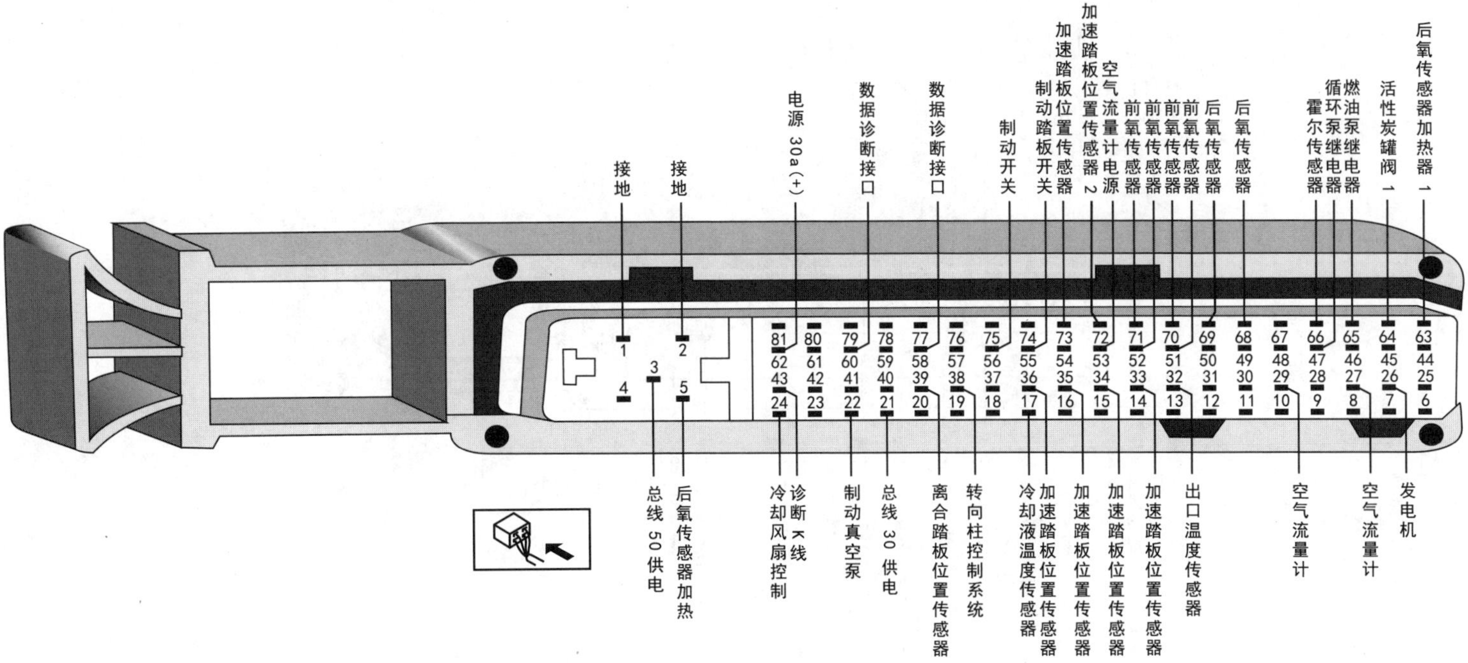

三、 发动机BPL(1.8T)控制系统电脑板121针(2005款)(续)

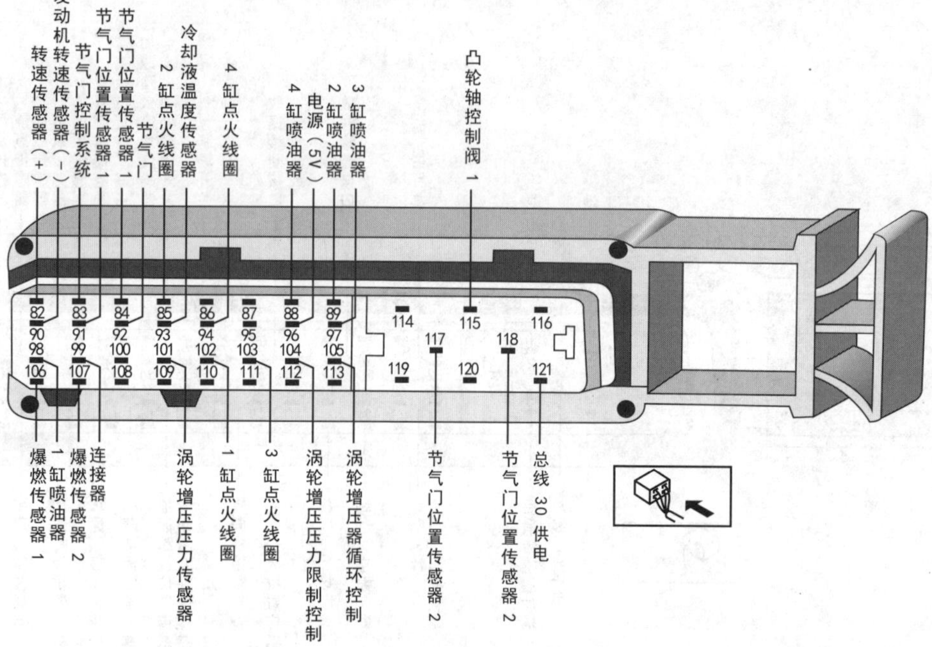

四、自动变速器控制系统电脑板52针

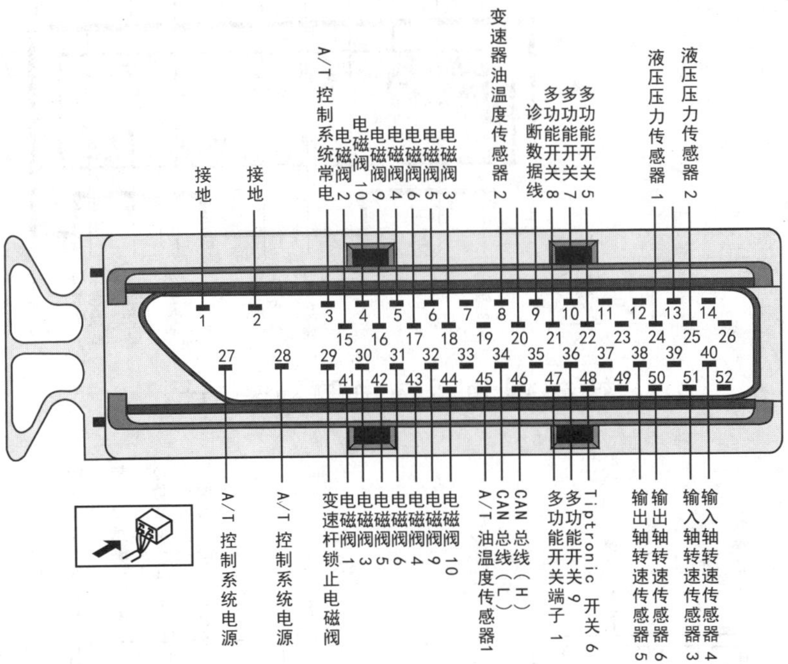

五、防抱死制动系统ABS（带ASR）电脑板26针

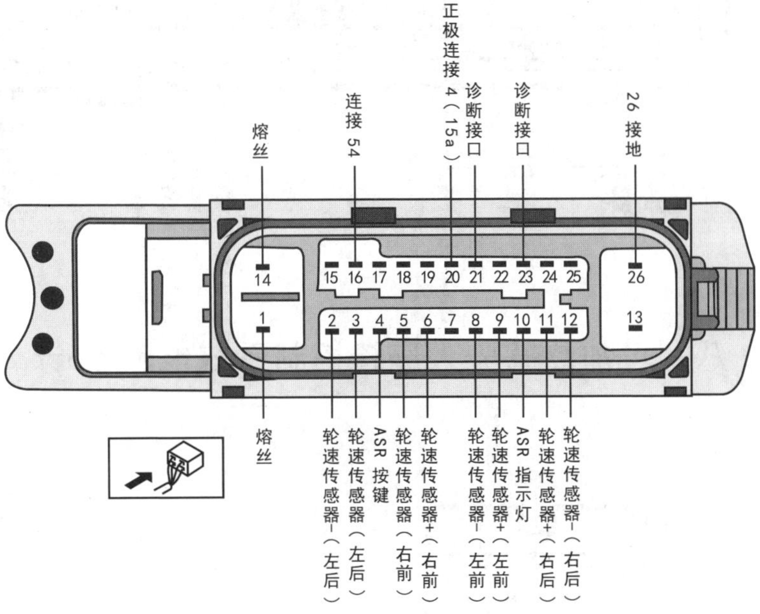

六、安全气囊系统(SRS)电脑板75针

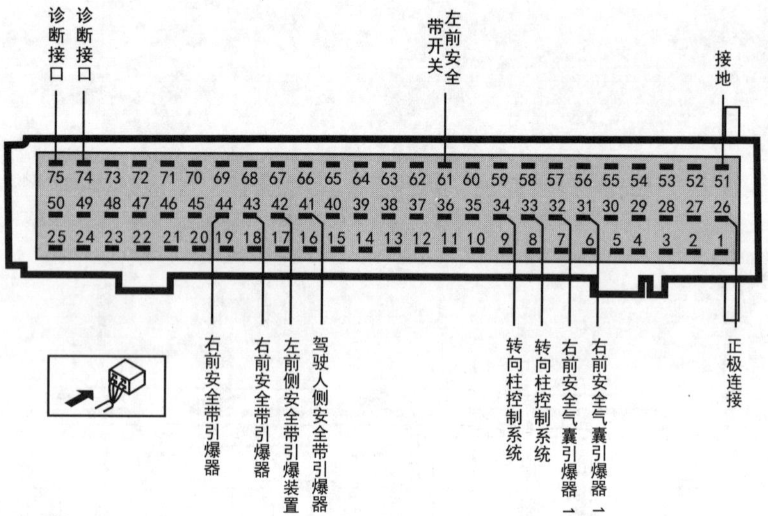

七、数据诊断接口电脑板20针

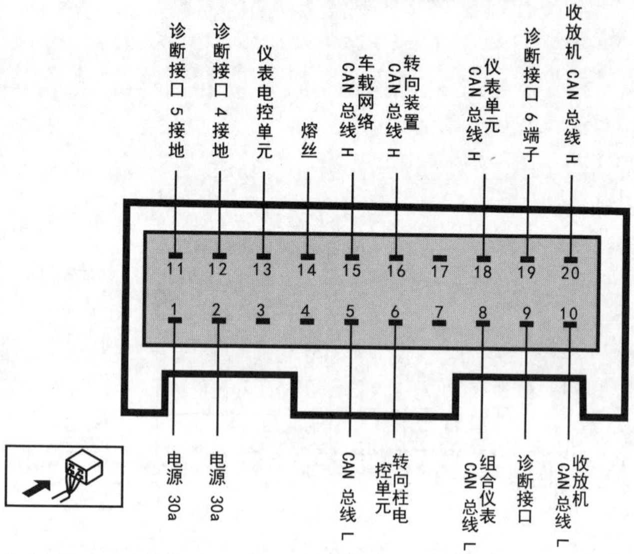

八、可加热驾驶人座椅控制系统电脑板6针

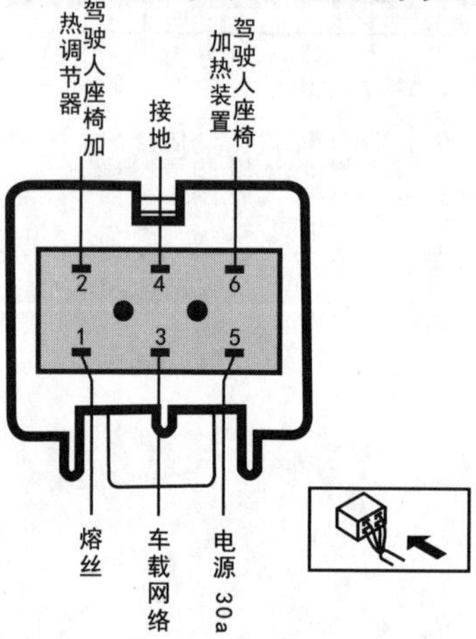

九、转向辅助系统电脑板5+5针

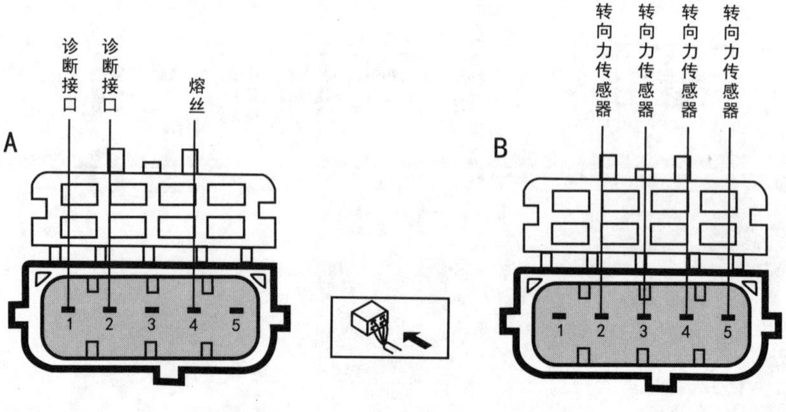

十、自动空调系统电脑板20+16+16针

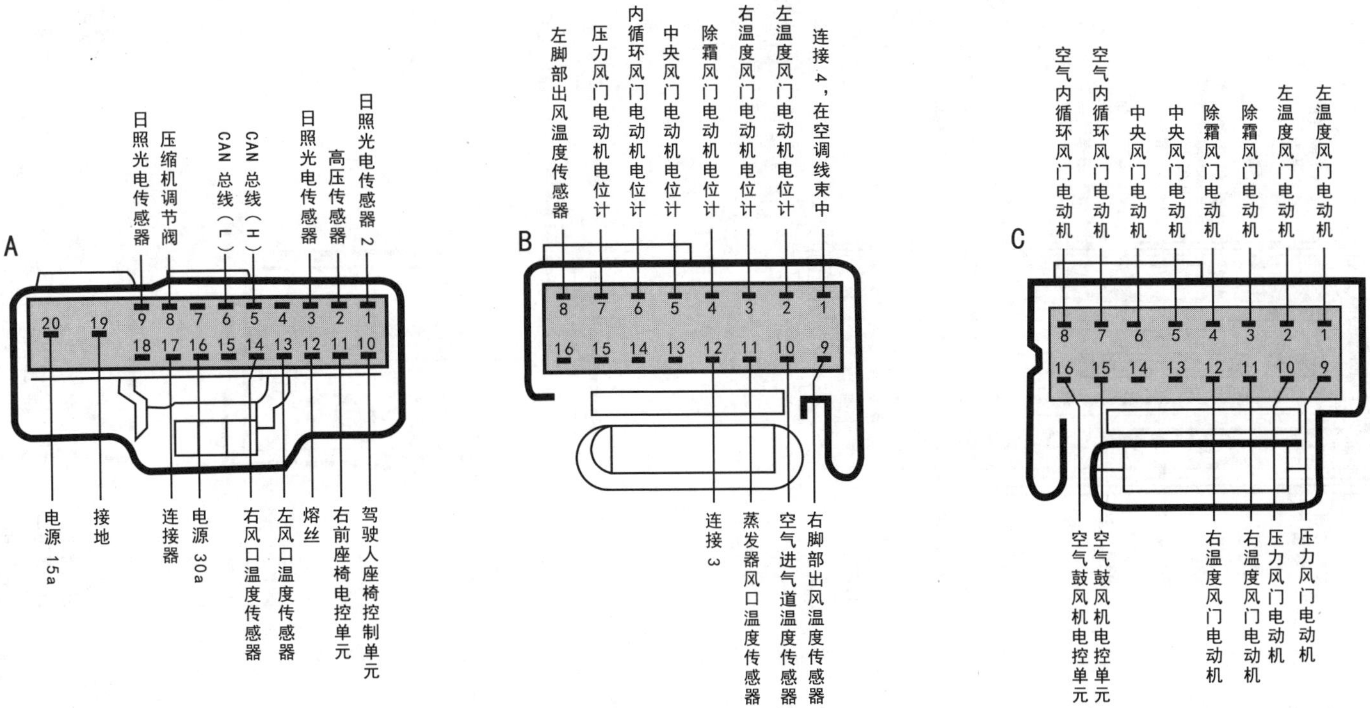

十一、组合仪表电脑板36针

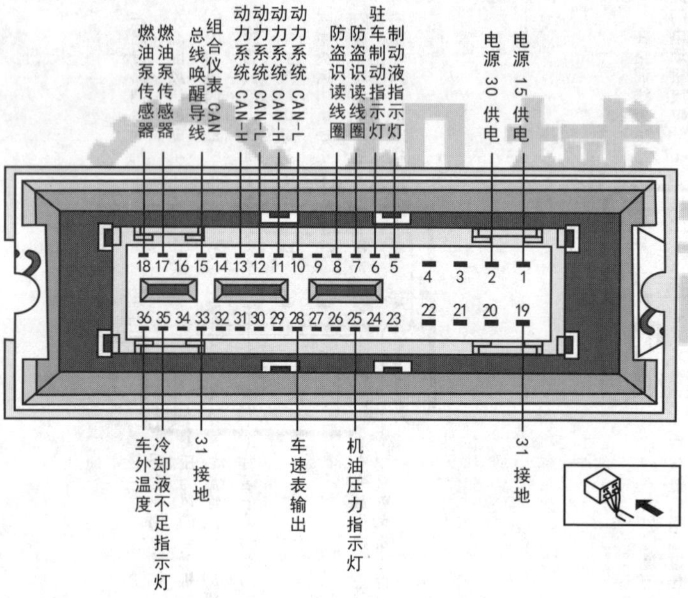

十二、舒适中央控制系统电脑板18+18针

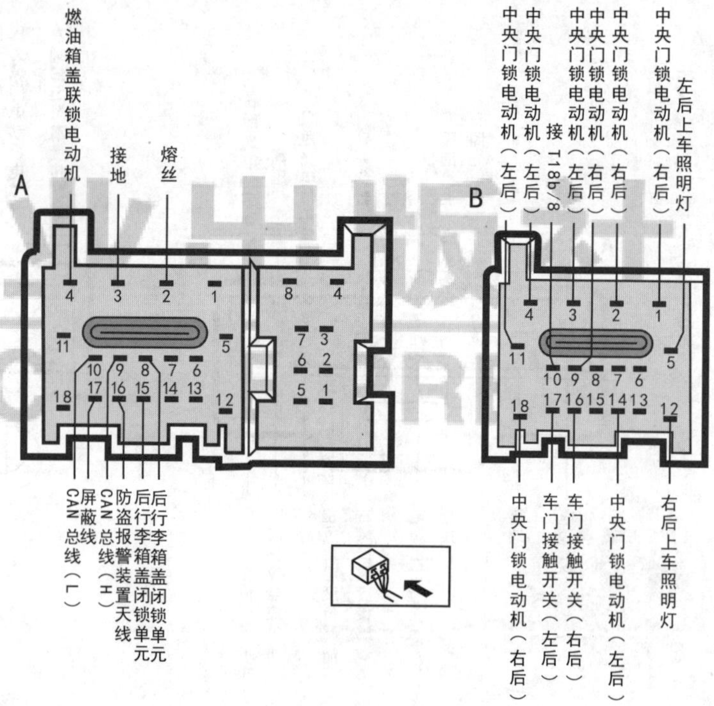

十三、驻车辅助系统电脑板16+12+12针

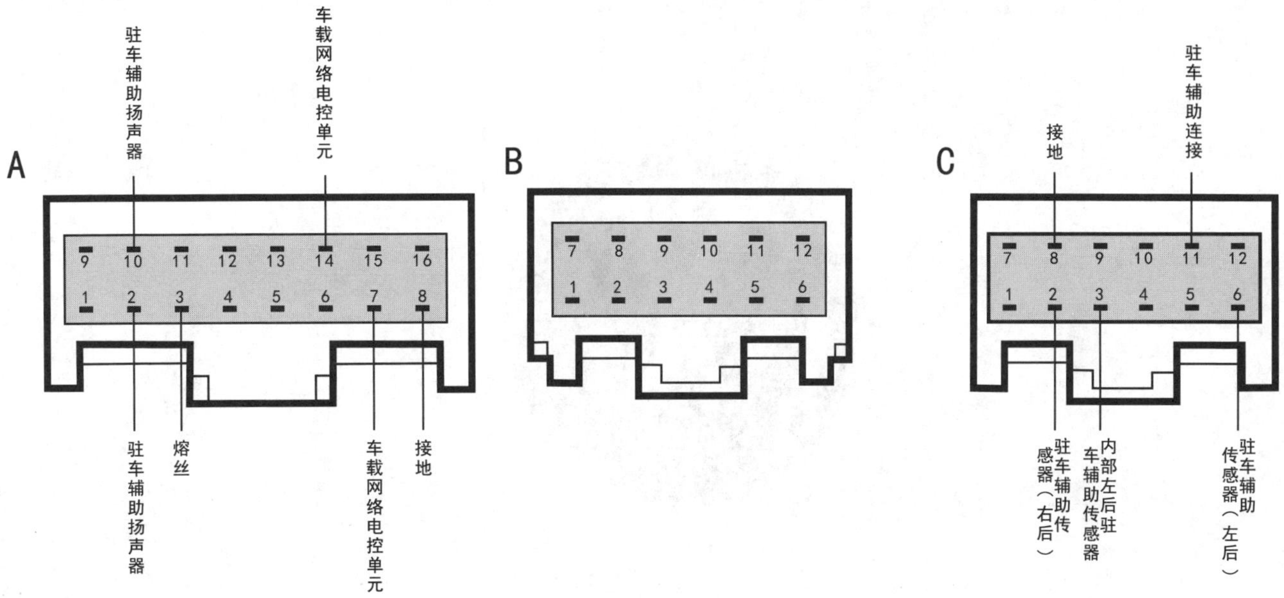

第 6 章

一汽大众车系电脑板端子功能和参考值

第1节 速腾车系电脑板端子功能和参考值

一、BLF（1.6L）发动机控制系统电脑板60+94针

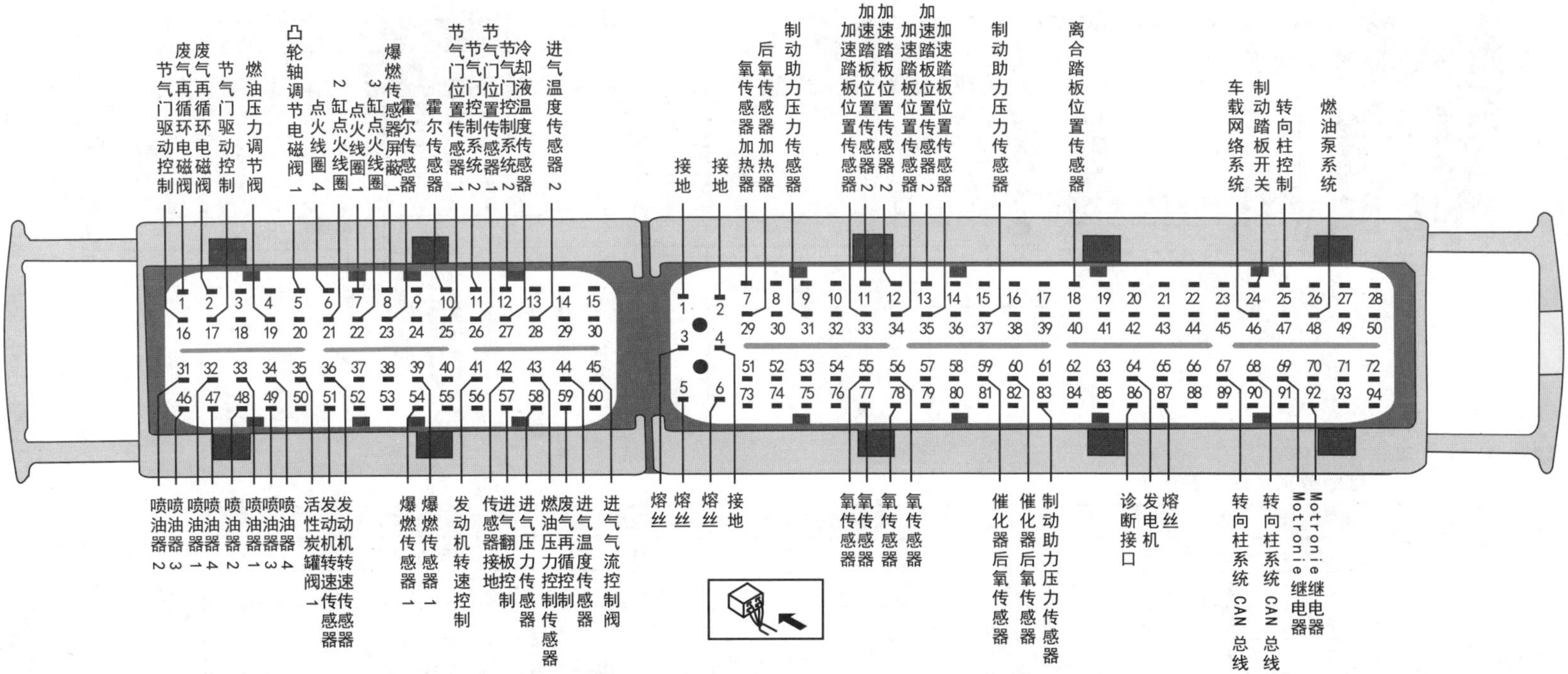

二、BSE/BSF/BWH发动机(1.6L SIMDS)控制系统电脑板121针

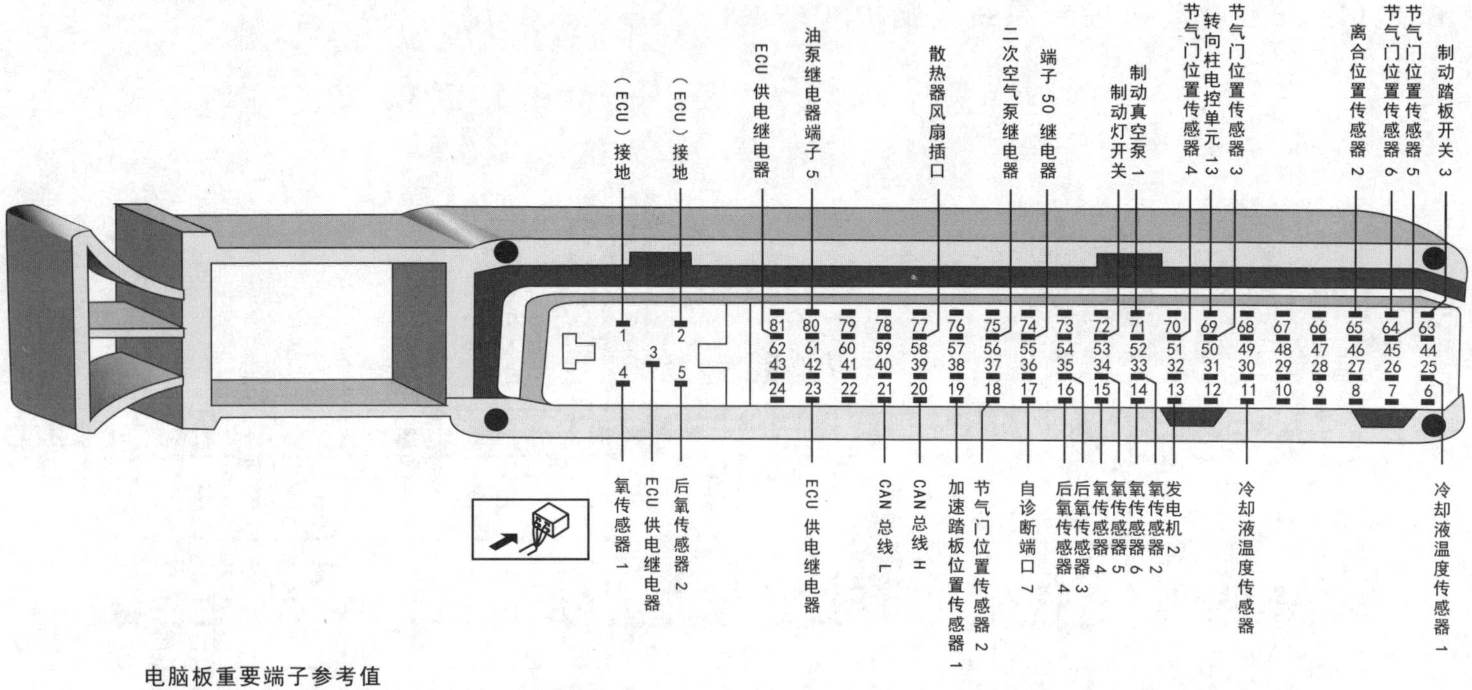

电脑板重要端子参考值

端子号	测试条件	参考值	端子号	测试条件	参考值	端子号	测试条件	参考值
2	点火开关ON	0V	21	正常工作	0～2.5脉冲	64	点火开关ON,正常工作	0.5～4.5V
3	点火开关ON	蓄电池电压	23	点火开关ON	蓄电池电压	65	点火开关ON,正常工作	0.5～4.5V
4	点火开关ON	12V	25	点火开关ON	5V			
5	点火开关ON	12V	33	点火开关ON,正常工作	0.2～0.9V			
14	点火开关ON,正常工作	0.2～0.9V	50	点火开关ON	0～0.12V			
16	点火开关ON,正常工作	0.2～0.9V	51	点火开关ON,正常工作	0.5～4.5V			
17	点火开关ON	10V	55	点火开关ON	蓄电池电压			
20	正常工作	2.5～5.0脉冲	62	点火开关OFF	蓄电池电压			

二、BSE/BSF/BWH发动机(1.6L SIMDS)控制系统电脑板121针（续）

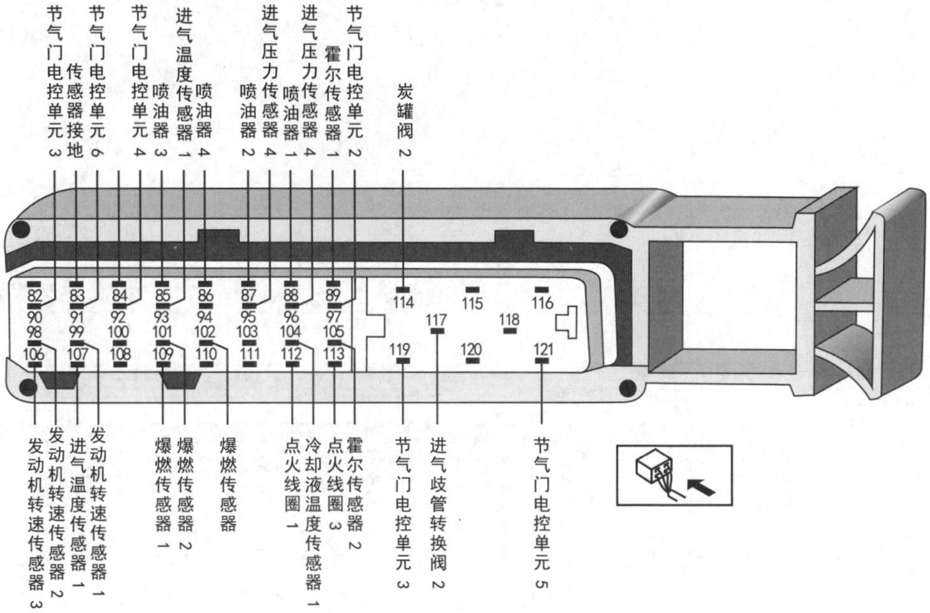

电脑板重要端子参考值 （续）

端子号	测试条件	参考值	端子号	测试条件	参考值	端子号	测试条件	参考值
85	点火开关ON	12V	96	点火开关ON,正常工作	5V	112	点火开关ON	0V
86	点火开关ON	12V	97	点火开关ON,正常工作	5V	113	点火开关ON	0V
87	点火开关ON	12V	98	点火开关ON	1.5V	114	点火开关ON	12V
88	点火开关ON	12V	101	点火开关ON,正常工作	0.3～1.4V	117	点火开关ON	12V
89	点火开关ON,正常工作	5V	102	点火开关ON	0V	119	点火开关ON	12V
90	点火开关ON,正常工作	0.5～4.5V	103	点火开关ON	0.6V	121	点火开关ON	12V
92	点火开关ON,正常工作	0.5～4.5V	104	点火开关ON,正常工作	5V			
93	点火开关ON,正常工作	0.7～2.8V	105	点火开关ON,正常工作	5V			
95	点火开关ON,正常工作	0.5～4.5V	106	点火开关ON	1.5V			

三、BPL（1.8L）发动机控制系统电脑板121针（2007款）

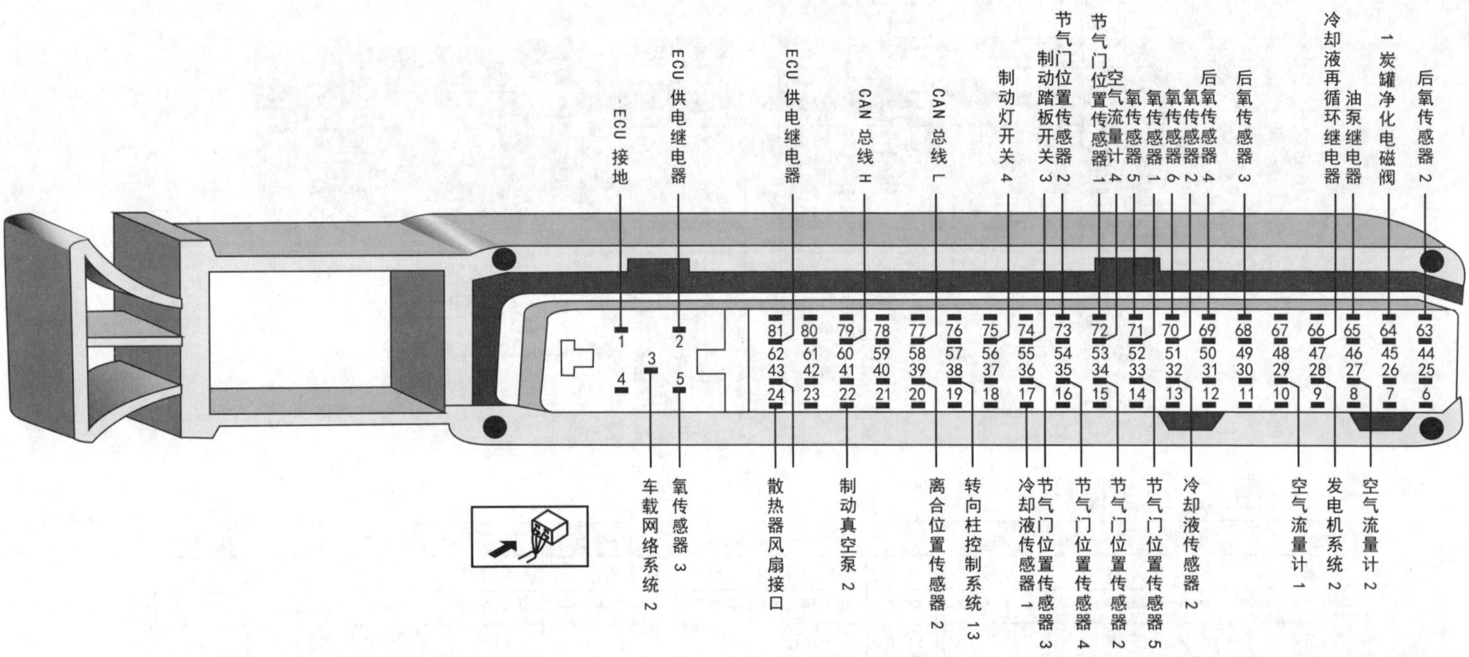

三、BPL（1.8L）发动机控制系统电脑板121针（2007款）（续）

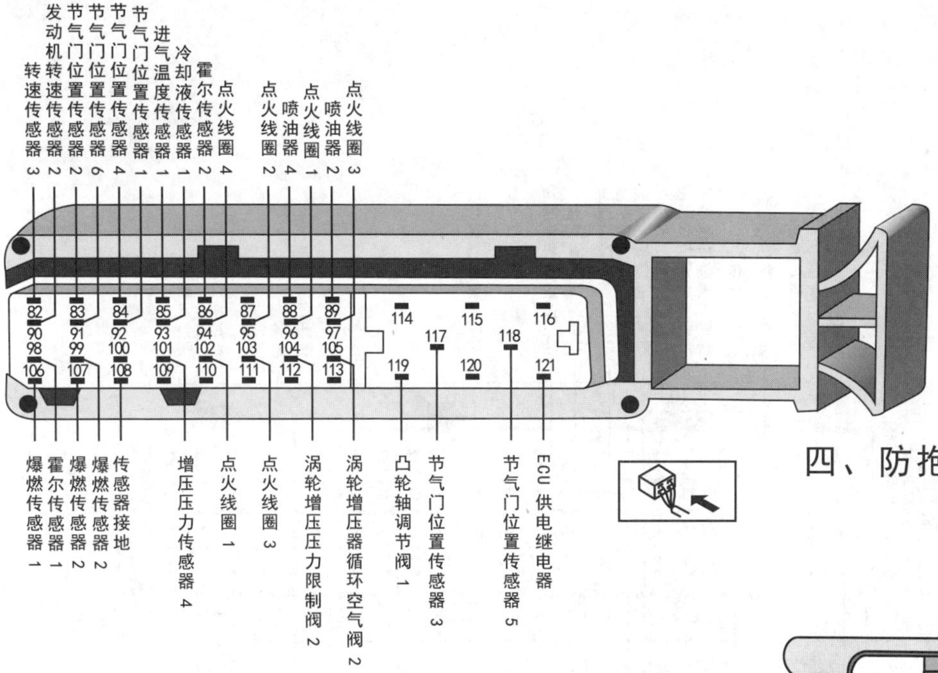

四、防抱死制动系统ABS电脑板26针（2007款）

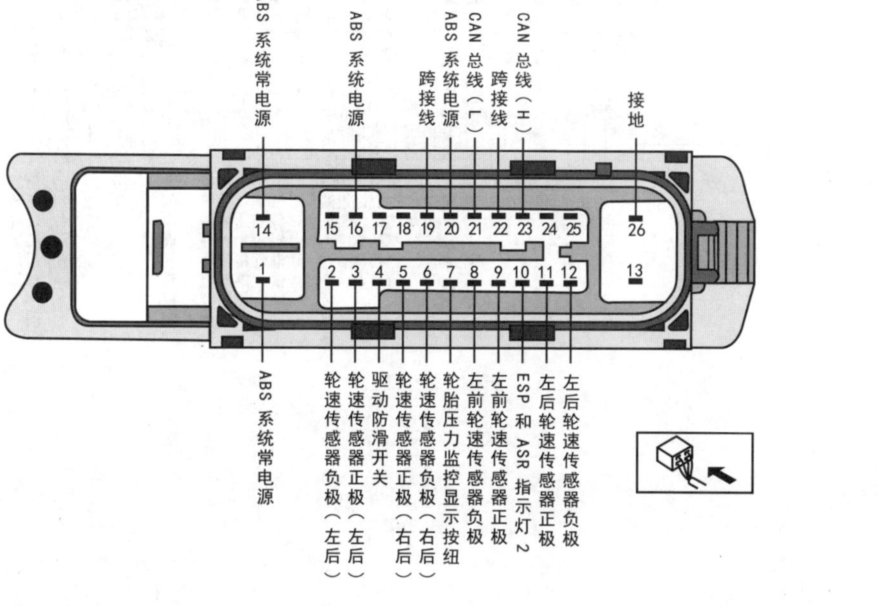

五、BLR（2.0L）发动机控制系统电脑板60+94针

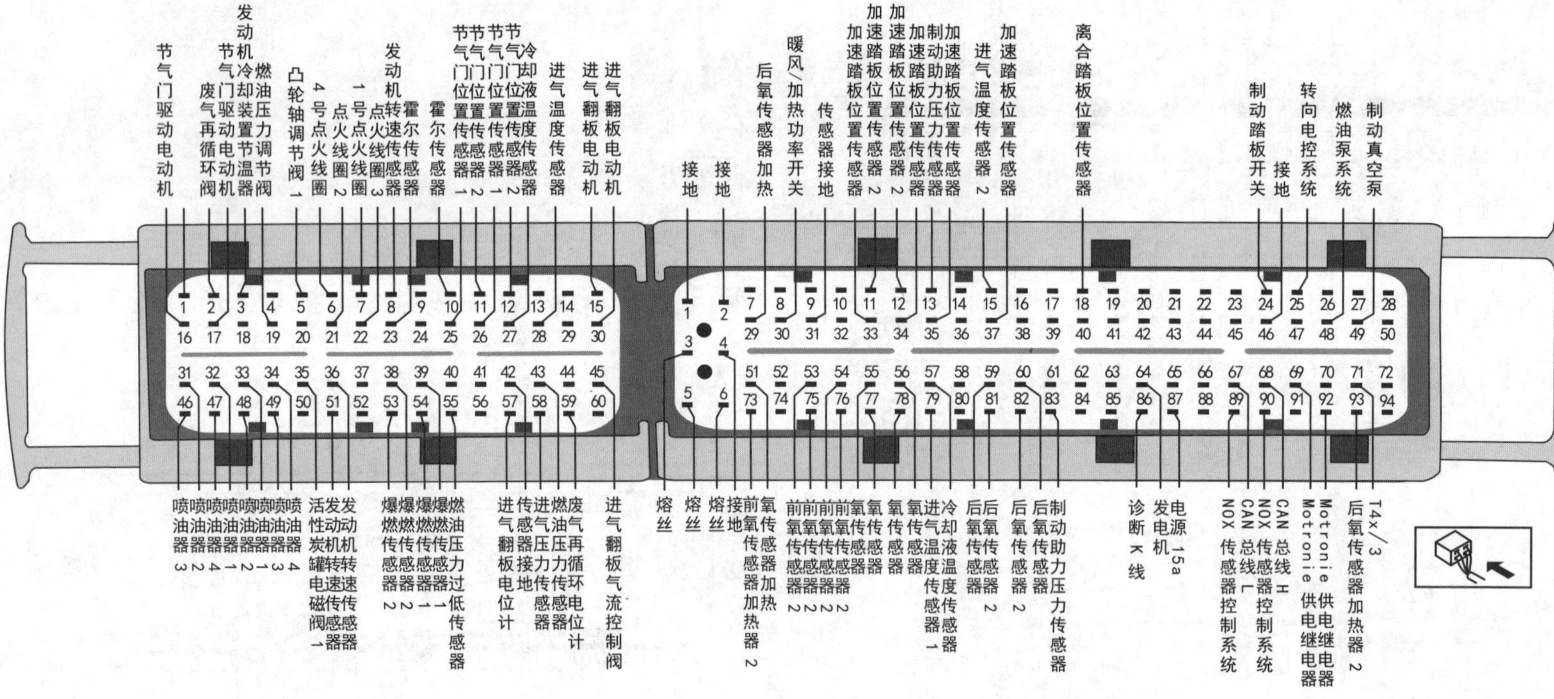

六、AZV/BKD（2.0L）柴油发动机控制系统电脑板60+94针（2007款）

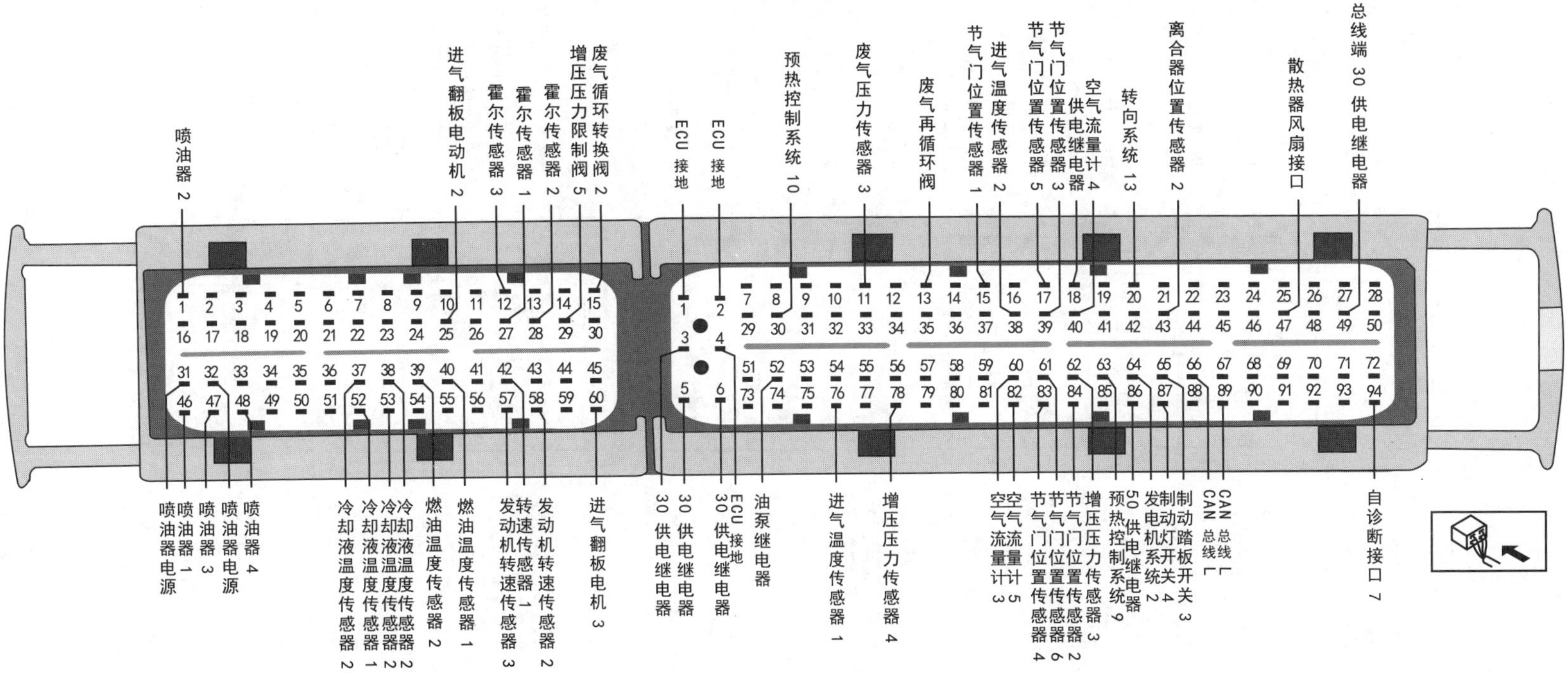

七、AJZ(2.0L)发动机控制系统电脑板80针（2006款）

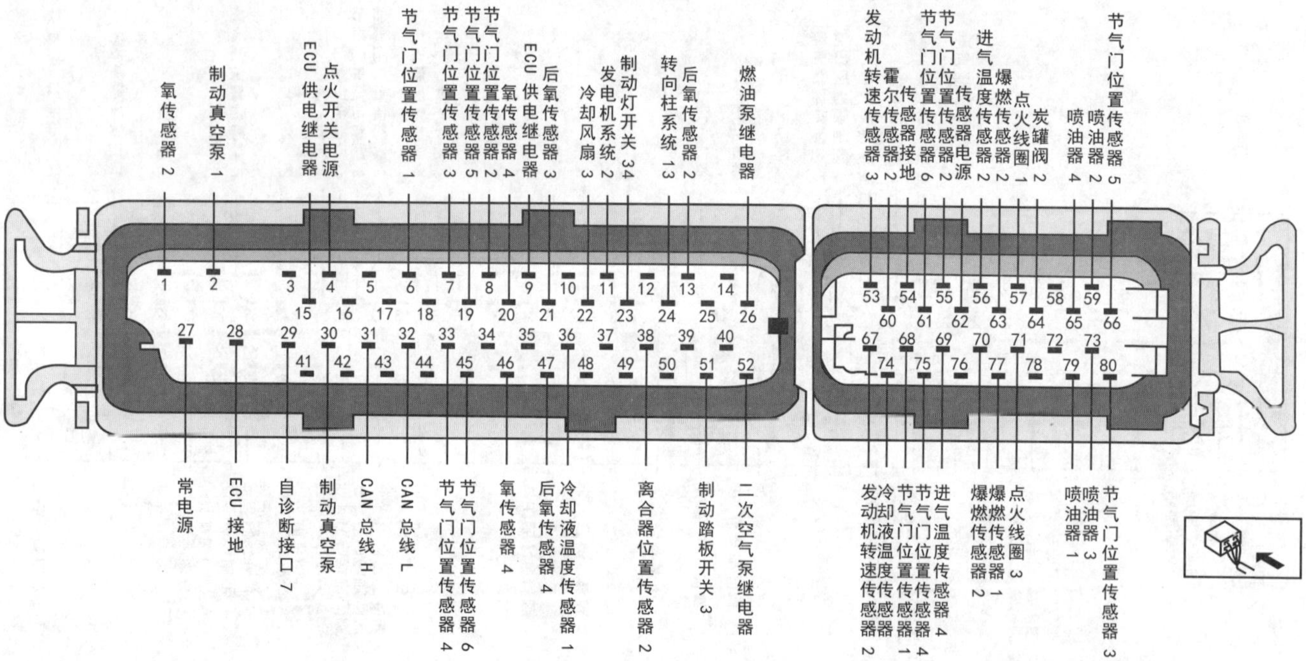

八、自动变速器(09G)系统电脑板52针

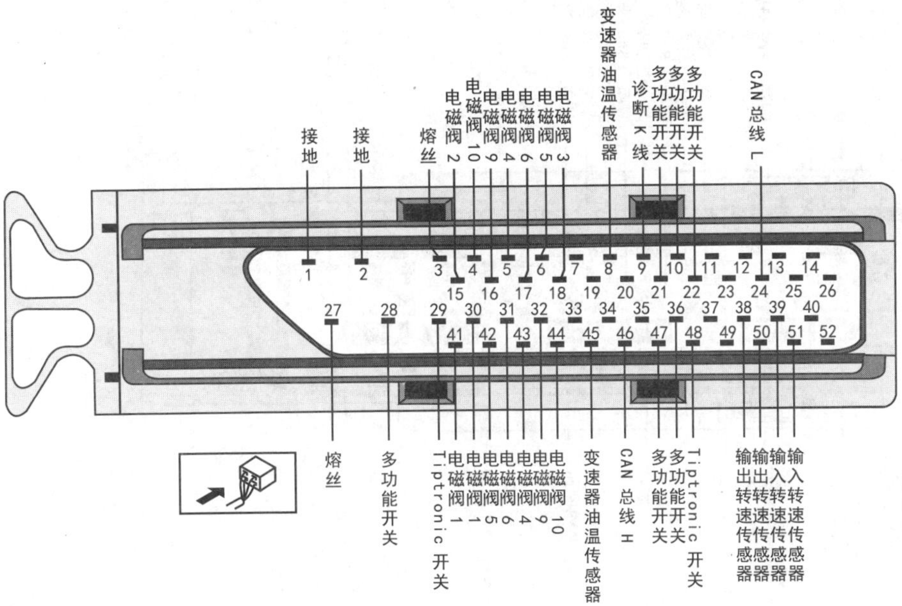

九、自动变速器(02E)电脑板20针

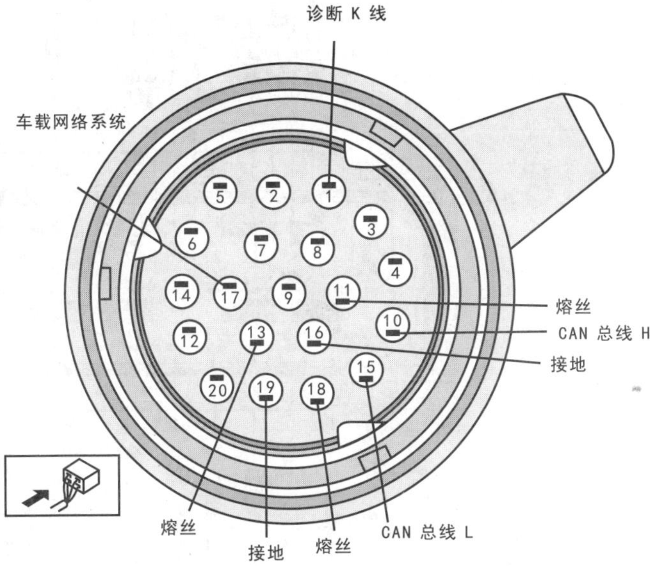

十、安全气囊系统（SRS）电脑板75针

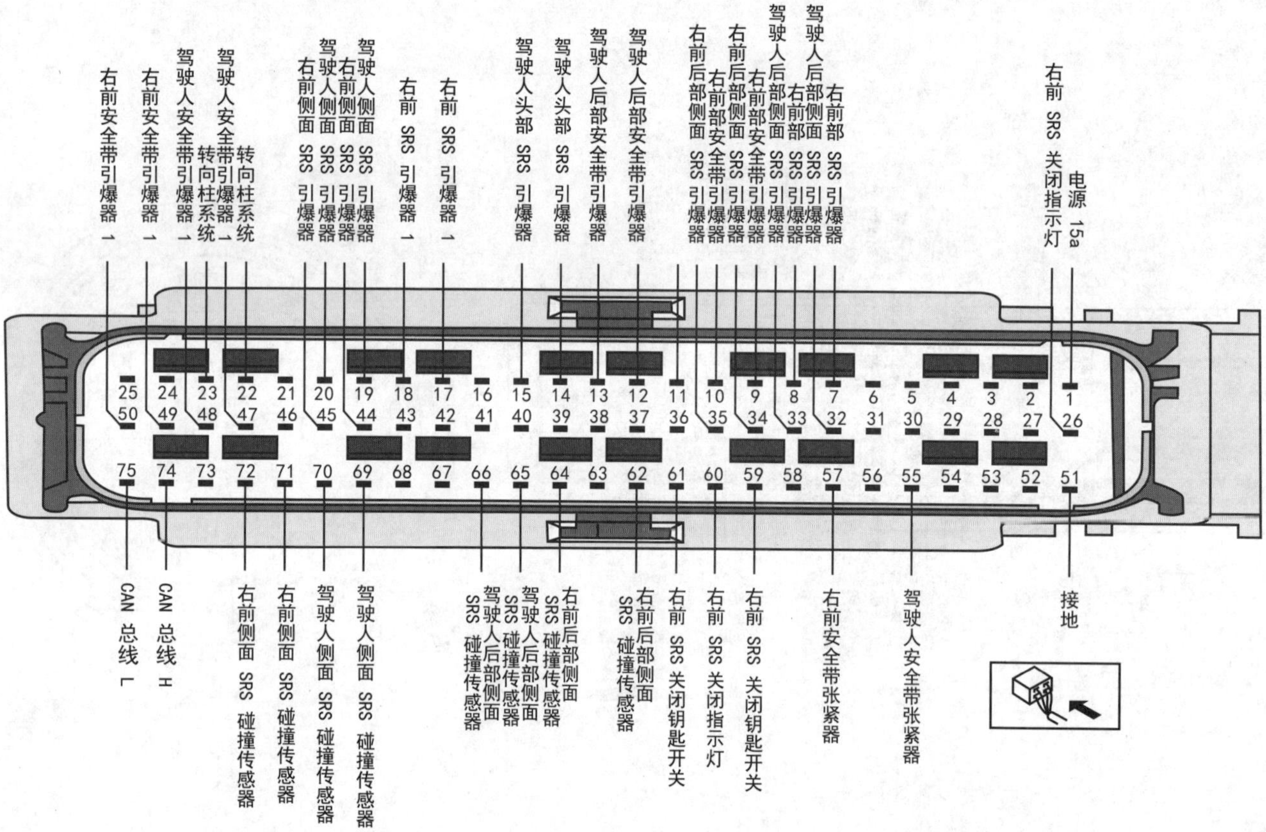

十一、右后车门系统电脑板18针

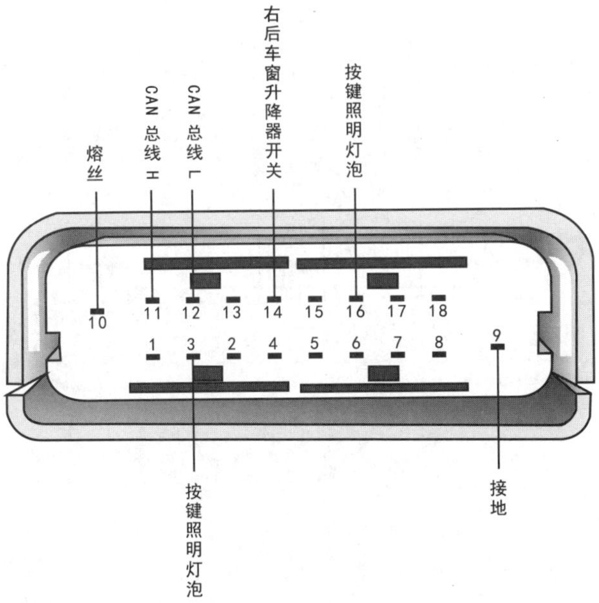

十二、左后车门系统电脑板18针

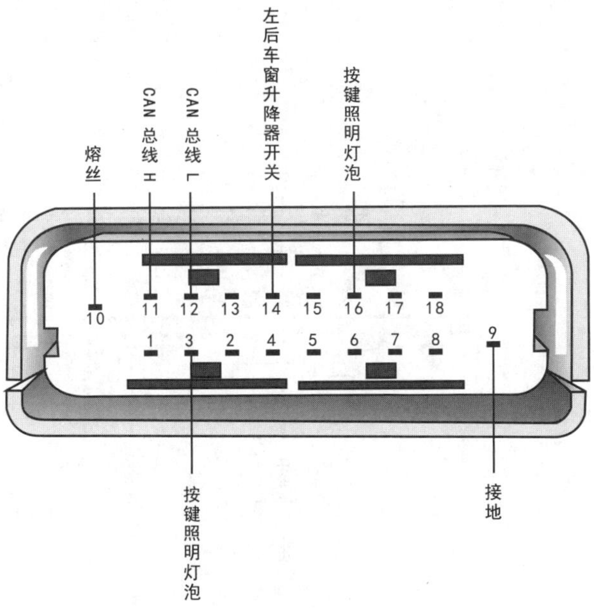

十三、左前车门控制系统电脑板20+16+32针

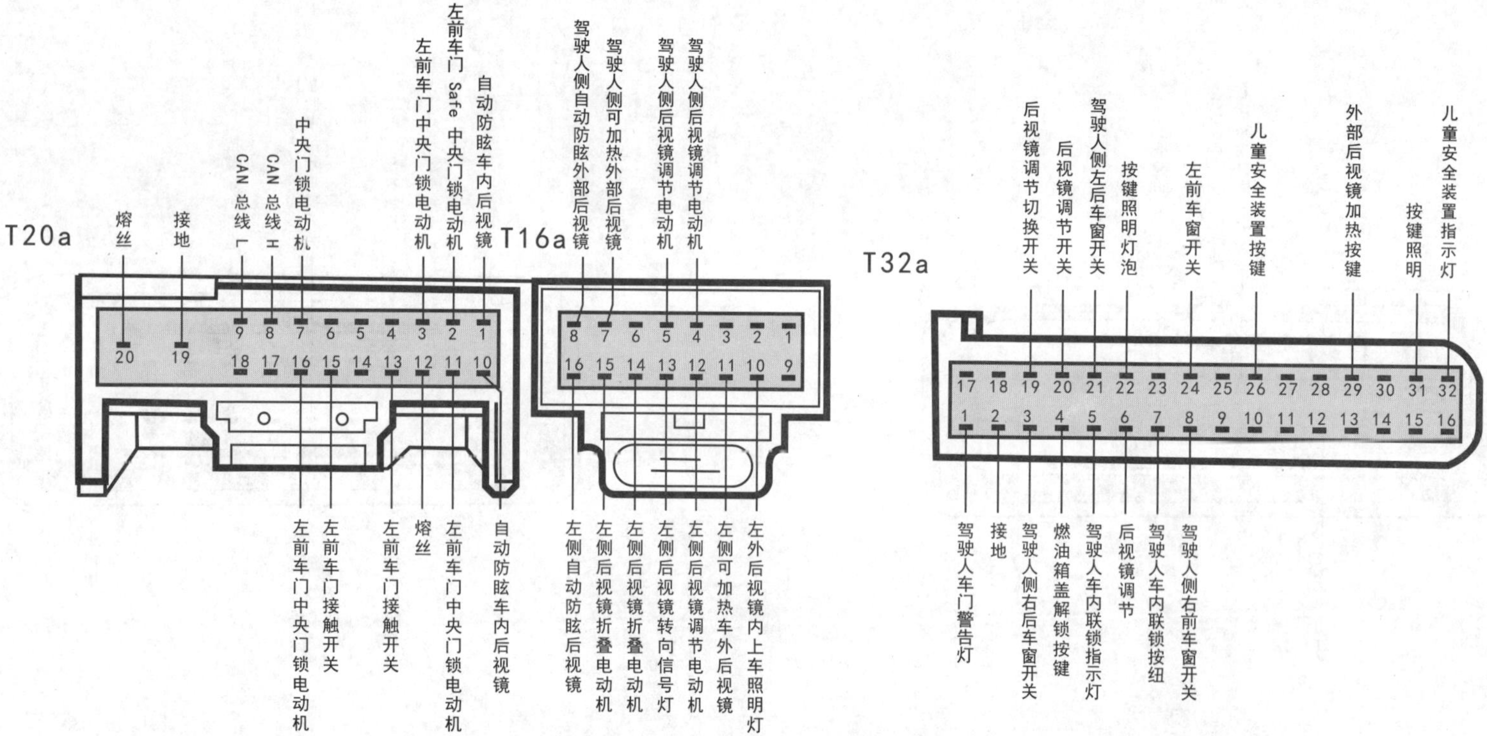

十四、右前车门控制系统电脑板20+16+32针

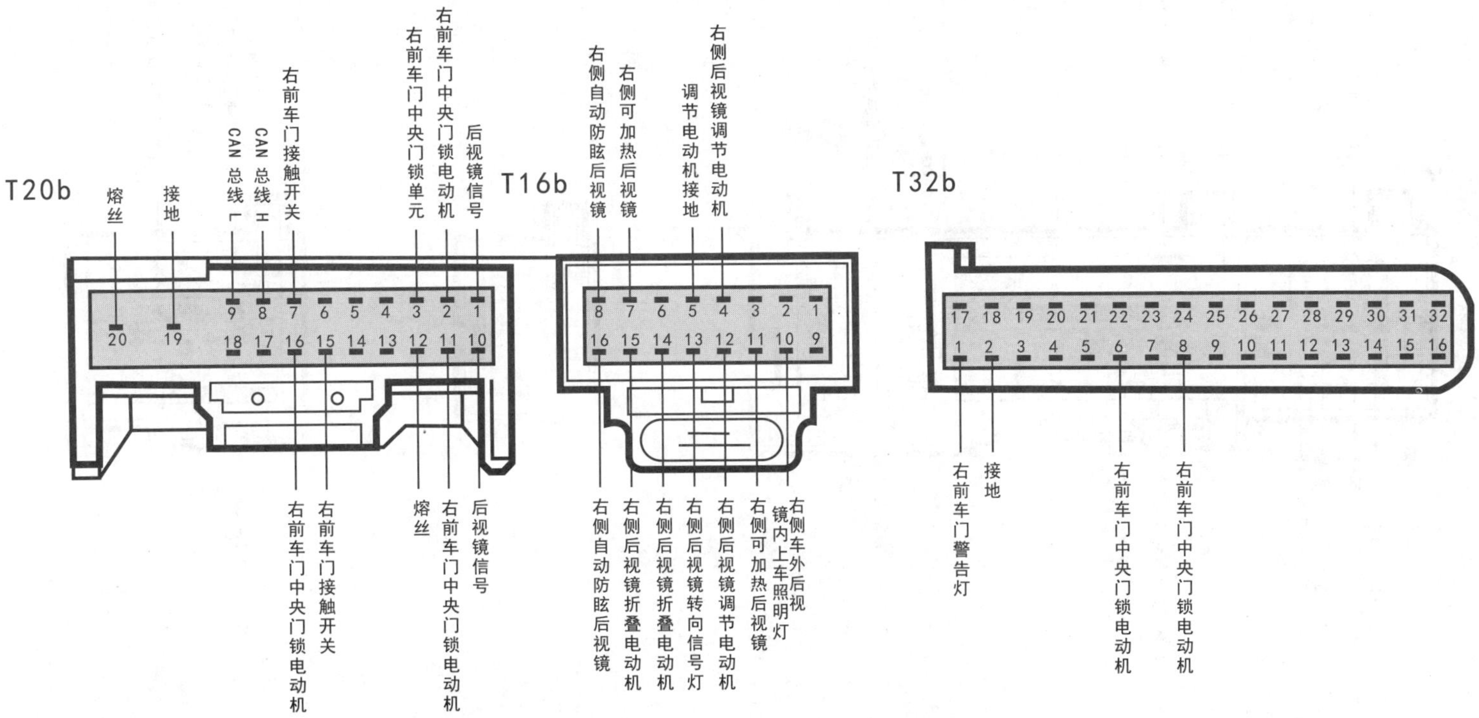

十五、舒适、便捷系统电脑板

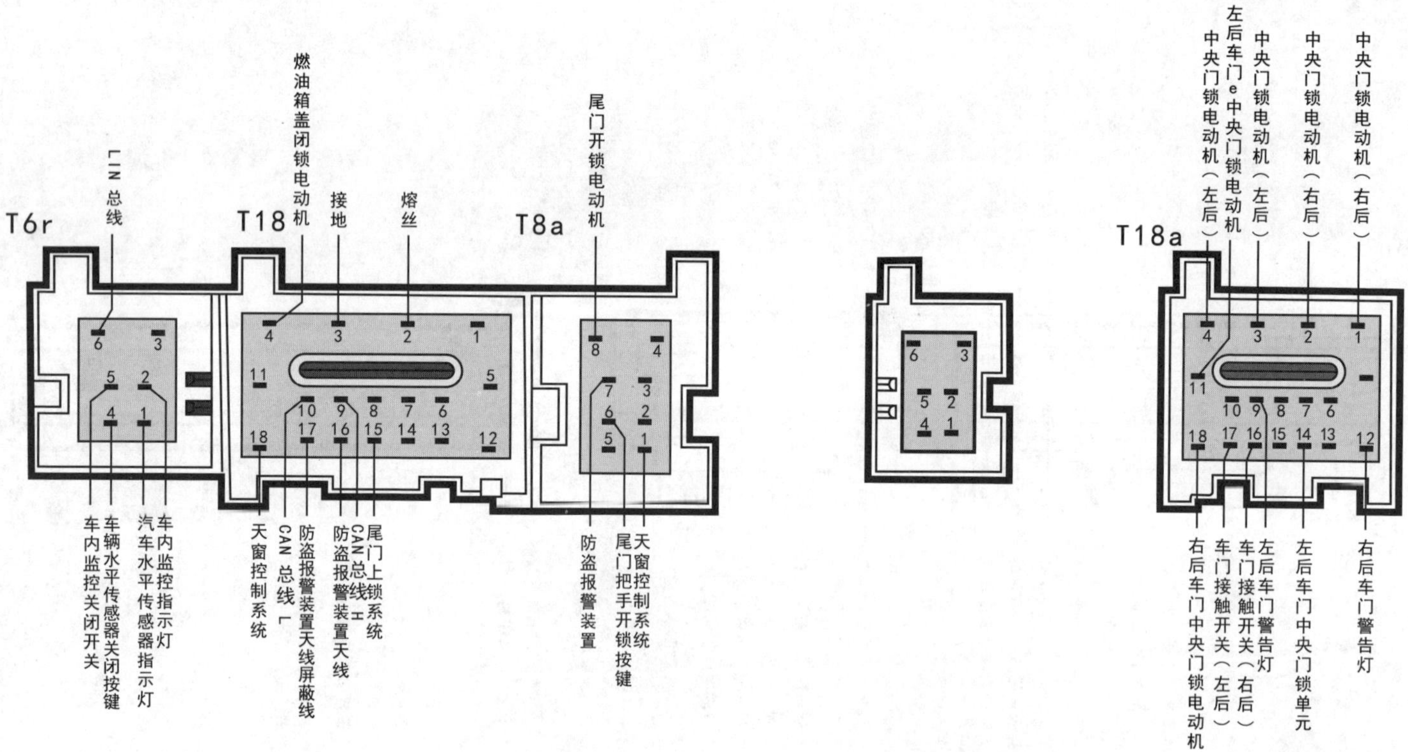

第2节 迈腾车系电脑板端子功能和参考值

一、BPY/BWA（2.0L）发动机控制系统电脑板60+94针

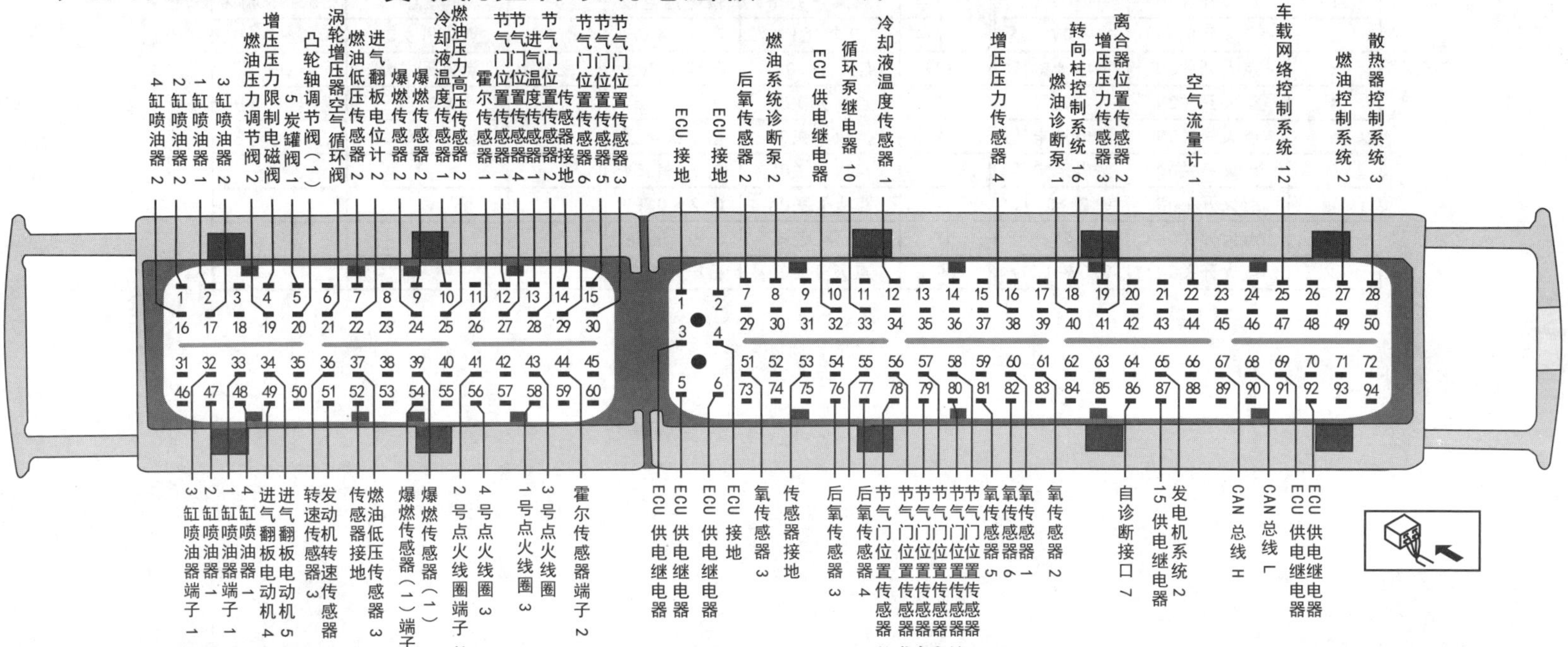

电脑板重要端子参考值(左图)

端子号	测试条件	参考值
1	正常工作	频率方波
2	正常工作	频率方波
5	点火开关ON	12V
9	点火开关ON	0.3～1.4V
10	点火开关ON，正常工作	0.5～4.5V
12	点火开关ON，正常工作	0.5～4.5V
13	点火开关ON，正常工作	0.7～2.8V
14	点火开关ON	0V
15	点火开关ON	12V
16	正常工作	频率方波
17	正常工作	频率方波
21	点火开关ON	12V
22	点火开关ON，正常工作	0.5～4.5V
26	点火开关ON	5V
28	点火开关ON	5V
30	点火开关ON	12V
32	正常工作	频率方波
33	正常工作	频率方波
34	点火开关ON	12V
36	点火开关ON	0.6V
39	点火开关ON，正常工作	0.3～1.4V
41	正常工作	0V
43	正常工作	0V
47	正常工作	频率方波
48	正常工作	频率方波
49	点火开关ON	12V
52	点火开关ON	0V
56	点火开关ON	0V
58	点火开关ON	0V

电脑板重要端子参考值(右图)

端子号	测试条件	参考值	端子号	测试条件	参考值	端子号	测试条件	参考值
1	点火开关ON	0V	25	点火开关ON	蓄电池电压	68	正常工作	2.5～5.0脉冲
2	点火开关ON	0V	27	正常工作	0.5～4.5V	82	点火开关ON	0.2～0.9V
3	点火开关ON	蓄电池电压	32	点火开关OFF	蓄电池电压	86	点火开关ON	10V
4	点火开关ON	0V	41	点火开关ON	0.5～4.5V	87	常电源	蓄电池电压
5	点火开关ON	蓄电池电压	51	点火开关ON	蓄电池电压	92	点火开关OFF	蓄电池电压
6	点火开关ON	蓄电池电压	58	点火开关ON	0.5～4.5V			
7	点火开关ON	0.2～0.9V	61	点火开关ON	0.2～0.9V			
12	点火开关ON	5V	67	正常工作	0～2.5脉冲			
22	点火开关ON	0.5～4.5V	69	点火开关ON	蓄电池电压			

二、AXZ(3.2L)/BLV(3.6L)发动机控制系统电脑板60+94针

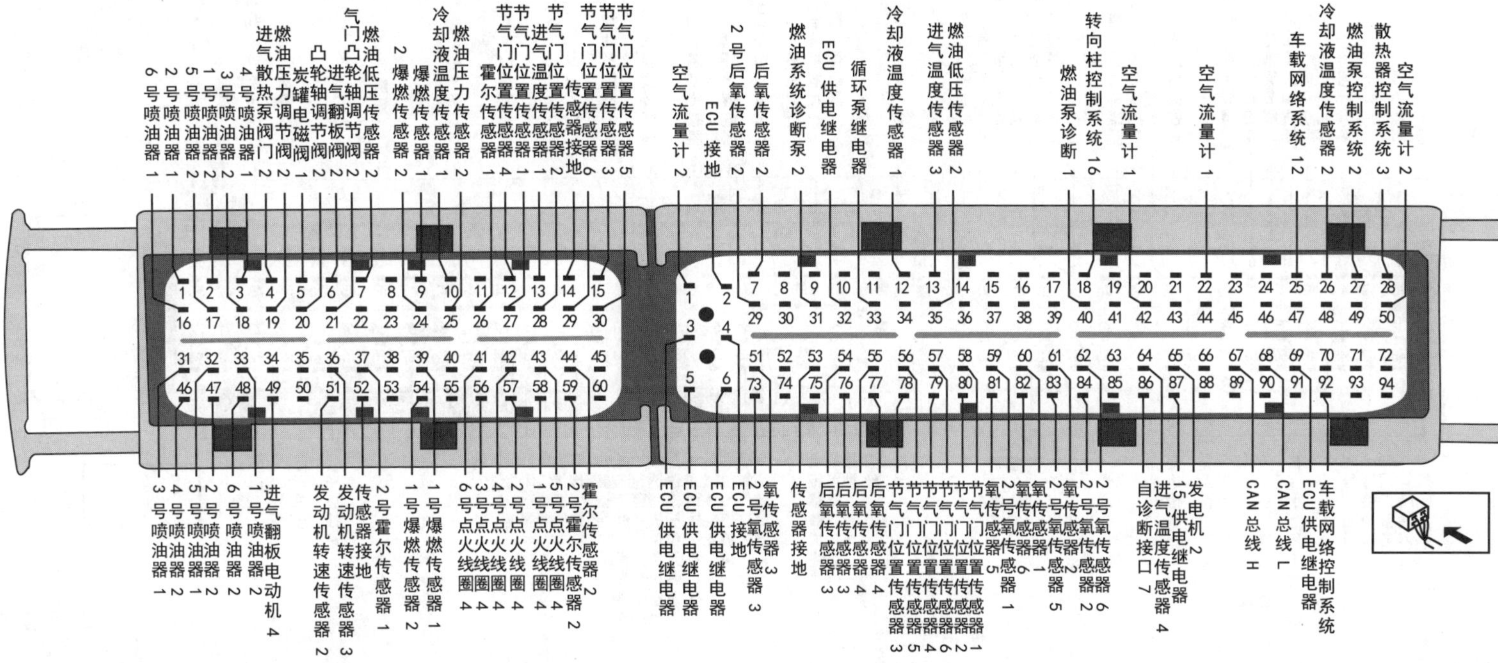

三、AXX(2.0L)发动机控制系统电脑板60+94针

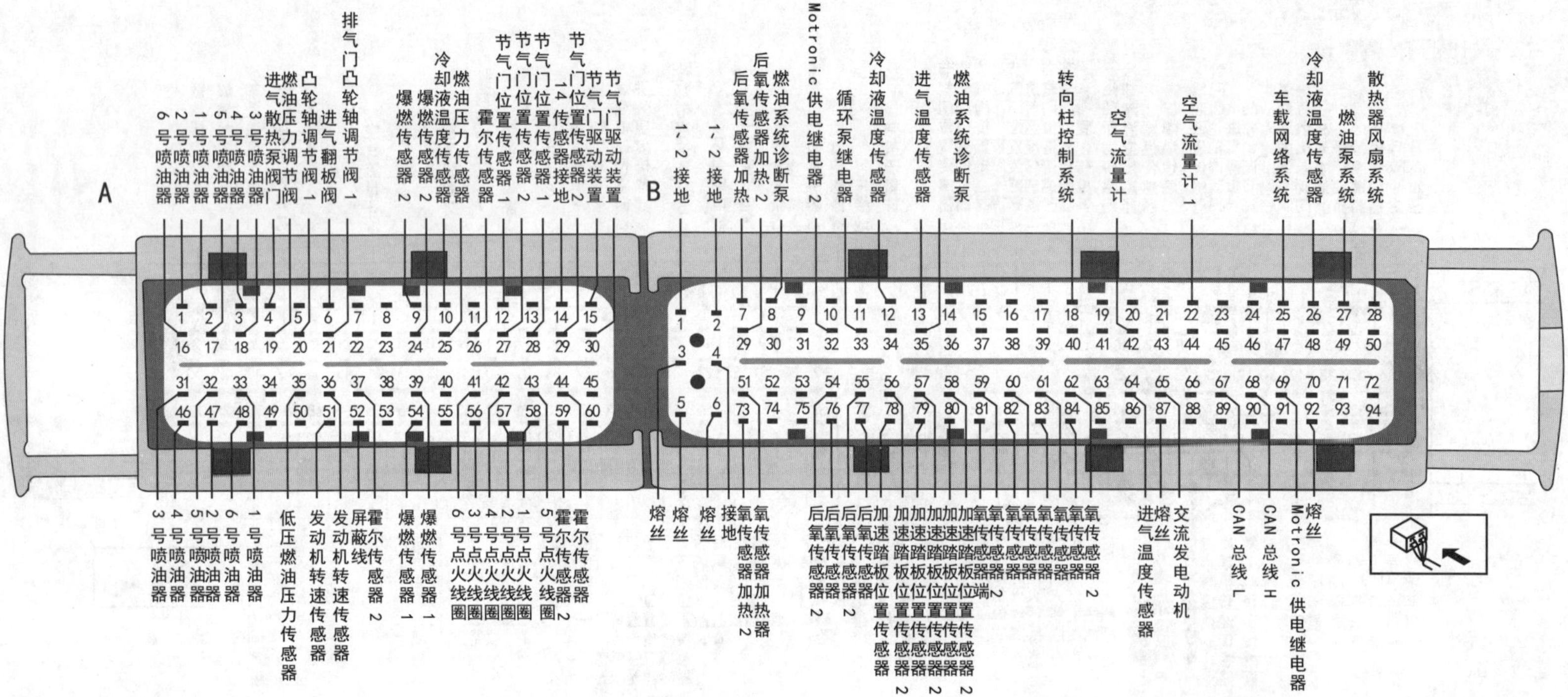

四、自动变速器系统（02E）电脑板20针

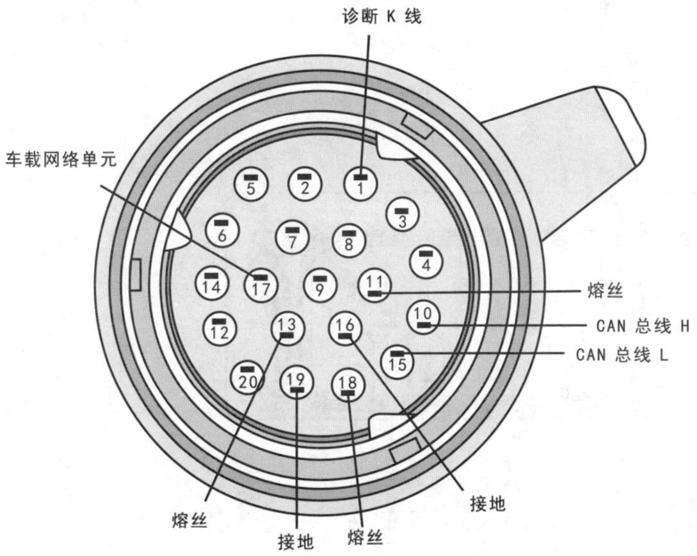

五、防抱死制动系统（ABS）电脑板38针

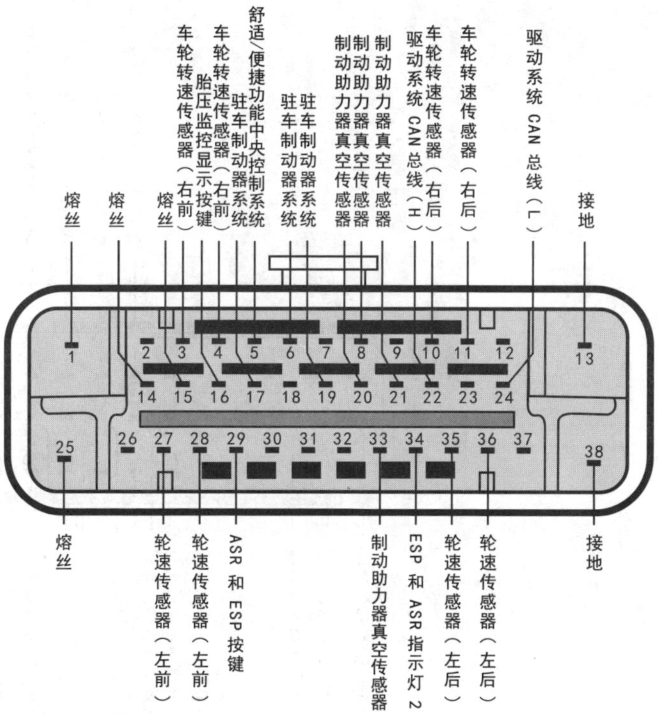

六、安全气囊系统电脑板75针

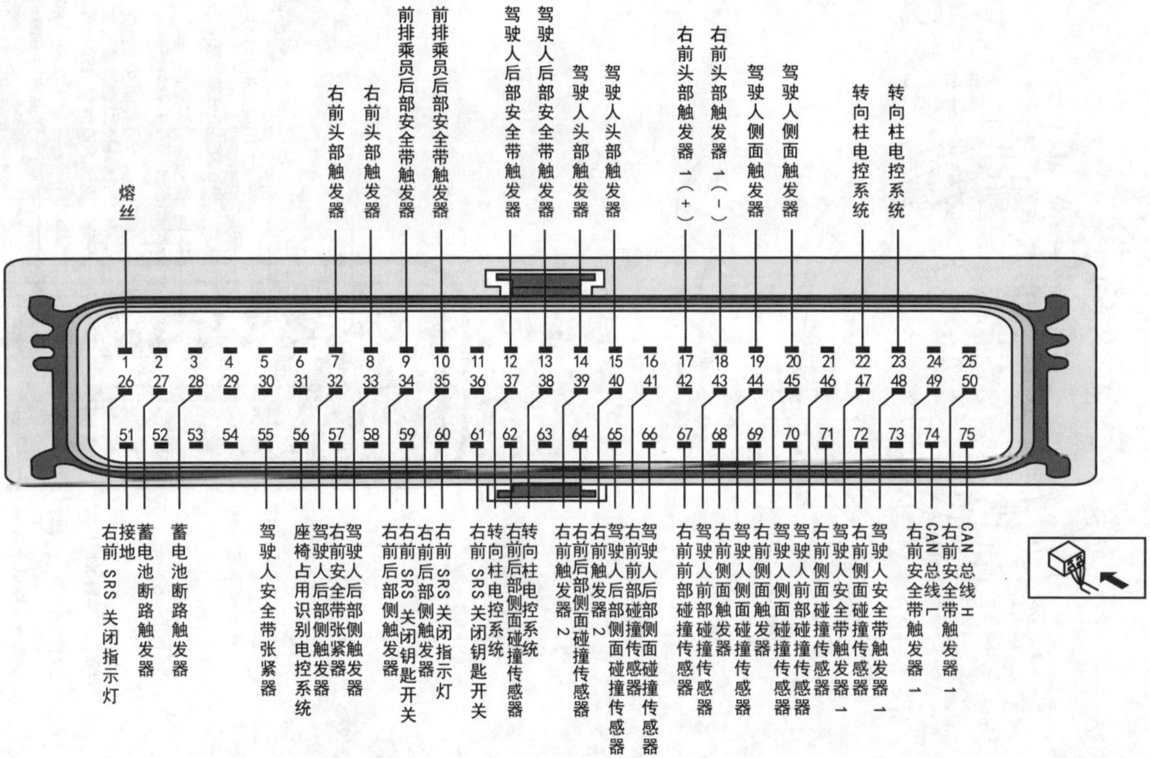

七、自动空调系统电脑板20+16+16针

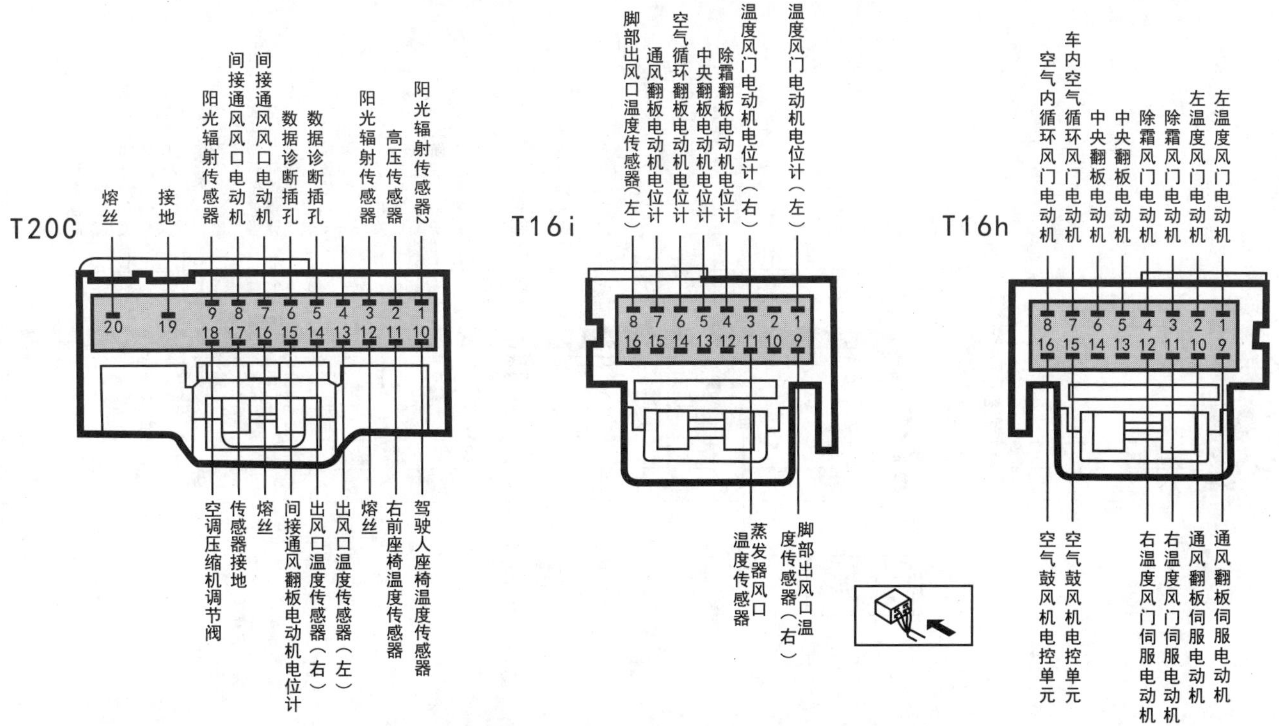

第3节　宝来、高尔夫车系电脑板端子功能和参考值

一、AGN(1.8L)发动机控制系统电脑板121针

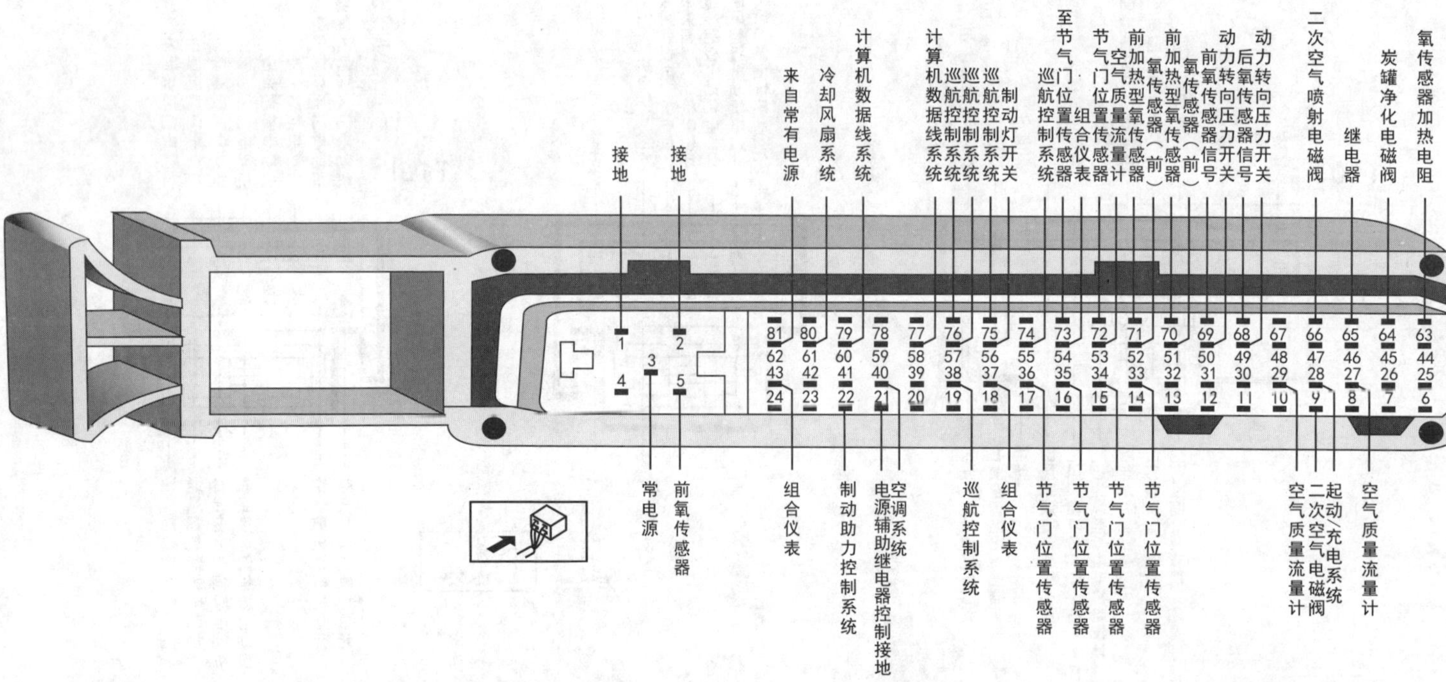

一、AGN(1.8L)发动机控制系统电脑板121针(续)

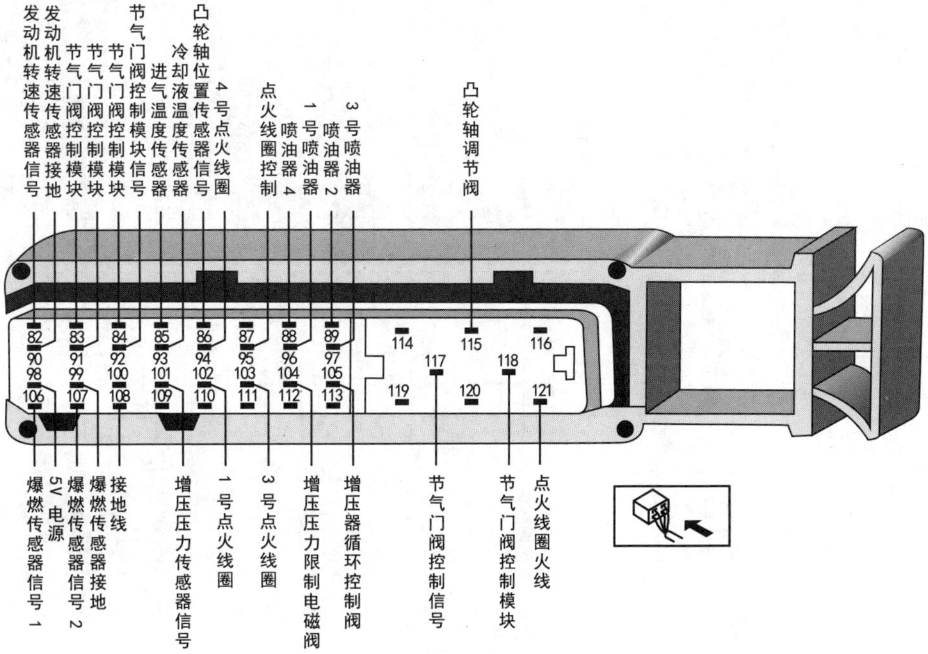

二、AGN(1.8L)发动机控制系统电脑板121针

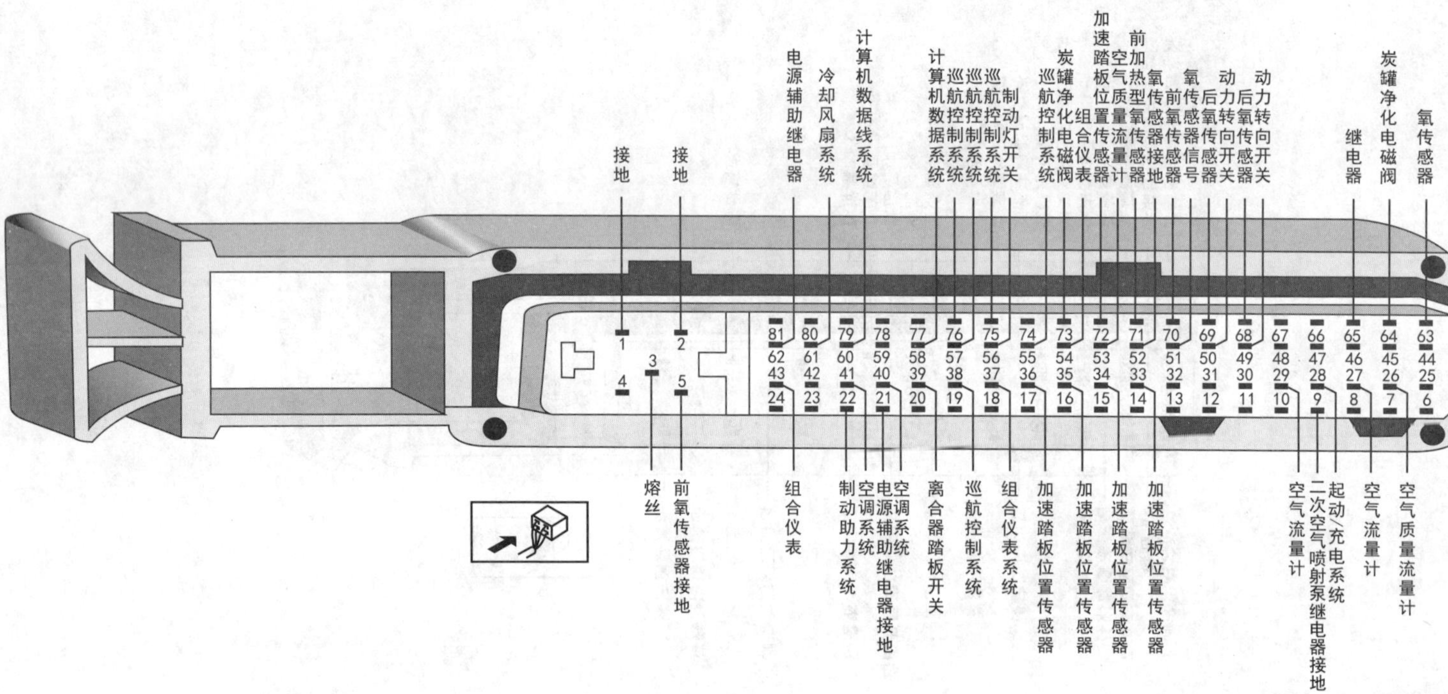

二、AGN(1.8L)发动机控制系统电脑板121针(续)

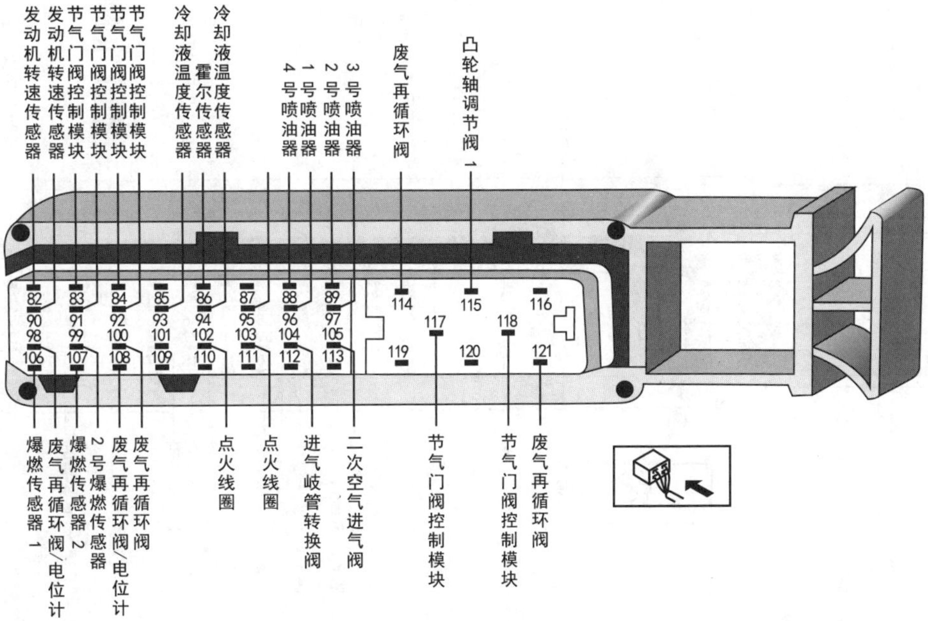

三、AQM(1.8L)发动机控制系统电脑板121针

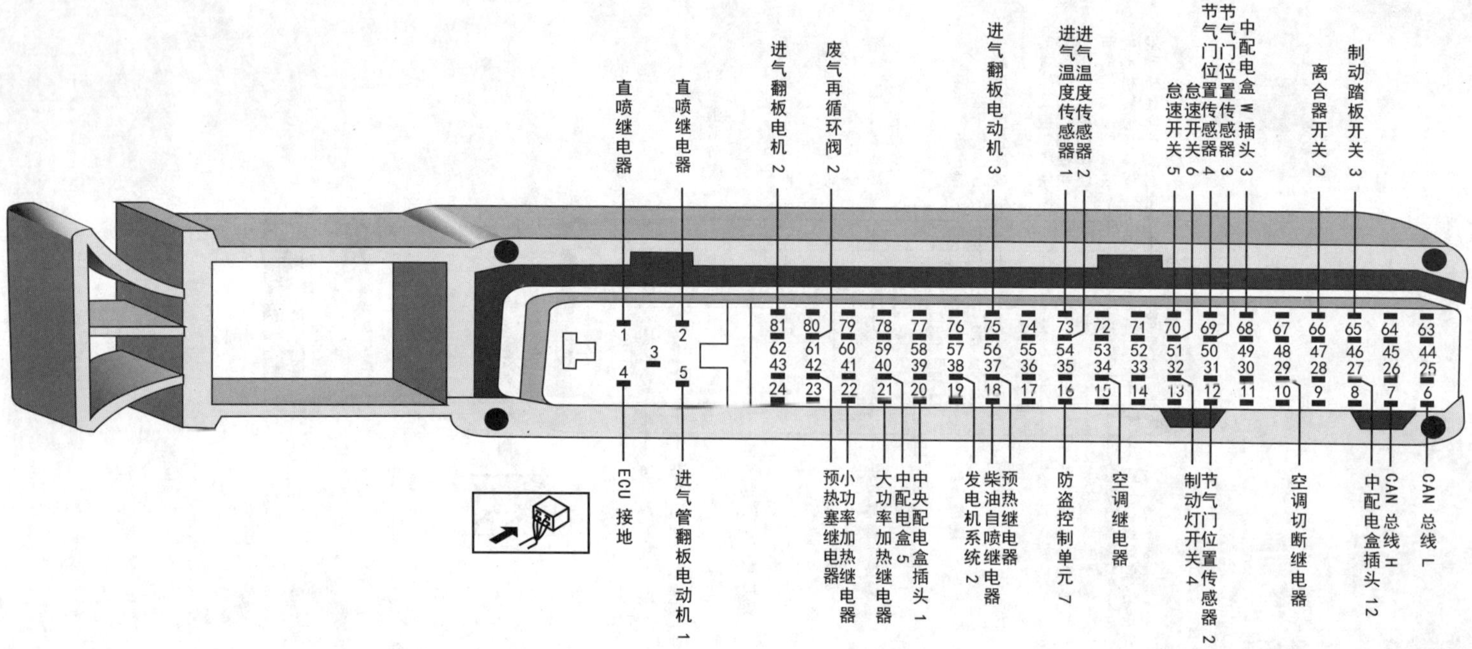

三、AQM(1.8L)发动机控制系统电脑板121针(续)

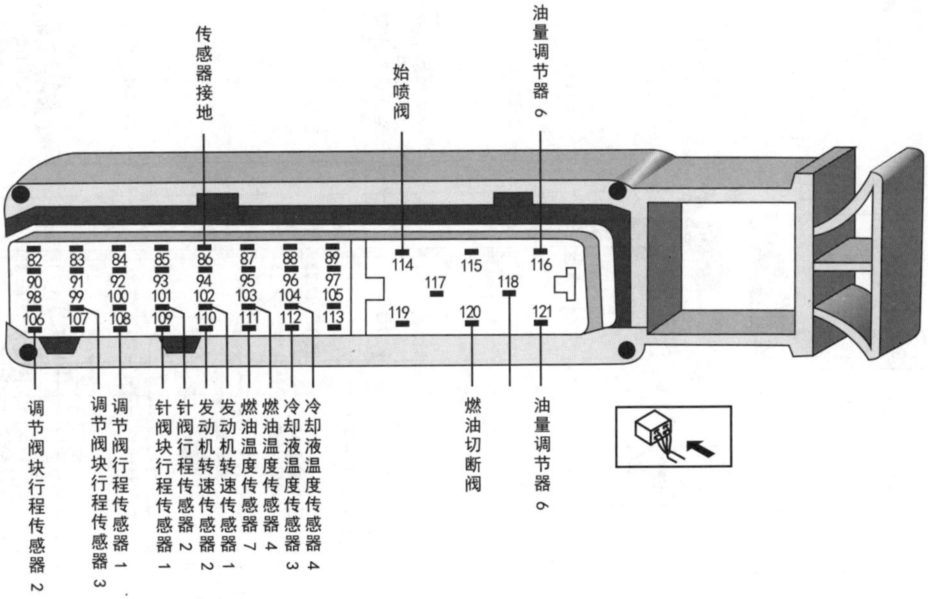

四、AUY/ATD/ATM(1.9L)柴油发动机控制系统电脑板121针

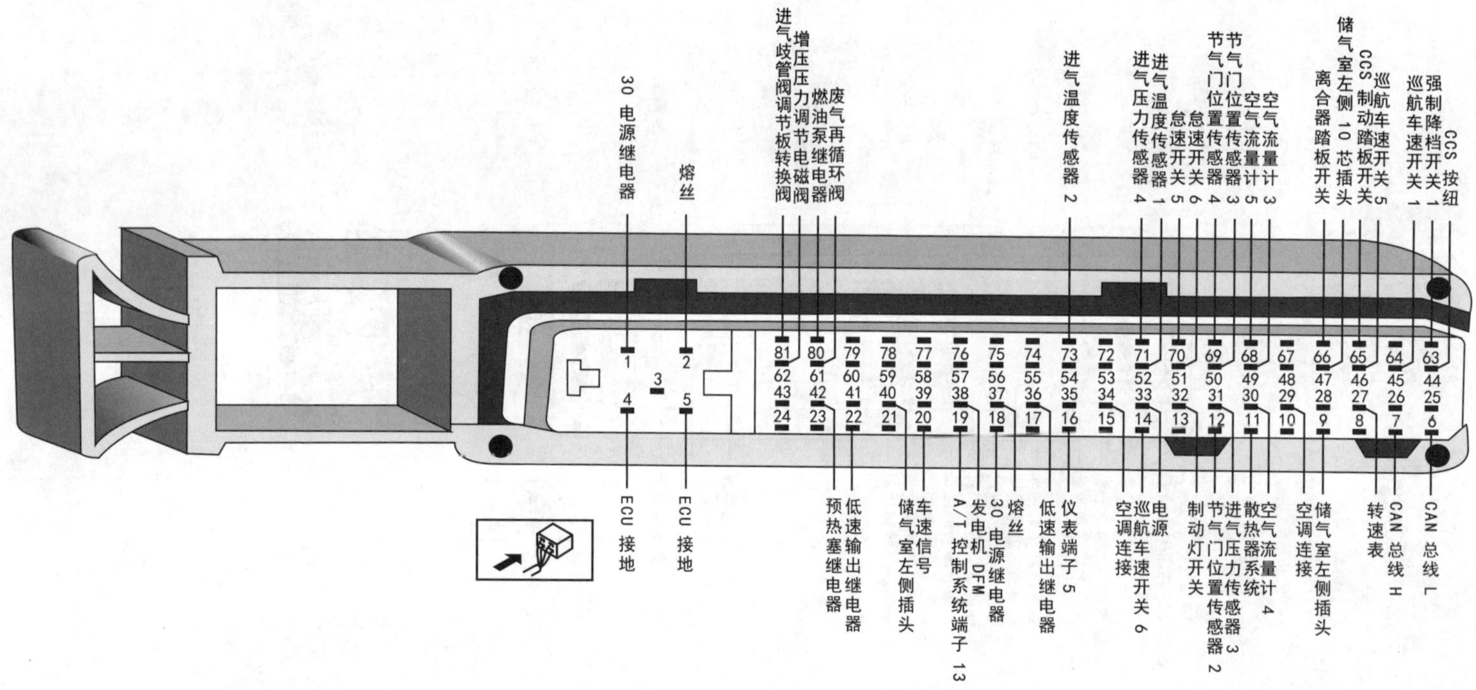

四、AUY/ATD/ATM(1.9L)柴油发动机控制系统电脑板121针(续)

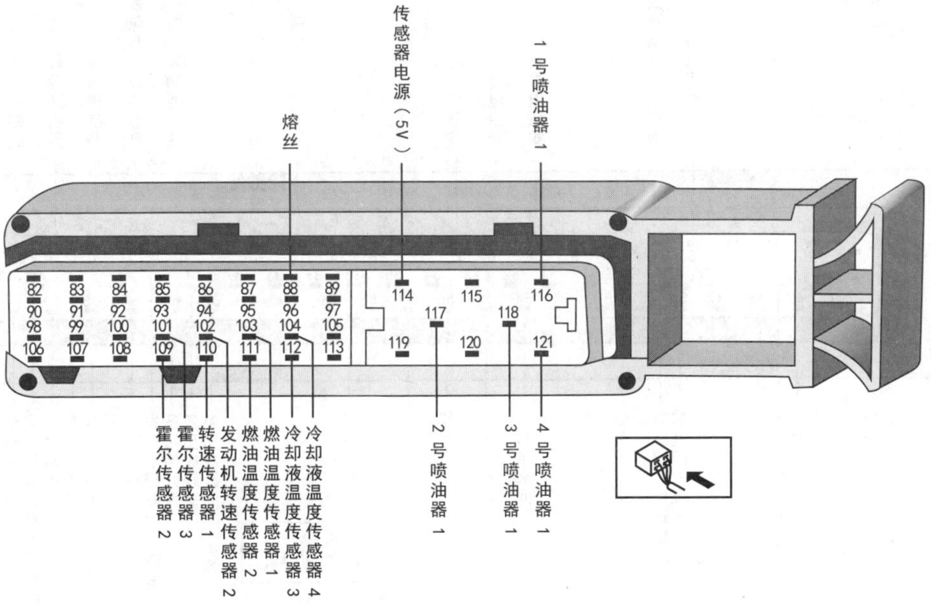

五、自动变速器（01N）系统电脑板68针

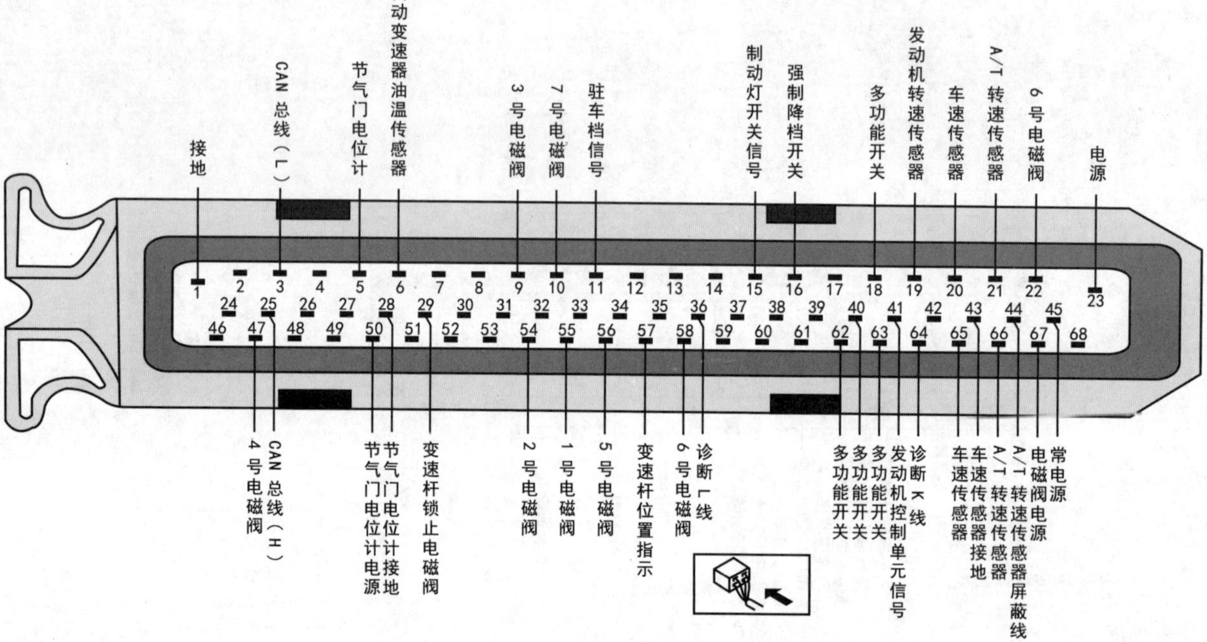

六、防抱死制动系统（ABS）电脑板47针

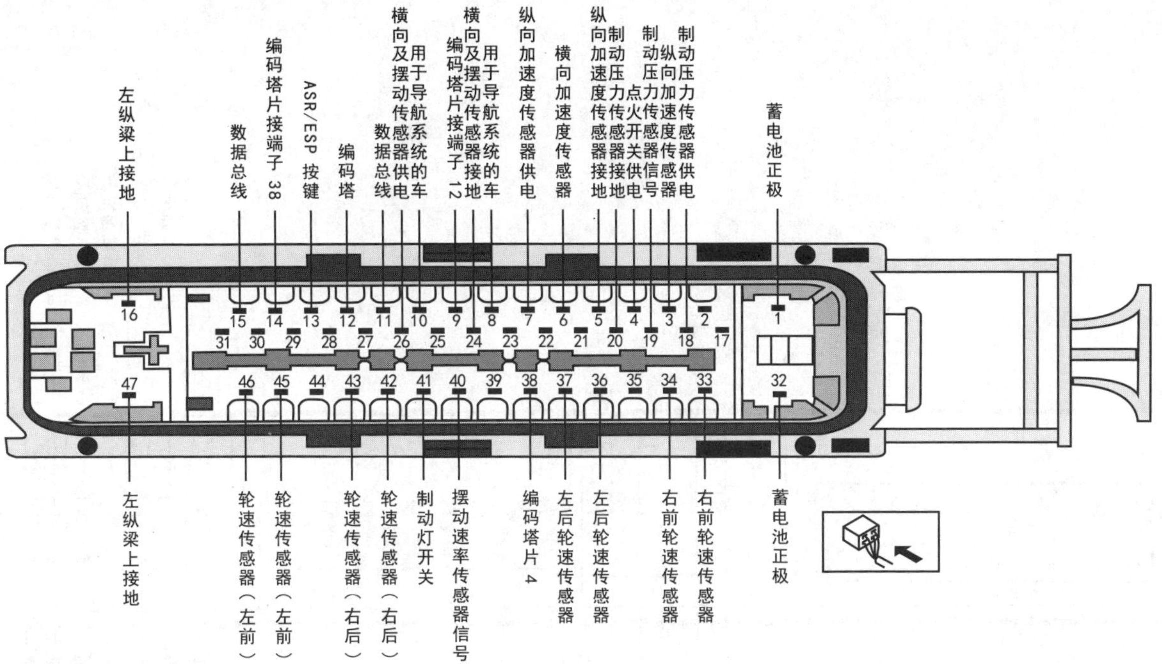

电脑板重要端子参考值

端子号	测试条件	参考值
1-47	点火开关OFF	10～14.5V
32-16	点火开关OFF	10～14.5V
4-47	点火开关ON	10～14.5V
47-41	点火开关OFF，松开制动踏板	0～0.5V
33-34	点火开关OFF	1～1.3kΩ
45-46	点火开关OFF	1～1.3kΩ
42-43	点火开关OFF	1～1.3kΩ
37-36	点火开关OFF	1～1.3kΩ

端子号	测试条件	参考值
33-34	点火开关OFF，1r/s转动右前轮	≥65mV
45-46	点火开关OFF，1r/s转动左前轮	≥65mV
42-43	点火开关OFF，1r/s转动右后轮	≥190mV
37-36	点火开关OFF，1r/s转动左后轮	≥190mV

端子号	测试条件	参考值
11-15	数据总线导线，点火开关OFF	最大1.5Ω
	检查导线是否对正极或接地短路	∞
	V.A.G1551的供电电压，插头T16点火，开关OFF	10～14.5V
	V.A.G1551的供电电压，插头T16点火，开关OFF	最大1.5Ω
14-38 12-38 12-9	ABS/EDS/ASR/ESP编码搭片，点火开关OFF	0～1Ω

七、自动空调系统电脑板16+12+20+16针

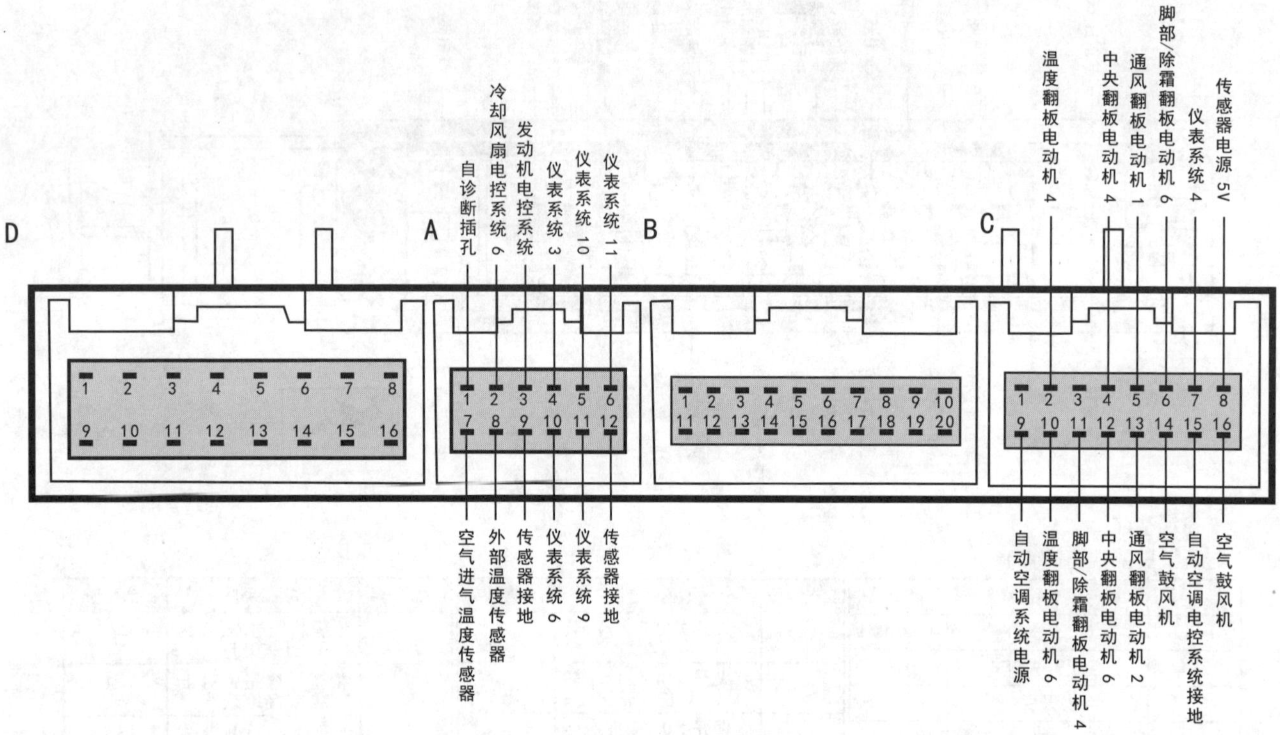

第4节 捷达、捷达王车系电脑板端子功能和参考值

一、AQM(1.9L)柴油发动机控制系统电脑板121针

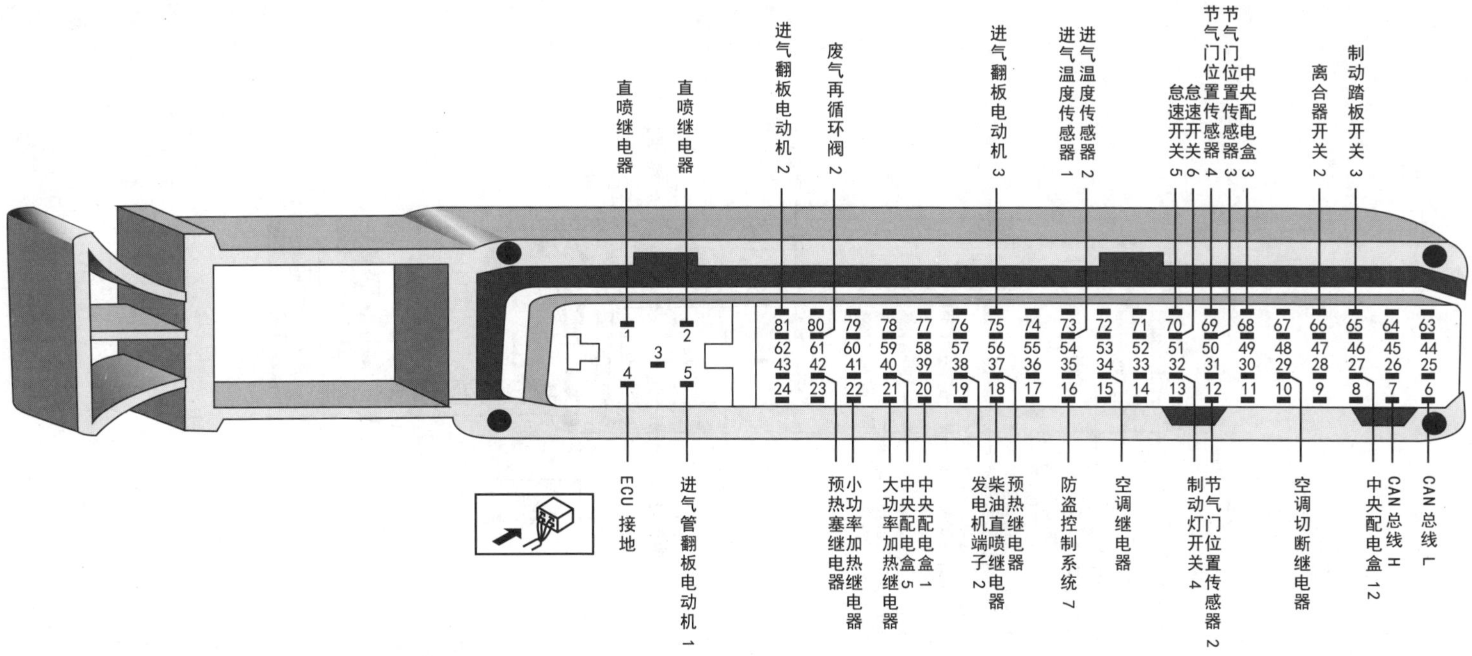

一、AQM(1.9L)柴油发动机控制系统电脑板121针(续)

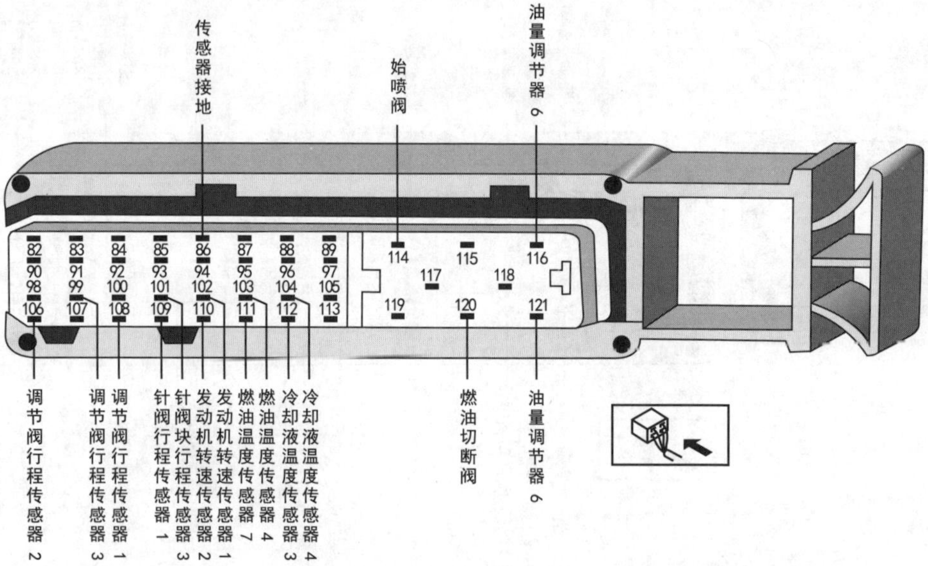

二、AHP发动机控制系统电脑板80针

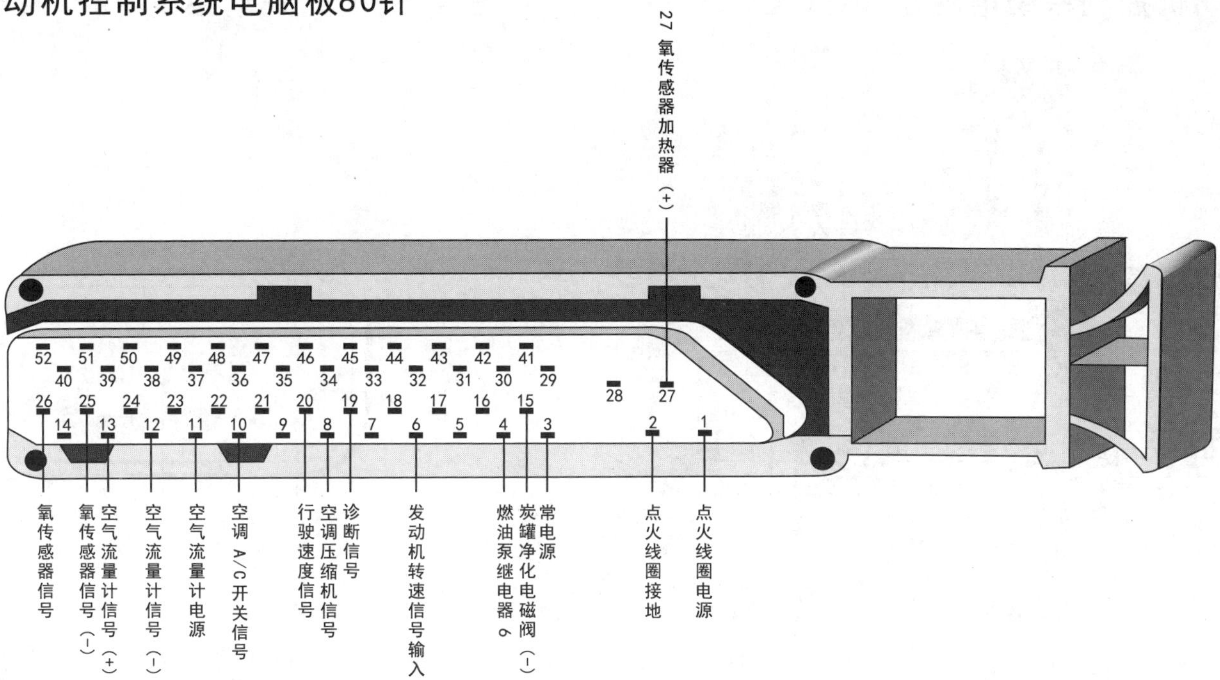

电脑板重要端子参考值

端子号	测试条件	参考值
1	起动或运行	蓄电池电压
2	任何条件	0V
3	任何条件	蓄电池电压
4	起动或运行	蓄电池电压
6	点火开关ON	1.5V
8	压缩机运转	0V
	压缩机不转	蓄电池电压
10	空调开关ON	蓄电池电压
11	点火开关ON	5V

端子号	测试条件	参考值
12	点火开关ON	0V
13	发动机怠速	1.5V
15	点火开关ON	蓄电池电压
19	点火开关ON	5V
20	点火开关ON，转动车轮	0～4.5V
25	发动机运行，测量与端子26之间的电压	0.1～0.9V
26	发动机运行，测量与端子25之间的电压	0.1～0.9V
27	发动机正常工作	蓄电池电压

端子号	测试条件	参考值
53	点火开关ON	5V
54	点火开关ON	5V
56	发动机转速传感器电阻	450～1000Ω
58	点火开关ON	蓄电池之间的电压
60	怠速，冷却液温度正常	0.3～1.4V
62	点火位置在ON	5V
63	起动发动机	约3mV
65	点火开关ON	蓄电池电压

端子号	测试条件	参考值
66	测量与端子59之间的电阻	5Ω
67	点火开关ON	0V
68	怠速，冷却液温度正常	0.3～1.4V
69	闭合节气门最大	1.5Ω
	打开节气门	∞
71	起动运行	约1.5V
73	点火开关ON	蓄电池电压
74	闭合节气门，测量与62号端子之间的电阻	约735Ω

二、AHP发动机控制系统电脑板80针(续)

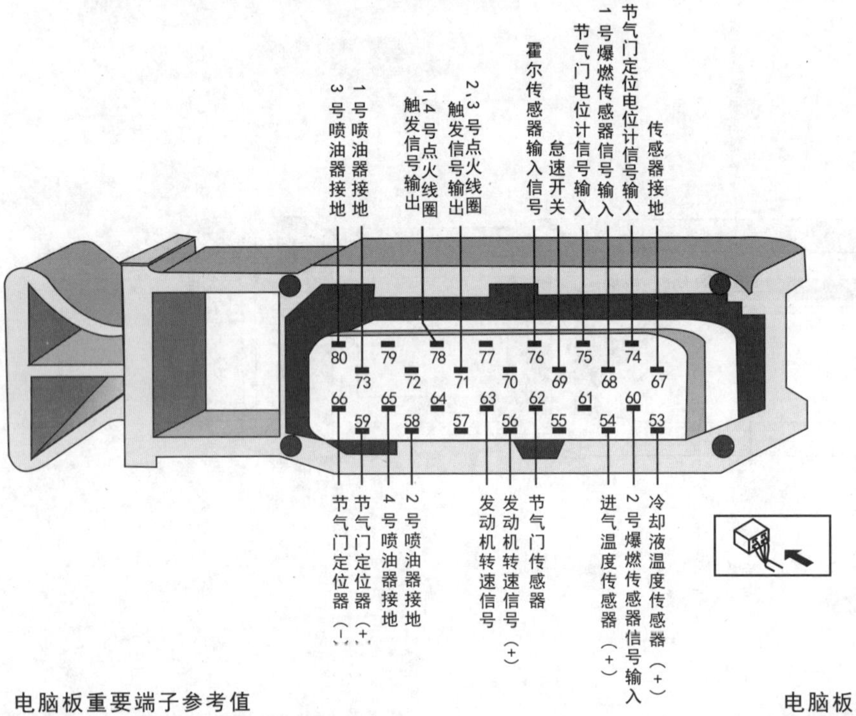

电脑板重要端子参考值

端子号	测试条件	参考值
74	闭合节气门	约1170Ω
75	闭合节气门	约1600Ω
	开启节气门	约950Ω
76	霍尔传感器断开	最大0.15Ω
78	起动运行	约1.5V
80	点火开关ON	蓄电池电压

三、防抱死制动系统（ABS）电脑板25针

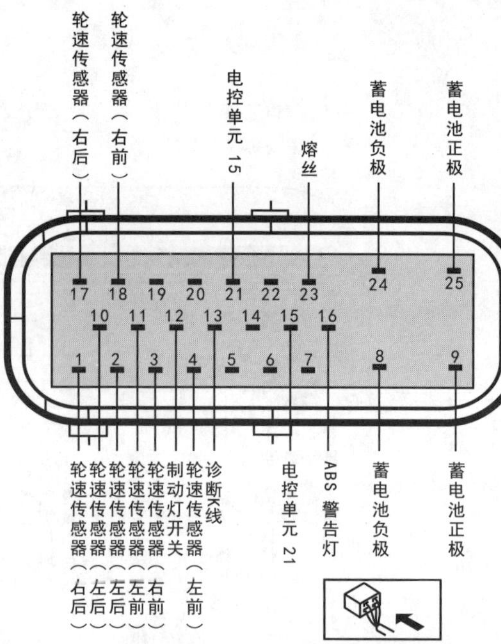

电脑板重要端子参考值

端子号	测试条件	参考值
3-18	点火开关OFF	1～1.3kΩ
4-11	点火开关OFF	1～1.3kΩ
1-7	点火开关OFF	1～1.3kΩ
2-10	点火开关OFF	1～1.3kΩ
1-17	点火开关OFF, 1r/s转动右后轮	190～1140mV
2-10	点火开关OFF, 1r/s转动左后轮	190～1140mV
3-18	点火开关OFF, 1r/s转动右前轮	最低65 mV
4-11	点火开关OFF, 1r/s转动左后轮	最低65 mV

端子号	测试条件	参考值
8-25	点火开关OFF	10～14.5
9-24	点火开关OFF	10～14.5
8-23	点火开关OFF	10～14.5
8-12	点火开关OFF, 松开制动踏板	0～0.5V
	点火开关OFF, 踩下制动踏板	10～14.5V
8-16	点火开关OFF/ON	K47亮
8-16	点火开关OFF/ON	118亮
15-21	点火开关OFF	<1Ω

四、ATK发动机控制系统电脑板121针

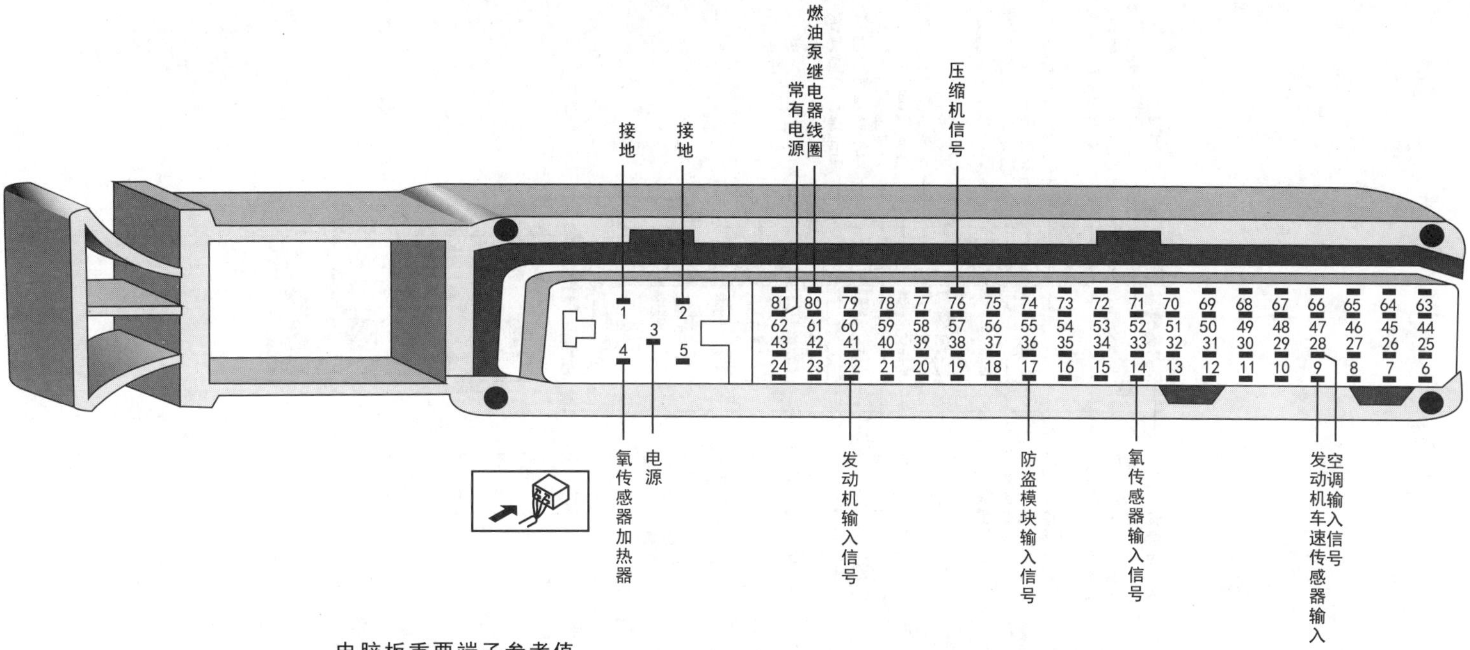

电脑板重要端子参考值

端子号	测试条件	参考值	端子号	测试条件	参考值
1	任何条件	0V	62	任何条件	蓄电池电压
2	任何条件	0V	76	点火开关ON	12V
3	起动或运行	蓄电池电压	80	起动运行	蓄电池电压
4	起动或运行	0V			
14	点火开关ON	0.4～0.5V			
	起动运行	0.2～0.8V			
17	点火开关ON	5V			
22	点火开关ON	1.5V			
28	发动机运行，打开空调	蓄电池电压			

四、ATK发动机控制系统电脑板121针(续)

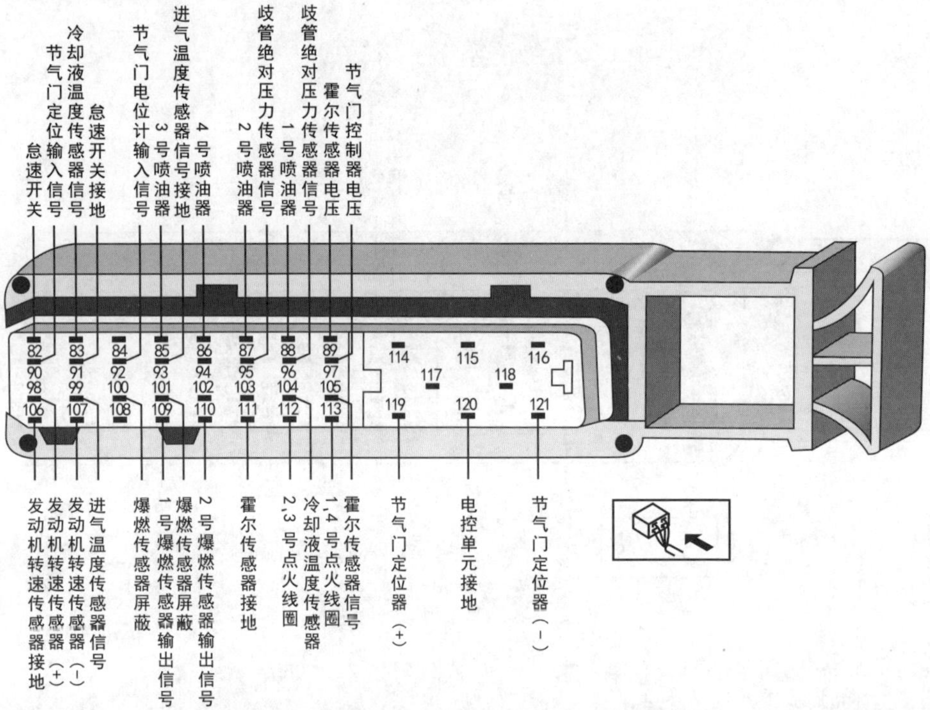

电脑板重要端子参考值

端子号	测试条件	参考值
83	点火开关ON	5V
85	起动运行	0V
86	起动运行	0V
87	起动运行	0V
88	起动运行	0V
89	起动运行	0V
90	起动运行	0.6～4.8V
93	任何条件	0V
95	任何条件	0V

端子号	测试条件	参考值
96	点火开关ON	3.8～4.2V
	起动运行	0.8～4.2V
97	点火开关ON	5V
98	点火开关ON	1.5V
99	点火开关ON	0V
100	任何条件	0V
101	任何条件	0V
104	点火开关ON	5V
105	起动运行	0～2V

端子号	测试条件	参考值
106	任何条件	0V
107	起动运行	0.5～3V
109	起动运行	0.3～1.4V
110	起动运行	0.3～1.4V
111	起动运行	0V
112	起动运行	约1.5V
113	起动运行	约1.5V
119	点火开关ON	12V
120	任何条件	0V

端子号	测试条件	参考值
121	任何条件	0V

五、自动变速器系统电脑板68针

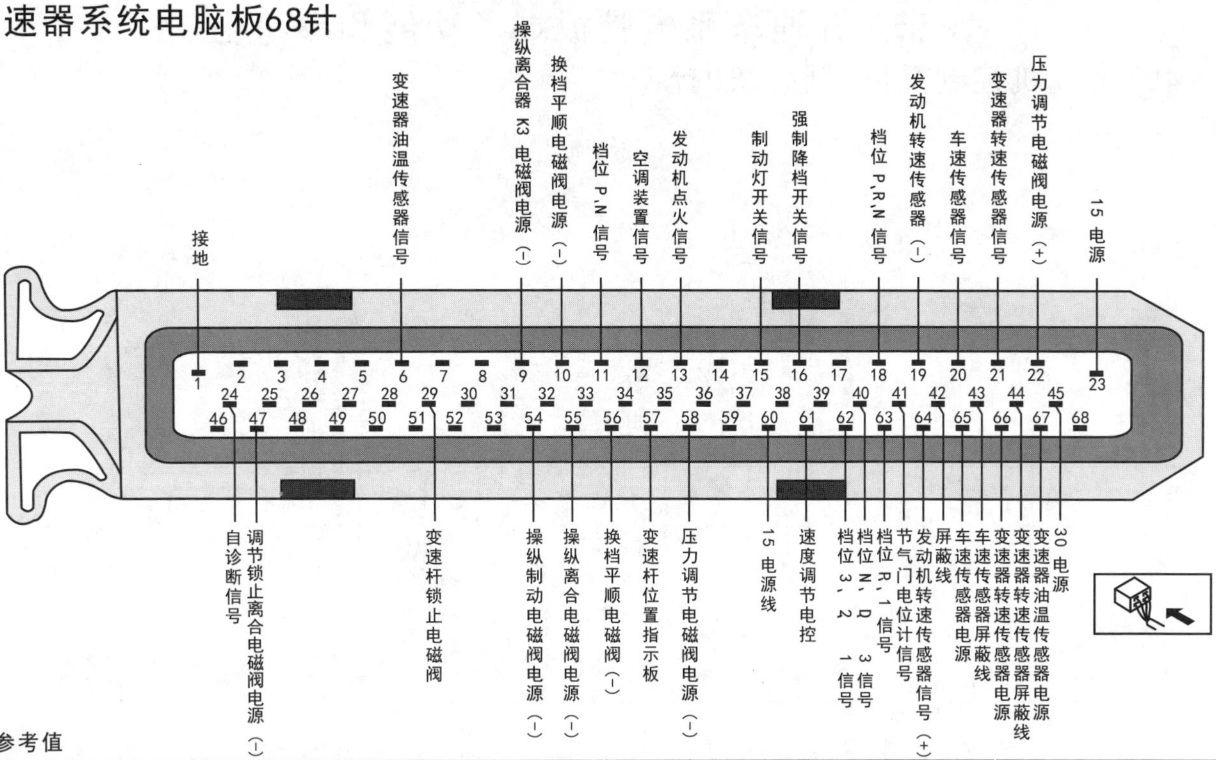

电脑板重要端子参考值

端子号	测试条件	参考值
1-16	点火开关OFF,松开加速踏板	∞
	踩下加速踏板	小于1.5Ω
5-28	节气门全开最小	2.1 kΩ
	节气门全开最大	2.1 kΩ
5-50	怠速最小	2.1 kΩ
	怠速最大	3.9 kΩ
5-50	节气门全开最小	0.7 kΩ
	节气门全开最大	1.8 kΩ

端子号	测试条件	参考值
5-28	点火开关OFF,加速踏板位置,怠速,最小	0.7kΩ
	点火开关OFF,加速踏板位置,怠速,最大	1.8 kΩ
6-67	点火开关OFF,A/F油温约为20℃	0.247MΩ
	A/F油温约为60℃	48.8 kΩ
	A/T油温约为120℃	7.4 kΩ
9-67	点火开关OFF	55～65Ω
9-1	点火开关OFF	∞
10-67	点火开关OFF	55～65Ω

端子号	测试条件	参考值
15-1	点火开关ON,松开开制动踏板	0V
	点火开关ON,踩下制动踏板	蓄电池电压
18-1	变速杆P、R和N位	蓄电池电压
	变速杆D、3、2和1位	0V
21-65	点火开关OFF,最小	1.8 kΩ
	点火开关OFF,最大	0.9 kΩ
20-65	点火开关OFF,最小	0.8 kΩ
	点火开关OFF,最大	0.9 kΩ

端子号	测试条件	参考值
23-29	点火开关OFF	14～25Ω
10-1	点火开关OFF	∞
23-1	点火开关ON	蓄电池电压
29-15	点火开关ON,松开开制动踏板	蓄电池电压
	点火开关ON,踩下制动踏板	0.2V
40-1	变速杆P、R、2和1位	∞
	变速杆N、D和3位	0.8～1Ω
47-67	点火开关OFF	55～65Ω

第5节 开迪车系电脑板端子功能和参考值

一、BCA(1.4L)发动机控制系统电脑板80针

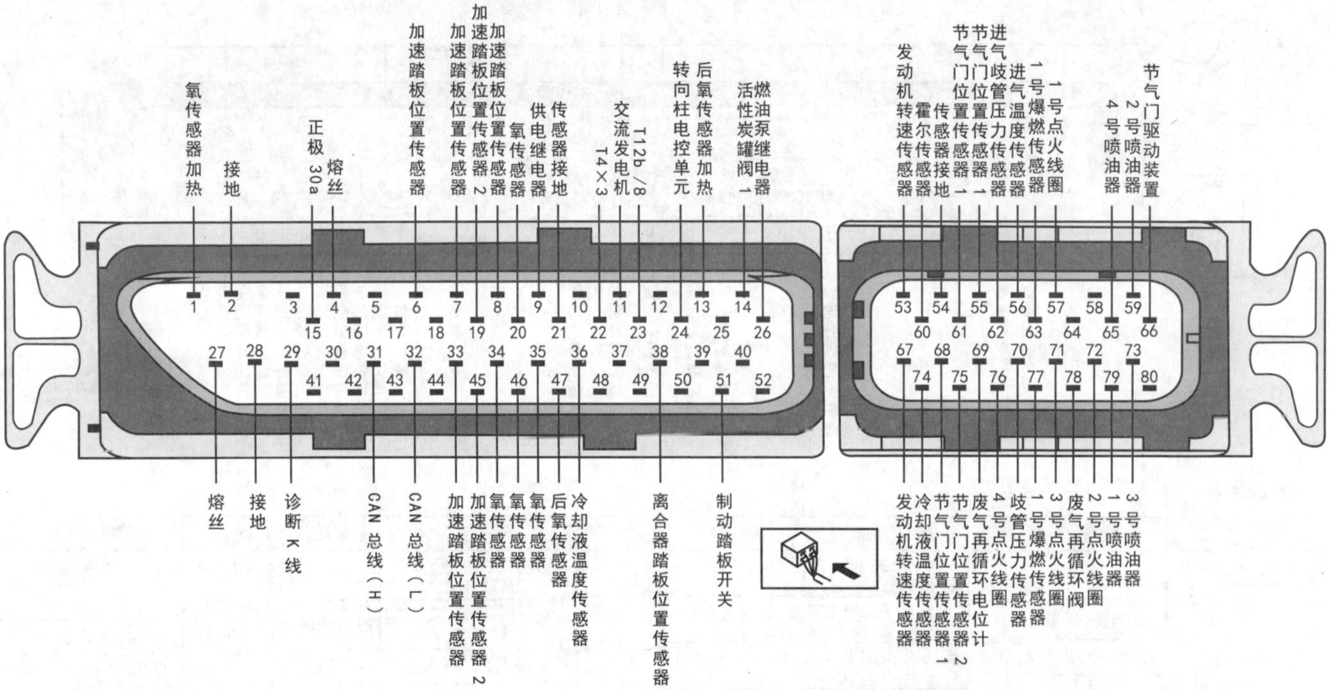

二、BRY(1.6L)发动机控制系统电脑板121针

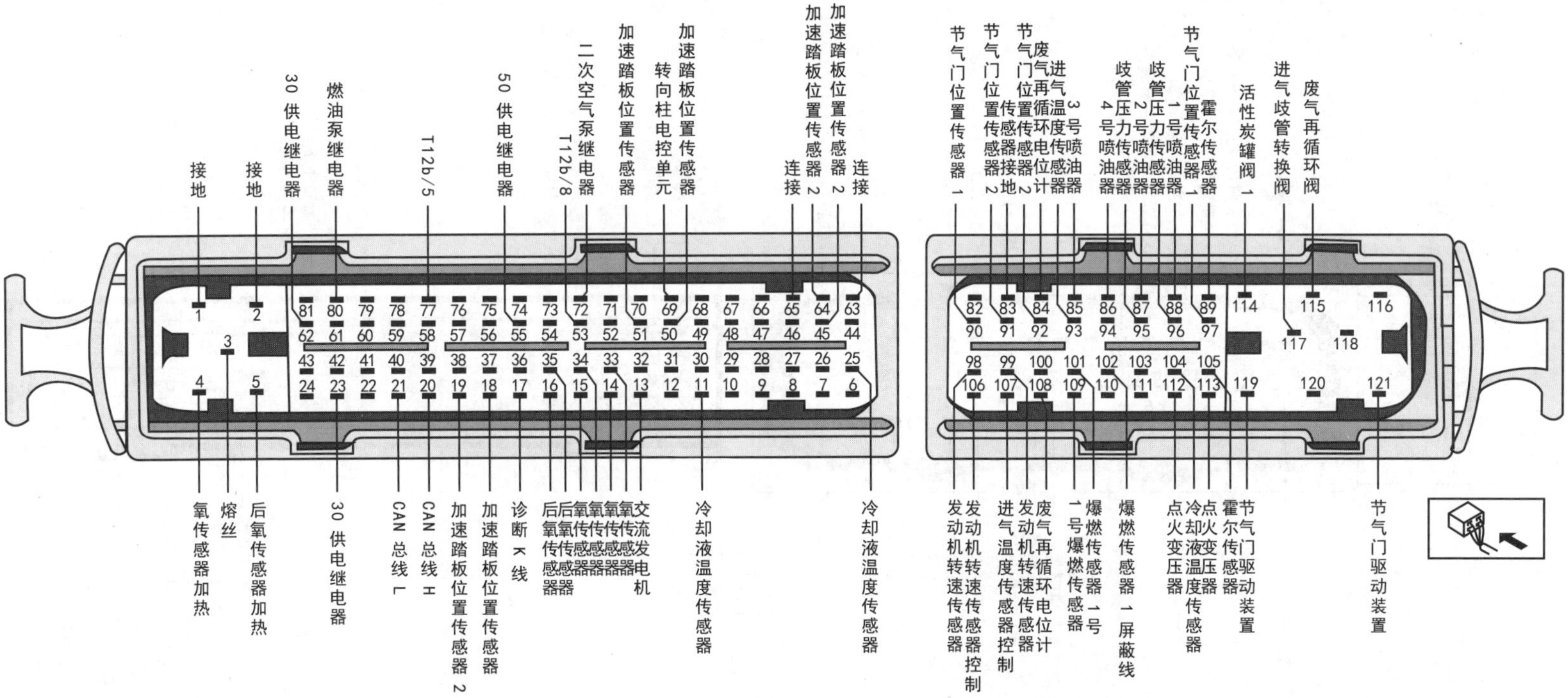

三、防抱死制动系统(ABS)电脑板47针

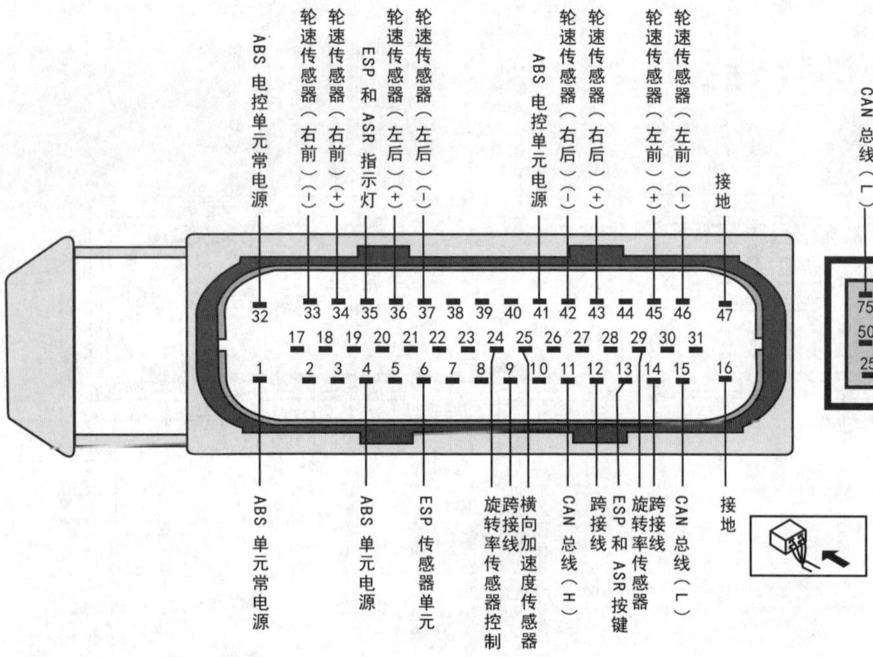

四、安全气囊系统电脑板75针

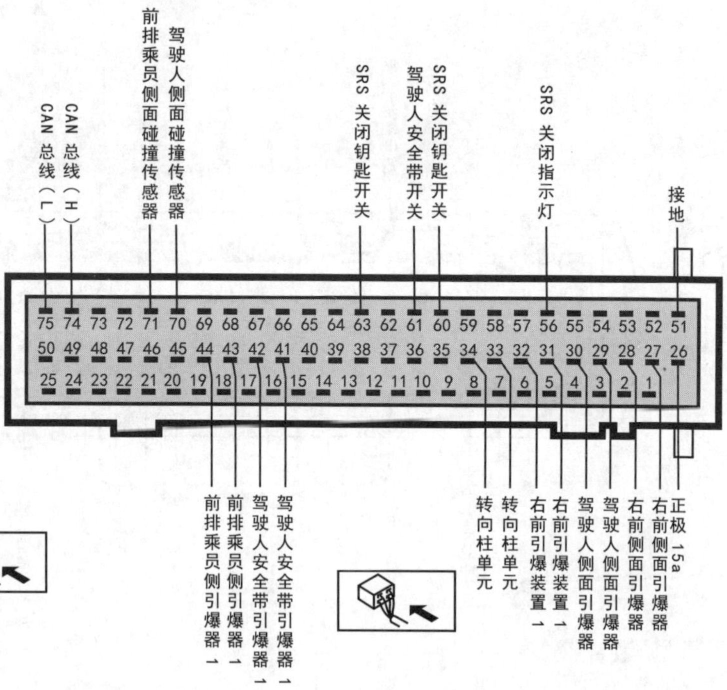

五、组合仪表电脑板36针

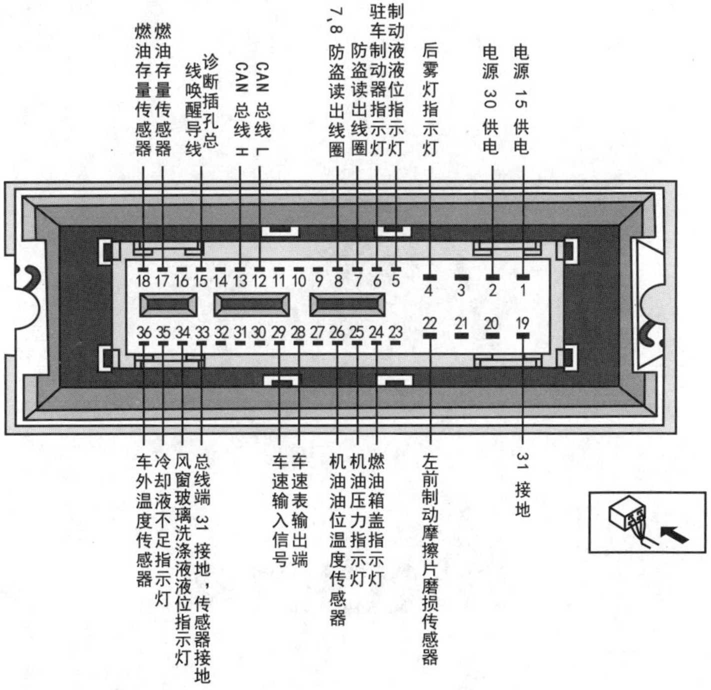

第 7 章

上海大众斯柯达车系电脑板端子功能

ŠKODA

第1节 斯柯达车系电脑板端子功能(1)

一、防抱死制动系统ABS(带EDL/TCS车型)电脑板42针

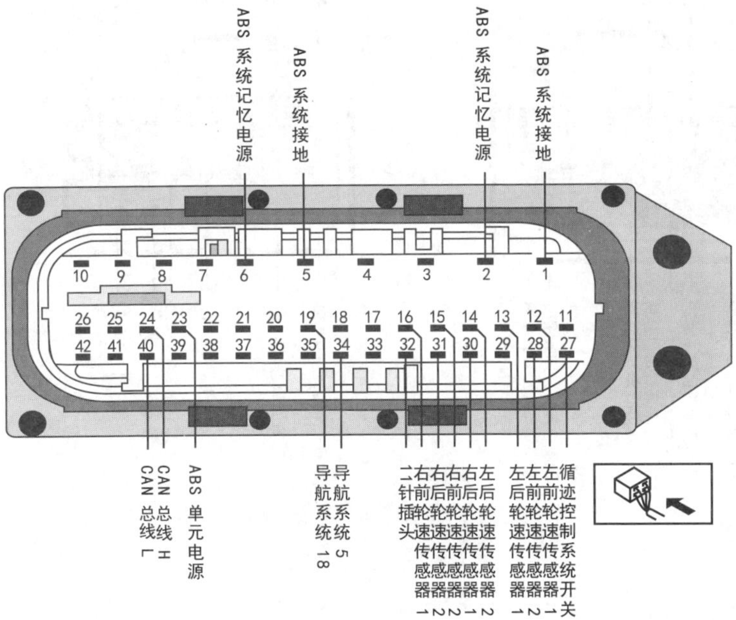

二、防抱死制动系统ABS(带EDL/TCS/ESP车型)电脑板42针

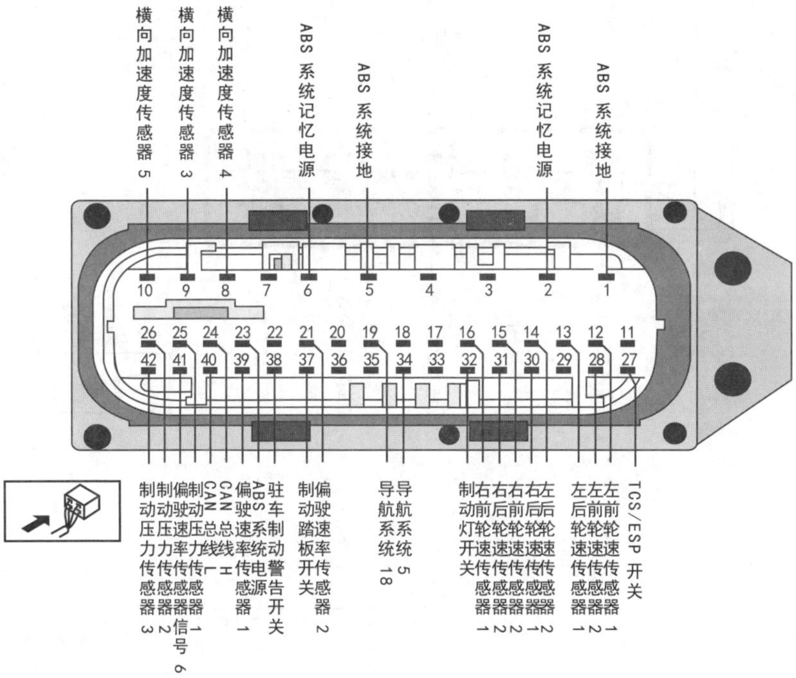

三、自动空调系统电脑板5+18+16针

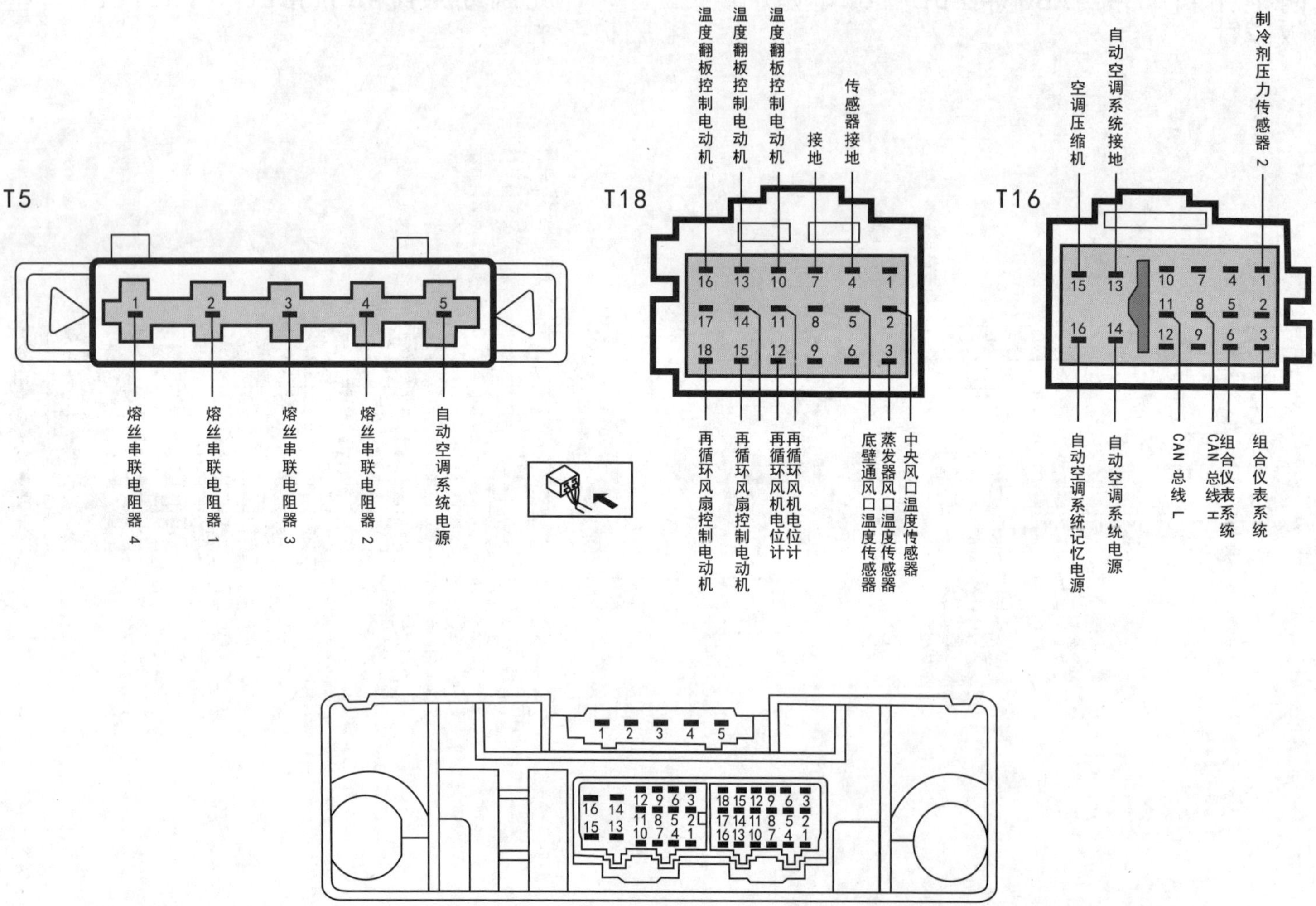

第2节　斯柯达车系电脑板端子功能(2)

一、BYJ(1.8T)发动机系统电脑板60+94针

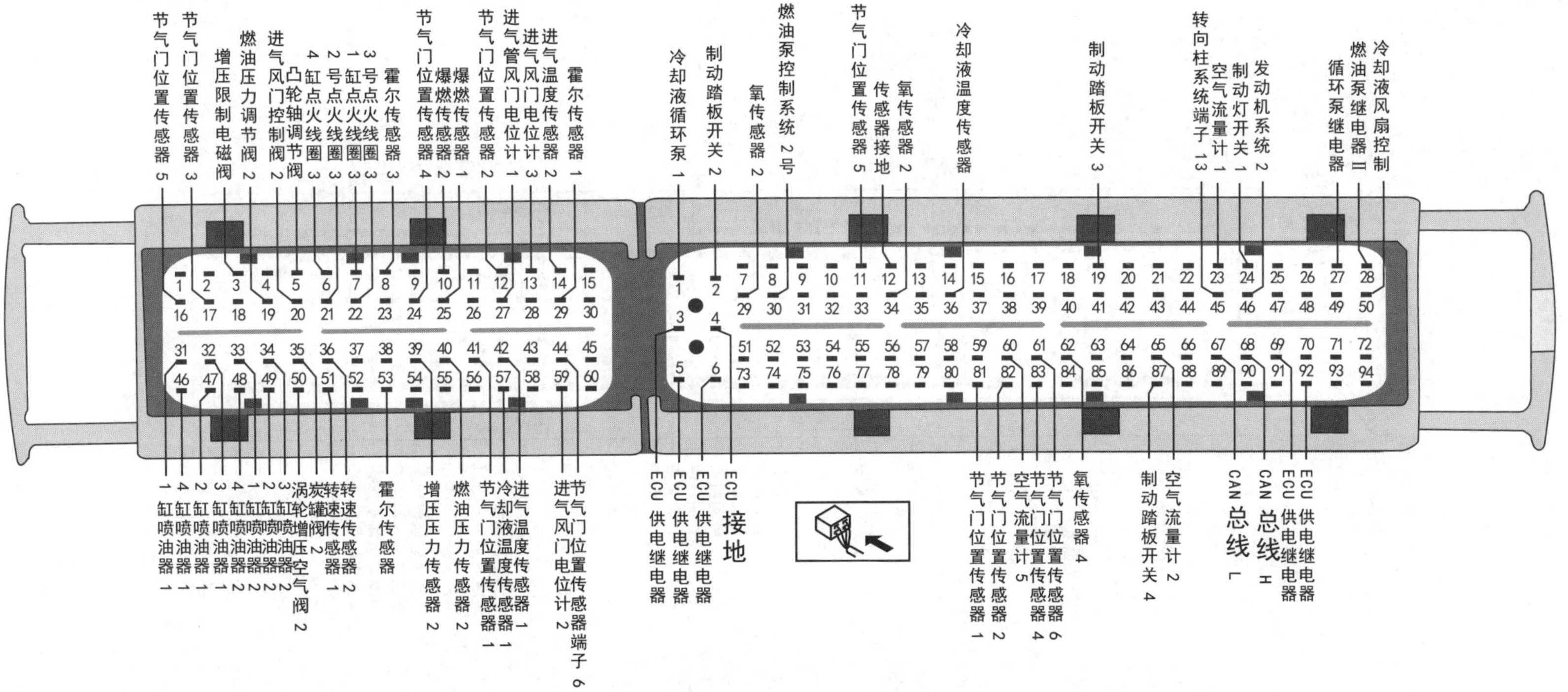

二、自动变速器系统电脑板52针

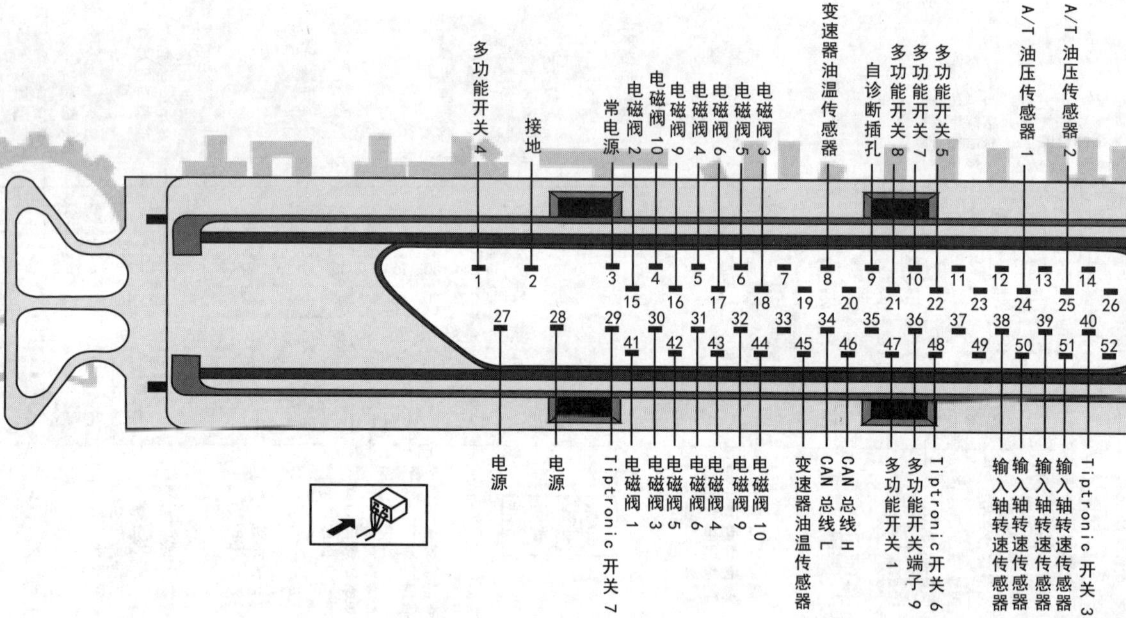

三、防抱死制动系统ABS(带EDL/TCS，AEE发动机)电脑板47针

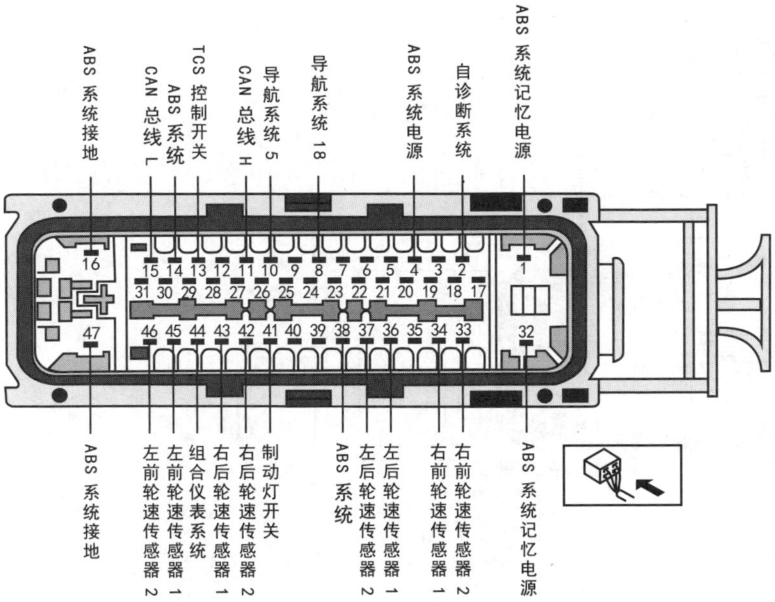

四、防抱死制动系统ABS(AEE发动机)电脑板47针

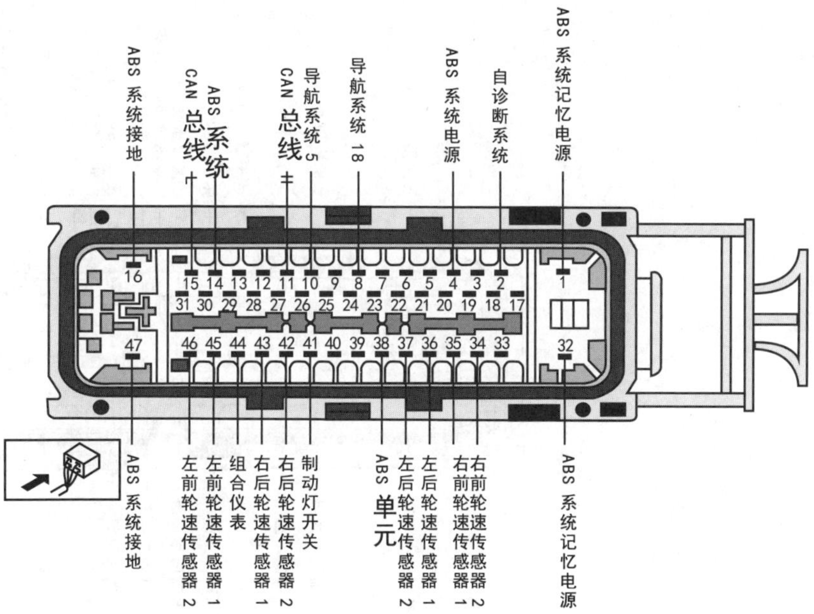

五、防抱死制动系统ABS（发动机AEE带EDL/TCS/ESR车型）电脑板47针

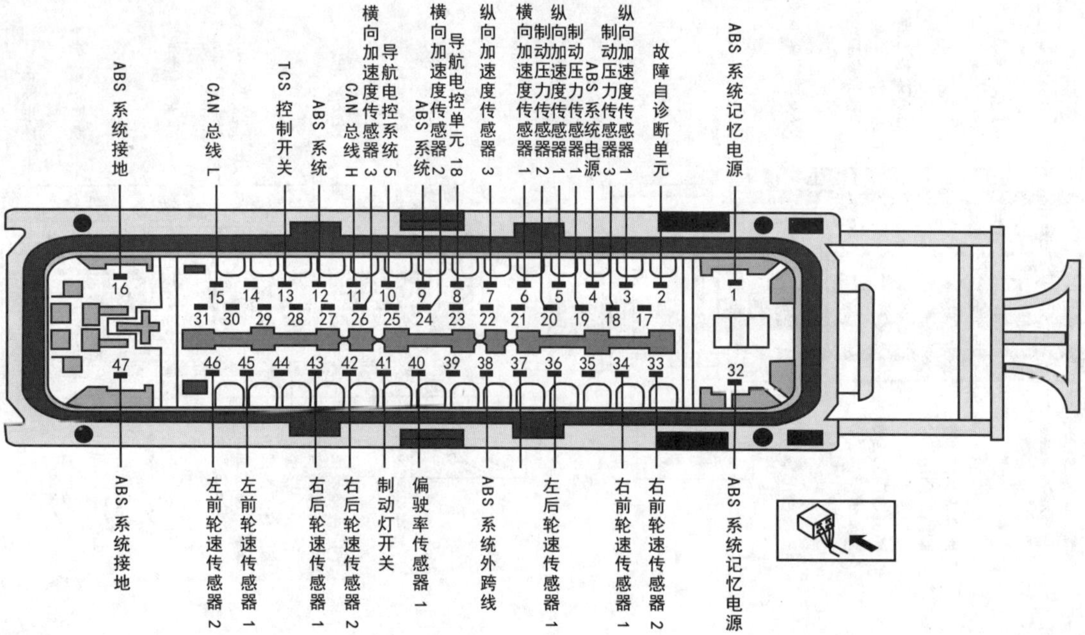

第3节 斯柯达车系电脑板端子功能(3)

一、防抱死制动系统ABS（带EDL）电脑板26针

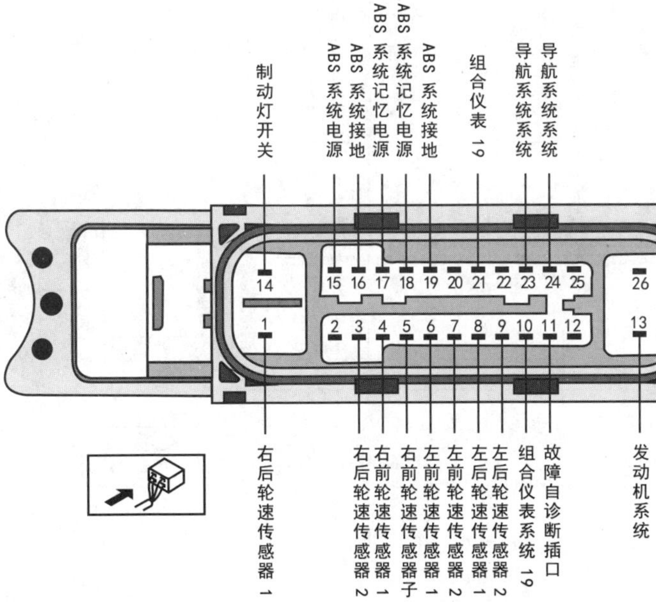

二、防抱死制动系统ABS（带EDL/TCS/ESP）电脑板42针

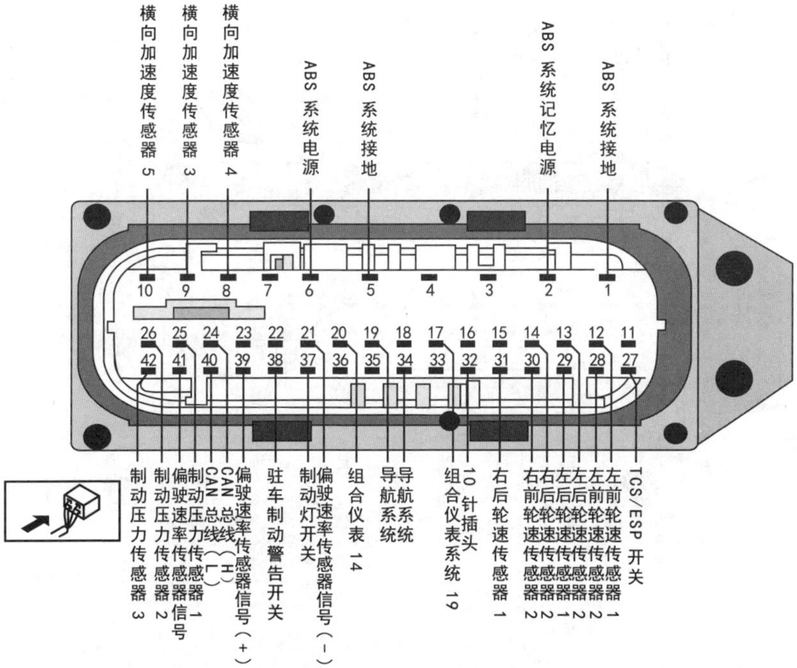

三、防抱死制动系统ABS（带EDL/TCS/ESP)电脑板42针 四、防抱死制动系统（带EDL/TCS）电脑板31针

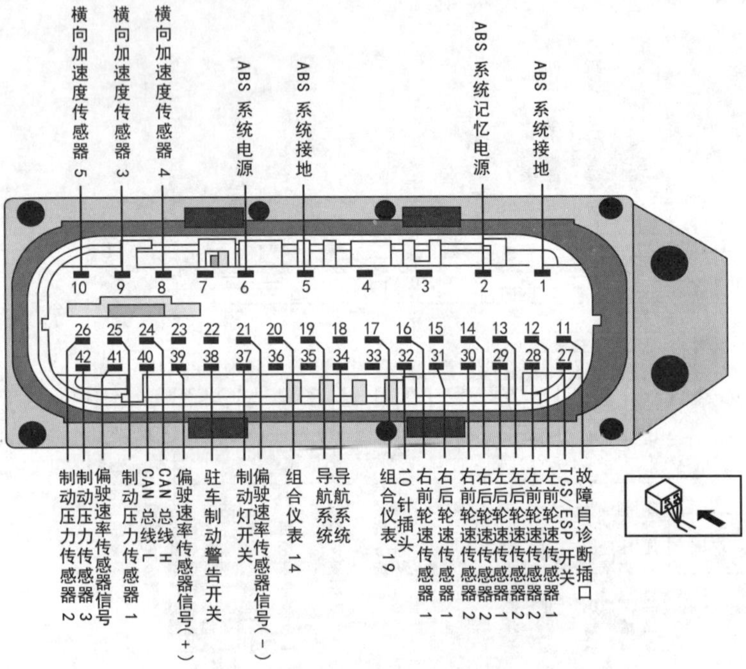

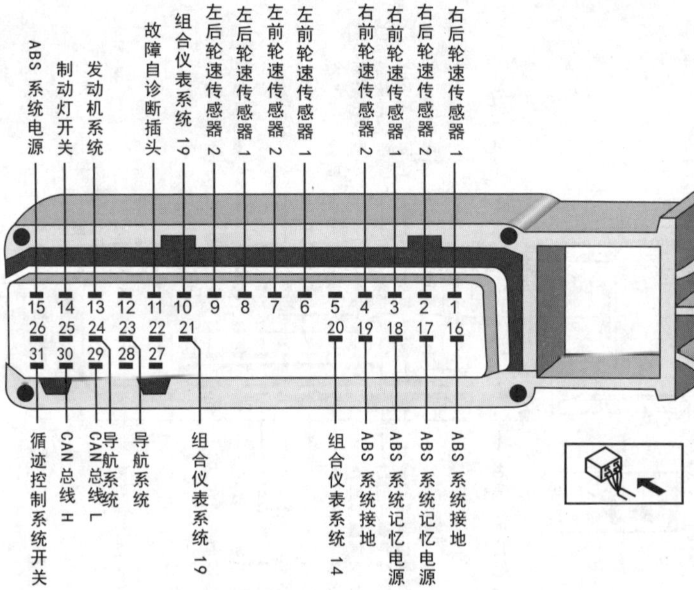

第 8 章

奔驰车系电脑板端子功能和参考值

第1节 发动机系统电脑板端子功能和参考值

一、奔驰M122发动机控制系统电脑板9+40+52+24+9针

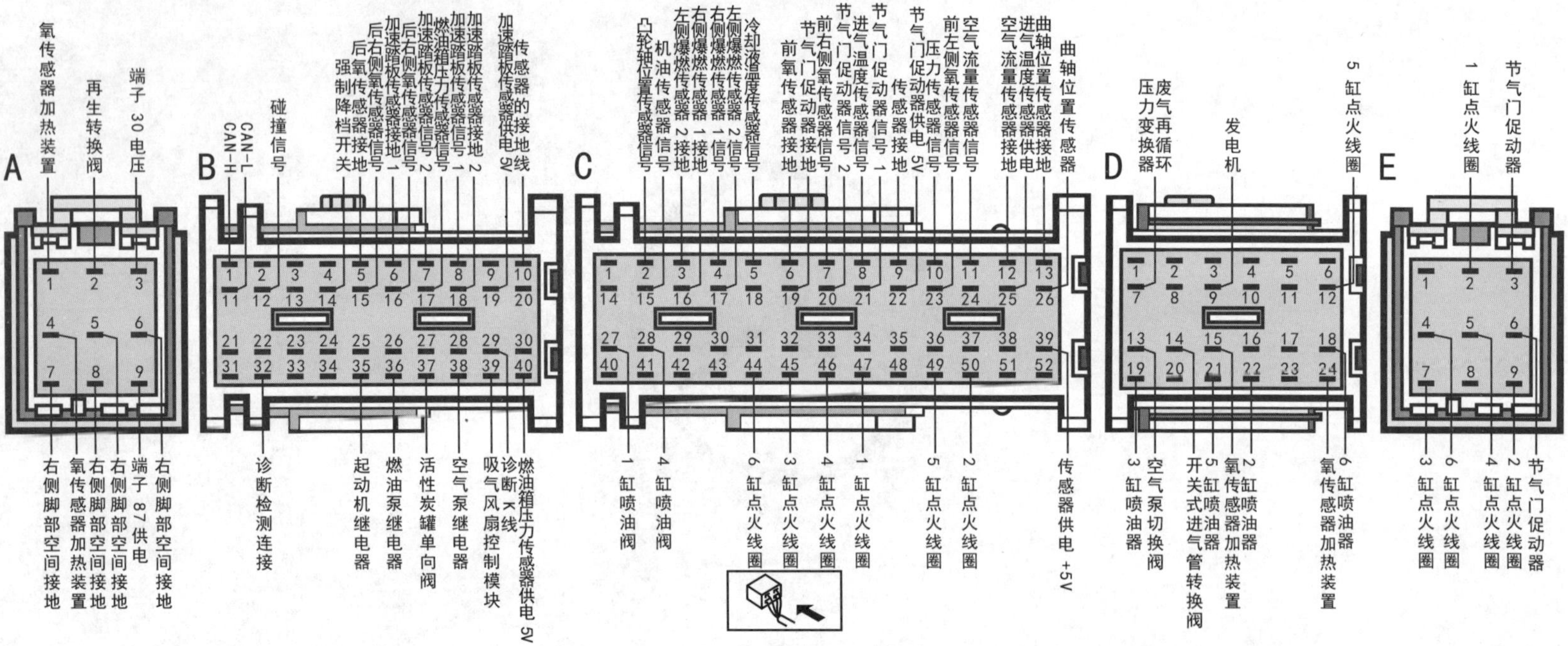

二、奔驰S600车系M137发动机控制系统电脑板9+40+52+24+9针

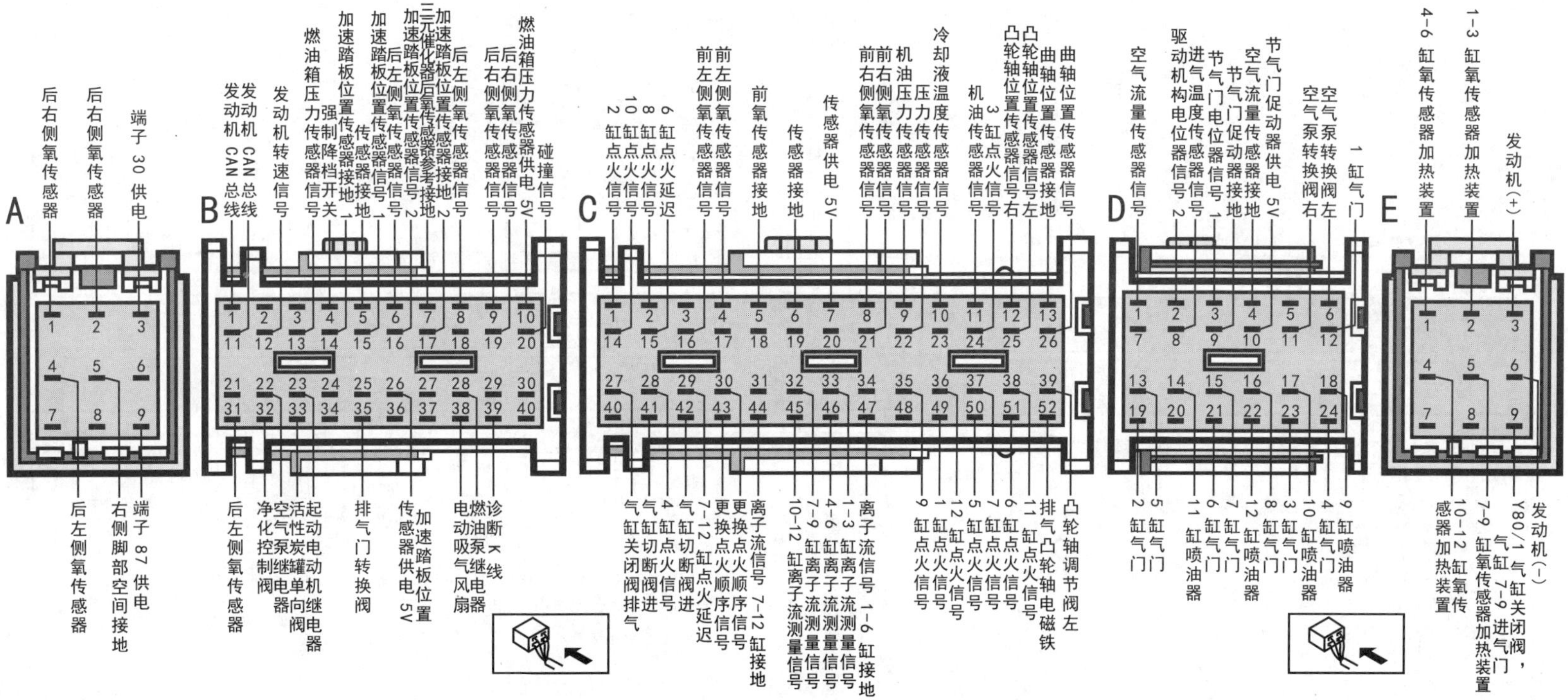

三、奔驰R63、ML63、CLK63车系M156（AMG）发动机控制系统电脑板58+96针

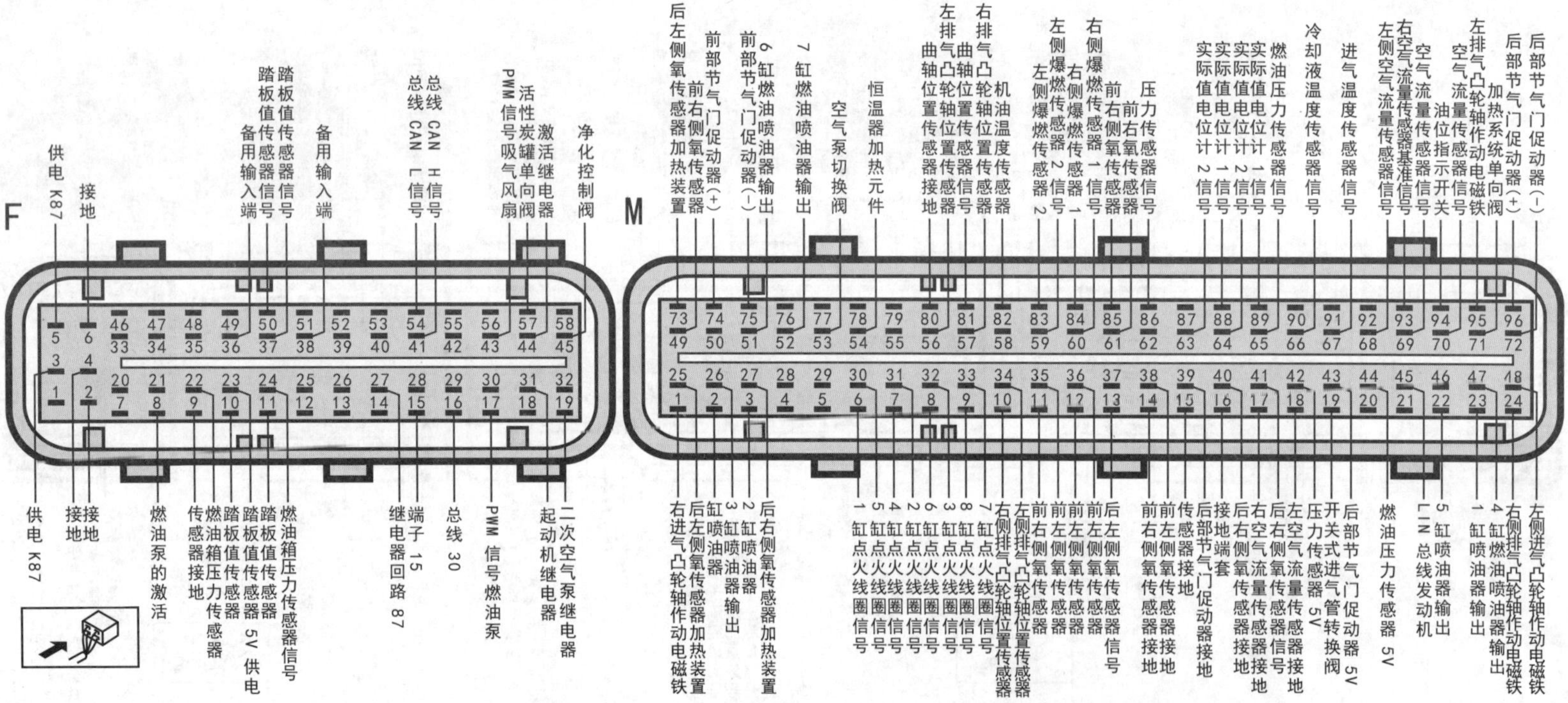

四、奔驰A、B级车系M266发动机控制系统电脑板58+96针

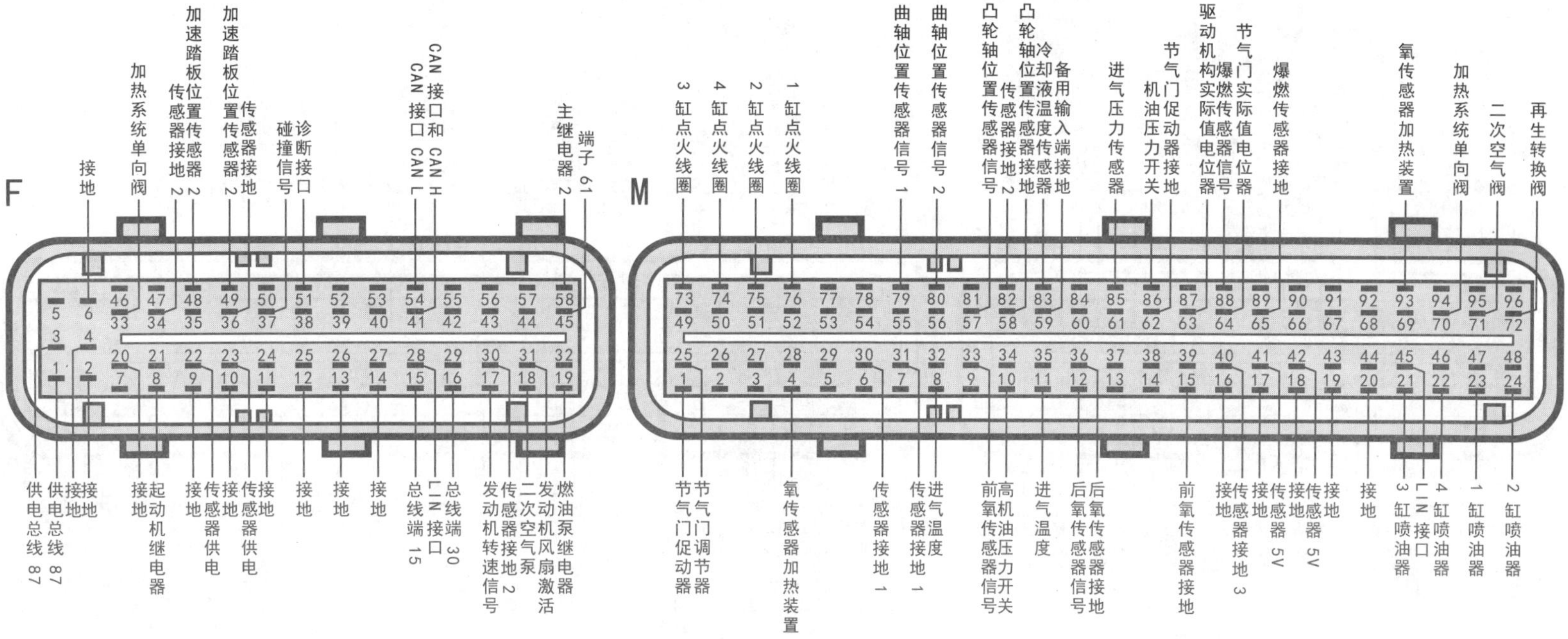

五、奔驰M271发动机控制系统电脑板58+96针

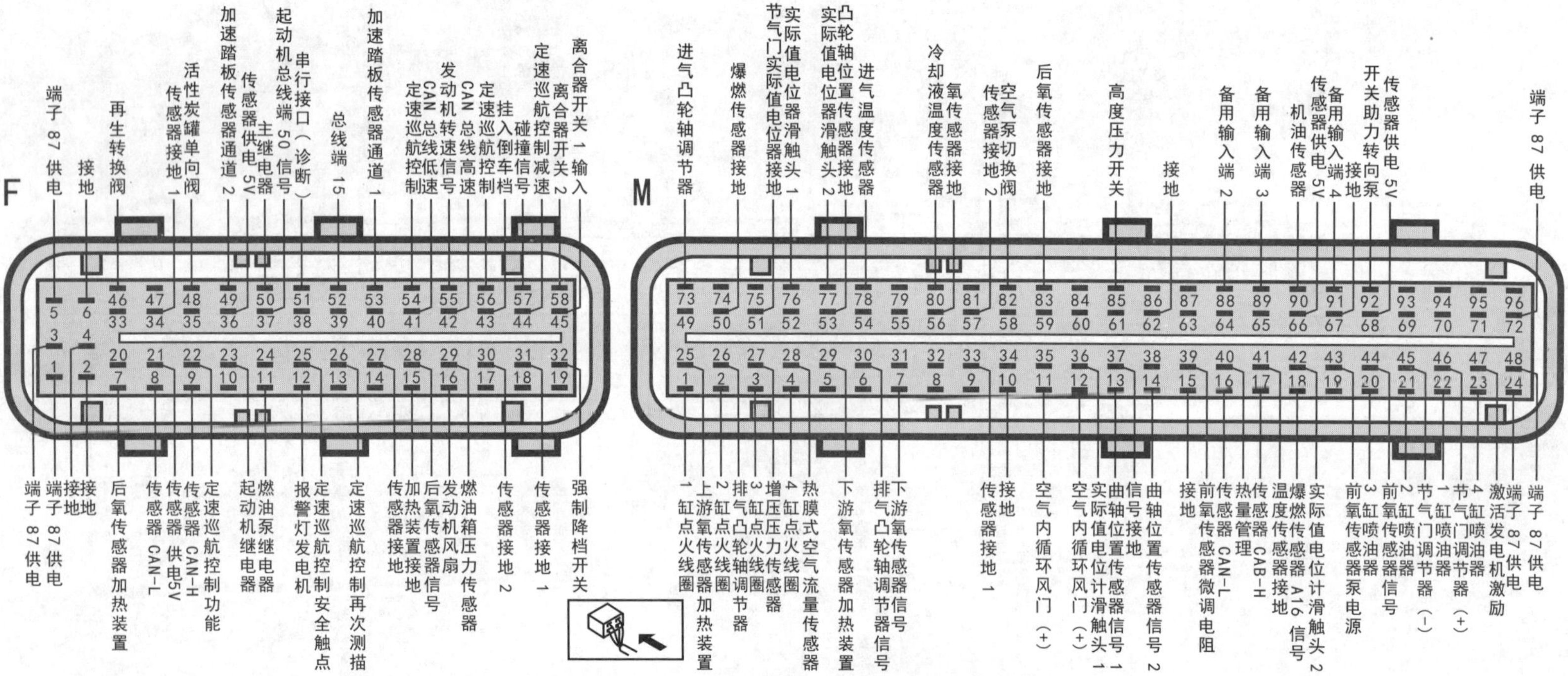

六、奔驰C、E级，CLK、SLK车系M271 EVO发动机控制系统电脑板58+96针

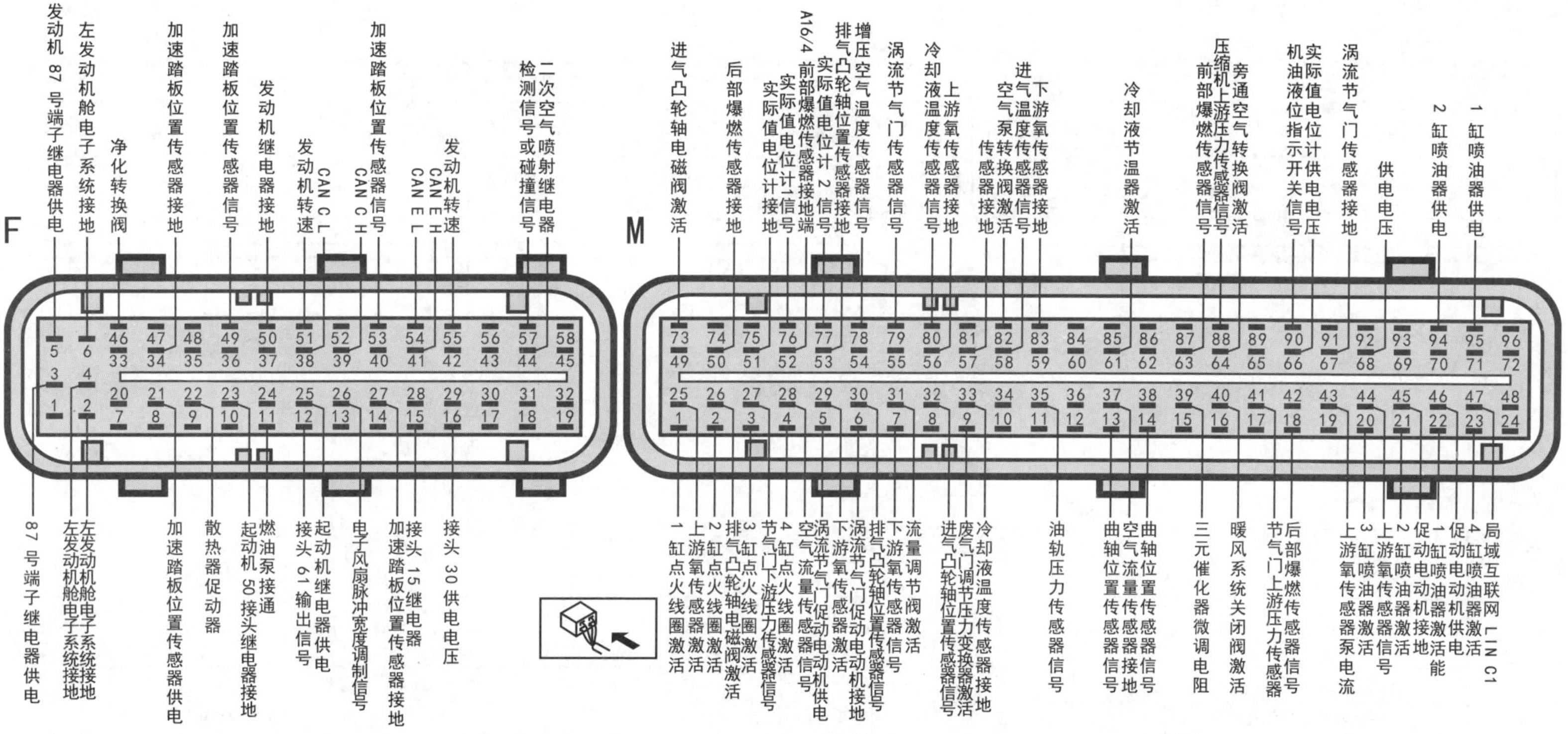

七、奔驰C180、F200、C200系列M217、946发动机控制系统电脑板58+96针

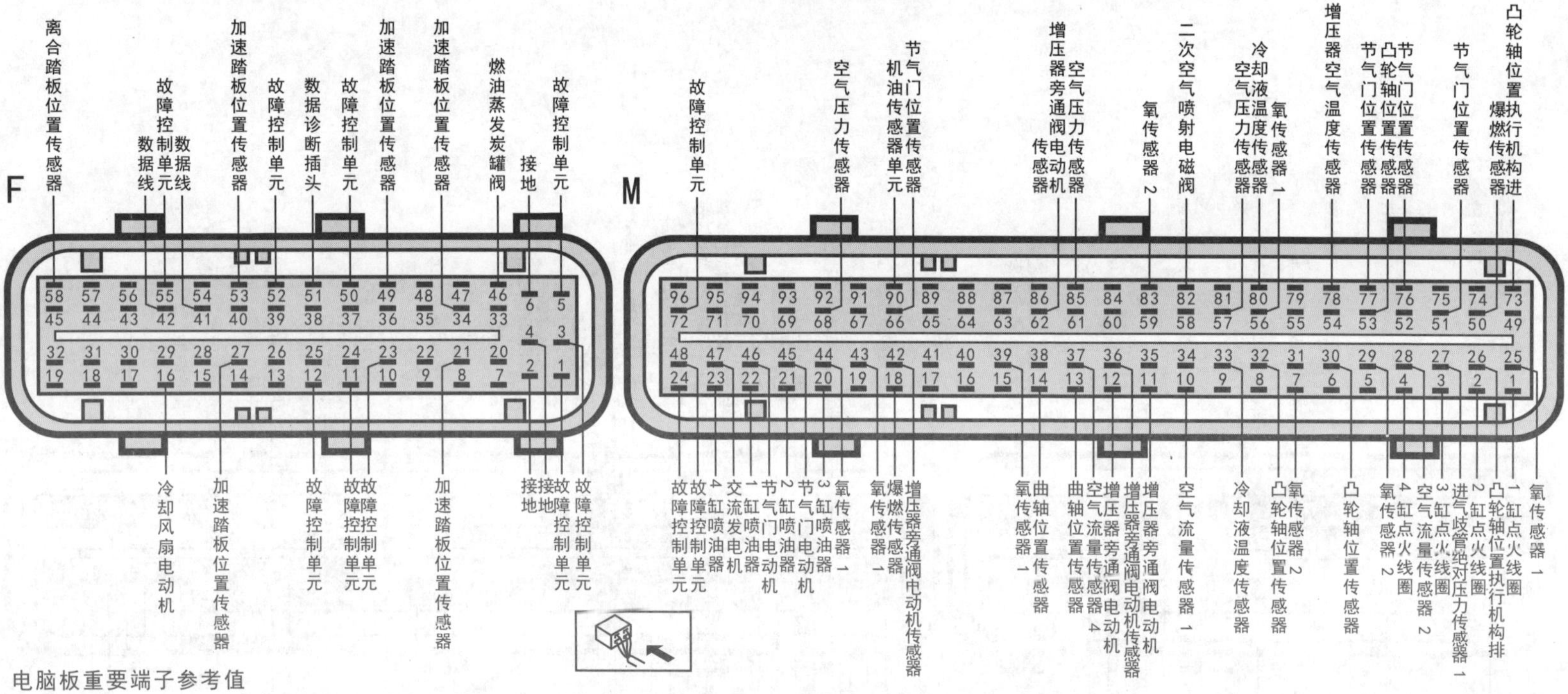

电脑板重要端子参考值

端子号	测试条件	参考值	端子号	测试条件	参考值	端子号	测试条件	参考值	端子号	测试条件	参考值
F1	点火开关ON	11～14V	F27	点火开关ON	0V	F53	完全踩下加速踏板	4.5V	M4	怠速状态	5V/2 ms
F2	点火开关ON	0V	F34	点火开关ON	0V	F55	点火开关ON	11～14V	M7	点火开关ON	0.4V
F3	点火开关ON	11～14V	F46	点火开关ON	11～14V	M1	点火开关ON	11～14V		怠速状态	0.6V
F4	点火开关ON	0V		怠速状态	10V/20 ms		怠速状态	5V/2 ms	M10	点火开关ON	0V
F5	点火开关ON	11～14V	F49	释放加速踏板	0.2V	M2	点火开关ON	11～14V	M11	点火开关ON	11～14V
F6	点火开关ON	0V		完全踩下加速踏板	2.3V		怠速状态	5V/2 ms	M12	点火开关ON	2V/2ms
F11	点火开关ON	11～14V	F50	点火开关ON	11～14V	M3	点火开关ON	11～14V	M13	怠速状态	0.8V
F21	点火开关ON	5V	F52	点火开关ON	11～14V		怠速状态	5V/2 ms	M14	怠速状态	0.4V
F23	点火开关ON	11～14V	F53	释放加速踏板	0V	M4	点火开关ON	11～14V	M18	怠速状态	50V/ms

（续）

端子号	测试条件	参考值	端子号	测试条件	参考值	端子号	测试条件	参考值	端子号	测试条件	参考值
M20	点火开关ON	11～14V	M27	怠速状态	10V/20 ms	M42	点火开关ON	4.3V	M62	点火开关ON	0V
	怠速状态	2.7 ms	M28	怠速状态	0.7V	M43	怠速状态	2.8V	M66	点火开关ON	5V
M21	点火开关ON	11～14V		3000r/min	1V/2 s	M44	点火开关ON	2.6V	M68	点火开关ON	5V
	怠速状态	2.7 ms	M29	点火开关ON	11～14V		怠速状态	2.9V	M72	点火开关ON	11～14V
M22	点火开关ON	11～14V		怠速状态	2V/0.1s	M45	点火开关ON	2V/2 ms	M73	怠速状态	5V/2 ms
	怠速状态	2.7 ms	M30	怠速状态	2V/0.1s	M46	点火开关ON	0V	M76	点火开关ON	0.9V
M23	点火开关ON	11～14V	M32	怠速状态	2V/0.1s	M47	点火开关ON	2V/1ms	M77	点火开关ON	4.1V
	怠速状态	2.7 ms	M33	点火开关ON	0V	M48	点火开关ON	11～14V	M78	点火开关ON，进气12℃	3.7V
M24	点火开关ON	11～14V	M36	点火开关ON	0.7V	M50	点火开关ON	0V	M80	点火开关ON，温度40℃	3.1V
M25	点火开关ON	0.4V	M37	点火开关ON	0V	M51	点火开关ON	0V	M82	点火开关ON	11～14V
	怠速状态	10V/20 ms	M39	点火开关ON	5V	M53	点火开关ON	0V	M85	海拔100m以上	1.9V
M26	点火开关ON	2V		3000r/min	2.2V	M57	点火开关ON	0V	M90	点火开关ON	2V/0.5s

八、奔驰M272发动机ME9.7控制系统电脑板58+96针

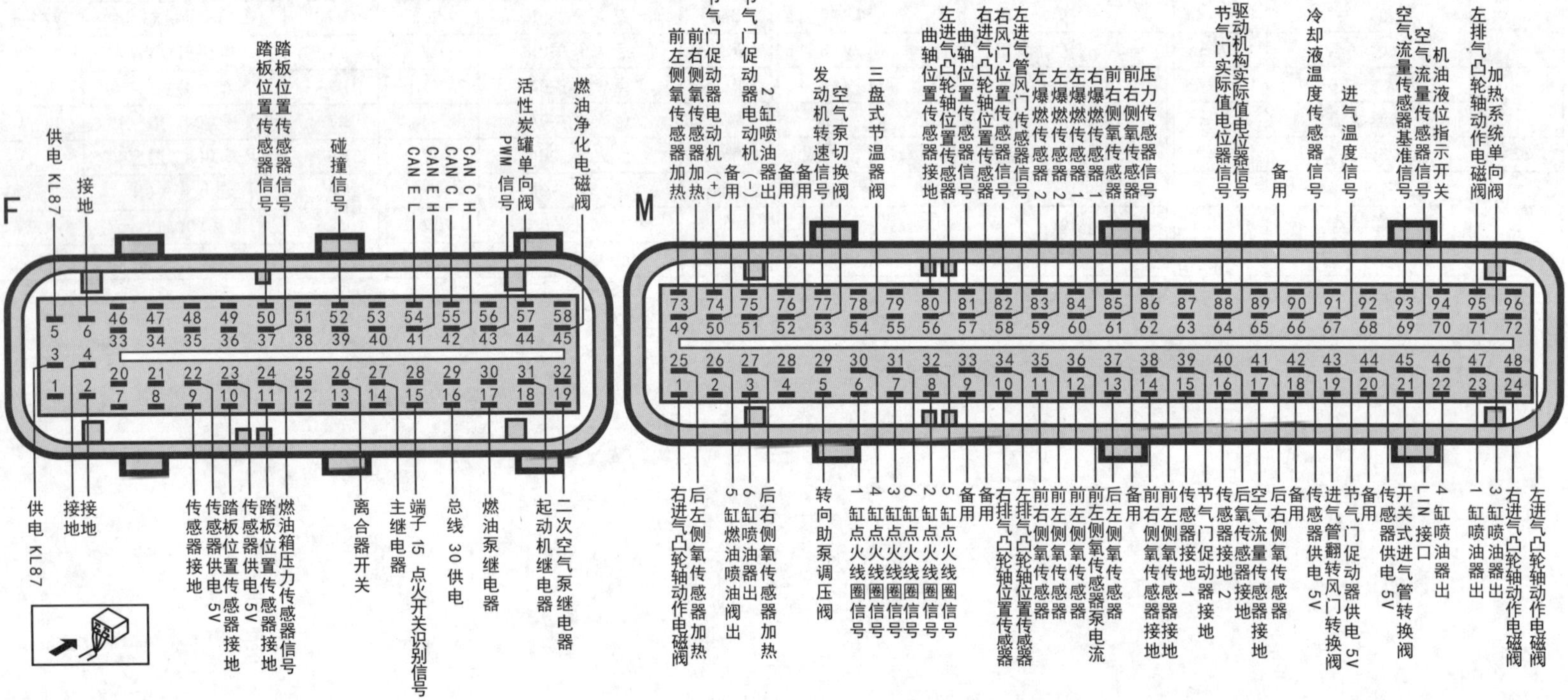

九、奔驰S、SL和CL级车系M275发动机控制系统电脑板9+40+52+24+9针

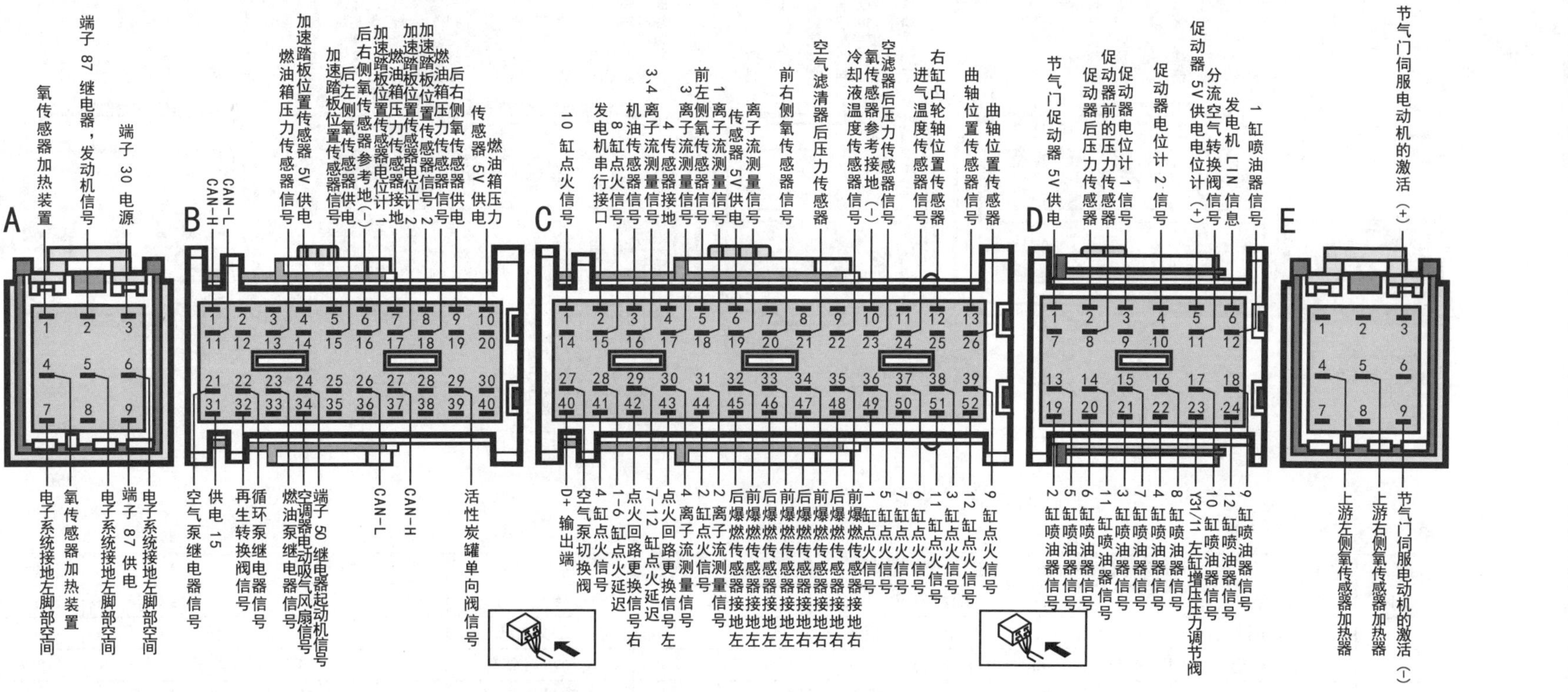

十、奔驰S280车系发动机控制系统电脑板8+4+40+24+48+21针

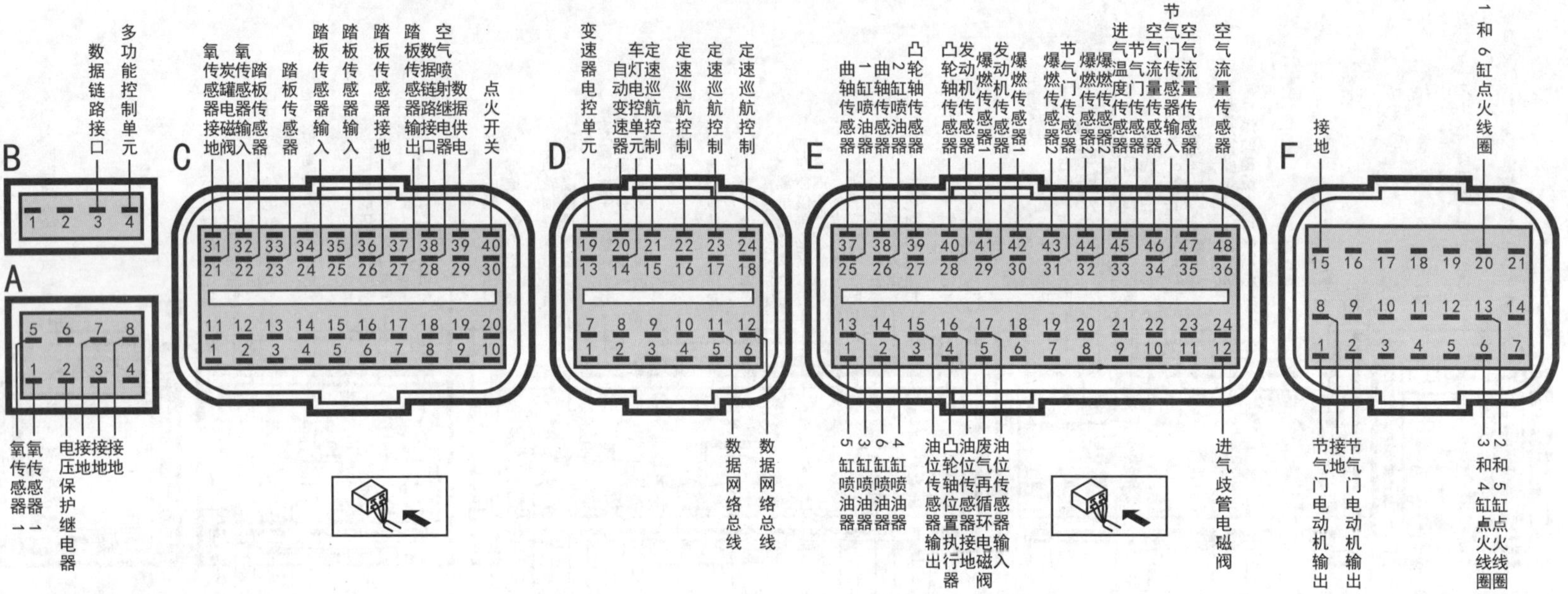

电脑板重要端子参考值

端子号	端子功能	参考值	端子号	端子功能	参考值	端子号	端子功能	参考值	端子号	端子功能	参考值
A1	氧传感器1	11～14V	C27	踏板传感器输出	5V	E16	油位传感器接地	0V	E38	曲轴传感器	3.9V
A2	电压保护继电器	11～14V	C31	氧传感器接地	0V	E25	1缸喷油器	11～14V	E39	凸轮轴传感器	0V
A5	氧传感器1	11～14V	C32	氧传感器输入	0.1～0.9V	E28	发动机传感器	0V	E41	爆燃传感器1	50mV
A 8	接地	0V	C38	数据链路接口	100Hz	E29	发动机传感器	3.5V	E45	进气温度传感器	2.7V
C21	炭罐电磁阀	11～14V	C39	数据供电	11～14V	E31	节气门传感器	4.1V	E46	空气流量传感器	5V
C22	踏板传感器	5V	E1	5缸喷油器	11～14V	E32	爆燃传感器2	0V	E48	空气流量传感器	0V
C24	踏板传感器输入	4.7V	E4	凸轮轴位置执行器	11～14V	E33	节气门传感器	5V	F6	3和4缸点火线圈	11～14V
C25	踏板传感器输入	0.2V	E5	废气再循环电磁阀	11～14V	E34	节气门传感器输入	0.9V	F13	2和5缸点火线圈	11～14V
C26	踏板传感器接地	0V	E15	油位传感器输出	11～14V	E37	曲轴传感器	4.2V	F15	接地	0V

十一、奔驰E280车系发动机控制系统电脑板8+4+40+24+48+21针

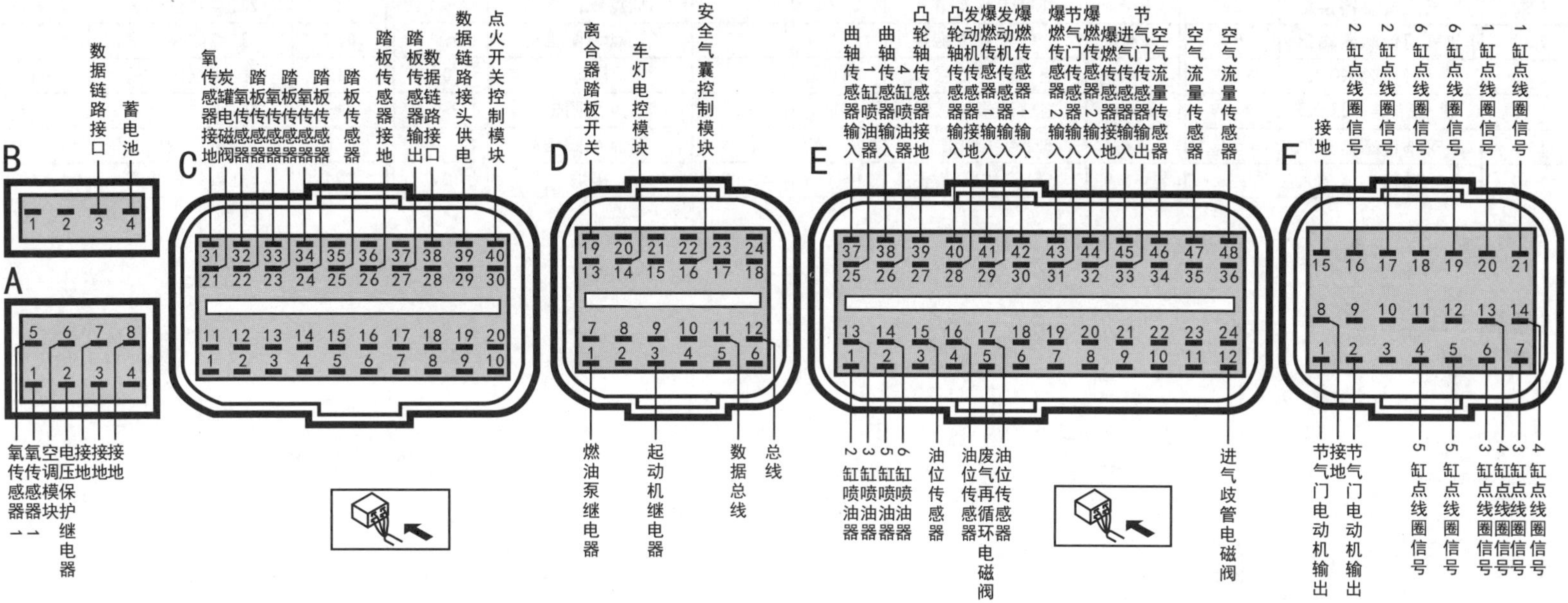

电脑板重要端子参考值

端子号	端子功能	参考值	端子号	端子功能	参考值	端子号	端子功能	参考值	端子号	端子功能	参考值
A1	氧传感器1	11～14V	C23	踏板传感器	0V	C38	数据链路接口	100Hz	E13	3缸喷油器	11～14V
A2	电压保护继电器	11～14V	C24	踏板传感器	4.7V	C39	数据链路接头供电	11～14V	E14	6缸喷油器	11～14V
A3	接地	0V	C25	踏板传感器	0.2V	D1	燃油泵继电器	11～14V	E15	油位传感器	11～14V
A5	氧传感器1	11～14V	C26	踏板传感器接地	0V	D3	起动机继电器	11～14V	E16	油位传感器	0V
A7	接地	0V	C27	踏板传感器输出	5V	D19	离合器踏板开关	11～14V	E25	1缸喷油器	11～14V
A8	接地	0V	C31	氧传感器接地	0V	E1	2缸喷油器	11～14V	E26	4缸喷油器	11～14V
B4	蓄电池	11～14V	C32	氧传感器	0.1～0.9V	E2	5缸喷油器	11～14V	E28	发动机传感器接地	0V
C21	炭罐电磁阀	11～14V	C33	氧传感器	0.1～0.9V	E5	废气再循环电磁阀	11～14V	E29	发动机传感器输入	3.6V
C22	踏板传感器	5V	C34	氧传感器	0V	E12	进气歧管电磁阀	11～14V	E31	节气门传感器输入	4.2V

（续）

端子号	端子功能	参考值	端子号	端子功能	参考值	端子号	端子功能	参考值	端子号	端子功能	参考值
E32	节气门传感器接地	0V	E45	进气传感器输入	2.7V	F6	3缸点线圈信号	11～14V	F16	2缸点线圈信号	11～14V
E33	节气门传感器输出	5V	E46	空气流量传感器	5V	F7	3缸点线圈信号	11～14V	F17	2缸点线圈信号	11～14V
E37	曲轴传感器输入	3.9V	E47	空气流量传感器	1V	F8	接地	0V	F18	6缸点线圈信号	11～14V
E38	曲轴传感器输入	3.9V	E48	空气流量传感器	0V	F13	4缸点线圈信号	11～14V	F19	6缸点线圈信号	11～14V
E39	凸轮轴传感器接地	0V	F4	5缸点线圈信号	11～14V	F14	4缸点线圈信号	11～14V	F20	1缸点线圈信号	11～14V
E40	凸轮轴传感器输入	0～12V	F5	5缸点线圈信号	11～14V	F15	接地	0V	F21	1缸点线圈信号	11～14V

十二、奔驰E320车系发动机控制系统电脑板8+4+40+24+48+21针

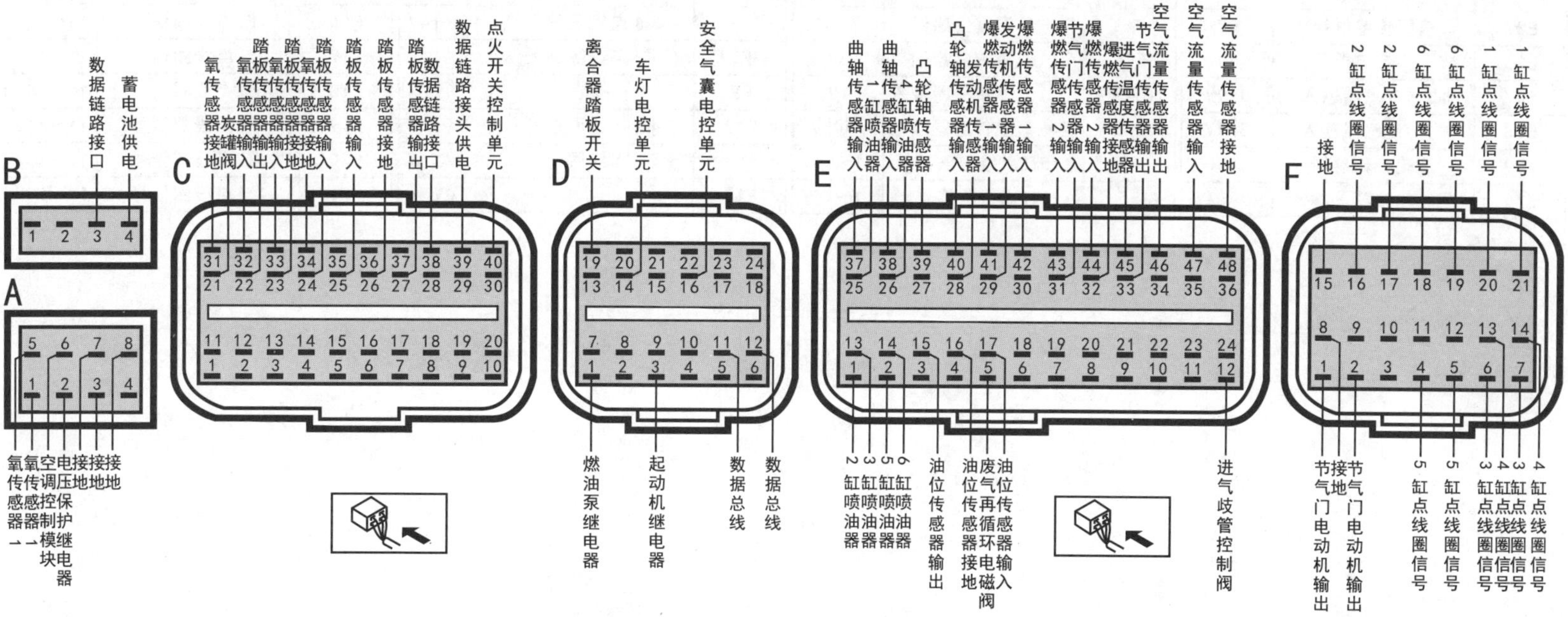

电脑板重要端子参考值

端子号	端子功能	参考值	端子号	端子功能	参考值	端子号	端子功能	参考值	端子号	端子功能	参考值
A1	氧传感器1	11～14V	C23	踏板传感器接地	0V	C38	数据链路接口	100Hz	E13	3缸喷油器	11～14V
A2	电压保护继电器	11～14V	C24	踏板传感器输入	0.8V	C39	数据链路接头供电	11～14V	E14	6缸喷油器	11～14V
A3	接地	0V	C25	踏板传感器输入	0.4V	D1	燃油泵继电器	11～14V	E15	油位传感器输出	11～14V
A5	氧传感器1	11～14V	C26	踏板传感器接地	0V	D3	起动电动机继电器	11～14V	E16	油位传感器接地	0V
A7	接地	0V	C27	踏板传感器输出	5V	D19	离合器踏板开关	11～14V	E25	1缸喷油器	11～14V
A8	接地	0V	C31	氧传感器接地	0V	E1	2缸喷油器	11～14V	E26	4缸喷油器	11～14V
B4	蓄电池供电	11～14V	C32	氧传感器输入	0.1～0.9V	E2	5缸喷油器	11～14V	E28	发动机传感器	0V
C21	炭罐阀	11～14V	C33	氧传感器输入	0.1～0.9V	E5	废气再循环电磁阀	11～14V	E29	发动机传感器输入	3.6V
C22	踏板传感器输出	5V	C34	氧传感器接地	0V	E12	进气歧管控制阀	11～14V	E31	节气门传感器输入	4.2V

（续）

端子号	端子功能	参考值	端子号	端子功能	参考值	端子号	端子功能	参考值	端子号	端子功能	参考值
E32	节气门传感器接地	0V	E45	进气温度传感器	2.7V	F6	3缸点线圈信号	11～14V	F16	2缸点线圈信号	11～14V
E33	节气门传感器输出	5V	E46	空气流量传感器输出	5V	F7	3缸点线圈信号	11～14V	F17	2缸点线圈信号	11～14V
E37	曲轴传感器输入	3.9V	E47	空气流量传感器输入	1V	F8	接地	0V	F18	6缸点线圈信号	11～14V
E38	曲轴传感器输入	3.9V	E48	空气流量传感器接地	0V	F13	4缸点线圈信号	11～14V	F19	6缸点线圈信号	11～14V
E39	凸轮轴传感器	0V	F4	5缸点线圈信号	11～14V	F14	4缸点线圈信号	11～14V	F20	1缸点线圈信号	11～14V
E40	凸轮轴传感器输入	0～12V	F5	5缸点线圈信号	11～14V	F15	接地	0V	F21	1缸点线圈信号	11～14V

十三、奔驰S320车系发动机控制系统电脑板8+4+40+24+48+21针

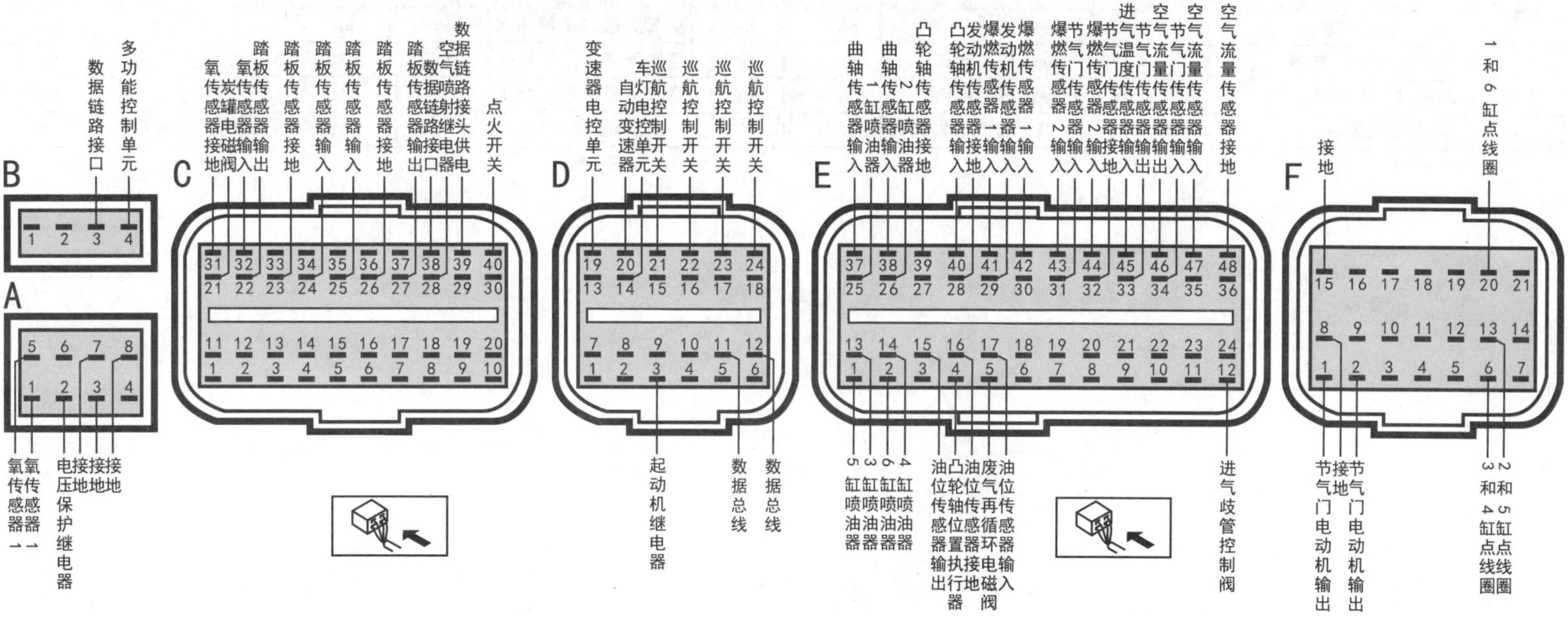

电脑板重要端子参考值

端子号	端子功能	参考值	端子号	端子功能	参考值	端子号	端子功能	参考值	端子号	端子功能	参考值
A1	氧传感器1	11～14V	C24	踏板传感器输入	4.7V	D3	起动机继电器	11～14V	E25	1缸喷油器	11～14V
A2	电压保护继电器	11～14V	C25	踏板传感器输入	0.2V	E1	5缸喷油器	11～14V	E26	2缸喷油器	11～14V
A3	接地	0V	C26	踏板传感器接地	0V	E2	6缸喷油器	11～14V	E28	发动机传感器接地	0V
A5	氧传感器1	11～14V	C27	踏板传感器输出	5V	E4	凸轮轴位置执行器	11～14V	E29	发动机传感器输入	3.5V
A7	接地	0V	C31	氧传感器接地	0V	E5	废气再循环电磁阀	11～14V	E31	节气门传感器输入	4.1V
A8	接地	0V	C32	氧传感器输入	0.1～0.9V	E13	3缸喷油器	11～14V	E32	节气门传感器接地	0V
C21	炭罐电磁阀	11～14V	C38	数据链路接口	100Hz	E14	4缸喷油器	11～14V	E33	节气门传感器输出	5V
C22	踏板传感器输出	5V	C39	数据链路接头供电	11～14V	E15	油位传感器输出	11～14V	E34	节气门传感器输入	0.9V
C23	踏板传感器接地	0V	C 40	点火开关	10V	E16	油位传感器接地	0V	E37	曲轴传感器输入	4.2V

（续）

端子号	端子功能	参考值	端子号	端子功能	参考值	端子号	端子功能	参考值	端子号	端子功能	参考值
E38	曲轴传感器输入	3.9V	E42	爆燃传感器1输入	50mV	E46	空气流量传感器输出	5V	F8	接地	0V
E39	凸轮轴传感器接地	0V	E43	爆燃传感器2输入	50mV	E47	空气流量传感器输入	1V	F13	2和5缸点线圈	11～14V
E40	凸轮轴传感器输入	0V	E44	爆燃传感器2输入	50mV	E48	空气流量传感器接地	0V	F15	接地	0V
E41	爆燃传感器1输入	50mV	E45	进气温度传感器输入	2.7V	F6	3和4缸点线圈	11～14V	F20	1和6缸点线圈	11～14V

十四、奔驰C180K、C200K、E200K车系发动机控制系统电脑板96+58针

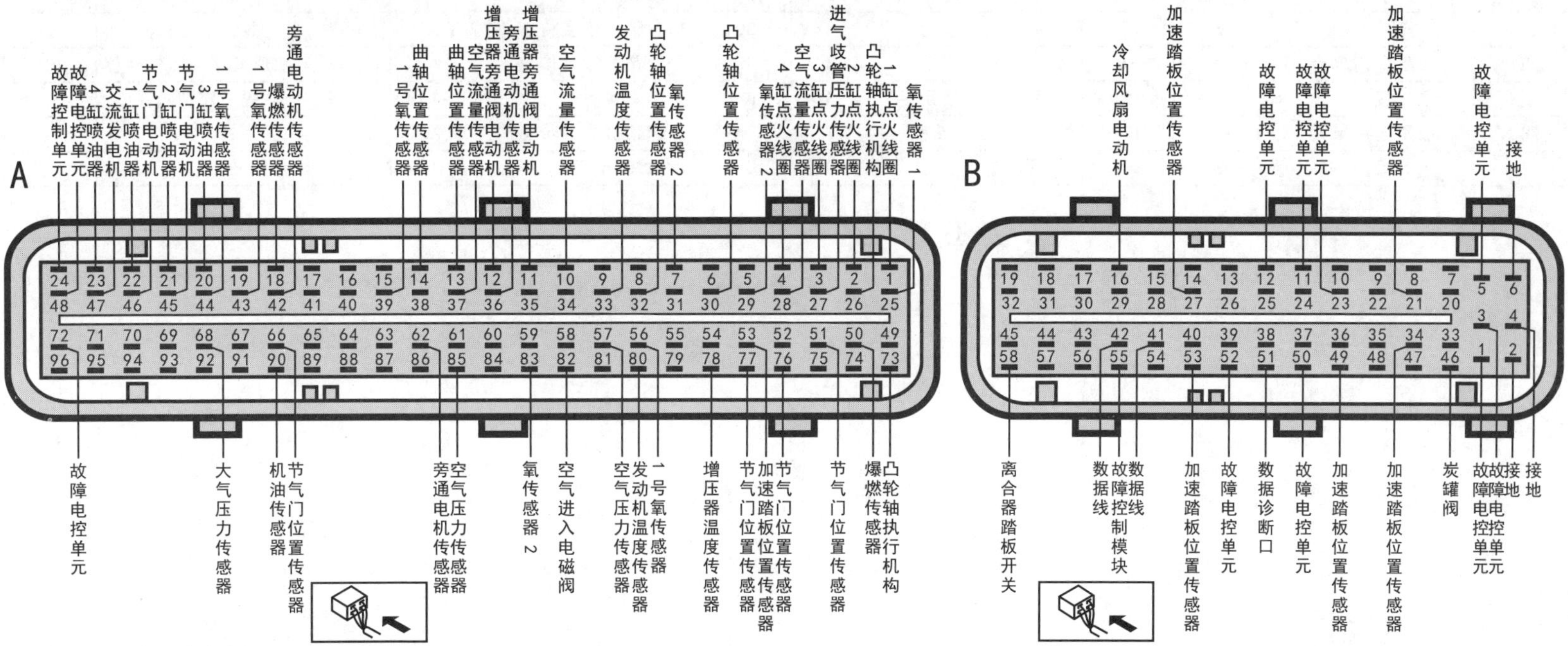

电脑板重要端子参考值

端子号	端子功能	参考值	端子号	端子功能	参考值	端子号	端子功能	参考值	端子号	端子功能	参考值
A1	1缸点火线圈	11～14V	A20	3缸喷油器	11～14V	A37	空气流量传感器	0V	A57	空气压力传感器	0V
A2	2缸点火线圈	11～14V	A23	4缸喷油器	11～14V	A39	1号氧传感器	5V	A62	旁通电动机传感器	0V
A3	3缸点火线圈	11～14V	A24	故障控制单元	11～14V	A42	旁通电动机传感器	4.3V	A66	节气门位置传感器	5V
A4	4缸点火线圈	11～14V	A25	氧传感器 1	0.4V	A43	1号氧传感器	2.8V	A68	大气压力传感器	5V
A7	氧传感器 2	0.4V	A26	凸轮轴执行机构	2	A44	1号氧传感器	2.6V	A72	故障电控单元	11～14V
A10	空气流量传感器	0V	A28	空气流量传感器	0.7V	A46	节气门电机	0V	A76	节气门位置传感器	0.9V
A11	增压器旁通阀电动机	11～14V	A29	氧传感器 2	11～14V	A48	故障电控单元	11～14V	A77	节气门位置传感器	4.1V
A13	曲轴位置传感器	0.8V	A33	发动机温度传感器	0V	A50	爆燃传感器	0V	A78	增压器温度传感器	3.7V
A14	曲轴位置传感器	0.4V	A36	旁通电动机传感器	0.7V	A51	节气门位置传感器	0V	A82	空气进入电磁阀	11～14V

（续）

端子号	端子功能	参考值	端子号	端子功能	参考值	端子号	端子功能	参考值	端子号	端子功能	参考值
A83	氧传感器2	0V	B5	故障电控单元	11～14V	B27	加速踏板位置传感器	0V	B52	故障电控单元	11～14V
B1	故障电控单元	11～14V	B6	接地	0V	B34	加速踏板位置传感器	0V	B53	加速踏板位置传感器	0V
B2	接地	0V	B11	故障电控单元	11～14V	B46	炭罐阀	11～14V	B55	故障控制模块	11～14V
B3	故障电控单元	11～14V	B21	加速踏板位置传感器	5V	B49	加速踏板位置传感器	0.2V			
B4	接地	0V	B23	故障电控单元	11～14V	B50	故障电控单元	11～14V			

十五、奔驰KE发动机ECU控制系统电脑板55+22+25针

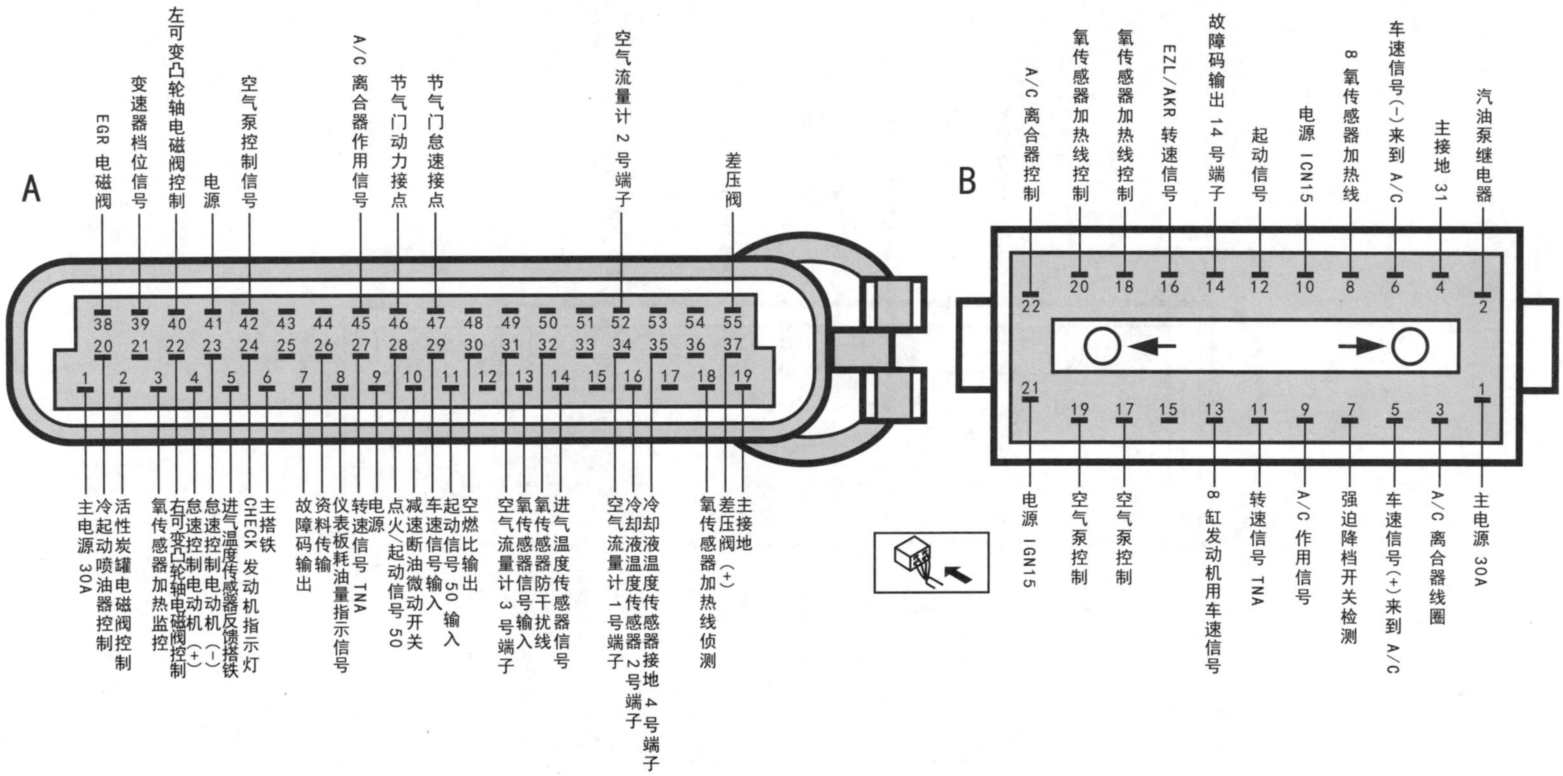

十五、奔驰KE发动机ECU控制系统电脑板55+22+25针(续)

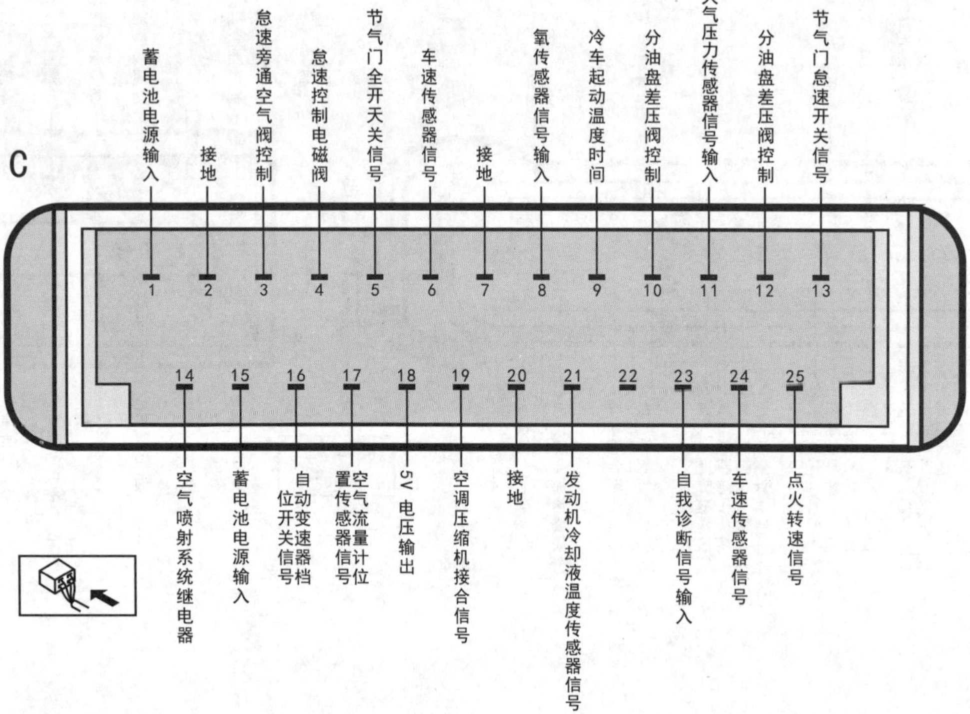

十六、奔驰LH发动机控制系统电脑板38+41针

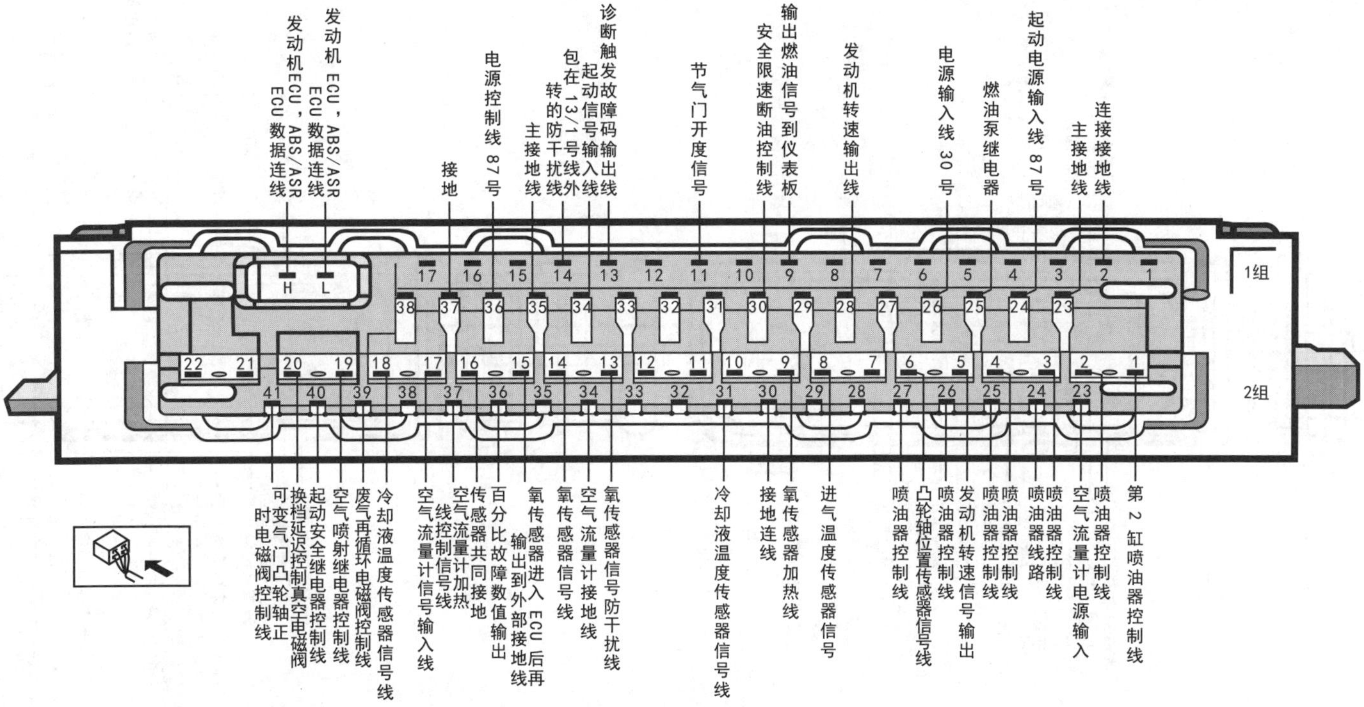

十七、奔驰HFM-SPI发动机ECU控制系统电脑板44+44针

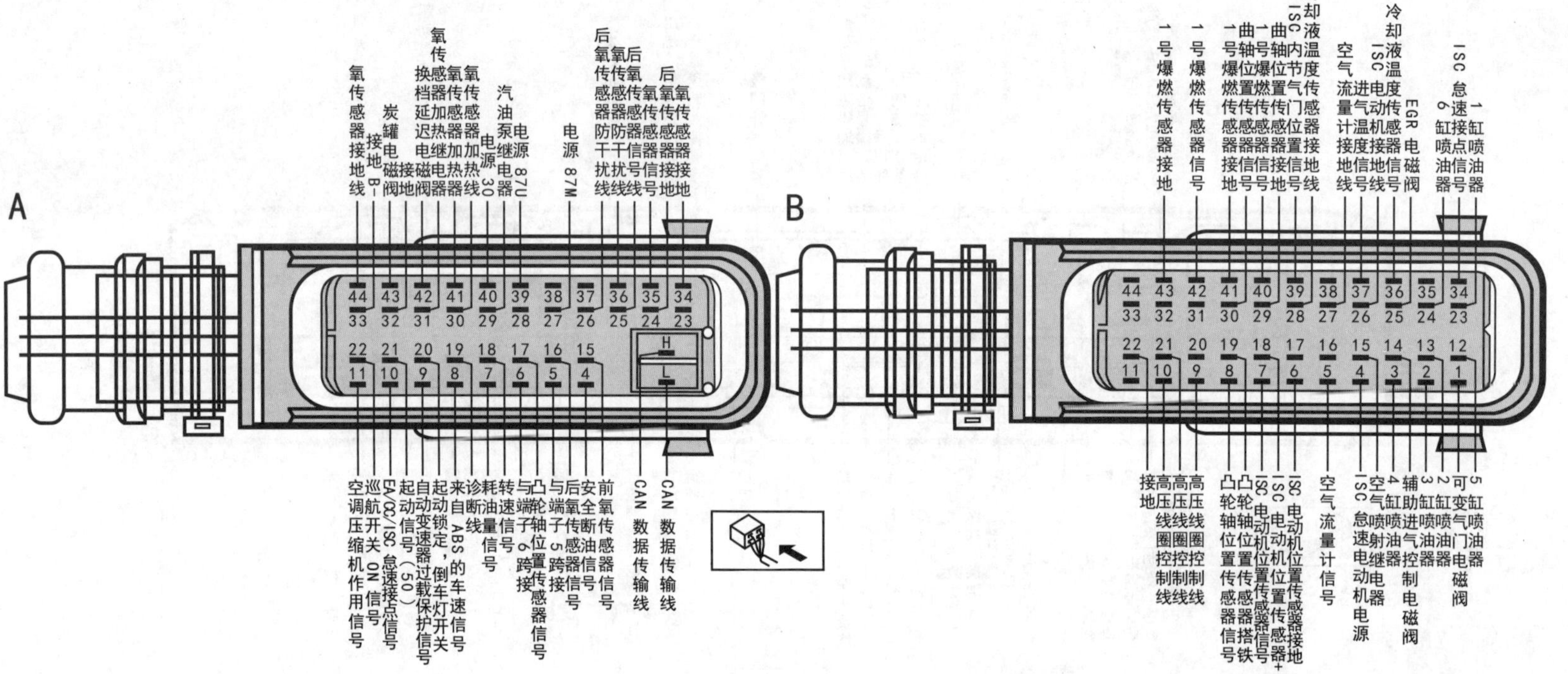

十八、奔驰ME-SPI发动机ECU控制系统电脑板8+4+40+24+48+21针

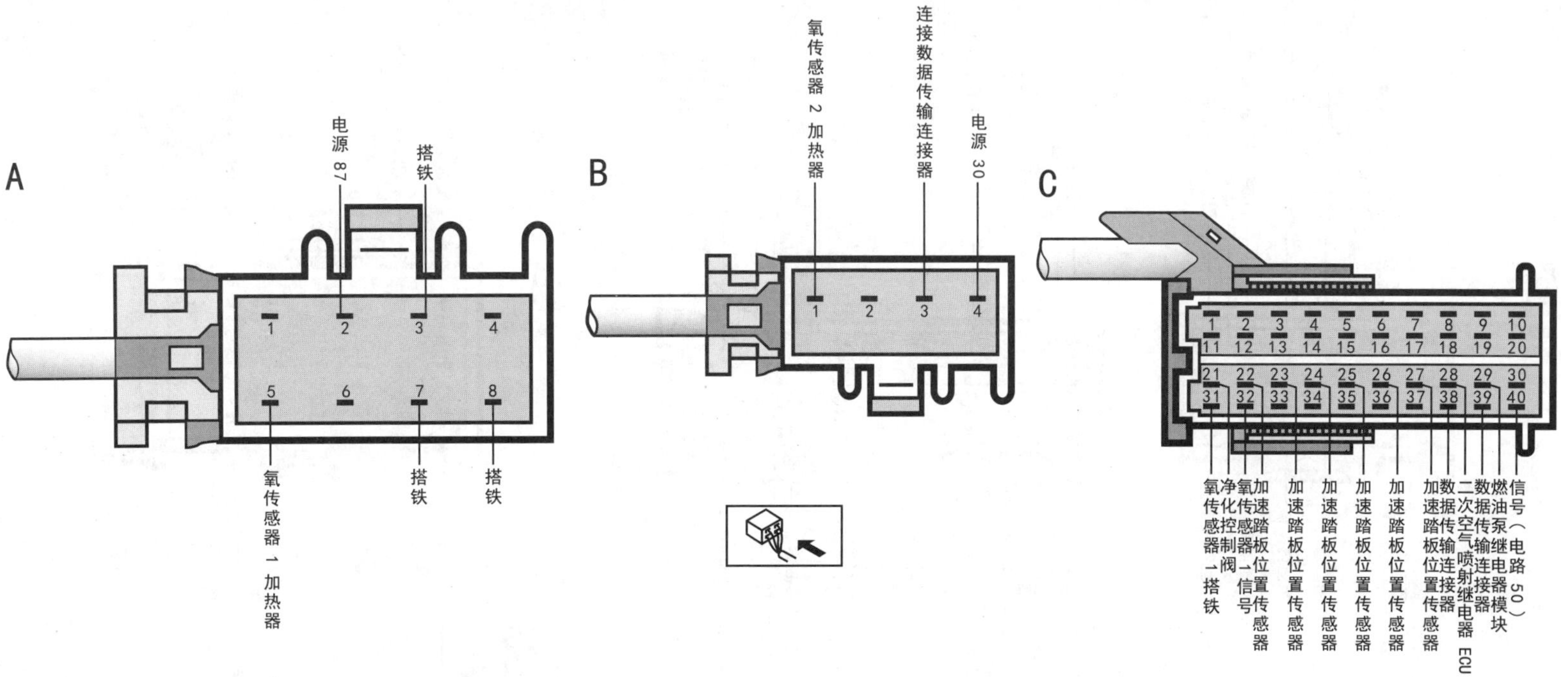

十八、奔驰ME-SPI发动机ECU控制系统电脑板8+4+40+24+48+21针（续）

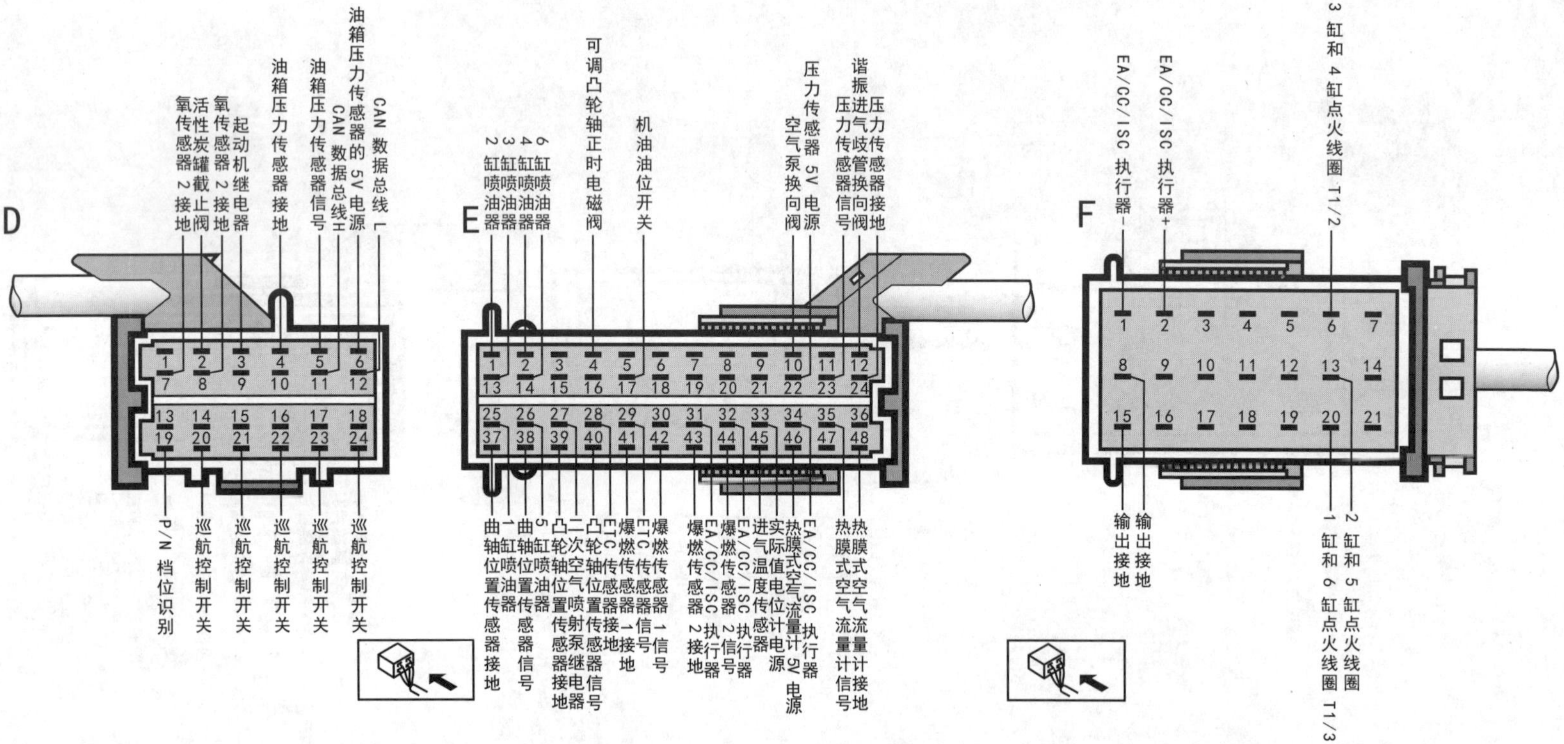

第2节　底盘系统电脑板端子功能和参考值

一、奔驰140底盘自动变速器控制系统电脑板38针

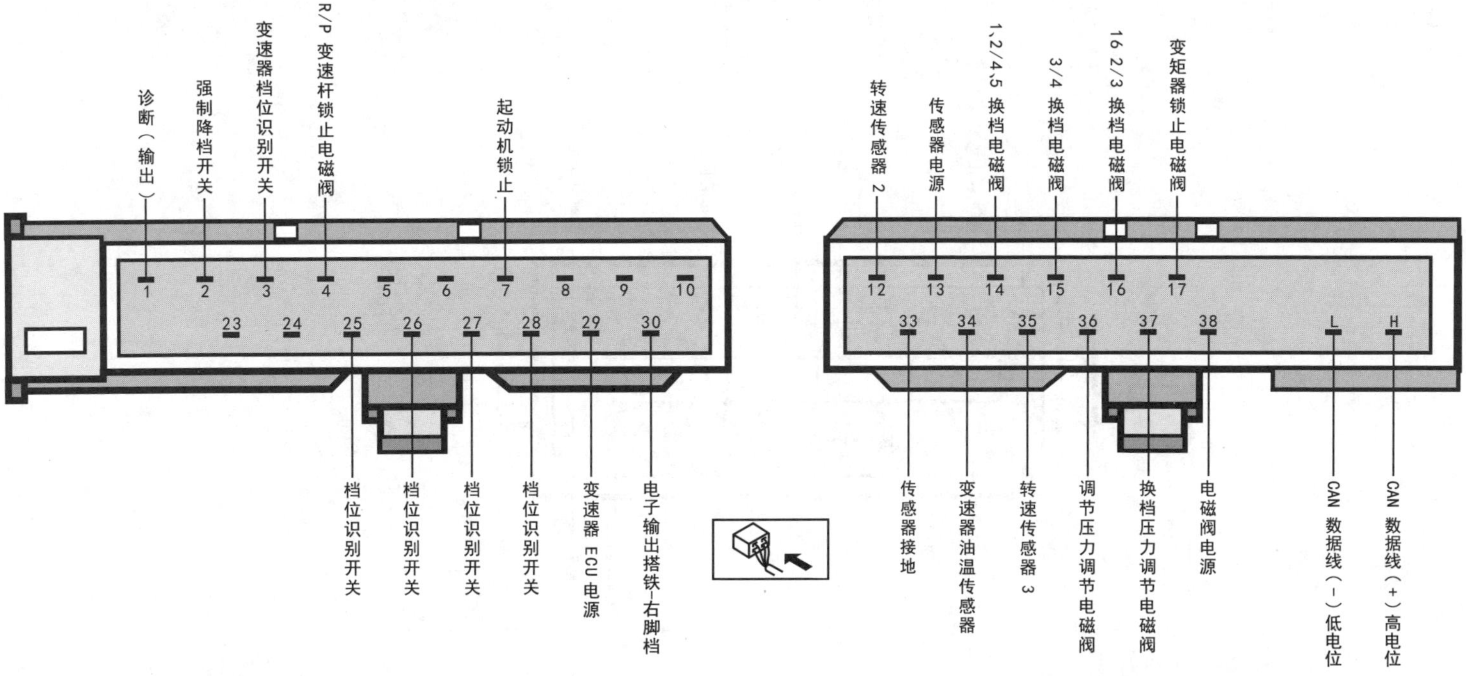

二、奔驰129底盘自动变速器控制系统电脑板22针

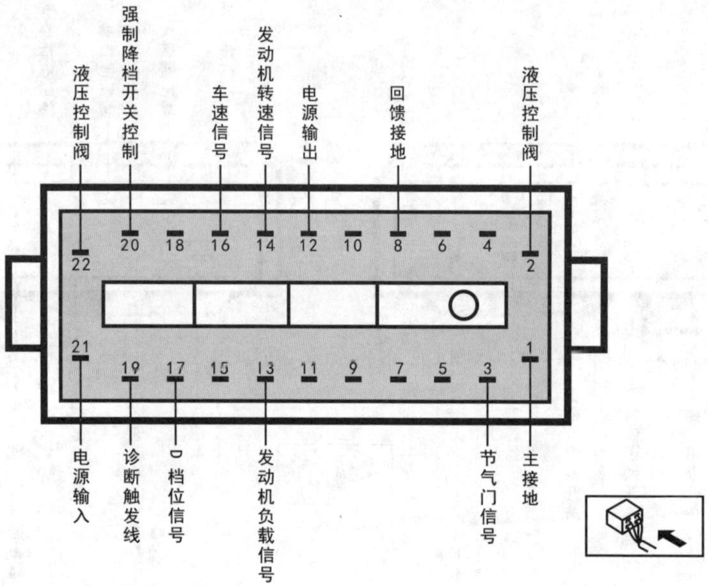

三、奔驰五档自动变速器控制系统电脑板38针

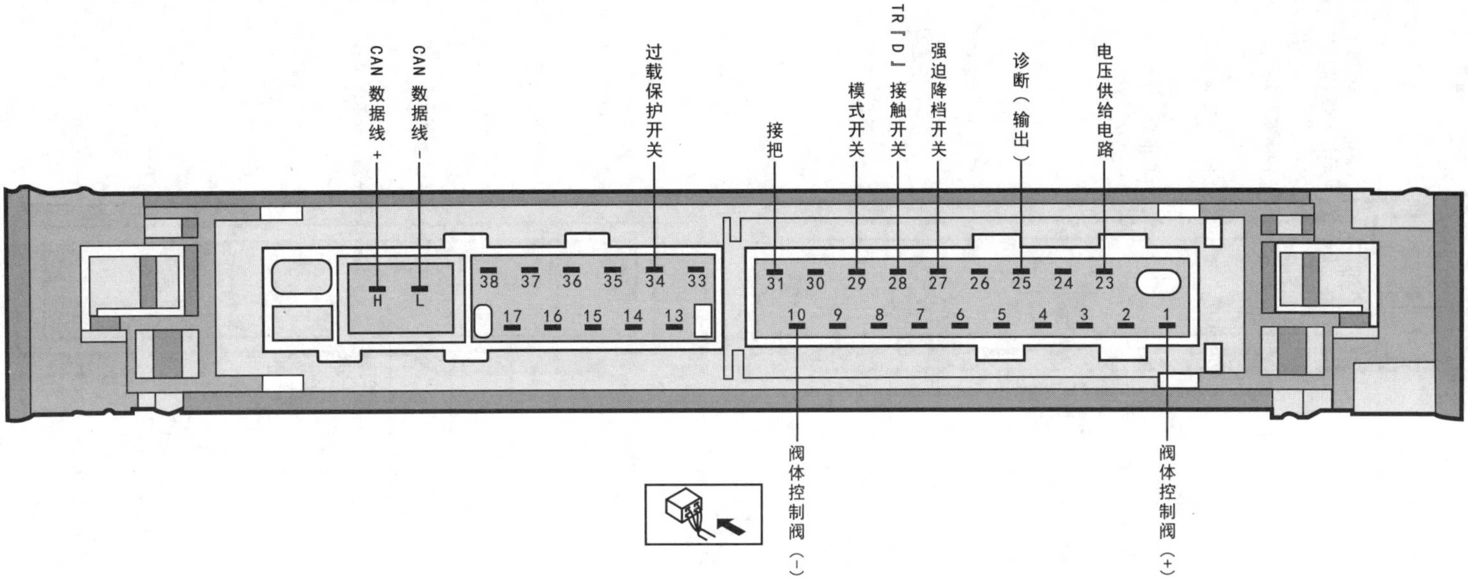

电脑板重要端子参考值

端子号	测试条件	参考值	端子号	测试条件	参考值
1-23	点火开关ON	11～14V	31-27	点火开关OFF，拆开TCM	10～30Ω
10-1	怠速，转速>1000r/min	>5V	31-28	点火开关ON	10～14V
	点火开关OFF，拆开TCM	4～8Ω		变速杆P-R-N-D，4-3-2	<1V
31-23	点火开关ON	11～14V	31-29	怠速	11～14V
23-28	拆开TCM（N15/1）	<1Ω		S16/5位置	<1V
	变速杆P-R-N-D，4-3-2	>20Ω	31-34	怠速	4.7～5.3V
31-25	点火开关ON	10～14V		变速杆D	<1V
31-27	怠速	<1V		怠速，拆开TCM	4.7～5.3V
	强迫开关（S16/7）	11～14V	L-H	点火开关OFF，拆开TCM	55～65Ω

四、奔驰6五档自动变速器控制系统电脑板38针

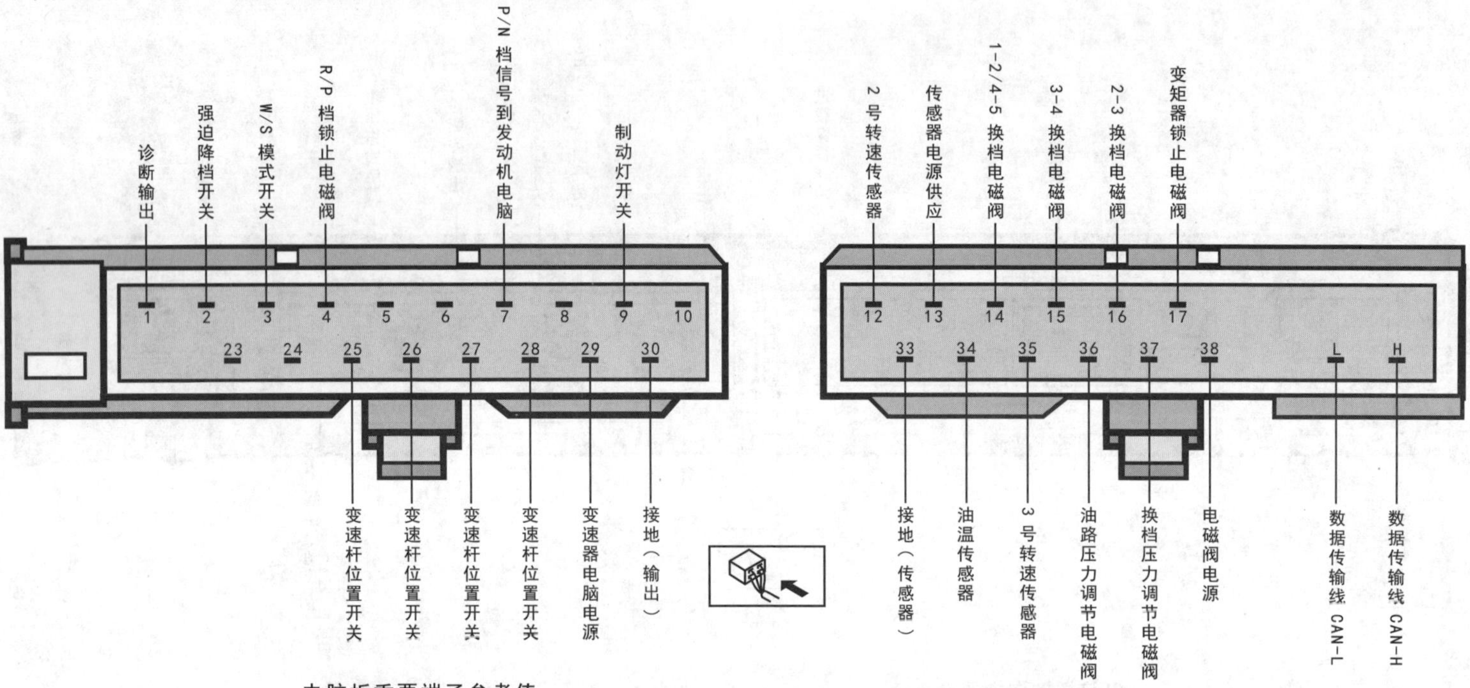

电脑板重要端子参考值

端子号	测试条件	参考值	端子号	测试条件	参考值
1-2	测Y66/1端子	20～30Ω	34-33	R/D/3/2/1/位置	500Ω
14-38	点火开关OFF	2.5～6.5Ω		P/N位置	>20000Ω
15-38	点火开关OFF	2.5～6.5Ω	36-38	点火开关OFF	4～8Ω
16-38	点火开关OFF	2.5～6.5Ω	37-38	点火开关OFF	4～8Ω
17-38	点火开关OFF	2～4Ω	85-86	测K83端子	>50Ω
30-1	点火开关ON	8～14V			
30-29	点火开关ON	11～14V			
30-38	点火开关ON	11～14V			
33-13	点火开关ON	4～8V			

五、奔驰车系（140底盘）防抱死制动控制系统（ABS）电脑板38+41针

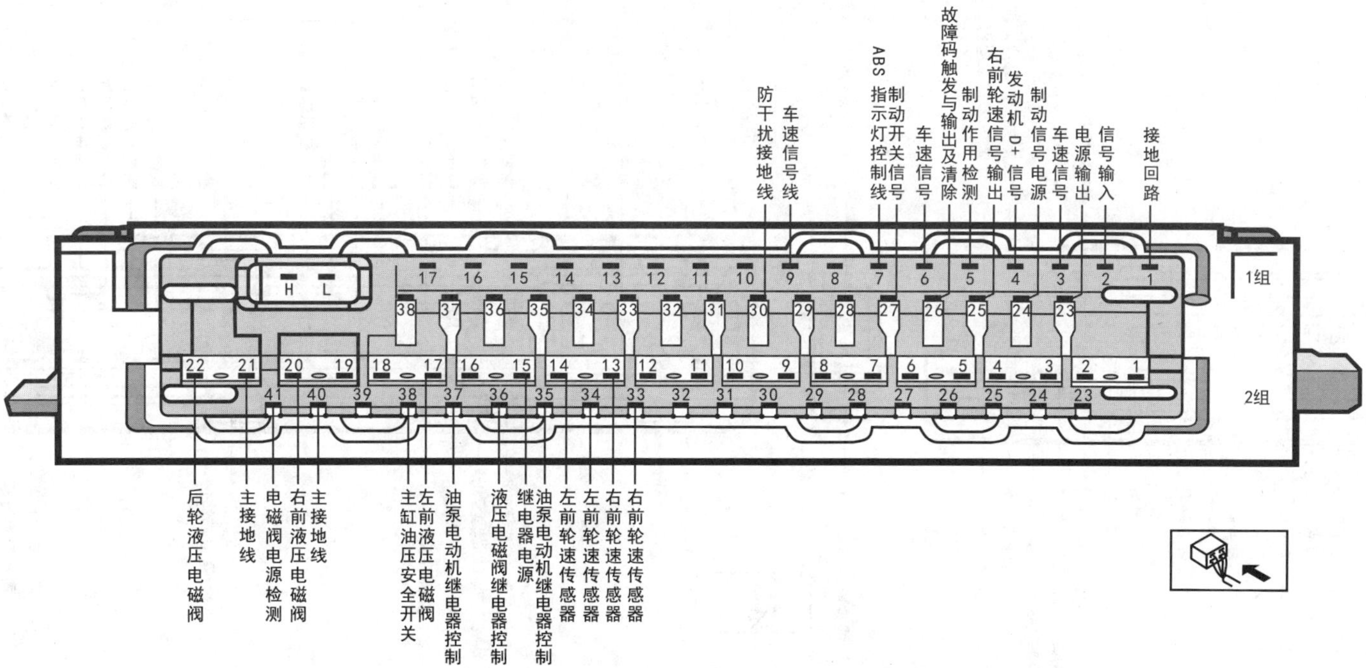

六、奔驰车系（140底盘）ASD控制系统电脑板30+48针

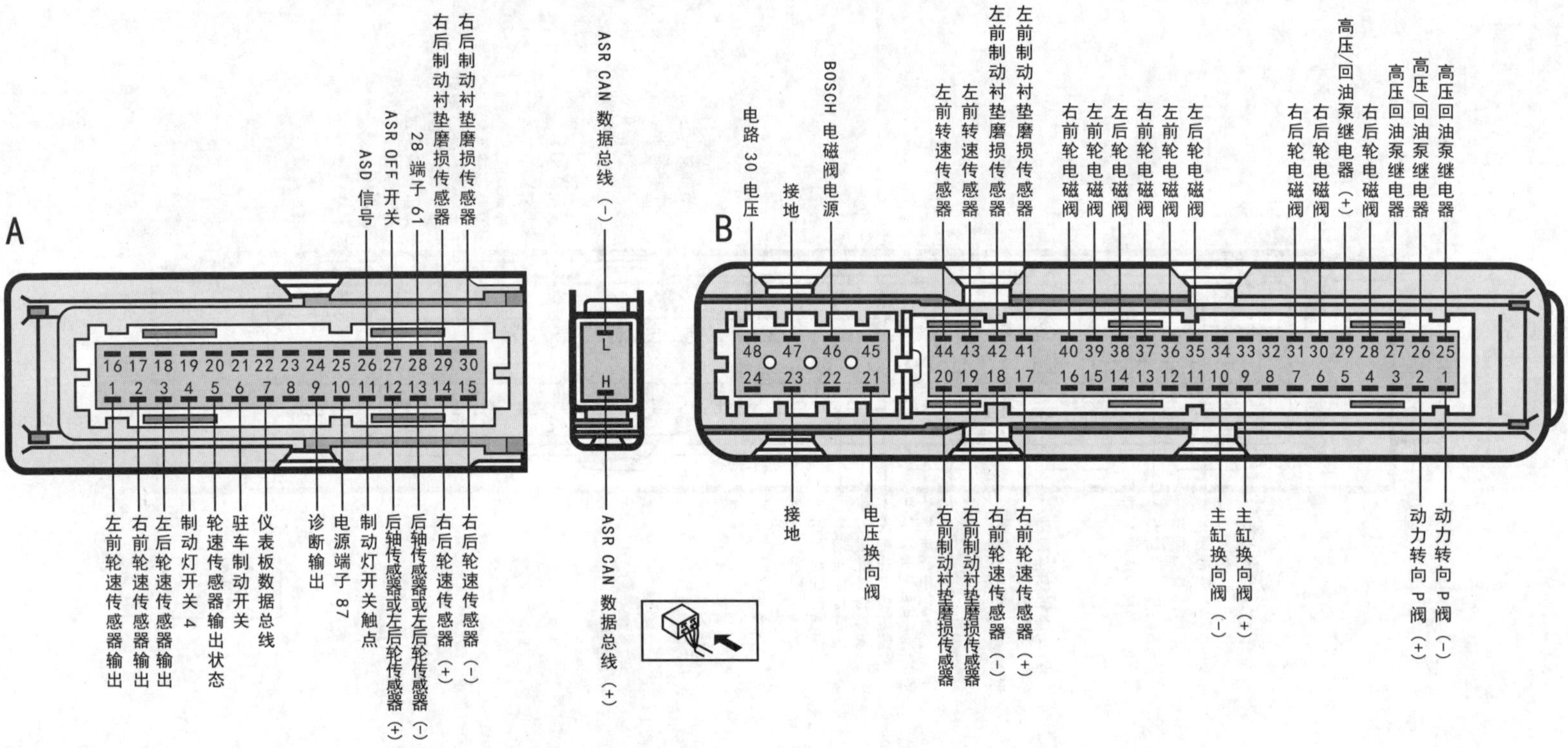

七、奔驰巡航控制系统电脑板35针

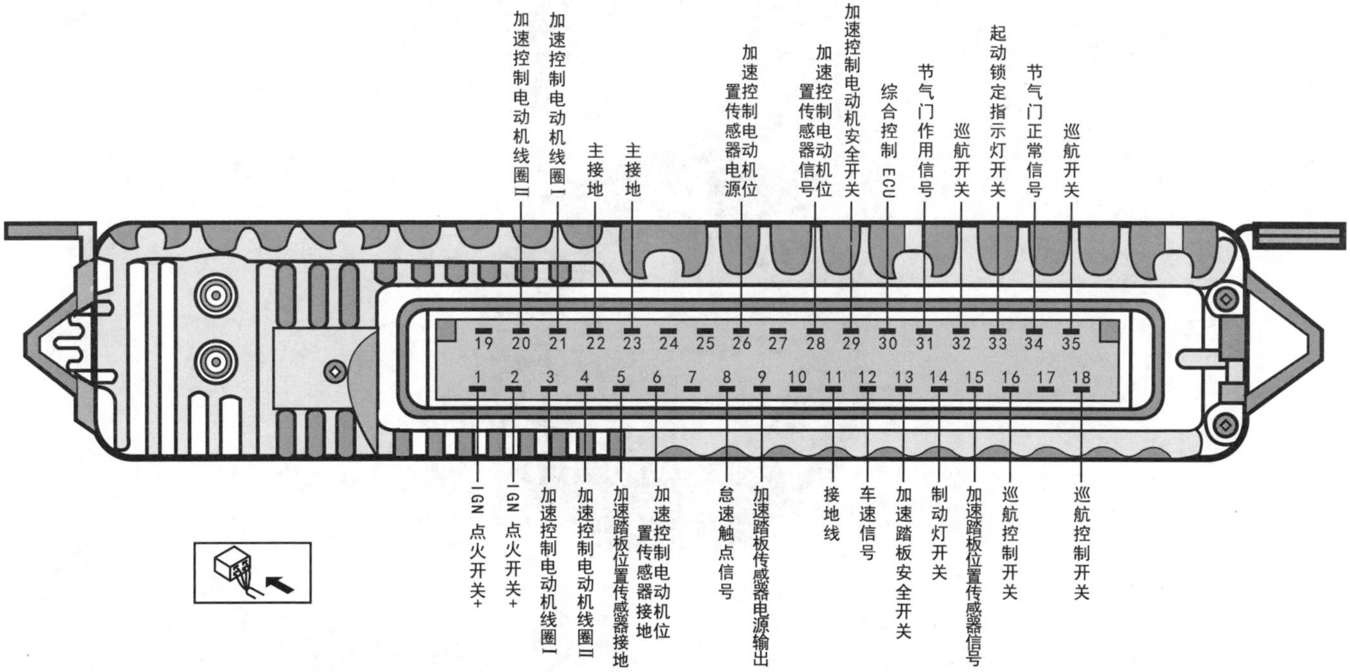

第9章

宝马车系电脑板端子功能和参考值

第1节　宝马发动机控制系统电脑板端子功能和参考值

一、N42车系发动机 ME9.2 发动机控制系统电脑板9+24+52+40+9针

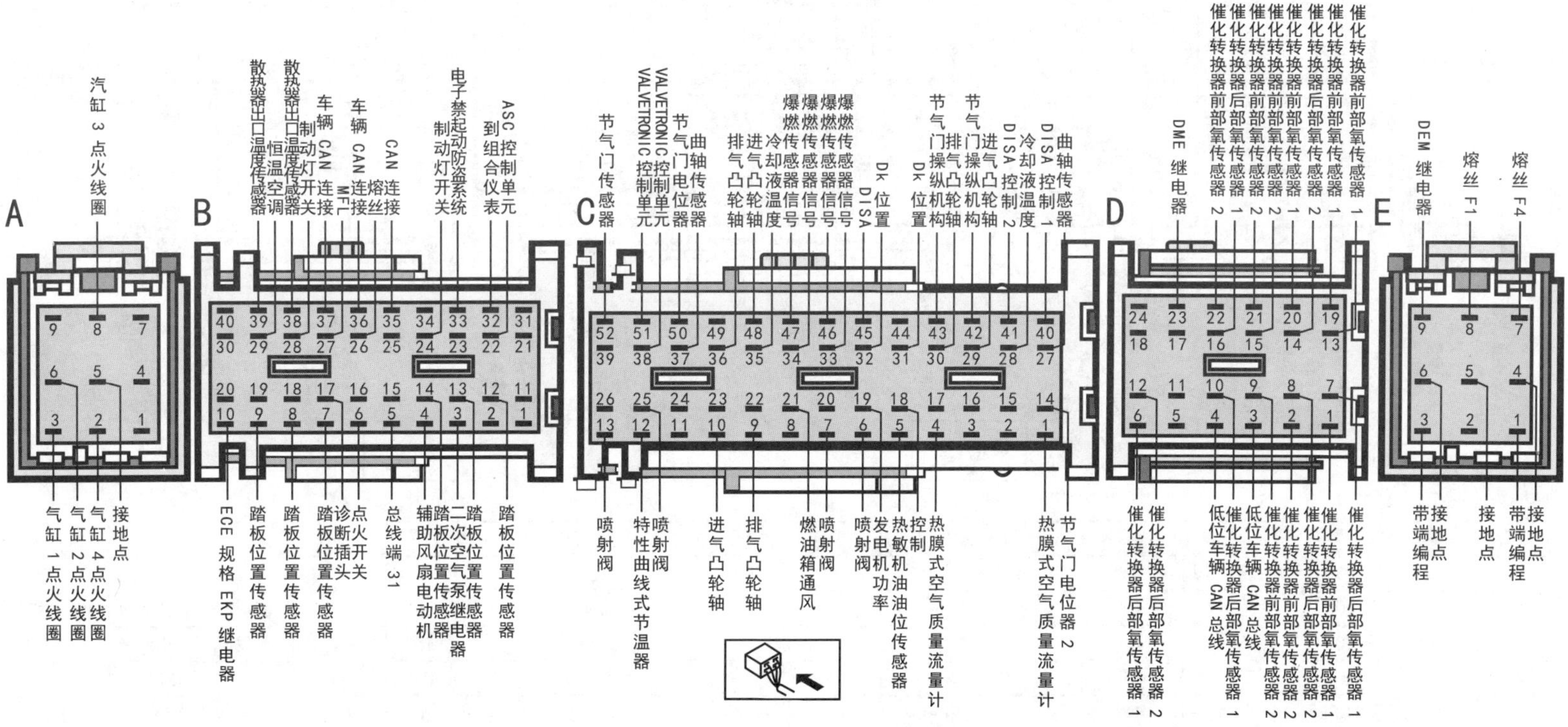

二、2004～2008款宝马X3车系发动机控制系统（E830、256S5）电脑板9+24+52+40+9针

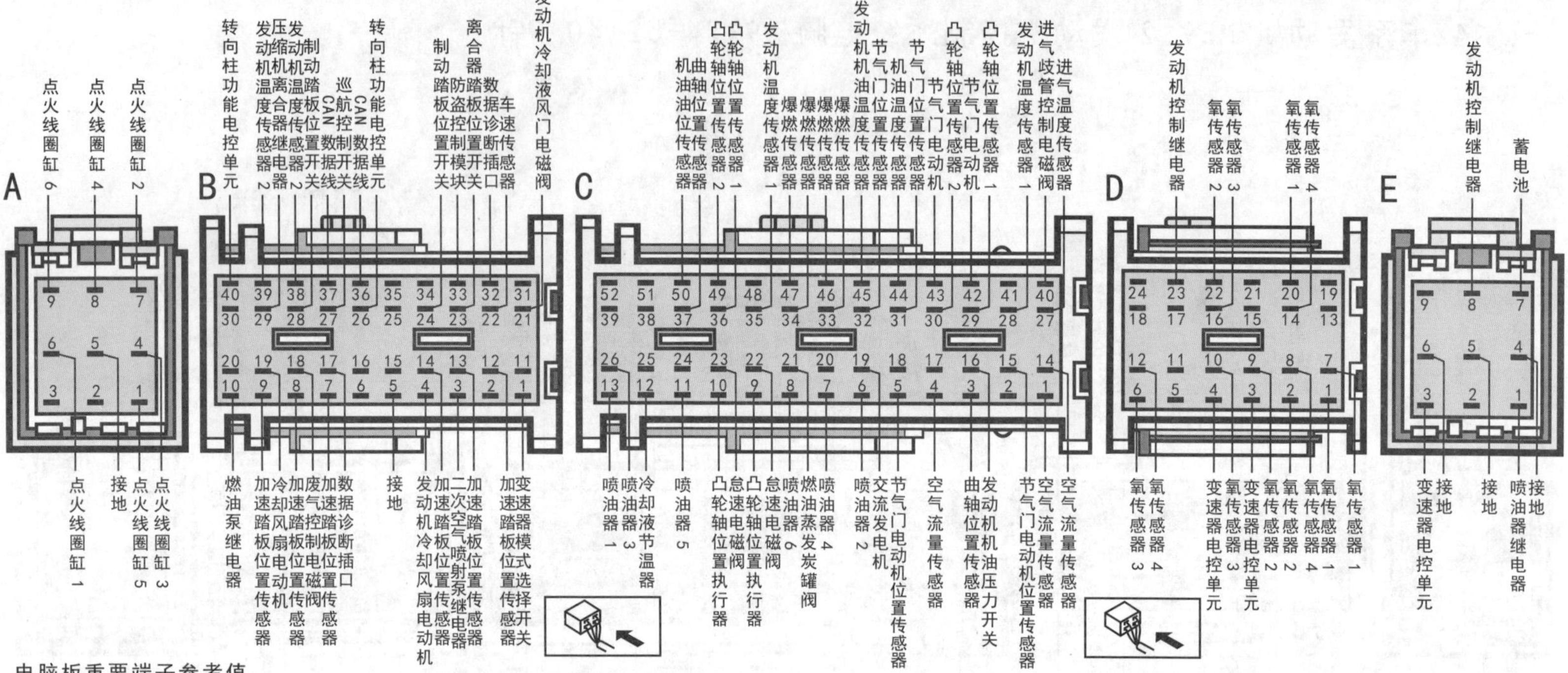

电脑板重要端子参考值

端子号	测试条件	参考值
A1	点火开关ON	11～14V
A4	点火开关ON	0V
A5	点火开关ON	0V
A6	点火开关ON	0V
A7	点火开关OFF	11～14V
A8	点火开关OFF	0V
	点火开关ON	11～14V
B1	点火开关ON	11～14V
B2	点火开关ON	11～14V

端子号	测试条件	参考值
B6	点火开关ON	11～14V
B7	点火开关ON	0V
B8	点火开关ON	0V
B9	点火开关ON	0V
B10	点火开关ON	0V
B12	点火开关ON	11～14V
B14	点火开关ON	0.4V
	怠速热机	0.5V
B16	点火开关ON	0.4V

端子号	测试条件	参考值
B16	怠速热机	0.5V
B20	点火开关ON	0.4V
	怠速热机	0～0.5V
B22	点火开关ON	0.4V
	怠速热机	0～0.5V
B23	点火开关OFF	11～14V
	点火开关ON	0～1V
C1	点火开关ON	0.4V
	怠速状态	0.7V

端子号	测试条件	参考值
C1	3000r/min	1.5V
	怠速，节气门短时全开	3.4V（短时）
C3	发动机运转	2V/2ms
C4	点火开关ON	5V
C5	点火开关ON	5V
C6	点火开关ON	11～14V
	怠速状态	3.1 ms
C7	点火开关ON	11～14V
	怠速状态	3.1 ms

（续）

端子号	测试条件	参考值
C8	点火开关ON	11～14V
	怠速状态	3.1 ms
C9	怠速状态	2V/4 ms
	怠速，短时加油	2V/2 ms
C10	怠速状态	2V/2 ms
	怠速，短时加油	2V/4 ms
C11	点火开关ON	11～14V
	怠速状态	3.1 ms
C12	怠速，关闭风扇	11-14V
	怠速，开打风扇	0～1V
C13	点火开关ON	11～14V
	怠速状态	3.1 ms
C14	点火开关ON	0V
C15	点火开关ON	0V
C16	点火开关ON	0V
	怠速	11～14V
C19	点火开关ON	2V/ms
	怠速状态	2V/ ms
C21	点火开关ON	11～14V
	怠速，阀动作	10V/50
C22	点火开关ON	0～1V
	怠速状态	54%
C23	点火开关ON	0～1V
	怠速状态	37%

端子号	测试条件	参考值
C26	点火开关ON	11～14V
	怠速状态	3.1 ms
C27	点火开关ON，进气10℃	2.6V
C28	冷却液10℃	3.7V
C29	怠速状态	2V/20 ms
C30	怠速	2V/20ms
C31	释放加速踏板	0.8V
	踩下加速踏板	4.4V
C32	释放加速踏板	4.3V
	踩下加速踏板	0.5V
C33	怠速，短时加速	50/20 ms
C34	怠速，短时加速	50/20 ms
C35	点火开关ON	0V
C36	点火开关ON	0V
C37	点火开关ON	0V
C40	怠速状态	5V/5ms
C42	点火开关ON	0V
	怠速状态	2V/2
C43	点火开关ON	0V
	怠速状态	11～14V
C44	点火开关ON，冷机	3.7V
	怠速，热机	0.7V
C45	点火开关ON	0V
C46	怠速，短时加速	50/20 ms

端子号	测试条件	参考值
C47	怠速，短时加速	50/20 ms
C49	点火开关ON	0V
D3	点火开关ON	4.5V
	怠速状态	3.9V
D4	关闭冷却风扇电动机	11～14V
	怠速，关闭风扇	7%
D5	点火开关ON	0V
D7	点火开关	0V
D8	释放加速踏板	0.7V
	踩下加速踏板	4.1V
D9	点火开关ON	5V
D10	点火开关ON	11～4V
D12	点火开关ON	0V
D13	释放加速踏板	0.4V
	踩下加速踏板	2V
D14	点火开关ON	5V
D18	怠速状态	11～14V
D19	点火开关ON	4.3V
D21	打开散热器风门	0～1V
	关闭散热器风门	11～14V
D23	释放离合器踏板	11～14V
	踩下离合器踏板	0V
D24	释放制动踏板	0V
	踩下制动踏板	9.2V

端子号	测试条件	参考值
D26	点火开关OFF	0V
	点火开关ON	11～14V
D28	释放制动踏板	0V
	踩下制动踏板	11V
D29	关闭空调	11～14V
	怠速，开空调	0～1V
D38	点火开关ON	0V
D39	点火开关ON,冷却液10℃	3.9V
	怠速，冷却液90℃	1.5V
D40	怠速状态	11～14V
E1	点火开关ON	11～14V
	怠速状态	5V/2 ms
E4	点火开关ON	11～14V
	怠速状态	5V/2 ms
E5	点火开关ON	0V
E6	点火开关ON	11～14V
	怠速状态	5V/2 ms
E7	点火开关ON	11～14V
	怠速状态	5V/2 ms
E8	点火开关ON	11～14V
	怠速状态	5V/2 ms
E9	点火开关ON	11～14V
	怠速状态	5V/2 ms

三、宝马320D车系2.0L、E46、204D4发动机控制系统电脑板96+58针

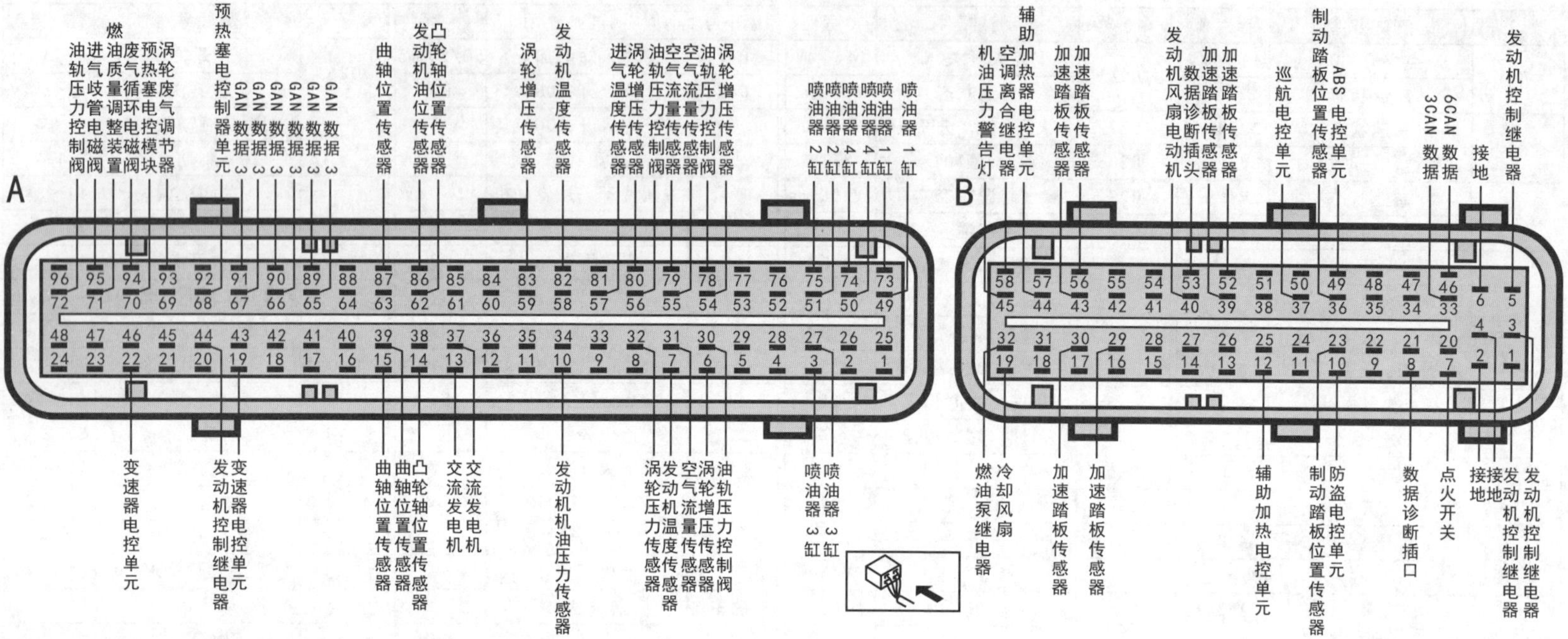

电脑板重要端子参考值

端子号	端子功能	参考值
A3	喷油器 3 缸	0.3ms
A6	涡轮增压传感器	0v
A7	发动机温度传感器	0V
A10	发动机机油压力传感器	0V
A14	凸轮轴位置传感器	0V
A15	曲轴位置传感器	0V
A27	喷油器 3 缸	0.3ms
A30	油轨压力控制阀	5V
A31	空气流量传感器	5V

端子号	端子功能	参考值
A32	涡轮压力传感器	5V
A37	交流发电机	1.5V
A39	曲轴位置传感器	5V
A44	发动机控制继电器	11～14V
A49	喷油器 1 缸	0.3ms
A50	喷油器 4 缸	0.3ms
A51	喷油器 2 缸	0.3ms
A54	涡轮增压传感器	1.3V
A55	空气流量传感器	1V

端子号	端子功能	参考值
A56	油轨压力控制阀	0.5V
A57	进气温度传感器	2.4V
A62	凸轮轴位置传感器	5V
A70	预热塞电控模块	0～1V
A71	燃油质量调整装置	2V
A72	油轨压力控制阀	2V
A73	喷油器 1 缸	0.3ms
A74	喷油器 4 缸	0.3ms
A75	喷油器 2 缸	0.3ms

端子号	端子功能	参考值
A78	油轨压力控制阀	0V
A79	空气流量传感器	0V
A80	涡轮增压传感器	0V
A82	发动机温度传感器	3.8V
A83	涡轮增压传感器	4.3V
A86	发动机油位传感器	0～1V
A87	曲轴位置传感器	5V
A93	涡轮废气调节器	2V
A94	废气循环电磁阀	11～14V

（续）

端子号	端子功能	参考值	端子号	端子功能	参考值	端子号	端子功能	参考值	端子号	端子功能	参考值
A95	进气歧管电磁阀	11～14V	B6	接地	0V	B32	燃油泵继电器	0～1V	B52	加速踏板传感器	0.7V
B1	发动机控制继电器	11～14V	B7	点火开关	11～14V	B36	制动踏板位置传感器	0V	B56	加速踏板传感器	5V
B2	接地	0V	B12	辅助加热电控单元	9.6V	B39	加速踏板传感器	2V	B58	空调离合继电器	11～14V
B3	发动机控制继电器	11～14V	B23	制动踏板位置传感器	11～14V	B43	加速踏板传感器	5V			
B4	接地	0V	B29	加速踏板传感器	0V	B44	辅助加热器电控单元	3V			
B5	发动机控制继电器	11～14V	B30	加速踏板传感器	0V	B45	机油压力警告灯	0～1V			

四、宝马M3车系发动机控制系统电脑板9+24+52+40+9针

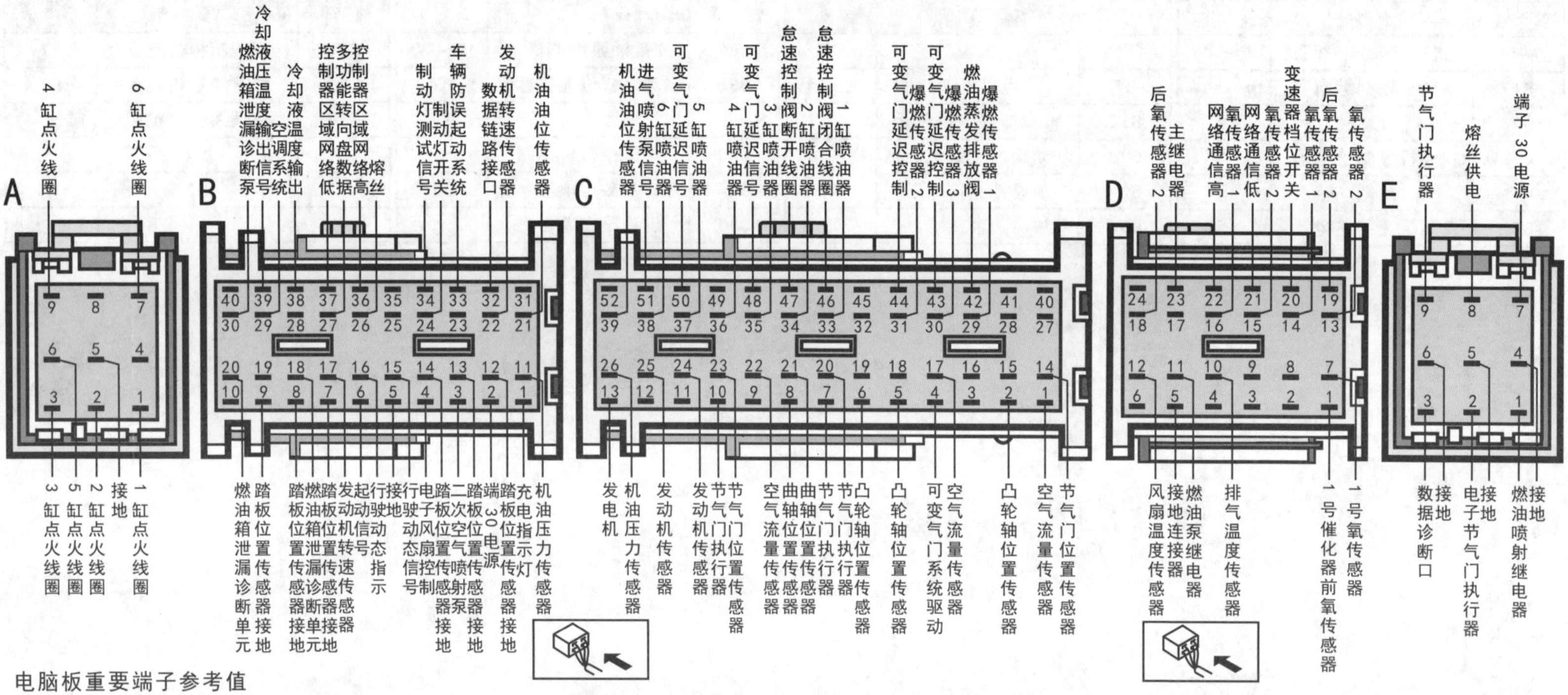

电脑板重要端子参考值

端子号	端子功能	参考值	端子号	端子功能	参考值	端子号	端子功能	参考值	端子号	端子功能	参考值
A1	燃油喷射继电器	0～12V	B16	氧传感器 1	0.2～0.9V	C7	节气门执行器	0.5～4.5V	C24	发动机传感器	0.5～4.5V
A4	接地	0V	B18	后氧传感器 2	0.2～0.9V	C10	节气门执行器	0.5～4.5V	C25	发动机传感器	0V
A5	接地	0V	B21	网络通信低	方波	C13	发动机	12V	C26	机油压力传感器	0.5～4.5V
A6	接地	0V	B22	网络通信高	方波	C14	节气门位置传感器	5V	C29	1号爆燃传感器	0V
A7	端子 30 电源	12V	B23	主继电器	0～12V	C17	空气流量传感器	0V	C30	3号爆燃传感器	0V
A8	熔丝电源	12V	C1	空气流量传感器	0.5～4.5V	C20	节气门执行器	0V	C31	2号爆燃传感器	0.5～1.4V
B1	前氧传感器	0.2～0.9V	C2	凸轮轴位置传感器	方波	C21	曲轴位置传感器	0V	C33	1缸喷油器	方波
B14	氧传感器1	0.2～0.9V	C4	可变气门系统控制	方波	C22	进气流量传感器	0.5～2.8V	C34	2缸喷油器	方波
B15	氧传感器2	0.2～0.9V	C5	凸轮轴位置传感器	方波	C23	节气门位置传感器	0V	C35	3缸喷油器	方波

（续）

端子号	端子功能	参考值	端子号	端子功能	参考值	端子号	端子功能	参考值	端子号	端子功能	参考值
C36	4缸喷油器	方波	C51	进气喷射泵	方波	D14	踏板位置传感器	5V	D36	控制器区域网络高	方波
C37	5缸喷油器	方波	D1	充电指示灯信号	0～12V	D17	发动机转速信号	方波	D37	控制器区域网络低	方波
C38	6缸喷油器	方波	D2	端30电源	12V	D18	燃油箱泄漏诊断单元	5V	D39	冷却液温度输出	0.5～4.5V
C39	机油油位传感器	0.5～4.5V	D3	二次空气喷射泵	方波	D20	油箱泄漏诊断单元	5V	E1	1缸点火线圈	方波
C42	燃油排放阀	方波	D4	电子风机信号	方波	D21	机油油位传感器	0.5～4.5V	E2	2缸点火线圈	方波
C43	可变气门延迟	方波	D6	起动信号	0～12V	D22	发动机转速信号	方波	E3	3缸点火线圈	方波
C44	可变气门提前	方波	D8	踏板位置传感器	0.5～4.5V	D24	制动灯开关	0～12V	E5	接地	0V
C46	怠速控制阀闭合线圈	脉冲	D9	踏板位置传感器单元	5V	D26	熔丝	12V	E6	5缸点火线圈	方波
C47	怠速控制阀线圈	脉冲	D11	机油压力传感器	0～12V	D29	压缩机	0～12V	E7	6缸点火线圈	方波
C50	可变气门延迟信号	5V	D13	二次空气喷射泵	0.5～4.5V	D34	制动灯测试信号	0～12V	E9	4缸点火线圈	方波

五、宝马M3车系发动机控制系统电脑板9+24+52+40+9针

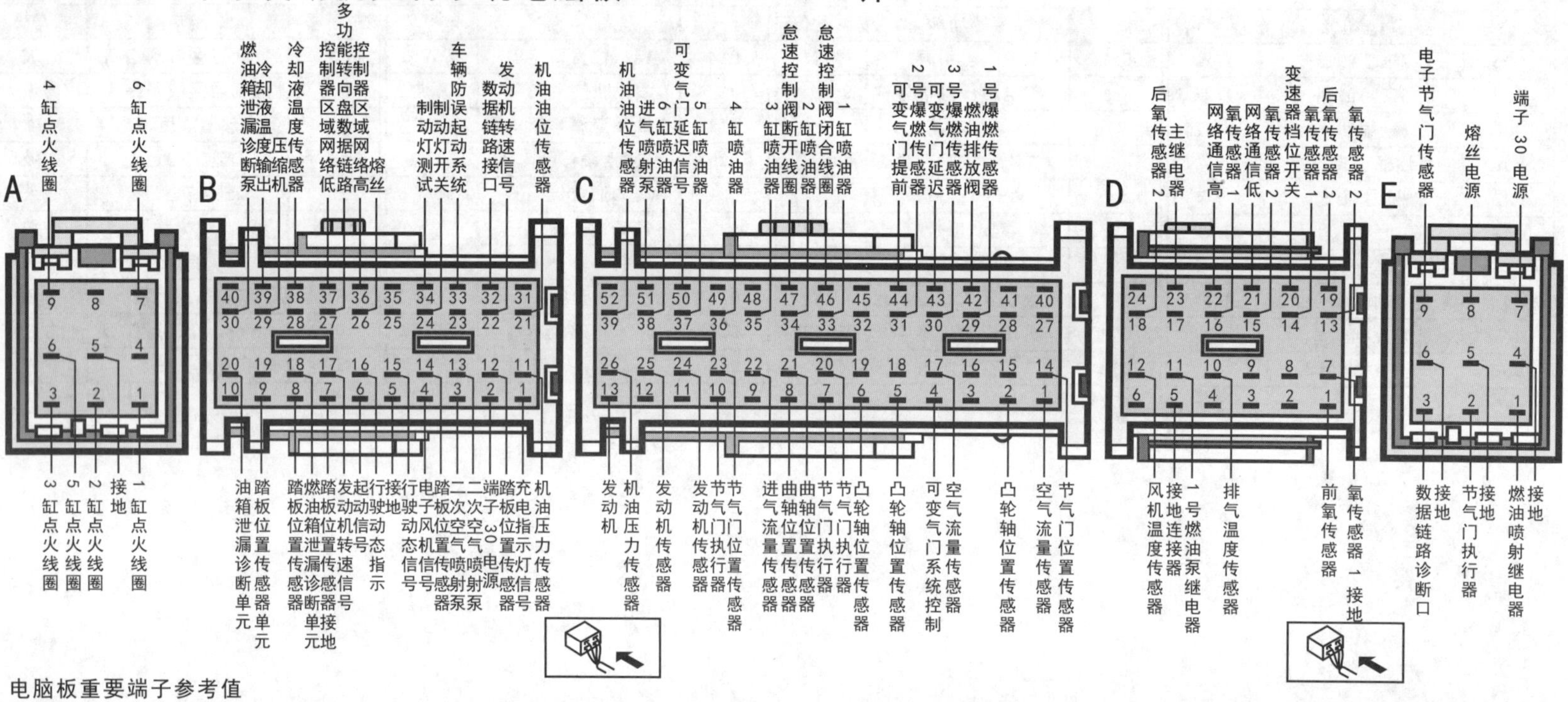

电脑板重要端子参考值

端子号	端子功能	参考值	端子号	端子功能	参考值	端子号	端子功能	参考值	端子号	端子功能	参考值
A1	燃油喷射继电器	0～12V	B16	氧传感器1	0.2～0.9V	C13	发动机	12V	C26	机油压力传感器	0.5～4.5V
A4	接地	0V	B18	后氧传感器2	0.2～0.9V	C14	节气门位置传感器	5V	C30	爆燃传感器3	0V
A5	接地	0V	B22	网络通信高	0V	C17	空气流量传感器	0V	C31	爆燃传感器2	0.5～1.4V
A6	接地	0V	B23	主继电器	0～12V	C20	节气门执行器	0V	C33	1缸喷油器	方波
A7	端子30电源	12V	C1	空气流量传感器	0.5～4.5V	C21	曲轴位置传感器	0V	C34	2缸喷油器	方波
A8	熔丝电源	12V	C2	凸轮轴位置传感器	方波	C22	空气流量传感器	0.5～2.8V	C35	3缸喷油器	方波
B1	1号催化器前氧传感器	0.2～0.9V	C4	可变气门系统控制	方波	C23	节气门位置传感器	0V	C36	4缸喷油器	方波
B14	氧传感器1	0.2～0.9V	C7	节气门执行器	0.5～4.5V	C24	发动机传感器	0.5～4.5V	C37	5缸喷油器	方波
B15	氧传感器2	0.2～0.9V	C10	节气门执行器	0.5～4.5V	C25	发动机传感器	0V	C38	6缸喷油器	方波

（续）

端子号	端子功能	参考值	端子号	端子功能	参考值	端子号	端子功能	参考值	端子号	端子功能	参考值
C39	机油油位传感器	0.5～4.5V	D1	充电指示灯	0～12V	D14	踏板位置传感器接地	5V	D37	控制器区域网络低	方波
C42	燃油蒸发排放阀	方波	D2	端30电源	12V	D18	燃油箱泄漏诊断单元	5V	D39	冷却液温度输出信号	0.5～4.5V
C43	可变气门延迟控制	方波	D3	二次空气喷射泵	方波	D20	燃油箱泄漏诊断单元	5V	E1	1缸点火线圈	方波
C44	可变气门延迟控制	方波	D4	电子风扇控制	方波	D21	机油油位传感器	0.5～4.5V	E2	2缸点火线圈	方波
C46	怠速控制阀闭合线圈	脉冲	D6	起动信号	0～12V	D22	发动机转速传感器	方波	E3	3缸点火线圈	方波
C47	怠速控制阀断开线圈	脉冲	D8	踏板位置传感器接地	0.5～4.5V	D24	制动灯开关	0～12V	E5	接地	0V
C48	可变气门延迟信号	0V	D9	踏板位置传感器接地	5V	D29	空调系统	0～12V	E6	5缸点火线圈	方波
C50	可变气门延迟信号	5V	D11	机油压力传感器	0～12V	D34	制动灯测试信号	0～12V	E7	6缸点火线圈	方波
C51	进气喷射泵信号	方波	D13	踏板位置传感器接地	0.5～4.5V	D36	控制器区域网络高	方波	E9	4缸点火线圈	方波

六、宝马Z4车系发动机控制系统电脑板9+24+52+40+9针

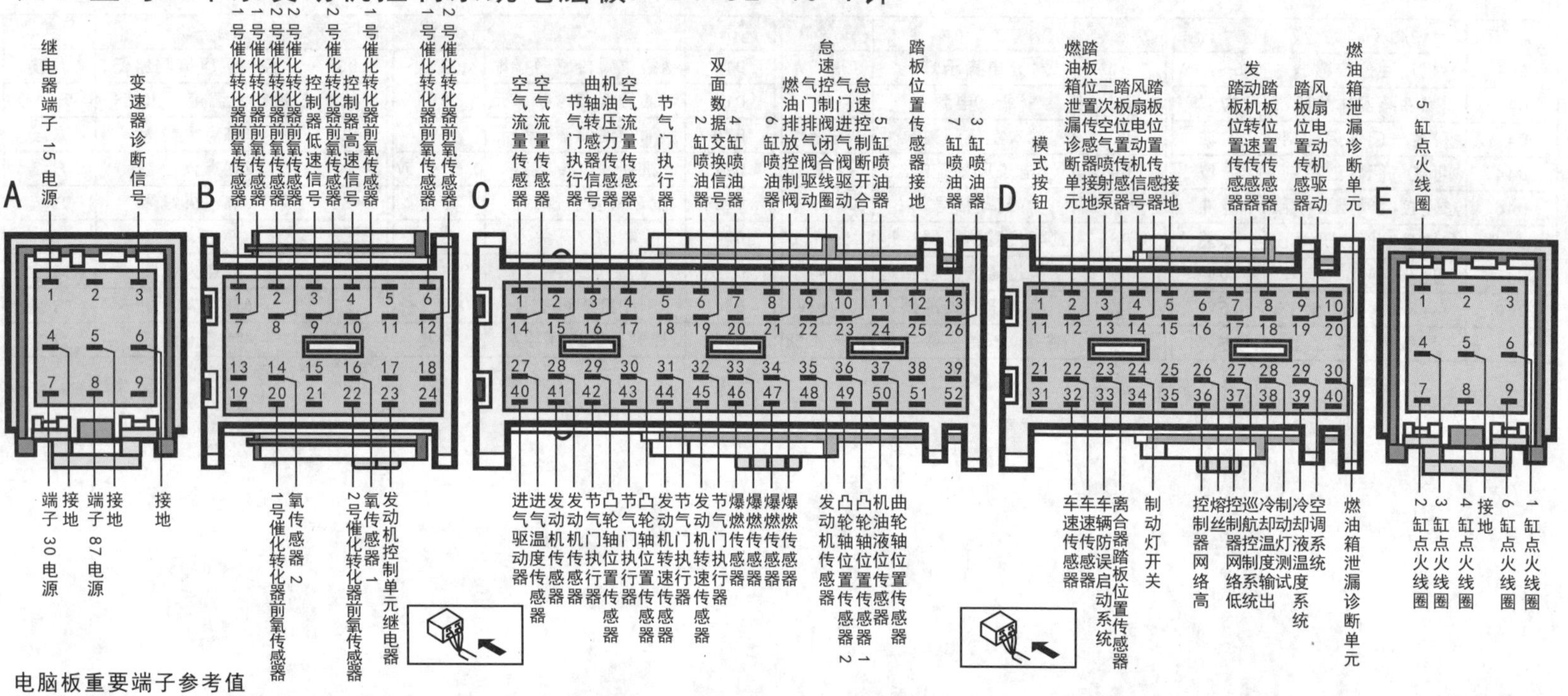

电脑板重要端子参考值

端子号	端子功能	参考值	端子号	端子功能	参考值	端子号	端子功能	参考值	端子号	端子功能	参考值
A1	继电器端子15电源	12V	B4	控制器高速信号	方波	C5	节气门执行器	方波	C21	燃油排放控制阀	方波
A3	变速器诊断信号	方波	B14	氧传感器2	0.2～0.9V	C6	2缸缸喷油器	方波	C22	怠速控制阀闭合线圈	方波
A4	接地	0V	B16	氧传感器1	0.2～0.9V	C7	4缸喷油器	方波	C23	怠速控制断开合	方波
A5	接地	0V	B20	1号催化转化器前氧传感器	0.2～0.9V	C8	6缸喷油器	方波	C26	3缸喷油器	方波
A6	接地	0V	B22	2号催化转化器前氧传感器	0.2～0.9V	C9	气门排气阀驱动	方波	C27	进气温度传感器	0.5～4.5V
A7	端子30电源	12V	B23	发动机控制单元继电器	0～12V	C10	气门进气阀驱动	方波	C28	发动机传感器	方波
A8	端子87电源	12V	C1	空气流量传感器	0.5～4.5V	C11	5缸喷油器	方波	C29	凸轮轴位置传感器	方波
B1	1号催化转化器前氧传感器	0.2～0.9V	C3	曲轴转感器信号	方波	C12	踏板位置传感器接地	0.5～4.5V	C30	凸轮轴位置传感器	方波
B3	控制器低速信号	方波	C4	空气流量传感器	5V	C13	7缸喷油器	方波	C32	节气门执行器	方波

（续）

端子号	端子功能	参考值	端子号	端子功能	参考值	端子号	端子功能	参考值	端子号	端子功能	参考值
C33	爆燃传感器	0.6～1.4V	D2	燃油箱泄漏诊断单元	5V	D23	离合器踏板位置传感器	0～12V	D39	冷却液温度系统	0.5～4.5V
C34	爆燃传感器	0.6～1.4V	D3	二次空气喷射泵	方波	D24	制动灯开关	0～12V	E1	5缸点火线圈	方波
C42	节气门执行器	方波	D4	风扇电动机信号	方波	D26	熔丝	12V	E4	3缸点火线圈	方波
C43	节气门执行器	方波	D8	踏板位置传感器	0.5～4.5V	D27	巡航控制系统	5V	E5	接地	0V
C44	发动机转速传感器	方波	D9	踏板位置传感器	5V	D28	制动灯测试	0～12V	E6	1缸点火线圈	方波
C46	爆燃传感器	0.6～1.4V	D14	踏板位置传感器	5V	D29	空调系统	0～12V	E7	2缸点火线圈	方波
C47	爆燃传感器	0.6～1.4V	D17	发动机转速传感器	方波	D30	燃油箱泄漏诊断单元	5V	E8	4缸点火线圈	方波
C50	机油液位传感器	0.5～4.5V	D20	燃油箱泄漏诊断单元	5V	D36	控制器网络高	方波	E9	6缸点火线圈	方波
D1	模式按钮	5V	D22	车速传感器	方波	D37	控制器网络低	方波			

七、宝马M5车系发动机控制系统电脑板9+24+52+40+9针

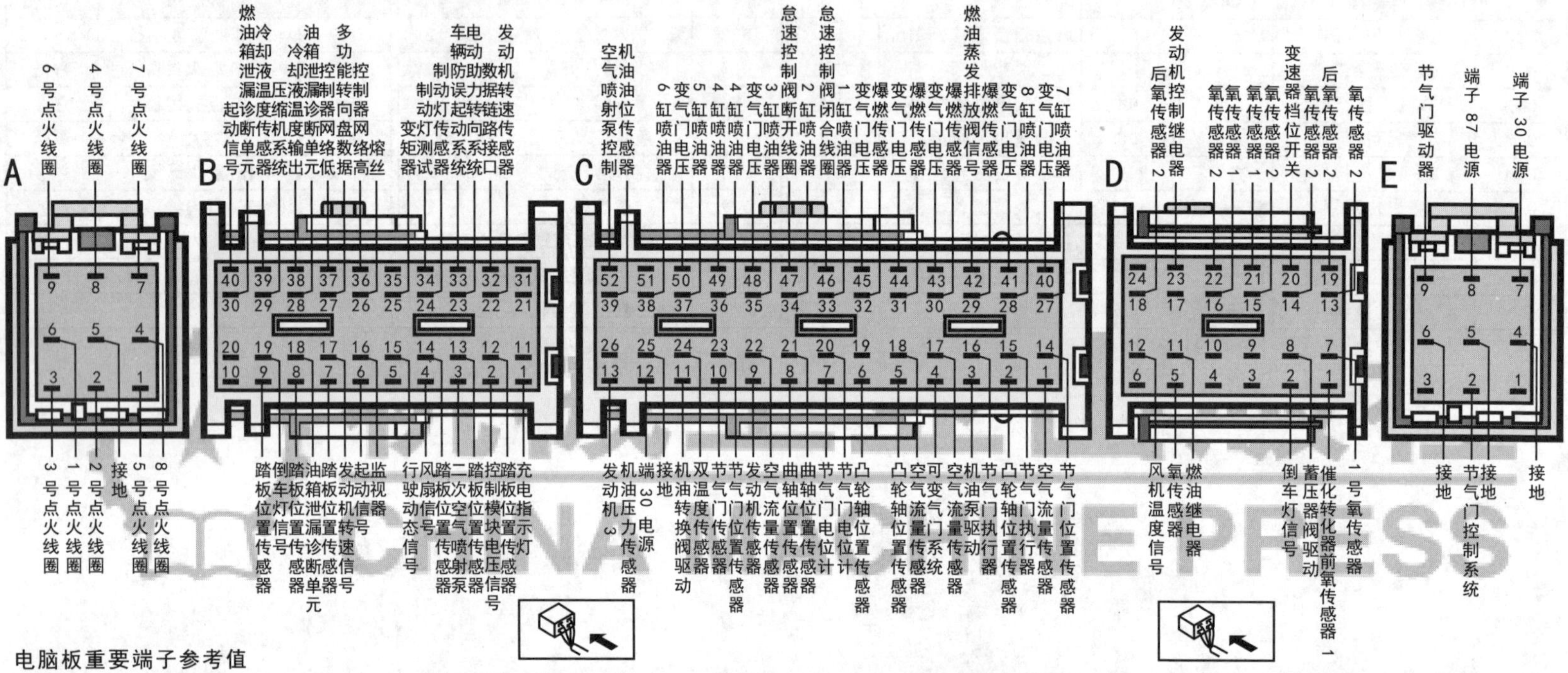

电脑板重要端子参考值

端子号	端子功能	参考值	端子号	端子功能	参考值	端子号	端子功能	参考值	端子号	端子功能	参考值
A2	节气门控制系统	方波	B11	燃油继电器	0～12V	C3	机油泵驱动	方波	C13	发动机3	方波
A4	接地	0V	B12	风机温度信号	方波	C4	可变气门系统	方波	C14	节气门位置传感器	5V
A5	接地	0V	B14	氧传感器2	0.2～0.9V	C5	凸轮轴位置传感器	方波	C21	曲轴位置传感器	脉冲
A6	接地	0V	B16	氧传感器1	0.2～0.9V	C6	凸轮轴位置传感器	方波	C22	空气流量传感器	0.5～4.5V
A7	端子30电源	12V	B18	后氧传感器2	0.2～0.9V	C7	节气门电位计	12V	C23	节气门位置传感器	0.5～4.5V
A8	端子87电源	12V	B20	变速器档位开关	0～12V	C8	曲轴位置传感器	脉冲	C27	7缸喷油器	方波
A9	节气门驱动器	方波	B23	发动机控制继电器	0～12V	C10	节气门传感器	0.5～4.5V	C28	8缸喷油器	方波
B1	催化转化器前氧传感器1	0.2～0.9V	C1	空气流量传感器	0.5～4.5V	C11	机油转换阀驱动	方波	C29	爆燃传感器	0.5～1.4V
B2	倒车灯信号	0～12V	C2	凸轮轴位置传感器	5V	C12	端子30电源	12V	C30	爆燃传感器	0.5～1.4V

（续）

端子号	端子功能	参考值	端子号	端子功能	参考值	端子号	端子功能	参考值	端子号	端子功能	参考值
C31	爆燃传感器	0.5～1.4V	C44	变气门电压	方波	D17	发动机转速信号	脉冲	D40	起动信号	0～12V
C32	爆燃传感器	0.5～1.4V	C45	变气门电压	方波	D19	倒车灯信号	0～12V	E1	5号点火线圈	方波
C33	1缸喷油器	方波	C46	怠速控制阀闭合线圈	方波	D22	发动机转速传感器	方波	E2	2号点火线圈	方波
C34	2缸喷油器	方波	C47	怠速控制阀断开线圈	方波	D23	电动助力转向系统	0～12V	E3	3号点火线圈	方波
C35	3缸喷油器	方波	C48	变气门电压	方波	D24	制动灯传感器	0～12V	E4	8号点火线圈	方波
C36	4缸喷油器	方波	C52	空气喷射泵控制	0～12V	D26	熔丝	12V	E5	接地	0V
C37	5缸喷油器	方波	D1	充电指示灯	0～12V	D28	油箱泄漏诊断单元	5V	E6	1号点火线圈	方波
C38	6缸喷油器	方波	D3	二次空气喷射泵	0～12V	D29	压缩机系统	0～12V	E7	7号点火线圈	方波
C39	机油油位传感器	0.5～4.5V	D4	风扇信号	方波	D30	燃油箱泄漏诊断单元	0～12V	E8	4号点火线圈	方波
C40	变气门电压	方波	D6	起动信号	0～12V	D34	制动灯测试	0～12V	E9	6号点火线圈	方波
C41	变气门电压	方波	D8	踏板位置传感器	0.5～4.5V	D36	控制器网络高	方波			
C42	燃油蒸发排放阀信号	方波	D9	踏板位置传感器	5V	D37	控制器网络低	方波			
C43	变气门电压	方波	D13	踏板位置传感器	0.5～4.5V	D39	冷却液温度传感器	0.5～4.5V			

八、宝马Z8车系发动机控制系统电脑板9+24+52+40+9针

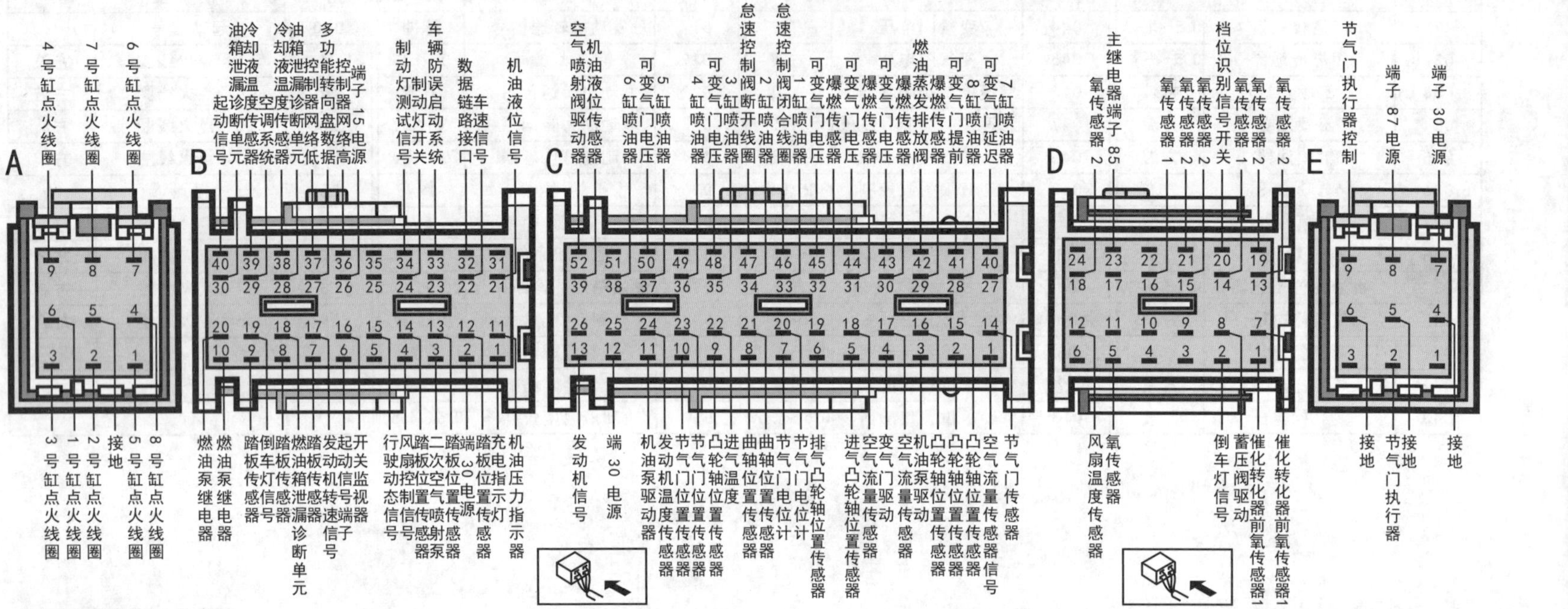

电脑板重要端子参考值

端子号	端子功能	参考值	端子号	端子功能	参考值	端子号	端子功能	参考值	端子号	端子功能	参考值
A2	节气门执行器	方波	B7	催化转化器前氧传感器1	0.2～0.9V	B23	主继电器端子85	0～12V	C12	端子30电源	12V
A4	接地	0V	B8	蓄压阀驱动	0～12V	C1	空气流量传感器信号	0.5～4.5V	C13	发动机信号	0～12C
A5	接地	0V	B12	风扇温度传感器	0.5～4.5V	C2	凸轮轴位置传感器	方波	C14	节气门传感器	5V
A6	接地	0V	B13	氧传感器2	0.2～0.9V	C3	机油泵驱动	方波	C18	空气流量传感器	0.5～4.5V
A7	端子30电源	12V	B14	氧传感器1	0.2～0.9V	C5	进气凸轮轴位置传感器	方波	C22	进气温度	0.5～4.5V
A8	端子87电源	12V	B15	氧传感器2	0.2～0.9V	C6	排气凸轮轴位置传感器	方波	C23	节气门位置传感器	0.5～4.5V
A9	节气门执行器控制	方波	B16	氧传感器1	0.2～0.9V	C7	节气门电位计	5V	C24	发动机温度传感器	方波
B1	催化转化器前氧传感器1	0.2～0.9V	B18	氧传感器2	0.2～0.9V	C9	凸轮轴位置传感器	0.5～4.5V	C42	燃油蒸发排放阀	方波
B2	倒车灯信号	0～12V	B20	档位识别信号开关	0～12V	C10	节气门位置传感器	0.5～4.5V	C52	空气喷射阀驱动器	0.5～4.5V

（续）

端子号	端子功能	参考值	端子号	端子功能	参考值	端子号	端子功能	参考值	端子号	端子功能	参考值
D1	充电指示灯	0～12V	D13	加速踏板位置传感器	0.5～4.5V	D30	油箱泄漏诊断单元	0～12V	E3	3号缸点火线圈	方波
D2	端子30电源	12V	D14	加速踏板位置传感器	5V	D34	制动灯测试信号	0～12V	E4	8号缸点火线圈	方波
D3	二次空气喷射泵	0～12V	D19	倒车灯信号	0～12V	D36	控制器网络高	方波	E5	接地	0V
D4	风扇控制信号	方波	D21	机油液位信号	0.5～4.5V	D37	控制器网络低	方波	E6	1号缸点火线圈	方波
D6	起动信号端子	0～12V	D24	制动灯开关	0～12V	D39	冷却液温度传感器	0.5～4.5V	E7	6号缸点火线圈	方波
D8	踏板传感器	0.5～4.5V	D26	端子15电源	12V	D40	起动信号	0～12V	E8	7号缸点火线圈	方波
D9	踏板传感器	5V	D28	油箱泄漏诊断单元	5V	E1	5号缸点火线圈	方波	E9	4号缸点火线圈	方波
D10	燃油泵继电器	0～12V	D29	空调系统	0～12V	E2	2号缸点火线圈	方波			

九、宝马5系列6缸发动机控制系统电脑板9+24+52+40+9针

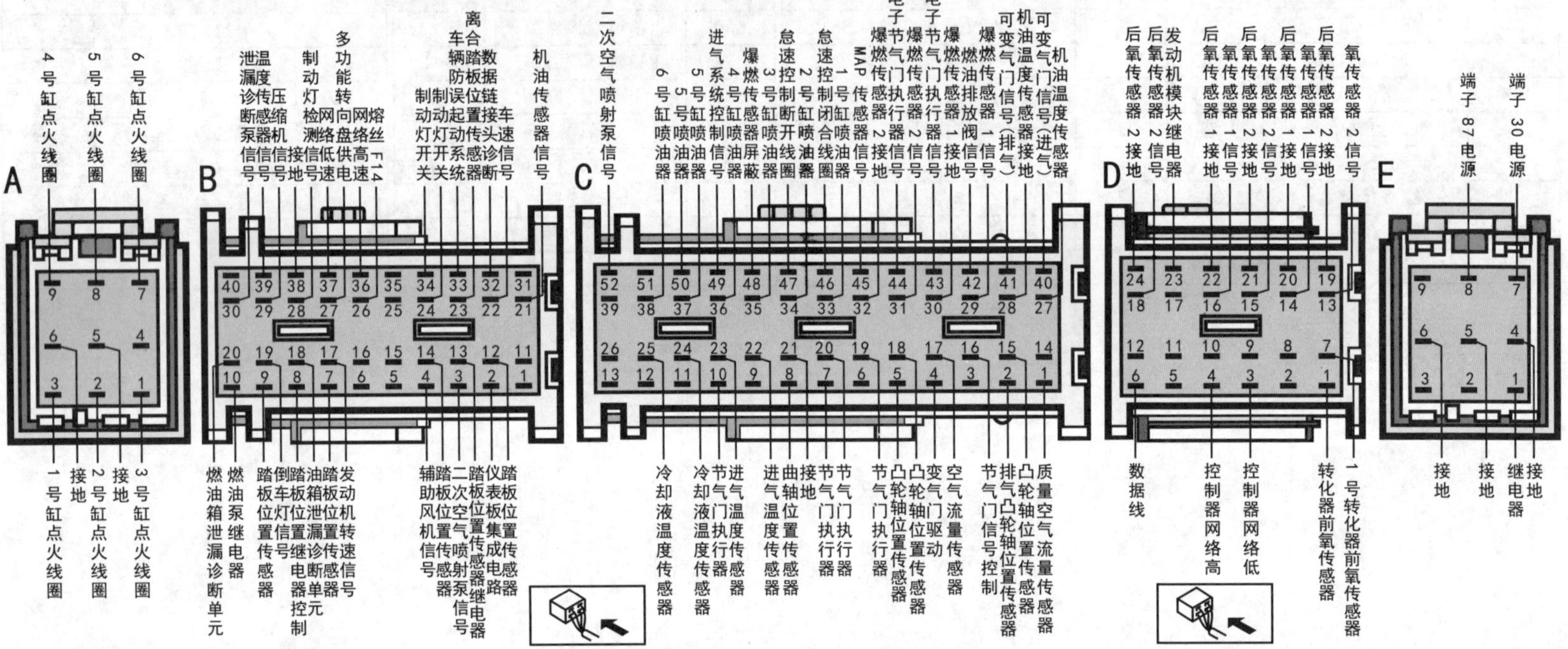

电脑板重要端子参考值

端子号	端子功能	参考值	端子号	端子功能	参考值	端子号	端子功能	参考值	端子号	端子功能	参考值
A1	继电器	0～12V	B6	数据线	方波	C5	凸轮轴位置传感器	0.5～4.5V	C31	爆燃传感器2信号	0.5～4.5V
A4	接地	0V	B7	1号转化器前氧传感器	0.2～0.9V	C7	节气门执行器	方波	C33	1号缸喷油器	方波
A5	接地	0V	B13	氧传感器2信号	0.2～0.9V	C8	曲轴位置传感器	方波	C34	2号缸喷油器	方波
A6	接地	0V	B14	氧传感器1信号	0.2～0.9V	C10	节气门执行器	0.5～4.5V	C35	3号缸喷油器	方波
A7	端子30电源	12V	B15	氧传感器2信号	0.2～0.9V	C16	节气门信号控制	0.5～4.5V	C36	4号缸喷油器	方波
A8	端子87电源	12V	B16	氧传感器1信号	0.2～0.9V	C19	节气门执行器	0.5～4.5V	C37	5号缸喷油器	方波
B1	转化器前氧传感器	0.2～0.9V	B18	后氧传感器2信号	0.2～0.9V	C22	进气温度传感器	0.5～2.8V	C38	6号缸喷油器	方波
B3	控制器网络低	方波	C1	质量空气流量传感器	0.5～4.5V	C27	机油温度传感器	0.5～4.5V	C40	可变气门信号（进气）	0.5～4.5V
B4	控制器网络高	方波	C2	排气凸轮轴位置传感器	0.5～4.5V	C29	爆燃传感器1信号	0.5～4.5V	C41	可变气门信号（排气）	0.5～4.5V

（续）

端子号	端子功能	参考值	端子号	端子功能	参考值	端子号	端子功能	参考值	端子号	端子功能	参考值
C42	燃油排放阀信号	方波	D3	二次空气喷射泵	0～12V	D21	机油传感器信号	0.5～4.5V	D39	温度传感器信号	0.5～4.5V
C43	电子节气门执行器信号	方波	D4	辅助风机信号	方波	D22	车速信号	方波	E1	3号缸点火线圈	方波
C44	电子节气门执行器信号	方波	D8	踏板位置继电器控制	0.5～4.5V	D23	离合踏板位置传感器	0～12V	E2	2号缸点火线圈	方波
C45	MAP传感器信号	0.5～4.5V	D9	踏板位置传感器	0.5～4.5V	D24	制动灯开关	0～12V	E3	1号缸点火线圈	方波
C46	怠速控制闭合线圈	方波	D10	燃油泵继电器	0～12V	D26	熔丝F14	12V	E5	接地	0V
C47	怠速控制断开线圈	方波	D13	踏板位置传感器继电器	5V	D27	多功能转向盘供电	5V	E6	接地	0V
C48	爆燃传感器屏蔽	0V	D14	踏板位置传感器	5V	D28	制动灯检测信号	0～12V	E7	6号缸点火线圈	方波
C49	进气系统控制信号	0～12V	D17	发动机转速信号	方波	D29	压缩机信号	0～12V	E8	5号缸点火线圈	方波
C50	5号喷油器	0～12V	D18	油箱泄漏诊断单元	5V	D36	网络高速	方波	E9	4号缸点火线圈	方波
D2	仪表板集成电路	5V	D19	倒车灯信号	0～12V	D37	网络低速	方波			

十、宝马X5系列6缸发动机控制系统电脑板9+24+52+40+9针

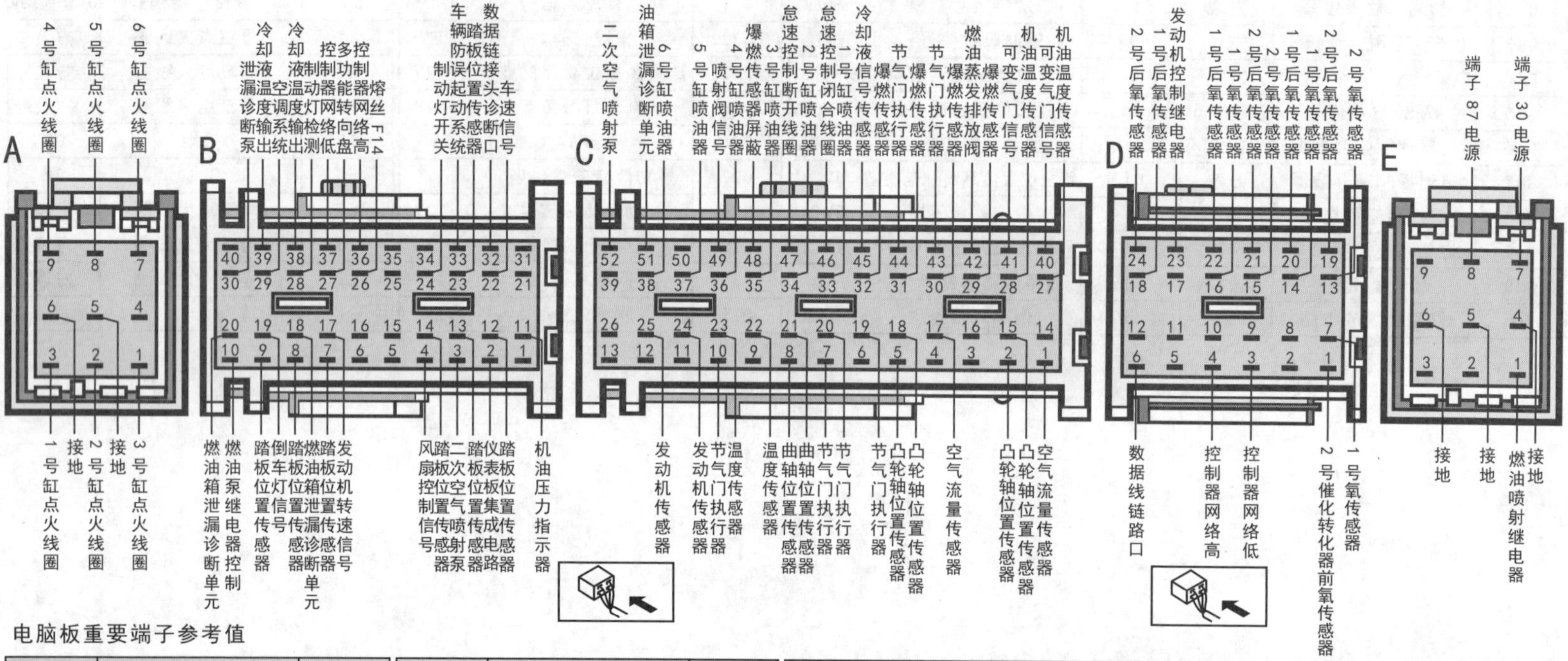

电脑板重要端子参考值

端子号	端子功能	参考值
A1	燃油喷射继电器	0～12V
A4	接地	0V
A5	接地	0V
A6	接地	0V
A7	端子30电源	12V
A8	端子87电源	12V
B1	2号催化转化器前氧传感器	0.2～0.9V
B3	控制器网络低	方波
B4	控制器网络高	方波
B6	数据线链路口	脉冲
B14	1号氧传感器	0.2～0.9V
B15	2号氧传感器	0.2～0.9V
B16	1号氧传感器	0.2～0.9V
B18	1号后氧传感器	0.2～0.9V
B23	发动机控制继电器	0～12
C1	空气流量传感器	0.5～4.5V
C2	凸轮轴位置传感器	方波
C5	凸轮轴位置传感器	方波
C7	节气门执行器	5V
C8	曲轴位置传感器	脉冲
C10	节气门执行器	5V
C19	节气门执行器	0.5～4.5V
C21	曲轴位置传感器	脉冲
C22	温度传感器	0.5～2.8V
C27	机油温度传感器	0.5～4.5V
C29	爆燃传感器	0.5～1.4V
C30	爆燃传感器	0.5～1.4V
C31	爆燃传感器	0.5～4.5V
C32	爆燃传感器	0.5～4.5V
C33	1号缸喷油器	方波
C34	2号缸喷油器	方波
C35	3号缸喷油器	方波
C36	4号缸喷油器	方波
C37	5号缸喷油器	方波
C38	6号缸喷油器	方波
C40	可变气门信号	方波

（续）

端子号	端子功能	参考值	端子号	端子功能	参考值	端子号	端子功能	参考值	端子号	端子功能	参考值
C41	可变气门信号	方波	D3	二次空气喷射泵	0～12V	D20	燃油箱泄漏诊断单元	脉冲	D37	控制器网络低	方波
C42	燃油蒸发排放阀	方波	D4	风扇控制信号	方波	D22	车速信号	脉冲	D39	冷却液温度输出	0.5～4.5V
C43	节气门执行器	方波	D8	踏板位置传感器	0.5～4.5V	D23	踏板位置传感器	0.5～4.5V	E1	3号缸点火线圈	方波
C44	节气门执行器	方波	D9	踏板位置传感器	5V	D24	制动灯开关	0～12V	E2	2号缸点火线圈	方波
C45	冷却液信号传感器	0～5V	D10	燃油泵继电器控制	0～12V	D26	熔丝F14	12V	E3	1号缸点火线圈	方波
C46	怠速控制闭合线圈	方波	D11	机油压力指示器	0～12V	D27	多功能转向盘	5V	E5	接地	0V
C47	怠速控制断开线圈	方波	D13	踏板位置传感器	0.5～4.5V	D28	制动灯检测	0～12V	E7	6号缸点火线圈	方波
C49	喷射阀信号	脉冲	D14	踏板位置传感器	5V	D29	空调系统	0～12V	E8	5号缸点火线圈	方波
C51	油箱泄漏诊断单元	5V	D17	发动机转速信号	方波	D30	泄漏诊断泵	脉冲	E9	4号缸点火线圈	方波
D2	仪表板集成电路	5V	D19	倒车灯信号	0～12V	D36	控制器网络高	方波			

十一、宝马5系列6缸车系发动机控制系统电脑板9+24+52+40+9针

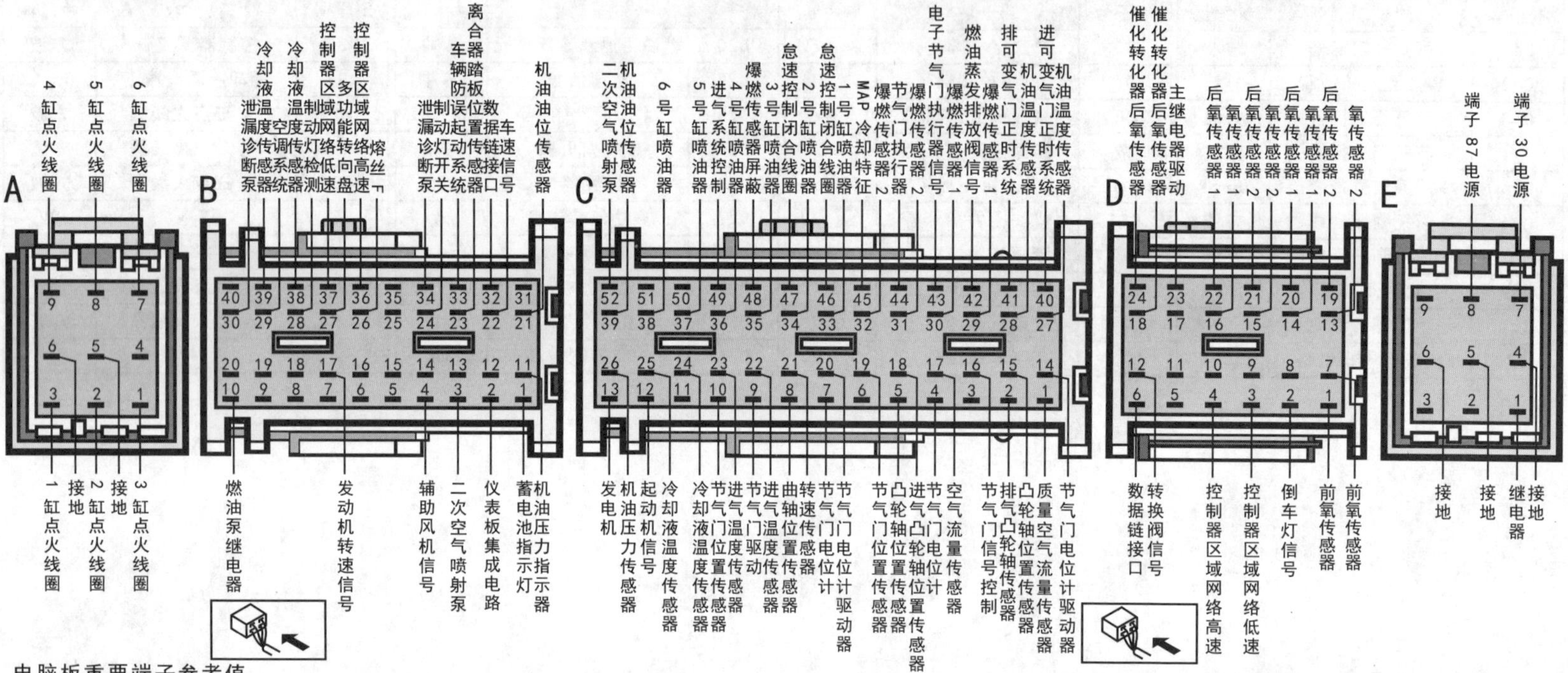

电脑板重要端子参考值

端子号	端子功能	参考值	端子号	端子功能	参考值	端子号	端子功能	参考值	端子号	端子功能	参考值
A1	继电器	0～12V	B4	控制器区域网络高速	方波	B20	后氧传感器1	0V	C7	节气门电位计	0.5～4.5V
A4	接地	0V	B6	数据链接口	方波	B21	后氧传感器2	0V	C8	曲轴位置传感器	方波
A5	接地	0V	B7	前氧传感器	0.2～0.9V	B22	后氧传感器1	0V	C9	节气门驱动	0.5～4.5V
A6	接地	0V	B13	氧传感器2	0.2～0.9V	B23	主继电器驱动	0～12V	C10	节气门位置传感器	0.5～4.5V
A7	端子30电源	12V	B14	氧传感器1	0.2～0.9V	B24	催化转化器后氧传感器	0V	C12	起动机信号	0～12V
A8	端子87电源	12V	B15	氧传感器2	0.2～0.9V	C1	质量空气流量传感器	0.5～4.5V	C13	发电机	12V
B1	前氧传感器	0.2～0.9V	B16	氧传感器1	0.2～0.9V	C2	排气凸轮轴传感器	方波	C14	节气门电位计驱动器	5V
B2	倒车灯信号	0～12V	B18	催化转化器后氧传感器	0V	C4	节气门电位计	5V	C15	凸轮轴位置传感器	0V
B3	控制器区域网络低速	方波	B19	后氧传感器2	0V	C5	凸轮轴位置传感器	方波	C16	节气门信号控制	0.5～4.5V

（续）

端子号	端子功能	参考值	端子号	端子功能	参考值	端子号	端子功能	参考值	端子号	端子功能	参考值
C17	空气流量传感器	0V	C33	1号缸喷油器	方波	C49	进气系统控制	0～12V	D29	空调系统	0～12V
C18	进气凸轮轴位置传感器	0V	C34	2号缸喷油器	方波	C52	二次空气喷射泵	0～12V	D30	泄漏诊断泵	0.5～4.5V
C19	节气门位置传感器	0.5～4.5V	C35	3号缸喷油器	方波	D1	蓄电池指示灯	0～12V	D34	泄漏诊断泵	0.5～4.5V
C20	节气门电位计驱动器	0V	C36	4号缸喷油器	方波	D2	仪表板集成电路	5V	D36	控制器区域网络高速	方波
C21	转速传感器	方波	C37	5号缸喷油器	方波	D3	二次空气喷射泵	0.5～4.5V	D37	控制器区域网络低速	方波
C22	进气温度传感器	0.5～2.8V	C38	6号缸喷油器	方波	D4	辅助风机信号	0～12V	D38	冷却液温度传感器	0V
C23	进气温度传感器	0V	C39	机油油位传感器	0.5～4.5V	D10	燃油泵继电器	0～12V	D39	冷却液温度传感器	0.5～4.5V
C24	冷却液温度传感器	0.5～4.5V	C40	进可变气门正时系统	0.5～4.5V	D11	机油压力指示器	0～12V	E1	3缸点火线圈	方波
C25	冷却液温度传感器	0V	C41	排可变气门正时系统	0.5～4.5V	D17	发动机转速信号	方波	E2	2缸点火线圈	方波
C26	机油压力传感器	0.5～4.5V	C42	燃油蒸发排放阀信号	方波	D21	机油油位传感器	0.5～4.5V	E3	1缸点火线圈	方波
C27	机油温度传感器	0.5～4.5V	C43	电子节气门执行器信号	方波	D22	车速信号	脉冲	E5	接地	0V
C28	机油温度传感器	0V	C44	节气门执行器	方波	D23	离合器踏板位置传感器	0～12V	E6	接地	0V
C29	爆燃传感器1	0.5～4.5V	C45	MAP冷却特性	0.5～4.5V	D24	制动灯开关	0～12V	E7	6缸点火线圈	方波
C30	爆燃传感器1	0V	C46	怠速控制闭合线圈	方波	D26	熔丝	12V	E8	5缸点火线圈	方波
C31	爆燃传感器2	0.5～1.4V	C47	怠速控制闭合线圈	方波	D27	多功能转向盘	5V	E9	4缸点火线圈	方波
C32	爆燃传感器2	0V	C48	爆燃传感器屏蔽	0V	D28	制动灯检测	0～12V			

十二、宝马MCOUPE车系8缸车系发动机控制系统电脑板9+24+52+40+9针

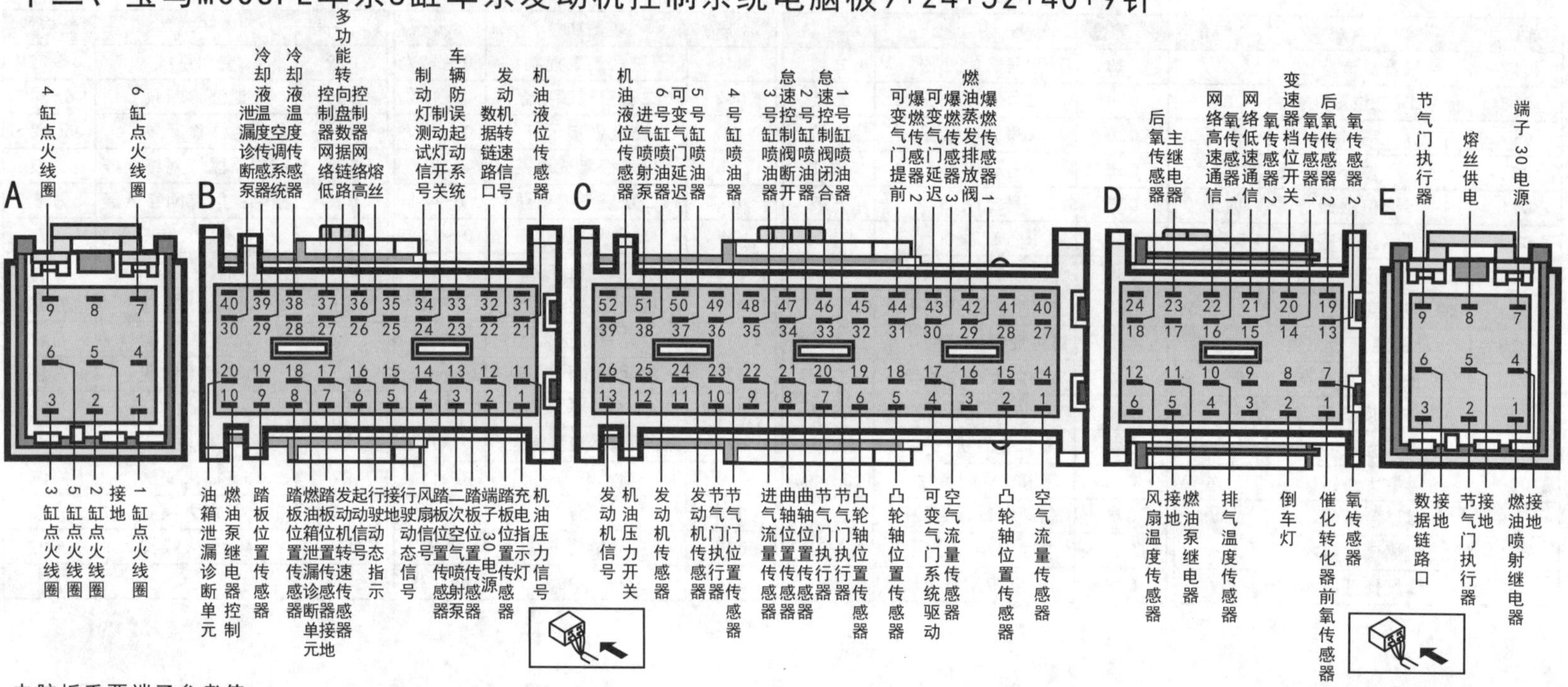

电脑板重要端子参考值

端子号	端子功能	参考值
A1	燃油喷射继电器	0～12V
A4	接地	0V
A5	接地	0V
A6	接地	0V
A7	端子30电源	12V
A8	熔丝供电	12V
B1	催化转化器前氧传感器	0.2～0.9V
B2	倒车灯	0～12V
B14	氧传感器1	0.2～0.9V
B15	氧传感器2	0.2～0.9V
B16	氧传感器1	0.2～0.9V
B18	后氧传感器	0.2～0.9V
B21	网络低速通信	方波
B22	网络高速通信	0V
B23	主继电器	0～12V
C1	空气流量传感器	0.5～4.5V
C2	凸轮轴位置传感器	方波
C4	可变气门系统驱动	5V
C5	凸轮轴位置传感器	方波
C7	节气门执行器	0.5～4.5V
C8	曲轴位置传感器	脉冲
C10	节气门执行器	0.5～4.5V
C13	发电机信号	12V
C17	空气流量传感器	0V
C20	节气门执行器	0V
C21	曲轴位置传感器	0V
C22	进气流量传感器	0.5～2.8V
C23	节气门位置传感器	0V
C24	发动机传感器	0.5～4.5V
C26	机油压力开关	0.5～4.5V
C29	爆燃传感器1	0.5～1.4V
C30	爆燃传感器3	0.5～1.4V
C31	爆燃传感器2	0.5～4.5V
C33	1号缸喷油器	方波
C34	2号缸喷油器	方波
C35	3号缸喷油器	方波

（续）

端子号	端子功能	参考值	端子号	端子功能	参考值	端子号	端子功能	参考值	端子号	端子功能	参考值
C36	4号缸喷油器	方波	D1	充电指示灯	0～12V	D17	发动机转速传感器	方波	D39	冷却液温度传感器	0.5～4.5V
C37	5号缸喷油器	方波	D2	端子30电源	12V	D18	燃油箱泄漏诊断单元	5V	E1	1缸点火线圈	方波
C38	6号缸喷油器	方波	D3	二次空气喷射泵	方波	D20	油箱泄漏诊断单元	5V	E2	2缸点火线圈	方波
C39	机油液位传感器	0.5～4.5V	D4	风扇信号	方波	D21	机油液位传感器	0.5～4.5V	E3	3缸点火线圈	方波
C42	燃油蒸发排放阀	方波	D6	起动信号	0～12V	D22	发动机转速信号	方波	E5	接地	0V
C43	可变节气门延迟	方波	D8	踏板位置传感器	0.5～4.5V	D24	制动灯开关	0～12V	E6	5缸点火线圈	方波
C44	可变节气门提前	方波	D9	踏板位置传感器	5V	D26	熔丝	12V	E7	6缸点火线圈	方波
C46	怠速控制阀闭合	方波	D11	机油压力信号	0～12V	D29	空调系统	0～12V	E9	4缸点火线圈	方波
C47	怠速控制阀断开	方波	D13	踏板位置传感器	0.5～4.5V	D36	控制器网络高	方波			
C51	进气喷射泵	5V	D14	踏板位置传感器	5V	D37	控制器网络低	方波			

十三、宝马5系列8缸发动机控制系统电脑板9+24+52+40+9针（1）

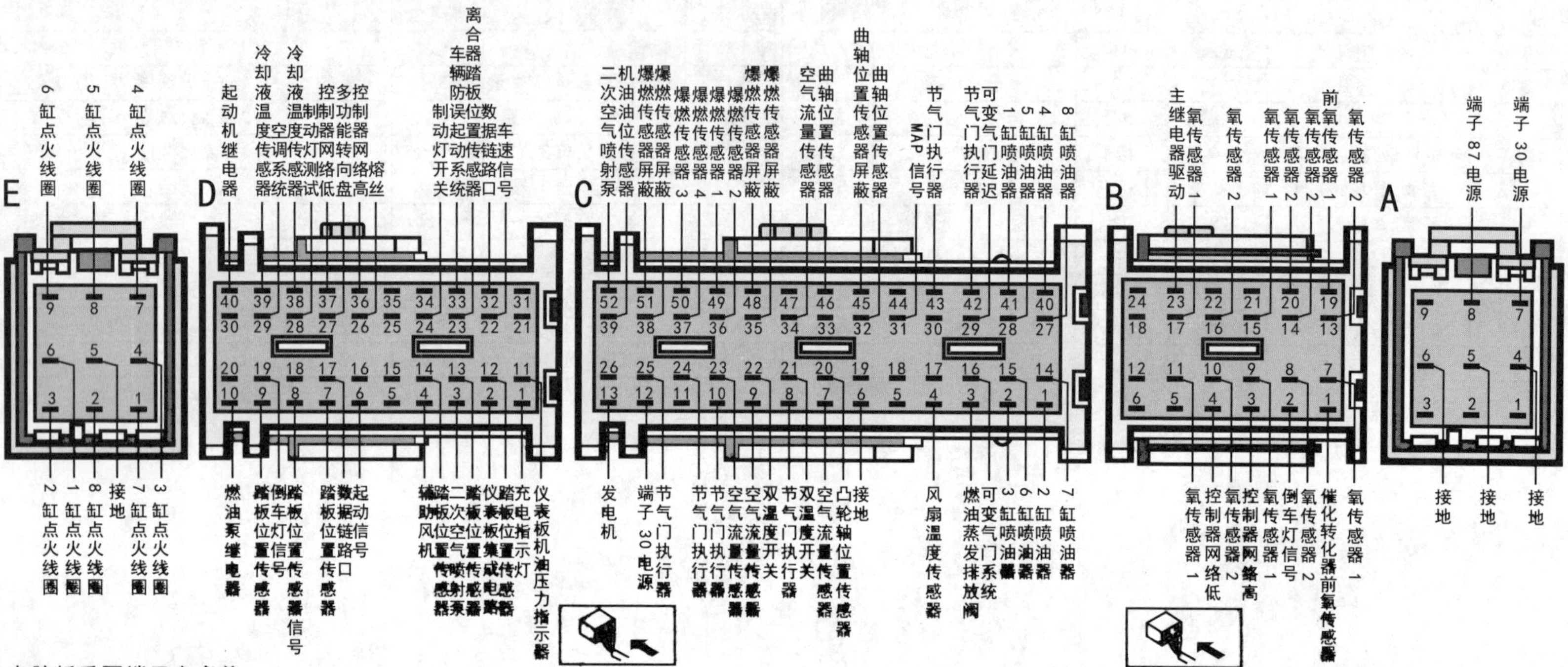

电脑板重要端子参考值

端子号	端子功能	参考值	端子号	端子功能	参考值	端子号	端子功能	参考值	端子号	端子功能	参考值
A4	接地	0V	B13	氧传感器2	0.2～0.9V	C4	风扇温度传感器	0.5～4.5V	C20	凸轮轴位置传感器	方波
A5	接地	0V	B14	氧传感器2	0.2～0.9V	C6	接地	方波	C21	双温度开关	0V
A6	接地	0V	B15	氧传感器1	0.2～0.9V	C7	空气流量传感器	0.5～4.5V	C22	双温度开关	0～5V
A7	端子30电源	12V	B16	氧传感器2	0.2～0.9V	C8	节气门执行器	方波	C23	空气流量传感器	0.5～4.5V
A8	端子87电源	12V	B17	氧传感器1	0.2～0.9V	C10	节气门执行器	方波	C24	节气门执行器	0.5～4.5V
B1	催化转化器前氧传感器	0.2～0.9V	B23	主继电器驱动	0～12V	C12	端子30电源	12V	C27	8缸喷油器	方波
B2	倒车灯信号	0～12V	C1	2缸喷油器	方波	C13	发电机	方波	C28	5缸喷油器	方波
B3	控制器网络低	方波	C2	3缸喷油器	方波	C14	7缸喷油器	方波	C29	可变气门延迟	方波
B4	控制器网络高	方波	C3	燃油蒸发排放阀	方波	C15	6缸喷油器	方波	C31	MAP信号	0.5～4.5V

（续）

端子号	端子功能	参考值	端子号	端子功能	参考值	端子号	端子功能	参考值	端子号	端子功能	参考值
C32	曲轴位置传感器	脉冲	C49	爆燃传感器1	0.5～1.4V	D13	踏板位置传感器	0.5～4.5V	D39	冷却液温度传感器	0.5～4.5V
C34	空气流量传感器	0.5～4.5V	C50	爆燃传感器3	0.5～1.4V	D14	踏板位置传感器	5V	D40	起动机继电器	0～12V
C35	爆燃传感器屏蔽	方波	C51	爆燃传感器屏蔽	5V	D17	数据链路口	方波	E1	7缸点火线圈	方波
C36	爆燃传感器2	0.5～1.4V	C52	二次空气喷射泵	0～12V	D19	倒车灯信号	0～12V	E2	8缸点火线圈	方波
C37	爆燃传感器4	0.5～1.4V	D1	充电指示灯	0～12V	D22	车速信号	方波	E3	2缸点火线圈	方波
C38	爆燃传感器屏蔽	方波	D2	仪表板集成电路	5V	D23	离合器踏板位置传感器	0～12V	E4	3缸点火线圈	方波
C39	机油油位传感器	0.5～4.5V	D3	二次空气喷射泵	0～12V	D24	制动灯开关	0～12V	E5	接地	0V
C40	4缸喷油器	0.5～4.5V	D4	辅助风机	方波	D26	熔丝	12V	E6	1缸点火线圈	方波
C41	1缸喷油器	0.5～4.5V	D6	起动信号	0～12V	D27	多功能转向盘	5V	E7	4缸点火线圈	方波
C42	节气门执行器	方波	D8	踏板位置传感器信号	0.5～4.5V	D28	制动灯测试	0～12V	E8	5缸点火线圈	方波
C43	节气门执行器	方波	D9	踏板位置传感器	5V	D29	空调系统	0～12V	E9	6缸点火线圈	方波
C45	曲轴位置传感器屏蔽	0～5V	D10	燃油泵继电器	0～12V	D36	控制器网络高	方波			
C46	曲轴位置传感器	脉冲	D11	仪表板机油压力指示器	0～12V	D37	控制器网络低	方波			

十四、宝马5系列8缸发动机控制系统电脑板9+24+52+40+9针（2）

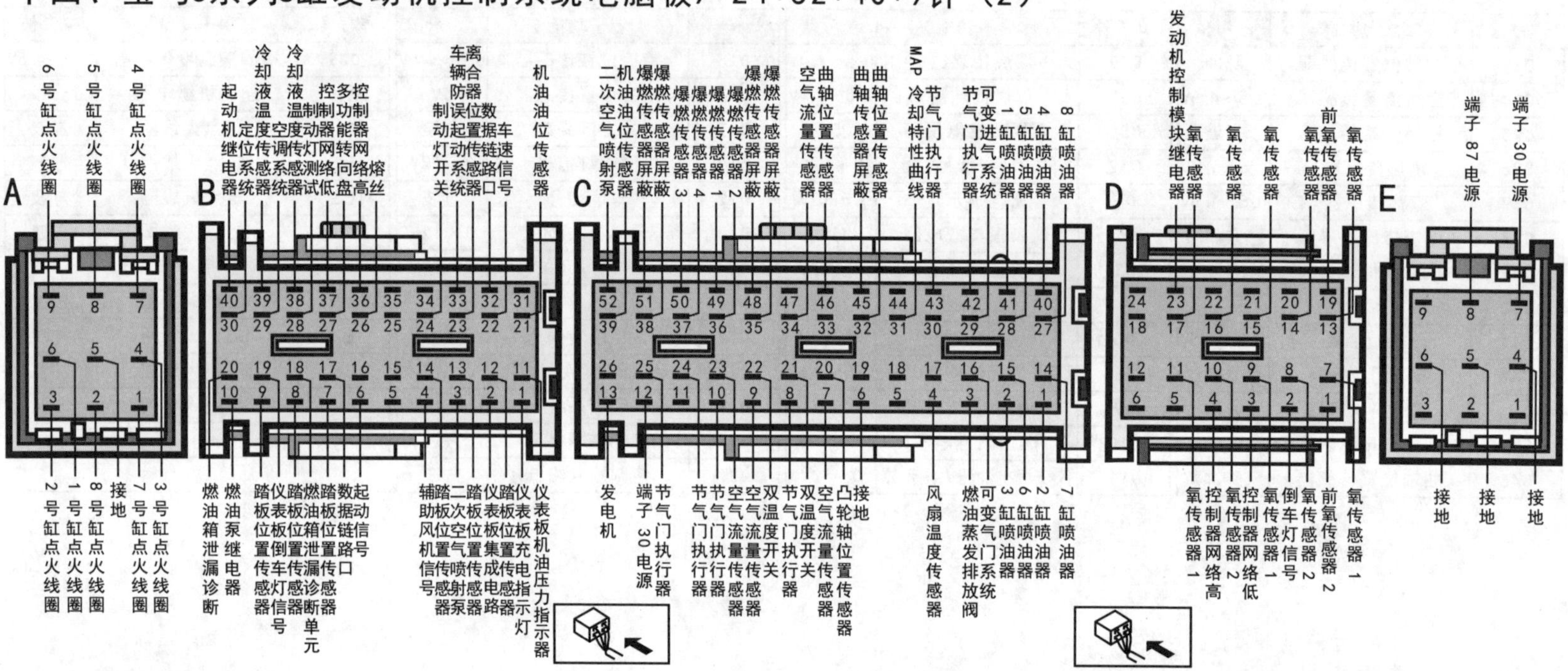

电脑板重要端子参考值

端子号	端子功能	参考值	端子号	端子功能	参考值	端子号	端子功能	参考值	端子号	端子功能	参考值
A4	接地	0V	B14	氧传感器	0.2～0.9V	C6	接地	方波	C22	双温度开关	0～5V
A5	接地	0V	B15	氧传感器	0.2～0.9V	C7	空气流量传感器	0.5～4.5V	C23	空气流量传感器	0.5～4.5V
A6	接地	0V	B16	氧传感器	0.2～0.9V	C8	节气门执行器	方波	C24	节气门执行器	0.5～4.5V
A7	端子30电源	12V	B17	氧传感器	0.2～0.9V	C10	节气门执行器	方波	C27	8缸喷油器	方波
A8	端子87电源	12V	B23	发动机控制模块继电器	0～12V	C12	端子30电源	12V	C28	5缸喷油器	方波
B2	倒车灯信号	0～12V	C1	2缸喷油器	方波	C13	发电机	方波	C29	可变气系统	方波
B3	控制器网络低	方波	C2	3缸喷油器	方波	C14	7缸喷油器	方波	C31	MAP冷却特性曲线	0.5～4.5V
B4	控制器网络高	方波	C3	燃油蒸发排放阀	方波	C15	6缸喷油器	方波	C32	曲轴位置传感器	脉冲
B13	氧传感器	0.2～0.9V	C4	风扇温度传感器	0.5～4.5V	C20	凸轮轴位置传感器	方波	C34	空气流量传感器	0.5～4.5V

（续）

端子号	端子功能	参考值	端子号	端子功能	参考值	端子号	端子功能	参考值	端子号	端子功能	参考值
C36	爆燃传感器2	0.5～1.4V	D6	起动信号	0～12V	D26	熔丝	12V	E2	8号缸点火线圈	方波
C37	爆燃传感器4	0.5～1.4V	D8	踏板位置传感器	0.5～4.5V	D27	多功能转向盘	5V	E3	2号缸点火线圈	方波
C49	爆燃传感器1	0.5～1.4V	D9	踏板位置传感器	5V	D28	制动灯测试	0～12V	E4	3号缸点火线圈	方波
C50	爆燃传感器3	0.5～1.4V	D10	燃油泵继电器	0～12V	D29	空调压缩机信号	0～12V	E5	接地	0V
C52	二次空气喷射泵	0～12V	D14	踏板位置传感器	5V	D36	控制器网络高	方波	E6	1号缸点火线圈	方波
D1	仪表板充电指示灯	0～12V	D19	仪表板倒车灯信号	0～12V	D37	控制器网络低	方波	E7	4号缸点火线圈	方波
D2	仪表板集成电路	5V	D22	车速信号	方波	D39	冷却液温度传感器	0.5～4.5V	E8	5号缸点火线圈	方波
D3	二次空气喷射泵	0～12V	D23	离合器位置传感器	0～12V	D40	起动机继电器	0～12V	E9	6号缸点火线圈	方波
D4	辅助风机信号	方波	D24	制动灯开关	0～12V	E1	7号缸点火线圈	方波			

十五、宝马7系列8缸发动机控制系统电脑板9+24+52+40+9针（1）

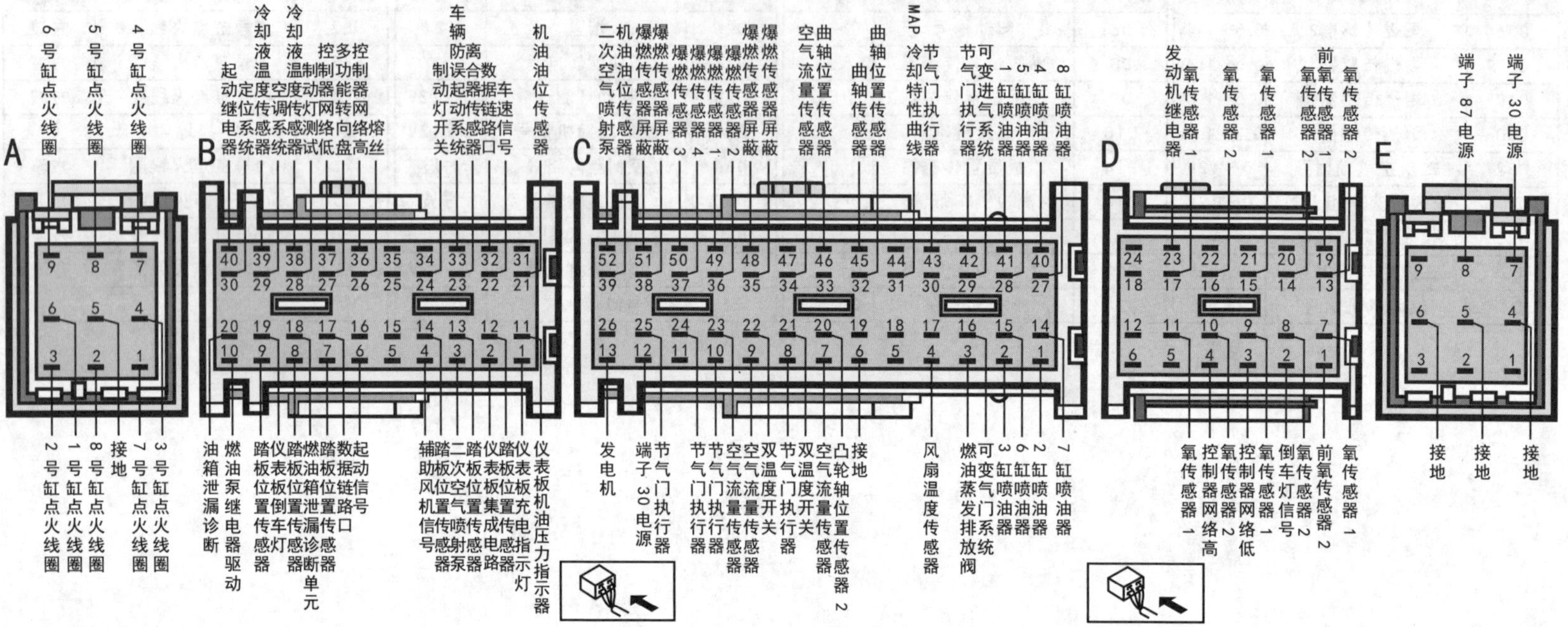

电脑板重要端子参考值

端子号	端子功能	参考值	端子号	端子功能	参考值	端子号	端子功能	参考值	端子号	端子功能	参考值
A4	接地	0V	B14	氧传感器2	0.2～0.9V	C6	接地	方波	C20	凸轮轴位置传感器2	方波
A5	接地	0V	B15	氧传感器1	0.2～0.9V	C7	空气流量传感器	0.5～4.5V	C22	双温度开关	0～5V
A6	接地	0V	B16	氧传感器2	0.2～0.9V	C8	节气门执行器	方波	C23	空气流量传感器	0.5～4.5V
A7	端子30电源	12V	B17	氧传感器1	0.2～0.9V	C10	节气门执行器	方波	C24	节气门执行器	0.5～4.5V
A8	端子87电源	12V	B23	发动机继电器	0～12V	C12	端子30电源	12V	C27	8缸喷油器	方波
B2	倒车灯信号	0～12V	C1	2缸喷油器	方波	C13	发电机	方波	C28	5缸喷油器	方波
B3	控制器网络低	方波	C2	3缸喷油器	方波	C14	7缸喷油器	方波	C29	可变气系统	方波
B4	控制器网络高	方波	C3	燃油蒸发排放阀	方波	C15	6缸喷油器	方波	C31	MAP冷却特性曲线	0.5～4.5V
B13	氧传感器2	0.2～0.9V	C4	风扇温度传感器	0.5～4.5V	C16	可变气门系统	方波	C32	曲轴位置传感器	脉冲

（续）

端子号	端子功能	参考值	端子号	端子功能	参考值	端子号	端子功能	参考值	端子号	端子功能	参考值
C34	空气流量传感器	0.5～4.5V	D4	辅助风机信号	方波	D24	制动灯开关	0～12V	E1	7号缸点火线圈	方波
C36	爆燃传感器2	0.5～1.4V	D6	起动信号	0～12V	D26	熔丝	12V	E2	8号缸点火线圈	方波
C37	爆燃传感器4	0.5～1.4V	D8	踏板位置传感器	0.5～4.5V	D27	多功能转向盘	5V	E3	2号缸点火线圈	方波
C49	爆燃传感器1	0.5～1.4V	D9	踏板位置传感器	5V	D28	制动灯测试	0～12V	E4	3号缸点火线圈	方波
C50	爆燃传感器3	0.5～1.4V	D10	燃油泵继电器驱动	0～12V	D29	空调系统	0～12V	E5	接地	0V
C52	二次空气喷射泵	0～12V	D14	踏板位置传感器	5V	D36	控制器网络高	方波	E6	1号缸点火线圈	方波
D1	仪表板充电指示灯	0～12V	D19	仪表板倒车灯	0～12V	D37	控制器网络低	方波	E7	4号缸点火线圈	方波
D2	仪表板集成电路	5V	D22	车速信号	方波	D39	冷却液温度传感器	0.5～4.5V	E8	5号缸点火线圈	方波
D3	二次空气喷射泵	0～12V	D23	离合器传感器	0～12V	D40	起动继电器	0～12V	E9	6号缸点火线圈	方波

十六、宝马7系列8缸发动机控制系统电脑板9+24+52+40+9针（2）

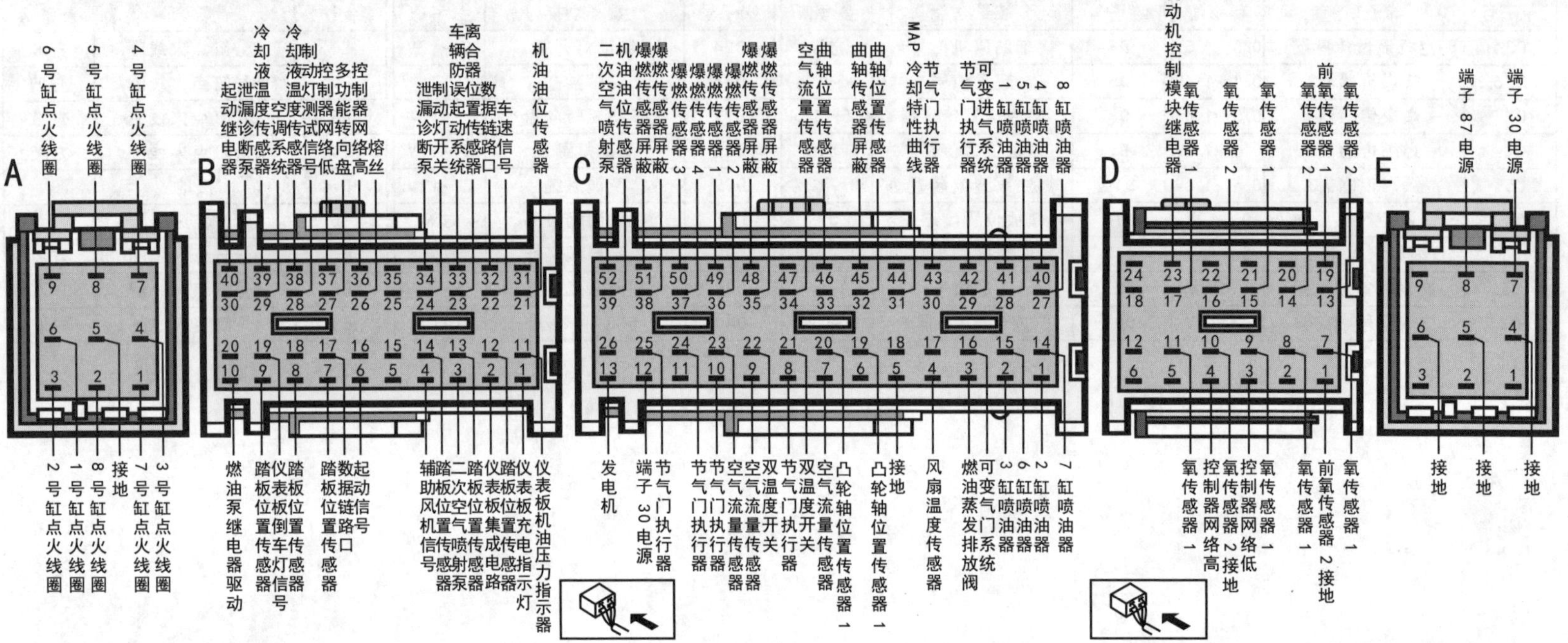

电脑板重要端子参考值

端子号	端子功能	参考值
A4	接地	0V
A5	接地	0V
A6	接地	0V
A7	端子30电源	12V
A8	端子87电源	12V
B3	控制器网络低	方波
B4	控制器网络高	方波
B13	氧传感器2	0.2～0.9V
B14	氧传感器2	0.2～0.9V

端子号	端子功能	参考值
B15	氧传感器1	0.2～0.9V
B16	氧传感器2	0.2～0.9V
B17	氧传感器1	0.2～0.9V
B23	发动机控制模块继电器	0～12V
C1	2缸喷油器	方波
C2	3缸喷油器	方波
C3	燃油蒸发排放阀	方波
C4	风扇温度传感器	0.5～4.5V
C5	接地	方波

端子号	端子功能	参考值
C7	空气流量传感器	0.5～4.5V
C8	节气门执行器	方波
C10	节气门执行器	方波
C12	端子30电源	12V
C13	发电机	方波
C14	7缸喷油器	方波
C15	6缸喷油器	方波
C16	可变气门系统	方波
C20	凸轮轴位置传感器1	方波

端子号	端子功能	参考值
C22	双温度开关	0～5V
C23	空气流量传感器	0.5～4.5V
C24	节气门执行器	0.5～4.5V
C27	8缸喷油器	方波
C28	5缸喷油器	方波
C29	可变气系统	方波
C31	MAP冷却特性曲线	0.5～4.5V
C32	曲轴位置传感器	脉冲
C34	空气流量传感器	0.5～4.5V

（续）

端子号	端子功能	参考值	端子号	端子功能	参考值	端子号	端子功能	参考值	端子号	端子功能	参考值
C36	爆燃传感器2	0.5～1.4V	D6	启动信号	0～12V	D26	熔丝	12V	E2	8号缸点火线圈	方波
C37	爆燃传感器4	0.5～1.4V	D8	踏板位置传感器	0.5～4.5V	D27	多功能转向盘	5V	E3	2号缸点火线圈	方波
C49	爆燃传感器1	0.5～1.4V	D9	踏板位置传感器	5V	D28	制动灯测试信号	0～12V	E4	3号缸点火线圈	方波
C50	爆燃传感器3	0.5～1.4V	D10	燃油泵继电器驱动	0～12V	D29	空调系统	0～12V	E5	接地	0V
C52	二次空气喷射泵	0～12V	D14	踏板位置传感器	5V	D36	控制器网络高	方波	E6	1号缸点火线圈	方波
D1	仪表板充电指示灯	0～12V	D19	仪表板倒车灯信号	0～12V	D37	控制器网络低	方波	E7	4号缸点火线圈	方波
D2	仪表板集成电路	5V	D22	车速信号	方波	D39	冷却液温度传感器	0.5～4.5V	E8	5号缸点火线圈	方波
D3	二次空气喷射泵	0～12V	D23	离合器位置传感器	0～12V	D40	起动继电器	0～12V	E9	6号缸点火线圈	方波
D4	辅助风机信号	方波	D24	制动灯开关	0～12V	E1	7号缸点火线圈	方波			

十七、宝马330i车系发动机控制系统（E46、306S3）电脑板9+24+52+40+9针

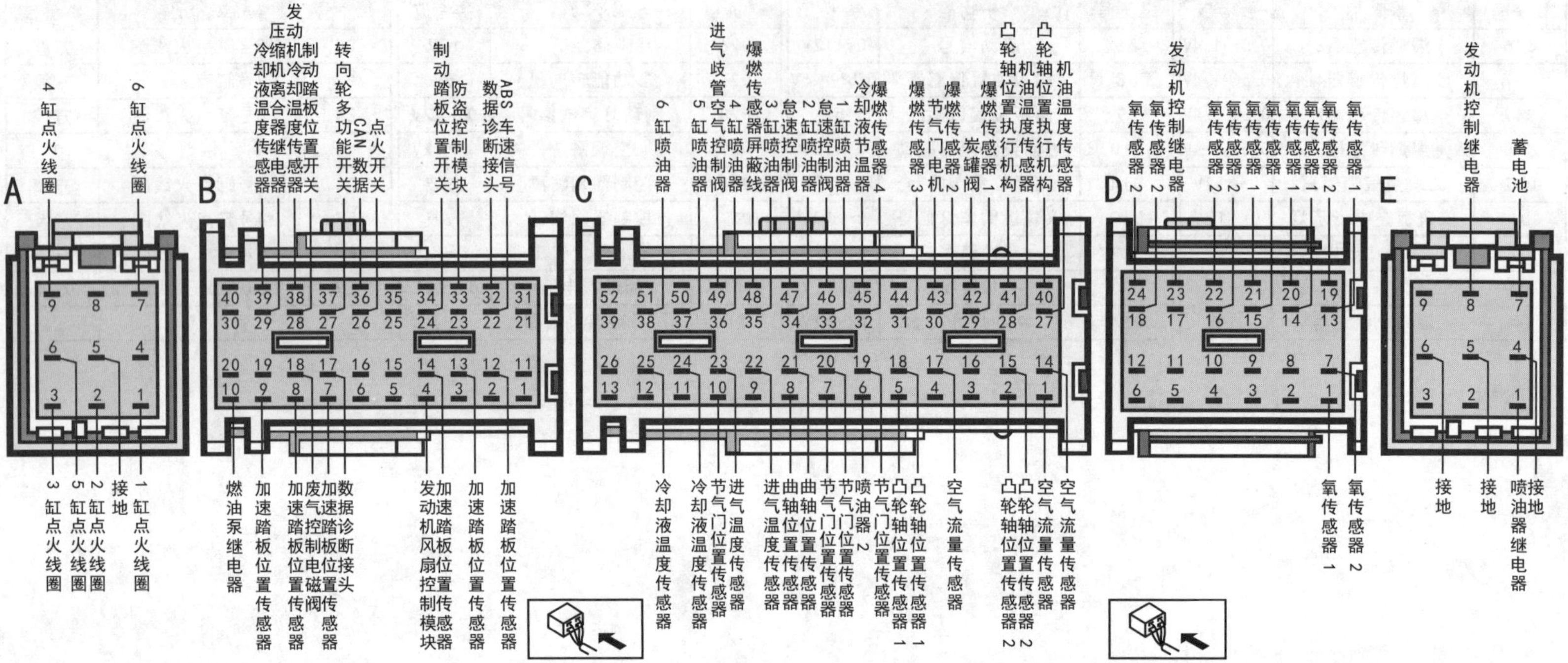

电脑板重要端子参考值

端子号	测试条件	参考值	端子号	测试条件	参考值	端子号	测试条件	参考值	端子号	测试条件	参考值
A1	点火开关OFF	0V	B1	怠速状态	2V/0.2s	B19	点火开关ON	11～14V	C1	怠速，节气门短时全开	4V
	点火开关ON	11～14V	B7	点火开关ON	11～14V		怠速状态	2V/s	C2	发动机运转	0V或5V
A4	点火开关ON	0V		怠速状态	2V/s	B20	点火开关ON	0V		怠速状态	2V/0.1s
A5	点火开关ON	0V	B13	点火开关ON	11～14V	B21	点火开关ON	0V	C5	发动机运转	0V或5V
A6	点火开关ON	0V		怠速状态	2V/0.2s	B22	点火开关ON	0V		怠速状态	2V/0.1s
A7	点火开关OFF	11～14V	B14	怠速状态	0.1～0.9V	B23	点火开关OFF	11～14V	C7	点火开关ON	5V
A8	点火开关OFF	0V(5s后)	B15	怠速状态	0.1～0.9V		点火开关ON	0V	C8	怠速状态	2V/2ms
	点火开关ON	11～14V	B16	怠速状态	0.5V	B24	点火开关ON	0V	C10	节气门关闭	4.1V
B1	点火开关ON	11～14V	B18	怠速状态	0.5V	C1	点火开关ON	0V		节气门全开	0.9V

（续）

端子号	测试条件	参考值
C15	点火开关ON	0V
C17	任何条件	0V
C18	点火开关ON	0V
C19	节气门关闭	0.9V
	节气门全开	4.1V
C20	点火开关ON	0V
C21	点火开关ON	0V
C22	进气10℃	3.8V
C23	点火开关ON	0V
C24	冷却液10℃	4V
	热机	0.9V
C25	点火开关ON	0V
C27	机油10℃	4V
	热机	1V
C28	点火开关ON	0V
C29	怠速，短时加油	50mV/ms
C30	怠速，短时加油	50mV/ms
C31	怠速，短时加油	50mV/ms
C32	怠速，短时加油	50mV/ms
C33	点火开关ON	11～14V
	怠速状态	3.6ms
C34	点火开关ON	11～14V
C34	怠速状态	3.6ms
C35	点火开关ON	11～14V
	怠速状态	3.6ms
C36	点火开关ON	11～14V
	怠速状态	3.6ms
C37	点火开关ON	11～14V
	怠速状态	3.6ms
C38	点火开关ON	11～14V
	怠速状态	3.6ms
C40	点火开关ON	10.6V
	怠速状态	200Hz
	怠速，短时加油	0V
C41	点火开关ON	10.7V
	怠速状态	200Hz
	怠速，短时加油	0V
C42	点火开关ON	11～14V
	怠速状态	7.5%
C43	点火开关ON	8.5V
	怠速状态	600Hz
C45	点火开关ON	11.5V
	怠速状态	5V/5ms
C46	点火开关ON	6V
C46	怠速状态	5V/5ms
C47	点火开关ON	6V
	怠速状态	5V/5ms
C48	点火开关ON	0V
C49	点火开关ON	11～14V
	节气门短时全开	0V
D4	怠速状态	5V/5ms
D7	点火开关ON	0V
D8	释放加速踏板	0.8V
	完全踩下加速踏板	4.7V
D9	点火开关ON	5V
D10	点火开关ON	11～14V
	怠速状态	0V
D12	点火开关ON	0V
D13	释放加速踏板	0.4V
	完全踩下加速踏板	2.3V
D14	点火开关ON	5V
D17	怠速状态	39Hz
D18	怠速状态	11～14V
	车辆移动	0V
D24	释放加速踏板	0V
	踩下加速踏板	9.8V
D26	点火开关ON	11～14V
D28	释放加速踏板	0V
	踩下加速踏板	11～14V
D29	怠速，闭空调	11～14V
	怠速，开空调	0V
D32	点火开关ON	11～14V
D38	点火开关ON	0V
D39	冷却液10℃	4.1V
	热机	2V
E1	点火开关ON	11～14V
	怠速状态	10V/ms
E2	点火开关ON	11～14V
	怠速状态	10V/ms
E3	点火开关ON	11～14V
	怠速状态	10V/ms
E5	点火开关ON	0V
E6	点火开关ON	11～14V
	怠速状态	10V/ms
E7	点火开关ON	11～14V
	怠速状态	10V/ms
E9	点火开关ON	11～14V
	怠速状态	10V/ms

十八、宝马MROADSTER车系发动机控制系统电脑板9+24+52+40+9针

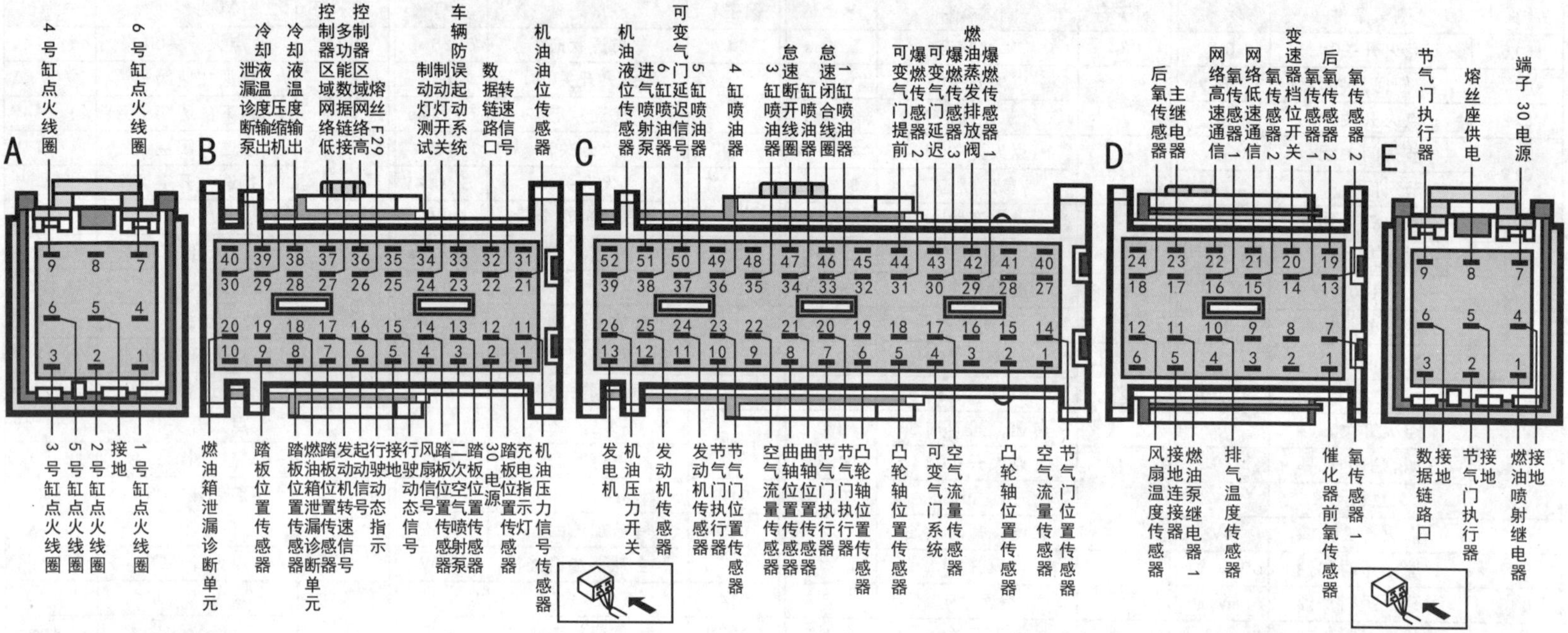

电脑板重要端子参考值

端子号	端子功能	参考值	端子号	端子功能	参考值	端子号	端子功能	参考值	端子号	端子功能	参考值
A1	燃油喷射继电器	0～12V	B15	氧传感器2	0.2～0.9V	C5	凸轮轴位置传感器	方波	C22	空气流量传感器	0.5～2.8V
A4	接地	0V	B16	氧传感器1	0.2～0.9V	C7	节气门执行器	0.5～4.5V	C23	节气门位置传感器	0V
A5	接地	0V	B18	后氧传感器	0.2～0.9V	C8	曲轴位置传感器	脉冲	C24	发动机传感器	0.5～4.5V
A6	接地	0V	B21	网络低速通信	方波	C10	节气门执行器	0.5～4.5V	C25	发动机传感器	0V
A7	端子30电源	12V	B22	网络高速通信	方波	C13	发电机	5V	C26	机油压力开关	0.5～4.5V
A8	熔丝座供电	12V	B23	主继电器	0～12V	C14	节气门位置传感器	5V	C29	爆燃传感器1	方波
B1	催化器前氧传感器	0.2～0.9V	C1	空气流量传感器	0.5～4.5V	C17	空气流量传感器	0V	C30	爆燃传感器3	0V
B12	氧传感器2	0.2～0.9V	C2	凸轮轴位置传感器	方波	C20	节气门执行器	0V	C31	爆燃传感器2	0.5～4.5V
B14	氧传感器1	0.2～0.9V	C4	可变气门系统	方波	C21	曲轴位置传感器	0V	C33	1缸喷油器	方波

（续）

端子号	端子功能	参考值	端子号	端子功能	参考值	端子号	端子功能	参考值	端子号	端子功能	参考值
C34	2缸喷油器	方波	C50	可变气门延迟信号	5V	D14	踏板位置传感器	5V	D36	控制器区域网络高	方波
C35	3缸喷油器	方波	C51	进气喷射泵	方波	D17	发动机转速信号	方波	D37	控制器区域网络低	方波
C36	4缸喷油器	方波	D1	充电指示灯	0～12V	D18	燃油箱泄漏诊断单元	5V	D39	冷却液温度输出	0.5～4.5V
C37	5缸喷油器	方波	D2	30电源	12V	D20	燃油箱泄漏诊断单元	5V	E1	1号缸点火线圈	方波
C38	6缸喷油器	方波	D3	二次空气喷射泵	方波	D21	机油油位传感器	0.5～4.5V	E2	2号缸点火线圈	方波
C39	机油油位传感器	0.5～4.5V	D4	风扇信号	方波	D22	转速信号	方波	E3	3号缸点火线圈	方波
C42	燃油蒸发排放阀	方波	D6	起动信号	0～12V	D24	制动灯开关	0～12V	E5	接地	0V
C43	可变气门延迟	方波	D8	踏板位置传感器	0.5～4.5V	D26	熔丝F29	12V	E6	5号缸点火线圈	方波
C44	可变气门提前	方波	D9	踏板位置传感器	5V	D27	多功能数据链接	5V	E7	6号缸点火线圈	方波
C46	怠速闭合线圈	脉冲	D11	机油压力信号传感器	0～12V	D29	压缩机	0～12V	E9	4号缸点火线圈	方波
C47	怠速断开线圈	脉冲	D13	踏板位置传感器	0.5～4.5V	D34	制动灯测试	0～12V			

十九、宝马320D车系E46、204D4、2.0L发动机控制系统电脑板96+58针

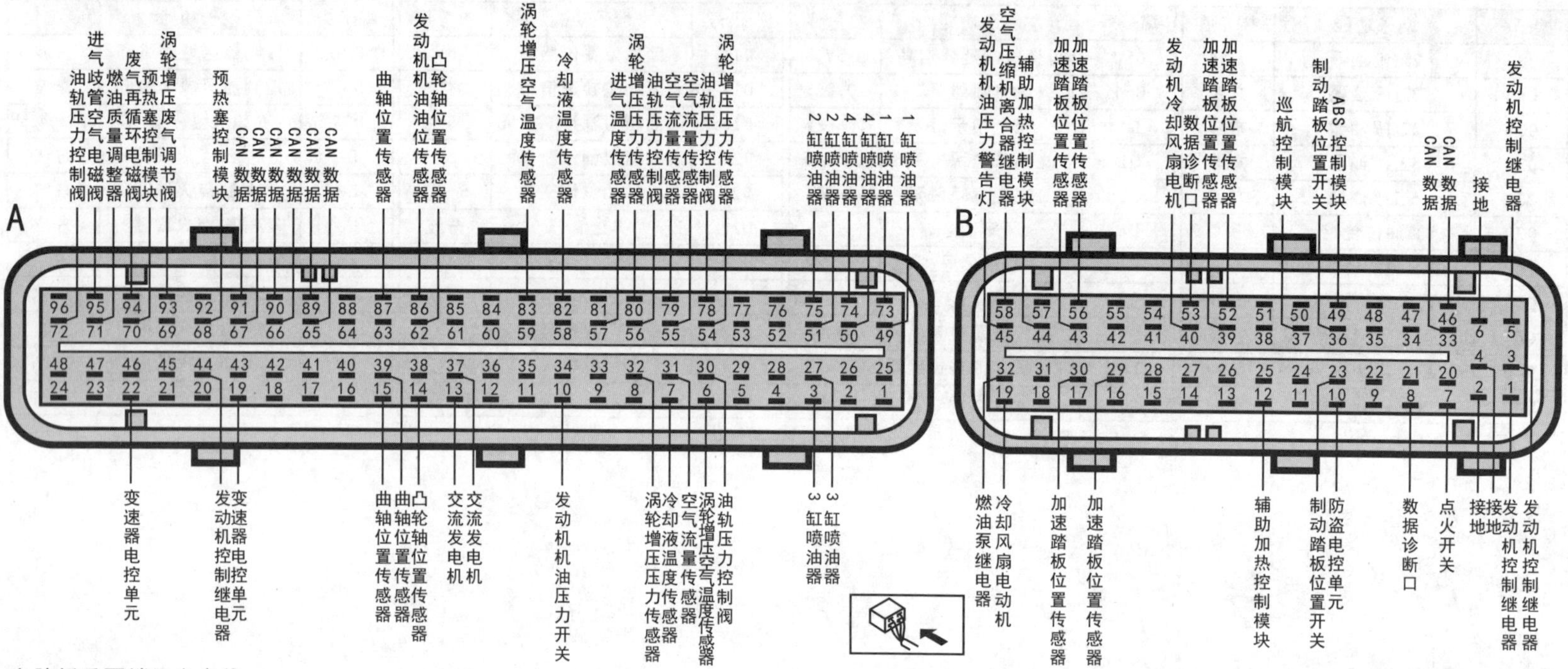

电脑板重要端子参考值

端子号	测试条件	参考值
A6	点火开关ON	0V
A7	点火开关ON	0V
A10	点火开关ON	0V
A14	点火开关ON	0V
A15	点火开关ON	0V
A30	点火开关ON	5V
A31	点火开关ON	5V
A32	点火开关ON	5V
A37	点火开关ON	1.5V/10ms

端子号	测试条件	参考值
A37	怠速状态	2V/10ms
A39	点火开关ON	5V
A44	点火开关OFF	11～14V
	点火开关ON	0～1V
A54	点火开关ON	1.3V
	怠速状态	1.3V
	短时加速	2.3V（短时）
A55	点火开关ON	1V
	怠速状态	1.5V

端子号	测试条件	参考值
A55	节气门短时全开	3.7V（短时）
A56	点火开关ON	0.5V
	怠速状态	1.2V
A57	点火开关ON 14℃	2.4V
A62	点火开关ON	5V
	怠速状态	2V/50ms
A70	点火开关ON	0～1V
A71	怠速状态	2V/5ms
A72	怠速状态	2V/5ms

端子号	测试条件	参考值
A78	点火开关ON	0V
A79	点火开关ON	0V
A80	点火开关ON	0V
A82	点火开关ON 4℃	3.8V
A83	点火开关ON 14℃	4.3V
A86	点火开关ON	0～1V
A87	点火开关ON	5V
	怠速状态	1V/2ms
A93	点火开关ON	2V/5ms

（续）

端子号	测试条件	参考值	端子号	测试条件	参考值	端子号	测试条件	参考值	端子号	测试条件	参考值
A93	怠速状态	2V/5ms	B3	点火开关ON	11～14V	B30	点火开关ON	0V	B44	点火开关ON	3V/2ms
A94	点火开关ON	11～14V	B4	点火开关ON	0V	B32	燃油泵运转	0～1V	B45	点火开关ON	0～1V
	怠速状态	50%	B5	点火开关ON	11～14V		燃油泵不运转	11～14V	B52	释放加速踏板	0.7V
A95	点火开关ON	11～14V	B6	点火开关ON	0V	B36	释放加速踏板	0V		踩下加速踏板	4V
	怠速状态	0.2V	B7	点火开关ON	11～14V		踩下加速踏板	11～14V	B56	点火开关ON	5V
	短时加速	11～14V（短时）	B12	打开辅助加热器	9.6V	B39	释放加速踏板	3.5V	B58	关闭空调	11～14V
B1	点火开关ON	11～14V	B23	踩下加速踏板	11～14V		点火，踩下加速踏板	2V		打开空调	0～1V
B2	点火开关ON	0V	B29	点火开关ON	0V	B43	点火开关ON	5V			

二十、宝马X5系列V8 4.4L发动机控制系统电脑板9+24+52+40+9针

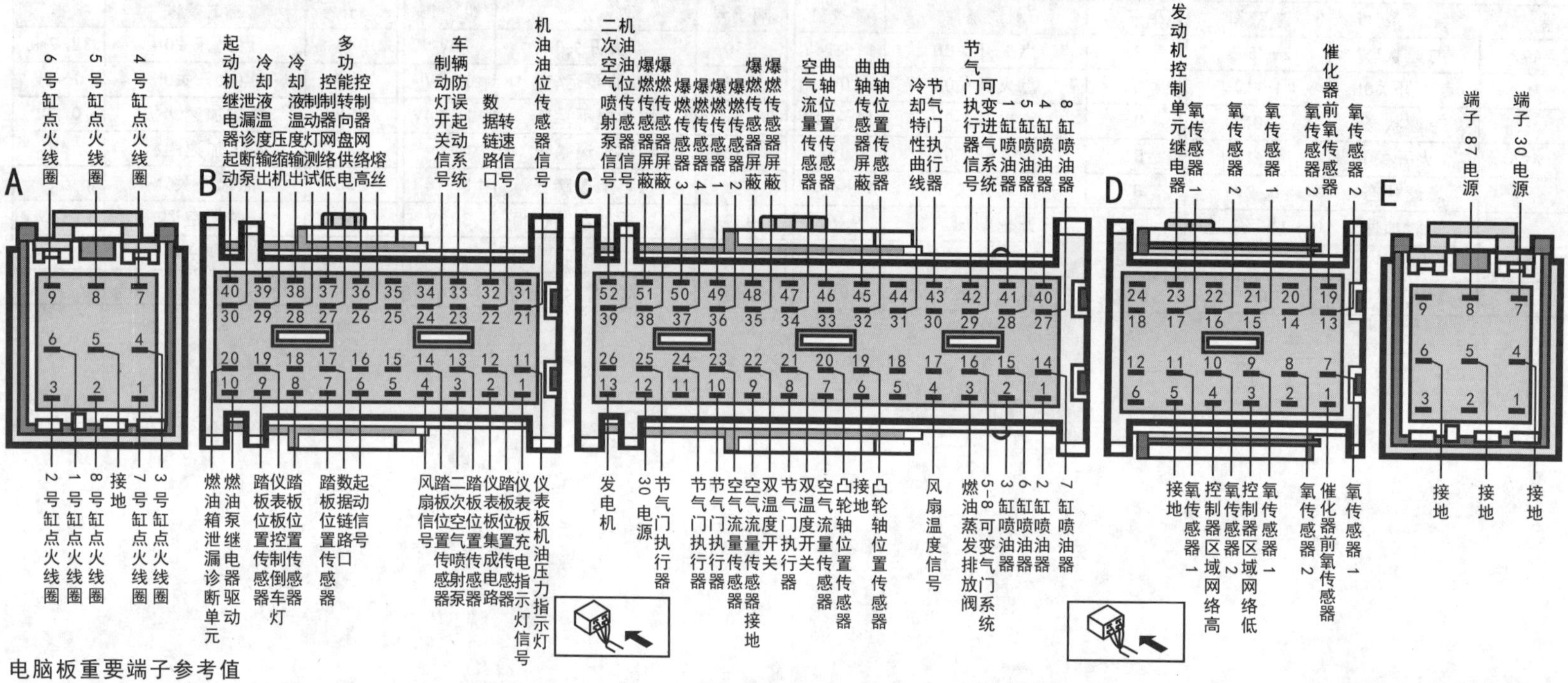

电脑板重要端子参考值

端子号	端子功能	参考值	端子号	端子功能	参考值	端子号	端子功能	参考值	端子号	端子功能	参考值
A4	接地	0V	B15	氧传感器1	0.2～0.9V	C10	节气门执行器	方波	C29	可变进气系统	方波
A5	接地	0V	B16	氧传感器2	0.2～0.9V	C14	7缸喷油器	方波	C31	冷却特性曲线	0.5～4.5V
A6	接地	0V	B17	氧传感器1	0.2～0.9V	C15	6缸喷油器	方波	C32	曲轴位置传感器	脉冲
A7	端子30电源	12V	B23	发动机控制单元继电器	0～12V	C16	5-8可变气门系统	方波	C34	空气流量传感器	0.5～4.5V
A8	端子87电源	12V	C1	2缸喷油器	方波	C20	凸轮轴位置传感器	方波	C36	爆燃传感器2	0.5～1.4V
B3	控制器区域网络低	方波	C2	3缸喷油器	方波	C22	双温度开关	0～5V	C37	爆燃传感器4	0.5～1.4V
B4	控制器区域网络高	方波	C3	燃油蒸发排放阀信号	方波	C23	空气流量传感器	0.5～4.5V	C38	爆燃传感器屏蔽	方波
B13	氧传感器2	0.2～0.9V	C4	风扇温度信号	0.5～4.5V	C24	节气门执行器	0.5～4.5V	C39	机油油位传感器信号	0.5～4.5V
B14	氧传感器2	0.2～0.9V	C8	节气门执行器	方波	C28	5缸喷油器	方波	C42	节气门执行器信号	方波

（续）

端子号	端子功能	参考值	端子号	端子功能	参考值	端子号	端子功能	参考值	端子号	端子功能	参考值
C43	节气门执行器	方波	D4	风扇信号	方波	D24	制动灯开关信号	0～12V	E1	7号缸点火线圈	方波
C46	曲轴位置传感器	脉冲	D6	起动信号	0～12V	D26	熔丝	12V	E2	8号缸点火线圈	方波
C49	爆燃传感器1	0.5～1.4V	D8	踏板位置传感器	0.5～4.5V	D27	多功能转向盘供电	5V	E3	2号缸点火线圈	方波
C50	爆燃传感器3	0.5～1.4V	D9	踏板位置传感器	5V	D28	制动灯测试	0～12V	E4	3号缸点火线圈	方波
C51	爆燃传感器屏蔽	方波	D10	燃油泵继电器驱动	0～12V	D29	压缩机	0～12V	E5	接地	0V
C52	二次空气喷射泵信号	0～12V	D14	踏板位置传感器	5V	D36	控制器网络高	方波	E6	1号缸点火线圈	方波
D1	仪表板充电指示灯信号	0～12V	D19	仪表板控制倒车灯	0～12V	D37	控制器网络低	方波	E7	4号缸点火线圈	方波
D2	仪表板集成电路	5V	D22	转速信号	方波	D39	冷却液温度输出	0.5～4.5V	E8	5号缸点火线圈	方波
D3	二次空气喷射泵	0～12V	D23	离合器踏板位置传感器	0～12V	D40	起动机继电器起动	0～12V	E9	6号缸点火线圈	方波

二十一、宝马X5系列V8 4.4L发动机控制系统电脑板9+24+52+40+9针

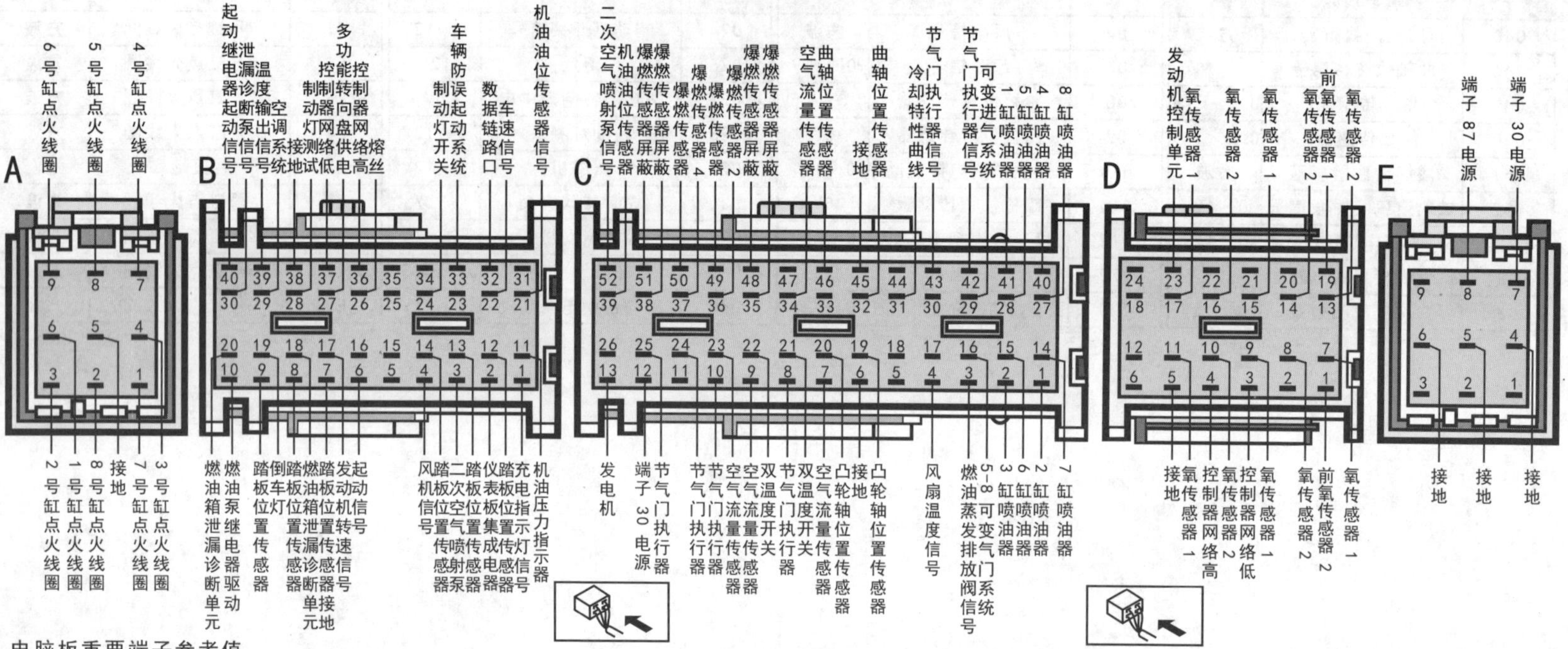

电脑板重要端子参考值

端子号	端子功能	参考值	端子号	端子功能	参考值	端子号	端子功能	参考值	端子号	端子功能	参考值
A4	接地	0V	B15	氧传感器1	0.2~0.9V	C10	节气门执行器	方波	C29	可变进气系统	方波
A5	接地	0V	B16	氧传感器2	0.2~0.9V	C14	7缸喷油器	方波	C31	冷却特性曲线	0.5~4.5V
A6	接地	0V	B17	氧传感器1	0.2~0.9V	C15	6缸喷油器	方波	C32	曲轴位置传感器	脉冲
A7	端子30电源	12V	B23	发动机控制单元	0~12V	C16	5-8可变气门系统	方波	C34	空气流量传感器	0.5~4.5V
A8	端子87电源	12V	C1	2缸喷油器	方波	C20	凸轮轴位置传感器	方波	C36	爆燃传感器2	0.5~1.4V
B3	控制器网络低	方波	C2	3缸喷油器	方波	C22	双温度开关	0~5V	C37	爆燃传感器4	0.5~1.4V
B4	控制器网络高	方波	C3	燃油蒸发排放阀信号	方波	C23	空气流量传感器	0.5~4.5V	C38	爆燃传感器屏蔽	方波
B13	氧传感器2	0.2~0.9V	C4	风扇温度信号	0.5~4.5V	C24	节气门执行器	0.5~4.5V	C39	机油油位传感器	0.5~4.5V
B14	氧传感器2	0.2~0.9V	C8	节气门执行器	方波	C28	5缸喷油器	方波	C42	节气门执行器信号	方波

（续）

端子号	端子功能	参考值	端子号	端子功能	参考值	端子号	端子功能	参考值	端子号	端子功能	参考值
C43	节气门执行器	方波	D4	风扇信号	方波	D26	熔丝	12V	E2	8号缸点火线圈	方波
C46	曲轴位置传感器	脉冲	D6	起动信号	0～12V	D27	多功能转向盘供电	5V	E3	2号缸点火线圈	方波
C49	爆燃传感器	0.5～1.4V	D8	踏板位置传感器	0.5～4.5V	D28	制动灯测试	0～12V	E4	3号缸点火线圈	方波
C50	爆燃传感器	0.5～1.4V	D9	踏板位置传感器	5V	D29	空调系统	0～12V	E5	接地	0V
C51	爆燃传感器屏蔽	方波	D10	燃油泵继电器驱动	0～12V	D36	控制器网络高	方波	E6	1号缸点火线圈	方波
C52	二次空气喷射泵信号	0～12V	D14	踏板位置传感器	5V	D37	控制器网络低	方波	E7	4号缸点火线圈	方波
D1	充电指示灯信号	0～12V	D19	倒车灯	0～12V	D39	温度输出信号	0.5～4.5V	E8	5号缸点火线圈	方波
D2	仪表板集成电器	5V	D22	车速信号	方波	D40	起动继电器信号	0～12V	E9	6号缸点火线圈	方波
D3	二次空气喷射泵	0～12V	D24	制动灯开关	0～12V	E1	7号缸点火线圈	方波			

第2节　宝马底盘系统电脑板端子功能

一、宝马ZF 4HP 22/24四档自动变速器控制系统电脑板35针

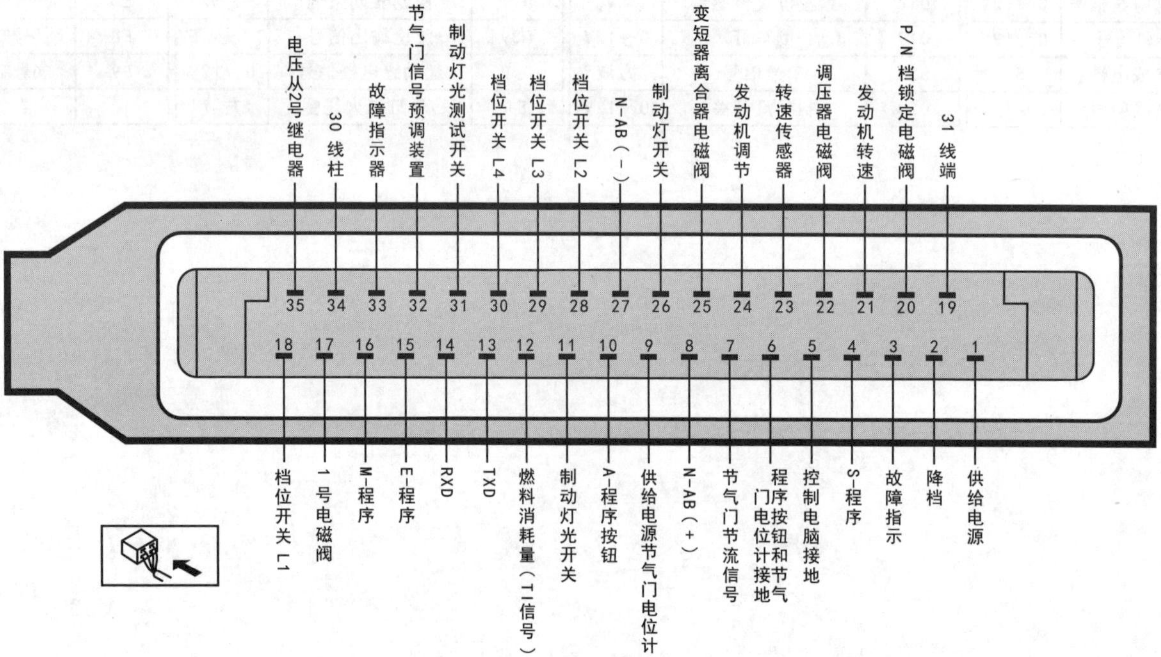

二、宝马4L 30-E四档自动变速器控制系统电脑板55针

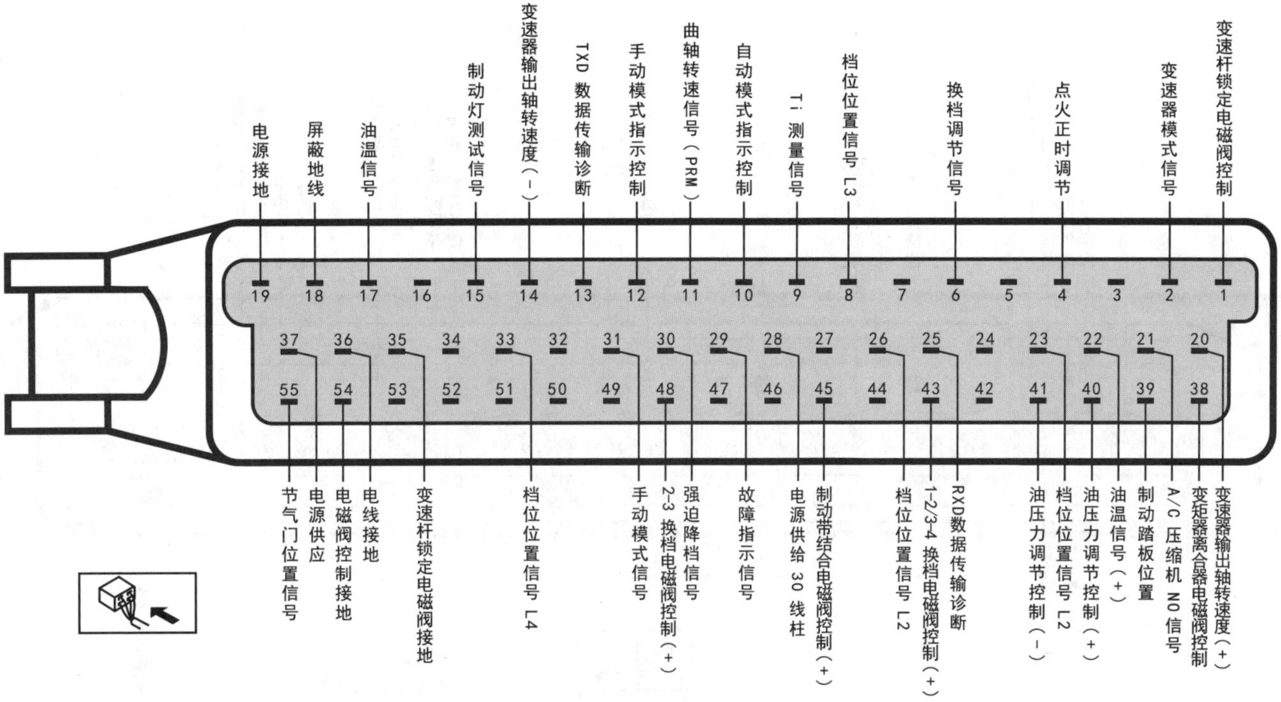

三、宝马E46/4L30-E四档自动变速器控制系统电脑板88针

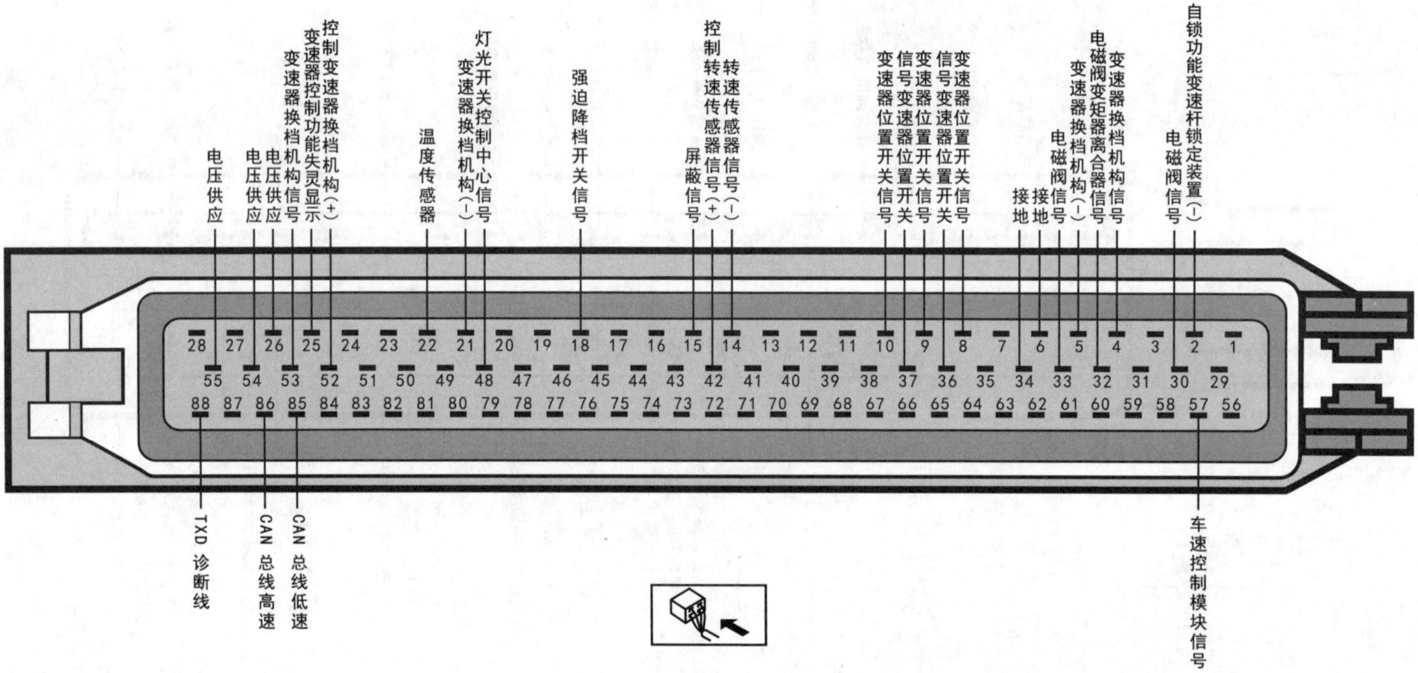

四、宝马E38/7车系ZF 5HP-18 五档自动变速器（M51发动机）控制系统电脑板88针

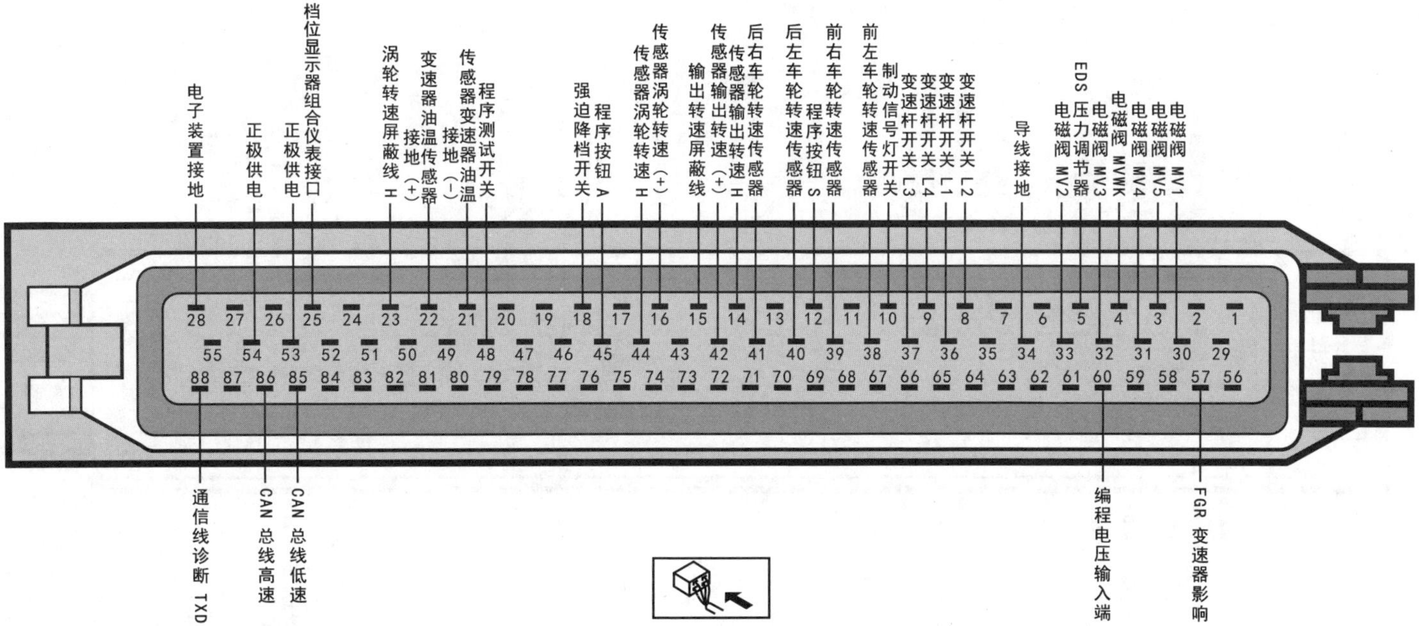

五、宝马E39/530i 车系 ZF 5HP-18 五档自动变速器控制系统电脑板88针

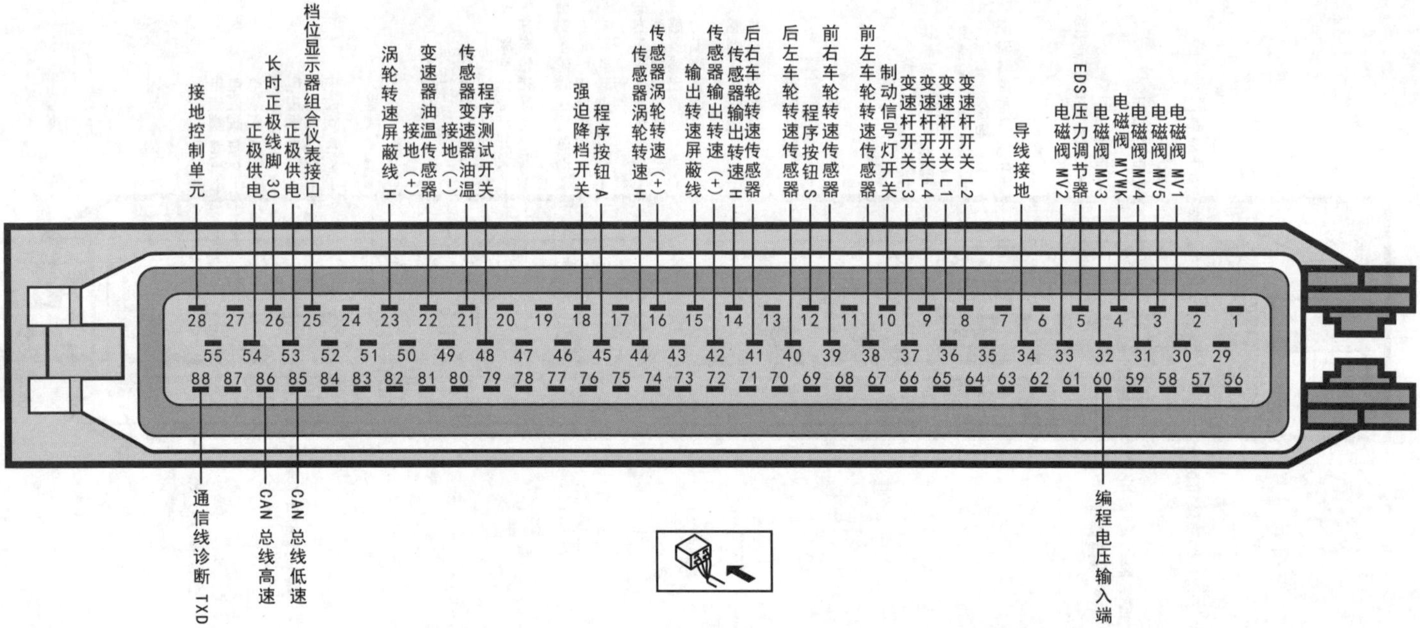

六、宝马E46/ 3系列 ZF 5HP-19五档自动变速器控制系统电脑板9+52+40针

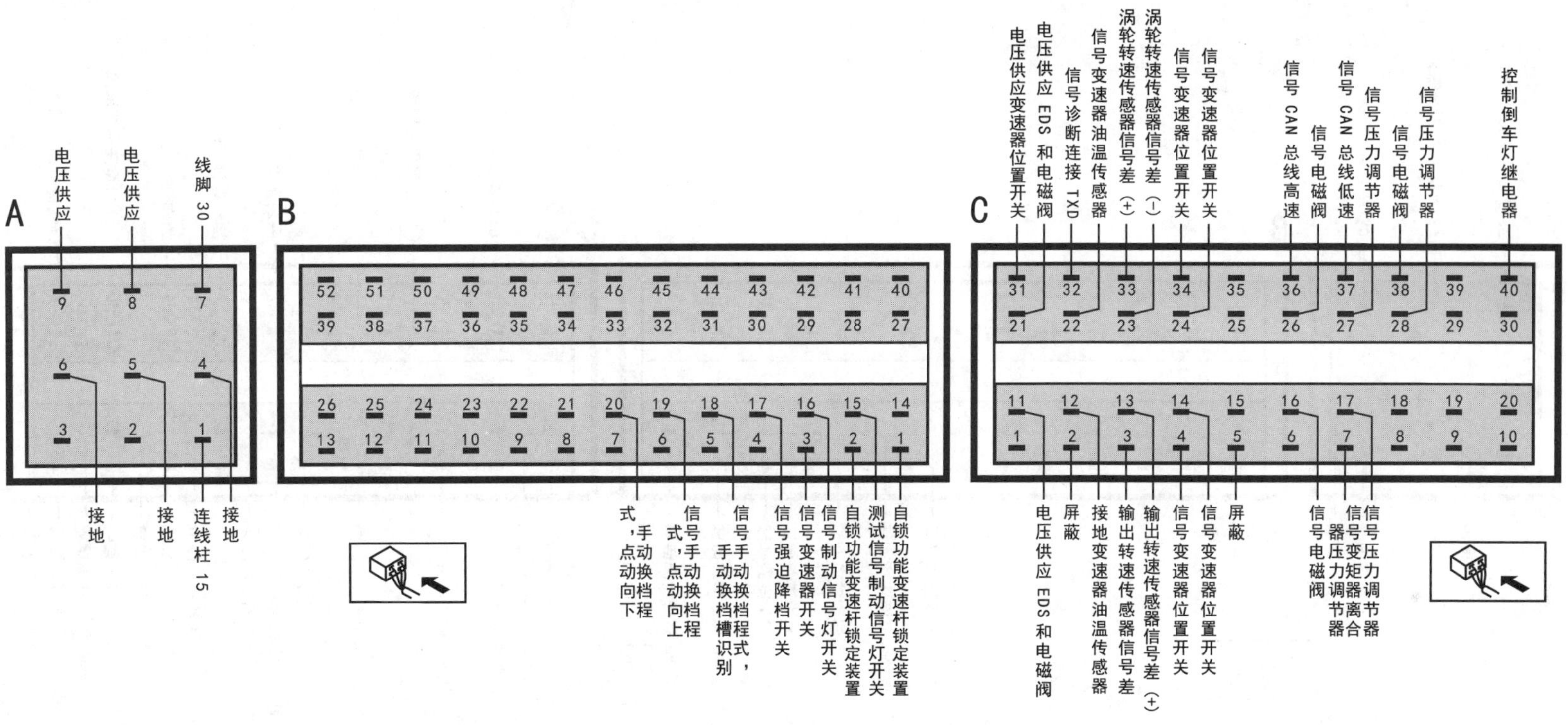

七、E39/ 525i 530i车系 ZF 5HP-19五档自动变速器控制系统电脑板9+52+40针

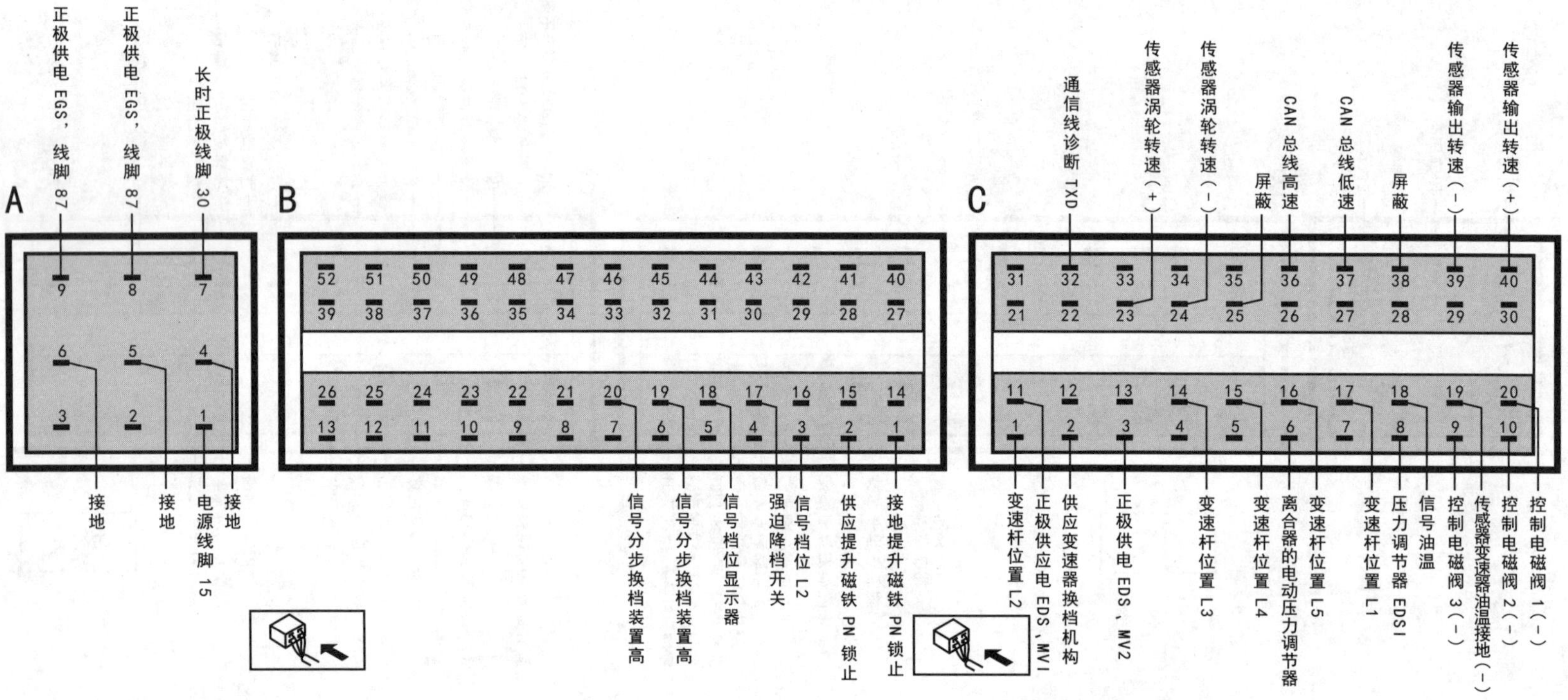

八、E38/7 系列 /ZF 5HP-19五档自动变速器控制系统电脑板9+52+40针

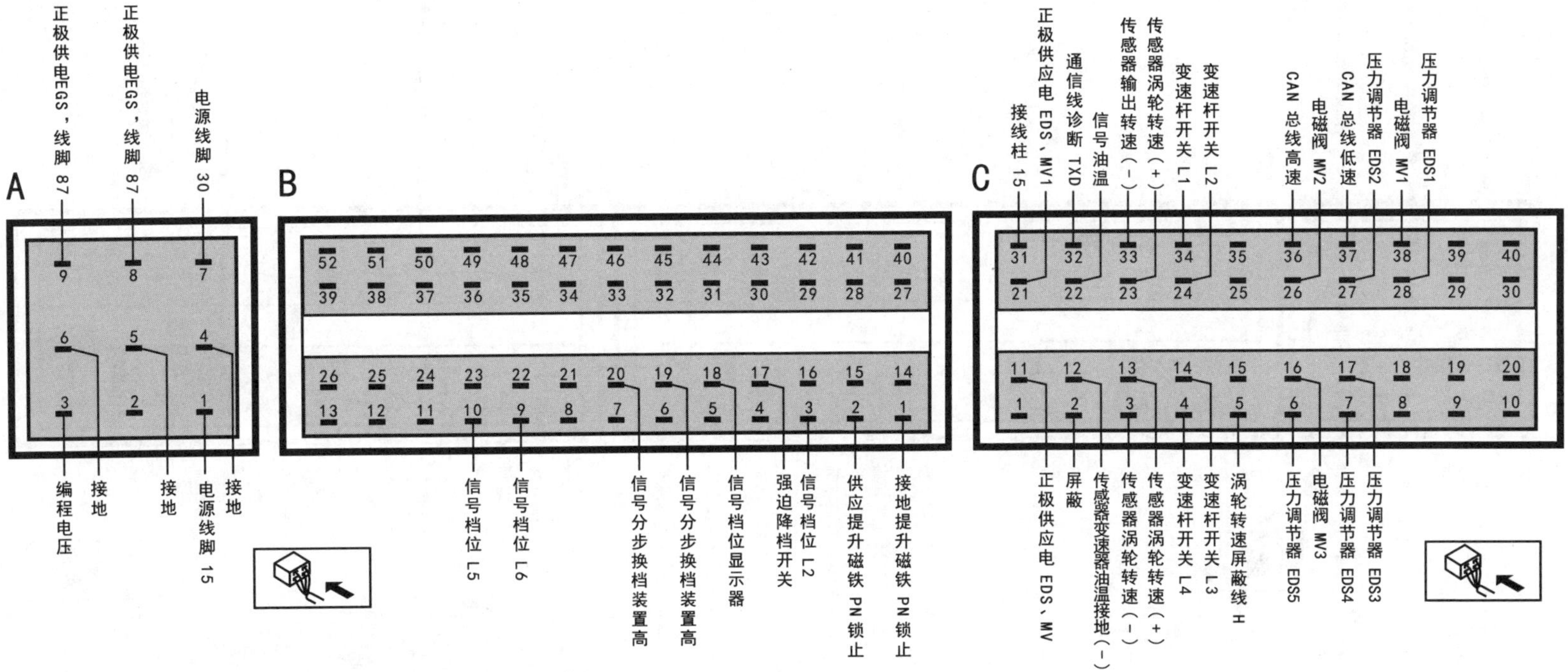

九、E38/ 740i、740 iL系列 ZF 5HP-24五档自动变速器控制系统电脑板9+52+40针

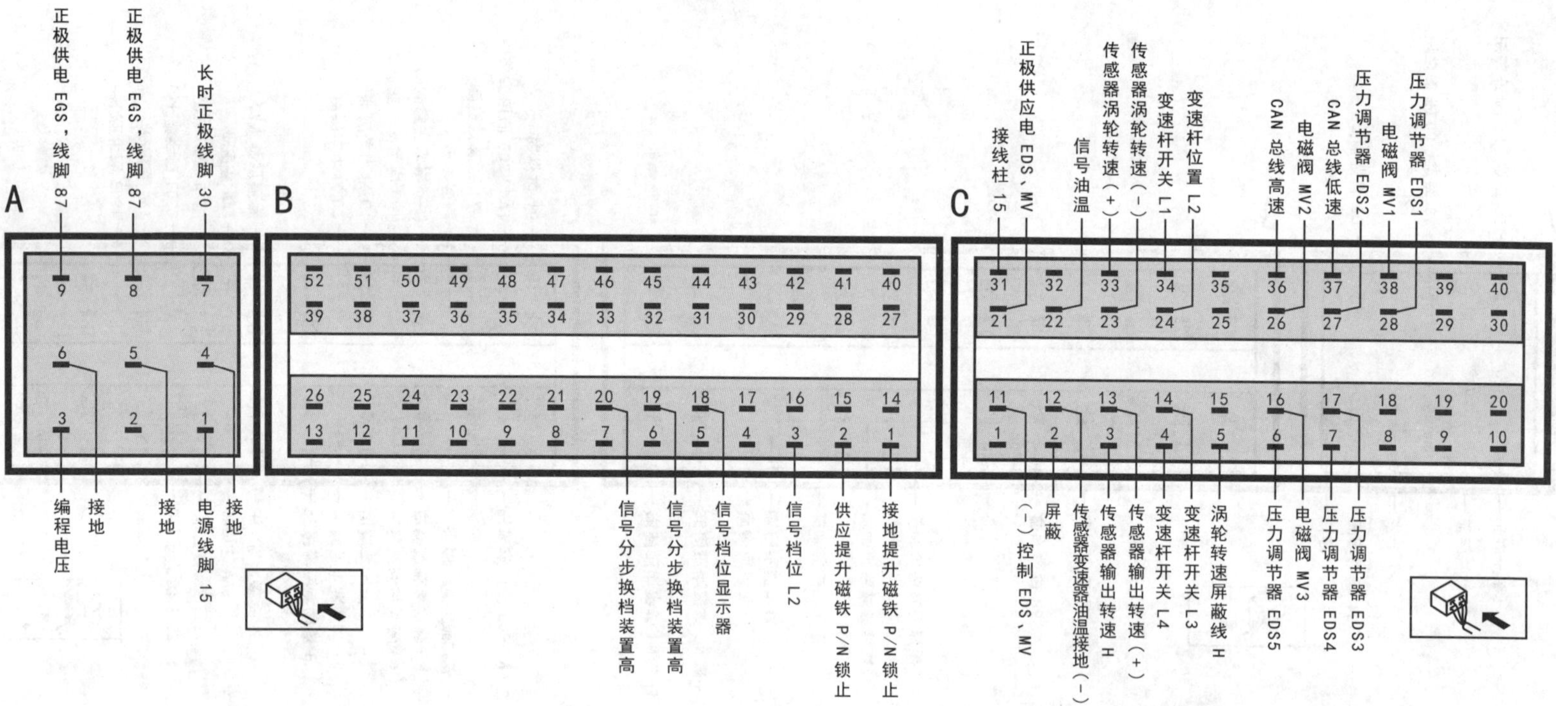

十、宝马X5系列 ZF 5HP-24五档自动变速器控制系统电脑板9+52+40针

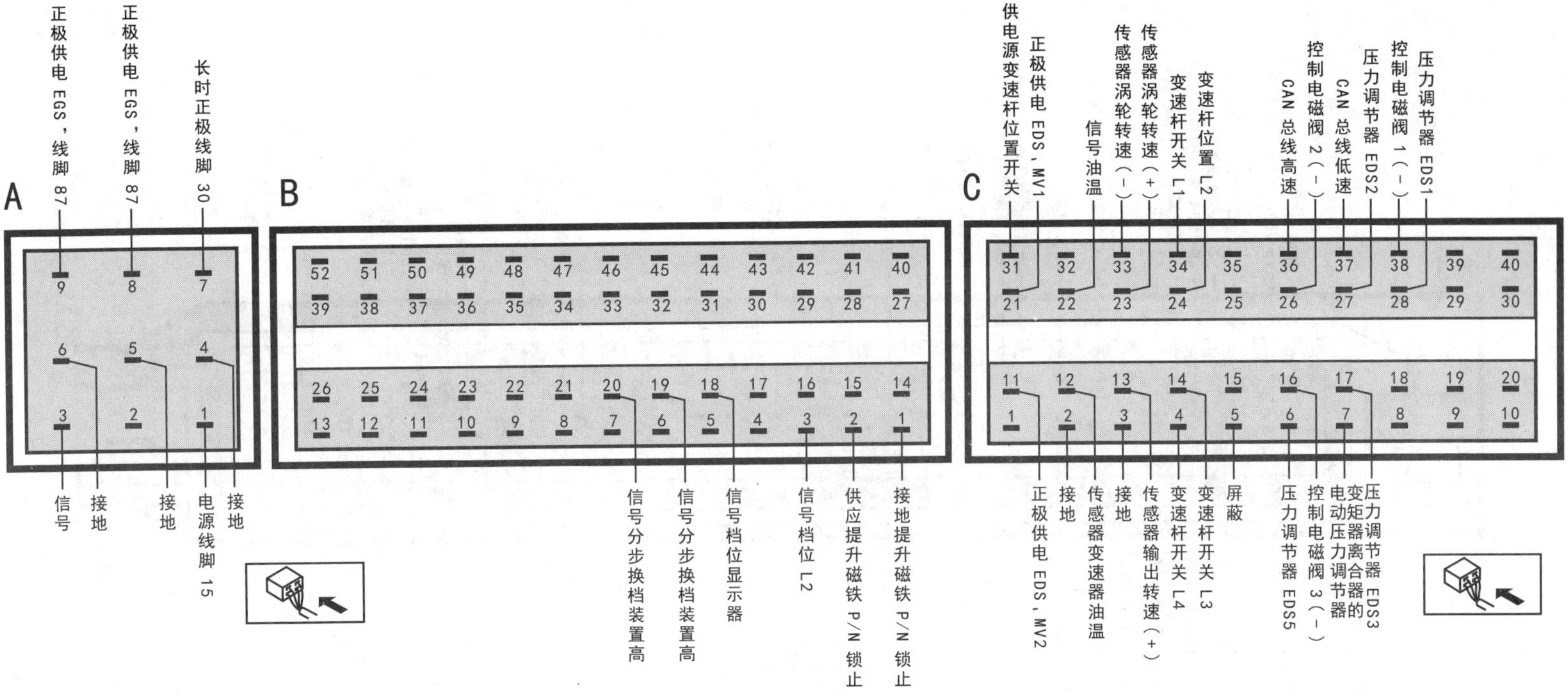

十一、宝马E38/750i车系ZF 5HP-30五档自动变速器控制系统电脑板88针

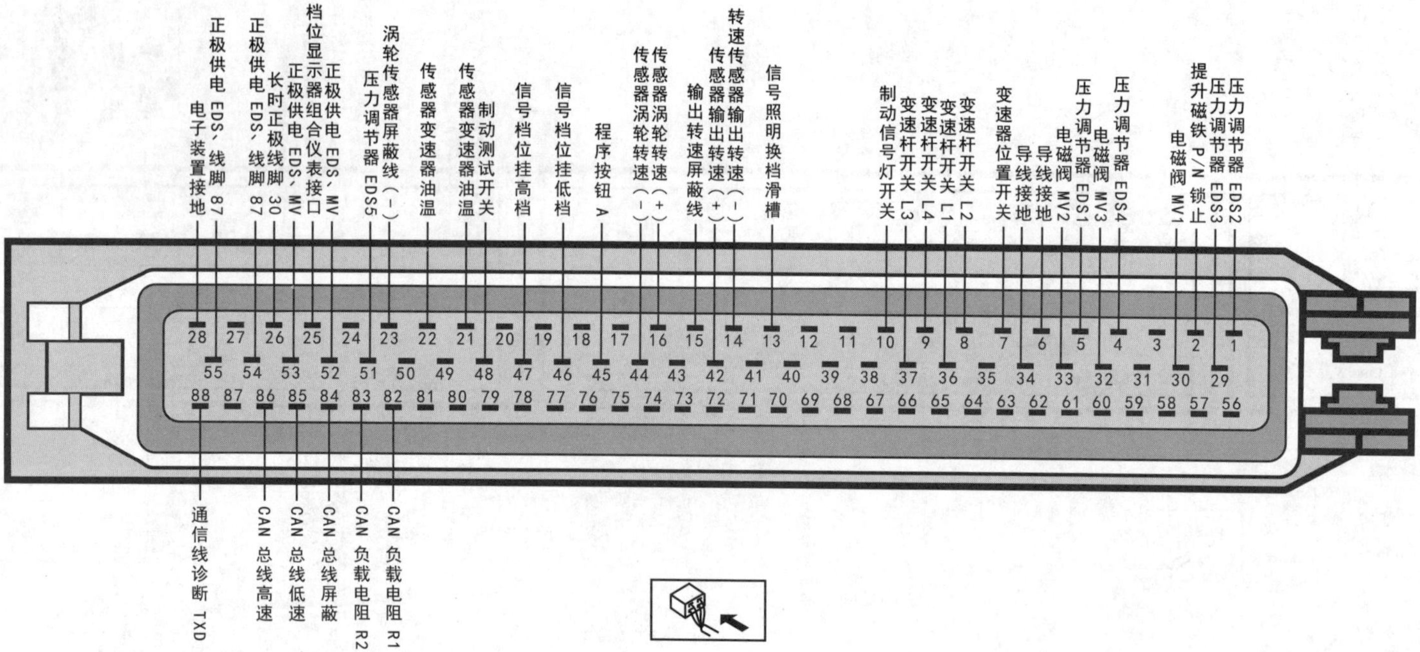

十二、宝马E38/ 750i、750 iL车系ZF 5HP-30五档自动变速器控制系统电脑板9+52+40针

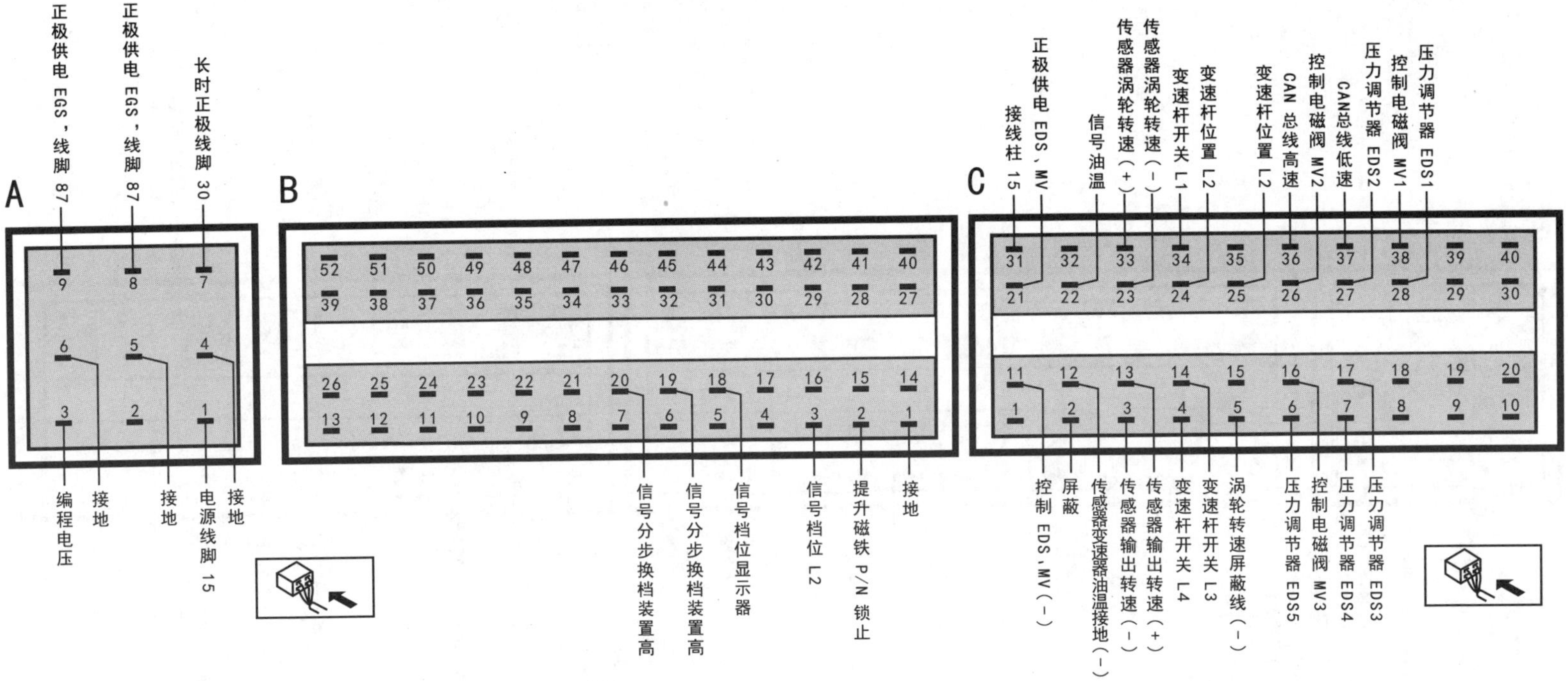

十三、宝马X5车系5L40-E五档自动变速器控制系统电脑板9+52+40针

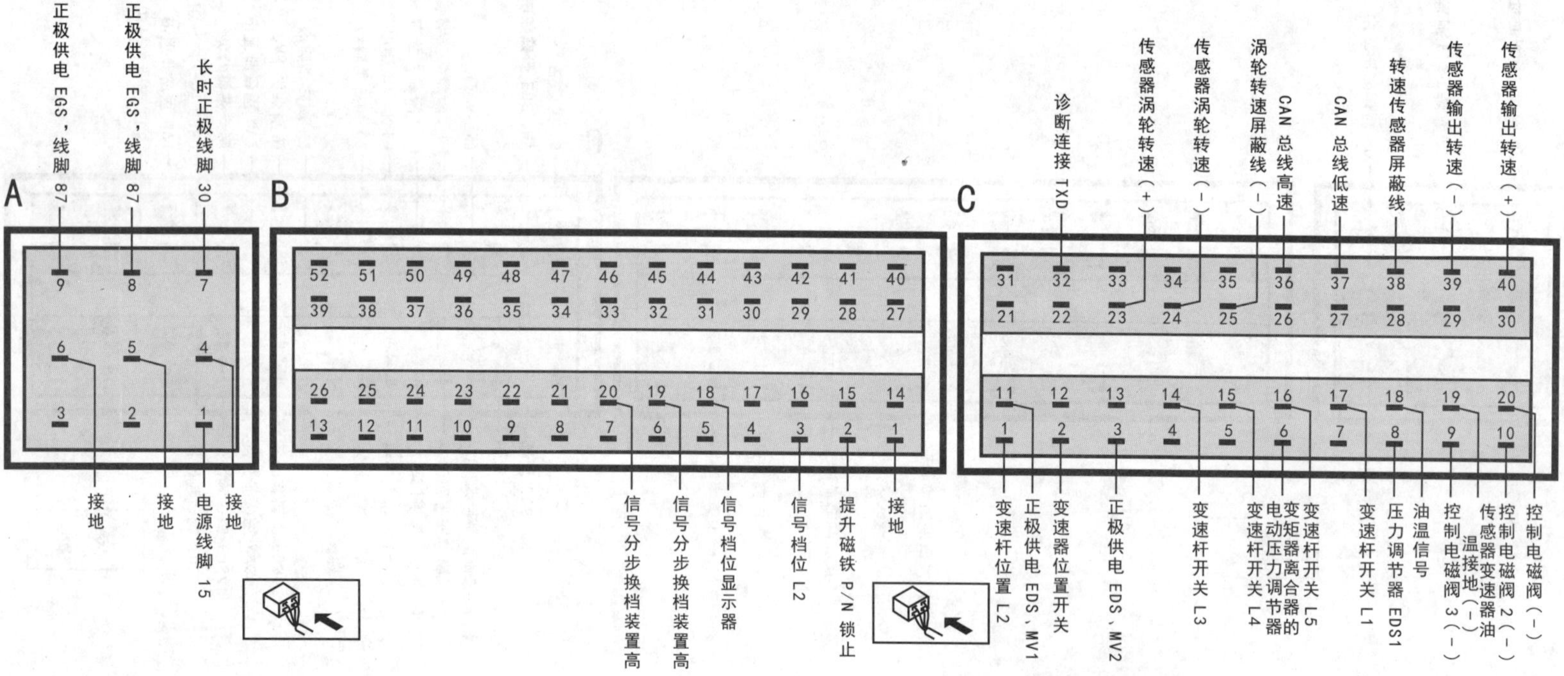

十四、宝马E65、E66/7系列 ZF 6HP-26六档自动变速器控制系统电脑板16+16针

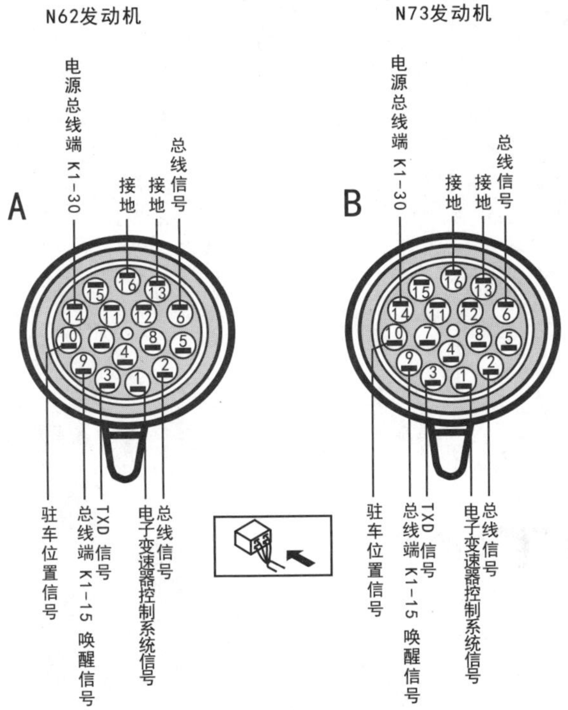

十五、宝马E60、E61/5系列 ZF 6HP-19六档自动变速器控制系统电脑板16+16针

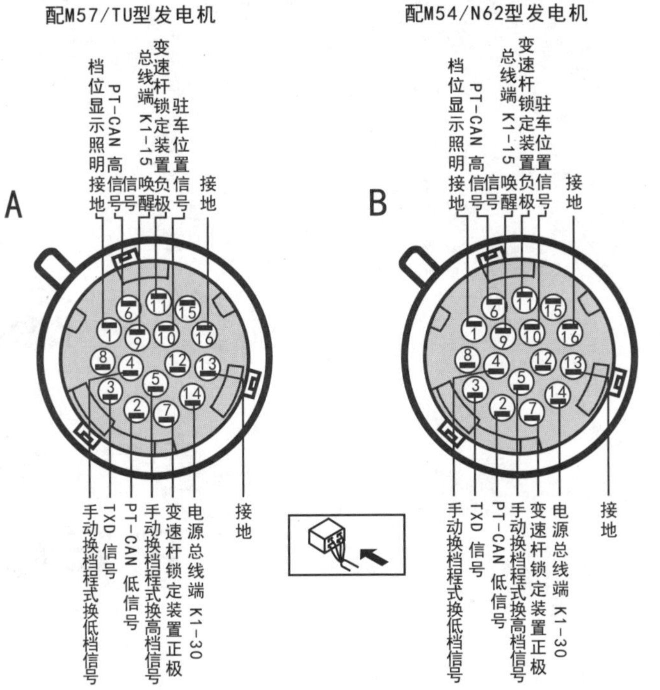

第 10 章

标致车系电脑板端子功能和参考值

一、标志406 2.0L车系Bosch Motromic MP3.2发动机控制系统电脑板55针

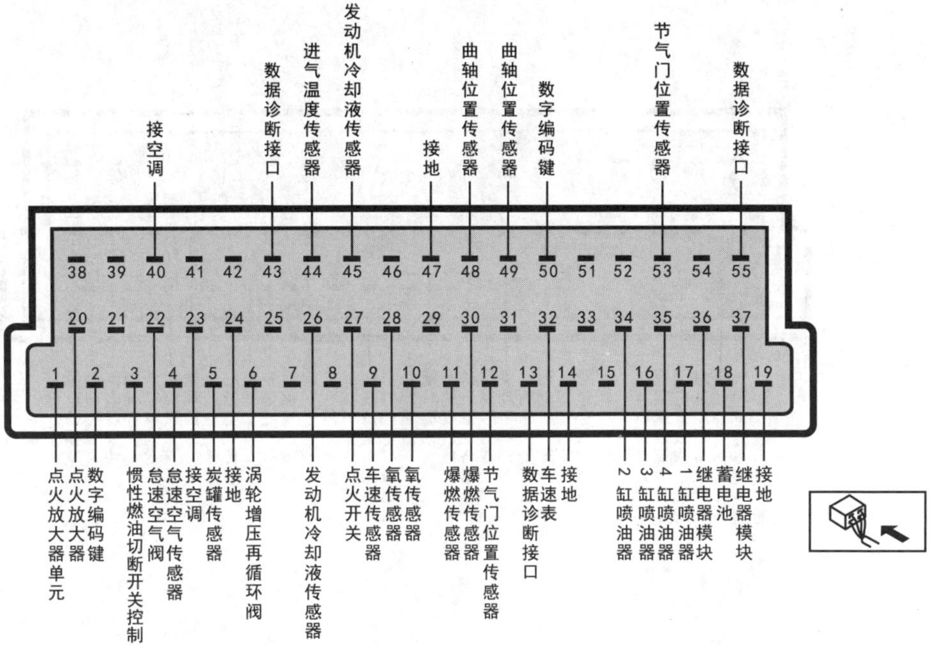

电脑板重要端子参考值

端子号	端子功能	参考值	端子号	端子功能	参考值	端子号	端子功能	参考值
1	点火放大器单元	0V	17	1缸喷油器	11～14V	34	2缸喷油器	11～14V
2	数字编码键	0V	18	蓄电池	11～14V	35	4缸喷油器	11～14V
3	惯性燃油切断开关控制	11～14V	19	接地	0V	36	继电器模块	11～14V
5	炭罐传感器	11～14V	20	点火放大器	0V	37	继电器模块	11～14V
6	涡轮增压再循环阀	11～14V	24	接地	0V	43	数据诊断接口	30Hz
10	氧传感器	0V	26	发动机冷却液传感器	3.2V	44	进气温度传感器	0V
12	节气门位置传感器	5V	27	点火开关	0V	45	发动机冷却液传感器	3.2V
14	接地	0V	28	氧传感器	0V	47	接地	0V
16	3缸喷油器	11～14V	32	车速表	30Hz	53	节气门位置传感器	0.4V

二、标志406 1.8i车系Bosch Motromic MP5.1.1发动机控制系统电脑板55针

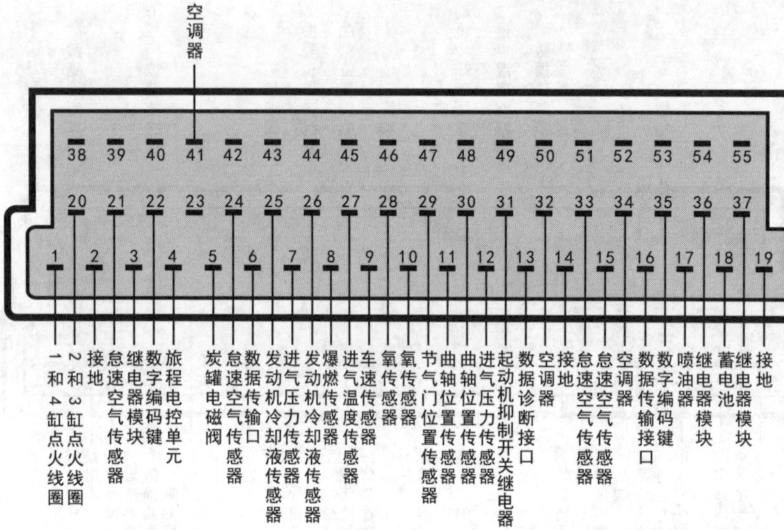

电脑板重要端子参考值

端子号	端子功能	参考值	端子号	端子功能	参考值	端子号	端子功能	参考值
2	接地	0V	14	接地	0V	29	节气门位置传感器	0.4V
3	继电器模块	11～14V	17	喷油器	11～14V	30	曲轴位置传感器	0V
5	炭罐电磁阀	11～14V	18	蓄电池	11～14V	35	数字编码键	11～14V
6	数据传输口	30Hz	19	接地	0V	36	继电器模块	11～14V
7	进气压力传感器	4.4V	22	数字编码键	0～1V	37	继电器模块	11～14V
8	爆燃传感器	3.5V	25	发动机冷却液传感器	3.5V			
10	氧传感器	0V	26	发动机冷却液传感器	3.5V			
11	曲轴位置传感器	0V	27	进气温度传感器	0V			
12	进气压力传感器	5V	28	氧传感器	0V			

三、标志106 1.6i车系Bosch Motromic MP5.2发动机控制系统电脑板55针

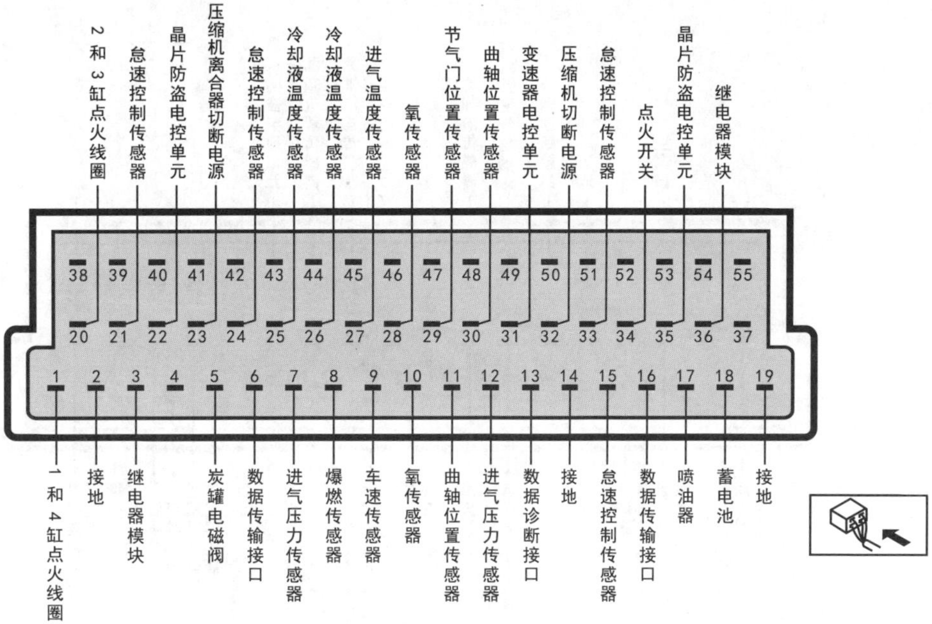

电脑板重要端子参考值

端子号	端子功能	参考值	端子号	端子功能	参考值	端子号	端子功能	参考值	端子号	端子功能	参考值
2	接地	0V	13	数据诊断接口	11～14V	25	冷却液温度传感器	3.5V	34	点火开关	11～14V
3	继电器模块	11～14V	14	接地	0V	26	冷却液温度传感器	3.5V	35	晶片防盗电控单元	11～14V
5	炭罐电磁阀	11～14V	15	怠速控制传感器	9V	27	进气温度传感器	11～14V	36	继电器模块	11～14V
6	数据传输接口	11～14V	16	数据传输接口	11～14V	28	氧传感器	0V			
7	进气压力传感器	4.5V	17	喷油器	11～14V	29	节气门位置传感器	0.6V			
9	车速传感器	11～14V	18	蓄电池	11～14V	30	曲轴位置传感器	2.2V			
10	氧传感器	0V	19	接地	0V	31	变速器电控单元	11～14V			
11	曲轴位置传感器	2.2V	22	晶片防盗电控单元	0～1V	32	压缩机切断电源	11～14V			
12	进气压力传感器	4.5V	23	压缩机离合器切断电源	11～14V	33	怠速控制传感器	9V			

四、标志406 3.0L V6车系Bosch Motromic MP7.0发动机控制系统电脑板55针

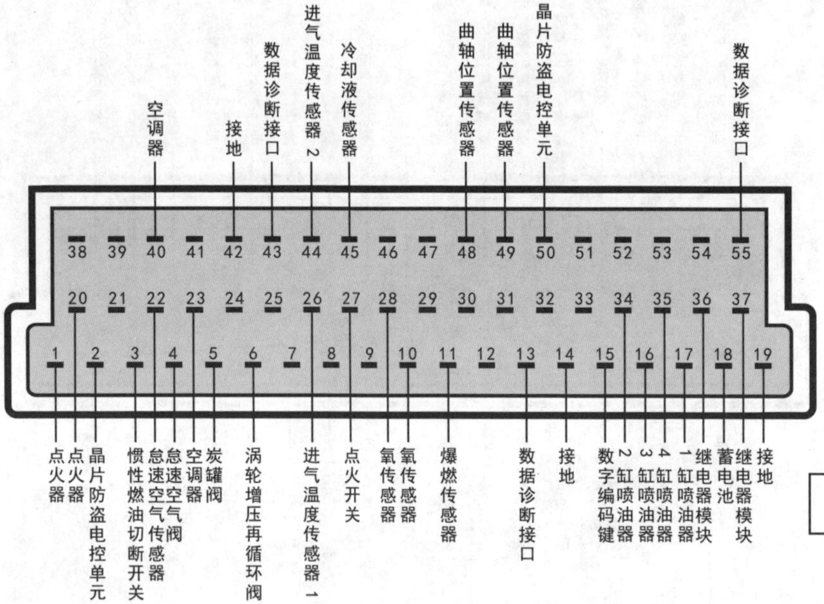

电脑板重要端子参考值

端子号	端子功能	参考值	端子号	端子功能	参考值
1	点火器	11～14V	23	空调器	0V
2	晶片防盗电控单元	0V	26	进气温度传感器1	0V
4	怠速空气阀	6～8.5V	28	氧传感器	0V
10	氧传感器	0V	40	空调器	0V
14	接地	0V	45	冷却液传感器	3.8V
18	蓄电池	11～14V	48	曲轴位置传感器	11～14V
19	接地	0V	49	曲轴位置传感器	11～14V
20	点火器	11～14V			
22	怠速空气传感器	6-8.5V			

五、标志106 1.4L车系Bosch MP7.2/7.3发动机控制系统电脑板88针

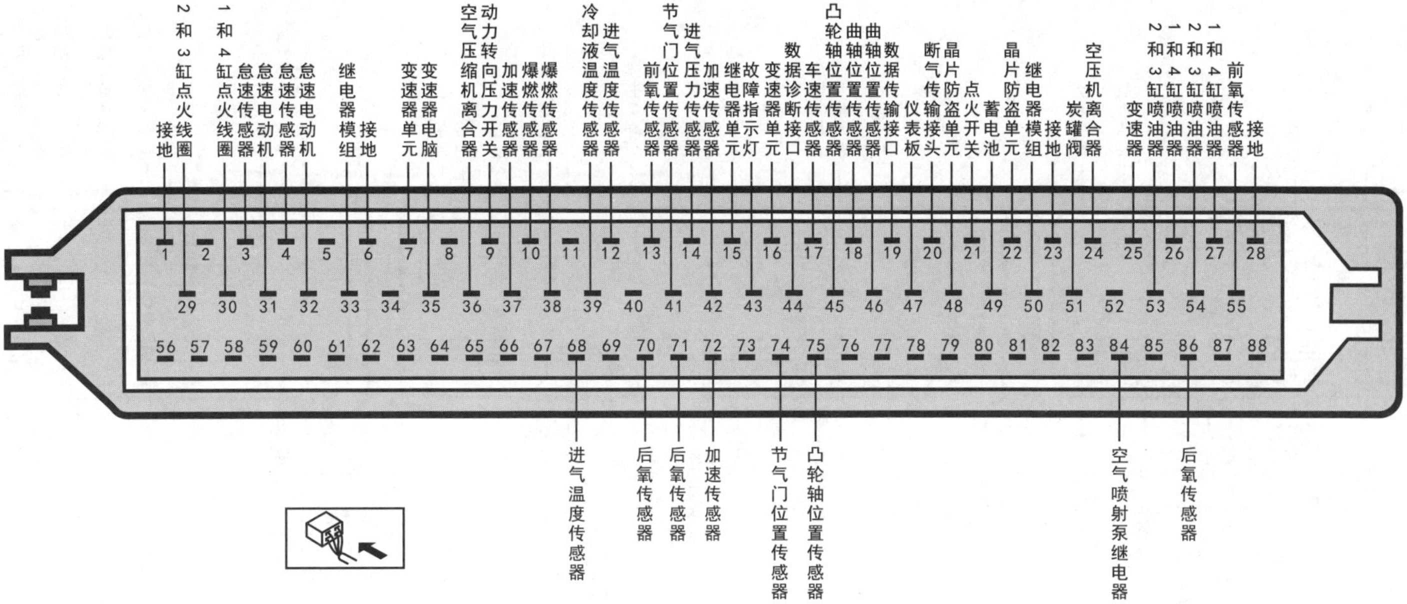

电脑板重要端子参考值

端子号	端子功能	参考值	端子号	端子功能	参考值	端子号	端子功能	参考值	端子号	端子功能	参考值
1	接地	0V	17	车速传感器	11～14V	35	变速器电脑	10.8V	48	晶片防盗单元	11～14V
6	接地	0V	18	曲轴位置传感器	2.6V	36	空气压缩机离合器	11～14V	49	蓄电池	11～14V
7	变速器单元	10.8V	19	数据传输接口	0V	39	冷却液温度传感器	3.3V	50	继电器模组	11～14V
9	动力转向压力开关	0V	20	断气传输接头	0V	41	节气门位置传感器	0.6V	54	2和3缸喷油器	11～14V
12	进气温度传感器	3.3V	22	晶片防盗单元	11～14V	42	加速传感器	0V	68	进气温度传感器	0V
13	前氧传感器	0.1～0.9V	24	空压机离合器	0～1V	43	故障警告灯	0～1V	70	后氧传感器	0.6V
14	进气压力传感器	1.2V	25	变速器	10.8V	44	数据诊断接口	5V	74	节气门位置传感器	0V
15	继电器单元	11～14V	27	1和4缸喷油器	11～14V	45	凸轮轴位置传感器	0V	84	空气喷射泵继电器	11～14V
16	变速器单元	10.8V	33	继电器模组	11～14V	46	曲轴位置传感器	2.6V	86	后氧传感器	0V

六、标志206车系 2.0L EW10J4 RFR发动机控制系统电脑板32+48+32针

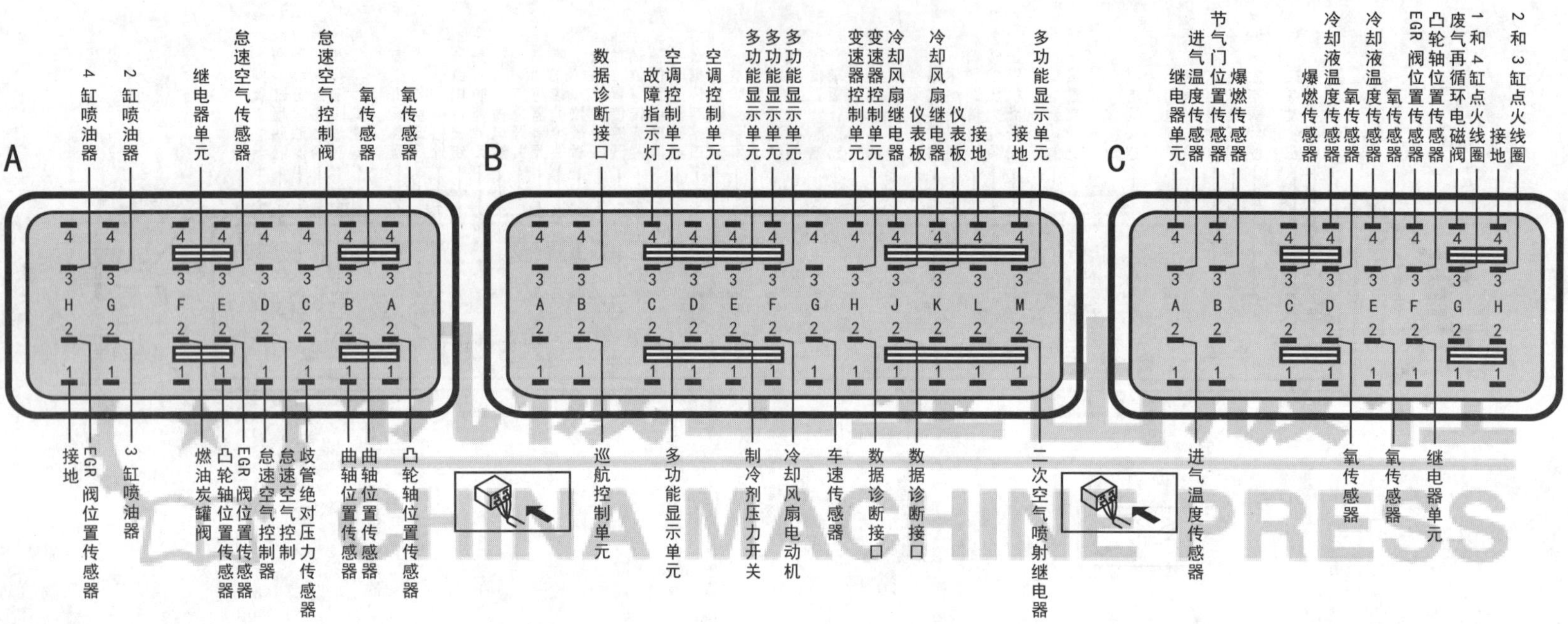

电脑板重要端子参考值

端子号	端子功能	参考值	端子号	端子功能	参考值	端子号	端子功能	参考值	端子号	端子功能	参考值
AA2	凸轮轴位置传感器	0V	AE1	凸轮轴位置传感器	5V	BB2	巡航控制单元	0V	BF4	多功能显示单元	0V
AA3	氧传感器	0.1V	AE3	怠速空气传感器	11~14V	BB3	数据诊断接口	0V	BG2	车速传感器	0.5~13V
AB1	曲轴位置传感器	1.9V	AF2	燃油炭罐阀	11~14V	BC2	多功能显示单元	11~14V	BH2	数据诊断接口	0V
AB2	曲轴位置传感器	1.9V	AF3	继电器单元	11~14V	BC3	空调控制单元	0V	BJ2	数据诊断接口	10V
AB3	氧传感器	0V	AG2	3缸喷油器	11~14V	BC4	故障警告灯	11~14V	BJ3	仪表板	0V
AC1	歧管绝对压力传感器	4.4V	AG3	2缸喷油器	11~14V	BD3	空调控制单元	0.4V	BJ4	冷却风扇继电器	11~14V
AC3	怠速空气控制阀	5V	AH1	接地	0V	BE3	多功能显示单元	0V	BK3	仪表板	0V
AD1	怠速空气控制器	0.18V	AH2	EGR阀位置传感器	11~14V	BF2	冷却风扇电动机	0V	BK4	冷却风扇继电器	0V
AD2	怠速空气控制	11~14V	AH3	4缸喷油器	11~14V	BF3	多功能显示单元	7.7V	BL4	接地	0V

（续）

端子号	端子功能	参考值	端子号	端子功能	参考值	端子号	端子功能	参考值	端子号	端子功能	参考值
BM2	二次空气喷射继电器	11～14V	CA4	继电器单元	0V	CE4	冷却液温度传感器	1V	CG4	废气再循环电磁阀	11～14V
BM3	多功能显示单元	0.8V	CB3	爆燃传感器	2.46V	CF2	继电器单元	11～14V	CH3	2和3缸点火线圈	11～14V
BM4	接地	0V	CB4	节气门位置传感器	0.68V	CF3	凸轮轴位置传感器	0.6～11V	CH4	接地	0V
CA2	进气温度传感器	3.13V	CD4	冷却液温度传感器	0V	CF4	EGR阀位置传感器	0.7V			
CA3	进气温度传感器	0V	CE2	氧传感器	11～14V	CG3	1和4缸点火线圈	11～14V			

七、标志406车系 ES9J4S（XFX，3.0L）发动机控制系统电脑板55针

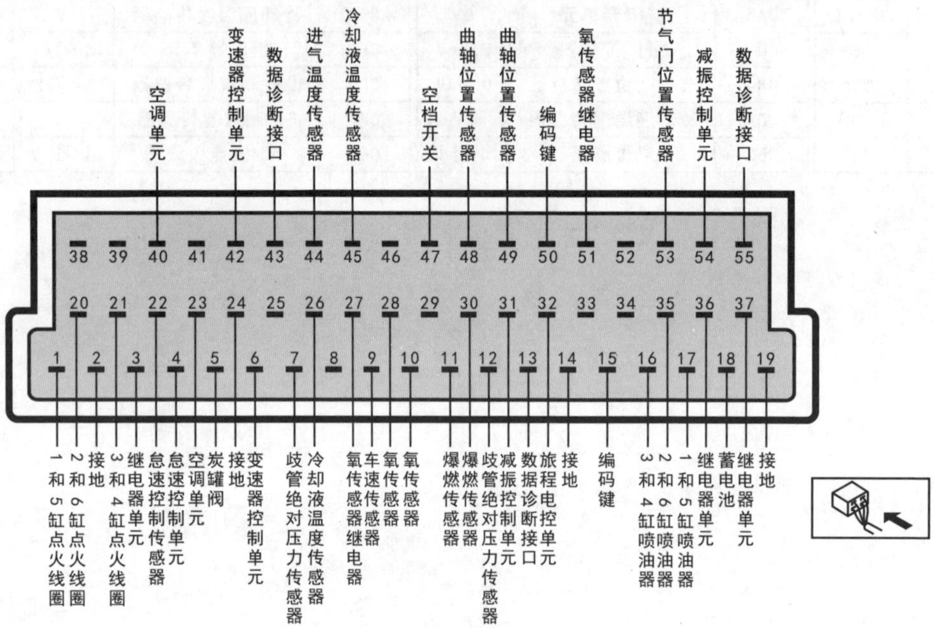

电脑板重要端子参考值

端子号	端子功能	参考值	端子号	端子功能	参考值	端子号	端子功能	参考值	端子号	端子功能	参考值
1	1和5缸点火线圈	11～14V	15	编码键	0～1V	26	冷却液温度传感器	0V	43	数据诊断接口	11～14V
2	接地	0V	16	3和4缸喷油器	11～14V	27	氧传感器继电器	11～14V	44	进气温度传感器	3.8V
3	继电器单元	11～14V	17	1和5缸喷油器	11～14V	28	氧传感器	0～1V	45	冷却液温度传感器	3.8V
4	怠速控制单元	6～8.5V	18	蓄电池	11～14V	31	减振控制单元	1.3V	48	曲轴位置传感器	2.5V
7	歧管绝对压力传感器	4.5V	20	2和6缸点火线圈	11～14V	32	旅程电控单元	2.4V	50	编码键	11～14V
9	车速传感器	0～14V	21	3和4缸点火线圈	11～14V	35	2和6缸喷油器	11～14V	51	氧传感器继电器	4.2V
10	氧传感器	0V	22	怠速控制传感器	6～8.5V	36	继电器单元	0～1V	53	节气门位置传感器	0.6V
12	歧管绝对压力传感器	5V	23	空调单元	0V	37	继电器单元	11～14V	54	减振控制单元	0V
13	数据诊断接口	0V	24	接地	0V	40	空调单元	0V	55	数据诊断接口	0V

八、标志406车系 XU7JB（LFX，1.8L）发动机控制系统电脑板55针

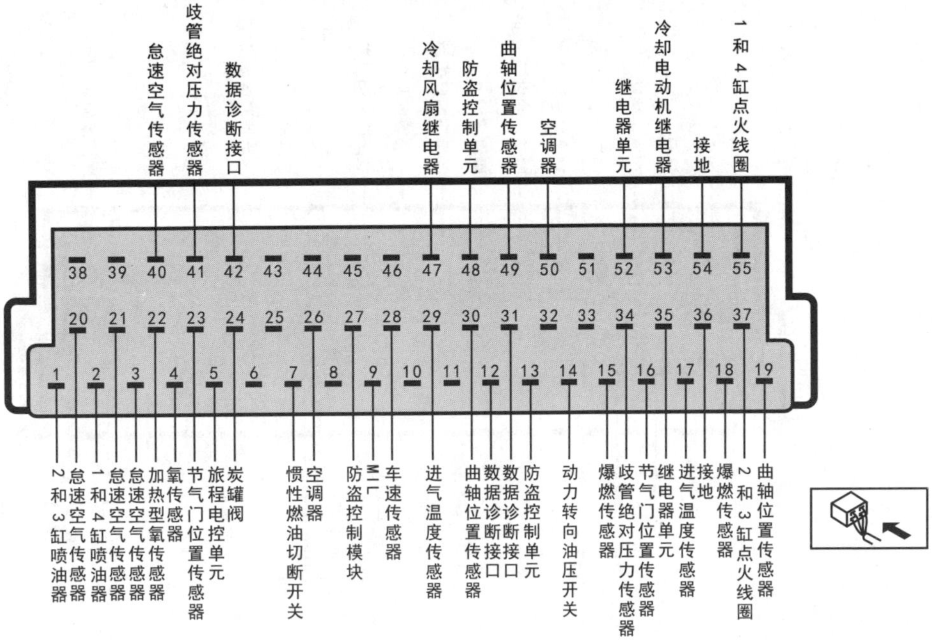

电脑板重要端子参考值

端子号	端子功能	参考值	端子号	端子功能	参考值	端子号	端子功能	参考值
1	2和3缸喷油器	4.2ms	22	加热型氧传感器	0～1V	42	数据诊断接口	28Hz
2	1和4缸喷油器	4.2ms	23	节气门位置传感器	0.7V	47	冷却风扇继电器	1.7V
7	惯性燃油切断开关	11～14V	28	车速传感器	0～12V	49	曲轴位置传感器	2V
9	MIL	0～1V	29	进气温度传感器	2.5V	52	继电器单元	0～1V
13	防盗控制单元	11～14V	30	曲轴位置传感器	2V	53	冷却电动机继电器	0V
16	节气门位置传感器	5V	34	歧管绝对压力传感器	5V	54	接地	0V
17	进气温度传感器	0V	35	继电器单元	11～14V			
18	爆燃传感器	0～1V	36	接地	0V			
19	曲轴位置传感器	0V	41	歧管绝对压力传感器	4.5V			

九、标志106、306、405、406、506车系Magneti Marelle 8P发动机控制系统电脑板35针

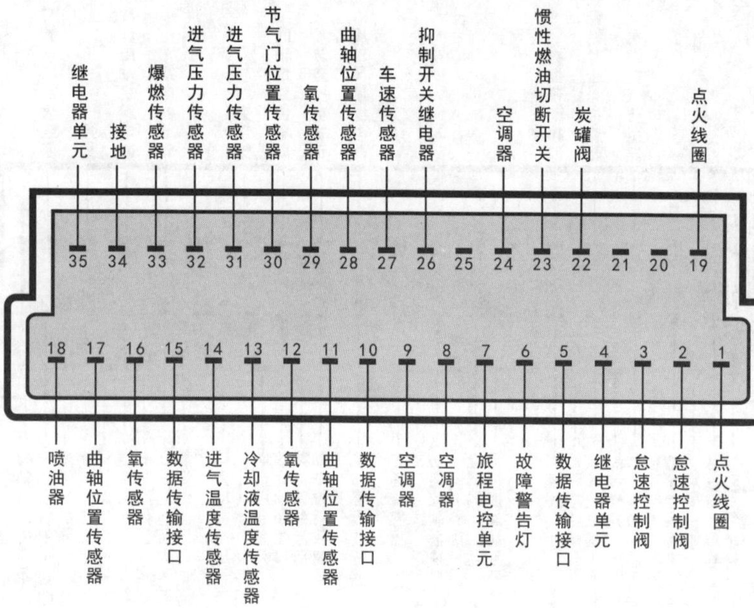

电脑板重要端子参考值

端子号	端子功能	参考值
1	点火线圈	11～14V
4	继电器单元	0～1V
5	数据传输接口	30Hz
6	故障警告灯	0～1V
8	空调器	11～14V
9	空调器	11～14V
10	数据传输接口	11～14V
11	曲轴位置传感器	3V
12	氧传感器	0V
13	冷却液温度传感器	0.5V
14	进气温度传感器	5V
15	数据传输接口	11～14V
16	氧传感器	5V
17	曲轴位置传感器	0V
18	喷油器	11～14V
19	点火线圈	11～14V
22	炭罐阀	0V
23	惯性燃油切断开关	0～1V
24	空调器	11～14V
27	车速传感器	11～14V
28	曲轴位置传感器	3V
29	氧传感器	0V
30	节气门位置传感器	4.5V
31	进气压力传感器	0V
32	进气压力传感器	4.6V
33	爆燃传感器	0V
34	接地	0V
35	继电器单元	0～1V

十、标志205、306、309、405车系Magneti Marelli G6发动机控制系统电脑板35针

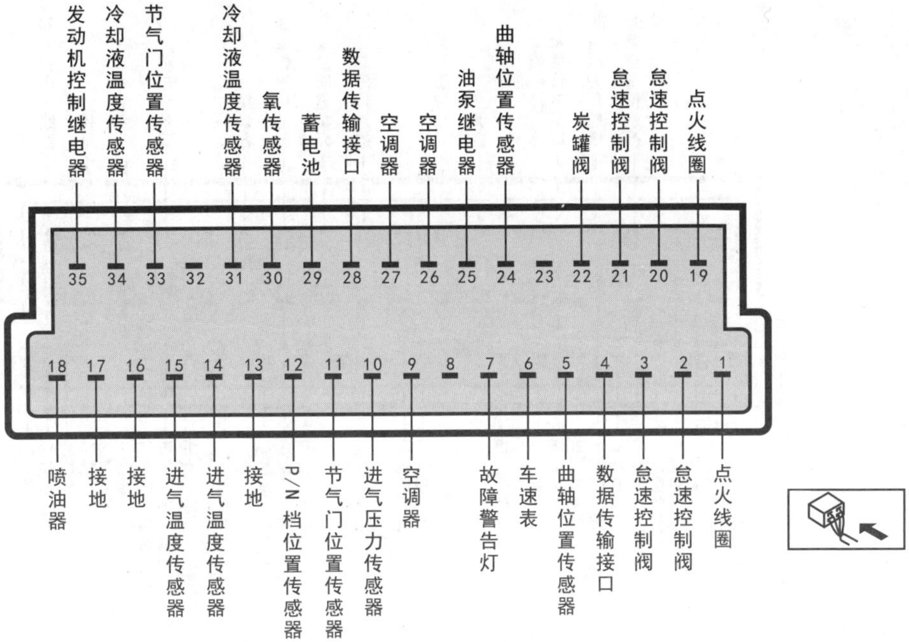

电脑板重要端子参考值

端子号	端子功能	参考值	端子号	端子功能	参考值	端子号	端子功能	参考值
6	车速表	30Hz	17	接地	0V	35	发动机控制继电器	11～14V
7	故障警告灯	0～1V	18	喷油器	1.3～1.5ms			
10	进气压力传感器	1.6V	22	炭罐阀	11～14V			
11	节气门位置传感器	0.3V	25	油泵继电器	11～14V			
12	P/N档位置传感器	5V	29	蓄电池	11～14V			
13	接地	0V	30	氧传感器	0～1V			
14	进气温度传感器	2.2V	31	冷却液温度传感器	0V			
15	进气温度传感器	1.6V	33	节气门位置传感器	5V			
16	接地	0V	34	冷却液温度传感器	0V			

十一、标志406车系Magneti Marelli 1AP.2发动机控制系统电脑板55针

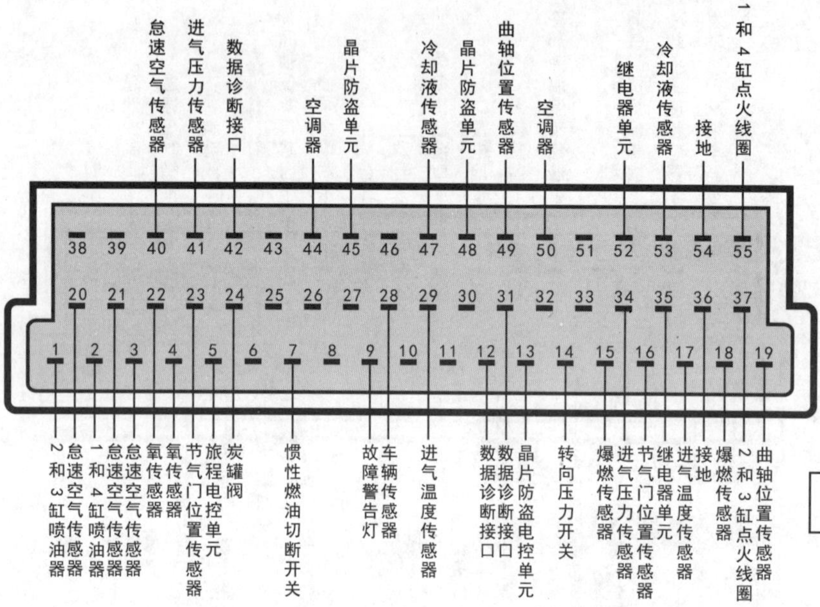

电脑板重要端子参考值

端子号	端子功能	参考值	端子号	端子功能	参考值	端子号	端子功能	参考值
1	2和3缸喷油器	4.2ms	17	进气温度传感器	0V	36	接地	0V
2	1和4缸喷油器	4.2ms	18	爆燃传感器	0～1V	41	进气压力传感器	4.5V
4	氧传感器	0V	19	曲轴位置传感器	0V	42	数据诊断接口	28Hz
5	旅程电控单元	0～12V	22	氧传感器	0～1V	47	冷却液传感器	1.7V
7	惯性燃油切断开关	11～14V	23	节气门位置传感器	0.7V	49	曲轴位置传感器	2Vac
9	故障警告灯	0～1V	24	炭罐阀	1%～99%	52	继电器单元	0～1V
13	晶片防盗电控单元	11～14V	29	进气温度传感器	2.5V	53	冷却液传感器	0V
14	转向压力开关	0V	34	进气压力传感器	5V	54	接地	0V
16	节气门位置传感器	5V	35	继电器单元	11～14V			

十二、标志106车系 TU5J2（NFW，1.6L）发动机控制系统电脑板88针

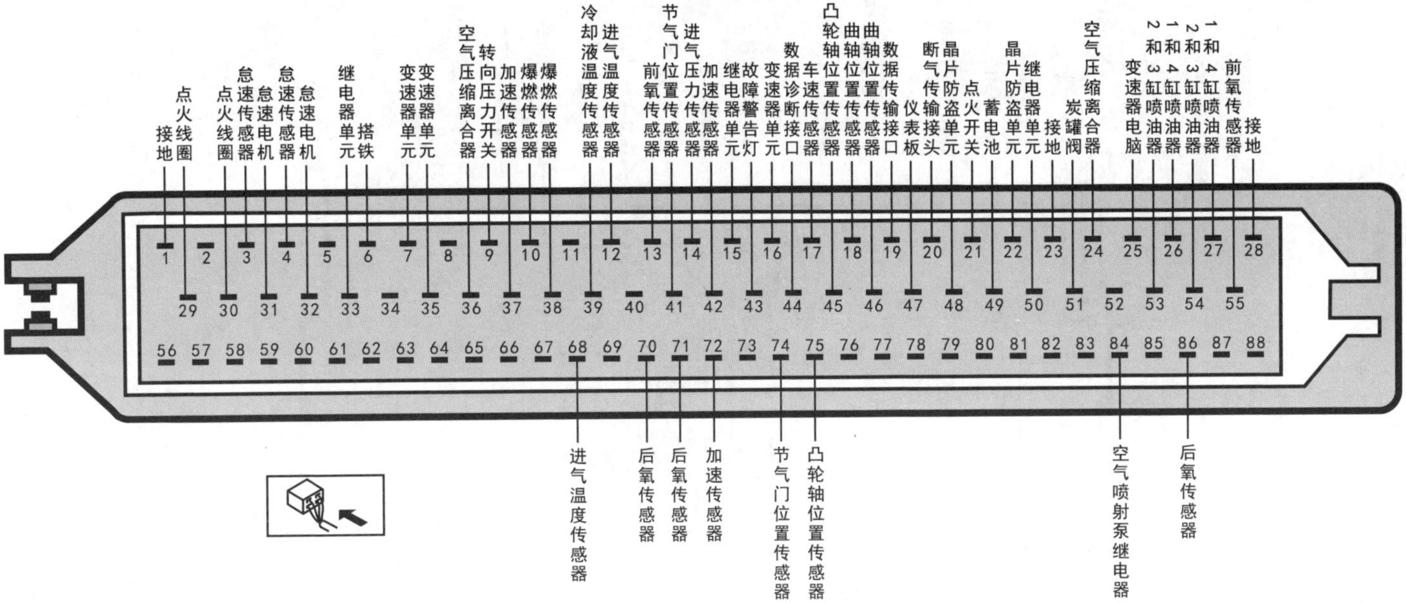

电脑板重要端子参考值

端子号	端子功能	参考值	端子号	端子功能	参考值	端子号	端子功能	参考值	端子号	端子功能	参考值
1	接地	0V	18	曲轴位置传感器	2.6V	36	空气压缩离合器	11～14V	48	晶片防盗单元	11～14V
7	变速器单元	10.8V	19	数据传输接口	0V	37	加速传感器	0V	50	继电器单元	11～14V
9	转向压力开关	0V	20	断气传输接口	0V	39	冷却液温度传感器	3.3V	53	2和3缸喷油器	11～14V
12	进气温度传感器	3.3V	22	晶片防盗单元	11～14V	41	节气门位置传感器	0.6V	68	进气温度传感器	0V
13	前氧传感器	0.1～0.9V	24	空气压缩离合器	0～1V	42	加速传感器	0V	70	后氧传感器	0.6V
14	进气压力传感器	1.2V	25	变速器电脑	10.8V	43	故障警告灯	0～1V	74	节气门位置传感器	0V
15	继电器单元	11～14V	26	1和4缸喷油器	11～14V	44	数据诊断接口	5V	75	凸轮轴位置传感器	0V
16	变速器单元	10.8V	33	继电器单元	11～14V	45	凸轮轴位置传感器	0V	84	空气喷射泵继电器	11～14V
17	车速传感器	11～14V	35	变速器单元	10.8V	46	曲轴位置传感器	2.6V	86	后氧传感器	0V

十三、标志106车系 TU5J2（1.6L）发动机控制系统电脑板35针

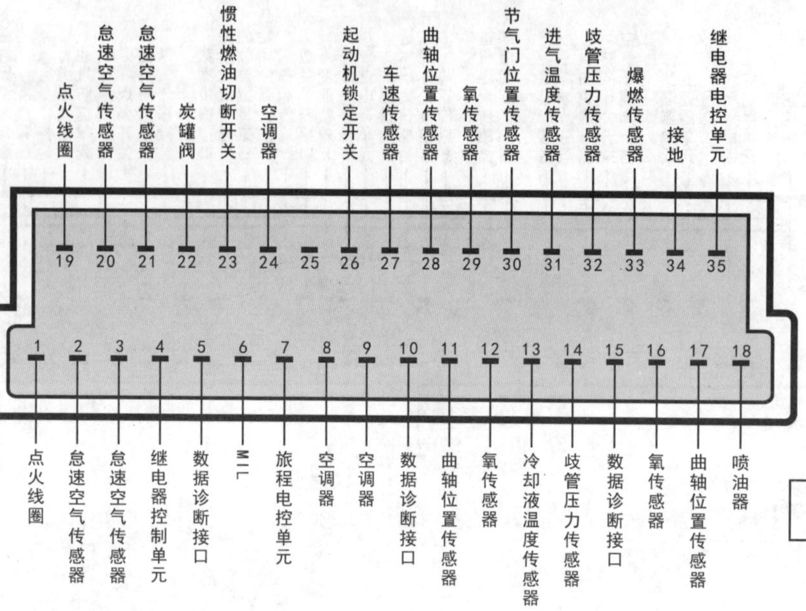

电脑板重要端子参考值

端子号	端子功能	参考值
1	点火线圈	11～14V
2	怠速空气传感器	1V
3	怠速空气传感器	11～14V
4	继电器控制单元	4.5V
5	数据诊断接口	30Hz
6	MIL	0～1V
8	空调器	11～14V
9	空调器	11～14V
10	数据诊断接口	11～14V
11	曲轴位置传感器	3V
13	冷却液温度传感器	3V
14	歧管压力传感器	5V
15	数据诊断接口	0V
16	氧传感器	0V
17	曲轴位置传感器	0V
18	喷油器	11～14V
19	点火线圈	11～14V
20	怠速空气传感器	11～14V
21	怠速空气传感器	1V
22	炭罐阀	0V
23	惯性燃油切断开关	11～14V
24	空调器	11～14V
27	车速传感器	11～14V
28	曲轴位置传感器	3V
29	氧传感器	0～1V
30	节气门位置传感器	0.3V
31	进气温度传感器	3V
32	歧管压力传感器	4.6V
34	接地	0V
35	继电器电控单元	11～14V

十四、标志106车系 TU9M（CDY，1.0L）发动机控制系统电脑板55针

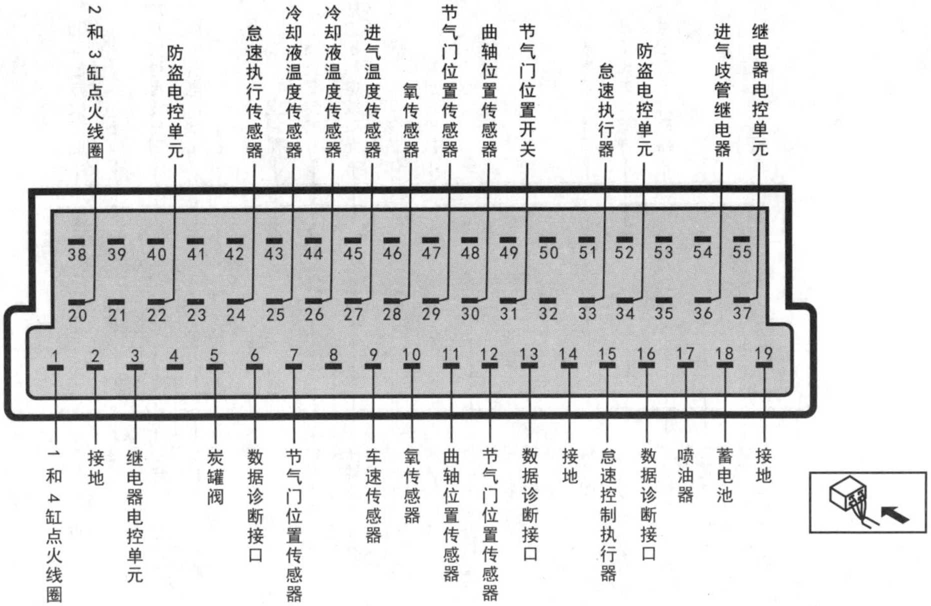

电脑板重要端子参考值

端子号	端子功能	参考值	端子号	端子功能	参考值	端子号	端子功能	参考值
2	接地	0V	17	喷油器	1.9ms	31	节气门位置开关	0V
3	继电器电控单元	11～14V	18	蓄电池	11～14V	36	进气歧管继电器	11～14V
5	炭罐阀	11～14V	19	接地	0V	37	继电器电控单元	11～14V
6	数据诊断接口	30Hz	22	防盗电控单元	0～1V			
7	节气门位置传感器	1.8V	25	冷却液温度传感器	2.5V			
10	氧传感器	0V	26	冷却液温度传感器	0V			
11	曲轴位置传感器	0V	27	进气温度传感器	2.8V			
12	节气门位置传感器	5V	29	节气门位置传感器	0V			
14	接地	0V	30	曲轴位置传感器	9V			

十五、标志106车系 TU3JP（KFX，1.4L）发动机控制系统电脑板55针

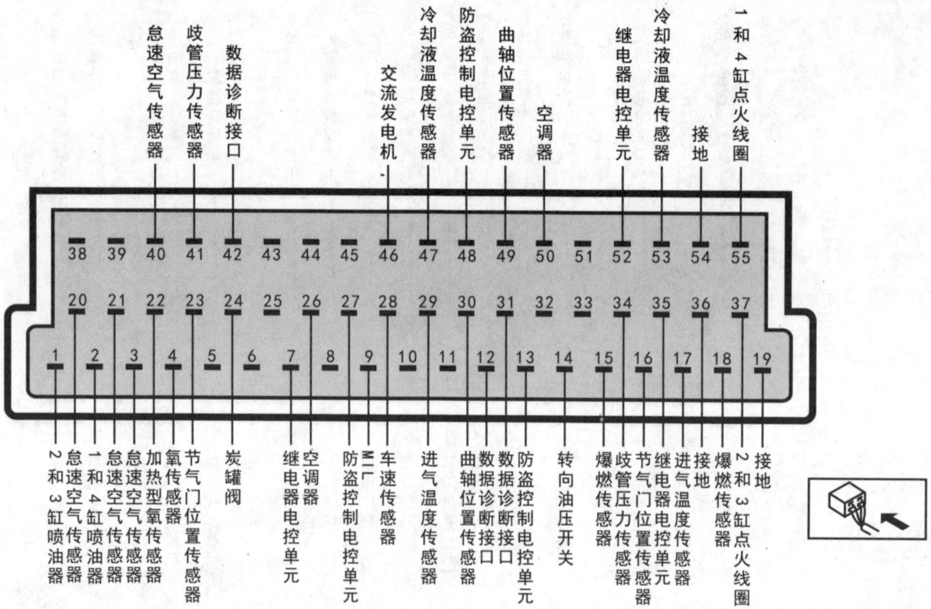

电脑板重要端子参考值

端子号	端子功能	参考值	端子号	端子功能	参考值	端子号	端子功能	参考值
1	2和3缸喷油器	4.2ms	19	接地	0V	41	歧管压力传感器	4.5V
2	1和4缸喷油器	4.2ms	22	加热型氧传感器	0～1V	42	数据诊断接口	28Hz
4	氧传感器	0V	23	节气门位置传感器	0.7V	47	冷却液温度传感器	1.7V
7	继电器电控单元	11～14V	28	车速传感器	0～12V	49	曲轴位置传感器	2V
13	防盗控制电控单元	11～14V	29	进气温度传感器	2.5V	52	继电器电控单元	0～1V
14	转向油压开关	0V	30	曲轴位置传感器	2V	53	冷却液温度传感器	0V
16	节气门位置传感器	5V	34	歧管压力传感器	5V	54	接地	0V
17	进气温度传感器	0V	35	继电器电控单元	11～14V			
18	爆燃传感器	0V	36	接地	0V			

十六、标志306、405车系Segam SL96发动机控制系统电脑板55针

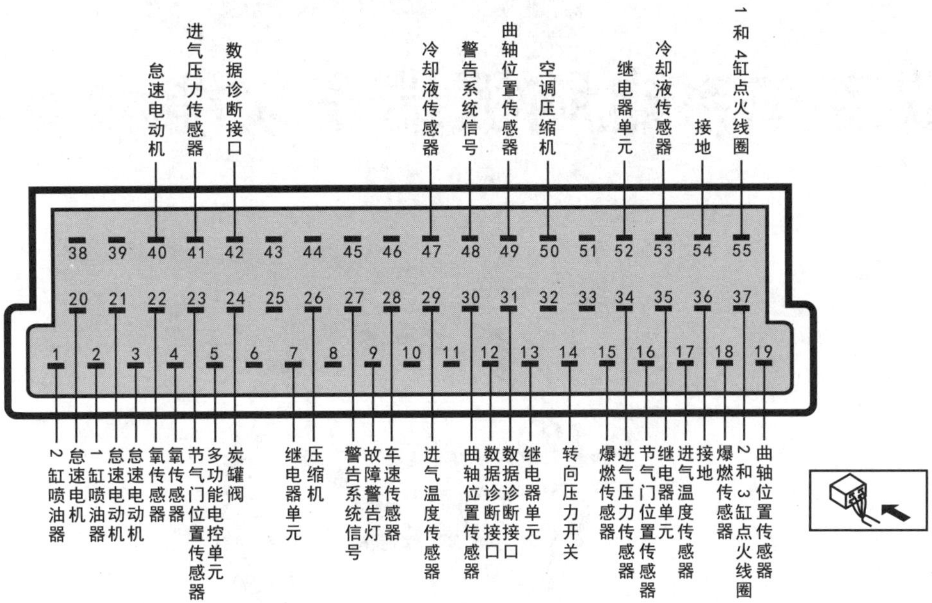

电脑板重要端子参考值

端子号	端子功能	参考值	端子号	端子功能	参考值	端子号	端子功能	参考值	端子号	端子功能	参考值
1	2缸喷油器	11～14V	16	节气门位置传感器	5V	28	车速传感器	9～12V	47	冷却液传感器	2.6V
2	1缸喷油器	11～14V	17	进气温度传感器	0V	29	进气温度传感器	0V	48	警告系统信号	10.6V
4	氧传感器	0V	18	爆燃传感器	0V	30	曲轴位置传感器	2.5V	49	曲轴位置传感器	2.5V
5	多功能电控单元	11～14V	19	曲轴位置传感器	0V	31	数据诊断接口	9.5V	50	空调压缩机	11～14V
7	继电器单元	0～1V	22	氧传感器	0V	34	进气压力传感器	0V	52	继电器单元	11～14V
9	故障警告灯	0～1V	23	节气门位置传感器	5V	35	继电器单元	11～14V	53	冷却液传感器	0V
12	数据诊断接口	9.5V	24	炭罐阀	11～14V	36	接地	0V	54	接地	0V
13	继电器单元	0～1V	26	压缩机	11～14V	41	进气压力传感器	4.5V			
15	爆燃传感器	0V	27	警告系统信号	10.6V	42	数据诊断接口	11～14V			

第 11 章

欧宝车系电脑板端子功能和参考值

第1节　欧宝车系发动机系统电脑板端子功能和参考值

一、欧宝可赛Z18XE 发动机控制系统电脑板64+64针

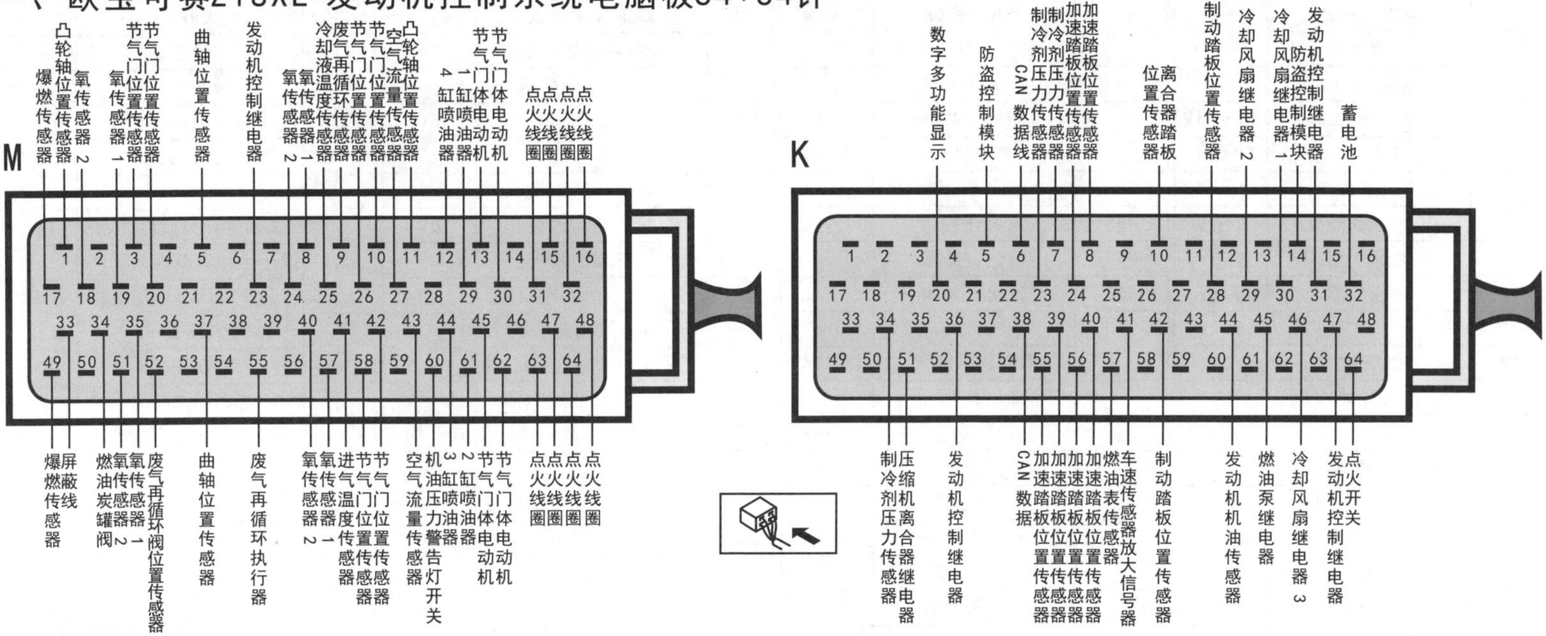

电脑板重要端子参考值

端子号	测试条件	参考值	端子号	测试条件	参考值	端子号	测试条件	参考值	端子号	测试条件	参考值
M1	点火开关ON	0V	M12	点火开关ON	0～1V	M18	点火开关ON	11～14V	M25	怠速，热机	0.8V
M3	点火开关ON	5V		怠速状态	3.2ms		怠速状态	0～1V	M26	释放加速踏板	4.3V
M5	怠速状态	2.8V	M13	点火开关ON	0～1V	M19	点火开关ON	11～14V		踩下加速踏板	0.8V
M8	点火开关ON	0V		怠速状态	2V/2ms		怠速状态	0～1V	M27	点火开关ON	0V
M9	怠速状态	1.1V	M15	点火开关ON	11～14V	M20	点火开关ON	5V	M29	点火开关ON	0～1V
M10	释放加速踏板	0.8V		怠速状态	5V/ms	M23	点火开关OFF	0V		怠速状态	3.2 ms
	踩下加速踏板	4V	M16	点火开关ON	11～14V		点火开关ON	11～14V	M30	点火开关ON	0～1V
M11	点火开关ON	0V或5V		怠速状态	5V/ms	M24	点火开关ON	0V		怠速状态	2V/50ms
	怠速状态	2V/0.1s	M17	怠速，短时加速	50mV/ms	M25	点火开关ON，热机	3.6V	M31	点火开关ON	11～14V

（续）

端子号	测试条件	参考值
M32	点火开关ON	11~14V
	怠速状态	5V/ms
M33	点火开关ON	0V
M34	点火开关ON	11~14V
	怠速状态	5V/2ms
M35	点火开关ON	11~14V
	怠速状态	0~1V
M37	怠速状态	2.8V
M40	怠速状态	0.6V
M41	进气20℃	1.9V
M42	点火开关ON	0V
M43	点火开关ON	0V
	怠速状态	0.8V
	怠速，短时加速	4V
M44	点火开关ON	0~1V
	怠速状态	3.2ms
M45	点火开关ON	0~1V
	怠速状态	2V/2ms
M47	点火开关ON	11~14V
	怠速状态	5V/ms

端子号	测试条件	参考值
M48	点火开关ON	11~14V
	怠速状态	5V/ms
M49	点火开关ON	0V
M51	点火开关ON	11~14V
	怠速状态	0~1V
M52	点火开关ON	5V
M55	点火开关ON	11~14V
M57	怠速，热机	0.1~0.9V
M58	点火开关ON	0V
M60	点火开关ON	0V
	怠速状态	11~14V
M61	点火开关ON	0~1V
	怠速状态	3.2ms
M62	点火开关ON	0~1V
	怠速状态	2V/50ms
M63	点火开关ON	11~14V
	怠速状态	5V/ms
M64	点火开关ON	11~14V
	怠速状态	5V/ms
K8	释放加速踏板	1V

端子号	测试条件	参考值
K8	踩下加速踏板	4.2V
K10	释放离合器踏板	0V
	踩下离合器踏板	11~14V
K23	点火开关ON	5V
K24	释放加速踏板	0.5V
	踩下加速踏板	2.1V
K28	释放制动踏板	0V
	踩下制动踏板	11~14V
K29	关闭冷却风扇电动机	11~14V
	打开冷却风扇电动机1档	11~14V
	打开冷却风扇电动机2档	0~1V
K30	打开冷却风扇电动机	0~1V
	关闭冷却风扇电动机	11~14V
K31	点火开关OFF	0V
	点火开关ON	11~14V
K32	点火开关OFF	11~14V
K34	点火开关ON	0V
K36	点火开关OFF	11~14V
	点火开关ON	0~1V
K39	点火开关ON	5V

端子号	测试条件	参考值
K40	点火开关ON	0V
K41	车辆移动	脉冲
K42	释放制动踏板	11~14V
	踩下制动踏板	0V
K45	点火开关ON	11~14V
	怠速状态	0~1V
K46	关闭冷却风扇电动机	11~14V
	打开冷却风扇电动机1档	11~14V
	打开冷却风扇电动机2档	0~1V
K47	点火开关OFF	0V
	点火开关ON	11~14V
K51	怠速，关空调	11~14V
	怠速，开空调，闭压缩机	11~14V
	怠速，开空调和压缩机	0~1V
K55	点火开关ON	5V
K56	点火开关ON	0V
K64	点火开关OFF	0V
	点火开关ON	11~14V

二、欧宝雅特Z18XE发动机控制系统电脑板64+64针

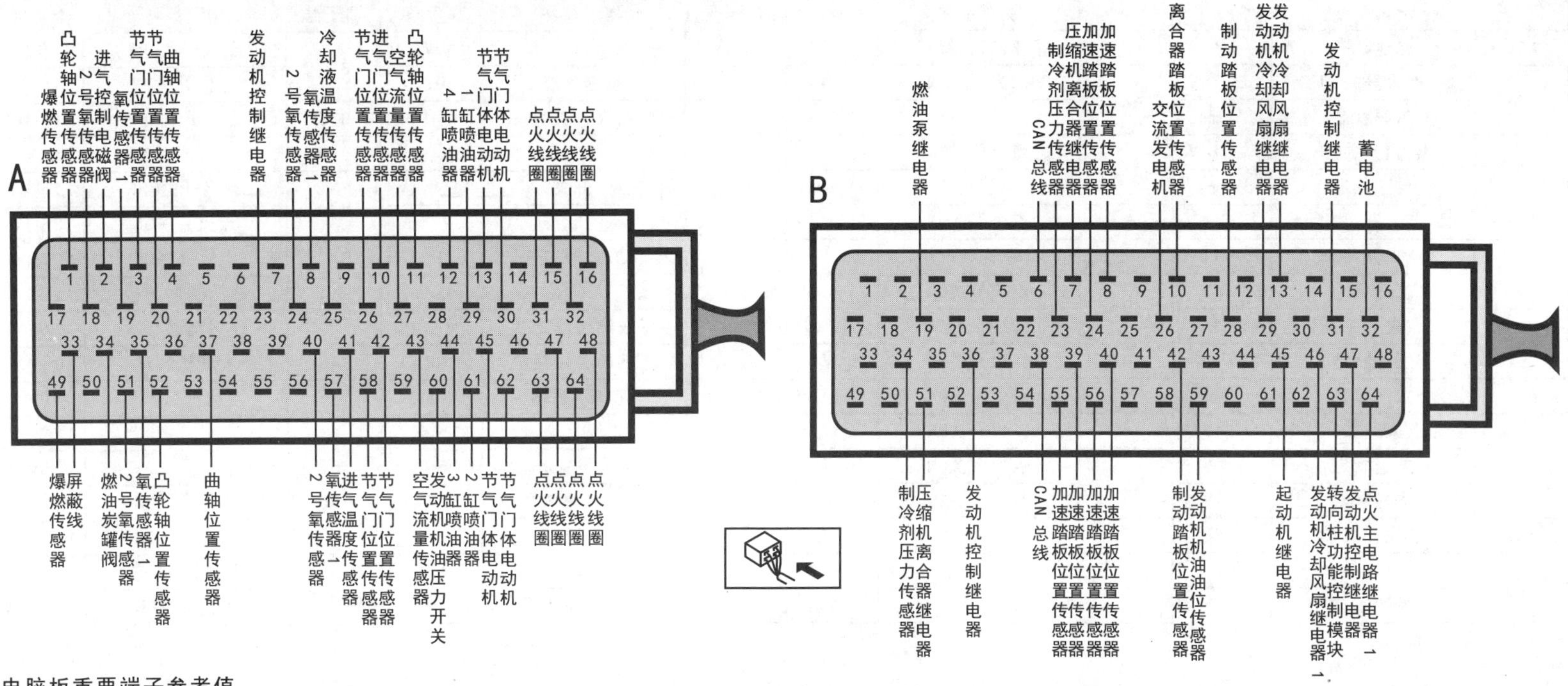

电脑板重要端子参考值

端子号	测试条件	参考值
A1	点火开关ON	0V
A2	点火开关ON	11～14V
	怠速状态	11～14V
	怠速状态，节气门全开	0～1V
A3	点火开关ON	5V
A5	怠速状态	3V
A8	点火开关ON	0V
A10	点火开关ON	0.7V
	怠速状态	0.5V

端子号	测试条件	参考值
A11	点火开关ON	0V或5V
	怠速状态	2V/100ms
A12	点火开关ON	0～1V
	怠速状态	3.2ms
A13	点火开关ON	0V
	怠速状态	2V/2ms
A15	点火开关ON	11～14V
	怠速状态	5V/ms
A16	点火开关ON	11～14V

端子号	测试条件	参考值
A16	怠速状态	5V/ms
A17	点火开关ON	2.4V
	怠速，短时加速	50mV/ms
A18	点火开关ON	11～14V
A19	点火开关ON	11～14V
	怠速状态	11～14V
A20	点火开关ON	5V
A23	点火开关OFF	0V
	点火开关ON	11～14V

端子号	测试条件	参考值
A24	点火开关ON	0V
A25	冷却液20°C	3.6V
	怠速，热机	0.7V
A26	点火开关ON	4.2V
	怠速状态	4.5V
A27	点火开关ON	0V
A29	点火开关ON	0～1V
	怠速状态	3.2ms
A30	点火开关ON	0V

（续）

端子号	测试条件	参考值
A30	怠速状态	0V
A31	点火开关ON	11～14V
	怠速状态	5V/ms
A32	点火开关ON	11～14V
	怠速状态	5V/ms
A33	点火开关ON	0V
A34	点火开关ON	11～14V
	怠速状态	1.4%
A35	点火开关ON	11～14V
	怠速状态	11～14V
A37	怠速状态	3V
A40	点火开关ON	0.4V
	怠速状态	0.6V
A41	进气20℃	1.9V
A42	点火开关ON	0V
A43	点火开关ON	0V
	怠速状态	0.5V

端子号	测试条件	参考值
A43	怠速，短时加速	4.8V
A44	点火开关ON	0～1V
	怠速状态	3.2ms
A45	点火开关ON	0V
	怠速状态	2V/2ms
A47	点火开关ON	11～14V
	怠速状态	5V/ms
A48	点火开关ON	11～14V
	怠速状态	5V/ms
A49	点火开关ON	0V
A51	点火开关ON	11～14V
A52	点火开关ON	5V
A57	点火开关ON	0.4V
	怠速，热机	0.1～0.9V
A58	点火开关ON	0V
A61	点火开关ON	0～1V
	怠速状态	3.2ms

端子号	测试条件	参考值
A62	点火开关ON	0V
	怠速状态	0V
A63	点火开关ON	11～14V
	怠速状态	5V/ms
A64	点火开关ON	11～14V
	怠速状态	5V/ms
B8	释放加速踏板	1V
	踩下加速踏板	4.3V
B10	释放离合器踏板	11～14V
	踩下离合器踏板	0V
B19	点火开关ON	0V
	怠速状态	11～14V
B23	点火开关ON	5V
B24	释放加速踏板	0.5V
	踩下加速踏板	2.1V
B28	释放制动踏板	0V
	踩下制动踏板	11～14V

端子号	测试条件	参考值
B31	点火开关OFF	0V
	点火开关ON	11～14V
B32	点火开关OFF	11～14V
B34	点火开关ON	0V
B36	点火开关OFF	11～14V
	点火开关ON	0～1V
B40	点火开关ON	0V
B42	释放制动踏板	11～14V
	踩下制动踏板	0V
B45	发动机转动	0～1V
B47	点火开关OFF	0V
	点火开关ON	11～14V
B55	点火开关ON	5V
B56	点火开关ON	0V
B63	点火开关ON	11～14V
B64	点火开关OFF	0V
	点火开关ON	11～14V

三、欧宝赛利飞1.8L发动机控制系统电脑板64+64针

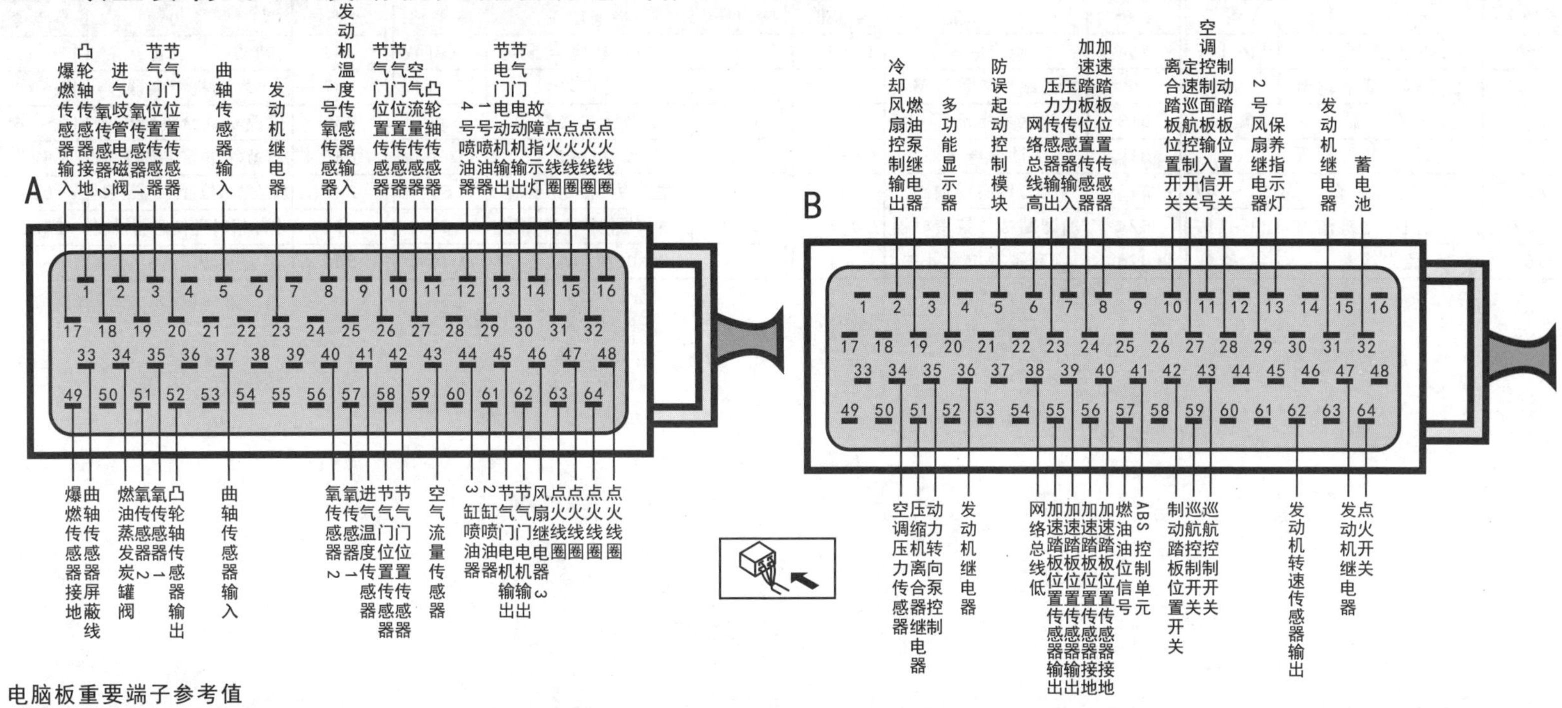

电脑板重要端子参考值

端子号	端子功能	参考值	端子号	端子功能	参考值	端子号	端子功能	参考值	端子号	端子功能	参考值
A1	凸轮轴传感器接地	0V	A14	故障指示灯	11～14V	A27	空气流量传感器	0V	A40	氧传感器2	0.4V
A2	进气歧管电磁阀	11～14V	A15	点火线圈	11～14V	A29	1号喷油器	11～14V	A41	进气温度传感器	1.9V
A3	节气门位置传感器	5V	A16	点火线圈	11～14V	A30	节气门电动机输出	11～14V	A42	节气门位置传感器	0V
A5	曲轴传感器输入	2.8V	A18	氧传感器2	11～14V	A31	点火线圈	11～14V	A43	空气流量传感器	0V
A8	1号氧传感器	0V	A19	氧传感器1	11～14V	A32	点火线圈	11～14V	A44	3缸喷油器	11～14V
A10	节气门位置传感器	0.7V	A20	节气门位置传感器	5V	A33	曲轴传感器屏蔽线	0V	A45	节气门电动机输出	11～14V
A11	凸轮轴传感器	0V	A23	发动机继电器	11～14V	A34	燃油蒸发炭罐阀	11～14V	A47	点火线圈	11～14V
A12	4号喷油器	11～14V	A25	发动机温度传感器输入	3.6V	A35	氧传感器1	11～14V	A48	点火线圈	11～14V
A13	节电门电动机输出	11～14V	A26	节气门位置传感器	4.2V	A37	曲轴传感器输入	2.8V	A49	爆燃传感器接地	0V

（续）

端子号	端子功能	参考值	端子号	端子功能	参考值	端子号	端子功能	参考值	端子号	端子功能	参考值
A51	氧传感器2	11～14V	A64	点火线圈	11～14V	B31	发动机继电器	11～14V	B42	制动踏板位置开关	11～14V
A52	凸轮轴传感器输出	0V	B8	加速踏板位置传感器	1V	B32	蓄电池	11～14V	B47	发动机继电器	11～14V
A57	氧传感器1	0.4V	B13	保养指示灯	0～1V	B34	空调压力传感器	0V	B51	压缩机离合器继电器	11～14V
A58	节气门位置传感器	0V	B19	燃油泵继电器	11～14V	B36	发动机继电器	11～14V	B55	加速踏板位置传感器输出	5V
A61	2缸喷油器	11～14V	B23	压力传感器输出	5V	B39	加速踏板位置传感器输出	5V	B56	加速踏板位置传感器接地	0V
A62	节气门电动机输出	11～14V	B24	加速踏板位置传感器	0.5V	B40	加速踏板位置传感器接地	0V	B62	发动机转速传感器输出	25Hz
A63	点火线圈	11～14V	B28	制动踏板位置开关	0V	B41	ABS控制单元	11～14V	B64	点火开关	11～14V

四、欧宝Bosch Motrnic M1.5.1发动机控制系统电脑板55针（2.0L、2.2L）

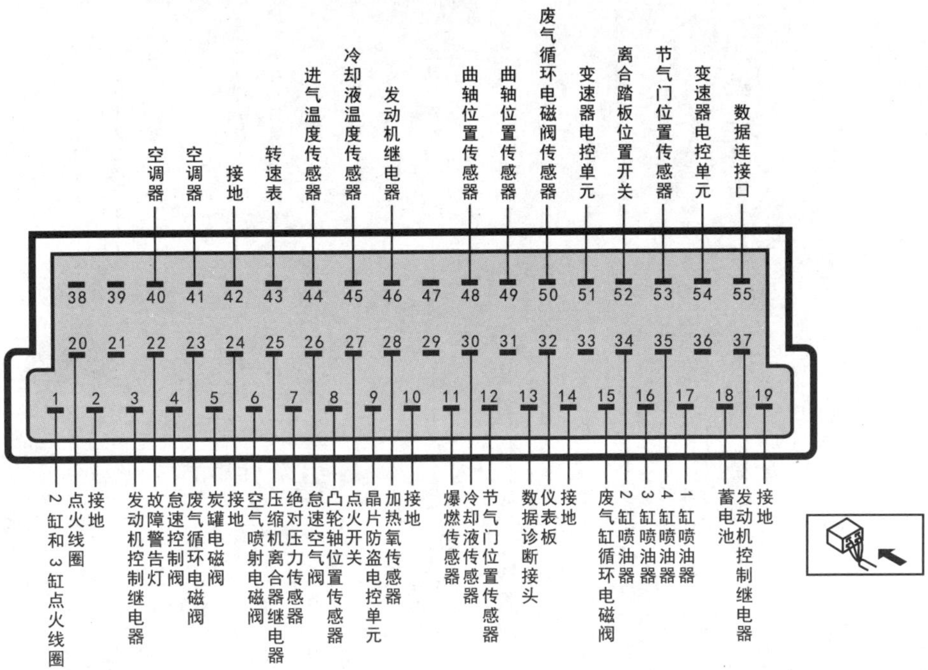

电脑板重要端子参考值

端子号	端子功能	参考值	端子号	端子功能	参考值	端子号	端子功能	参考值	端子号	端子功能	参考值
1	2缸和3缸点火线圈	11～14V	12	节气门位置传感器	5V	26	怠速空气阀	0.2V	43	转速表	29Hz
2	接地	0V	15	废气缸循环电磁阀	11～14V	27	点火开关	11～14V	44	进气温度传感器	0V
3	发动机控制继电器	11～14V	16	3缸喷油器	11～14V	28	加热氧传感器	0.1～0.9V	45	冷却液温度传感器	3.8V
4	怠速控制阀	11～14V	17	1缸喷油器	11～14V	30	冷却液传感器	5V	46	发动机继电器	11～14V
5	炭罐电磁阀	11～14V	18	蓄电池	11～14V	34	2缸喷油器	11～14V	48	曲轴位置传感器	0V
6	空气喷射电磁阀	11～14V	20	点火线圈	11～14V	35	4缸喷油器	11～14V	50	废气循环电磁阀传感器	0V
7	绝对压力传感器	0.8～1.7V	22	故障警告灯	0～1V	37	发动机控制继电器	11～14V	51	变速器电控单元	0V
9	晶片防盗电控单元	0～9.5V	23	废气循环电磁阀	11～14V	40	空调器	0V	52	离合踏板位置开关	5V
11	爆燃传感器	1V	25	压缩机离合器继电器	11～14V	42	接地	0V	53	节气门位置传感器	0.5V

五、欧宝Bosch Motrnic M2.8.1发动机控制系统电脑板55针（2.5L、3.0L）

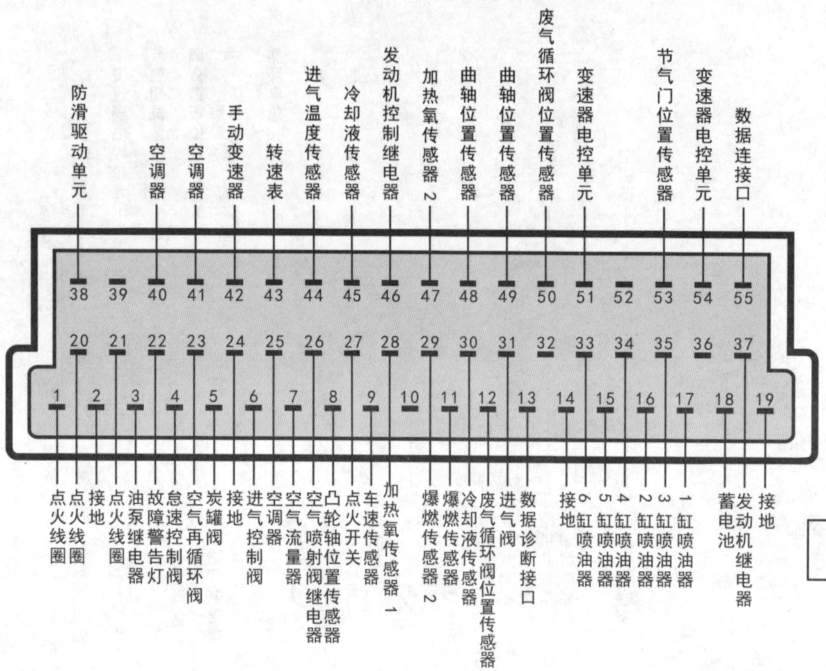

电脑板重要端子参考值

端子号	端子功能	参考值	端子号	端子功能	参考值	端子号	端子功能	参考值	端子号	端子功能	参考值
1	点火线圈	11~14V	12	废气循环阀位置传感器	0V	26	空气喷射阀继电器	11~14V	43	转速表	11~14V
2	接地	0V	13	数据诊断接口	5V	27	点火开关	11~14V	44	进气温度传感器	0V
3	油泵继电器	11~14V	15	喷油器	11~14V	28	加热氧传感器1	0.1~1V	45	冷却液传感器	0V
4	怠速控制阀	11~14V	18	蓄电池	11~14V	30	冷却液传感器	5V	46	发动机控制继电器	11~14V
5	炭罐阀	11~14V	19	接地	0V	31	进气阀	11~14V	47	加热氧传感器2	0.1~1V
6	进气控制阀	11~14V	20	点火线圈	11~14V	37	发动机继电器	11~14V	48	曲轴位置传感器	2~5V
7	空气流量器	0.8V	22	故障警告灯	0~1V	38	防滑驱动单元	11~14V	50	废气循环阀位置传感器	0.16~1.55V
8	凸轮轴位置传感器	0~5V	23	空气再循环阀	11~14V	40	空调器	11~14V	53	节气门位置传感器	0.1~0.6V
9	车速传感器	0~10V	25	空调器	11~14V	42	手动变速器	0V	55	数据连接口	5V

六、欧宝Simtec 56.0发动机控制系统电脑板55针

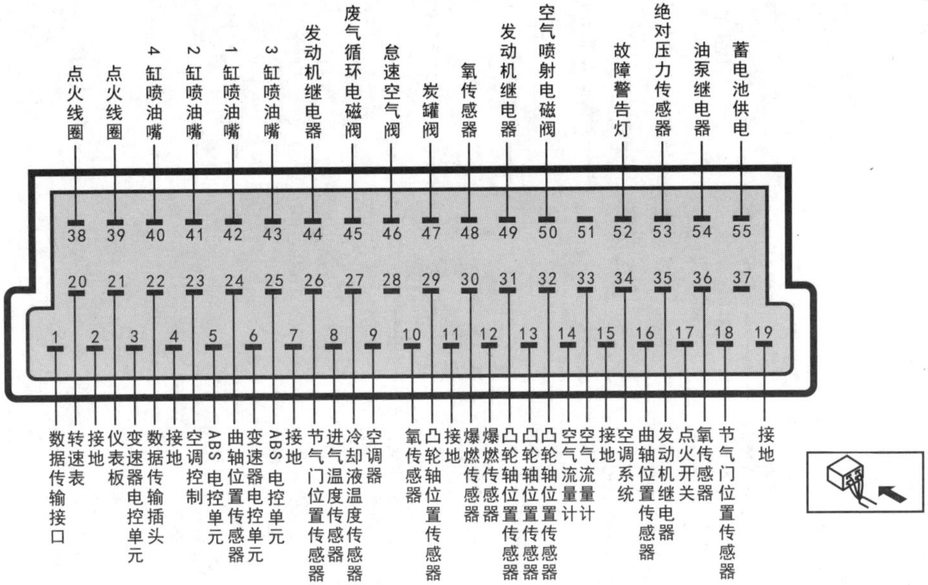

电脑板重要端子参考值

端子号	端子功能	参考值
2	接地	0V
4	接地	0V
5	ABS电控单元	11～14V
7	接地	0V
8	进气温度传感器	2.3V
10	氧传感器	5V
11	接地	0V
13	凸轮轴位置传感器	666Hz
14	空气流量计	0V

端子号	端子功能	参考值
16	曲轴位置传感器	11～14V
17	点火开关	11～14V
18	节气门位置传感器	5V
19	接地	0V
20	转速表	27Hz
21	仪表板	11～14V
24	曲轴位置传感器	11～14V
26	节气门位置传感器	5V
27	冷却液温度传感器	2.5V

端子号	端子功能	参考值
29	凸轮轴位置传感器	0V
31	凸轮轴位置传感器	666Hz
33	空气流量计	0V
35	发动机继电器	11～14V
36	氧传感器	5V
38	点火线圈	11～14V
39	点火线圈	11～14V
40	喷油嘴	2.8ms
44	发动机继电器	11～14V

端子号	端子功能	参考值
45	废气循环电磁阀	11～14V
46	怠速空气阀	11～14V
47	炭罐阀	11～14V
49	发动机继电器	0～1V
50	空气喷射电磁阀	11～14V
52	故障警告灯	0～1V
53	绝对压力传感器	11～14V
54	油泵继电器	11～14V
55	蓄电池供电	11～14V

七、欧宝Simtec 56.0/56.1发动机控制系统电脑板55针

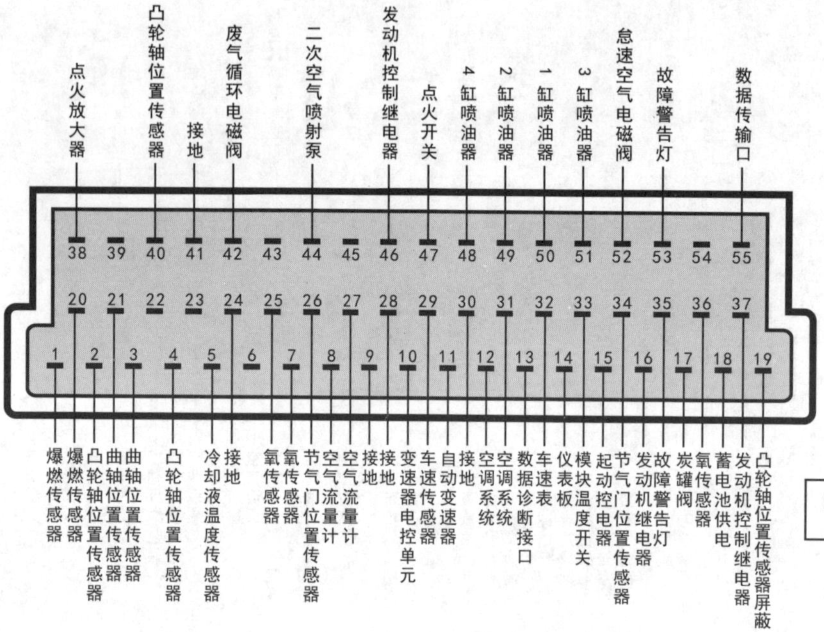

电脑板重要端子参考值

端子号	端子功能	参考值
2	凸轮轴位置传感器	0V
3	曲轴位置传感器	0V
4	凸轮轴位置传感器	0V
5	冷却液温度传感器	0.8～1.5V
7	氧传感器	5V
8	空气流量计	0V
9	接地	0V
10	变速器电控单元	11～14V
12	空调系统	0V

端子号	端子功能	参考值
15	起动控电器	11～14V
16	发动机继电器	11～14V
17	炭罐阀	11～14V
18	蓄电池供电	11～14V
19	凸轮轴位置传感器屏蔽	0V
21	曲轴位置传感器	2V
24	接地	0V
25	氧传感器	5V
26	节气门位置传感器	0.1～0.9V

端子号	端子功能	参考值
27	空气流量计	0.25～0.67V
28	接地	0V
29	车速传感器	0～12V
30	接地	0V
31	空调系统	0V
34	节气门位置传感器	0.1～0.9V
35	故障警告灯	0～1V
37	发动机控制继电器	11～14V
41	接地	0V

端子号	端子功能	参考值
42	废气循环电磁阀	11～14V
44	二次空气喷射泵	0～1V
46	发动机控制继电器	11～14V
47	点火开关	11～14V
52	怠速空气电磁阀	6～6.5V
53	故障警告灯	11～14V

八、欧宝GM Multc Central发动机控制系统电脑板56针

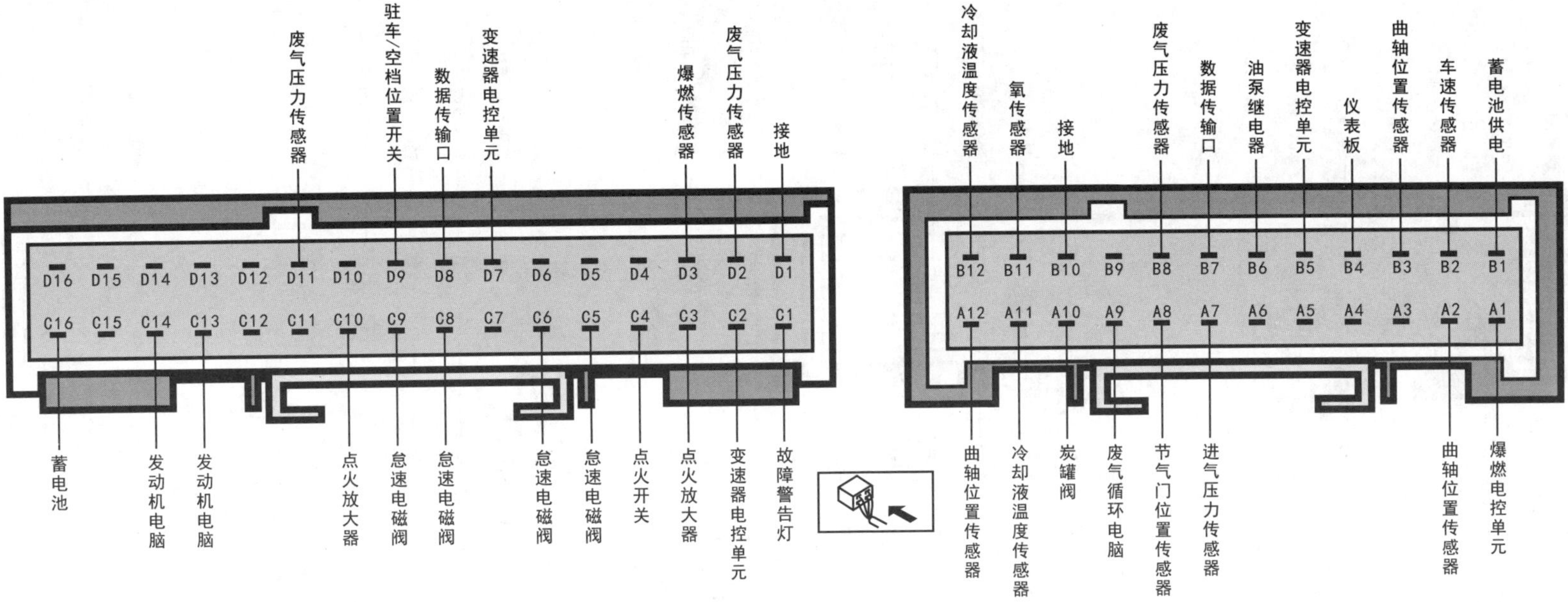

电脑板重要端子参考值

端子号	端子功能	参考值
A1	爆燃电控单元	11～14V
A2	曲轴位置传感器	7.5V
A7	进气压力传感器	1.0～1.6V
A8	节气门位置传感器	0.3～1.0V
A9	废气循环电脑	0.6V
A10	炭罐阀	11～14V
A11	冷却液温度传感器	0V
A12	曲轴位置传感器	0V
B1	蓄电池供电	11～14V

端子号	端子功能	参考值
B2	车速传感器	0～12V
B3	曲轴位置传感器	7.5V
B6	油泵继电器	11～14V
B8	废气压力传感器	5V
B10	接地	0V
B11	氧传感器	0.1～0.9V
B12	冷却液温度传感器	1.4～2.2V
C1	故障警告灯	0～1V
C3	点火放大器	0.4～0.8V

端子号	端子功能	参考值
C4	点火开关	11～14V
C5	怠速电磁阀	11.5V
C6	怠速电磁阀	0.8V
C8	怠速电磁阀	11.5V
C9	怠速电磁阀	0.8V
C10	点火放大器	0.4～0.8V
C16	蓄电池	11～14V
D1	接地	0V
D2	废气压力传感器	0V

端子号	端子功能	参考值
D3	爆燃传感器	2～3V
D9	驻车/空档位置开关	0V

九、欧宝GM Multec-s发动机控制系统电脑板64针

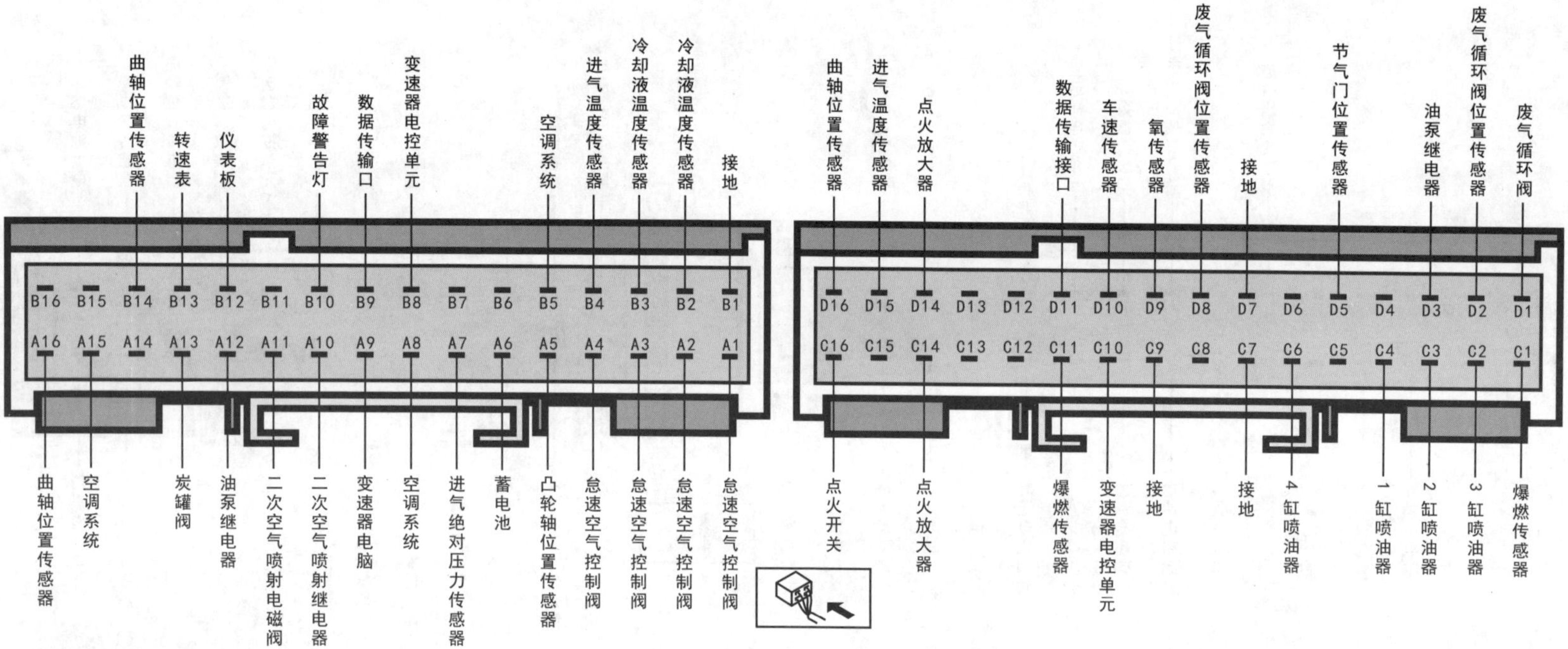

电脑板重要端子参考值

端子号	端子功能	参考值
A1	怠速空气控制阀	10.4V
A2	怠速空气控制阀	0.8V
A3	怠速空气控制阀	10.4V
A4	怠速空气控制阀	0.8V
A6	蓄电池	11～14V
A7	进气绝对压力传感器	1.3V
A8	空调系统	0V
A10	二次空气喷射继电器	0～1V
A11	二次空气喷射电磁阀	0～1V

端子号	端子功能	参考值
A12	油泵继电器	11～14V
A15	空调系统	11～14V
B1	接地	0V
B2	冷却液温度传感器	0V
B3	冷却液温度传感器	0.5～1V
B4	进气温度传感器	3.2V
B5	空调系统	0～1V
B8	变速器电控单元	0V
B10	故障警告灯	0～1V

端子号	端子功能	参考值
B13	转速表	11～14V
C2	3缸喷油器	2.8ms
C3	2缸喷油器	2.8ms
C4	1缸喷油器	2.8ms
C6	4缸喷油器	2.8ms
C7	接地	0V
C9	接地	0V
C16	点火开关	11～14V
D1	废气循环阀	11～14V

端子号	端子功能	参考值
D2	废气循环阀位置传感器	0.7V
D3	油泵继电器	11～14V
D5	节气门位置传感器	0.7V
D7	接地	0V
D8	废气循环阀位置传感器	5V
D9	氧传感器	0～1V
D10	车速传感器	0～10V
D15	进气温度传感器	0V
D16	曲轴位置传感器	0V

十、欧宝GM Multc Central车型发动机控制系统电脑板64针

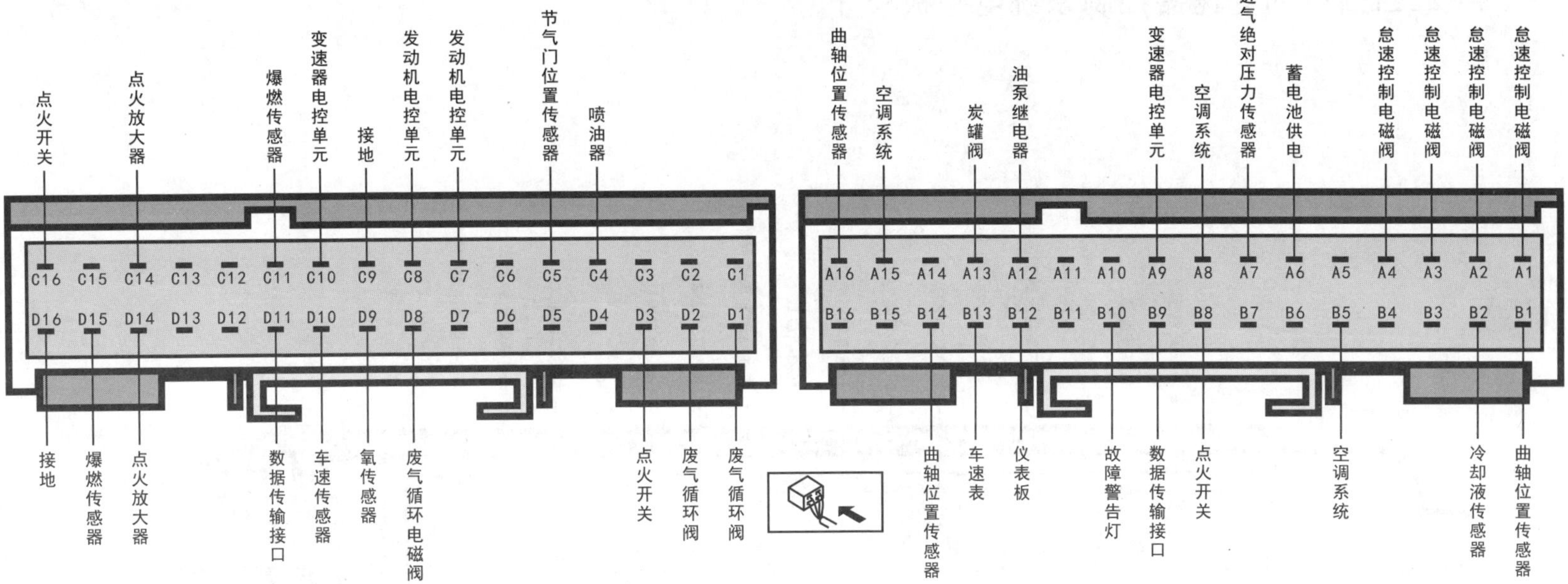

电脑板重要端子参考值

端子号	端子功能	参考值	端子号	端子功能	参考值	端子号	端子功能	参考值
A1	怠速控制电磁阀	10.8V	B2	冷却液传感器	0V	D2	废气循环阀	0.65V
A2	怠速控制电磁阀	0.9V	B8	点火开关	11～14V	D3	点火开关	11～14V
A3	怠速控制电磁阀	0.9V	B9	数据传输接口	11～14V	D8	废气循环电磁阀	5V
A4	怠速控制电磁阀	10.8V	B10	故障警告灯	0～1V	D9	氧传感器	0.1～1V
A6	蓄电池供电	11～14V	B13	车速表	11～14V	D10	车速传感器	0.10V
A7	进气绝对压力传感器	4.8V	C4	喷油器	11～14V	D11	数据传输接口	0V
A12	油泵继电器	0V	C9	接地	0V	D15	爆燃传感器	0V
A13	炭罐阀	1.1～14V	C16	点火开关	11～14V			
B1	曲轴位置传感器	0V	D1	废气循环阀	11～14V			

第2节　欧宝车系底盘系统电脑板端子功能

一、AF22四档自动变速器控制系统电脑板35针

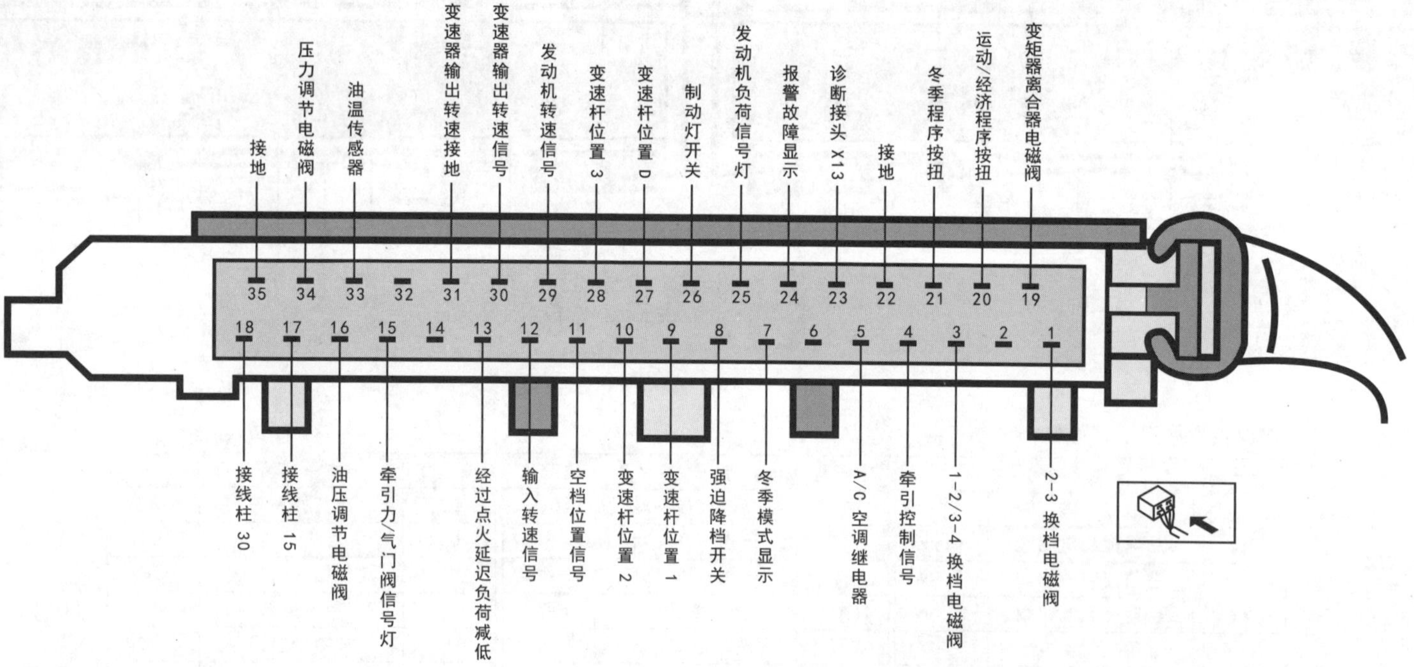

二、AF13/20/22四档自动变速器控制系统电脑板42针

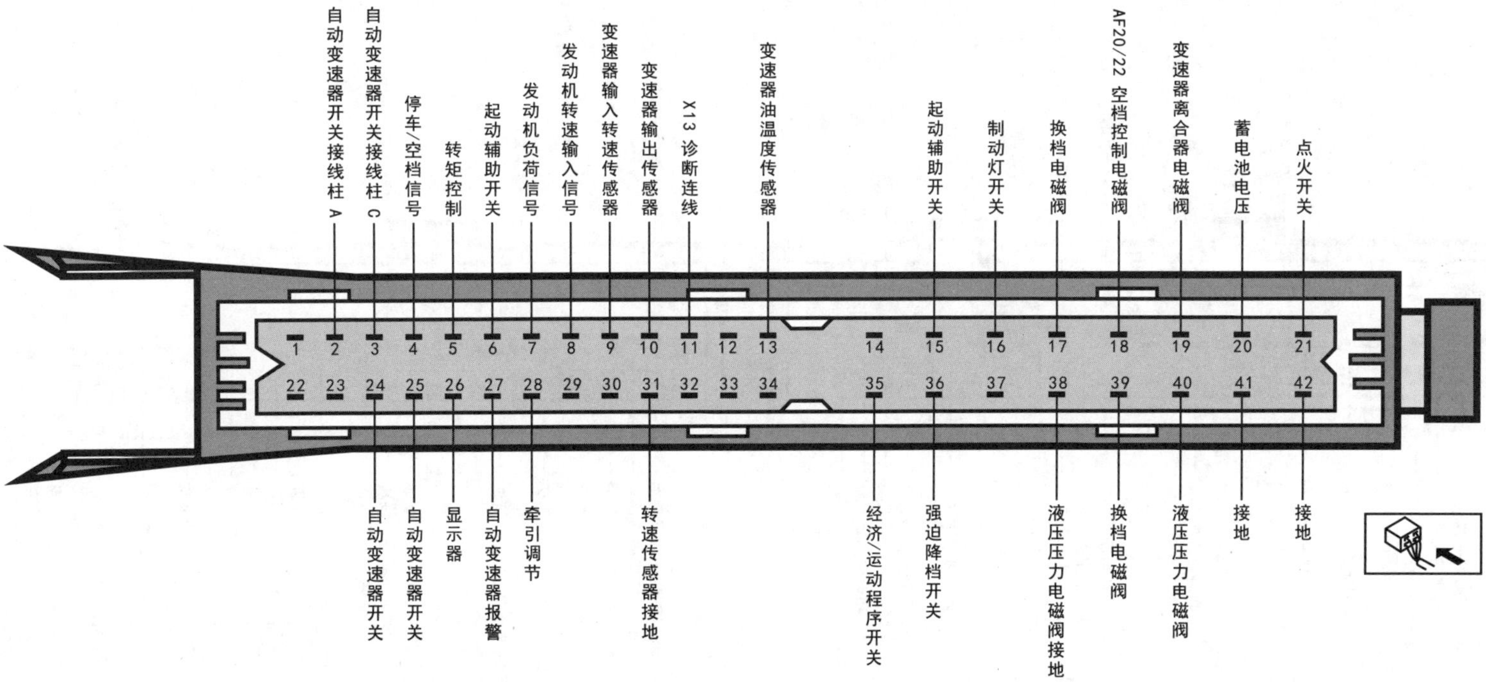

三、AF20/22四档自动变速器控制系统电脑板45针

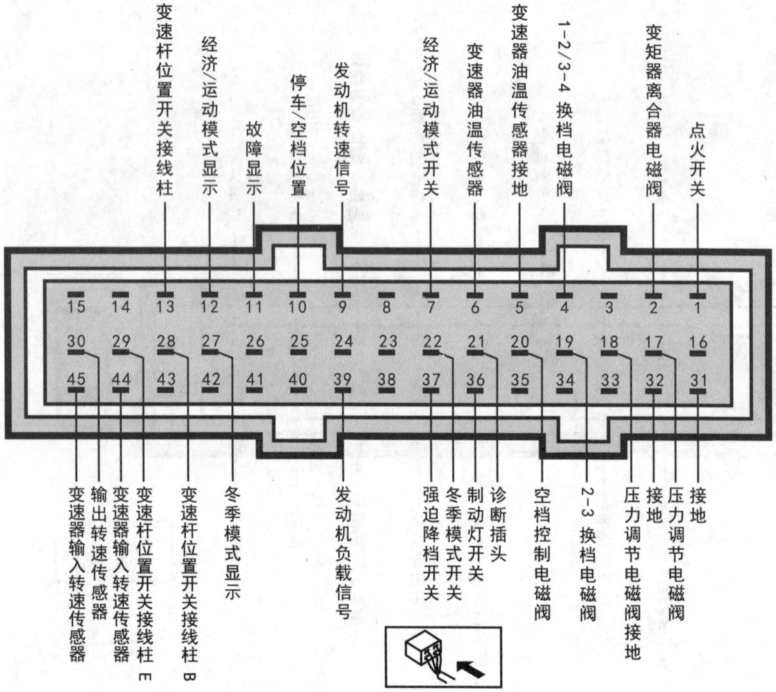

四、Vectra-B/AF13-II/17/20/22四档自动变速器控制系统电脑板45针

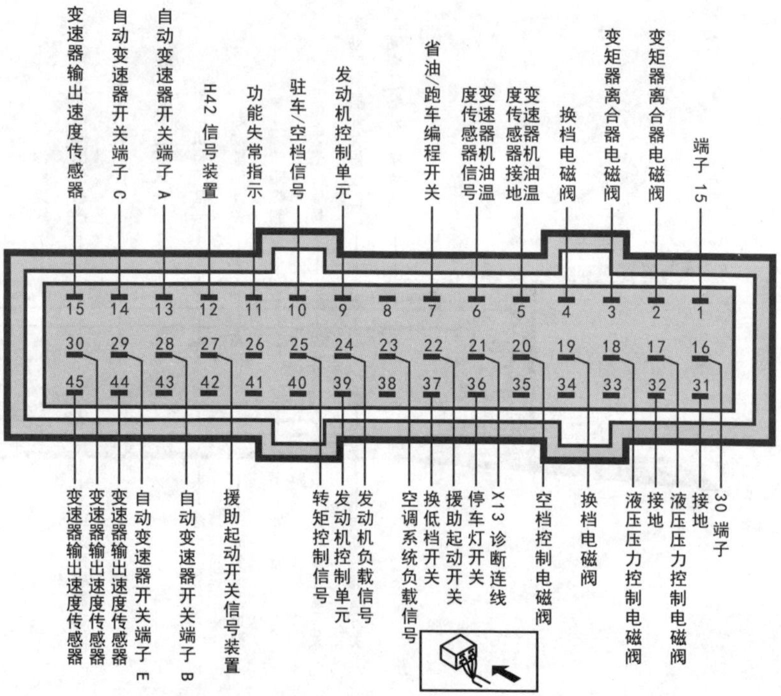

五、AR25/35自动变速器控制系统电脑板55针

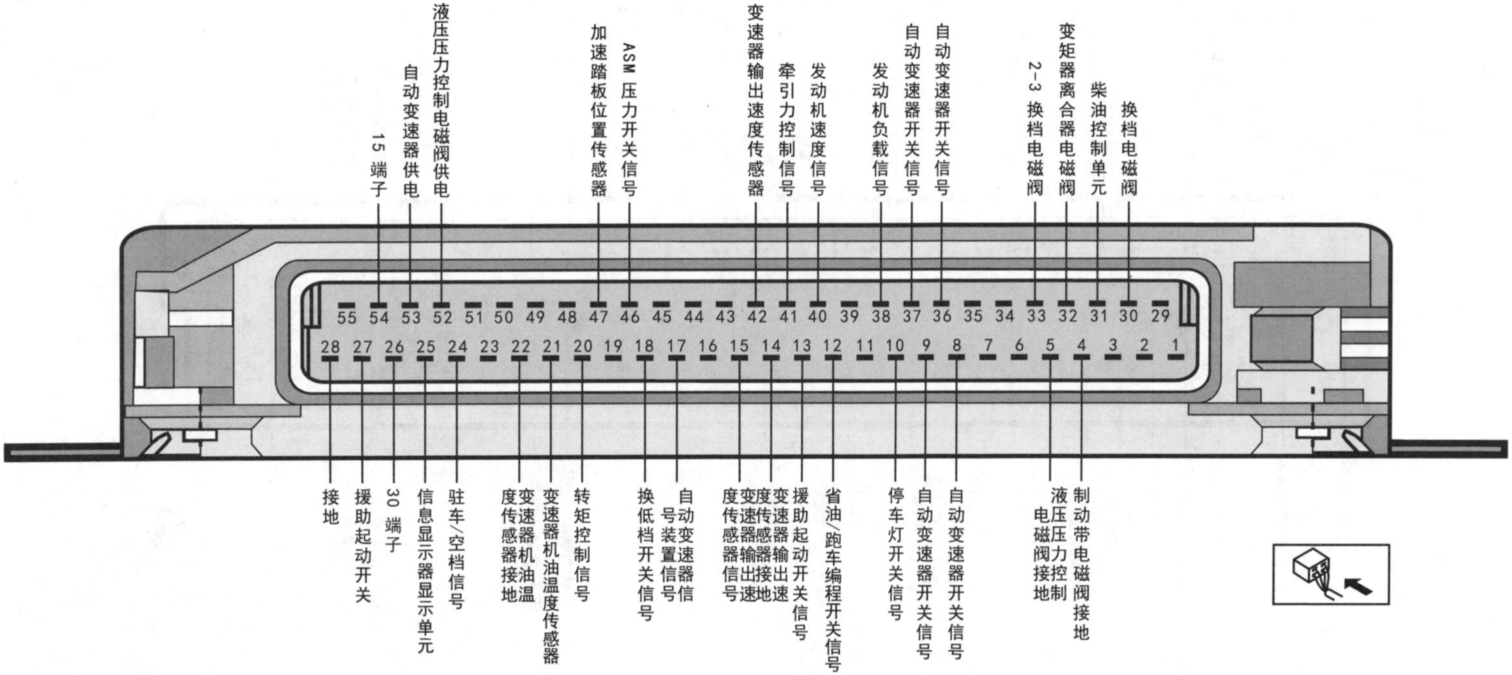

六、AR25/35自动变速器控制系统电脑板88针

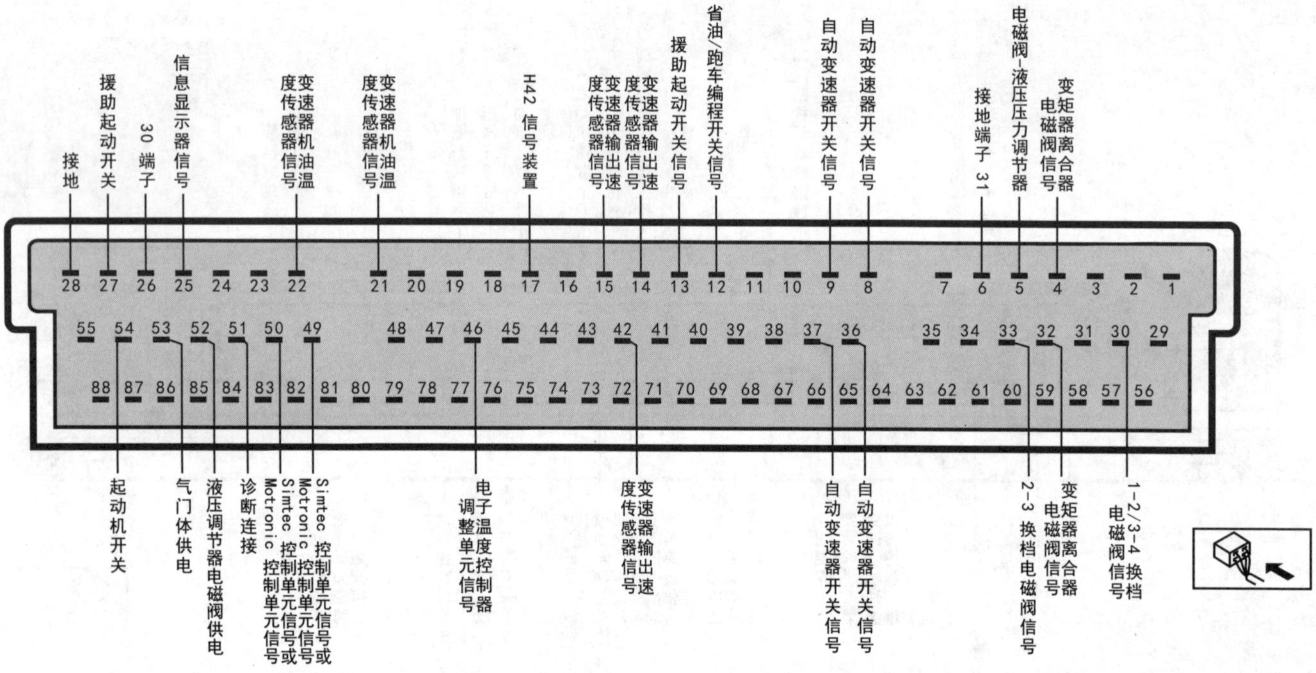

七、5L40五档自动变速器控制系统电脑板20+42针

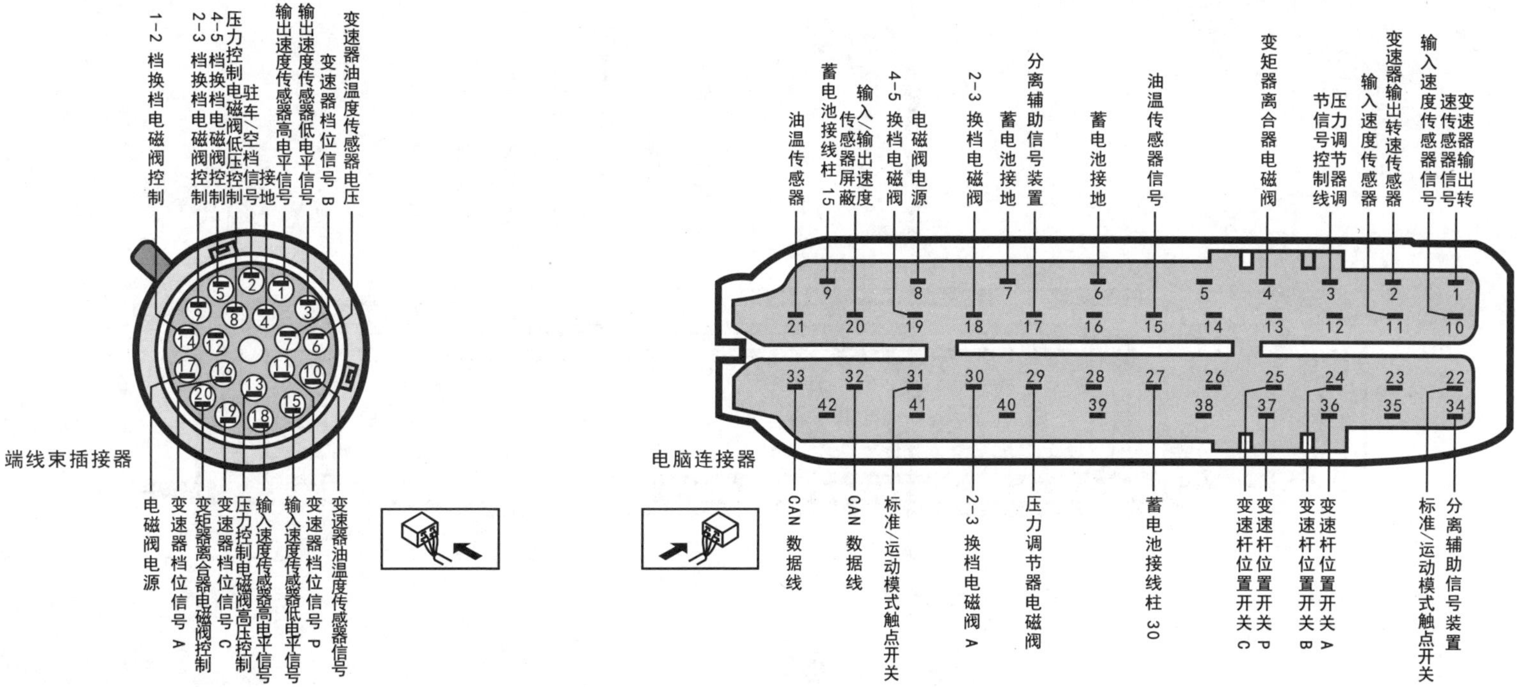

八、Vectra-C车系无级变速器控制系统电脑板64+64针

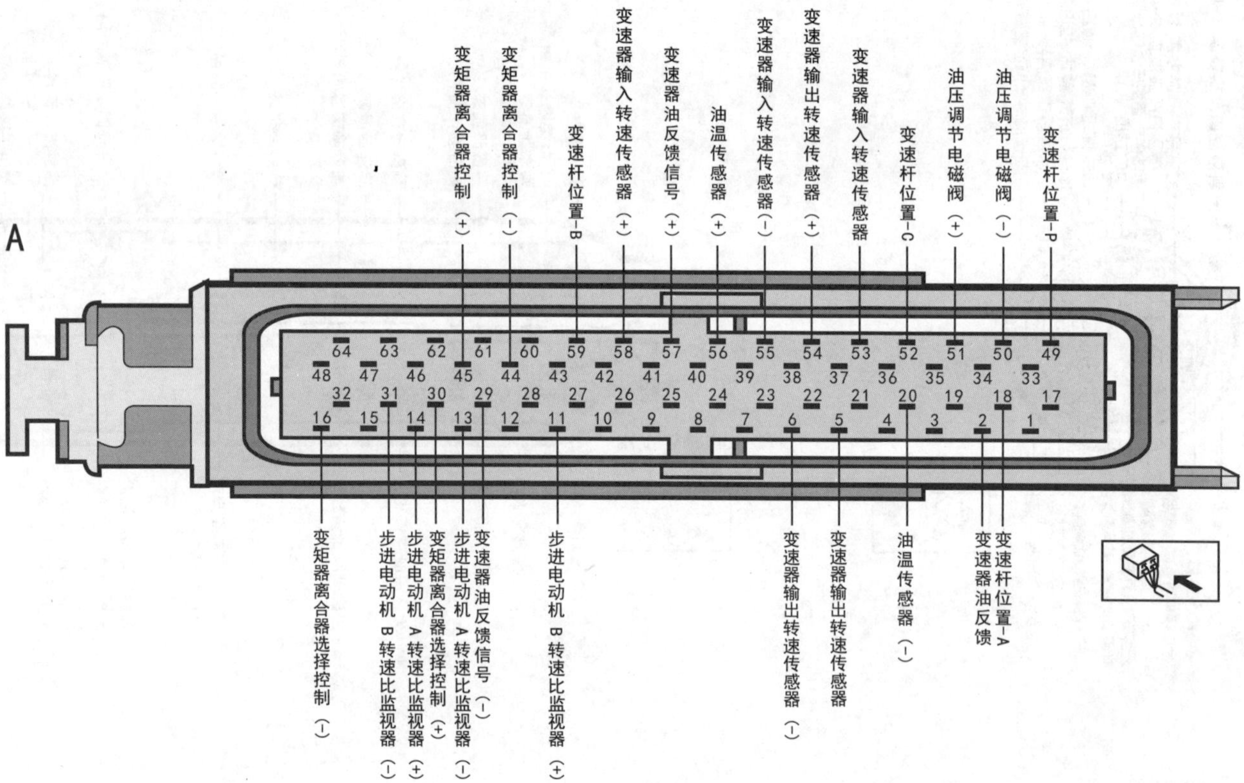

八、Vectra-C车系无级变速器控制系统电脑板64+64针（续）

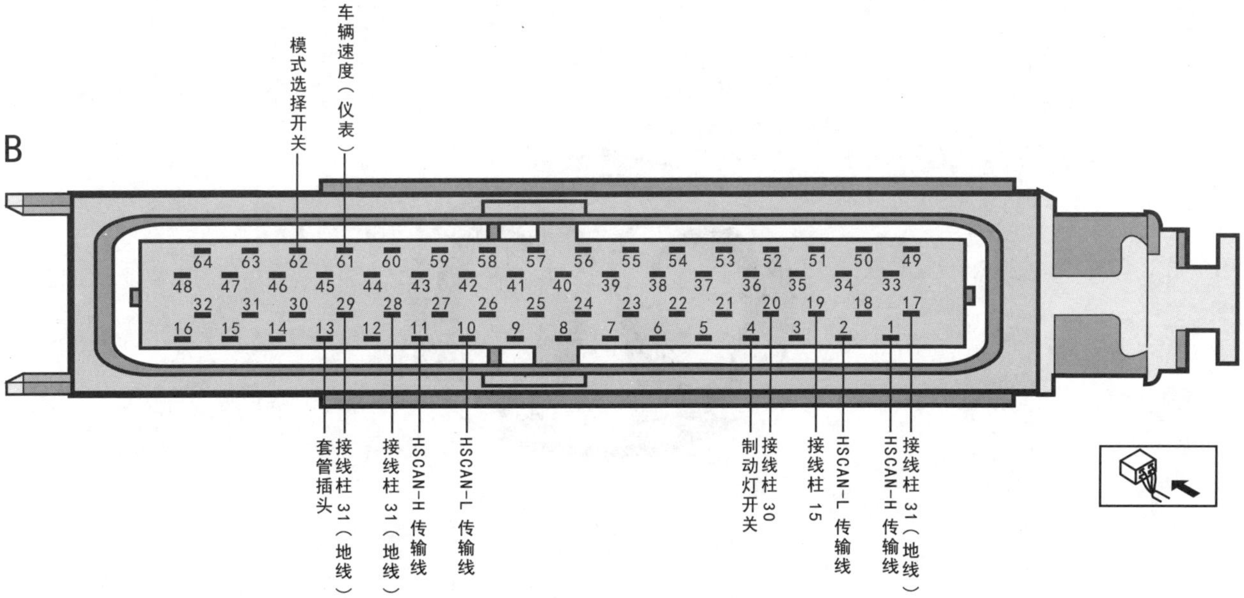

第 12 章

绅宝车系电脑板端子功能和参考值

第1节 发动机控制系统电脑板端子功能和参考值

一、绅宝900系列 2.0L DOHC发动机控制系统电脑板40针

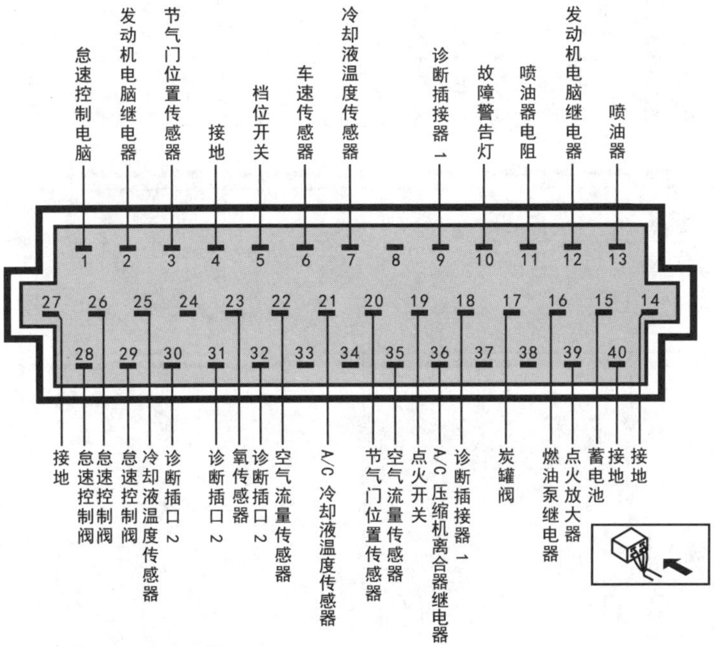

二、绅宝900系列 LH2.4/2.4.1发动机控制系统电脑板35针

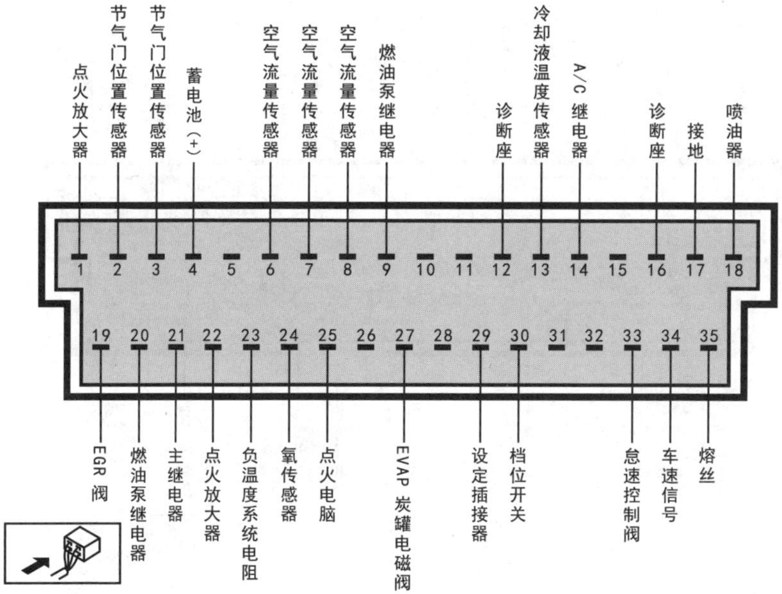

三、绅宝900系列2.0增压LH2.4／2.4.1（TZ-i）EZK发动机控制系统电脑板35针

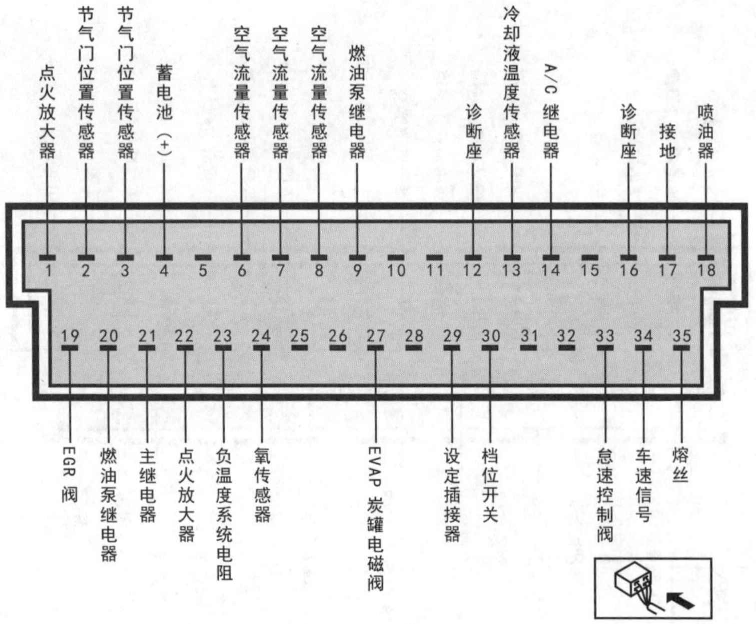

四、绅宝9000系列LH2.4／2.4.1／2.4.2发动机控制系统电脑板35针

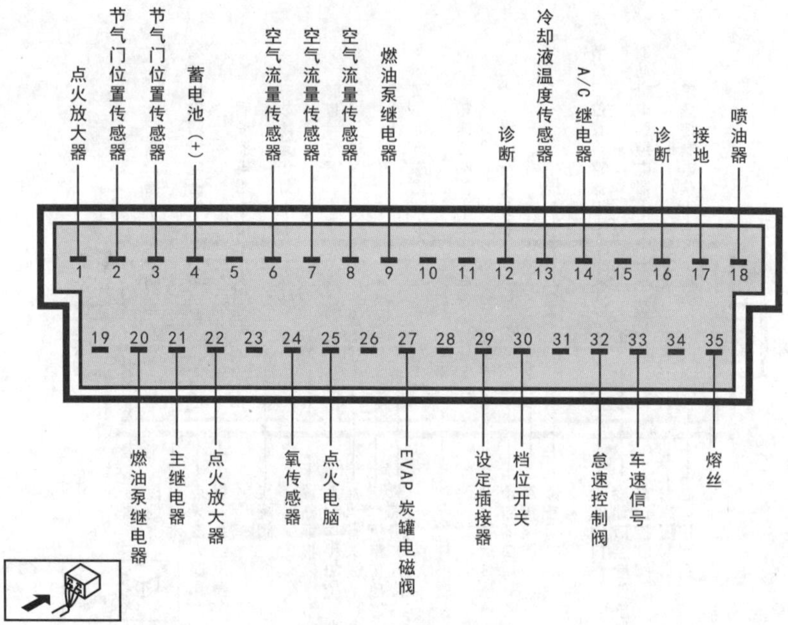

五、绅宝9000系列2.0／2.3L增压2.4／2.4.1(DI/APC)发动机控制系统电脑板35针

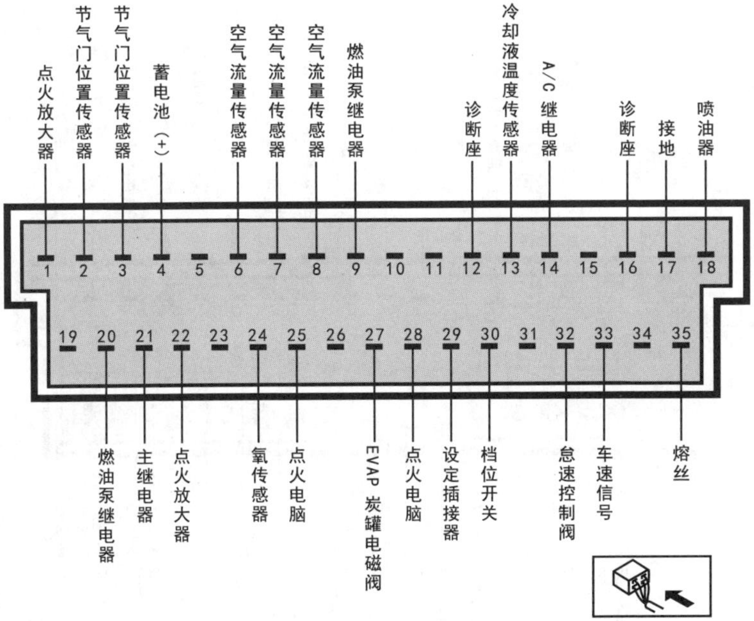

六、绅宝9000系列2.0L LH2.4／2.4.1(DI/APC/ETS)发动机控制系统电脑板35针

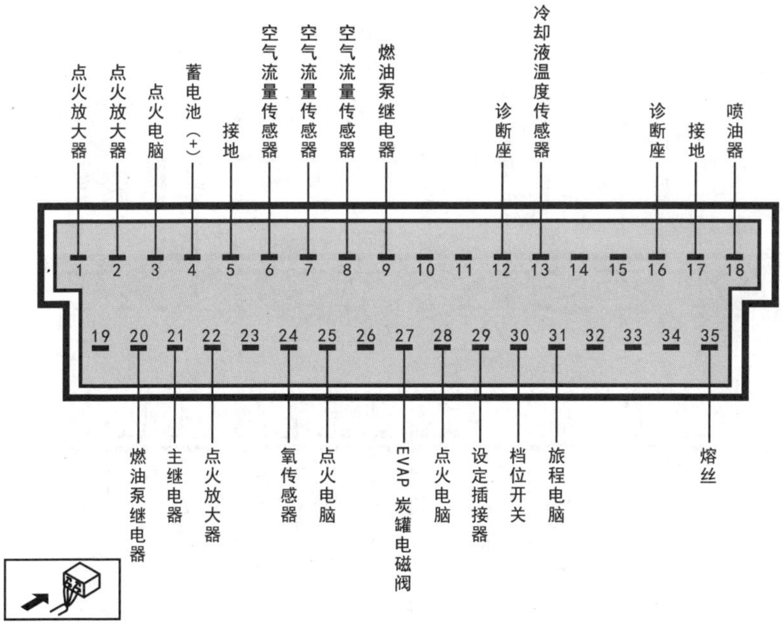

七、绅宝9000系列 2.3L 16气门 LH2.4.2 发动机控制系统电脑板35针

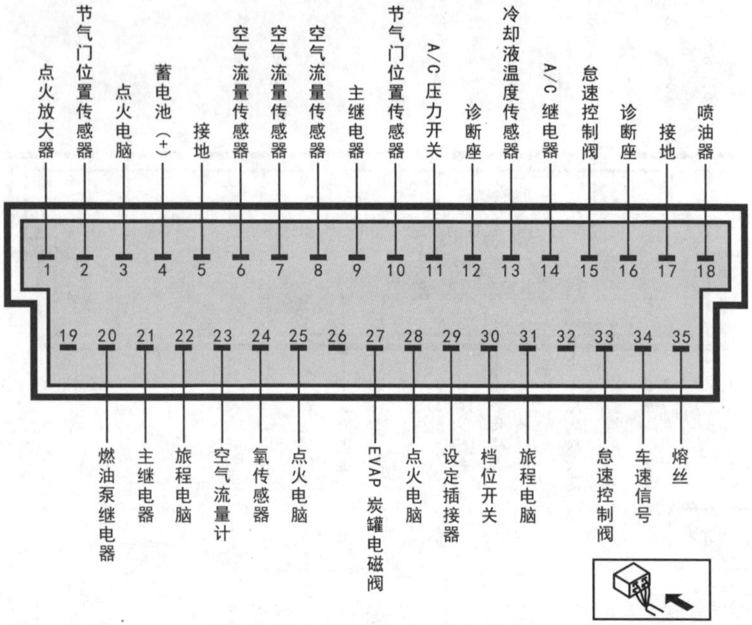

八、绅宝900系列 2.5L V6（MOTRONIC2.8.1）发动机控制系统电脑板55针

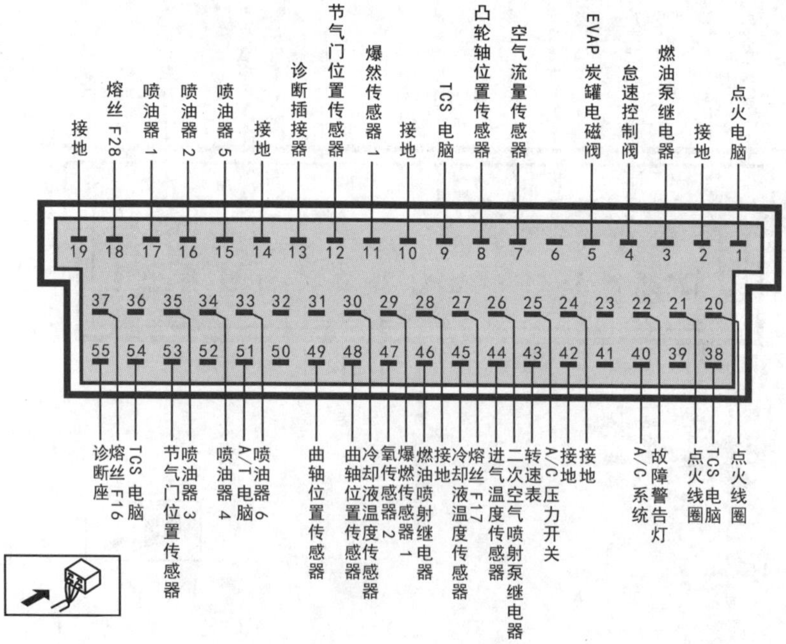

九、绅宝9000系列 3.0L 发动机 MOTRONIC2.8.1 控制系统电脑板55针

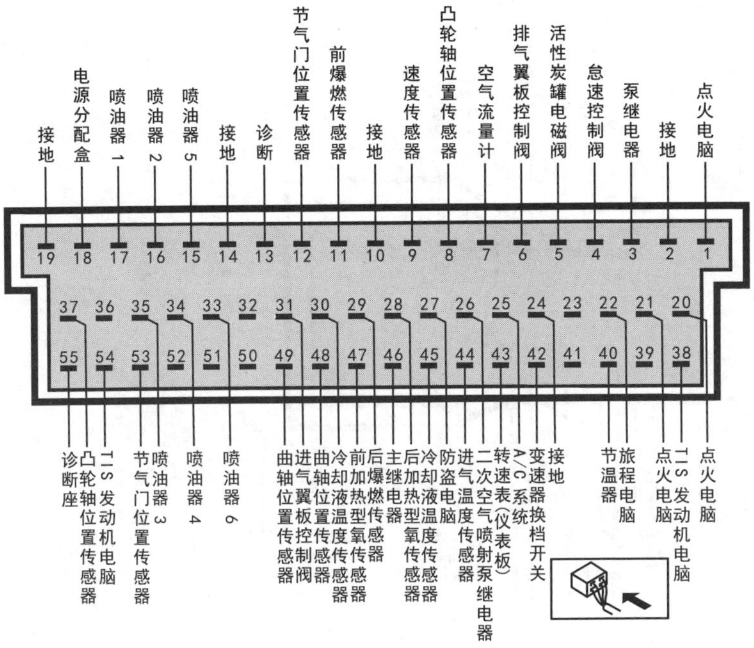

十、绅宝900系列2.0／2.3L MOTRONIC2.10.2 发动机控制系统电脑板55针

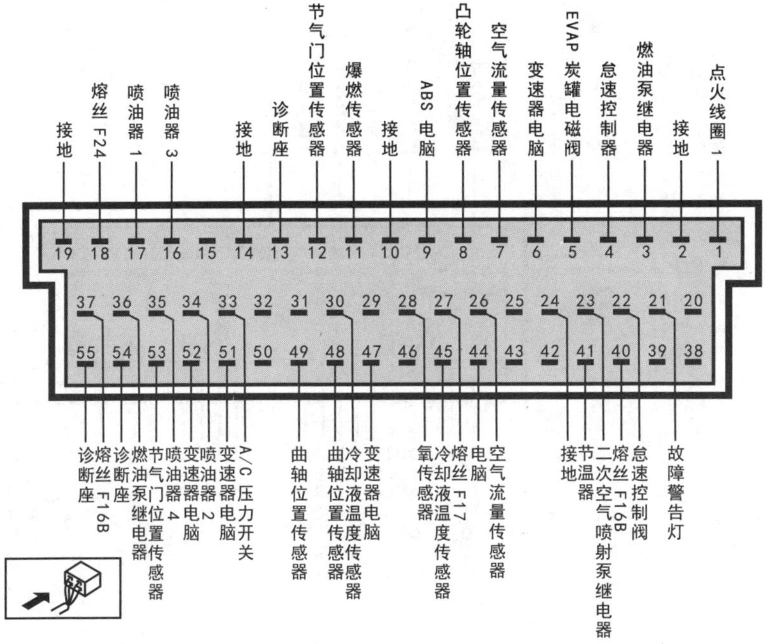

十一、绅宝900系列2.0L TRIONIC发动机控制系统电脑板70针

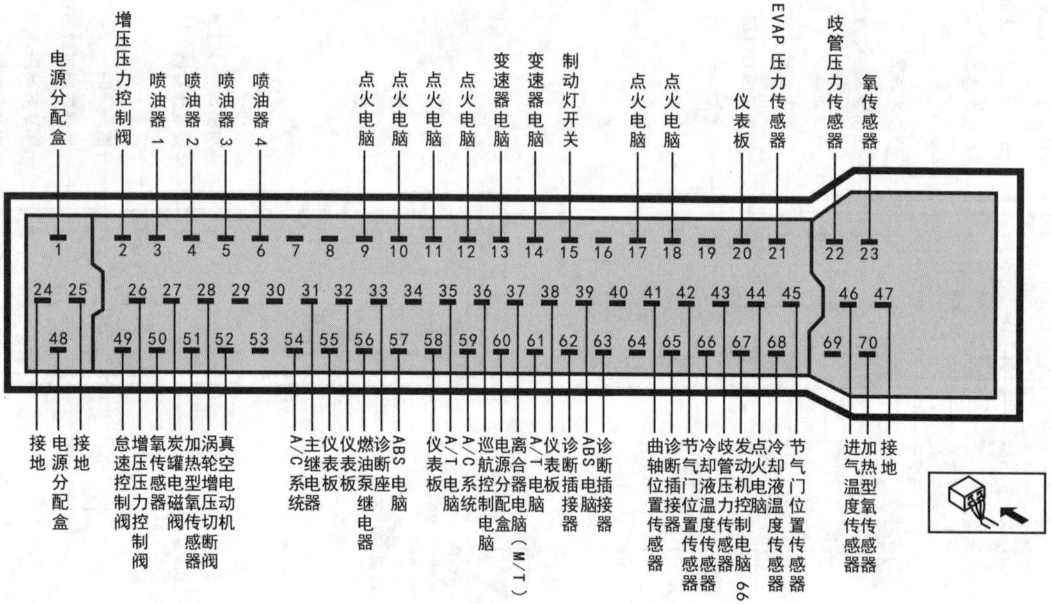

十二、绅宝9000系列2.3L增压TRIONIC发动机控制系统电脑板70针

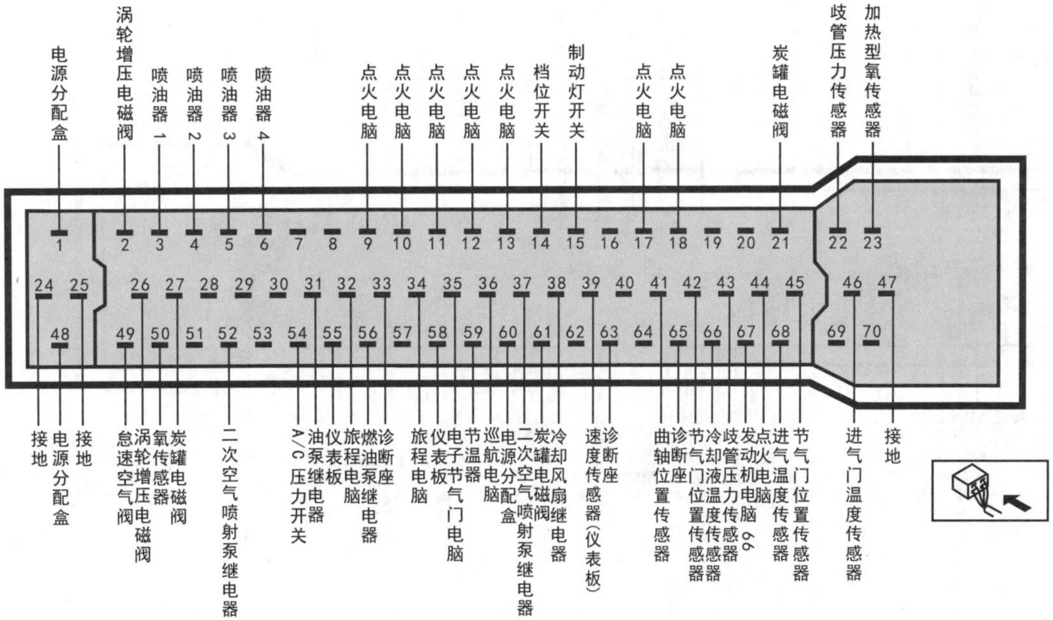

十三、绅宝9000系列2.3L增压TRIONIC发动机控制系统电脑板70针

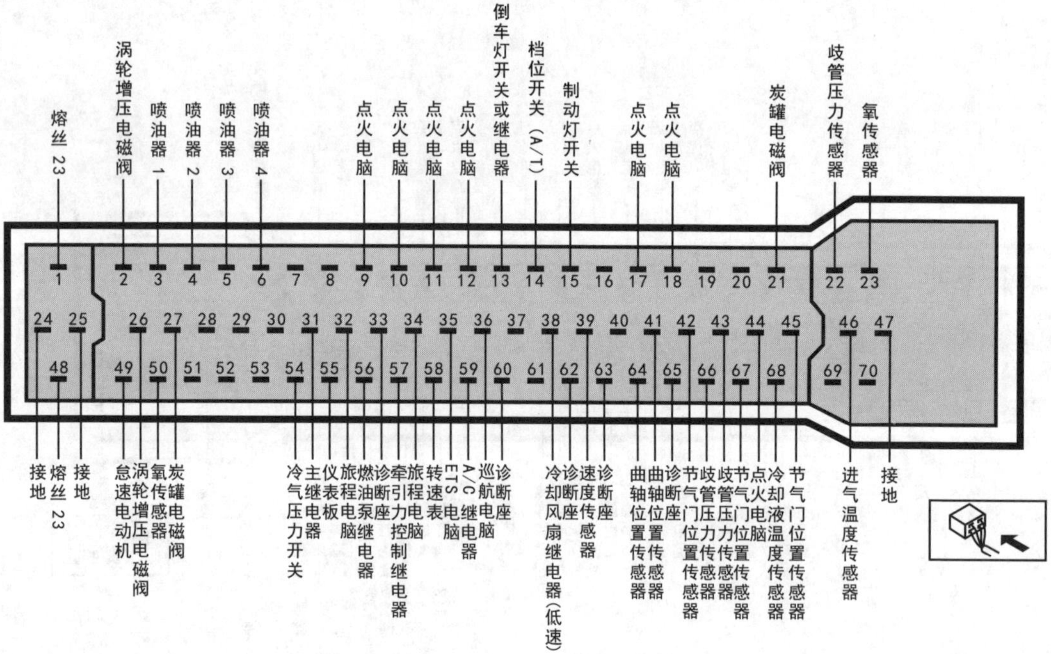

十四、绅宝9-5车系（B205E／F 2.0L）发动机控制系统电脑板70针

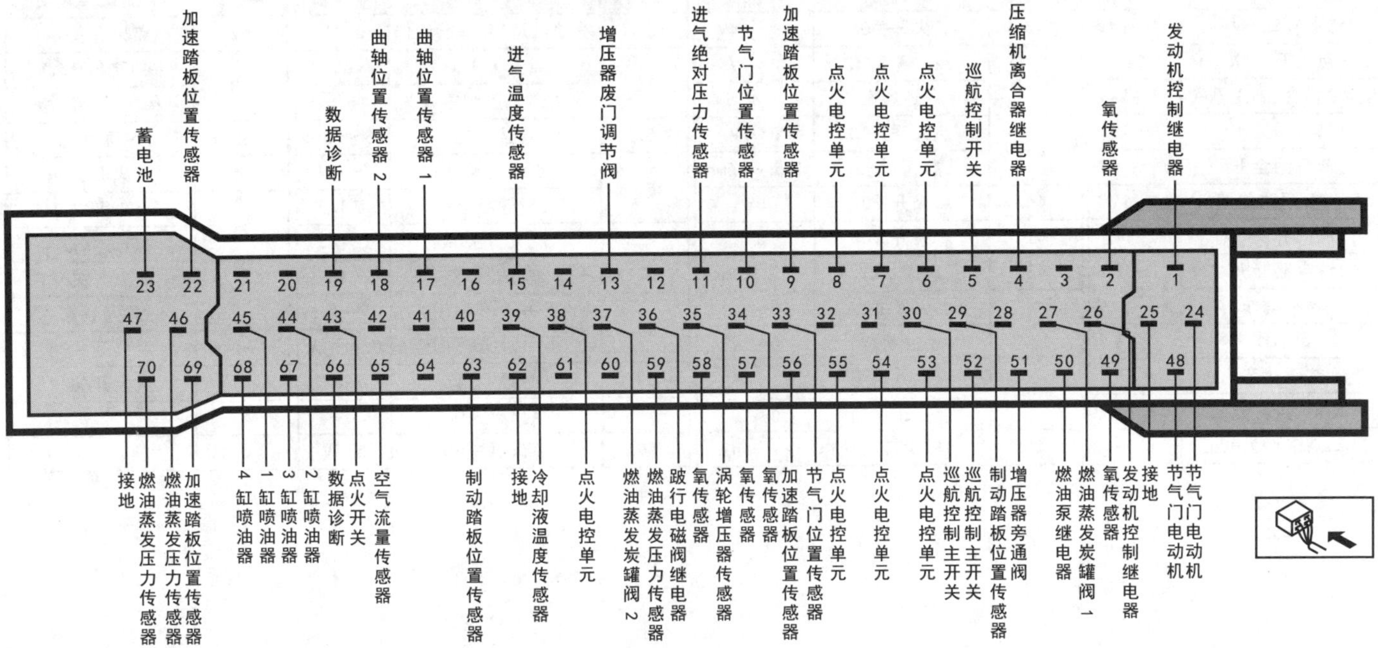

电脑板重要端子参考值

端子号	测试条件	参考值
1	点火开关OFF	0V
	点火开关ON	11～14V
2	点火开关ON	0～1V
	怠速状态	0～1V
4	发动机运转，关闭空调	11～14V
	发动机运转，打开空调	0～1V
5	点火开关ON	0V
	激活巡航控制主开关	11～14V
6	怠速状态	15～90Hz
7	点火开关ON	0～1V
	怠速状态	7Hz
8	点火开关ON	0～1V
	怠速状态	7Hz
9	点火开关ON，节气门关闭	0.3～1V
	点火开关ON，节气门全开	3.9～4.6V
10	节气门关闭	3.9～4.9V
	节气门全开	0～1V
11	点火开关ON	2.1V
11	怠速状态	0.6V
	怠速短时加速	2.1V
13	发动机运转	32 Hz
	发动机运转	2%
15	进气温度为20℃	2.4V
	进气温度为40℃	1.5V
17	怠速状态	5～15V
18	怠速状态	5～10V
19	点火开关ON	2～3V
22	点火开关ON	0V
23	点火开关OFF	11～14V
24	怠速状态	5V/ms
25	点火开关ON	0V
26	点火开关ON	0～1V
	点火开关ON	11～14V
	点火开关ON	0～1V
27	阀动作	10V/50ms
29	踩下制动踏板	0V

（续）

端子号	测试条件	参考值
29	释放制动踏板	11～14V
30	点火开关ON	0V
	激活巡航控制主开关	11～14V
33	节气门关闭	0～1V
	节气门全开	3.9～4.8V
34	怠速,短时加速	0～1V
35	点火开关ON	2.1V
36	继电器断开	11～14V
37	阀不动作	11～14V
	阀动作	0.1V
38	怠速状态	2.5V
39	冷却液温度为20℃	3.6V
	冷却液温度为80℃	1.2V

端子号	测试条件	参考值
43	点火开关ON	11～14V
44	点火开关ON	0～1V
	怠速状态	2.5～4.5ms
45	点火开关ON	0～1V
	怠速状态	2.5～4.5ms
46	点火开关ON	5V
47	点火开关ON	0V
48	怠速状态	波形5V/ms
49	点火开关ON	0～1V
	怠速状态	0～1V
50	点火开关ON	0.1V（短时）后为11～14V
	发动机转动	0～1V
51	发动机运转阀动作	11～14V

端子号	测试条件	参考值
51	发动机运转,阀不动作	0.1V
52	点火开关ON	0V
	激活巡航控制主开关	11～14V
53	怠速状态	15～90Hz
54	点火开关ON	0～1V
	怠速状态	7 Hz
55	点火开关ON	0～1V
	怠速状态	7 Hz
56	点火开关ON,节气门关闭	3.9～4.6V
	点火开关ON,节气门全开	0.4～1V
57	怠速状态	0.6V
58	点火开关ON	0V
59	点火开关ON	2.5V

端子号	测试条件	参考值
62	点火开关ON	0V
63	踩下制动踏板	11～14V
	释放制动踏板	0V
65	怠速状态	波形5V/ms
66	点火开关ON	2～3V
67	点火开关ON	0～1V
	怠速状态	2.5～4.5ms
68	点火开关ON	0～1V
	怠速状态	2.5～4.5ms
69	点火开关ON	5V
70	点火开关ON	0V

十五、绅宝9-3车系 2.0T 发动机控制系统电脑板70针

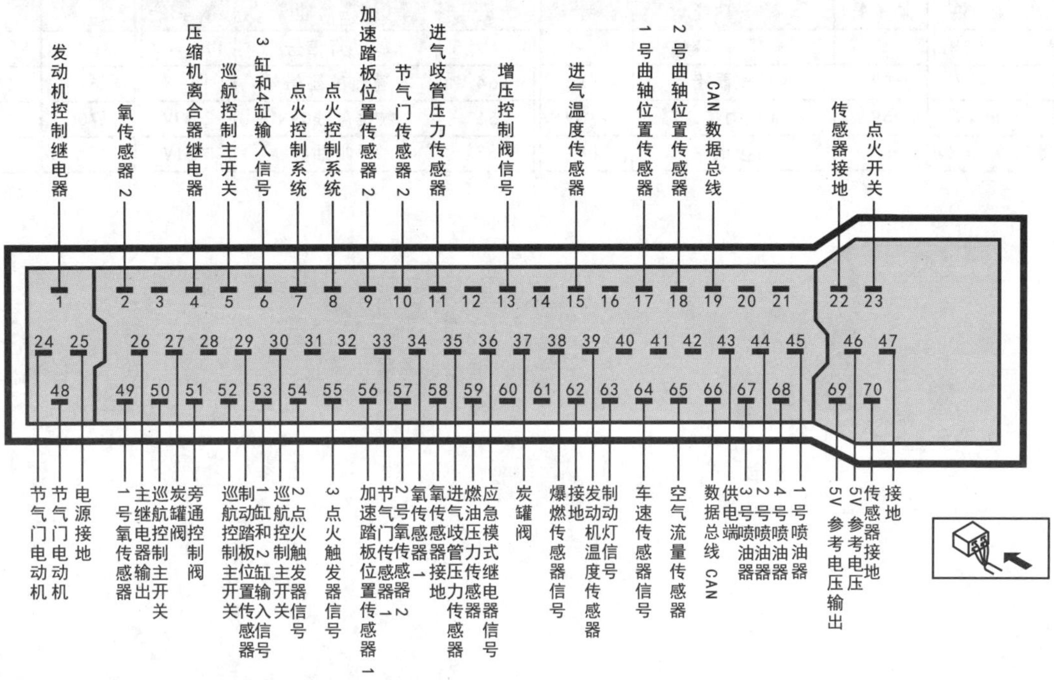

电脑板重要端子参考值

端子号	端子功能	参考值	端子号	端子功能	参考值	端子号	端子功能	参考值	端子号	端子功能	参考值
1	发动机控制继电器	11～14V	13	增压控制阀信号	32Hz	29	制动踏板位置传感器	0V	43	供电端	11～14V
2	氧传感器 2	0～1V	15	进气温度传感器	2.4V	30	巡航控制主开关	0V	44	2号喷油器	0～1V
4	压缩机离合器继电器	11～14V	17	1号曲轴位置传感器	5～15V	33	节气门传感器 1	0～1V	45	1号喷油器	0～1V
5	巡航控制主开关	0V	18	2号曲轴位置传感器	5～15V	34	氧传感器 1	0～1V	46	5V参考电压	5V
6	3缸和4缸输入信号	15～90Hz	19	CAN 数据总线	2～3V	35	进气歧管压力传感器	2.1V	47	接地	0V
7	点火控制系统	0～1V	22	传感器接地	0V	36	应急模式继电器信号	11～14V	49	1号氧传感器	0～1V
8	点火控制系统	0～1V	23	点火开关	11～14V	37	炭罐阀	11～14V	50	巡航控制主开关	0.1V
9	加速踏板位置传感器 2	0.3～1V	25	电源接地	0V	38	爆燃传感器信号	2.5V	51	旁通控制阀	11～14V
10	节气门传感器 2	3.9～4.9V	26	主继电器输出	11～14V	39	发动机温度传感器	3.6V	52	巡航控制主开关	0V

（续）

端子号	端子功能	参考值	端子号	端子功能	参考值	端子号	端子功能	参考值	端子号	端子功能	参考值
53	1缸和2缸输入信号	15～90Hz	57	2号氧传感器2	0.2V	63	制动灯信号	11～14V	68	4号喷油器	0～1V
54	2点火触发器信号	0～1V	58	氧传感器接地	0V	64	车速传感器信号	15Hz	69	5V参考电压输出	5V
55	3点火触发器信号	0～1V	59	燃油压力传感器	2.5V	66	数据总线CAN	2～3V	70	传感器接地	0V
56	加速踏板位置传感器1	3.9～4.6V	62	接地	0V	67	3号喷油器	0～1V			

十六、绅宝9-3系列（B204I／2.0L）发动机控制系统电脑板55针

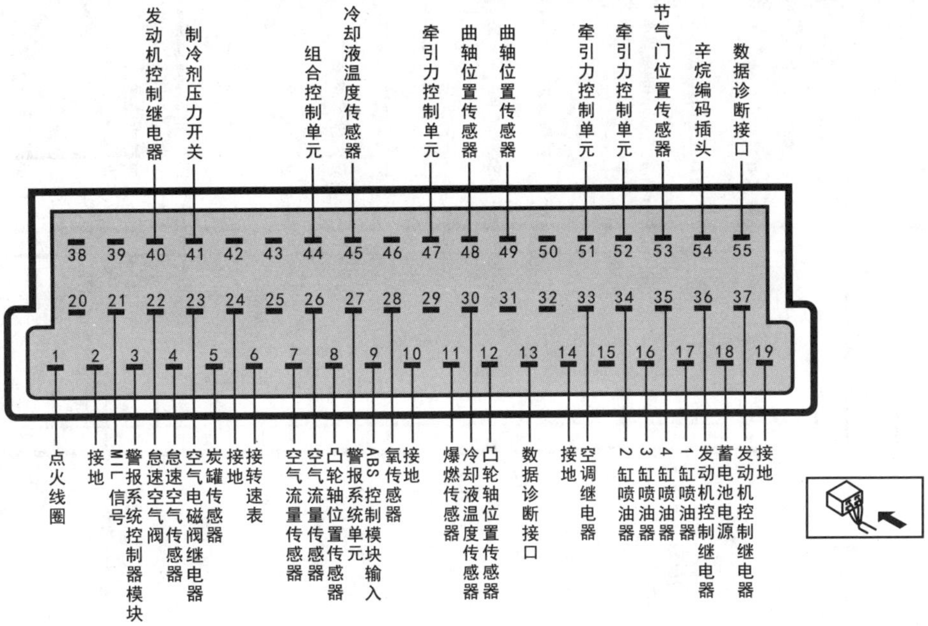

电脑板重要端子参考值

端子号	端子功能	参考值
1	点火线圈	11～14V
2	接地	0V
3	警报系统控制器模块	11～14V
4	怠速空气传感器	10.8V
5	炭罐传感器	11～14V
6	接转速表	11～14V
7	空气流量传感器	0.14V
8	凸轮轴位置传感器	0～5V
9	ABS控制模块输入	0～10V

端子号	端子功能	参考值
11	爆燃传感器	20mV
12	凸轮轴位置传感器	5V
13	数据诊断接接口	11～14V
17	1缸喷油器	11～14V
18	蓄电池电源	11～14V
21	MIL信号	0～1V
22	怠速空气阀	6.3V
23	空气电磁阀继电器	11～14V
24	接地	0V

端子号	端子功能	参考值
26	空气流量传感器	0V
27	警报系统单元	11～14V
28	氧传感器	0～1V
30	冷却液温度传感器	0V
33	空调继电器	11～14V
35	4缸喷油器	11～14V
37	发动机控制继电器	11～14V
40	发动机控制继电器	11～14V
41	制冷剂压力开关	2.5V

端子号	端子功能	参考值
44	组合控制单元	10V
45	冷却液温度传感器	3.7V
47	牵引力控制单元	11～14V
48	曲轴位置传感器	2～5V
51	牵引力控制单元	11～14V
52	牵引力控制单元	1.3V
53	节气门位置传感器	0.5V
54	辛烷编码插头	0～5V
55	数据诊断接口	0V

第2节 底盘系统电脑板端子功能和参考值

一、AW50-40LE 自动变速器控制系统电脑板35针

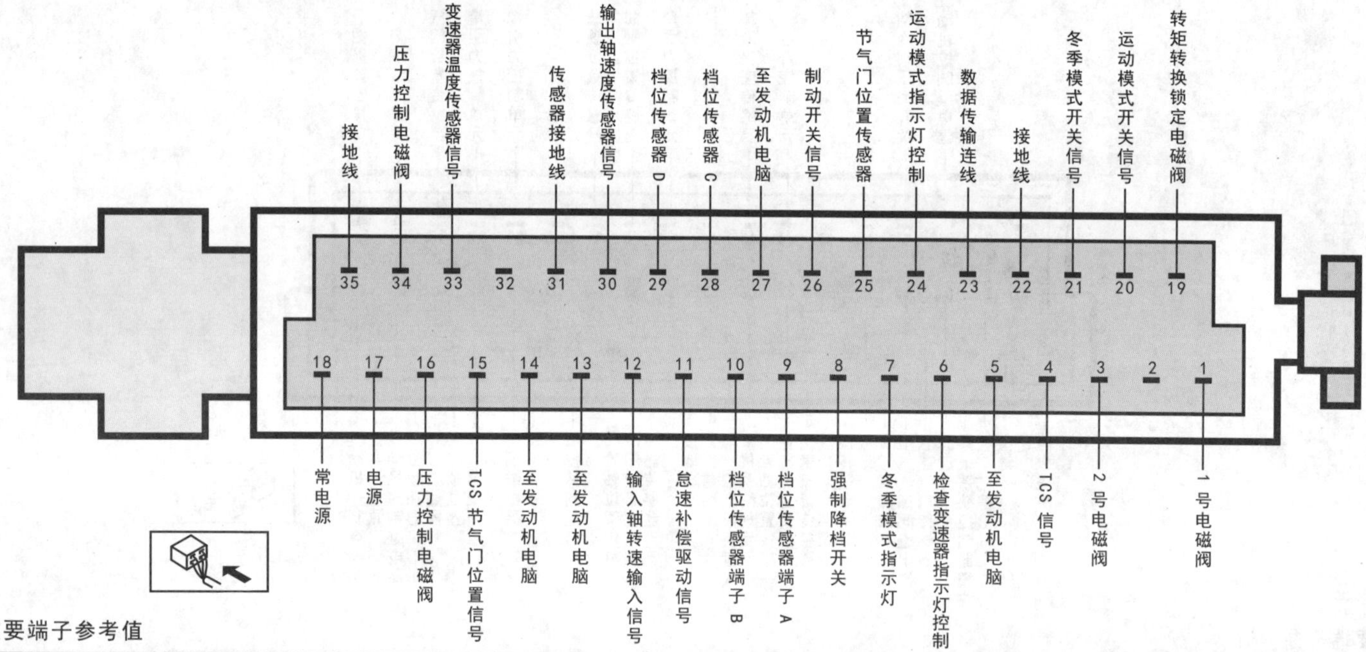

电脑板重要端子参考值

端子号	测试条件	参考值
1-35	变速杆D位，冬季模式ON	蓄电池电压
	变速杆D位，冬季模式OFF	0V
3-35	变速杆D位，冬季模式ON	0V
	变速杆D位，冬季模式OFF	蓄电池电压
4-17	TCS灯亮	蓄电池电压
	TCS灯灭	0V
6-17	指示灯亮	蓄电池电压
	指示灯灭	0V
7-17	冬季模式指示灯亮	蓄电池电压

端子号	测试条件	参考值
7-17	冬季模式指示灯灭	0V
8-35	加速踏板完全踩下	0V
	加速踏板松开	蓄电池电压
9-35	变速杆在P，R，3，2	蓄电池电压
	变速杆在N，D，1	0V
10-35	变速杆在R，N，D，3	蓄电池电压
	变速杆在P，2，1	0V
11-35	从N位移变速杆	蓄电池电压
13-31	发动机怠速	仅用ISAT检测

端子号	测试条件	参考值
16-34	点火开关打开	仅用ISAT检测
17-24	指示灯亮	蓄电池电压
	指示灯灭	0V
17-35	打开点火开关	蓄电池电压
	点火开关关闭	0V
19-35	点火开关打开	仅用ISAT检测
25-35	发动机怠速	1.2V
	P或N，转速2500r/min	2.0V
26-35	踩下制动踏板	蓄电池电压

端子号	测试条件	参考值
26-35	松开制动踏板	0V
28-35	变速杆在D，3，2，1	蓄电池电压
	变速杆在P，R，N	0V
29-35	变速杆在P，N，3，1	蓄电池电压
	变速杆在R，D，2	0V
30-31	20km/h行驶	1.1V
33-35	变速器油温20℃	2.3V
	变速器油温80℃	1.0V
34-35	点火开关打开	仅用ISAT检测

二、防抱死制动系统（ABS）电脑板26针

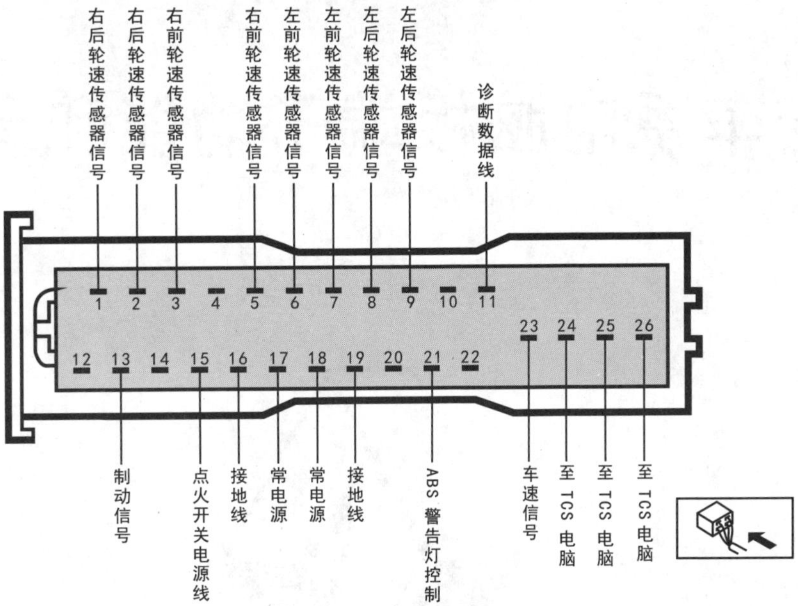

电脑板重要端子参考值

端子号	测试条件	参考值
1-2	转动右后轮	交流电压信号
	点火开关OFF，测量电阻	800～1700Ω
3-5	转动右前轮	交流电压信号
	点火开关OFF，测量电阻	800～1700Ω
6-7	转动左前轮	交流电压信号
	点火开关OFF，测量电阻	800～1700Ω
8-9	转动左后轮	交流电压信号
	点火开关OFF，测量电阻	800～1700Ω
11-16	点火开关ON	5V

端子号	测试条件	参考值
13-16	制动开关踩下	蓄电池电压
	松开制动开关	0V
15-16	点火开关打开	蓄电池电压
	点火开关OFF	0V
16，19至蓄电池负极	任何时候	0V
17，18-16	任何时候	蓄电池电压
21-16	警告灯亮起	接近0V
	警告灯熄灭	蓄电池电压

第 13 章

雷诺车系电脑板端子功能和参考值

一、雷诺（梅甘娜、风景）发动机控制系统电脑板90针

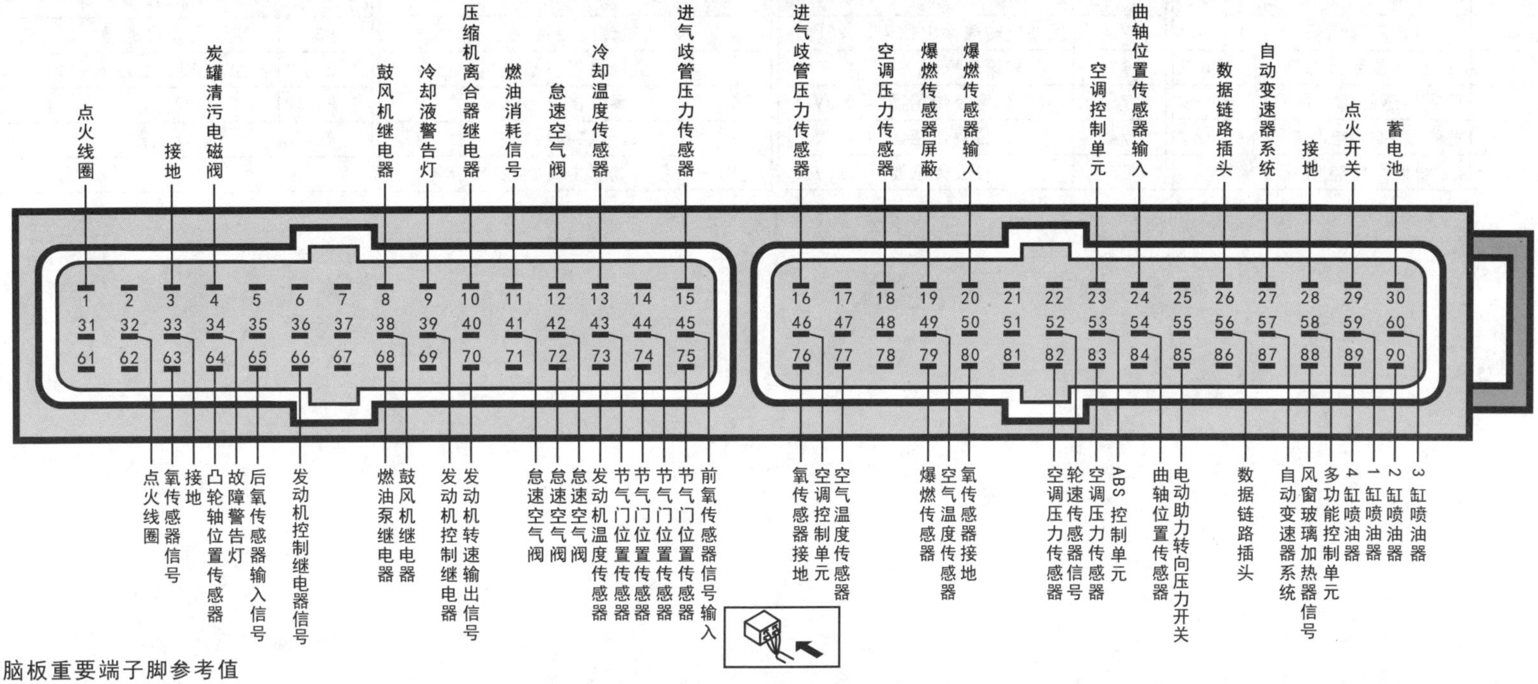

电脑板重要端子脚参考值

端子号	端子功能	参考值	端子号	端子功能	参考值	端子号	端子功能	参考值	端子号	端子功能	参考值
1	点火线圈	11～14V	15	进气歧管压力传感器	0V	30	蓄电池	11～14V	44	节气门位置传感器	0.4V
3	接地	0V	16	进气歧管压力传感器	4.8V	32	点火线圈	11～14V	45	前氧传感器信号输入	0.4V
4	炭罐清污电磁阀	11～14V	18	空调压力传感器	0.6V	33	接地	0V	46	空调控制单元	0V
8	鼓风机继电器	11～14V	19	爆燃传感器屏蔽	0V	34	故障警告灯	0V	49	空气温度传感器	2.4V
9	冷却液警告灯	11～14V	20	爆燃传感器输入	0.1V	38	鼓风机继电器	11～14V	54	曲轴位置传感器	1.9V
10	压缩机离合器继电器	11～14V	24	曲轴位置传感器输入	1.9V	39	发动机控制继电器	0.1V	56	数据链路插头	0V
11	燃油消耗信号	4V	26	数据链路插头	0V	41	怠速空气阀	11～14V	58	多功能控制单元	2V
12	怠速空气阀	11～14V	28	接地	0V	42	怠速空气阀	0.3V	59	1缸喷油器	11～14V
13	冷却温度传感器	3.5V	29	点火开关	11～14V	43	节气门位置传感器	0.5V	60	3缸喷油器	11～14V

（续）

端子号	端子功能	参考值	端子号	端子功能	参考值	端子号	端子功能	参考值	端子号	端子功能	参考值
63	氧传感器信号	11～14V	70	发动机转速输出信号	25Hz	76	氧传感器接地	0V	83	空调压力传感器	5V
64	凸轮轴位置传感器	11～14V	72	怠速空气阀	0.27V	77	空气温度传感器	0V	85	电动助力转向压力开关	11～14V
65	后氧传感器输入信号	11～14V	73	发动机温度传感器	0V	79	爆燃传感器	0V	89	4缸喷油器	11～14V
66	发动机控制继电器信号	11～14V	74	节气门位置传感器	5V	80	氧传感器接地	0V	90	2缸喷油器	11～14V
68	燃油泵继电器	0V	75	节气门位置传感器	0V	82	空调压力传感器	0V			

二、雷诺风景（K4M760、1.6L）发动机控制系统电脑板32+48+48针

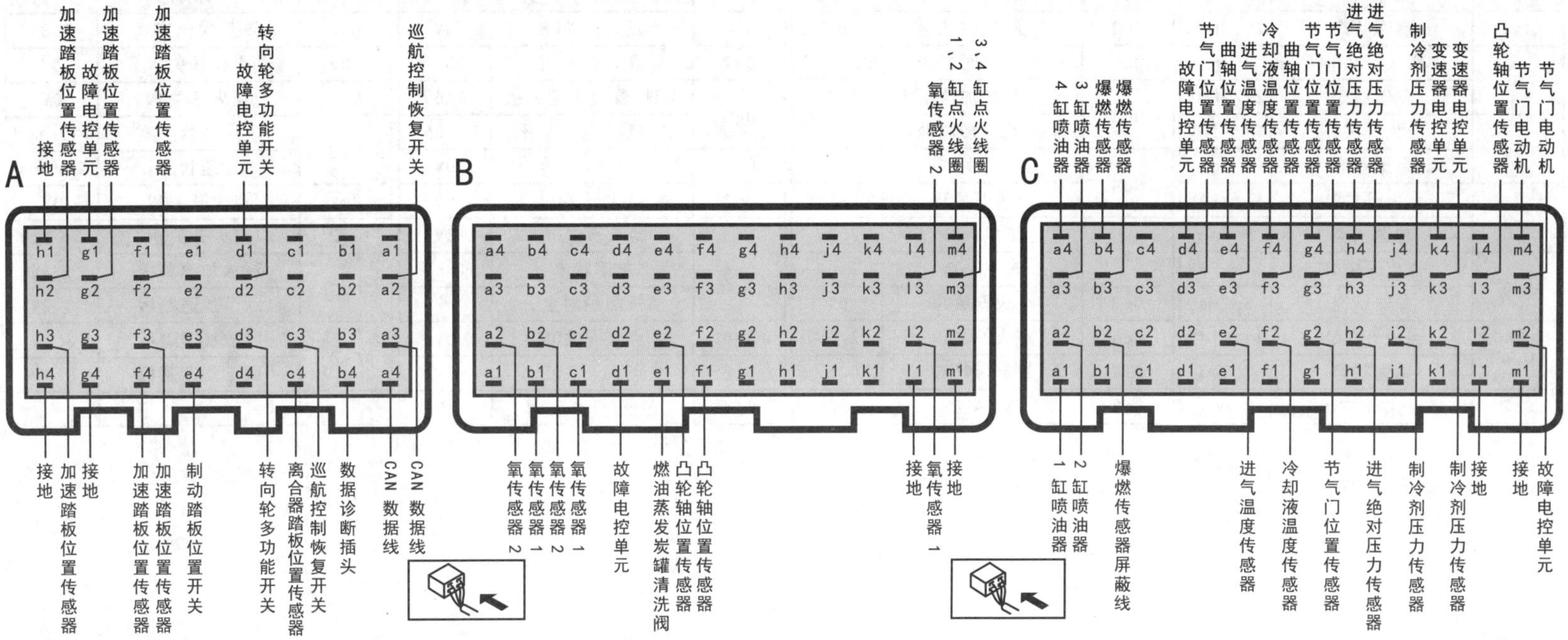

电脑板重要端子参考值

端子号	测试条件	参考值	端子号	测试条件	参考值	端子号	测试条件	参考值	端子号	测试条件	参考值
Ab4	点火开关ON	0.25V	Af3	释放加速踏板	0.4V	Ah3	点火开关ON	0V	Be1	怠速状态	2V/0.1s
Ac4	释放离合器踏板	0V		踩下加速踏板	1.85V	Ah4	点火开关ON	0V	Be2	点火开关ON	0V
	踩下离合器踏板	12V	Af4	点火开关ON	0V	Ba2	怠速状态	0.5V	Bf1	怠速状态	2V/5ms
Ad1	点火开关ON	11～14V	Ag1	点火开关ON	11～14V	Bb1	怠速状态	0.1～0.9V	Bl1	点火开关ON	0V
Ad2	点火开关ON	5V	Ag2	点火开关ON	5V	Bb2	点火开关ON	0V	Bl2	点火开关ON	11～14V
Ad3	点火开关ON	0V	Ag4	点火开关ON	0V	Bc1	点火开关ON	0V		怠速状态	0～1V
Ae4	释放制动踏板	11～14V	Ah1	点火开关ON	0V	Bd1	点火开关ON	11～14V	Bl3	怠速状态	0～1V
	踩下制动踏板	0V	Ah2	释放加速踏板	0.76V		怠速状态	0～1V	Bm1	点火开关ON	0V
Af2	点火开关ON	5V		踩下加速踏板	3.8V	Be1	点火开关ON	11～14V	Bm3	点火开关ON	0V

（续）

端子号	测试条件	参考值	端子号	测试条件	参考值	端子号	测试条件	参考值	端子号	测试条件	参考值
Bm3	怠速状态	2V/20ms	Cb3	怠速，短时加速	50mV/ms	Cf4	点火开关ON	0V	Cj3	怠速 关闭空调	0.8V
Bm4	点火开关ON	0V	Cb4	怠速，短时加速	50mV/ms	Cg2	点火开关ON	5V	Ck2	点火开关ON	0V
	怠速状态	2V/20ms	Cd3	怠速，释放加速踏板	4.4V	Cg3	怠速，释放加速踏板	0.6V	Cl1	点火开关ON	0V
Ca1	点火开关ON	11～14V		怠速，踩下加速踏板	2V		节气门短时全开	3.0V	Cl3	怠速状态	11～14V
	怠速状态	3.7ms	Cd4	点火开关OFF	11～14V	Cg4	点火开关ON	0V		怠速状态	2V/5ms
Ca2	点火开关ON	11～14V		点火开关ON	0～11V	Ch2	点火开关ON	5V	Cm1	点火开关ON	0V
	怠速状态	3.7ms	Ce2	进气14℃	2.3V	Ch3	点火开关ON	5V	Cm2	点火开关ON	0～11V
Ca3	点火开关ON	11～14V		进气26℃	1.5V		怠速状态	1.5V	Cm3	释放加速踏板	0.1V
	怠速状态	3.7ms	Ce3	点火开关ON	0V		节气门短时全开	4.2V		踩下加速踏板	3.2V
Ca4	点火开关ON	11～14V	Ce4	点火开关ON	2.5V	Ch4	点火开关ON	0V	Cm4	释放加速踏板	3.2V
	怠速状态	3.7ms	Cf2	冷却液90℃	0.5V	Cj2	点火开关ON	5V		踩下加速踏板	0.1V
Cb2	点火开关ON	0V	Cf3	怠速状态	2.5V	Cj3	怠速，打开空调	2.2V			

三、雷诺Fenix 5发动机控制系统电脑板55针

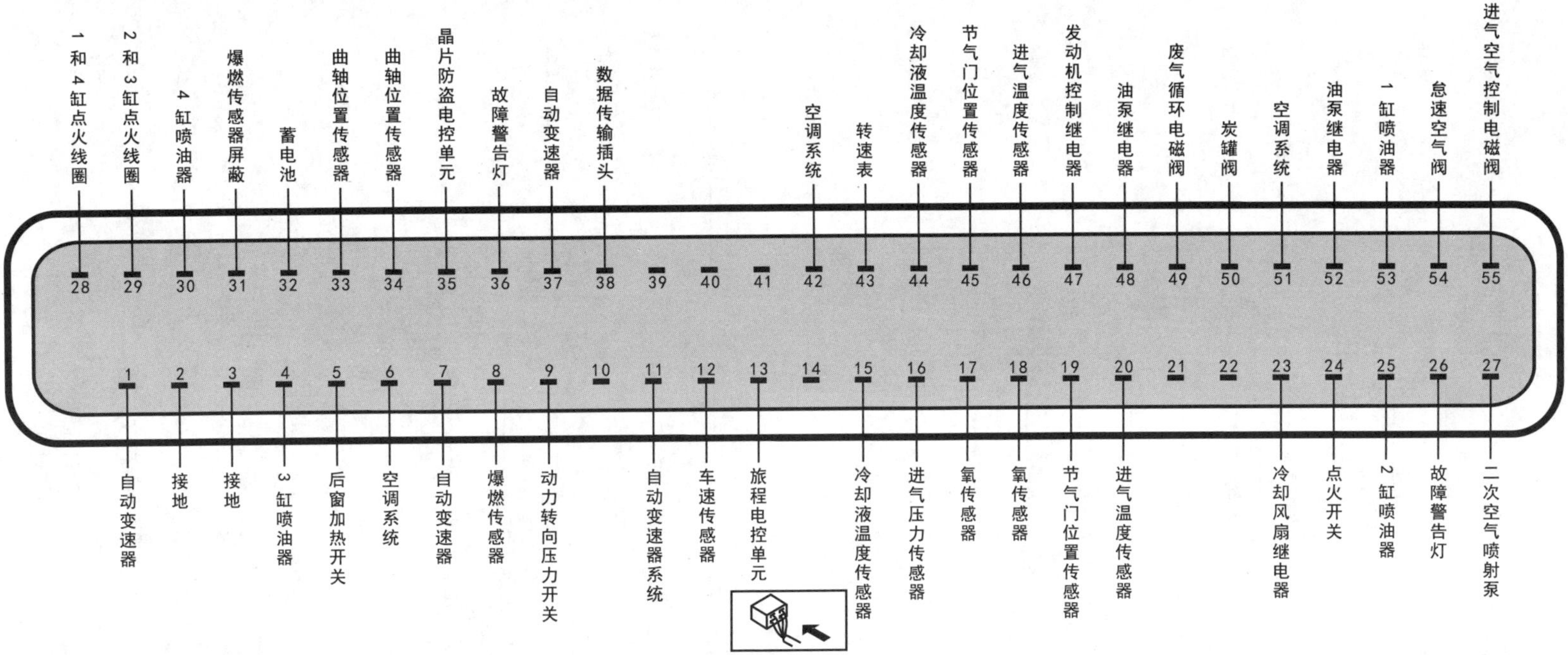

电脑板重要端子参考值

端子号	端子功能	参考值
2	接地	0V
3	接地	0V
4	3缸喷油器	11～14V
5	后窗加热开关	0V
6	空调系统	0V
9	动力转向压力开关	11～14V
12	车速传感器	11～14V
15	冷却液温度传感器	2.6V
17	氧传感器	0～1V
18	氧传感器	0～1V
19	节气门位置传感器	0.33V
20	进气温度传感器	3.2V
23	冷却风扇继电器	11～14V
24	点火开关	11～14V
25	2缸喷油器	11～14V
26	故障警告灯	0～1V
27	二次空气喷射泵	11～14V
30	4缸喷油器	11～14V
31	爆燃传感器屏蔽	0V
32	蓄电池	11～14V
35	晶片防盗电控单元	0～5V
36	故障警告灯	0～1V
43	转速表	26Hz
44	冷却液温度传感器	2.6V
45	节气门位置传感器	0.33V
46	进气温度传感器	3.2V
47	发动机控制继电器	11～14V
48	油泵继电器	11～14V
49	废气循环电磁阀	11～14V
50	炭罐阀	11～14V
51	空调系统	11～14V
52	油泵继电器	11～14V
53	1缸喷油器	11～14V
54	怠速空气阀	7V
55	进气空气控制电磁阀	11～14V

四、雷诺Renix Fenix 5发动机控制系统电脑板55针

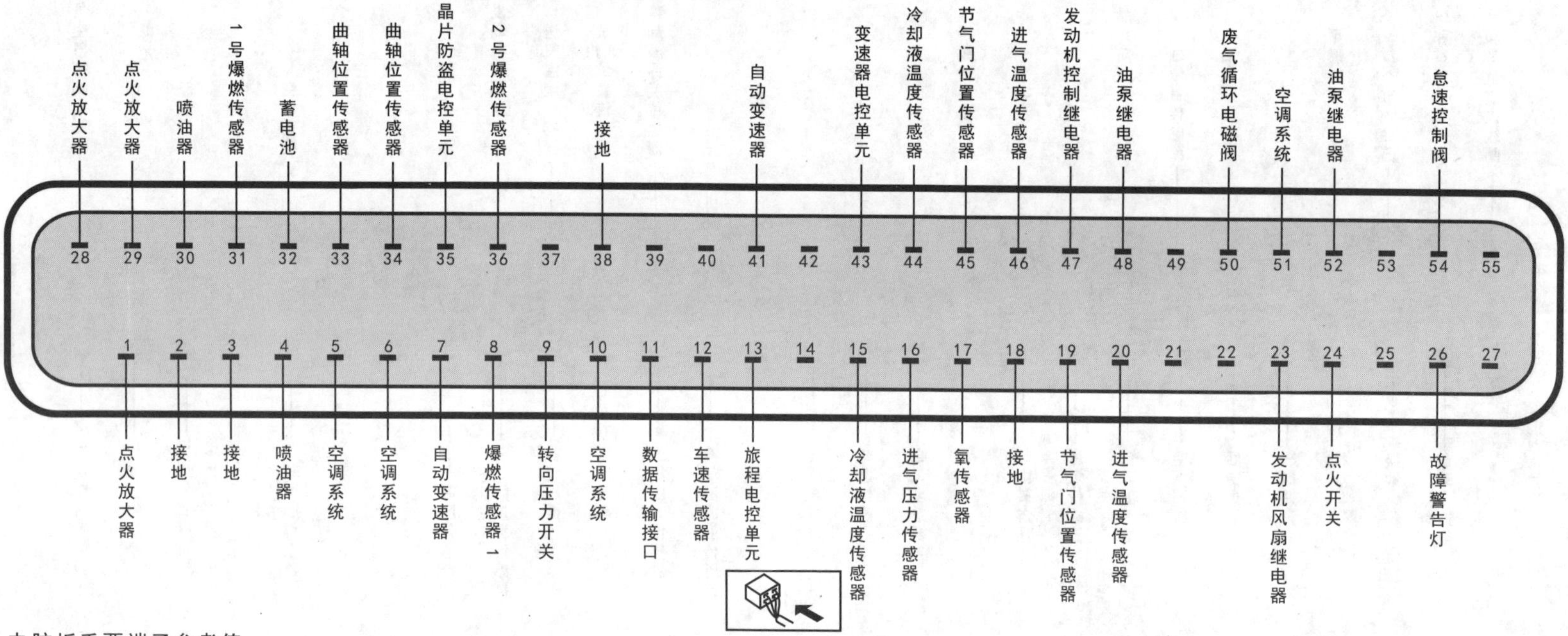

电脑板重要端子参考值

端子号	端子功能	参考值
1	点火放大器	11～14V
2	接地	0V
3	接地	0V
4	喷油器	11～14V
8	爆燃传感器1	0V
9	转向压力开关	5V
11	数据传输接口	0V
12	车速传感器	0V
15	冷却液温度传感器	2.5V
16	进气压力传感器	4.7V
17	氧传感器	0.4V
18	接地	0V
19	节气门位置传感器	0.6V
20	进气温度传感器	3V
23	发动机风扇继电器	11～14V
24	点火开关	0V
26	故障警告灯	0～1V
28	点火放大器	11～14V
29	点火放大器	11～14V
30	喷油器	11～14V
31	1号爆燃传感器	0V
32	蓄电池	11～14V
33	曲轴位置传感器	3V
34	曲轴位置传感器	3V
36	2号爆燃传感器	0V
38	接地	0V
43	变速器电控单元	30Hz
44	冷却液温度传感器	2.5V
45	节气门位置传感器	0.6V
46	进气温度传感器	0V
47	发动机控制继电器	11～14V
48	油泵继电器	11～14V
50	废气循环电磁阀	11～14V
52	油泵继电器	11～14V

五、雷诺Renix Monopoint发动机控制系统电脑板35针

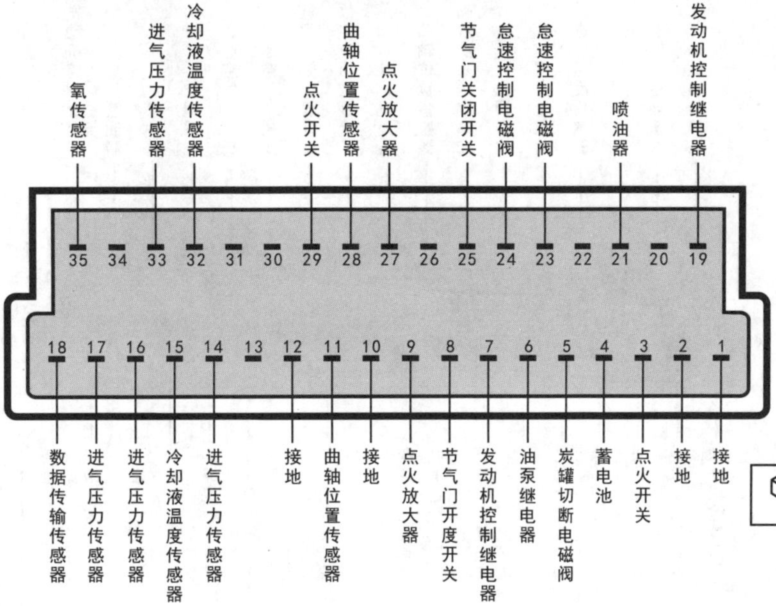

电脑板重要端子参考值

端子号	端子功能	参考值	端子号	端子功能	参考值	端子号	端子功能	参考值
1	接地	0V	12	接地	0V	33	进气压力传感器	1.7V
2	接地	0V	14	进气压力传感器	0.8V	35	氧传感器	0～1V
3	点火开关	11～14V	15	冷却液温度传感器	0.8V			
4	蓄电池	11～14V	16	进气压力传感器	5V			
5	炭罐切断电磁阀	11～14V	17	进气压力传感器	5V			
6	油泵继电器	11～14V	19	发动机控制继电器	0V			
7	发动机控制继电器	0V	25	节气门关闭开关	0V			
8	节气门开度开关	5V	29	点火开关	11～14V			
10	接地	0V	32	冷却液温度传感器	0V			

六、雷诺Renix MPI发动机控制系统电脑板35针

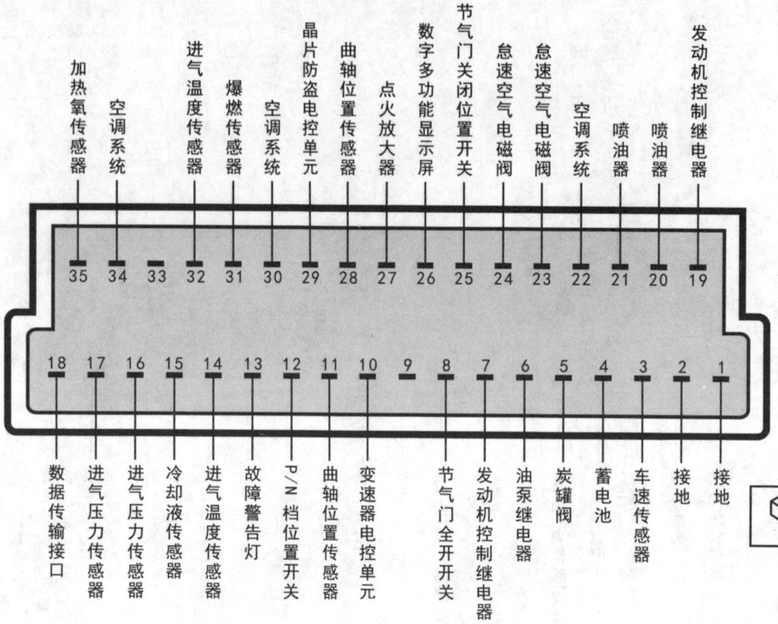

电脑板重要端子参考值

端子号	端子功能	参考值	端子号	端子功能	参考值	端子号	端子功能	参考值
1	接地	0V	12	P/N档位置开关	0V	27	点火放大器	6.5 Hz
2	接地	0V	13	故障警告灯	1.5V	28	曲轴位置传感器	0.5V
3	车速传感器	0V	14	进气温度传感器	2.5V	29	晶片防盗电控单元	2～4V
4	蓄电池	11～14V	15	冷却液传感器	2V	32	进气温度传感器	2V
5	炭罐阀	0.9V	16	进气压力传感器	5V	35	加热氧传感器	0-1V
6	油泵继电器	0V	17	进气压力传感器	5V			
7	发动机控制继电器	0V	18	数据传输接口	30Hz			
8	节气门全开开关	0V	19	发动机控制继电器	0V			
11	曲轴位置传感器	0.5V	25	节气门关闭位置开关	0V			

七、雷诺Renix MPI 2发动机控制系统电脑板35针

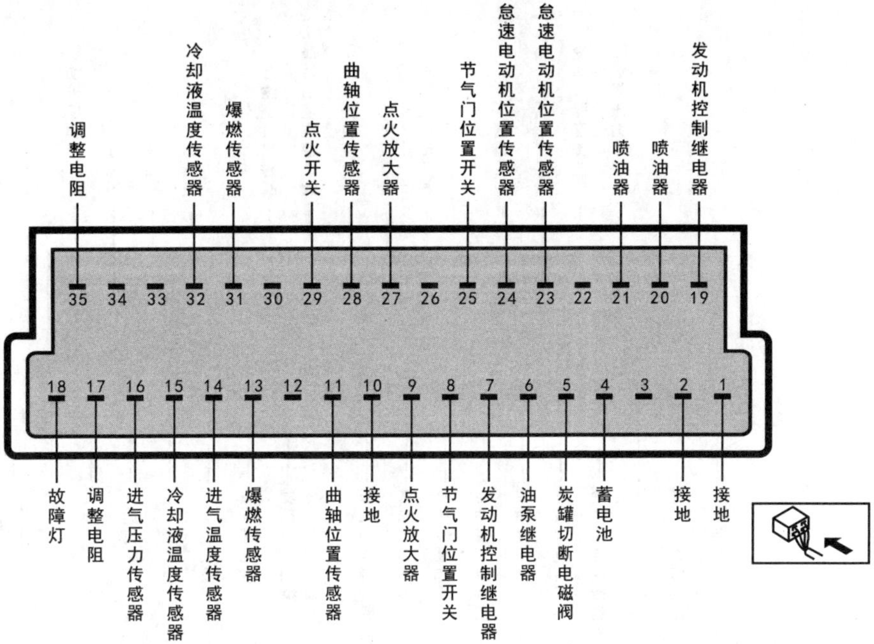

电脑板重要端子参考值

端子号	端子功能	参考值	端子号	端子功能	参考值	端子号	端子功能	参考值
1	接地	0V	11	曲轴位置传感器	0.5V	25	节气门位置开关	5V
2	接地	0V	14	进气温度传感器	0.8V	27	点火放大器	0.2～0.8V
4	蓄电池	11～14V	15	冷却液温度传感器	0.8V	28	曲轴位置传感器	0.5V
5	炭罐切断电磁阀	11～14V	16	进气压力传感器	5V	29	点火开关	9V
6	油泵继电器	11～14V	17	调整电阻	0V	32	冷却液温度传感器	0.8V
7	发动机控制继电器	0V	18	故障灯	0～1V	35	调整电阻	0.2～2.5V
8	节气门位置开关	5V	19	发动机控制继电器	0V			
9	点火放大器	1.7V	20	喷油器	11～14V			
10	接地	0V	21	喷油器	11～14V			

八、雷诺Siemens MPI发动机控制系统电脑板35针

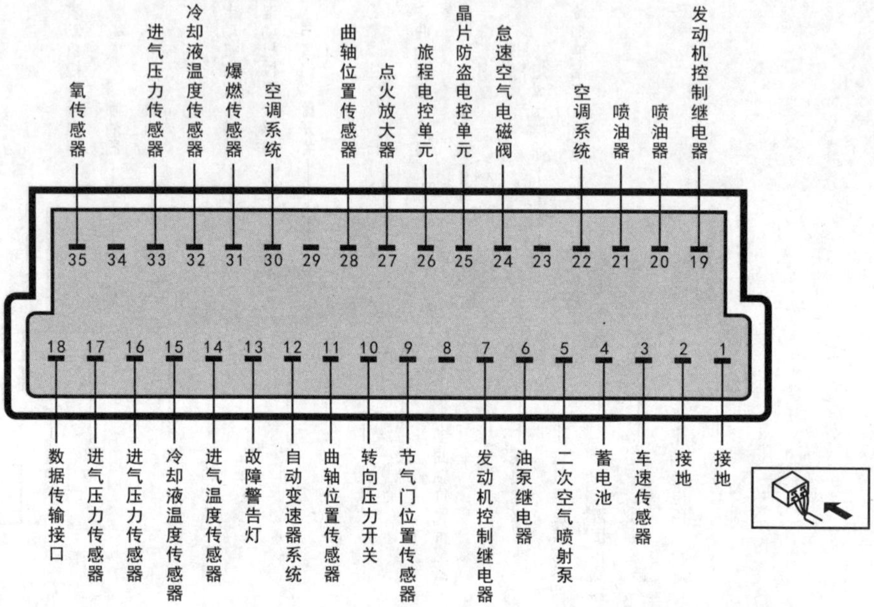

电脑板重要端子参考值

端子号	端子功能	参考值	端子号	端子功能	参考值	端子号	端子功能	参考值
1	接地	0V	11	曲轴位置传感器	0.7V	21	喷油器	0～1V
2	接地	0V	12	自动变速器系统	1.8V	25	晶片防盗电控单元	2～4V
3	车速传感器	0V	13	故障警告灯	0～1V	27	点火放大器	30Hz
4	蓄电池	11～14V	14	进气温度传感器	2.8V	28	曲轴位置传感器	0.7V
5	二次空气喷射泵	0V	15	冷却液温度传感器	2.5V	31	爆燃传感器	2V
6	油泵继电器	11～14V	16	进气压力传感器	0.7V	32	冷却液温度传感器	2.5V
7	发动机控制继电器	0V	17	进气压力传感器	0V	33	进气压力传感器	1.7V
9	节气门位置传感器	0.7V	19	发动机控制继电器	0V	35	氧传感器	0～1V
10	转向压力开关	10V	20	喷油器	0～1V			

第 14 章

沃尔沃车系电脑板端子功能和参考值

第1节 发动机控制系统电脑板端子功能和参考值

一、沃尔沃Bosch Motrinic 4.3/4.4发动机控制系统电脑板43+43针

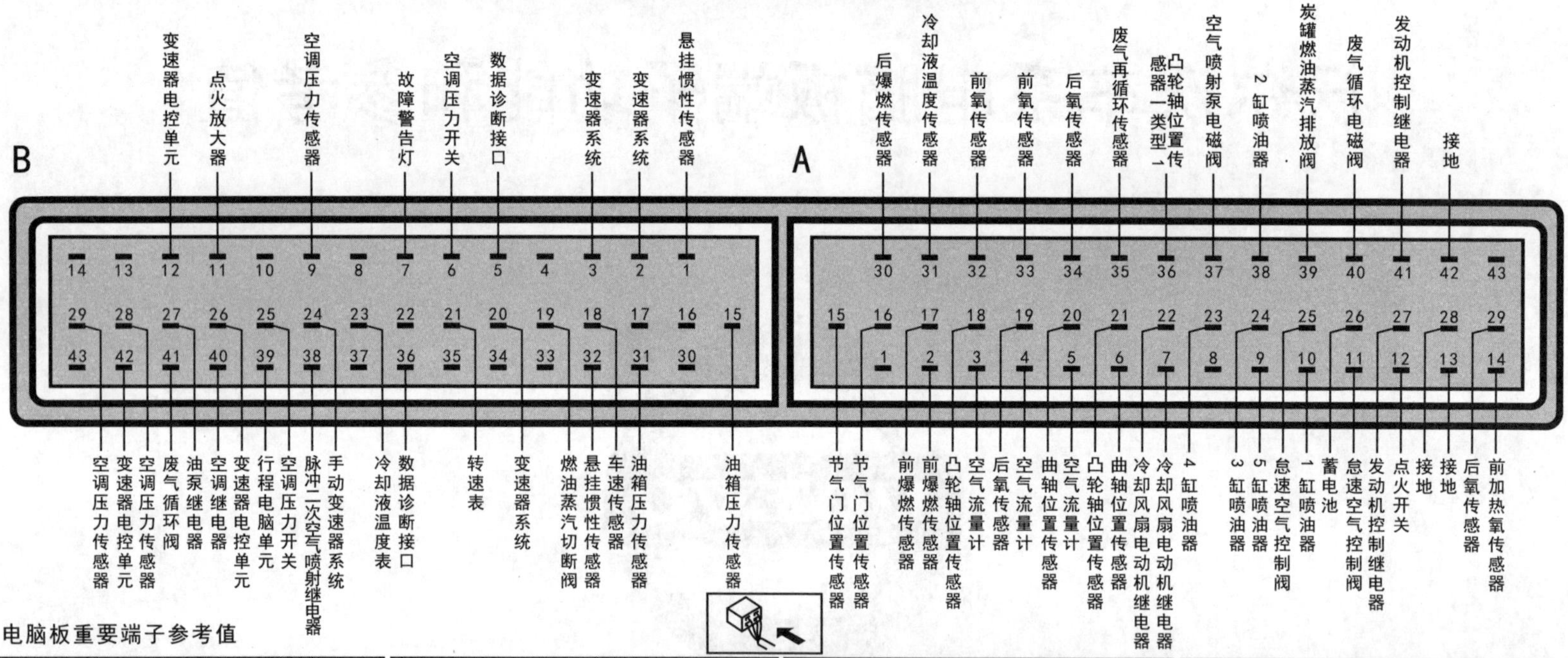

电脑板重要端子参考值

端子号	端子功能	参考值	端子号	端子功能	参考值	端子号	端子功能	参考值	端子号	端子功能	参考值
A2	前爆燃传感器	0V	A17	前爆燃传感器	0V	A40	废气循环电磁阀	11～14V	B23	冷却液温度表	40Hz
A3	空气流量计	9V	A18	凸轮轴位置传感器	0V	B1	悬挂惯性传感器	5V	B24	手动变速器系统	9V
A6	曲轴位置传感器	0V	A19	后氧传感器	11～14V	B2	变速器系统	9～12V	B26	变速器电控单元	11～14V
A7	冷却风扇电动机继电器	11～14V	A21	凸轮轴位置传感器	0V	B5	数据诊断接口	10～13V	B27	油泵继电器	40 Hz
A9	5缸喷油器	11～14V	A27	发动机控制继电器	11～14V	B9	空调压力传感器	0.9V	B29	空调压力传感器	5V
A10	1缸喷油器	11～14V	A35	废气再循环传感器	4.0V	B15	油箱压力传感器	5V	B38	脉冲二次空气喷射继电器	11～14V
A12	点火开关	35Hz	A37	空气喷射泵电磁阀	11～14V	B18	车速传感器	0V	B39	行程电脑单元	14～25Hz
A14	前加热氧传感器	11～14V	A38	2缸喷油器	11～14V	B19	燃油蒸汽切断阀	11～14V	B40	空调继电器	0V
A15	节气门位置传感器	5V	A39	炭罐燃油蒸汽排放阀	11～14V	B21	转速表	11～14V	B41	废气循环阀	11～14V

二、沃尔沃V70车系（B5244S、2.4L）发动机控制系统电脑板70+50针

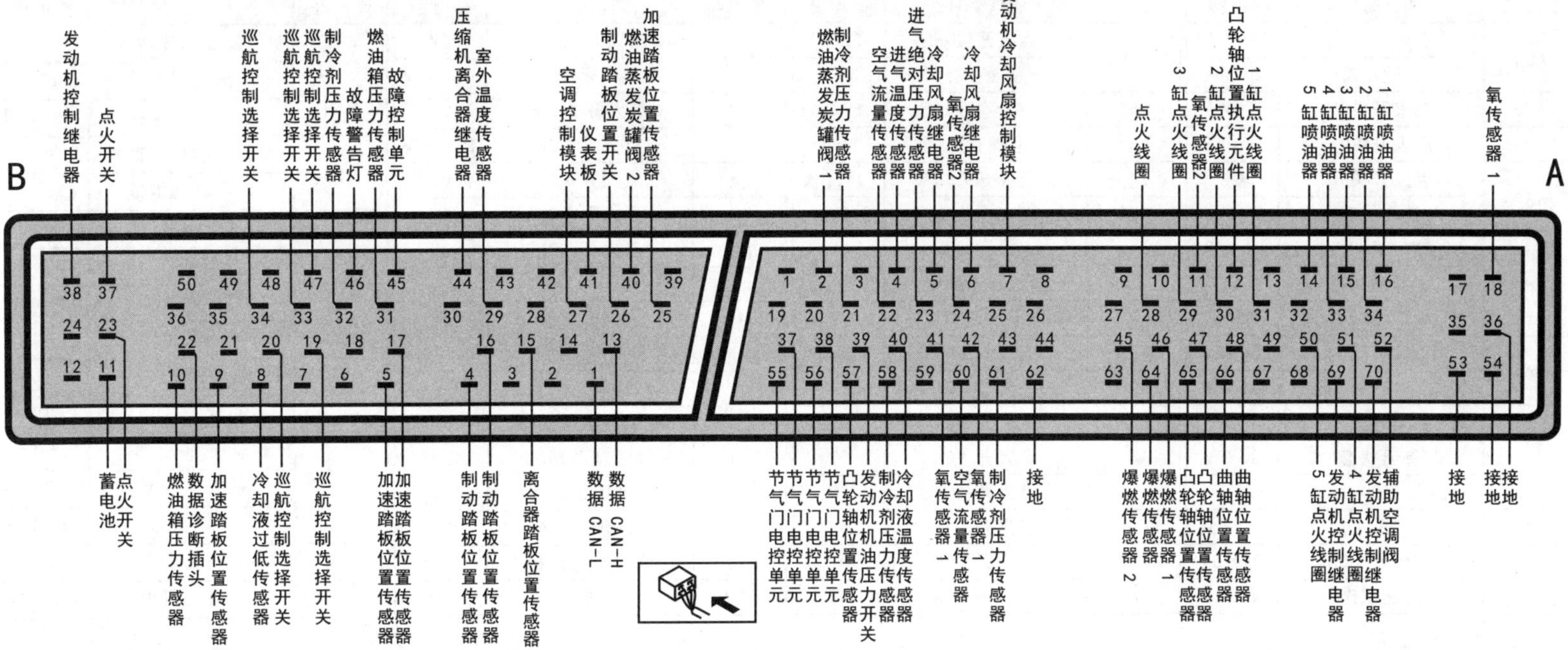

电脑板重要端子参考值

端子号	测试条件	参考值
A2	点火开关ON	11～14V
	热机，阀动作	10V/50ms
A4	进气10℃	2V
	进气20℃	2.6V
	进气30℃	3.2V
A5	怠速，关闭冷却风扇	11～14V
	怠速，开冷却风扇	0V
A7	点火开关OFF	11～14V
	点火开关ON	10%～90%

端子号	测试条件	参考值
A7	怠速状态	100Hz
A11	点火开关ON	11～14V
A12	点火开关ON	14%
	怠速状态	50%
A14	点火开关ON	11～14V
	怠速状态	2-3ms
A15	点火开关ON	11～14V
	怠速状态	2～3ms
A16	点火开关ON	11～14V

端子号	测试条件	参考值
A16	怠速状态	2～3ms
A18	点火开关ON	11～14V
A21	点火开关ON	0.9V
	怠速，关空调	1.3V
	怠速，开空调	2.3V
A22	点火开关ON	0.6V
	怠速状态	1.3V
	怠速短时加速	3.75V
A23	点火开关ON	3.6V

端子号	测试条件	参考值
A23	怠速状态	1.6V
	怠速短时加速	3.85V
A24	怠速状态	0.8V
A28	点火开关ON	4.98V
	怠速状态	2V/10ms
A29	怠速状态	0.5V/20ms
A30	怠速状态	0.5V/20ms
A31	怠速状态	0.5V/20ms
A33	点火开关ON	11～14V

（续）

端子号	测试条件	参考值
A34	点火开关ON	11～14V
	怠速状态	2～3ms
A36	点火开关ON	0V
A38	点火开关ON	0V
A39	点火开关ON	0V
	怠速状态	11～14V
A40	冷却液20℃	3.1V
	冷却液30℃	2.6V
	冷却液80℃	0.9V
A41	怠速状态	3.45V
	点火开关ON	3.77V
A42	点火开关ON	3.77V
	怠速状态	3.78V
A45	怠速,短时加速	50V/ms
A46	怠速,短时加速	50V/ms
A47	点火开关ON	0V或5V
	怠速状态	2V/20ms

端子号	测试条件	参考值
A48	点火开关ON	2.5V
	怠速状态	3.7V
A50	怠速状态	0.5V/20ms
A51	怠速状态	0.5V/20ms
A52	点火开关ON	11～14V
A53	点火开关ON	0V
A54	点火开关ON	0V
A56	释放加速踏板	87%
	踩下加速踏板	6.9%
A57	点火开关ON	5V
A58	点火开关ON	5V
A60	点火开关ON	0V
A61	点火开关ON	0V
A62	点火开关ON	0V
A64	点火开关ON	0V
A65	点火开关ON	0V
A66	点火开关ON	0V

端子号	测试条件	参考值
A69	点火开关OFF	0V
	点火开关ON	11～14V
A70	点火开关OFF	0V
	点火开关ON	11～14V
B4	点火开关ON	0V
B5	点火开关ON	0V
B8	点火开关ON	0V
B9	点火开关ON	5V
B10	点火开关ON	5V
B11	点火开关OFF	11～14V
B15	释放离合器踏板	3.3V
	踩下离合器踏板	2.2V
B16	释放制动踏板	4.4V
	制动踏板踩下	3.9V
B17	释放加速踏板	0.4V
	释放加速踏板	4.4V
B22	点火开关ON	10.6V

端子号	测试条件	参考值
B23	发动机转动	9V(min)
B25	释放加速踏板	87%
	踩下加速踏板	6.9%
B26	释放制动踏板	0V
	踩下制动踏板	11～14V
B29	进气0℃	4V
	进气10℃	3.5V
B31	点火开关ON	2.5～4.1V
B37	点火开关ON	11～14V
B38	点火开关OFF	11～14V
	点火开关ON	0V
B44	怠速,关空调	11～14V
	怠速,关空调	0V
B45	怠速状态	50Hz
B46	故障警告灯点亮	0V
	故障警告灯熄灭	11～14V

三、沃尔沃S40、V40车型发动机控制系统电脑板90针（2006款）

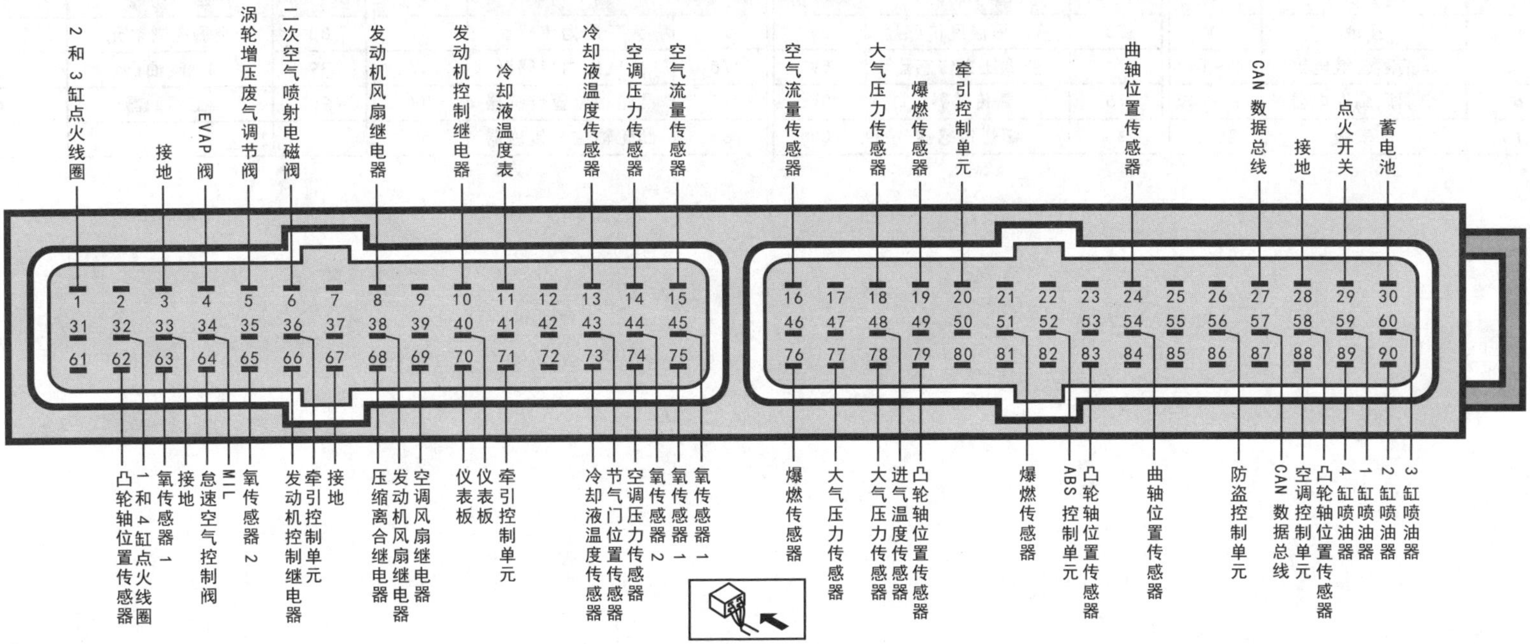

电脑板重要端子参考值

端子号	端子功能	参考值	端子号	端子功能	参考值	端子号	端子功能	参考值	端子号	端子功能	参考值
1	2和3缸点火线圈	11～14V	14	空调压力传感器	0.9V	32	1和4缸点火线圈	11～14V	54	曲轴位置传感器	1.8V
3	接地	0V	15	空气流量传感器	0V	33	接地	0V	58	凸轮轴位置传感器	0～5V
4	EVAP阀	11～14V	16	空气流量传感器	0.6～0.8V	34	MIL	0～1V	59	1缸喷油器	11～14V
5	涡轮增压废气调节阀	11～14V	19	爆燃传感器	0V	38	发动机风扇继电器	11～14V	60	3缸喷油器	11～14V
6	二次空气喷射电磁阀	11～14V	20	牵引控制单元	5V	43	节气门位置传感器	4.6V	62	凸轮轴位置传感器	11～14V
8	发动机风扇继电器	11～14V	24	曲轴位置传感器	1.8V	44	氧传感器2	5V	63	氧传感器 1	11～14V
10	发动机控制继电器	11～14V	28	接地	0V	45	氧传感器1	5V	64	怠速空气控制阀	450Hz
11	冷却液温度表	45Hz	29	点火开关	11～14V	48	进气温度传感器	2V	65	氧传感器 2	11～14V
13	冷却液温度传感器	2.6V	30	蓄电池	11～14V	52	ABS控制单元	11～14V	66	发动机控制继电器	11～14V

（续）

端子号	端子功能	参考值	端子号	端子功能	参考值	端子号	端子功能	参考值	端子号	端子功能	参考值
67	接地	0V	73	冷却液温度传感器	0V	77	大气压力传感器	0V	88	空调控制单元	0V
68	压缩离合继电器	11～14V	74	空调压力传感器	5V	78	大气压力传感器	5V	89	4缸喷油器	11～14V
69	空调风扇继电器	11～14V	75	氧传感器1	0V	79	凸轮轴位置传感器	0V	90	2缸喷油器	11～14V
70	仪表板	25Hz	76	爆燃传感器	0V	83	凸轮轴位置传感器	5V			

四、沃尔沃S60、S80、V70发动机控制系统电脑板70+50针（2007款）

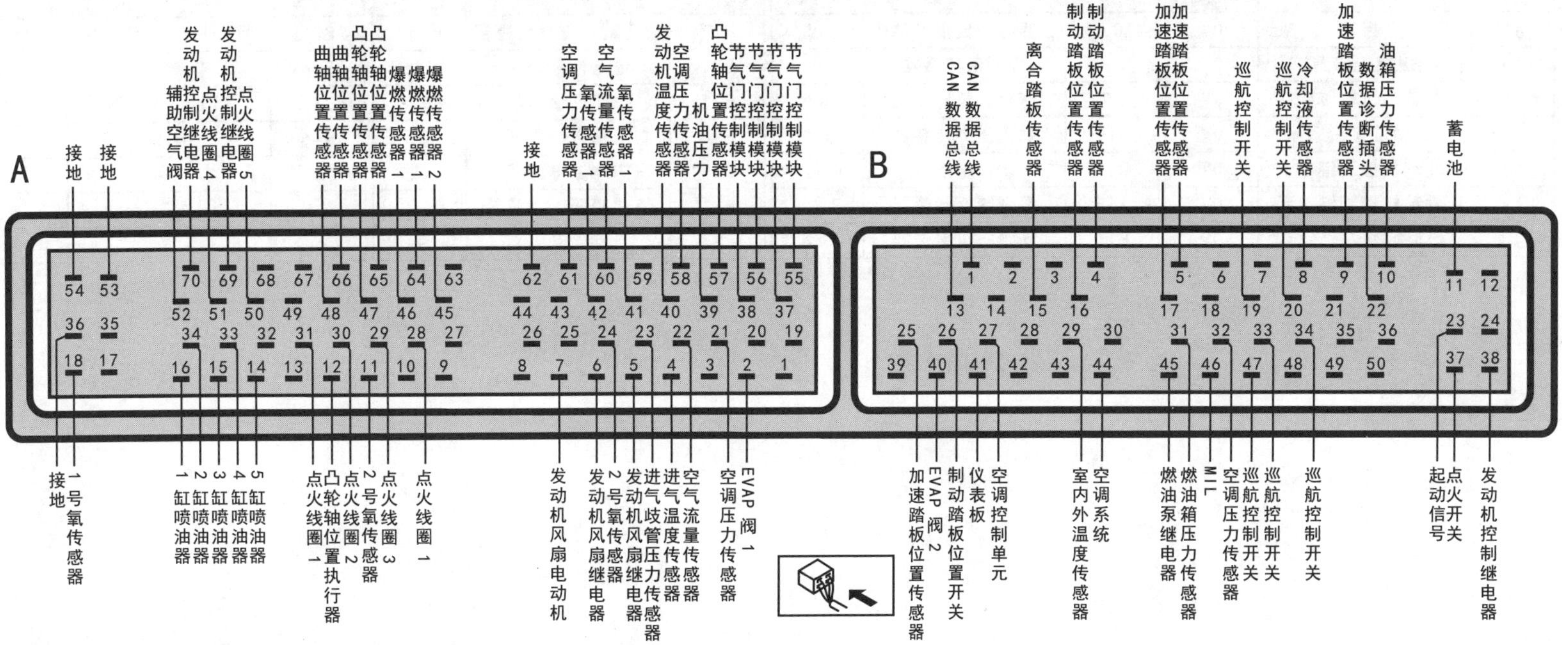

电脑板重要端子参考值

端子号	端子功能	参考值	端子号	端子功能	参考值	端子号	端子功能	参考值	端子号	端子功能	参考值
A2	EVAP阀1	11～14V	A18	1号氧传感器	11～14V	A34	2缸喷油器	11～14V	A50	点火线圈5	0.5V
A4	进气温度传感器	2V	A21	空调压力传感器	0.9V	A36	接地	0V	A51	点火线圈4	0.5V
A5	发动机风扇继电器	11～14V	A22	空气流量传感器	0.6V	A38	节气门控制模块	0V	A52	辅助空气阀	11～14V
A6	发动机风扇继电器	11～14V	A23	进气歧管压力传感器	3.6V	A39	机油压力	0V	A53	接地	0V
A7	发动机风扇电动机	11～14V	A24	2号氧传感器	0.8V	A40	发动机温度传感器	3.1V	A54	接地	0V
A11	2号氧传感器	11～14V	A28	点火线圈1	4.98V	A41	氧传感器1	3.45V	A57	凸轮轴位置传感器	5V
A14	5缸喷油器	11～14V	A29	点火线圈3	0.5V	A42	氧传感器1	3.77V	A58	空调压力传感器	5V
A15	3缸喷油器	11～14V	A30	点火线圈2	0.5V	A47	凸轮轴位置传感器	0～5V	A60	空气流量传感器	0V
A16	1缸喷油器	11～14V	A33	4缸喷油器	11～14V	A48	曲轴位置传感器	2.5V	A61	空调压力传感器	0V

（续）

端子号	端子功能	参考值	端子号	端子功能	参考值	端子号	端子功能	参考值	端子号	端子功能	参考值
A62	接地	0V	B5	加速踏板位置传感器	0V	B17	加速踏板位置传感器	0.4V	B38	发动机控制继电器	0V
A64	爆燃传感器1	0V	B8	冷却液传感器	0V	B22	数据诊断插头	10.6V	B44	空调系统	11～14V
A65	凸轮轴位置传感器	0V	B9	加速踏板位置传感器	5V	B23	起动信号	9V	B45	燃油泵继电器	50Hz
A66	曲轴位置传感器	0V	B10	油箱压力传感器	5V	B26	制动踏板位置开关	0V	B46	MIL	0V
A69	发动机控制继电器	0V	B11	蓄电池	11～14V	B29	室内外温度传感器	4V			
A70	发动机控制继电器	0V	A15	离合踏板传感器	3.3V	B31	燃油箱压力传感器	2.5～401V			
B4	制动踏板位置传感器	0V	B16	制动踏板位置传感器	4.4V	B37	点火开关	11～14V			

第2节 底盘系统电脑板端子功能和参考值

一、AW30-40四档自动变速器控制系统电脑板42针

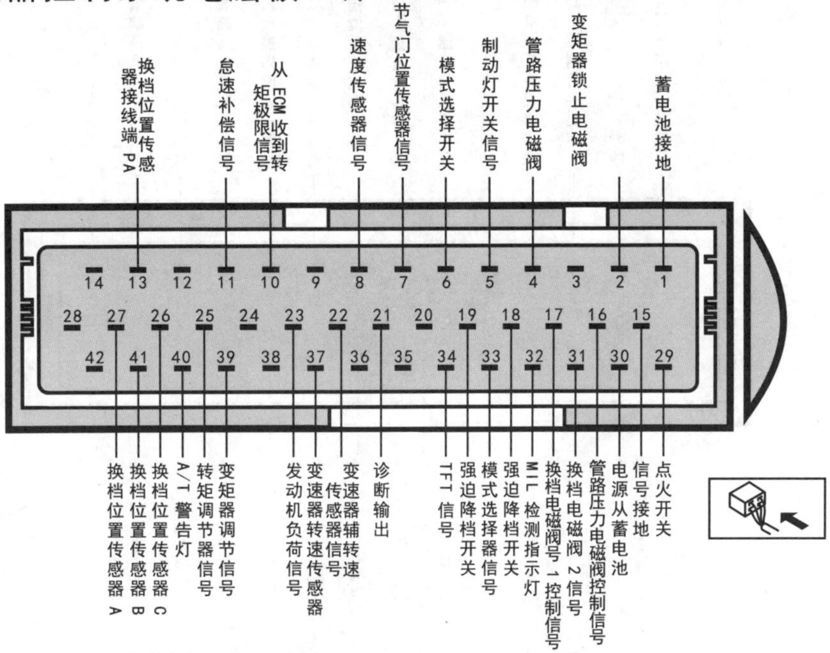

电脑板重要端子参考值

端子号	端子功能	参考值	端子号	端子功能	参考值	端子号	端子功能	参考值	端子号	端子功能	参考值
2	变矩器锁止电磁阀	0～2V	16	管路压力电磁阀控制信号	300Hz	27	换档位置传感器A	0～2V	40	A/T警告灯	0～2V
4	管路压力电磁阀	1.6V	17	换档电磁阀号1控制信号	0～2V	29	点火开关	蓄电池电压	41	换档位置传感器B	30～2V
5	制动灯开关信号	0～2V	18	强迫降档开关（开）	0～2V	30	电源从蓄电池	蓄电池电压			
6	模式选择开关	0V	19	强迫降档开关（闭）	0V	31	换档电磁阀2信号	0～2V			
7	节气门位置传感器信号	0.5V	21	诊断输出	0～2V	32	MIL检测指示灯	0～2V			
8	速度传感器信号	0～12V	22	变速器辅转速传感器信号	2.5V	33	模式选择器信号	0～2V			
10	从ECM收到转矩极限信号	0～2V	23	发动机负荷信号	0～1V	34	TFT信号	2.4V			
11	怠速补偿信号	0～2V	25	转矩调节器信号	0～2V	37	变速器转速传感器	2.5V			
13	换档位置传感器接线端 PA	0～0.5V	26	换档位置传感器C	0～0.5V	39	变矩器调节信号	0～2V			

二、AW55-50SN（AW50AWD）自动变速器控制系统电脑板42针

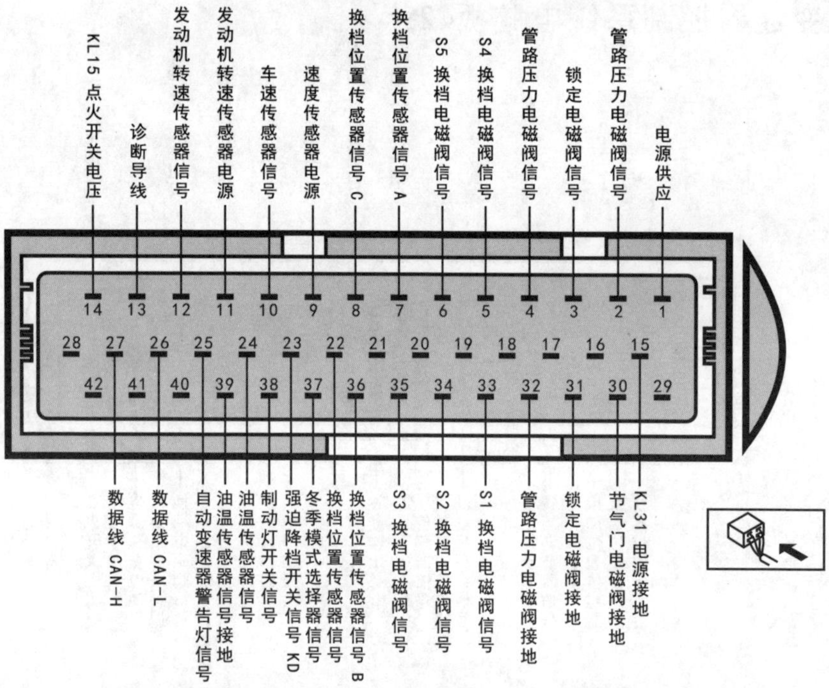

电脑板重要端子参考值

端子号	测试条件	参考值
5	工作时	10～12V
	未工作时	0V
6	工作时	10～12V
	未工作时	0V
7	变速杆在P、R、4、3时	0～0.5V
	其他位置	10～12V
8	变速杆在P、R、4、3时	0～0.5V
	其他位置	10～12V
10	齿与传感器	14mA

端子号	测试条件	参考值
10	罩盖与传感器	7mA
12	齿与传感器	14mA
	罩盖与传感器	7mA
22	变速杆在P、N、4、L位	0～0.5V
	其他位置	10～12V
23	打开	10～12V
	关闭	0V
24	冷变速器20℃	2.4V
	热变速器100℃	0.3～0.5V

端子号	测试条件	参考值
25	灯亮时	0～2V
	灯灭时	12V
33	工作时	0～12V
	未工作时	0V
34	工作时	0～12V
	未工作时	0V
35	工作时	0～12V
	未工作时	0V
36	变速杆在R、N、D、3位	0～0.5V

端子号	测试条件	参考值
36	其他位置	10～12V
37	工作时	0V
	未工作时	10～12
38	打开	10～12V
	关闭	0V

三、沃尔沃AW55-51SN五档变速器控制系统电脑板16+4+22针

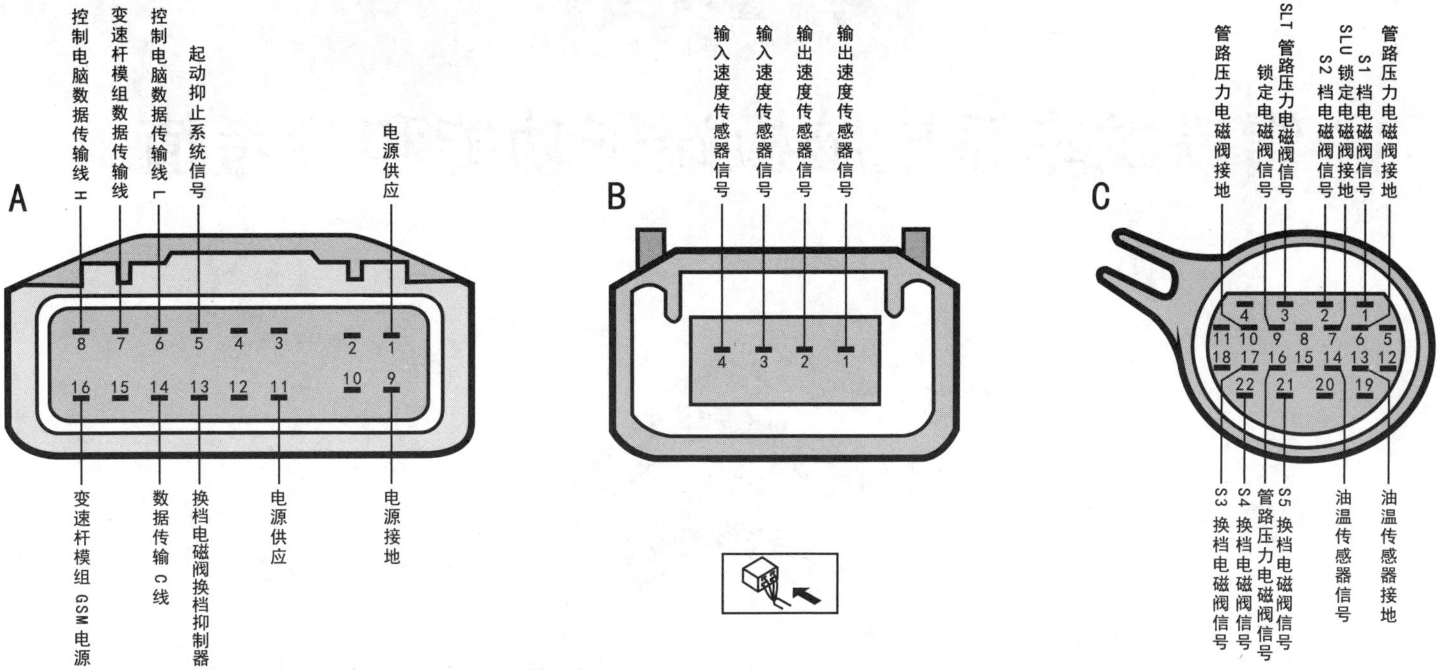

电脑板重要端子参考值

端子号	测试条件	参考值
A5	允许起动时	0V
A6	数据传输时	1.5～2.5V
A7	数据传输时	0～12V
A8	数据传输时	2.0～3.0V
A13	换档抑制器电磁阀作用	0V
	未作用	12V
B1	齿对传感器	14mA
	罩盖对传感器	7mA
B3	齿对传感器	14mA

端子号	测试条件	参考值
B3	罩盖对传感器	7mA
C1	工作时	10～12V
	未工作时	0V
C2	工作时	10～12V
	未工作时	0V
C14	冷变速器20℃	2.4V
	热变速器100℃	0.3～0.5V
C17	工作时	10～12V
	未工作时	0V

端子号	测试条件	参考值
C21	工作时	10～12V
	未工作时	0V
C22	工作时	10～12V
	未工作时	0V

第 15 章

雪铁龙车系电脑板端子功能和参考值

CITROËN

一、雪铁龙C2车系（TU3JP、1.4L）发动机控制系统电脑板32+48+32针

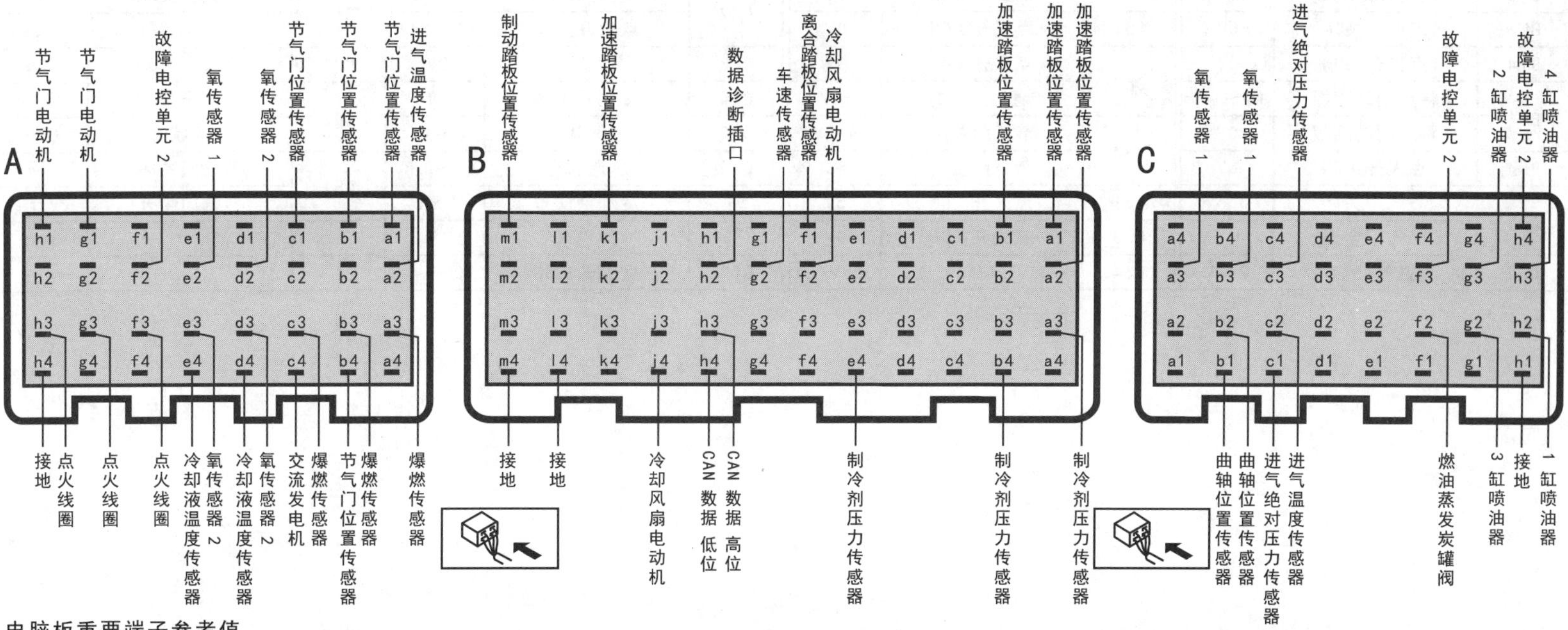

电脑板重要端子参考值

端子号	测试条件	参考值
Aa3	点火开关ON	0.4～0.5V
	怠速状态	0～1V
Ab1	怠速状态	2.4V
Ab2	怠速状态	2.4V
Ab3	怠速状态	0V
Ac1	点火开关ON	4V
	怠速状态	1.9V
	怠速，短时加速	4V
Ac2	点火开关ON	0V

端子号	测试条件	参考值
Ac3	点火开关ON	5V
Af2	点火开关ON	0～1V
	发动机运转	10V/50ms
Af3	点火开关ON	11～14V
Ag2	点火开关ON	0～1V
	怠速状态	4ms
Ag3	点火开关ON	0～1V
	怠速状态	4ms
Ah1	点火开关ON	0V

端子号	测试条件	参考值
Ah2	点火开关ON	0～1V
	怠速状态	4ms
Ah3	点火开关ON	0～1V
	怠速状态	4ms
Ah4	点火开关OFF	0V
	点火开关ON	11～14V
Ba1	释放加速踏板	0.4V
	踩下加速踏板	3.7V
Ba2	释放加速踏板	0.2V

端子号	测试条件	参考值
Ba2	踩下加速踏板	1.85V
Bb1	点火开关ON	5V
Bf1	释放离合器踏板	11～14V
	踩下离合器踏板	0V
Bf2	关闭冷却风扇	0V
	打开冷却风扇	11～14V
Bg2	点火开关OFF	0V
	车辆移动	11～14V
Bh2	点火开关ON	0V

（续）

端子号	测试条件	参考值	端子号	测试条件	参考值	端子号	测试条件	参考值	端子号	测试条件	参考值
Bj4	关闭冷却风扇	11～14V	Ca3	点火开关ON	0V	Cd2	怠速状态	0～1V	Cf3	点火开关ON	0～1V
Bk1	点火开关ON	0V	Cb1	点火开关ON	0V		点火开关ON	11～14V		发动机运转	5V/5ms
Bl4	点火开关ON	0V	Cb3	点火开关ON	0V	Cd3	怠速状态	0V	Cg1	点火开关ON	5V
Bm1	释放制动踏板	11～14V		怠速,短时加速	50mV/ms	Cd4	点火开关ON	0V	Cg3	点火开关ON	0～1V
	踩下制动踏板	0V	Cb4	节气门关闭	4.5V	Ce2	怠速状态	0～1V		怠速状态	5V/2ms
Bm4	点火开关ON	0V		节气门全开	0.8～0.9V	Ce3	怠速状态	0.1～0.8V	Ch1	节气门关闭	2V/ms
Ca1	节气门关闭	0.5V	Cc1	点火开关ON	5V	Ce4	冷却液10℃	3.4V		节气门全开	2V/ms
	节气门全开	4.2V	Cc3	点火开关ON	0V		冷却液80℃	1V			
Ca2	进气15℃	2.4V	Cc4	怠速,短时加速	50mV/ms	Cf2	点火开关ON	0～1V			

二、雪铁龙C4车系（TU5JP4、1.6L）发动机控制系统电脑板32+48+32针

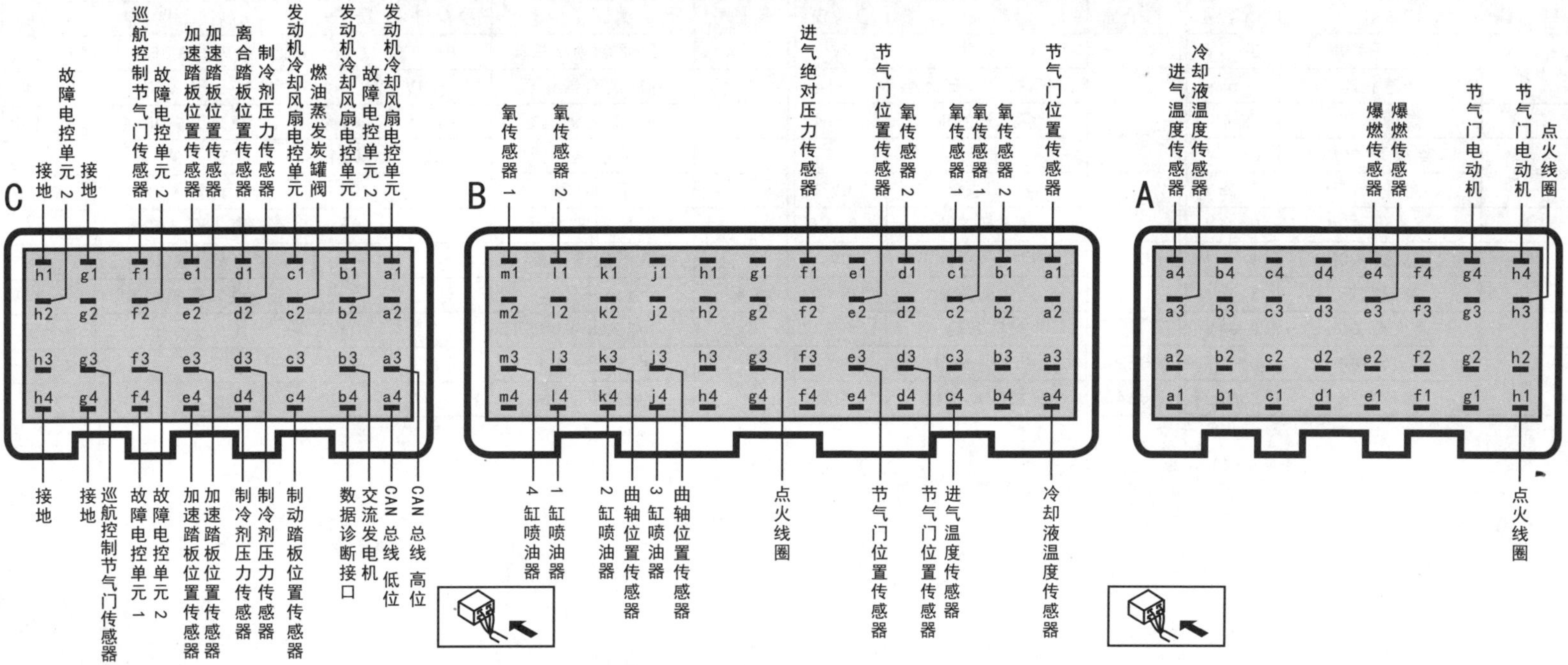

电脑板重要端子参考值

端子号	测试条件	参考值	端子号	测试条件	参考值	端子号	测试条件	参考值	端子号	测试条件	参考值
Aa3	冷却液10℃	3.1V	Ah1	点火开关ON	0～1V	Ba4	点火开关ON	0V	Be2	点火开关ON	4.6V
	冷却液80℃	0.8V		怠速状态	5V/2ms	Bb1	怠速状态	0V		怠速状态	3.8V
Aa4	进气15℃	2.4V	Ah3	点火开关ON	11～14V	Bc1	怠速状态	0V	Be3	点火开关ON	5V
Ae3	点火开关ON	0V		怠速状态	5V/2ms	Bc2	点火开关ON	0.4V	Bf1	点火开关ON	4V
	怠速,短时加速	50mV/ms	Ah4	节气门关闭	2V/0.1ms		怠速状态	0～1V		怠速状态	1.9V
Ae4	点火开关ON	0V		节气门全开	2V/0.1ms	Bc4	点火开关ON	0V		怠速 短时加速	4V
	怠速,短时加速	50mV/ms		怠速,节气门关闭	2V/0.1ms	Bd1	点火开关ON	0.4V	Bg3	点火开关ON	11～14V
Ag4	节气门关闭	3.2V	Ba1	节气门关闭	0.9V		怠速状态	0.4～0.6V		发动机运转	5V/50μs
	节气门全开	0.1V		节气门全开	3.8V	Bd3	点火开关ON	0V	Bj3	怠速状态	2.4V

（续）

端子号	测试条件	参考值
Bj4	点火开关ON	0～1V
	怠速状态	3.6ms
Bk3	怠速状态	2.4V
Bk4	点火开关ON	0～1V
	怠速状态	3.6ms
Bl1	点火开关ON	0～1V
Bl4	点火开关ON	11～14V
	怠速状态	3.6ms
Bm1	点火开关ON	0～1V
Bm3	点火开关ON	0～1V
	怠速状态	3.6ms

端子号	测试条件	参考值
Ca1	点火开关ON	2V
	怠速，打开冷却风扇	11～14V
Cb1	点火开关ON	11～14V
	怠速状态	11～14V
Cb2	点火开关OFF	0V
	点火开关ON	10.6V
Cb4	点火开关ON	0V
Cc1	点火开关ON	11～14V
	怠速状态	11～14V
Cc2	点火开关ON	0～1V
Cc4	释放制动踏板	11～14V

端子号	测试条件	参考值
Cc4	踩下制动踏板	0V
Cd1	释放离合器踏板	11～14V
	踩下离合器踏板	0V
Ce1	释放加速踏板	0.2V
	踩下加速踏板	1.8V
Ce2	释放加速踏板	0.4V
	踩下加速踏板	3.7V
Ce3	点火开关ON	5V
Ce4	点火开关ON	0V
Cf2	点火开关OFF	0V
	点火开关ON	11～14V

端子号	测试条件	参考值
Cf3	点火开关OFF	11～14V
	点火开关ON	0～1V
Cf4	点火开关ON	11～14V
Cg1	点火开关ON	0V
Cg4	点火开关ON	0V
Ch1	点火开关ON	0V
Ch2	点火开关OFF	0～1V
	点火开关ON	11～14V
Ch4	点火开关ON	0V

三、雪铁龙Xantia（LFX，XCU7JB）发动机控制系统电脑板35针

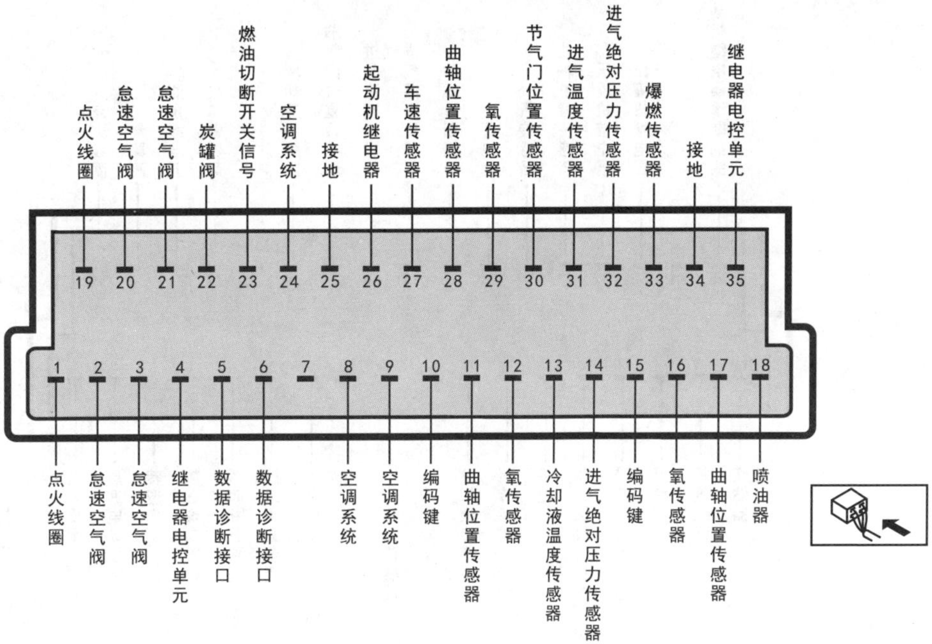

电脑板重要端子参考值

端子号	端子功能	参考值	端子号	端子功能	参考值	端子号	端子功能	参考值	端子号	端子功能	参考值
1	点火线圈	11～14V	12	氧传感器	0V	21	怠速空气阀	1V	32	进气绝对压力传感器	4.6V
2	怠速空气阀	1V	13	冷却液温度传感器	3V	22	炭罐阀	0V	34	接地	0V
3	怠速空气阀	11～14V	14	进气绝对压力传感器	5V	23	燃油切断开关信号	11～14V	35	继电器电控单元	11～14V
4	继电器电控单元	0～1V	15	编码键	0V	25	接地	0V			
5	数据诊断接口	30Hz	16	氧传感器	0V	27	车速传感器	11～14V			
6	数据诊断接口	11～14V	17	曲轴位置传感器	0V	28	曲轴位置传感器	3V			
8	空调系统	0V	18	喷油器	11～14V	29	氧传感器	0～1V			
10	编码键	11～14V	19	点火线圈	11～14V	30	节气门位置传感器	0.3V			
11	曲轴位置传感器	3V	20	怠速空气阀	11～14V	31	进气温度传感器	3V			

四、雪铁龙Megniti Marelli G5 Monopoint发动机控制系统电脑板35针

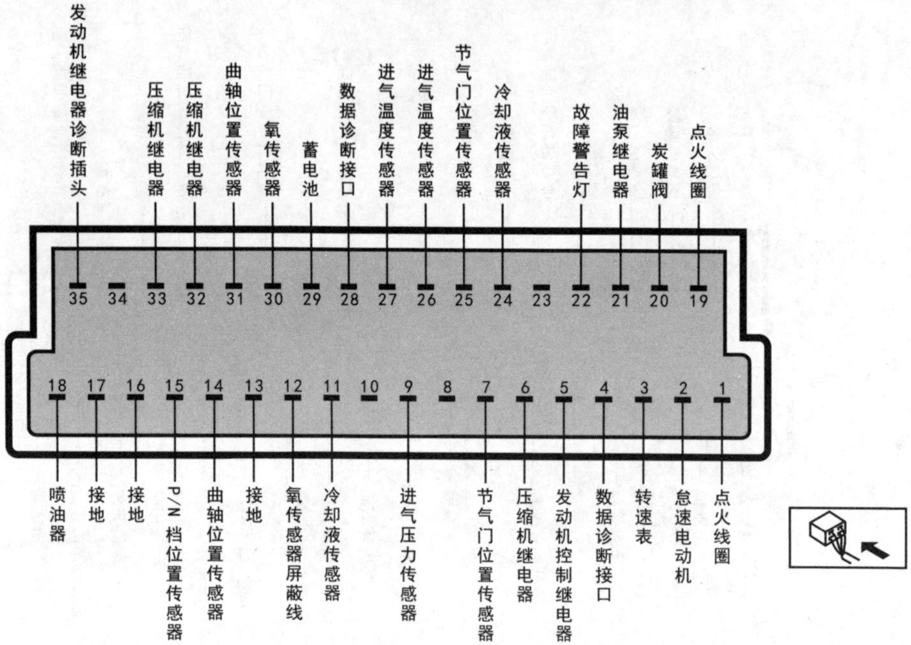

电脑板重要端子参考值

端子号	端子功能	参考值	端子号	端子功能	参考值	端子号	端子功能	参考值
3	转速表	30Hz	17	接地	0V	29	蓄电池	11～14V
5	发动机控制继电器	11～14V	18	喷油器	1.4ms	30	氧传感器	0V
7	节气门位置传感器	0V	20	炭罐阀	11～14V	35	发动机继电器诊断插头	11～14V
9	进气压力传感器	5V	21	油泵继电器	11～14V			
11	冷却液传感器	0V	22	故障警告灯	11～14V			
12	氧传感器屏蔽线	5V	24	冷却液传感器	0V			
13	接地	0V	25	节气门位置传感器	0.5V			
15	P/N档位置传感器	0V	26	进气温度传感器	0V			
16	接地	0V	27	进气温度传感器	5V			

五、雪铁龙Magneti Marelli G5 Monopoint 发动机控制系统电脑板35针

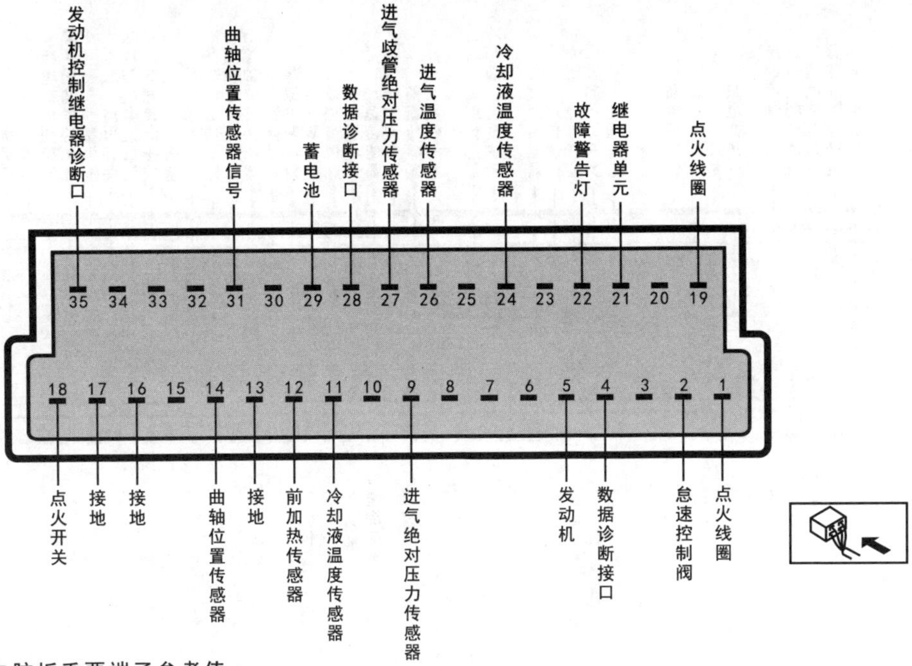

电脑板重要端子参考值

端子号	端子功能	参考值	端子号	端子功能	参考值
5	发动机	0～1V	22	故障警告灯	0～1V
9	进气绝对压力传感器	5V	24	冷却液温度传感器	0V
11	冷却液温度传感器	0V	26	进气温度传感器	0V
12	前加热传感器	5V	27	进气歧管绝对压力传感器	5V
13	接地	0V	29	蓄电池	11～14V
16	接地	0V	35	发动机控制继电器诊断口	0～1V
17	接地	0V			
18	点火开关	1.4ms			
21	继电器单元	0～1V			

六、雪铁龙Bosch MP7.2/7.3发动机控制系统电脑板88针

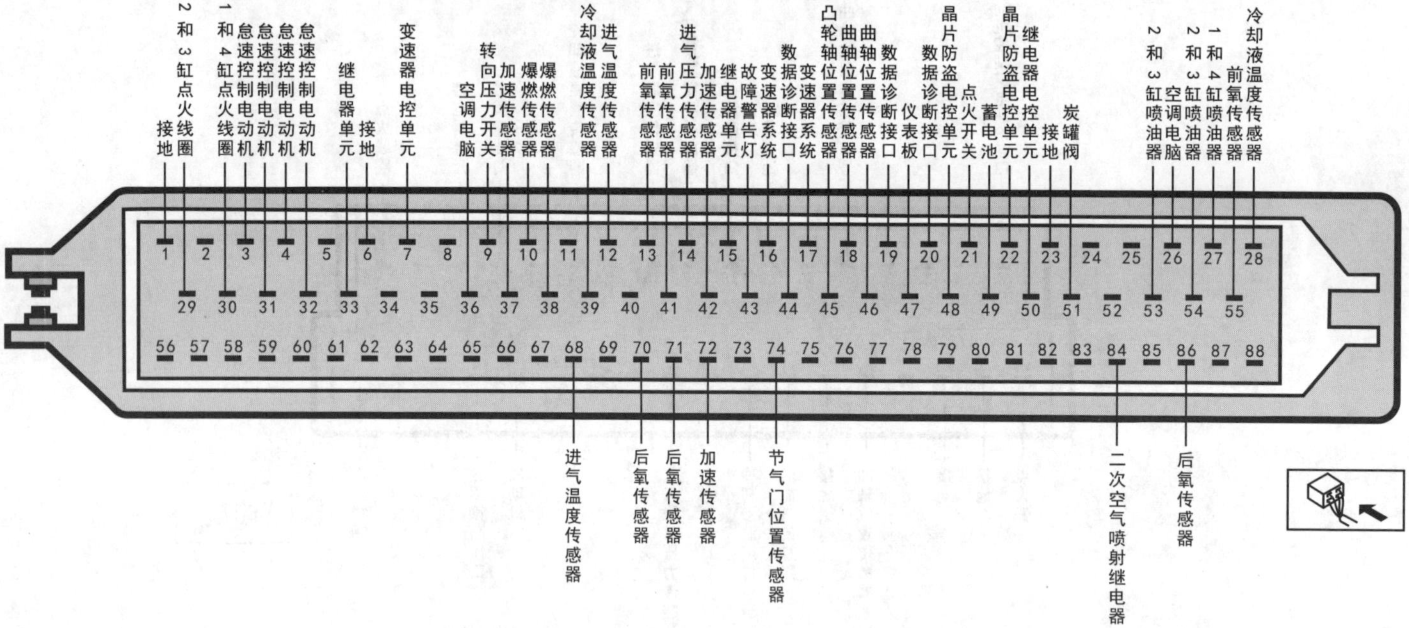

电脑板重要端子参考值

端子号	端子功能	参考值	端子号	端子功能	参考值	端子号	端子功能	参考值	端子号	端子功能	参考值
1	接地	0V	17	变速器系统	0V	33	继电器单元	11～14V	49	蓄电池	11～14V
6	接地	0V	18	曲轴位置传感器	2.6V	37	加速传感器	4.5V	50	继电器电控单元	11～14V
7	变速器电控单元	9.5V	19	数据诊断接口	0V	39	冷却液温度传感器	0.9V	54	2和3缸喷油器	11～14V
9	转向压力开关	0V	21	点火开关	11～14V	41	前氧传感器	0.6V	68	进气温度传感器	0V
12	进气温度传感器	3.3V	22	晶片防盗电控单元	11～14V	42	加速传感器	5V	70	后氧传感器	0.6V
13	前氧传感器	0V	23	接地	0V	43	故障警告灯	0～1V	71	后氧传感器	0.6V
14	进气压力传感器	4.5V	26	空调电脑	11～14V	44	数据诊断接口	30Hz	72	加速传感器	0V
15	继电器单元	11～14V	27	1和4缸喷油器	11～14V	46	曲轴位置传感器	2.6V	74	节气门位置传感器	0V
16	变速器系统	9.5V	28	冷却液温度传感器	3.3V	48	晶片防盗电控单元	11～14V	84	二次空气喷射继电器	11～14V

七、雪铁龙（RGV，XU10J4R）发动机控制系统电脑板55针

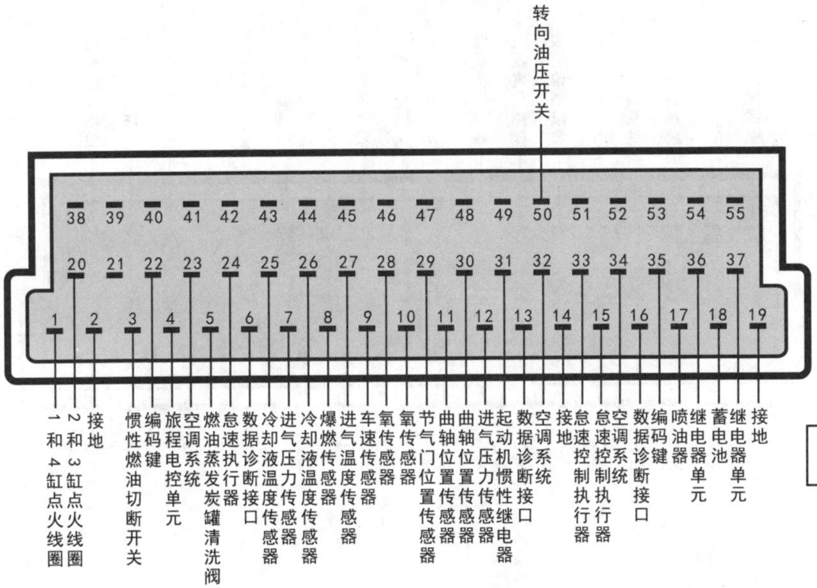

电脑板重要端子参考值

端子号	端子功能	参考值	端子号	端子功能	参考值	端子号	端子功能	参考值
2	接地	0V	17	喷油器	1.9ms	30	曲轴位置传感器	9V
3	惯性燃油切断开关	11～14V	18	蓄电池	11～14V	31	起动机惯性继电器	0V
5	燃油蒸发炭罐清洗阀	11～14V	19	接地	0V	36	继电器单元	11～14V
6	数据诊断接口	30Hz	22	编码键	11～14V	37	继电器单元	11～14V
7	进气压力传感器	1.8V	25	冷却液温度传感器	2.5V			
10	氧传感器	0V	26	冷却液温度传感器	0V			
11	曲轴位置传感器	0V	27	进气温度传感器	2.8V			
12	进气压力传感器	5V	28	氧传感器	0.1～1V			
14	接地	0V	29	节气门位置传感器	0V			

八、雪铁龙XM（RGX，XU10J2TE）发动机控制系统电脑板55针

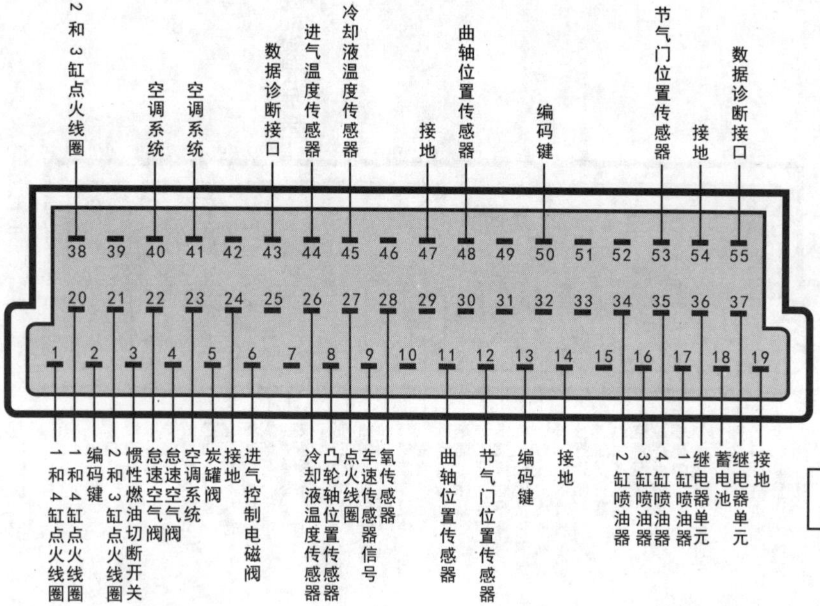

电脑板重要端子参考值

端子号	端子功能	参考值	端子号	端子功能	参考值
2	编码键	0V	19	接地	0V
3	惯性燃油切断开关	11～14V	22	怠速空气阀	11～14V
5	炭罐阀	11～14V	26	冷却液温度传感器	0V
6	进气控制电磁阀	30Hz	27	点火线圈	2.8V
11	曲轴位置传感器	0V	28	氧传感器	0.1～1V
12	节气门位置传感器	5V	36	继电器单元	11～14V
14	接地	0V	37	继电器单元	11～14V
17	1缸喷油器	1.9ms			
18	蓄电池	11～14V			